重探抗戰史

（第三卷）
抗戰與中國之命運

郭岱君主編

「重探抗戰史」研究計畫蒙史丹佛大學胡佛研究所（Hoover Institution, Stanford University）及中國與亞太研究學會（China and Asia Pacific Research Society）全力支持，特此致謝。

撰稿者

（按姓氏筆劃排序）

肖如平
浙江大學中國近現代史研究所所長、蔣介石與近代中國研究中心副主任

岩谷將（Nobu Iwatani）
日本北海道大學公共政策大學院副院長

林孝庭
史丹佛大學胡佛研究所研究員、東亞館藏部主任

洪小夏
上海師範大學哲學與法政學院教授

張世瑛
中華民國國史館纂修

郭岱君
史丹佛大學胡佛研究所研究員

陳立文
中國文化大學歷史系教授、圖書館館長

鹿錫俊
日本大東文化大學國際關係學部教授、國際文化學科主任

黃自進
中華民國中央研究院近代史研究所研究員

嵯峨隆（Takashi Saga）
日本靜岡大學國際關係學部榮譽教授

楊天石
中國社會科學院研究生院教授

潘　敏
同濟大學政治與國際關係學院教授

蘇聖雄
中華民國中央研究院近代史研究所助研究員

Kanou Seikichi
中日文翻譯

前言

　　1945 年 8 月，日本無條件投降；慘烈悲壯的抗戰終於有了結局。然而，橫貫抗戰時期的幾個議題仍然真相未明、眾說紛紜。例如：汪精衛與汪政權，開國元勛為何在抗戰最艱難時離開他參與創建的國民政府？為何在南京另組政權，甘為侵華日軍的傀儡？日汪合作也牽涉出抗戰期間最詭譎迷離的現象──東京與重慶間從未中斷的祕密和議。日本是否真的想和談？蔣介石究竟是要和還是要戰？中國為什麼有那麼多偽政權？它們彼此間的關係與互動究竟如何？還有，中共為何能在抗戰中坐大？國共敵後關係究竟如何？這個問題相當敏感，國共雙方都未能道出實情。

　　此外，蔣介石為何對日本侵略者「以德報怨」？為何未能收回東北？中美關係為何突然生變以致美國竟拋棄了並肩作戰的國民政府？為什麼國民政府贏了抗戰卻輸掉了政權？

　　本卷除探索上述幾個未解之謎外，並在最後一章就這場中日之戰試作全面的檢討與省思，希望中國、日本、美國，以及所有參與這場戰爭的政府和人民，在慘重的損傷中得到一些經驗與教訓，避免再犯同樣的錯誤。

目次／

第十編　抗戰勝利與戰後中國

【第 八 編】

和戰問題及
各地的偽政權

第一章

重探汪精衛與汪政權

岩谷將（日本北海道大學公共政策大學院副院長）

郭岱君（史丹佛大學胡佛研究所研究員）

嵯峨隆（日本靜岡大學國際關係學部榮譽教授）

　　抗戰時期最戲劇性的事件當屬黨國元老國民黨副總裁、國防最高會議副主席汪精衛公開脫離抗日陣營，與日本合作，在南京另立「中華民國國民政府」，與重慶的國民政府對峙。

　　汪精衛名兆銘，字季新，號精衛，年輕時在日本加入同盟會，1910年，謀刺攝政王載灃，事敗被捕，在獄中寫下著名詩句：「慷慨歌燕市，從容作楚囚。引刀成一快，不負少年頭。」民國成立後，歷任黨政要職，一度是黨國最高領導，這樣一位熱情勇敢的開國元勛，卻在1938年底離開他參與創建的中華民國政府，與日本唱和，成了侵華日軍的傀儡。

　　多年來，汪精衛一直戴著「漢奸」的帽子，他組建的政府被稱為「偽政權」，所作所為一概被視為投敵、傀儡、破壞中華民族的團結。然而，汪政權統治了中國三分之一的人口及地區，前後長達5年，其人、其事恐不宜被「漢奸」二字簡化。他為何從革命元勛變成「漢奸」？他為何堅決主張與日本和談？為何決心拋開一切與侵略者合作？汪政權實際作為究竟如何？這些問題都值得進一步探討。

　　已有學者指出，海峽兩岸長久以來對汪精衛的研究存在若干不足

之處，例如：汪精衛一生與日本糾葛密切，但學術界對汪精衛與日本的關係研究不夠深入，尤其是大量日文檔案資料未能充分使用。[1] 本研究針對這些偏失，試著探討汪精衛的行為、思念，以及他所建立的汪政權，希望還原當年的事實真相，並提出合理的觀察與評估。

一、汪精衛主張對日和議

首先，汪精衛從九一八開始，就對抗日戰爭缺乏信心，深感戰既不能和亦難，常言「不和不戰兩俱可虞」。[2] 1932 年 1 月開始，他和蔣介石合作，汪主政、蔣掌軍，聯手處理第一次淞滬戰役（又稱「一二八戰役」）。1933 年的熱河抗戰一爆發，汪精衛就宣布中國還無能力對日作戰，必須採取「交涉與抵抗並行之方針」。[3] 可見，他雖認為中國無力抗日，但與蔣介石立場一致，主張一面抵抗、一面交涉，盡量避免戰事擴大。

經過熱河、長城之役，落後的中國軍隊被日軍打得潰不成軍，國民政府苦無對策，只得與日軍簽訂「塘沽協定」，作出讓步。汪精衛更確定中國不可「不量力而戰」，必須避其鋒，以外交手段解決戰事。[4]

1935 年 6 月，日本華北駐屯軍司令梅津美治郎致國民政府華北負責人何應欽「覺書」，要求中央軍及國民黨退出河北，蔣介石嚴詞反對，

1　謝曉鵬，〈30 年來中國大陸汪精衛研究述評〉，《安徽史學》，2010 年第 5 期，頁 119-120。

2　汪精衛，〈關於中日問題之負責談話〉，《生活週刊》，第 8 卷 18 期，1933 年。

3　秦孝儀主編，《中華民國重要史料初編・對日抗戰時期・緒編（一）》（台北：中國國民黨中央委員會黨史會，1981），頁 578。

4　汪精衛，〈汪精衛致胡適〉，何孟恆編，《汪精衛生平與理念》（台北：時報出版，2019），頁 114。陳方正編輯校訂，《陳克文日記》（台北：中央研究院近代史研究所，2012），頁 91-92。

但何應欽抵不過日方壓力，並獲行政院長汪精衛同意，簽下「何梅協定」，屈從日本條件。[5]

1937年盧溝橋事變後，蔣介石、汪精衛對抗戰態度的分歧逐漸明顯。蔣介石相信持久戰、消耗戰必能拖住日本，日軍一旦陷入中國地廣人眾的泥沼中，必定進退維谷，最後勝利必屬中國。[6]因此，蔣介石堅持，若要和談，日軍必須退回盧溝橋事變前的狀態，絕不能簽下任何屈辱的合約，否則中國將永遠受日本的束縛，「民不成民，國不成國，存不如亡也！」[7]

相對於蔣介石的堅持，汪精衛則認定中國無論如何都不可能打贏這場仗，應審時度勢，不妨委曲求全，與日和談。他經常感嘆「此仗如何能打下去？」[8]還數度致函蔣介石，主張對日和談。[9]

1937年淞滬大戰，國防最高會議上，對於是否對日絕交，汪精衛公開持反對意見。11月，德國大使陶德曼受日本之請出面調停，汪精衛主張接受日本條件停戰。12月，南京淪陷，國民政府的士氣跌到谷底，黨內一片主和之聲，汪精衛更加悲觀，認為如果再打下去，國民政府恐亡黨亡國，共產黨將坐收漁利。他向蔣介石建議，「以第三者出面組織掩護」與日和談。所謂的「第三者」，就是他自己。蔣當即拒絕：「此不可能之事也。」[10]

5　林美莉編輯校訂，《王世杰日記》（台北：中央研究院近代史研究所，2012），頁4。關於此節，請參閱本書第一卷第三章第五節。

6　蔣介石日記，1937年11月30日。

7　蔣介石日記，1938年3月23日。

8　陶恆生，《「高陶事件」始末》（武漢：湖北人民出版社，2003），頁400。〔編按：台北成文出版社有2001年版。〕

9　汪精衛曾於1937年8月4日、23日及9月5日、8日致函蔣介石，主張對日和談。參見楊天石，〈汪精衛出逃與蔣介石的應對〉，《找尋真實的蔣介石——蔣介石日記解讀（二）》（香港：三聯書店，2010），頁139-140。

10　蔣介石日記，1937年12月16日。

　　1938年1月，汪精衛公開發表講話，質疑蔣介石的消耗戰、焦土戰，並呼籲朝野人「要認清敵人的力量，了解國際情勢，更要清楚自己的力量」。[11]

　　3月22日，蔣介石和汪精衛討論日本請託義大利調停事，汪主和，蔣介石以日本條件嚴苛而反對，兩人意見相左，可能言語上發生衝突，氣得蔣抱怨「世人只知戰時痛苦，妄想速和，殊不知和後痛苦更甚於戰時，何況為屈服不得已之和乎！」[12]

　　為了和與戰的問題，汪精衛與蔣介石多次爭得面紅耳赤，自盧溝橋事變到汪精衛離開重慶這1年多時間，汪勸蔣暫時委屈與日本言和多達10餘次。[13]由於蔣對和議的堅持，汪的意見總是被壓制下來。[14]

低調俱樂部

　　事實上，國民政府內認為抗戰前途堪憂的黨政高層不在少數，尤其是抗戰初期，開戰不到半年，北平、天津、上海、南京、太原等大城市相繼淪陷，舉國一片悲觀與主和之聲，蔣介石也承認黨政高層「主和者尤多。」[15]行政院長孔祥熙公開主張與日本議和，外交部長張羣對戰局也極為悲觀。[16]

　　還有一些文人及黨政要員也對抗戰前途憂心。他們認為，中日國力懸殊，跟日本作戰猶如螳臂擋車，蔣介石和那些高喊持久戰、消耗

11　汪精衛，〈抗戰期間我們所要注意的三要點〉，《汪精衛政治論述》（台北：時報出版，2019），頁232-234。

12　蔣介石日記，1938年3月22日。

13　西義顯，《日華「和平工作」祕史》（南京：江蘇古籍出版社，1992），頁104。

14　關於抗戰時的中日和議，請參閱本書第三卷第二章。

15　蔣介石日記，1937年12月15日。

16　「德駐華大使（陶德曼）給德外交部密電（文件539號）」（1937年12月13日），《近代史資料 總14號》（北京：科學出版社，1957），頁90。

戰的，其實是在唱高調，不切實際。他們主張以和平方式解決爭端，對日不宜操之過急，應保持低調，以免予日本軍閥擴大戰爭的藉口。

這些人經常聚會，逐漸形成一個討論時政的小團體，成員包括胡適（北京大學文學院院長）、周佛海（國民黨中宣部代部長）、陳布雷（蔣介石侍從室二處主任、中宣部副部長）、熊式輝（江西省主席、國民黨政學系要角）、高宗武（外交部亞洲司司長）、蔣夢麟（北大校長）、梅貽琦（清華大學校長）、陶希聖（中央大學教授）、梅思平（原為中央大學教授，汪精衛重要幕僚）、董道寧（外交部亞洲司日本科科長）、蕭同茲（中央通訊社社長）、程滄波（中央日報社長）等。他們標榜說實話、不唱高調，戲稱是個「低調俱樂部」。[17]

低調俱樂部雖是個非正式的小團體，但他們隱然視汪精衛為精神領袖，強調「戰必大敗，和未必大亂」，醞釀對日和議。[18] 幾位成員更因而攪動風雲，簇擁汪精衛掀起一場和平運動，最後離開國民政府與日本合作，周佛海、高宗武、梅思平、董道寧、陶希聖等正是這齣驚天大戲的主要角色。

17　多種著作提及「低調俱樂部」，例如：Gerald E. Bunker, *The Peace Conspiracy: Wang Ching-wei and the China War, 1937-1941* (Cambridge: Harvard University Press, 1972), p. 44. Zong-wu Gao, "Into the Tiger's Den," Laurence E. Salisbury papers, 1916-1973, Hoover Institution Archives.（此為高宗武赴美後撰寫的英文回憶錄，現存於史丹佛大學胡佛檔案館。2006年陶恆生將其全文譯出〔題作「深入虎穴——高宗武回憶錄」〕，在台灣《傳記文學》連載刊出〔2006年11月-2007年6月，共8期，譯序刊於2006年10月號〕，後在台灣及中國分別集輯出版〔北京：中國大百科全書出版社，2009，書名《高宗武回憶錄》〕）。中國社會科學院近代史研究所中華民國研究室整編，《胡適的日記》（北京：中華書局，1985）。周佛海，《往矣集：周佛海回憶錄》（台北：秀威出版，2013）。周佛海，《回憶與前瞻》（上海：中華日報，1939）。陶希聖，《潮流與點滴》（台北：傳記文學社，1970）。陶希聖，《八十自序》（台北：食貨出版社，1978）。
18　今井武夫，《今井武夫回憶錄》（北京：中國文史出版社，1987），頁75。

高宗武、董道寧東京為汪探路

　　高宗武，日本九州帝國大學高材生，是個日本通，1932年，經黃郛、胡適推薦，以日本問題專家的身分受聘為國防設計委員會專員，後轉入外交部，29歲升任外交部亞洲司司長，負責對日外交工作，受到蔣介石、汪精衛的重視，是當時國民政府裡最年輕的外交主管。

　　之前，主和的周佛海、高宗武、陶希聖等曾多次透過汪精衛向蔣介石建言，認為應盡快以外交手段和日本交涉停戰。他們建議派高宗武和日方接洽，但都被蔣否決。

　　1938年1月，陶德曼調停無果，日本政府對蔣介石十分惱怒，1月11日東京御前會議決定，「如和談不成，應協助成立新興中國政權。」至於蔣介石的國民政府，「帝國應採取措施使其消滅，或促使新興政權將其吸收合併。」[19] 1月16日，首相近衛宣布「不以國民政府為對手」，東京準備另尋有影響力的人士合作（通稱「第一次近衛聲明」）。

　　東京的聲明令重慶主和的人士大受鼓舞，此時正是南京淪陷後國民政府正處於士氣的低谷，於是，1938年2月，周佛海再度建議蔣介石派人到香港探尋和平停戰的可能性。這次，蔣介石同意了，指派高宗武和其部屬日蘇科科長周隆庠[20]到香港，設立「日本問題研究所」。這個研究所名義上屬於重慶的「藝文研究會」，實際上是個祕密情報機構，主要是方便高宗武往來香港、上海，和日本人接觸，打探東京的動靜。

　　與此同時，外交部亞洲司日本科科長董道寧也悄悄從武漢到上海，會見日本駐華大使川越茂、滿鐵南京事務所所長西義顯、日本同盟通

19　「支那事變處理根本方針」，〈支那事變處理ニ關スル重要決定〉，《戰前期外務省記錄》，日本外務省外交史料館藏，典藏號：B02030518400。

20　周隆庠也畢業自九州帝國大學，是當時年輕一輩的日本通，時任外交部亞洲司日蘇科科長及汪精衛的日語翻譯。

信社上海分社社長松本重治等，和他們交換對中日和議的看法。[21] 日方
對董道寧帶去的訊息很感興趣，立刻聯絡參謀本部影佐禎昭（第八課
課長，總管謀略、情報、宣傳），安排董去東京。[22]

　　1938 年 2 月 15 日，董道寧在影佐禎昭安排下抵達東京，此行任務
是「刺探敵國大本營最高當局對華真實態度」。[23] 董道寧見到了多田駿
（參謀次長、前中國駐屯軍司令官）、石原莞爾（關東軍副參謀長、
前參謀本部作戰部部長）、今井武夫（參謀本部中國課課長）。這幾
位都是日軍中少壯派的中堅分子，都是搞謀略、主張和平解決中日戰
爭的「不擴大派」。

　　他們與董道寧見解相通，但因為第一次近衛聲明「不以國民政府
為對手」言猶在耳，現在回頭再與國民政府談判，等於打自己的臉。
所以，他們私下提出以蔣介石下台、汪精衛取而代之的方式來解決這
個難題。[24] 董道寧返回上海時，還帶了影佐禎昭致影佐日本士官學校學
長何應欽、張羣的親筆信。[25]

　　董道寧東京之行的報告連同影佐禎昭的兩封信，在 4 月初經高宗
武呈送周佛海、汪精衛、蔣介石。與此同時，日本參謀本部決定派影
佐禎昭到上海組織和平運動。

　　1938 年 6 月，日本政府成立「對華特別委員會」，由陸軍、海軍、

21　滿鐵、同盟通信社都兼有情報任務，實際上是日本軍方的情報單位。

22　董道寧的上海及東京祕密之行，他說是高宗武的派遣，但高宗武否認，唐德剛懷
　　疑是周佛海私下派他去的。唐德剛，〈汪精衛從通敵到出走的曲曲折折〉，《民國史
　　抗戰篇：烽火八年》（台北：遠流，2014），頁 188。

23　「董道寧函張羣赴日刺探並會晤影佐禎昭等彼為求兩國和平有意盡早解決中日問題
　　等」（1938 年 4 月 12 日），〈和平醞釀（一）〉，《蔣中正總統文物》，國史館藏，數
　　位典藏號：002-080103-00027-018。

24　影佐禎昭，〈我走過來的路〉，收於陳鵬仁譯著，《汪精衛降日祕檔》（台北：聯經
　　出版公司，1999），頁 16。

25　同上。

外交部代表組成，主要任務是配合軍事行動，展開對華謀略，分化中國內部，籌建在華占領區內的偽政權。土肥原賢二從中國戰場奉調回國，負責這個新機構，並在上海設立辦事處，稱為「土肥原機關」。[26]

6月初，徐州會戰結束後，日軍傾全力攻打武漢，蔣介石、李宗仁沿長江部署百萬大軍嚴陣以待，一場大戰即將展開。對抗戰失去信心的汪精衛、周佛海等更加焦急，倘武漢失陷，中國三分之二精華區盡落入日軍之手，中國焉有活路？汪精衛他們不能再等了，私下籌畫如何避開蔣介石和日本接觸，推動和談停戰。

6月14日，在香港的高宗武和西義顯經過多次討論，就和平運動達成初步共識，準備組織「第三勢力」，他們心中的「第三勢力」領袖直指汪精衛。

與此同時，周佛海賦予高宗武一個祕密任務：悄悄去一趟東京，確切了解日本政府對中日和平的態度及條件。

「扶汪代蔣」：東京誘降汪精衛

1938年6月23日晚，透過日本駐香港總領事館的協助，高宗武、周隆庠化裝成日本人，避開海關檢查，搭上日本輪船，前往日本。

行動如此神祕，是因為他們想瞞過蔣介石。其實，蔣介石消息靈通，高宗武和周隆庠出海不久，蔣介石就知道了。蔣在日記寫道：「高宗武荒謬妄動，擅自赴倭，此人荒唐，然亦可謂大膽矣！」[27]

高宗武在日本拜訪了自由派的重要人士，包括西園寺公一（前首

26　土肥原機關成立之後，日軍又以梅、竹、蘭、菊等等名稱，在中國各地相繼設立一批針對不同謀略對象的特務機關，其中「梅機關」設在上海，全權處理和汪精衛有關的事務，機關長是影佐禎昭。「竹機關」設在漢口，機關長是柴山兼四郎，針對北洋軍閥吳佩孚進行策反。「蘭機關」也設在上海，機關長是和知鷹二，工作對象是桂系將領李宗仁、白崇禧。「菊機關」設在福建，策反對象是曾經任國民黨軍長兼閩粵邊防軍總指揮的黃大煒。

27　蔣介石日記，1938年6月24日。

相西園寺公望之孫）、犬養健（眾議員，因反戰被少壯派軍人刺死的前首相犬養毅之子）、岩永裕吉（同盟通信社總社長），他們都反對擴大戰爭，主張以和平方式解決中日衝突。

重頭戲是與日本軍政高層的會面，包括首相近衛文麿、陸軍大臣板垣征四郎、參謀次長多田駿、內閣書記官長風見章、內閣參議松岡洋右，以及參謀本部的影佐禎昭、陸軍省中國課課長今井武夫等人。

高宗武表示，若要實現中日和平，日本必須放棄帝國主義，視中國為對等國家。如果日本拿出事實證明有此誠意，則中國內部以汪精衛為首的和平勢力，將可起而調解兩國爭端。[28]

抬出汪精衛，正合日方心意。近衛聲明已是日本國策，而且，蔣介石對和談條件相當堅持，太難對付，日方正想找個人代替蔣介石，汪精衛恰合適，雙方一拍即合。[29]

不過高宗武後來否認他曾提出「扶汪代蔣」，他只是表達汪精衛會起而推動和平運動，在蔣介石的領導下實現和平；但日本人故意曲解他的意思，設了個陷阱讓他掉進去。[30]

不論真相如何，高宗武這次東京之行，對此後日本對華政策影響深遠。東京根據高宗武帶來的訊息，制定了基本對華方針。7 月 12 日，五相會議通過「適應時局的中國謀略」，幾天後又制定了「從內部指導中國政府大綱」，確定以政治誘降來推動軍事侵略，並把誘降對象從蔣介石轉為汪精衛、唐紹儀、吳佩孚這些「中國第一流人物」。[31]

高宗武在 7 月 9 日回到香港，由於害怕蔣介石生氣，遲至 7 月 21

28　Gerald E. Bunker, *The Peace Conspiracy*: *Wang Ching-wei and the China War, 1937-1941*, pp. 81-82.

29　今井武夫，《今井武夫回憶錄》，頁 71-72。

30　Gerald E. Bunker, *The Peace Conspiracy*: *Wang Ching-wei and the China War, 1937-1941*, p. 85.

31　日本外務省檔案 S491。田琪之譯，《中國事變陸軍作戰史》第 2 卷第 1 分冊（北京：中華書局，1979），頁 102。

日才由周隆庠把東京之行的報告呈送周佛海、汪精衛、蔣介石。

汪精衛看到這個報告，大吃一驚。他雖主和，但不是他自己出馬，而是由蔣介石來談。他對幕僚表態：「我單獨對日言和，是不可能的事。我決不瞞過蔣先生。」[32]

蔣介石對高宗武擅到東京已是不悅，再看到日本要蔣下野、汪精衛出馬的文字，更是大發雷霆。他責備高宗武誤事，並懷疑日本最近態度上的變化，和高宗武日本之行有關：「倭閥對我變更態度者，其果誤認吾內部之動搖，而與高之荒謬赴倭亦有關係也。」[33] 蔣介石氣得要與高宗武斷絕關係，還下令停發高宗武的活動經費。

蔣介石懷疑高宗武赴日是汪精衛的指使，他和汪精衛、張羣討論高宗武的訪日報告時，「覺汪神情皆不自然，果有愧怍之心乎？」[34]

蔣介石動怒讓高宗武十分不安，再加上肺病復發，高不得不滯留香港休養。周佛海派國民黨中央法制委員會委員梅思平到香港接替高宗武，繼續與日本聯繫。東京方面則對和平運動興致勃勃，土肥原賢二指派同盟通信社上海分社兼華南分社社長的松本重治為上海聯繫人。

此時，國軍在武漢會戰中節節敗退，國民政府在 8 月遷都重慶，固守西南，與日軍作持久戰。[35]

面對戰場上不斷傳來的壞消息，汪精衛心情沉重。他擔憂，日方願意和談，可是「我方大門關得緊緊的，無從說起」。[36] 汪精衛逐漸明

32　陶希聖，《潮流與點滴》，頁166。
33　蔣介石日記，1938年7月22日。
34　蔣介石日記，1938年7月25日。
35　國民黨中央及國民政府在1937年底正式宣布移駐重慶，但實際遷到重慶的只是國民黨中央及國民政府一小部分；國民黨中央、國民政府，以及國民政府軍事委員會中重要的部門如軍政、外交、經濟、財政、交通等單位，因與戰爭密切相關，都暫時遷到武漢或長沙；直到1938年10月武漢會戰結束之前，所有黨政機關才全部遷到重慶。
36　陳方正編輯校訂，《陳克文日記》，上，頁194。

白，通過蔣介石及黨內決議，很難實現他的和平主張，他開始思考其他方式謀和，並在國際媒體公開表達議和的主張。

二、汪精衛與日和議

這段期間，高宗武雖然名義上與重慶斷了關係，實際上仍繼續為和平運動奔走。他和梅思平與西義顯、松本重治、犬養健等人頻頻會商，推動和平運動的策略及做法漸有眉目。

1983 年 10 月初，土肥原賢二認為和平運動時機已成熟，派今井武夫赴上海，與汪系人員洽商細節，滿鐵特派員伊藤芳男亦從香港過來參與會談。雙方幾次會面，雖然仍有不少問題缺乏共識，但對彼此的立場和條件已有較清楚的認知。

10 月 25 日，今井武夫回到東京，對影佐禎昭表示，高宗武和平運動成功的機會很大，應加緊腳步、積極推動。今井還向參謀本部、陸軍大臣、次官、參謀次長等首長作了報告，取得他們的基本諒解與支持。[37]

10 月下旬，廣州、武漢相繼淪陷。軍事一潰千里，外援物資遭封鎖，國際局勢曖昧不明，國民政府內外又掀起一波抗戰必敗的聲浪，汪精衛更加懷憂喪志。他認為，戰爭再這樣繼續下去，只有把國家拖垮，中國必陷入長久的分裂與混亂，最終淪為殖民地。因此，目前最重要的就是「保存元氣」，「替國家保存一分元氣以為將來復興地步。」[38]

37　今井武夫《日中和平工作——回想と証言1937-1947》（みすず書房，2009），頁65-68。

38　陳公博，〈自白書〉，收於南京市檔案館編，《審訊汪偽漢奸筆錄》（上）（南京：鳳凰出版社，2004），頁6。

他也大聲的說出自己的主張：中國「未關閉停戰之門」。[39]「如果日本提出議和條件不妨礙中國國家之生存，吾人可以接受之。」[40]

10月24日，梅思平從香港回到重慶，向汪精衛報告在香港、上海與日方交涉的情形，包括日方明確表示希望汪出來收拾殘局。

26日，汪精衛在其住所召集陳璧君及主要幕僚周佛海、梅思平、陶希聖等人，具體討論離開重慶另組新政府的可能性。29日，急電陳公博即赴重慶（陳當時是四川省黨部主任委員）。汪精衛對陳公博說：「中日和平已經成熟，……中國的國力已不能再戰了，非設法和平不可了」。「假使敵人再攻重慶，我們便要亡國。」「現在我們已經無路可退，再退只有退西北，我們結果必為共產黨的俘虜。」[41]他並向陳透露，準備離開重慶，以個人身分出面，與日本交涉。

29日當天，汪精衛再度召集周佛海、陳公博、梅思平、陶希聖繼續討論，最後決定派高宗武、梅思平再去上海，與日方進一步洽談。[42]

11月2日，近衛文麿首相發表第二次對華聲明，修改了「不再以國民政府為對手」的政策，提出「倘國民政府放棄以往政策，更換人事，參加（東亞）新秩序之建設，帝國決不會拒絕」。[43]

同一天，汪精衛收到孔祥熙之子孔令侃從香港發來的電報，謂其在香港與近衛文麿親信面談得知，日本此次對中國的侵略是「日軍閥之侵略」，「其內部既有反軍閥組織，為中國之福，中國似宜予以援助。

39　黃美真、張雲編，《汪精衛集團投敵》（上海：上海人民出版社，1984），頁189-190。

40　〈汪精衛對路透社記者談話〉，《申報》，1938年12月22日。

41　陳公博，〈自白書〉，收於南京市檔案館編，《審訊汪偽漢奸筆錄》，頁10。

42　陶恆生，《「高陶事件」始末》，頁96。

43　「4. 帝国ノ大東亜新秩序建設ノ声明ニ対スル米英ノ反対／1」，〈支那事変関係一件　第三十二巻〉，《戦前期外務省記録》，日本外務省外交史料館藏，典藏號：B02030574800。

但在未得確保前，與繼續抗戰並無衝突」。[44]

近衛聲明再加上孔令侃傳來的訊息，兩相對照，明顯地說明東京對和平的企盼，以及對「以汪代蔣」的期許，汪精衛、周佛海等人大受鼓舞，倍覺與日和談，義無反顧。

為求和平的重光堂會談

為落實和平運動，高宗武、梅思平、周隆庠11月再度祕密前往上海與日方會談。他們行動隱祕，周隆庠先去上海；梅思平、高宗武則分別搭乘法國、義大利輪船前往。11月12日晚3人會齊後，隨即與已等在上海的今井武夫和伊藤芳男展開會談。會談地點是土肥原賢二在上海的住所重光堂（今上海虹口東體育會路7號），此會談又稱為「重光堂會談」。

會談主要集中在3個議題：（1）實現和平、結束戰爭的條件；（2）關於汪精衛出馬成立新的政權的措施；（3）汪精衛離開重慶國民政府的具體安排。

會談分前後兩段，第一段會談日方由今井武夫主談，伊藤芳男列席。從12日晚談到14日，雙方就汪精衛方面提出的基本條件（也就是之前梅思平與松本重治等人在香港多次討論的備忘錄）反覆研商，有一些爭論，但最後在14日達成初步草案。

第二天（15日），今井武夫帶著草案飛回東京，向陸相板垣征四郎、參謀次長多田駿，以及陸軍省和參謀本部聯合召開的省部會議彙報。省部會議就草案討論並做增刪，最後同意以這個草案作為談判基礎，並責成今井武夫（代表陸軍省）和影佐禎昭（代表參謀本部，也是「梅機關」機關長，專責對汪精衛活動）負責完成和平運動的談判。

44　「孔令侃電孔祥熙汪兆銘轉陳褚民誼樊光來電」（1938年11月2日）〈汪兆銘與各方首要往返函電〉，《汪兆銘史料》，國史館藏，數位典藏號：118-010100-0055-041。

11 月 18 日，影佐禎昭和今井武夫聯袂飛上海，同行的還有西義顯、伊藤芳男、犬養健。

19、20 日兩天，高宗武、梅思平、周隆庠和影佐禎昭、今井武夫等再度展開密集會談，主要是斟酌草案的文字。20 日傍晚，雙方達成諒解，簽署《日華協議記錄》及《日華協議記錄諒解事項》兩份文件，還有另外一件「日華協議記錄施行細則」暫未簽字。[45]

這 3 份文件的主要內容是：

(1) 締結日華防共協定。
(2) 承認滿洲國。
(3) 承認日本人在中國的居住權、經營權；日方則撤銷治外法權，考慮返還租借。
(4) 因防共需要，日本將在內蒙及平津地區駐兵一段時期。
(5) 日華經濟提攜，承認日本人的優先權，並為日方提供開發華北方面的便利。
(6) 中國補償在華日僑的損失，但日本不要求賠償軍費。
(7) 待治安恢復後，日本在兩年內撤兵。[46]

這 3 份文件後來經御前會議通過，成為日本支持汪精衛出馬「收拾時局」的政策基礎。後來日本軍方與汪精衛集團談判密約「日中新關係調整要綱」，也是以這 3 份文件為藍本進行的。

此外，汪精衛準備採取的行動也在談判中揭曉。汪方表示，如和平條件達成共識，汪精衛將立即離開重慶，日方則在汪離開重慶時發表聲明，明確承諾不干涉中國內政、不進行經濟壟斷、兩年內撤兵等。為與日方呼應，汪精衛發表「收拾時局聲明」，獻身和平運動，並聯

45　今井武夫，《今井武夫回憶錄》，頁85。
46　同上，頁99-104。

繫粵系與西南地方將領，在日本軍方支援下，建立一個以雲南、四川為中心的新的第三政治勢力，再由這個第三勢力與蔣介石的抗日勢力進行內部協商，最終結束中日戰爭，建立一個中日合作、反共的東亞政治結構。[47] 如此，則中國可免除戰禍，日本亦可從中國抽身，全力對付蘇聯。

重光堂會談除了談妥《日華協議記錄》及《諒解事項》，雙方還制定了汪精衛出走的詳細計畫和行程，日方還給高宗武一個祕密代號——「渡邊計畫」，方便溝通聯繫。

依照這個計畫，梅思平將從香港飛河內、經昆明到重慶，預訂11月29日抵達重慶，向汪精衛報告重光堂協議詳細內容及計畫；汪精衛則在12月5日離開重慶飛昆明。日本政府收到汪精衛抵達昆明的電報後將立即發表和平聲明（即「近衛第三次聲明」），明確列出中日合作條例。一旦和平聲明公布，汪精衛就從昆明飛河內轉香港，抵達香港後，即公開宣布與蔣介石斷絕關係，並發表建設東亞新秩序、日華提攜，以及反共的政策聲明。[48]

與此同時，日軍會配合汪精衛聲明，發動大規模攻勢，牽制國軍，好讓粵系將領及龍雲趁勢占領雲南、四川、廣東、廣西，助汪精衛成立新勢力。[49]

渡邊計畫：誘汪離開重慶

1938年11月21日，高宗武、梅思平、今井、影佐等人在上海分手，各自分頭依計畫展開行動。

影佐禎昭在當天即向板垣征四郎、多田駿、土肥原賢二，以及相

47　「渡邊工作の現況（第3号）昭和13年12月6日」，〈重要国策文書〉，《陸軍一般史料》，防衛省防衛研究所藏，典藏號：C12120078500。

48　陶恆生，《「高陶事件」始末》，頁104-105。

49　今井武夫，《今井武夫回憶錄》，頁106。

關部門匯報；22 日提到五相會議討論。23 日，五相會議通過《日華協議記錄》，並決定以此作為近衛第三次聲明的藍本。今井武夫於 26 日回到上海，靜待汪精衛方面的行動。

梅思平把重光堂協議以及近衛第三次聲明草稿縫在衣服夾層內，從上海輾轉抵達重慶，11 月 23 日向汪精衛彙報協議內容及執行規劃。

汪精衛細讀文件，日方的意思很明確，要汪精衛與蔣介石斷絕關係，見機成立新政權，與日合作，談判和平。汪精衛到了最後決斷的時候。

接連幾天，汪精衛在上清寺汪宅召集周佛海、陳璧君、梅思平、陶希聖等人詳細研究協議及聲明草稿。汪精衛還把在成都的陳公博急召到重慶，陳公博不了解前情，急忙趕來，滿頭霧水，待知曉情由，嚇得驚慌失措。[50]

汪精衛很清楚，這一步邁出去就不能回頭了，而且將付出極大代價，弄不好就是身敗名裂。他內心仍有掙扎，態度反覆。他相信，抗戰已拖不下去，如果日軍再攻重慶，中國就亡了。「現在我們已經無路可退，再退只有退西北，我們結果必為共產黨的俘虜。」[51] 汪精衛告訴身邊幕僚周佛海、陳公博等人，中日和平時機已成熟，他將離開重慶，以個人身分和日本合作，謀求和平。

但幾天後，26 日，汪精衛忽然說要將一切推翻，再仔細商量。[52]27 日則一日數變，先是說：問題太多，難以取決，不如前議作罷，以後再說。過一會兒又改變主意，說簽字的部分可以同意，其餘則留待將來再議。[53] 一直賣力推動汪精衛出馬的周佛海氣得在日記中批評：「汪

50　陶希聖，《潮流與點滴》，頁 167。
51　陳公博，〈自白書〉，收於南京市檔案館編，《審訊汪偽漢奸筆錄》，頁 10。
52　蔡德金編，《周佛海日記》（北京：中國文聯出版社，2003），1938 年 11 月 26 日，頁 194。
53　同上，1938 年 11 月 27 日，頁 194-195。

先生無擔當、無果斷、做事反覆，且易衝動。」[54]

　　汪精衛躊躇再三，難以取決。他發電報給在香港的高宗武，詢問高的意見。[55]最後在陳璧君力催之下，終於在 29 日決心接受重光堂協議，並依計畫行動。[56]汪精衛給日方的答覆如下：

(1) 承認《重光堂協議記錄》。
(2) 預訂 12 月 8 日離開重慶，10 日到昆明，希望近衛首相在 12 月 12 日左右發表聲明。
(3) 近衛聲明中必須明確表示不干涉中國內政、不進行經濟壟斷。
(4) 汪精衛將在昆明、河內，或香港宣布下野。[57]

　　梅思平帶著汪精衛的答覆於 11 月 30 日回到香港，高宗武立即通知西義顯。日方也回應：日本政府對《日華協議記錄》無異議，雙方照章行事。

　　同一天（1938 年 11 月 30 日），東京御前會議通過《日華協議記錄》等文件，並修改整理為《日中新關係調整方針》。這個方針確定了 4 大原則：

(1) 日中共同防共、經濟提攜。
(2) 華北及蒙疆為日中加強合作地帶，蒙疆尤為防共軍事及政治上的特殊地位。
(3) 揚子江下游為日中經濟上加強結合地帶。
(4) 日本在華南沿岸的特定島嶼享有特殊地位。[58]

54　蔡德金編，《周佛海日記》，頁 195。
55　Zong-wu Gao, "Into the Tiger's Den"．
56　Zong-wu Gao, "Into the Tiger's Den"；《周佛海日記》，1938 年 11 月 29 日。
57　今井武夫，《今井武夫回憶錄》，頁 89-90。
58　外務省編，《日本外交文書：日中戰爭》，第 1 冊（東京：六一書房，2011），頁 432。

根據這 4 大原則，又制定了 5 個具體事項：

(1) 新中國的政治形態採分治合作主義。

(2) 修復日、滿、中三國新國交。

(3) 蒙疆為高度防共自治區域，上海、青島、廈門為特別行政區。

(4) 中日締結防共軍事同盟。

(5) 除防共要地外，日軍應就全盤局勢盡早撤兵。但為保障華北及
南京、上海、杭州三角地帶，仍需日軍駐屯上述各地。中日
兩國共同維持揚子江沿岸特定地點及華南沿岸特定島嶼的治
安。[59]

這個新《方針》比《日華協議記錄》增加了不少項目，尤其是擴
大駐軍範圍及劃分特別行政區，同時也刪除了一些承諾（例如：意義
重大的兩年內撤兵、不要求戰費賠償等承諾被刪掉了）。問題是，日
本人關起門作業，汪精衛等人都被蒙在鼓裡，毫無所悉。

汪精衛出走

為免引人注意，汪精衛幕僚自 12 月初陸續分批飛到昆明。汪精衛
夫婦原訂 12 月 8 日離開重慶，沒想到蔣介石恰在這一天突然從桂林飛
來重慶。汪氏夫婦擔心是否消息洩漏，趕忙急電在香港的高宗武通知
日方改期；東京也擔心事情生變，立即報告近衛首相。近衛原定 11 日
在大阪發表和平運動的聲明，因為汪精衛改期，不得不臨時稱病取消
大阪之行。

結果是虛驚一場，蔣介石對汪精衛的謀劃全不知情。武漢淪陷後，

59　外務省編，《日本外交文書——日中戰爭》，第一冊（東京：六一書房，2011），頁
432。

蔣介石並未隨國民政府遷到重慶，而是到衡陽部署繼續抗戰。11月7日、25日他分別在長沙及南嶽主持軍事會議，結束後飛桂林，設置軍事委員會委員長桂林行營，以白崇禧為主任，統籌西南抗戰；直到12月8日，蔣介石才到達重慶。

12月9日，蔣介石約汪精衛、孔祥熙、王寵惠、葉楚傖、朱家驊等人談話。汪精衛再度提出對日和談，他表示：中國和日本都有困難，「中國之困難，在如何支持戰事；日本之困難，在如何結束戰事」，「故調停之舉，非不可能。」[60]

汪精衛「激切言之」，蔣介石卻不假思索地拒絕了。[61]蔣介石反駁，主和的人把事情看得太簡單，蔣勸汪無需悲觀，因為「只要我政府不與倭言和，則倭無法亡我。只要不與言和，則我政府即使失敗，國家必可因此復興，況政府至今絕無失敗之理」。[62]

蔣不僅反對和談，他還在籌劃共產黨加入國民黨，兩黨合併為一個新的大黨，這使得反共的汪精衛極為難堪。失望之餘，汪更加確定自己的決定是對的，既然在國民政府內部無法主和，只能離開重慶到外面去主和了。[63]

幾天後，16日，日本內閣成立興亞院，蔣介石與汪精衛從興亞院談到和戰問題，兩人又起爭執，這次言語相當激烈。汪精衛認為，興亞院統合日本各部門對華政策，更適合推動和談。蔣介石則指出，興亞院的目的是滅中國，與其談和，無異與虎謀皮。蔣氣得說出重話：「中

60　秦孝儀主編，《中華民國重要史料初編‧對日抗戰時期‧傀儡組織（三）》（台北：中國國民黨中央委員會黨史會，1981），頁51-52。引自楊天石，〈蔣介石如何應對汪精衛出逃事件〉，《找尋真實的蔣介石：蔣介石日記解讀（二）》（香港：三聯書局，2010），頁143。

61　汪精衛，〈曾仲鳴先生行狀〉，《河內血案》（北京：檔案出版社，1988），頁202。

62　蔣介石日記，1938年12月9日。

63　「陶希聖致胡適函」（1938年12月31日）；社科院近史所中華民國史研究室編，《胡適往來書信選（中）》（北京：社會科學文獻出版社，2013），頁686-687。

國若要自取滅亡，俯首而上斷頭台則已，否則除抗戰拚命以外，再無第二道路矣。」[64] 蔣汪態度南轅北轍，終難轉圜，汪精衛決心出走，再無反顧。

18 日，蔣介石準備飛西安召開軍事會議，汪精衛趁此機會以赴成都演講為由，在當日早上偕陳璧君離開重慶飛抵昆明，雲南省主席龍雲熱情接待。

龍雲是汪精衛首要拉攏的對象，但陳璧君先前曾與龍雲懇談無果，龍雲表示：「汪先生如果來昆明，我很歡迎，如果願意由此出國，我亦負責護送，一切絕無問題。」[65] 了解龍雲的態度，汪一行人在昆明停留一夜，第二天，19 日，汪氏夫婦以及先行抵達昆明的周佛海、梅思平、陶希聖、陳春圃、曾仲鳴、陳昌祖等人，搭乘包機飛抵河內。[66]

蔣介石力挽汪回頭

蔣介石事先並不知道汪精衛的籌謀，即使在 12 月 18 日汪離開重慶後，蔣仍未留意。直到 21 日汪飛往河內，蔣才知道汪已改變行程。他很訝異，對汪的行為「殊所不料」，更不解汪為何「竟在國家危難之際拂袖私行，置黨國於不顧」。但蔣對汪仍有期待，「唯望其能自覺回頭爾。」[67]

22 日，蔣介石收到龍雲的電報，這才知曉汪此行的目的，氣得大罵：「不料其糊塗卑劣至此，誠無可救藥矣。」[68] 蔣介石首先想到的是軍隊

64　蔣介石日記，1938 年 12 月 16 日。

65　陳璧君，〈與日本謀和平我是現在僅存的罪魁禍首〉，收入黃美真、張雲編，《汪精衛集團投敵》（上海：上海人民出版社，1984），頁 446。

66　同上。

67　蔣介石日記，1938 年 12 月 21 日。

68　蔣介石日記，1938 年 12 月 22 日。

及政府內部哪些人會受到汪的影響，煩擾憂慮，以致失眠。[69]第二天一整天會見了 80 多位將領，穩定軍心。[70]

　　對於汪精衛，蔣介石首先試圖挽回。他電告龍雲，要龍為汪保密，之前汪與龍的談話「勿為他人道」。[71]他又致電在香港的《大公報》主筆張季鸞，要求該報在批評汪精衛時，不要把話說絕：「務當為之寬留旋轉餘地」，蔣特別提醒張季鸞，「不可出以攻擊語調。此中機微，兄所明悉。」[72]蔣希望「以至誠感動之」，期待汪能回頭。[73]

　　12 月 29 日汪精衛發表「豔電」後，蔣介石態度開始轉變，認為汪「通敵賣國之罪已暴露殆盡，此賊不可救藥矣，多行不義必自斃也！」[74]龍雲建議蔣派汪的親信到河內，以私人名義勸汪回國，在重慶或在國內任何地方居住，如此可防止汪鋌而走險。[75]

　　蔣介石還是希望極力挽回，蔣請汪精衛在重慶的好友交通部次長彭學沛致電汪精衛，「駐港不如赴歐」。[76]蔣還接受軍事委員會參事室主任王世杰建議，由王世杰致電駐英大使郭泰祺及駐美大使胡適，請二人勸汪：（1）勿公開主和；（2）勿和中央斷絕關係；（3）勿住港，但不妨赴歐。[77]

....

69　蔣介石日記，1938 年 12 月 23 日。

70　蔣介石日記，1938 年 12 月 23 日。

71　蔣介石日記，1938 年 12 月 25 日。

72　蔣介石日記，1938 年 12 月 27 日。

73　同上。

74　蔣介石日記，1938 年 12 月 31 日。

75　「龍雲電蔣中正稱請派汪兆銘之親信赴河內迎其回國」（1939 年 1 月 7 日），〈汪偽組織（二）〉，《蔣中正總統文物》，國史館藏，數位典藏號：002-090200-00023-031。

76　「彭學沛電汪兆銘轉陳委座之意請其告假遊歐為妥」（1938 年 12 月 27 日），〈汪兆銘與中國國民黨有關之各項函電（一）〉，《汪兆銘史料》，國史館藏，數位典藏號：118-010100-0005-068。

77　林美莉編輯校訂，《王世杰日記》，頁 169。引自楊天石，〈蔣介石如何應對汪精衛出逃事件〉，《找尋真實的蔣介石：蔣介石日記解讀（二）》，頁 148。

不過，此時蔣介石心態逐漸變了。他原本擔心汪精衛出走會在黨政軍方面產生負面影響，但社會各界反應，使他感覺汪離開並非壞事，「汪氏逃亡及其響應近衛宣言，本於我有害，然於此或得因禍為福，轉危為安矣。」[78] 他認為，「此後政府內部純一，精誠團結，倭敵對我內部分裂預期利誘屈服之企圖，根本消除。」[79]

因此，到了 1939 年初，蔣介石反而不希望汪精衛回國了。他電龍雲：「對汪事，此時只可冷靜處之，置之不問為宜。……如為彼計，此時當以赴歐為上策，否則皆於公私有損。」[80] 蔣介石派汪精衛的老部下谷正鼎帶著護照和旅費到河內，勸汪去法國等地療養。谷正鼎轉達蔣的意思：「不要去上海、南京另搞組織，免得為敵人所利用，造成嚴重後果。」[81]

汪精衛婉拒蔣介石的勸阻，不願妥協。

三、近衛食言　汪精衛進退失據

1938 年 12 月 21 日，東京收到今井武夫電報，確定汪精衛一行已安抵河內。第二天，22 日，首相近衛文麿發表第三次近衛聲明。全文強調中日善鄰友好、經濟提攜、共同防共三原則，近衛表示，日本將和中國「具有卓識的人士合作，為建設東亞新秩序而邁進」。[82] 近衛要求中國承認滿洲國、允許日軍在華北及內蒙駐兵、承認日本人在中國內地居住及營業的自由、日本將開發東北和內蒙的資源。最後，近衛

78　蔣介石日記，1938 年 12 月 31 日，「一年中之回憶錄」。

79　蔣介石日記，1938 年 12 月 31 日。

80　「蔣中正電龍雲言汪兆銘此時當以赴歐為宜」（1939 年 1 月 8 日），〈革命文獻—偽組織動態〉，《蔣中正總統文物》，國史館藏，數位典藏號：002-020300-00003-013。

81　黃美真編，《偽廷幽影錄：對汪偽政權的回憶》（北京：東方出版社，2010）頁 17。

82　今井武夫，《今井武夫回憶錄》，頁 95-96。

表示，如中國為履行建設新秩序而分擔部分責任，則日本將尊重中國主權，對治外法權的撤銷和租界的歸還「願進一步予以積極的考慮」。[83]

汪精衛和他的幕僚仔細閱讀近衛聲明，左看右看，增加了一堆日本要求中國付出的條件，而日本承諾的「兩年撤兵」、「免軍費賠償」卻不見了。日本人出爾反爾，言而無信，汪精衛極為震驚與尷尬，「就知道已經上當了。」[84]

26日，蔣介石在中央總理紀念週正式駁斥近衛聲明。蔣指出，近衛所謂的「東亞新秩序」和「日滿支協同關係」，「就是將中國全部領土變成日本所有的大租界」。所謂的「經濟合作」，就是「要操縱我中國關稅金融，壟斷我全國生產和貿易，獨擅東亞的霸權」。所謂的「共同防共」，就是以此為名義「首先控制我國的軍事，進而控制我國政治文化以至於外交」。蔣介石說，「日本真正之所欲，乃在整個吞併我國家與根本消滅我民族。」蔣介石號召中國人民「認定目標，立定決心，愈艱苦，愈堅強，愈持久，愈奮勇，全國一心，繼續努力」。[85]

按照重光堂協議的時程，日方發表推動和平的聲明（近衛第三次聲明）後，汪精衛應迅即公開響應。但是，日本人既然自食其言，失信了，汪是否還要依約響應呢？汪精衛及其幕僚陷入長考。

汪精衛考慮了7天，決定仍舊以行動支持近衛聲明。汪的好友、也是他的頭號智囊顧孟餘「極烈」反對，堅持不應作任何回應，否則「有百害而無一利」。[86]汪精衛未接納顧孟餘的意見。

83　今井武夫，《今井武夫回憶錄》，頁95-96。

84　陶希聖，《陶希聖先生訪問紀錄》（台北：國防部史政編譯局，1994），頁106。

85　秦孝儀主編，《中華民國重要史料初編・對日抗戰時期・傀儡組織（三）》，頁38-41。引自楊天石，〈蔣介石如何應對汪精衛出逃事件〉，《找尋真實的蔣介石：蔣介石日記解讀（二）》，頁147。

86　「顧孟餘電汪兆銘響應近衛聲明有百害無一利」（1938年12月30日），〈汪兆銘投日前與政府首要函電（二）〉，《汪兆銘史料》，國史館藏，數位典藏號：118-010100-0049-056

1938 年 12 月 28 日，汪精衛發出〈致中央常務委員會國防最高會議書〉，指出日方聲明三項「實不能謂無覺悟」，要求蔣介石和國民政府認真考慮日本政府的和平倡議，把握「不可再失之機」。[87]

第二天，29 日，汪精衛發出「致蔣總裁暨國民黨中央執監委聲明」電報（即著名的「豔電」）[88]，呼應近衛聲明。

汪精衛呼籲國民黨對近衛所提和平三原則「應在原則上予以贊同，並應本此原則，以商訂各種具體方案」。此外，他特別強調「中國主權和行政獨立完整」，「日本軍隊全數由中國撤去，必須普遍而迅速」；所謂特定地點駐兵「至多以內蒙附近地點為限」等。[89] 他所強調的恰是近衛聲明忽略掉的部分，大概想藉此提醒日本政府先前的承諾。

「豔電」發表後，國內外群情激憤，交相撻伐；國民黨內更是砲聲隆隆，要求蔣總裁作最嚴正的處理。

3 天後，1939 年元旦，國民黨針對汪精衛兩份聲明召開臨時會議，蔣介石提議 3 種處理方式：（1）勸告（2）警告（3）開除黨籍。但與會委員認為太輕，一致要求給予最嚴厲的處分。[90] 會議最後決議「永久開除黨籍，並撤除一切職務」。[91] 會中有人主張明令通緝，因蔣介石反對而作罷。

國民革命元勛、國民黨及政府的二把手受到如此嚴厲的處分，汪精衛引為奇恥大辱。倒運的還不只如此，汪精衛所期待的幾位「有影響力的將領」竟無任何反應，粵系將領無人表態，龍雲不但沒反應，還致電蔣介石表示效忠。[92] 再加上全國輿情一致譴責，汪想獲得民眾支

87　汪精衛，〈致中央常務委員會國防最高會議書〉，《汪精衛政治論述》，頁243。

88　「豔」代表29日。

89　《南華早報》（香港），1938年12月31日。

90　陳布雷，《陳布雷回憶錄》（岳麓書社，2018），頁139-140。

91　《大公報》（重慶），1939年1月2日。

92　「龍雲呈蔣介石」（1938年12月19日），〈汪偽組織（一）〉，《蔣中正總統文物》，國史館藏，數位典藏號：002-090200-00022-002。

持的希望破滅了，而他手上已沒什麼籌碼可用。

屋漏更遭連夜雨，3天後，1月4日，近衛內閣突然總辭，平沼騏一郎繼任首相，重組新閣。這對汪精衛及其追隨者來說，簡直就是青天霹靂。「重光堂協議」是在近衛首相的支持下簽訂的，雙方所有的協議都有近衛的背書；因為如此，汪精衛才下決心拋棄數十年的政治基業，和日本合作。沒想到，才踏出第一步，近衛就突然下台了。之前和日方簽訂的那些協議還算數碼？平沼首相會認帳嗎？汪精衛的失望與尷尬難以言喻，他滿懷熱情的和平運動正要振翅鵬飛，卻驟失雙翼，這個打擊不可謂不大。

內外情勢對汪精衛極為不利，那麼，他們是否還依原計畫去香港？是否還要繼續往前衝？汪身邊的人對未來去留已有分歧，多位汪看重的朋友勸他慎重行事，切勿與日合作；蔣介石也派人勸他，汪精衛躊躇不定，只得暫時留在河內不作為，與東京也斷了聯繫。

高宗武再赴日「弄清真相」

汪精衛在河內處境尷尬，進退維谷。1939年1月下旬，汪精衛電召留在香港負責與日方聯絡的高宗武到河內，一起研商未來規劃。

組建西南政府已成泡影，汪精衛和高宗武討論今後行止的幾種可能，包括暫退一步去歐洲休養、支持吳佩孚出頭、調整方式續推和平運動等。但是，他們的初衷是反對蔣介石的持久戰，欲推動和平運動來收拾時局。若論與蔣介石抗衡、收拾殘局的實力，放眼華夏，除了汪精衛，無人能出其右。至於如何「收拾時局」，他們的想法是先組織一個「反共救國同盟會」，凝聚各方力量，再以「第三次近衛聲明」及「豔電」精神為基礎，和日本談判，目標是說服東京，取消現存在北平的臨時政府及在南京的維新政府，在南京組建一個統一的中央政府。[93]

93　「渡辺工作（第2期計画）　昭和14年2月」，〈渡辺工作の現況　昭和13年11月〉，

　　組建一個中央政府，這是個大膽的跳躍。在此之前，日方對中國的謀略是「分而治之」（在各地扶植親日傀儡政權），並未想要另外建個統一日軍占領區的中央政府。東京是想支持汪精衛出馬結合第三勢力，迫使蔣介石下台，或改變策略與日和談。重光堂協議後，汪主動提出在雲南或貴州組建一個西南政府，對東京來說，等於是附送的禮物。日本陸軍檔案顯示，在日方眼中，汪即使成功組建了西南政府，也還是個地方政府，和北平的臨時政府以及南京的維新政府同等級，都是日本的傀儡政權；如若不成，日本也沒什麼損失。[94]

　　不過，此時，隨汪精衛出走的人馬已明顯出現不同意見。陳公博、高宗武、陶希聖等人以近衛聲明為鑑，認為日本人不可信，不如先到歐洲暫避風頭，從長計議。周佛海、梅思平等則主張去上海，和日本談判，大幹一場。大家沒有共識，最後決定汪精衛夫婦及曾仲鳴夫婦暫留河內，其他人先去香港，觀察情勢再議。[95]

　　高宗武在河內期間，汪精衛多次問他：「日本人誠意如何？」高每次均答：「至多只能把它當百分之四十看待。」[96]汪思來想去，還是心有不甘，要高宗武再去一趟日本，當面弄清楚日本人「真正的態度」，同時試探東京對「反共救國同盟會」的反應。[97]

　　1939 年 2 月下旬，高宗武帶著汪精衛致日本政軍領袖的親筆信再度赴日，臨行前和汪精衛約好，在他確定日本人態度之前，汪留在河內，不採取任何行動。[98]

續 ⋯⋯⋯⋯⋯⋯⋯⋯⋯⋯⋯⋯⋯⋯⋯⋯

　　《陸軍一般史料》，防衛省防衛研究所藏，典藏號：C11110699800。

94　「支那新中央政府樹立方針」，〈支那事變，其二〉，《近衛史料》，京都陽明文庫藏。

95　陶希聖，《潮流與點滴》，頁 168

96　高宗武著，夏侯敘五整理，《日本真相》（湖南：湖南教育出版社，2010），頁 72。

97　同上。

98　同上。汪精衛親筆信致首相平沼騏一郎、前首相近衛文麿、陸軍大臣板垣征四郎、海軍大臣米內光政，以及外務大臣有田八郎。

　　在東京，高宗武見了陸相板垣征四郎，其副手東條英機在座，但未發一言。板垣和東條是日本陸軍少壯派軍人的領袖，東條後來在 1940 年接任陸相、1941 年出任首相。板垣嚴肅地表示：「日本沒有任何意圖侵略中國」，日本政策的核心是要提升亞洲國家的地位，要和西方國家絕對平等。所以，日本的對象是歐洲和美國，不是中國。板垣希望中國和日本合作，共同防共、對抗蘇聯、經濟合作。至於目前在北平的臨時政府及南京維新政府，日本「亦無堅持到底之意」。[99]

　　高宗武接著拜會了陸軍參謀本部次長多田駿。多田態度比較溫和，似乎試圖解釋第三次近衛聲明中增加的部分：「日本陸軍唯一的敵人是蘇聯」，日本之所以要在華北和內蒙的利益，「僅是為了開發天然資源，以及防禦和建立攻擊蘇聯的基地。」他還說，戰後，日本會把所有土地權歸還中國，而日本自然不會干涉中國的內政。[100]

　　除了兩位軍事重臣外，高宗武還會見了首相平沼騏一郎及前首相近衛文麿。平沼言辭婉轉，對高宗武提出的議題不明確表態，只是反覆說明日本的中國政策有兩點：「共同防共」和「經濟合作」。近衛則強調，除了少數無知者外，日本沒有人想要把中國變成第二個滿洲國，中國和日本的關係應該建立在友好互惠的基礎上，但是在過渡時期有些不痛快的事，一時難以避免，「此則雙方皆須忍耐。」[101]

　　東京很重視高宗武傳達的訊息，特別召開五相會議，決定支持汪精衛出馬籌組「反共救國同盟會」。興亞院會議隨後通過對這個項目的補助案，自 4 月開始，每月提供 300 萬元經費，為期 6 個月，由海關剩餘金撥付。[102]

99　高宗武著，夏侯敘五整理，《日本真相》，頁 75-77。

100　Zong-wu Gao, "Into the Tiger's Den" Laurence E. Salisbury papers, Hoover Institution Archives.

101　高宗武著，夏侯敘五整理，《日本真相》，頁 77-78。

102　《昭和十四年陸支密大日記》，陸軍省資料；國防部史政編譯局譯印，《日軍對華

3 月 16 日，高宗武從日本回到香港。他把此行的觀察寫成報告，託陳璧君帶給汪精衛（她到香港辦事，將於 19 日飛河內），另外還有一信致汪精衛、陳公博、周佛海、陶希聖、梅思平等人。

高宗武的報告指出，此行日本人雖然禮貌周到，但每談到實質問題，不是模糊帶過就是轉換話題，他判斷日本人沒有誠意，只是想利用汪精衛，逼迫蔣介石和談；如果達不到和平，汪精衛唯一的結果就是淪為日本的傀儡。因此，他認為汪精衛不宜做任何積極的和平行動，建議暫不採取行動，靜觀其變。若河內不適合久待，不妨去歐洲休養。總之，「絕對不要往東走」。[103]

孰料，陳璧君回到河內的第二天就發生汪宅刺殺案，這一下刺激了汪精衛做出決絕的決定，改變了汪精衛的命運。

河內刺殺　汪憤而投向日本

汪精衛等人在河內一待就待了 3 個月，終日憂心忡忡，無所事事。汪擔心自己和家人的安全，已動心要去歐洲待一段時間。

人算不如天算，1939 年 3 月 20 日午夜（亦即 21 日凌晨），幾名槍手突然闖入汪精衛在河內的住宅，對準主臥室床上的一對男女打了數十槍，殺死汪的親信曾仲鳴，重傷曾夫人方君璧。

曾仲鳴是汪精衛最信賴的助手，也是汪的密友、顧問，親如家人；他的死，對汪及陳璧君打擊甚大，汪精衛盛怒之下，鐵了心腸，決心不顧一切往前衝。

高宗武指出，汪精衛在河內安靜了 3 個月，本有意去歐洲，但在河內刺殺案第二天急電在香港的人，決心出面協助北平傀儡政權達成

續 ....
　　作戰紀要（3）歐戰爆發前後之對華和戰》（台北：國防部史政編譯局，1987），頁 28。
103 「東」指的是上海或北平。高宗武著，夏侯敘五整理，《日本真相》，頁 79。

中日和平關係。[104]

　　3月27日，汪精衛寫成〈舉一個例〉，刊登於香港《南華早報》。除哀悼曾仲鳴外，主要目的是公布1937年12月6日國防最高會議常務委員會會議紀錄。該次會議聽取外交部次長徐謨報告德國駐華大使陶德曼調停的情況，會中提到12月2日下午徐謨與蔣介石、顧祝同、白崇禧、唐生智、徐永昌會商日方所提和平條件。白崇禧說：只是這些條件，那麼為何打仗？徐永昌表示：只是如此條件，可以答應。蔣介石也說：如此尚不算亡國條件。之後，蔣介石接見陶德曼，親口表示同意以日本的條件為基礎進行和談。[105]

　　汪精衛用這些例子說明，主和的不是只有他一個人，而是「最高機關，經過討論而共同決定的主張」。他質問：何以別人可以主和，而他汪精衛不行？[106]

　　針對汪精衛的〈舉一個例〉，吳稚暉以〈對汪精衛「舉一個例」的進一解〉公開駁斥，直指汪精衛之言盡是「巧佞虛偽的投降理論」。[107]此文名義上作者是吳稚暉，實際上是蔣介石和吳稚暉共同撰寫而成。[108]

　　曾仲鳴之死，汪精衛對蔣懷恨難抑，再加上雙方公開筆戰，蔣汪之間徹底撕破臉。

誰下的刺殺令？

　　刺殺事件究竟是誰下的命令？事發之初，各方及媒體多推論刺客來自藍衣社（國民政府的軍事情報機構軍事委員會調查統計局），汪精衛認為是重慶那邊做的，陳璧君更是一口咬定是蔣介石所為。

....

104　高宗武著，夏侯敘五整理，《日本真相》，頁79。
105　《南華早報》（香港），1939年3月27日。
106　同上。
107　〈對汪精衛「舉一個例」的進一解〉，《吳稚暉檔案》，黨史館藏，檔號：稚00640。
108　蔣介石日記，1939年4月6日、11日。

微妙的是，發生這麼大的事，重慶方面始終不置一詞；汪派人馬在香港《南華早報》連寫 7 篇社論質問重慶為何出此下策，重慶也無回應。刺殺第二天，蔣介石在日記寫下耐人尋味的文字：「汪未刺中，不幸中之幸也。」

沒有確證，刺殺真相撲朔迷離，當時對暗殺行動至少有 4 個說法：

第一，軍統局所為：當時軍統人員的確在跟蹤監視汪的動向。40 年後，參與行動的陳恭澍在其回憶錄將此事和盤托出，明指這是軍統局領袖戴笠下的令，目標是汪精衛，結果卻「誤中副車」，誤殺曾仲鳴。[109]

第二，日本人所為：高宗武指出，槍手在殺了曾仲鳴後，在屋中停留較久，卻沒有進入汪的臥室，相當奇怪，因此推論這是日本人冒充重慶方面所為，目的不是殺汪，而是藉殺死汪的密友曾仲鳴，刺激汪投向日本陣營。

第三，此事與中、日雙方政府無涉，是曾仲鳴尋花問柳時因私人因素被刺。

第四，中統局所為：中統是國民黨的情報機構中國國民黨中央執行委員會調查統計局，雖然軍統局已盯梢多時，伺機制裁，但中統局搶得先機。中統局局長朱家驊不忍對汪精衛下手，便拿曾仲鳴開刀。

另有一說，當時日本的情報部門判斷並非「誤殺」，刺殺的目標本來就是曾仲鳴。因為汪當時已有去歐洲的念頭，而蔣介石業已派谷正鼎到河內，為汪送去出國的護照及旅費，情勢已有轉圜，沒必要再去殺汪。他們認為，蔣介石是對汪的周圍採取恐怖行動，以便切割汪派勢力，孤立汪，逼他放棄「和平運動」而出國。[110]

近年來，隨著新史料問世，這個疑案已漸明朗，乃軍統所為。

109　陳恭澍，《河內汪案始末》（台北：傳記文學社，未著出版年），頁193。
110　「汪兆銘派內部に動搖か」，〈各種情報資料〉，《太政官・內閣關係》，日本國立公文書館藏，典藏號：A03024429900。

抗戰期間，軍統局每年製作「總報告」給蔣介石，報告一年來的工作成果與檢討，1939 年總報告「一年來工作實施之提要與檢討」中「行動／制裁漢奸」的檢討，提到：「高級之行動幹部，不易養成，於特殊地區之策劃，每多失當，本年三月河內一擊之無功，為本局行動工作最大之失敗。」明確指出河內刺殺（「河內一擊」）是軍統局所為，結果失當無功，可見刺殺對象確是汪精衛，而蔣介石也是知情的。[111]

據此推測，蔣介石原本想暗殺汪精衛，徹底瓦解汪系的對日和談，孰料刺殺失敗，反而促成汪精衛決心與日本合作另組政府。特務行動的成敗有時對歷史走向產生關鍵影響，耐人尋味。

汪精衛東行　進入日本占領區

重慶對刺殺案保持緘默之際，沉靜了將近 3 個月的東京卻反應迅速。陸軍得知汪宅刺殺案後，立即派影佐禎昭和犬養健前往河內「營救」汪精衛，欲把汪移轉到「安全之地」。[112] 影佐和犬養從東京包了一艘輪船「北光丸」直奔河內，要與汪見面。高宗武、陳公博從香港頻頻電報汪精衛，千萬不要與此二人見面；汪拖了幾天，還是見了他們。據高宗武敘述，這兩人一見汪精衛就號啕大哭，汪亦淚流滿面，結果，「這一場大哭，就把汪給哭走了。」[113]

汪精衛在影佐禎昭和犬養健的護衛下，離開河內，1939 年 5 月 6 日抵達上海，他的核心幕僚周佛海、高宗武、陶希聖、梅思平等已都在上海等候。

111　蘇聖雄主編，《諜報戰：軍統局特務工作總報告（1939）》（台北：民國歷史文化學社，2021），導言，頁 VIII-IX；邵銘煌，《和比戰難？八年抗戰的暗流》（台北：政大出版社，2019），頁 176-189。

112　高宗武著，夏侯敘五整理，《日本真相》，頁 80。

113　高宗武著，夏侯敘五整理，《日本真相》，頁 82。犬養健後來在回憶錄中也記述了這次會面，提到汪精衛「激動得漲紅了臉」。犬養健著，任常毅譯，《誘降汪精衛祕錄》（南京：江蘇古籍出版社，1987）頁 135。

　　汪精衛對影佐禎昭提出兩件事：第一，他要組建一個中央政府；第二，他要去東京親自和日本軍政領袖晤談，「確認其意向。」[114]

　　這兩件事都令影佐及其軍部長官頗為意外。之前因為汪精衛承諾西南各省將領的「義舉」並未發生，以致新任首相平沼騏一郎對汪精衛頗為冷淡，陸軍失望之餘，也冷了下來。現在汪精衛提出要組織新的中央政府，而且是在日本占領區內，還要親到東京，這些都不在日方規劃之內，東京內部一時措手不及。[115]

　　措手不及，是因為東京從未想過要汪精衛在日本占領區內成立政府，更不想要個「統一的中央政府」。原因很簡單，統一的中國不利日本掌控。[116]

　　此外，陸軍內部對如何處理中國問題還有不同的意見。土肥原賢二想擁立吳佩孚，板垣征四郎則傾向汪精衛。軍部有一批少壯派軍官看輕汪精衛，認為吳佩孚比汪精衛更合適。另外，參謀本部仍有些人主張應優先與重慶進行和談。[117]

　　陸軍雖對汪精衛的實力心存疑慮，但也不能就此拋棄他；何況，汪在國民黨及國民政府的資望擺在那裡，他仍是中國政壇上的重量級人物。板垣開始積極統合內部意見，朝著汪精衛與吳佩孚合作的方向推動。[118] 為此，板垣還對反對汪精衛的人說了重話：「反對汪某者，

114　Zong-wu Gao, "Into the Tiger's Den"．

115　「渡辺工作（第2期計画）　昭和14年2月」，〈渡辺工作の現況　昭和13年11月〉，《陸軍一般史料》，防衛省防衛研究所藏，典藏號：C11110699800。

116　「25・事變解決ニ關スル指導方針」，〈支那事変関係一件　第十八卷〉，《戰前期外務省記錄》，外務省外交史料館藏，典藏號：B02030550100。

117　「竹內工作ニ關スル今井大佐トノ會談記」，〈支那事変ニ際シ支那新政府樹立関係一件／支那中央政權樹立問題（臨時維新政府合流問題連合委員会関係、吳佩孚運動及反共、反蔣救国民眾運動）第二巻〉，《戰前期外務省記錄》，外務省外交史料館藏。

118　〈畑俊六日誌〉，1939年5月17日。大本營陸軍部第八課，汪吳工作指導腹案，「12　昭和14年5月27日から昭和14年5月28日」，〈支那事変ニ際シ支那新政府樹立関

將令其轉至與事變處理不相關的職務。」[119]

四、從推動和平運動到組建新政府

　　東京那邊忙著迎接汪精衛到訪之時，汪精衛在上海積極推動他的和平運動方案。5 月 26 日，他在上海召集高級幹部會議，擬訂《關於收拾時局的具體辦法》作為建立新中央政府的藍圖，並攜此《辦法》親赴日本談判。

　　根據這個《辦法》，汪精衛他們將先召開國民黨臨時全國代表大會，修改黨章，重新制定政綱及政策；大會將授權汪精衛組織中央政治會議，負責改組國民政府以及「還都南京」。《辦法》還規定：在國府「還都南京」的同時，王克敏的北平中華民國臨時政府和梁鴻志的南京中華民國維新政府將自動取消，並宣布重慶國民政府為非法政府，其對國內發布的法令、對外締結的條約協定一律無效。[120]

　　東京方面，在中國組建新的「中央政府」的討論已提升到首相平沼騏一郎內閣。陸軍的意見是，蔣介石的持久戰已拖住數十萬日軍，日本必須削減在華兵力，儘快脫身。如果中國有一個新「中央政府」，且具有軍事實力，不但可邊緣化蔣介石的重慶政府，而且日本可以逐漸把日軍的負擔轉移給這個政權的軍隊。[121] 由此可見，陸軍省在縮減

續 ....

係一件 / 支那中央政権樹立問題（臨時維新政府合流問題連合委員会関係、呉佩孚運動及反共、反蒋救国民衆運動）第二巻〉，《戦前期外務省記録》，外務省外交史料館藏，典藏號：B02031727800。

119 〈中日事變中，中國新政府建立派系意見──中國中央政權樹立問題〉，國防部史政編譯局譯印，《日軍對華作戰紀要（3）歐戰爆發前後之對華和戰》，頁 30。

120 今井武夫，《今井武夫回憶錄》，頁 305-310。

121 國防部史政編譯局譯印，《日軍對華作戰紀要（3）歐戰爆發前後之對華和戰》，頁 31。

在華兵力為優先的考量下，對建立中國新中央政府是樂觀其成的。

汪精衛親訪日本

1939 年 5 月 31 日，汪精衛、周佛海、梅思平、高宗武等 11 人，在影佐禎昭和犬養健陪同下祕密飛往東京。日方雖然對汪精衛的熱情大不如前，但還是禮數周到，前首相近衛文麿和外相有田八郎親往機場迎接。

因為準備不及，再加上對外保密，日方把汪精衛一行安排住在東京郊外一所高級私人別墅，在那裡休息了 9 天，6 月 10 日才展開拜會。

在東京，汪精衛拿出在上海擬定的《關於收拾時局的具體辦法》，希望和日本軍政領袖深入交換意見。他會見了首相平沼騏一郎、前首相近衛文麿、陸相板垣征四郎、海相米內光政、外相有田八郎、還有民間領袖滿鐵總裁松岡洋右、黑龍會創辦人頭山滿等，有幾位還會談兩次以上。

和近衛文麿的談話長達 8 小時，兩人從中日關係談到日本外交、國際局勢、歐美蘇聯問題等等。然而，談來談去，多是禮貌性談話，並未涉及具體議題，汪精衛及其幕僚心情鬱悶，覺得日本在敷衍他們，失望之餘，甚至想提早結束訪問。[122]

日汪對新政府的認知差距

日本政府一面忙著接待汪精衛一行，同時馬不停蹄的召集陸、海軍、外務省、興亞院重要幹部開會，討論汪精衛提出的《關於收拾時局的具體辦法》。

6 月 6 日，根據陸軍中央的意見，平沼召開五相會議，通過《中國新中央政府樹立方針》，重點包括：

---

122 高宗武著，夏侯敘五整理，《日本真相》，頁91-92。

(1) 新中央政府以汪精衛、吳佩孚、既成政權，以及回心轉意之重慶國民政府構成。

(2) 新建中央政府應正式調整中日邦交。

(3) 中央政府必須具備人的要素與基本實力，構成與建立日期由日本決定。

(4) 新政府的政治形態以「分治合作」為原則，但應依據 1938 年 11 月 30 日御前會議通過的《日中新關係調整方針》執行。[123]

(5) 國民黨和三民主義，如改為親日防共，可容許存在。[124]

很明顯，汪精衛以為自己將成立的新政權凌駕各傀儡政權之上，殊不知日本政府卻是把汪精衛和其他各路勢力列為同一級別，而且仍然期待重慶政府反悔或屈服。也就是說，汪精衛想要成立的新政府只不過是日本治下眾多的傀儡政權之一。

值得注意的是，之前東京議決《日中新關係調整方針》時，汪精衛等人被蒙在鼓裡；現在汪人在東京，而《中國新中央政府樹立方針》這麼重大的決定，仍舊未與汪商量。可想而知，這些規定以及日汪雙方認知的差距必然成為日汪談判爭執的癥結。

至於汪精衛與吳佩孚的關係及角色究竟如何劃分，各單位意見不一，最後決定請平沼首相向汪精衛建議，由他們自己來協調解決。[125]

......

123 這裡指的是：日本在華北享有國防及經濟上的特別資源，蒙疆列為高度防共的自治區，長江下游是中日經濟高度結合地帶，日本在華南沿海的特定島嶼有特殊地位。

124 「支那新中央政府樹立方針」，〈支那事變・其二〉，《近衛史料》，京都陽明文庫藏。

125 「3 昭和14年6月5日から昭和14年6月7日」，〈支那事変ニ際シ支那新政府樹立関係一件／支那中央政権樹立問題（臨時維新政府合流問題連合委員会関係、吳佩孚運動及反共、反蔣救国民衆運動）第三卷 〉，《戰前期外務省記錄》，外務省外交史料館藏，典藏號：B02031728500。

　　汪精衛對日本人說，實現和平的最快途徑是直接與蔣介石達成諒解。但是，如果日本人真正需要他，他將竭盡所能促成和平。關於建立新政權，他提出幾個要求：

(1)　新政府將繼承中華民國法統，仍稱「國民政府」；
(2)　取消臨時、維新兩個政權；
(3)　以青天白日旗為國旗；
(4)　建立一支 50 萬人的軍隊。[126]

　　很明顯，汪精衛要求的是一個統一、有實權的中央政府。

　　日本對「中華民國政府」這個名稱無異議，但另外幾項則難鬆口。軍部（尤其是中國派遣軍）不願放棄對華北、華中的控制，抗拒廢止臨時、維新這兩個政權。他們也反對汪精衛使用中華民國國旗，理由是，日軍和國民政府軍隊作戰死傷那麼多，如果新政權仍舊用青天白日旗，前線將士很難接受。[127]

　　為此，6 月 15 日，汪精衛與板垣二度會談。最後，板垣同意新政權使用中華民國國旗，但須在國旗上附加「和平、反共、建國」的黃色布片，以示區別。至於取消臨時、維新兩個傀儡政權，板垣也同意讓步，但是「只是廢止臨時、維新兩政權的名稱，而非取消其內容及事實」。[128] 事實上，維持既成政權、並使他們與汪政權地位平等，這是五相會議早已確定的原則，板垣不可能變更。日本可以給汪精衛面子，形式上取消臨時政府及維新政府的名號，但他們事實存在，汪精衛必須承認他們的自治權。

126　國防部史政編譯局譯印，《日軍對華作戰紀要（3）歐戰爆發前後之對華和戰》，頁 34-35。高宗武著，陶恆生譯，《高宗武回憶錄》（北京：中國大百科全書，2008），頁 61。
127　影佐禎昭，〈我走過來的路〉，陳鵬仁譯著，《汪精衛降日秘檔》，頁 35。
128　〈新中國中央政府樹立經過〉（7 分冊），軍令部第一部直屬部員整理文書。

汪精衛反駁道：如果只是這樣，則他的新政權將有名無實，還不如暫緩成立。汪還表示，既然談不成，他要提早離開日本。[129] 眼看就要鬧僵，一旁的影佐禎昭急忙打圓場，說這些還可繼續協調。

汪精衛還向日本提出「關於尊重中國主權原則實行之對日要求」備忘錄，要求內政自主、新政府不設日本政治顧問、一切交涉應通過日本大使的外交管道、南京歸還後日軍開始部分撤退等。[130] 這幾項涉及日本撤軍以及新政府的定位，相當敏感，尚需進一步談判。

汪精衛這趟日本行不符期望，許多問題懸而未決，汪及其幕僚深感不安。高宗武回到上海立刻電告在香港的陳公博，謂東京之行一事無成，現在的當務之急已不是如何救國，而是如何「救汪」。[131]

然而，在日本人眼中，汪精衛是「赤手空拳」來的，東京已經「給」了他不少，因此，板垣認為雙方在建立新政府方面大致達成了共識，和平運動踏出了新的一步。[132]

籌組新政府　東京越俎代庖

1939 年 6 月 24 日，汪精衛離日回到中國，積極著手組建新政府。他首要爭取的是吳佩孚的合作，以及說服王克敏、梁鴻志取消他們的傀儡政權；此外，他還想去一趟廣東，試試能否在南方找到新政府設立的地點，以免在上海、南京受制於日本。

6 月 24 日，汪精衛和華北臨時政府主席王克敏在天津會面。王克

129 〈支那事変に際し支那新政府樹立関係1件　支那中央政権樹立問題〉，《陸軍一般史料》，防衛省防衛研究所藏，典藏號：C11110426000。

130 國防部史政編譯局譯印，《日軍對華作戰紀要（3）歐戰爆發前後之對華和戰》，頁34-35。

131 高宗武著、陶恆生譯，《高宗武回憶錄》，頁65。

132 「板垣陸相、汪第二次會談要領」，（2 昭和14年6月11日から昭和14年6月15日），〈支那事変関係一件　第六巻〉，《戰前期外務省記錄》，外務省外交史料館藏，典藏號：B02030528800。

敏直言：日本人不可信，汪沒有成立政府的必要實力。[133]

汪精衛接著到北平準備和吳佩孚商量彼此的合作關係。吳佩孚是1920年代中國的軍事強人，風雲一時，曾登上美國《時代》雜誌封面。此時華北方面軍為汪、吳在司令部內設置臨時寓所，方便兩人互訪。方面軍安排汪精衛先拜訪吳佩孚，再由吳回訪汪。孰料，吳佩孚態度曖昧，先是說應該先確定兩人的正副關係後再見面，又說要汪來訪，他不回訪。吳的反應顯示兩種可能：吳不願與汪合作，或是不願與日本人合作。汪精衛碰了個軟釘子，只得先回上海。[134] 不過，半年後，1939年底，吳佩孚因治療牙疾，猝然過世，日本原規劃汪主黨政、吳主軍的模式也就胎死腹中。

6月29日，汪精衛在南京與南京維新政府主席梁鴻志會面，氣氛和緩，但未談及具體事情。

另外，汪精衛仍不願放棄和粵軍領袖長期建立的關係，他在日本軍方協助下，7月底去了一趟廣東。粵軍領袖張發奎與汪精衛一向交好，是汪預計會跟著他一起「舉義」的將領之一。孰料，汪精衛與日軍廣東地區最高指揮官安藤利吉大談在廣州建立政權的計畫，但汪沒見到張發奎，無奈，只得透過廣播，向廣東軍方徵求志同道合的救國同志。8月9日，汪精衛透過日軍司令部電台發表廣播談話，力陳繼續抗戰將把中國逼上死路，唯有和平、反共，與日本合作，中國才有出路。他發誓，如果廣東軍方有和平反共的表示，安藤將停止作戰，並在最短期間，把廣州市歸還給廣州市民。[135] 汪的談話頗為激情與煽動，但等了幾天，未等到任何回應，只得在8月14日黯然返回上海。[136] 此時，

133　今井武夫，《今井武夫回憶錄》，頁107。

134　國防部史政編譯局譯印，《日軍對華作戰紀要（3）歐戰爆發前後之對華和戰》，頁34-35。

135　蔡德金，《汪精衛評傳》（成都：四川人民出版社，1988），頁345-346。

136　國防部史政編譯局譯印，《日軍對華作戰紀要（3）歐戰爆發前後之對華和戰》，頁

汪精衛才徹底明白，爭取有分量將領支持的想法是多麼不切實際；除了日本占領區，他根本無處可去。

　　8 月 28 日，汪精衛在上海召開國民黨第 6 次全國代表大會，244 人參加。大會通過幾個議案：

(1)　廢除國民黨總裁制，改為中央執行委員主席團，汪精衛被推選為主席。

(2)　以反共為政策，調整日華關係，恢復兩國邦交。

(3)　授權汪精衛指定中央執行委員，與各黨派組成「中央政治委員會」。[137]

　　9 月 7 日，汪精衛舉行記者會，向國內外說明他脫離重慶是「順應多數同志之請求」，現在要做的幾件工作：第一步是要恢復中國國民黨本來面目及自由獨立之行動；第二步是要力謀收拾時局的具體辦法，然後則是組織中央政府。[138]

　　19 日，汪精衛到南京與王克敏、梁鴻志就建立中央政府之事，尋求他們的諒解與支持。汪精衛拿出新政府的組織草案，立刻遭到王、梁反對，3 人爆發激烈的爭執。[139] 因為，按照汪精衛的設計，由各黨派組成的「中央政治委員會」將是新政府的最高指導機關，但這個委員會的成員以國民黨主席指定的國民黨中央執行委員為主幹，24-30 位委員由國民黨中央執行委員會主席（汪精衛）指定聘請，而維新、臨時

續 ……………………………………………

　　36-37。　張發奎日記，1939 年 8 月 14、15 日（Columbia University Rare Book and Manuscript Library）。

137　今井武夫，《今井武夫回憶錄》，頁 109-110。

138　1939 年 9 月 8 日，《中華日報》（上海），引自陶恆生，《「高陶事件」始末》，頁 169-170。

139　國防部史政編譯局譯印，《日軍對華作戰紀要（3）歐戰爆發前後之對華和戰》，頁 38。

政府只分到 6 個名額，還是以「社會賢達」的名義出任。也就是說，汪派人馬將主控新政府，王、梁的勢力被架空。[140]

不僅如此，梁鴻志的南京維新政府將被取消；而王克敏的華北臨時政府將失去行政權，僅保有處理華北共黨地方綏靖、經濟建設等權限，其委員亦將由「中央」直接指派。王克敏、梁鴻志拒絕接受，會談幾乎破裂。[141] 王克敏直率地說：「我們三個商量沒有用，這件事要他們協商好了，也就可以了。」[142] 王克敏所說的「他們」指的是汪、梁、王背後的日本機關。

王克敏點明了「傀儡之所以為傀儡」的殘酷事實，汪精衛及隨行的周佛海、陶希聖、高宗武都心神暗淡，深感「侮辱、羞恥，也是懊惱」。[143]

的確，真正主導汪政權成立的人不在中國，而在東京。汪精衛為其政權汲汲奔走的同時，日本興亞院、陸軍、海軍、外務省、財政省廳級主管則在東京討論汪政府的組織架構及人事布局。從 9 月下旬到 10 月 8 日，他們密集開會，擬定新政權內政、外交、財經、軍事各方面的執行辦法，再派代表到上海，和「梅機關」討論後定案，汪政權無從置喙。[144]

---

140 〈新中國中央政府樹立經過〉（7分冊），軍令部第一部直屬部員整理文書。〈中日事變中，中國新政府建立關係一件、中國中央政權樹立問題〉，外務省外交史料館藏。

141 〈新中國中央政府樹立經過〉（7分冊），軍令部第一部直屬部員整理文書。

142 陶希聖，《陶希聖先生訪問紀錄》，頁113。

143 同上，頁114。

144 「梅機關」是日本政府在1939年8月22日成立於上海，專責處理汪精衛及其政權成立事務，成員包括陸軍、海軍、外務省、新聞單位及民間人士，負責人是影佐禎昭少將。

汪政權定位爭議

實際上，東京內部對於汪政權的定位有相當大的歧異。陸軍、海軍，還有扶植汪精衛出馬最熱心的陸軍內部意見不同，爭得相當厲害。

參謀本部重視對蘇防衛及作戰，希望儘快從中日戰爭的泥沼脫出，因此主張儘快結束戰爭，從中國撤出部分兵力。結束戰爭需要汪政權的協力，所以，參謀本部主張放棄華中及華南，置重點於華北及蒙疆，也就是把陸軍撤到黃河以北。[145] 根據這個思維，就應加重汪政權的能力，給它自主權、給它軍隊、讓它調整外交。汪政權站得穩，日軍才能放心從中國撤出部分兵力。這種論調被稱為「華中、華南放棄論」。[146]

海軍著眼在南亞及太平洋，所以，不但不願放棄華中、華南，還想控制海南島（陸軍強硬主張放棄海南島）。[147]

陸海軍的爭執最後竟發展成參謀本部與陸軍省的對立。陸軍省（尤其是中國派遣軍）堅持寸土不讓，不放棄任何占領地，因為「皇軍流過血的土地焉能退出！」[148] 態度非常強硬，參謀本部只得步步退讓。

參謀本部第二部（主管謀略及中國、蘇聯、歐美事務）部長樋口季一郎對這樣的結果很失望，他質問：日本在中國「建立新中央政府的真正目的何在？」如果是要利用汪精衛，塑造出國民政府重返南京、中日親善的形象，就應讓汪政權像個樣子，如此日軍才能脫身，把兵力撤到黃河以北。[149] 然而，現在的做法卻是本末倒置，徒然製造了另一個傀儡，反而把當初扶植汪政權的初衷給忘了。

---

145 〈新中國中央政府樹立經過〉（7分冊），軍令部第一部直屬部員整理文書。
146 〈陸軍中將樋口季一郎回想錄〉、〈荒尾興功大佐之回顧〉，防衛省防衛研究所藏。
147 同上。
148 國防部史政編譯局譯印，《日軍對華作戰紀要（3）歐戰爆發前後之對華和戰》，頁45。
149 〈陸軍中將樋口季一郎回想錄〉，防衛省防衛研究所藏。

陸軍省次官阿南惟幾不滿樋口的質疑，當眾指責樋口的言論對陣亡的數十萬英靈不敬，還譏笑樋口未帶過兵，才會「口出暴論」。[150]

一直參與扶植汪政權工作的陸軍省軍務課石井秋穗中佐，對陸軍某些人捨本逐末的作風也非常反感。他指出，某些人談到扶植汪政權時，說得很了不起，說新政權對解決中國事變的作用多麼大，可是他們短視自私，說一套、做一套，實際作業時，想的都是如何從中國奪取更多的資源和政治上的特權，而不是去裝備汪政權以取代蔣介石的國民政府。[151]

爭論最後的結果是態度強硬的陸軍省勝利，「華中、華南放棄論」一敗塗地，樋口季一郎離開參謀本部，從此，陸軍省主宰了汪政權的命運。

1939 年 8 月 23 日，德蘇簽訂《互不侵犯條約》，日本北邊的壓力驟增，加上日軍在諾門罕戰役受挫，1 周後，平沼內閣被迫總辭，原陸軍大將阿部信行繼任首相。

10 月，日本興亞院起草《日華新關係調整要綱》（《日支新關係調整要綱》），作為與汪精衛談判成立中央政府的基本指導原則。這個《要綱》把中國劃分為東北、內蒙、華北、華中、華南 5 個層次，層層控制。

根據這個要綱，10 月 30 日，首相阿部信行就中國新政府樹立問題召集會議，出席者包括陸相、海相、外相、財政部長、興亞院長官等。毫無意外，陸軍的強硬意見壓倒一切，外相野村吉三郎力爭無效，最後通過這個要綱。外務省對此「要綱」十分失望，批評它對汪政權「要求太過苛刻」，這些要求詳細到細枝末節，汪政權被綁手縛腳，難以

150　國防部史政編譯局譯印，《日軍對華作戰紀要（3）歐戰爆發前後之對華和戰》，頁46。

151　〈石井秋穗大佐回憶錄〉，引自國防部史政編譯局譯印，《日軍對華作戰紀要（3）歐戰爆發前後之對華和戰》，頁43。

動彈。至於當初汪精衛對日本政府「不干涉內政」的要求，早已拋到腦後。[152]

　　這顯示一個微妙的現象。當初最支持汪精衛的是陸軍，現在最不信任、最壓制汪政權的也是陸軍。何故？日本陸軍檔案顯示，汪精衛承諾的事從一開始就未能兌現，既未看到西南將領的支持，亦未得到中國人民的認同，陸軍極為失望，從此看輕汪的實力，也開始重新評估蔣介石政府。[153]

　　因此，陸軍對汪政權的要求愈來愈嚴苛，陸軍省次官阿南惟幾幾乎在每個會議都強烈反對賦予汪政權實際權力，參謀次長澤田茂、作戰部長富永恭次、軍務局長武藤章也質疑汪精衛的能力。[154] 東京與汪政權的互動陷入惡性循環，東京對汪政權不滿，就不斷增加對它的約束；約束得愈多，汪政權就愈無能，其傀儡政權的本質也愈加顯露，而其政治向心力就更加脆弱。

五、日汪邦交談判　事事不如意

　　在這種對汪精衛極為不利的情勢下，1939 年 11 月 1 日，汪派與日方在上海就中日「邦交調整」展開正式談判。這是攸關汪政權成立的基本大法，日方以「梅機關」負責人影佐禎昭為首，其他代表包括犬養健，以及陸軍省和外務省的官員；汪派代表為周佛海、梅思平、陶希聖、周隆庠。[155]

---

152 〈中日事變中，中國新政府建立關係一件、中國中央政權樹立問題〉，外務省外交史料館藏。

153 〈興華北連政調特祕情報〉第5號《陸支受大日記（密）》昭和14年，第59號，防衛省防衛研究所藏。

154 〈陸軍中將樋口季一郎回想錄〉，防衛省防衛研究所藏。

155 最早代表汪到日本發起和平運動的高宗武未參加談判，因為他反對汪精衛在日本

「亡國條款」　汪派與日方激烈交鋒

　　會談開始不久，影佐禎昭就宣布暫時休會，他拿出東京兩天前才通過的《日華新關係調整要綱》及其附件，請汪方代表詳細閱讀。果不其然，周佛海等人對《要綱》所列條件都嚇了一跳，新條件不但大為超過上海重光堂協議的範圍，也違反了近衛第三次聲明的精神。除了承認滿洲國、新政府各部門須聘請日本顧問、共同防共之外，還有許多日本人一直瞞著汪精衛增加的條款，例如，在海南島設立軍事基地、日本人在華北及蒙疆享有經濟特權、委任日方經營重要鐵路；關於共同防共永久駐兵區域，東京把晉北 13 個縣編入「蒙疆」內，東京還自行擴張華北政務委員會的權限等等，這些條款意味著對中國資源赤裸裸的掠奪與控制。

　　梅思平立即表示，雙方討論的基礎，應該是根據上海重光堂簽訂的《日華協議記錄》、近衛第三次聲明，以及 6 月分在東京時日方與汪精衛的約定，「除此三件以外，恕難接受。」[156]

　　於是，一開始雙方就充滿齟齬，展開激烈的交鋒。針對撤兵、共同防共、設置顧問、平津及蒙疆以外的防共駐兵、華北政務委員權限、長江流域經濟合作、警察、軍備限制、鐵路權益、對海南島及上海市的要求等事項，汪派都要求刪除或修改。

　　雙方來來回回，難達共識。真正的癥結在於駐兵及撤兵問題。駐軍及撤兵直接反映汪政府的傀儡性質，汪派不願也不能讓步。日方要求，除蒙疆及平津地區外，華北、南京、上海、杭州也須駐兵。汪派則堅持駐軍以蒙疆及平津地區為限。撤兵方面，汪派要求明白寫上「兩

續 ┈┈┈┈┈┈┈┈┈┈┈┈┈┈┈┈┈┈┈┈┈┈┈┈┈┈┈┈┈┈

　　占領區內成立政權，日本人懷疑他是蔣介石的人，對他不信任。此次會議主談的是周佛海、梅思平、陶希聖，周隆庠擔任翻譯。

156 〈關於日中國交調整原則之協議會議時要錄〉，《現代史資料13，中日戰爭（五），昭和四一、七》（東京：みすず書房，1966）。

年之內」的撤兵期限。

　　汪精衛並未參加會談，11 月 5 日，汪召開行政會議討論日本提出的條件，參加的有陳璧君、周佛海、陶希聖、梅思平、高宗武。汪顯然也被日方的條件嚇壞了，他搖頭嘆氣說：「這完全是亡國條件，這樣看來他們主張抗戰是對的，我們錯了。」[157] 高宗武當場建議，不必討論這份文件，直接把文件退回，告訴日本人「所有一切和平運動，立刻停止」。[158] 陳璧君表示贊成，其他人沉默不語，汪精衛搖頭嘆息，但未置可否。

　　12 日，陶希聖在汪宅內部討論會上分析，這是日本人的大陰謀，從滿洲國、蒙疆、華北、華中、華南、甚至包括海南島，對中國層層掌控、處處剝削，無論如何，不能接受。汪精衛邊聽邊流淚，他似乎下了決心，當即召集高宗武、陶希聖等商量終止談判，搬出日租界內的愚園路公館，發表聲明，出國隱居，但周佛海極力反對。[159]

　　影佐得訊，趕來愚園路試圖挽回。汪精衛對影佐述說他從脫離重慶、響應近衛聲明、來到上海一路走過來的心路歷程，說到正在交涉的《要綱》，汪哽咽地說，這樣的條件他實在不能接受，他要移居法租界，閉門思過。影佐也是淚流滿面，他低著頭，一面聽，一面筆記，一滴滴淚水落在筆記上。[160] 影佐說，《要綱》是興亞院提出的方案，他十分無奈，這些條件的確超出《日華協議記錄》和「近衛聲明」甚多。他說，他理解汪先生的感受，他會為汪夫婦準備法租界住宅，但是，他有一個請求，請汪先生允許他親赴東京，叩請近衛公出面干涉。影佐情辭懇切，汪精衛頗受感動地說：「看來影佐還是有誠意。」同

157　高宗武著，夏侯敘五整理，《日本真相》，頁 102-103。

158　同上，頁 103。

159　Gerald E. Bunker, *The Peace Conspiracy: Wang Ching-wei and the China War, 1937-1941*, p. 184.

160　陶恆生，《「高陶事件」始末》，頁 181-182；《陶希聖先生訪問紀錄》，頁 119。

意了影佐的請求。[161]

11月16日，影佐攜帶汪方提出的修正案回東京。陸軍的態度仍強硬，寸步不讓，還斥責影佐態度軟弱，交涉無方。

東京之行，無功而返，影佐說不出的尷尬與無奈。他是日方最早推動汪精衛和平運動的關鍵人物，他始終強調一個重要的概念：扶植汪精衛的真正目的是以另一個中央政府來逼和或取代重慶的蔣介石政府。所以，東京和汪精衛合作實際上是做給重慶和全中國人民看的，日本應該以事實證明，汪的和平運動是行得通、是正確的。[162] 因此，日本政府對汪政權愈支持，汪政權就愈能得到中國人民的認同，重慶政府受到的壓力也就愈大。遺憾的是，東京那些人不接受他的意見，更不理解個中深意。對於東京的蠻橫無知，他對和平運動的前景「不禁產生黯淡的心情」。[163]

從決裂到妥協

汪精衛這邊，強硬派陶希聖、高宗武的主張受到重視。陶希聖以「懸案事項未獲讓步前，無法繼續交涉」為由，拒絕繼續談判。汪精衛也表示，在現況下，不採取建立政府的方式較妥。[164]

交涉陷入決裂，日方這才作了小小的讓步。12月初，日方同意在協議書上附加一份「絕密諒解事項」，加入了一些汪精衛的要求。例如，把日本在華駐軍分為防共和治安兩類，防共駐軍維持原議，但不明示駐兵地點。華北及蒙疆的行政機構，原則上同意置於汪政府之下。至於撤兵，同意改為「恢復和平、治安確定之後，開始撤回防共駐兵地區之外的軍隊，並在兩年內撤回完畢」。鐵路問題，原則上同意國有

161　陶恆生，《「高陶事件」始末》，頁181-182。
162　影佐禎昭，〈我走過來的路〉，收於陳鵬仁譯著，《汪精衛降日秘檔》，頁47。
163　同上。
164　〈新中國中央政府樹立經過〉（7分冊），軍令部第一部直屬部員整理文書。

國營，但軍事上有必要者，仍應委託（日本）經營。[165]

　　這樣的妥協仍不為汪派接受。例如，東京修改的「治安確定之後」開始撤兵，汪派堅持要改為「治安確定之同時」開始撤兵。[166]

　　為了打破僵局，此時由陸相轉任中國派遣軍總參謀長的板垣征四郎欲親到東京當面說明此案。11 月 25 日，他發出電報不久，陸軍中央立即回電「該案在審議中，不必來京」，斷然拒絕他回東京。[167] 板垣都碰了釘子，影佐更沒辦法，只得對汪派說硬話。影佐表示，如果還是談不成，日方不得已將放棄建立新政府的計畫。

　　拖到 12 月 6 日夜，雙方已談不下去。板垣再度電報東京請求改變態度，「縱使再固執於日方提案，亦難以打開僵局。……即使日方以最後通牒方式交付汪精衛同意，亦難以期待新政府建立之成功。」[168] 他提醒陸軍中央，目前的堅持實無必要，只要日方掌握主導權，今日稍作妥協，日後隨時可以要求汪政府調整策略，「只要我方實力在握，必要時刻依照我方自主之意見，予以適當之對策即可。」[169]

　　這個電報發生效用了，畢竟早日建立新中央政權對日方有利。東京緊急研商打開僵局之策。12 月 8 日，興亞院會議同意暫時妥協，把爭議之處暫授權「梅機關」處理；待新政府成立後，考慮全盤情勢，在適當時期，再與汪精衛舉行正式談判。[170]

　　於是，板垣征四郎親自出馬，拿著最後修訂的「日華新關係調整協議書」直接找汪精衛談，並告知這是日方的底線，汪必須做出抉擇，否則就得放棄成立新政府。

---

165 〈新中國中央政府樹立經過〉（7分冊），軍令部第一部直屬部員整理文書。

166 同上。

167 〈大陸命合訂冊〉，大本營陸軍部傳達命令檔案。

168 〈昭和十四年陸支密大日記〉，陸軍省資料。

169 同上。

170 〈新中國中央政府樹立經過〉（7分冊），軍令部第一部直屬部員整理文書。

汪系人馬離心離德

談判到此，已是尾聲。12 月中旬，傳出汪精衛以生病為由，欲拖延時間。[171] 汪派內部高宗武、陶希聖強烈反對簽字，但周佛海則主張妥協，汪精衛只是搖頭嘆氣，一直不表態，高、陶二人不約而同地生起離去的念頭。

1939 年 12 月 26 日，日汪正式談判結束，日方定下了簽字的日子：12 月 30 日。

26 日這一天，汪精衛召集高宗武、陶希聖、周佛海、陳公博等人，對談判作最後的審議。汪精衛說明談判遇到的種種困難，從雙方對新政府定位的巨大差距談到汪派內部激烈的爭辯，他說：「同志間意見不同，甚至發生爭執，這樣下去，將有殺人流血之事。」[172] 汪精衛用字如此嚴重，與會者無不愕然。

事實上，汪精衛和這幾位重要幕僚 11 月 1 日看到日本拿出來的《日支新關係調整要綱》後，每個人都明白，他們上了日本人的當了！日本人真正目的是割裂中國，而他們都成了日本人的幫兇、傀儡。高宗武、陶希聖、陳公博力主懸崖勒馬，絕不能被日本人利用；但周佛海主張妥協，繼續與日本合作。事情發展到這個地步，汪精衛騎虎難下，情何以堪。他幾乎每天嘆息、流淚，但對於取捨卻猶豫不決。

陳公博覺得不能再待下去了，28 日一早徑自返回香港。陶希聖、高宗武也感到是時候離開汪陣營了。但是，陶、高兩人從一開始就是汪精衛與日方洽談的主要代表，不像陳公博能一走了之，他們若離開，等同叛離，汪精衛及日方不會放過他們。茲事體大，他們不約而同各自暗地聯繫重慶方面，希望戴罪立功。

....

171 〈井本熊男大佐業務日誌〉，引自國防部史政編譯局譯印，《日軍對華作戰紀要（3）歐戰爆發前後之對華和戰》，頁58。

172 陶希聖，《潮流與點滴》，頁173；陶恆生，《「高陶事件」始末》，頁186。

懸崖不勒馬　汪精衛含淚簽字

和平運動重要的牽線人高宗武早就明白這條路走錯了。1939 年 6 月他隨汪精衛訪日歸國後，曾數度勸汪，日本人根本無誠意，切勿繼續走下去了。汪精衛聽不進去，他對汪也灰心了，開始做離去的打算。11 月中旬，高宗武趁著審閱日汪祕密協議文件中譯版的機會，悄悄把內容照像複製下來，底片存放在絕密的地方，隨時準備離開上海。[173] 與此同時，他透過父親的摯友黃溯初（黃群）祕密聯繫杜月笙及重慶，請求安排他回歸重慶，將功補過。[174]

12 月中旬談判陷入僵局時，高宗武決定作最後努力。他請汪精衛邀集陳公博、陶希聖在汪府密談。高宗武開門見山地說：「這個和平運動不能再走下去了！」[175] 繼續下去，汪先生充其量只能做個溥儀第二，太不值！高宗武建議汪精衛上中下三策：上策，馬上離開上海，到達安全地方後，公開承認自己錯了，並公布日本人要汪簽的密約內容，如此將能激勵中國人抗日的同仇敵愾，也可澄清汪當初離開重慶的初衷。中策，立刻離開虹口日租界，搬去法租界汪自己的房子，從那裡發函告訴日本人，原以為可以和日本推動和平運動，但這個想法錯了，現在要立刻停止所有的活動，並不再和影佐及犬養健見面。下策是像現在這樣在日租界繼續待下去，但拒絕見客、拒絕和日本人來往，事情就這樣拖著。[176]

最後，高宗武對汪精衛說：「這是我最後的忠告，只要你不背叛中國，即使是流亡天涯海角，我都追隨你到底。如果你背叛中國，那

173　高宗武著，夏侯敘五整理，《日本真相》，頁 103-104。

174　為安排策反高宗武之事，杜月笙、黃溯初分別在 12 月 18、21 日晉見蔣介石。蔣介石日記，1939 年 12 月 18 日、21 日。

175　高宗武著、陶恆生譯，《高宗武回憶錄》，頁 78。

176　同上，頁 78-79。

麼我們就此分手。」[177]

　　汪精衛唉聲嘆氣，不願給個明確的答覆，只說要盡量延遲傀儡政權的成立。汪還念念不忘影佐禎昭及犬養健的眼淚，說「兩個日本人都流淚了，……這是日本政治家缺乏遠見」。[178]

　　簽約的事一直僵持著，高宗武、陶希聖拒絕簽字，周佛海、梅思平願意妥協，汪精衛則不停地嘆息、流淚，但不置可否。最後，周佛海意見占上風，汪及陳璧君採納了周佛海意見。

　　12月30日是《日華新關係調整協議書》及其附件簽約的日子。[179]陸軍中將影佐禎昭（代表陸軍）、海軍少將須賀彥次郎（代表海軍）、犬養健（代表文官政府）代表日方簽字；汪方代表簽字的是周佛海、梅思平。陳公博已回香港，陶希聖稱病在家，高宗武亦留在家中，他們3人都不願簽字。最後就剩汪精衛了。汪精衛考慮良久，最後流著淚簽下他的名字，他一面簽字一面呢喃：「他們要我簽，我就簽吧！中國不是我們幾個人賣得了的。」[180]

　　日方很滿意，因為汪精衛幾乎是原樣接受了日方的條件。[181]兩天後，1940年元旦，影佐等人帶著密約回東京覆命，汪陣營中卻驚爆了舉世震驚、也是抗戰期間最戲劇性的「高陶事件」。

談判代表逃跑：高陶事件

　　1940年1月3日，高宗武、陶希聖在重慶國民政府情報單位及杜

177　高宗武著、陶恆生譯，《高宗武回憶錄》，頁79。
178　同上，頁79。
179　檔分為兩部分：「日華新關係調整要綱」以及「絕密諒解事項」，通稱「日汪密約」。
180　唐德剛，〈「高陶事件」始末序〉，收於陶恆生，《「高陶事件」始末》，頁23。
181　「日支國交調整原則ニ關スル協議會第一回至第七回會議議事要錄」，〈支那事變ニ際シ支那新政府樹立関係一件／支那中央政權樹立問題（臨時維新政府合流問題連合委員会関係、吳佩孚運動及反共、反蔣救国民衆運動）第十一巻〉，《戰前期外務省記錄》，外務省外交史料館藏，典藏號：B02031737500。

月笙協助下，分別化裝並使用假名，悄悄搭船離開上海。正值新年假期，汪精衛及日方並未注意他們的離去，直到 5 日他們抵達香港發出電報，才知道兩位重要的談判代表跑了。[182]

1 月 21 日，香港《大公報》以頭條大篇幅披露高宗武拍攝的《日支新關係調整要綱》原文及照片；第二天，22 日，重慶及上海各大報也一字不漏地刊登。此舉震驚中外，輿論譁然，稱為「高陶事件」。

這些連日本內閣會議上都沒有公開的極機密文件，居然一字不漏地全世界公開了。此事對汪精衛的打擊極大，對日本的影響更大。汪精衛從此坐實了就是個賣國的日本人傀儡，國民黨一致抨擊他，中國人民唾罵他，國際社會不接受他。原先還有些人對汪精衛和平運動持觀望態度，現在認清了日本真正目的，徹底死了心，再無反顧地支持蔣介石抗戰到底。日本原想利用汪精衛迫使蔣介石妥協、盡早結束戰爭，或抽回部分兵力的算盤，皆成泡影。[183]

有意思的是，負責對汪談判的影佐禎昭和今井武夫，對高陶的叛離並不意外，今井表示：「高、陶二人對和平政權失望，……起因於日本方面脫離了近衛聲明，採取強硬的權益要求所致。也可以說是必然要發生的問題吧！」[184] 影佐則指出，高宗武是最早向日本建議以汪精衛主持和平運動的人，但卻選擇逃脫，「也許看到了日本方面提出的祕密條約草案，對和平運動前途產生悲觀的緣故。」[185]

182　高宗武著，夏侯敘五整理，《日本真相》，頁124。

183　高宗武、陶希聖都得到蔣介石的原諒，高宗武夫婦不久經歐洲赴美，從此隱姓埋名，定居華盛頓。陶希聖留在香港辦雜誌，1941年底太平洋戰爭爆發後，回到重慶，任蔣介石侍從秘書、《中央日報》總主筆。1949年隨國民黨遷台，歷任國民黨中央宣傳部副部長、總統府國策顧問、國民黨設計委員會主任委員、國民黨中央黨部第四組（負責文宣）主任、中央日報董事長。

184　今井武夫，《今井武夫回憶錄》，頁115。

185　影佐禎昭，〈我走過來的路〉，收於陳鵬仁譯著，《汪精衛降日祕檔》，頁47。

汪政權與日本陸軍的微妙互動

1940 年 1 月 6 日，根據《日華新關係調整協議書》，興亞院會議正式擬定《關於中央政權樹立的對處要綱》，汪精衛在南京建立政權拍板定案，並指示「令汪派協助日方，早日促使國民政府屈服」。[186]

1 月 23 日，經日本安排，汪精衛、王克敏、梁鴻志在青島舉行三巨頭會議，討論中央政府成立及其與既有政權的關係。會議確定新中央政府宗旨為「反共、親日、和平」，中央政府由各黨派組成的「中央政治會議」為母體，組織架構則繼承前國民政府，政治綱領亦傳承自國民政府的舊法統。

由於汪精衛的堅持，王克敏的華北「臨時政府」改制為「華北政務委員會」，撤銷梁鴻志的南京「維新政府」，此外，蒙古聯盟自治政府、察南自治政府，以及晉北自治政府合併為「蒙疆聯合委員會」。會議並決定，3 月 22 日在南京召開政治會議，汪政府成立日期預定為 3 月 26 日。

成立新政府的各項條件大致完備，組建工作緊鑼密鼓地動起來。然而，幾個月前（1939 年 12 月）汪日為新政府成立作最後談判的同時，日本陸軍卻悄悄與重慶政府接上頭，展開和議談判。

汪精衛和平運動本就是陸軍支持啟動的，但後來的發展使陸軍對汪失望，認定就算成立新政權也毫無收拾時局的希望。[187] 參謀本部第二課戰爭指導班和一批陸軍少壯派軍官公開主張，欲解決陷入泥沼中的戰爭，「唯有儘快直接和（重慶）國民政府交涉」。[188]

....

186 「中央政權樹立ニ關連スル對處要綱〉，〈支那事變ニ際シ新支那中央政府成立一件／梅機關ト汪精衛側トノ折衝中ノ各段階ニ於ケル条文関係〉，《戰前期外務省記錄》，外務省外交史料館藏，典藏號：B02031754600。

187 同上。

188 國防部史政編譯局譯印，《日軍對華作戰紀要（3）歐戰爆發前後之對華和戰》，頁 211。

因此，陸軍在 1939 年 12 月推出「桐工作」，派參謀本部的鈴木卓爾及今井武夫在香港和重慶直接交涉。[189]「桐工作」得到陸相畑俊六及中國派遣軍總參謀長板垣征四郎的支持，視其為派遣軍重要的謀略作業。[190] 此外，陸軍「蘭機關」負責人和知鷹二亦到香港，透過張季鸞試圖與蔣介石方面直接接觸。（關於「桐工作」及戰時中日和議，請參閱本書第三卷第二章。）

日本陸軍一面扶植汪政權，同時又和重慶國民政府積極交涉和談，這種互相矛盾的做法在東京逐漸演變成汪派（外務省）和重慶派（陸軍）之爭，為日本的政略帶來重重矛盾與衝突。[191]

其實，從 1939 年 1 月汪精衛還在河內開始，陸軍和汪精衛的關係就陷入一種矛盾、自我衝突的惡性循環；這種現象在汪政權成立後仍無休止。當中原因相當微妙；簡言之，汪精衛一開始就高估了自己的實力，所承諾的事做不到，陸軍因此對他失望、懷疑他的實力；因為懷疑汪精衛的實力，對汪及其政權的要求就變得苛刻，增加各種限制；對汪政權限制愈多，綁手綁腳的汪政權更加軟弱無能，而陸軍對他們就更失望、更苛刻。

如此惡性循環的結果，陸軍後來對汪政權幾乎不抱什麼希望。1940 年 3 月，汪政府成立在即，陸軍為了等待重慶對「桐工作」的回應，竟向陸相提出延緩汪政權成立的日期。[192] 即使周佛海強力抱怨，派遣軍總司令部還是同意把汪政府成立的日子硬是推遲了 4 天，從 3 月 26 日延到 3 月 30 日。[193]

189　《陸支受大日記》昭和14年，第76號，防衛省防衛研究所藏。

190　〈大陸指〉支那事變，卷四，第661號，防衛省防衛研究所藏。

191　岩谷將，〈日本陸軍眼中的汪精衛和平運動〉，收於呂芳上編，《戰爭的歷史與記憶》（台北：國史館，2015），頁144-165。

192　〈石井秋穗大佐回憶錄〉，引自國防部史政編譯局譯印，《日軍對華作戰紀要（3）歐戰爆發前後之對華和戰》，頁43。

193　石井秋穗，〈昭和十五年重慶との交渉〉。

　　汪精衛的新政府被日本打臉的還不止於此。1940 年 3 月 30 日，新政府在南京正式成立，扶植它的日本政府卻遲遲未予承認，無論汪政府如何交涉，東京就是沒動靜。日本外務省檔案顯示，主要是陸軍故意拖延所致。[194]

　　1940 年夏，歐戰局勢變化，陸軍急著儘早結束侵華戰爭。陸軍明白，承認汪政權就意味著不得不和重慶政府進行持久戰，這是他們最不願見到的。所以，解決中國問題，還是得和蔣介石直接交涉談和。

　　為了謀求重慶停戰，陸軍願意對蔣介石作更大的讓步，連承認滿洲國和駐兵問題都可暫時擱置不談。[195] 在華的中國派遣軍甚至表示，唯有在重慶和談失敗的情況下，才考慮承認汪政權。[196] 因此，板垣征四郎不惜以各種技術上的理由，硬是拖著不承認汪政權。[197]

　　尷尬無奈的汪政權足足等了 8 個月，直到「桐工作」和其他與重慶政府和議的談判都宣告失敗後，1940 年 11 月 30 日，才獲日本政府的承認，並和日本政府締結《中日基本條約》。

....

194 「日支交涉議事錄（八月中）」外務省記錄「日華基本條約及日滿華共同宣言關係一件會議議事錄原稿」第二卷。

195 〈畑俊六日誌〉1940 年 6 月 25 日。

196 總軍參謀部〈事變解決ニ關スル極祕指導〉，總軍司令部〈昭和十五年事變現地處理方針〉，《支那事變戰爭指導關係資料綴—支那派遣軍の部》，防衛省防衛研究所藏。

197 石井秋穗，〈昭和十五年重慶との交涉〉。事實上，即使在日本政府和軍部大力支持汪精衛成立新政權時，仍有一些軍政高層不以為然，認為汪精衛這條路不能成事。多田駿（曾任日本陸軍參謀次長、華北派遣軍司令官）、喜多誠一（曾任日本北平特務機關長、興亞院華北聯絡部部長）等，他們堅信，和平談判不能避開蔣介石，否則無法解決中國問題。就連原本堅決反對和議的板垣征四郎（近衛內閣陸軍大臣、中國派遣軍總參謀長）在戰爭中期也改變了態度，認定必須和蔣介石直接交涉，才能解決中國問題。

六、汪精衛政府是什麼樣的政府？

　　1940 年 3 月 30 日，汪精衛的新政權「還都」南京，正式登場。「中央政治委員會」（中政會）是新政府最高權力機關，汪精衛為主席，周佛海是秘書長；其下是行政、立法、司法、考試、監察五院，以及軍事委員會。汪精衛擔任行政院長、軍委會委員長、並代理國民政府主席。影佐禎昭任最高軍事顧問，實際掌控政治、軍事、外交大權。汪精衛宣布，「國民政府既經還都，此後關於法令之適用，自以承繼舊制為原則。」亦即他的新政權繼承國民政府的法統，取代蔣介石政府，是代表中國主權的唯一政府。[198]

　　這個由日本操縱的傀儡政府，繼續沿用原南京國民政府的政體及法統，同樣使用「中華民國」國號、三民主義國歌、青天白日滿地紅國旗，僅在旗上加了「和平反共」四個字的小布條。

　　汪政府的領導中心是以汪精衛為主席的中政會，中政會也沿用國民黨「以黨治國」的訓政體制。但它和重慶國民政府的做法又有不同，國民黨中央政治委員會成員都是國民黨員，而汪的中政會成員除了國民黨黨員外，還包括其他政黨的幹部及社會人士。[199]

　　新政府名義上合併了原來的華北臨時政府、南京的維新政府和蒙疆聯合自治政府，形式上統一了淪陷區所有的附日政權，但汪政府實際的管轄僅及江蘇、浙江、安徽、江西、湖北、廣東、福建等省分，以及南京、上海、廣州、廈門 4 個特別市；另外還有徐州周邊的蘇淮特別區。華北臨時政府改為「華北政務委員會」，仍保持部分自主權，其轄下區域依舊聽命於日本華北派遣軍；其他地方傀儡政權亦多掌握在日軍手中。所以，汪政府掌握的完整行政權僅有江蘇、浙江、安徽

198　汪精衛國民政府《立法院公報》，第 1 期（1940 年）。

199　黃美真、張雲編，《汪精衛國民政府成立》，《汪偽政權資料選編》（上海：上海人民出版社，1984 年），頁 776。

三省及南京、上海，其他地區往往只有幾個縣。

政務受制於日本

汪精衛建政以來，內政、外交、軍事、財經處處受制於日本，各
個機構都有日本的「內部指導」。除了影佐禎昭擔任「軍事委員會」
最高顧問外，「梅機關」成員紛紛出任汪政府各單位的顧問，例如：
須賀彥次郎（海軍次長）擔任海軍首席顧問；谷荻那華雄（中國派遣
軍步兵大佐）、晴氣慶胤（陸軍特務）出任軍事顧問，分別掌控汪政
府軍事及特務工作；青木一男（日本財相兼企劃院總裁）出任日本駐
汪政府特命全權大使並兼汪政府最高經濟顧問，控制汪政府財經大權。
從中央到地方，從政府到事業單位，日本人派出大大小小的顧問、參
事、委員、理監事、董事等，巨細靡遺層層掌控江政府各機關。

日本人層層掣肘，汪政府中央的命令很難傳達到基層各地，政權
基礎弱化，不論是汪政府內部或是外界，都對這個新政權期望甚低。[200]
日本陸軍自己承認，汪政府的政令「不能超出南京城」。[201]

汪政府治理能力極弱，不僅是因為日本人處處掣肘，還有其他原
因，例如汪政府內部派系林立，以陳璧君為首的「公館派」、以周佛
海為首的「CC派」，還有「國民黨系」、「非國民黨系」等等，明爭
暗鬥，酒色財氣，少有真正做事者。[202] 日本軍務局石井秋穗中佐視察
南京時發現，汪派的人馬鑽破頭爭取政府要職，爭權奪勢，生活腐敗，

200 「近衛侯爵、陳公博會談要旨」（昭和15年5月24日，清水書記官記）「阿部信行
　　關係文書」Ⅱ－七。三谷太一郎，〈蘇德互不侵犯條約下之日中戰爭外交──意識
　　形態和權力政治〉，收於入江昭、有賀貞編，《戰間期之日本外交》（東京：東京大
　　學出版會，1984）。

201 〈昭和十六年陸支密大日記〉，陸軍省資料。

202 邵銘煌，〈汪政權的登場與落幕〉，收於呂芳上編，《中國抗日戰爭史新編：戰時社
　　會》，頁510-511。

對汪政權倍感失望。[203]

　　此外，汪政府實際上只控制了「點」與「線」（城市與主要交通線），其統治下的廣大基層卻有國民政府留下來的抗日武裝力量以及共產黨的勢力，這些「殘軍」在農村來去自如，經常製造騷擾，令汪政府及日軍頗為困擾。

清鄉工作

　　正因為汪政府對地方的掌控薄弱，1941 年，日軍和汪政府共同推出「清鄉」工作，目的是「強化治安、改善經濟」。中國派遣軍在蘇州設立清鄉司令部，汪政府在南京組成「清鄉委員會」，汪精衛親自兼任委員長，陳公博、周佛海兼任副委員長，實際負責執行的是兼任秘書長的特工頭子李士群。

　　「清鄉委員會」規模龐大，包括宣傳、民眾訓練、特種教育、地方行政、招撫整編 5 個委員會，以及參謀團、政治工作團、清鄉封鎖總管理處等，成員超過 1 千人。委員會的權責不小，可直接指揮各省政府及各地的軍隊，還可對清鄉地區制定法規、發布命令。汪政府在清鄉地區實施「保甲」制度，這是個集賦稅徵收、社會治安、人口編查、民眾動員功能為一體的軍事管理方式，再加上嚴格的物資管制，直接掌控農村治安及經濟生產。上海、南京周邊的農村被列為第一期清鄉地區，逐漸從江浙地區擴展到太湖地區，以及安徽、湖北、廣東部分地區。[204]

　　汪政府和日軍聯手，先以軍事力量打擊當地共產黨和國民黨的游擊勢力；然後封鎖清理過的地區，編查人口，執行保甲制。與此同時，

203　石井秋穂，〈昭和十五年重慶との交涉〉，防衛省防衛研究所藏。

204　邵銘煌，〈汪政權的登場與落幕〉，收於呂芳上編，《中國抗日戰爭史新編：戰時社會》，頁 507-508；許育銘，〈淪陷區的社會與生活〉，同上書，頁 560-564。

對農民施以思想教育，強調「中日親善」、「和平建國」、「大東亞共榮」等。

清鄉委員會涵蓋了軍事、政治、思想、經濟、文化教育等功能，幾乎與省縣市鄉鎮政府的工作重疊。李士群在領導江蘇省清鄉工作時，就出現與地方政府權責紊亂的情形，他乾脆自己擔任江蘇省長，實行一元化領導。

「清鄉」工作歷時兩年，汪政府對此特別重視，執行得也頗見成效。藉著「清鄉」，汪政府清除了地方的武裝分子，順利徵稅徵糧，攤派勞役，掌控了基層社會。此外，汪政府利用清鄉的機會，把民眾藏在鄉下的各種資源搜出來，改善其日趨惡化的經濟形勢。

例如，江南地區是中國著名的穀倉地帶，自國民政府撤離後，一直是國民政府中央軍以及中共游擊隊「忠義救國軍」的根據地。秋收時，日軍必須出動軍隊以武力收繳糧食，否則不但會引起衝突和民憤，收繳的糧食也有限。「清鄉」後，改由汪政府出面徵收糧食，避免了衝突，徵糧的數量也增加了。

通過清鄉，汪政府還組建了一個綿密的情報網，並在蘇州設立警察學校，訓練了 3 千多名警察，對各地的管理和掌控都更能發生效用。（關於汪精衛政權的內政及清鄉運動，請參閱本書第三卷第三章。）

汪政府的「和平外交」

汪精衛的外交政策簡單地說，就是親日、反共、反蘇的「和平外交」。汪政府「國民政府政綱」規定，外交方針有 3 個要點：

(1) 本善鄰友好之方針，求中國主權行政之獨立完整，以分擔東亞永久和平及新秩序建設之責任。

(2) 尊重各友邦之正當權益，並調整關係，增進其友誼。

(3) 聯合各友邦共同防制共產國際之陰謀及一切擾亂和平之活

動。[205]

　　對日外交自是其重點，但最令汪精衛難堪的，卻正是日本政府。一手扶植它的日本竟沒有在第一時間承認它。經過汪政府強烈要求、多方協調，周佛海還親赴日本催促，直到 8 個月後，東京才在 1940 年 11 月 30 日和汪政府簽訂《日華基本關係條約》，正式承認汪政府。

　　承認滿洲國，也使汪政權頗為尷尬。日汪和平運動本就是奠基於日滿華親善的大東亞新秩序，但承認滿洲國會被國人視為「賣國」，東京和重慶多年來和談未成，滿洲國是最主要的障礙之一。汪精衛想拖，日本自然不會讓步，1940 年的 11 月，日、汪、滿三方簽署「中日滿聯合宣言」，汪政權正式承認了滿洲國。

　　1940 年 12 月 10 日，汪政府特使、外交部長徐良到滿洲「新京」向溥儀遞交「國書」，開始所謂的「國交」，雙方還互派「大使」。雖有大使，卻無僑民，這也是怪事一樁。1941 年滿洲國「建國」10 週年，5 月，汪精衛訪問滿洲國，與溥儀會面，共同宣示大東亞共榮及親善友好。

　　國際方面，汪精衛、周佛海希望日本協助，儘快獲得軸心國盟友德國和義大利的外交承認，但這方面也不順利。德國與國民政府從 1934 年開始就維持良好合作關係，中國仰仗德國軍事及軍工方面的協助，德國則需要從中國進口鎢礦。陶德曼調停失敗後，德國雖撤回駐華大使及軍事顧問，但並未與中國徹底決裂，私下仍希望與中國「維持舊日邦交」。[206] 1938 年之後，德國、義大利還表示，願為中日調和。[207]

　　汪政權成立 15 個月後，1941 年 7 月，德軍進攻蘇聯，德國、義大

205　黃美真、張雲編，〈汪精衛國民政府成立〉，《汪偽政權資料選編》（上海：上海人民出版社，1984），頁 821-823。

206　蔣介石日記，1938 年 2 月 22 日。

207　蔣介石日記，1938 年 2 月 25 日、3 月 9 日。

利才正式承認汪政權。歐洲其他軸心國羅馬尼亞、保加利亞、斯洛伐克和克羅埃西亞也在同一天承認了汪政權。此外,還有日本在亞洲扶植的幾個傀儡政府:泰國、「自由印度」、緬甸巴莫政權、菲律賓勞雷爾政權等,也與汪政權建立外交關係。11月,汪政府受德國邀請,參加德國、義大利、日本在柏林簽署的《國際防共協定》。

1941年12月8日,太平洋戰爭爆發,汪政府立即爭取對英美開戰,欲藉此提升其國際地位,並接收英美在華的權益。但是,日本一開始在太平洋及東南亞地區連戰皆捷,未同意汪政府參戰的要求。及至1943年1月,日本在太平洋戰場失利,才同意汪政權對英美宣戰。

1943年11月,汪政府和日本控制的滿洲國、泰國、自由印度、菲律賓、緬甸等政權在東京簽署《大東亞共同宣言》,響應日本的「大東亞共榮圈」。

收回租界、廢除治外法權

汪精衛對日本撤兵、收回租界及廢除治外法權頗為用心,1938年11月重光堂協議,東京正是用這些條件說動汪精衛與重慶決裂的。但是,日汪隨後的交涉中,東京食言了。1940年11月日本正式承認汪政府時雙方簽訂的《日華基本關係條約》中,對於撤兵含糊帶過,但日本承諾將撤銷其在中華民國所有的治外法權,並交還租界。[208] 因此,汪政權積極研擬了《關於收回租界之研究》,準備一展身手。

不過,東京拖著不動,汪政府也莫可奈何;直到1941年底太平洋戰爭爆發,事情終有轉機。這是因為兩個原因:(1)重慶國民政府在1941年12月9日加入同盟國,開始和英美討論歸還租界之事,此舉對日本及汪政府都造成壓力。(2)日本把重兵投入太平洋戰場,在中國

---

208 《日華基本關係條約》第七條:「隨本條約所規定的日、華新關係的發展,日本國政府應撤銷其在中華民國所有的治外法權,並交還其租界;而中華民國政府為日本國臣民的居住和營業,應開放其本國領土。」

的兵力難免捉襟見肘、顧此失彼；汪政府趁機要求日本交還主權，擴大政府力量。

在這樣的背景下，日本才開始認真履行之前的承諾。1942 年 2 月，日本先把廣州和天津的英美租界歸還汪政府。1943 年 1 月，汪精衛訪問日本，再度提出對英美宣戰的要求，終獲東京同意，汪政府於 1 月 15 日對英美宣戰，同時與日本簽約「租界返還及廢除治外法權」，開始收回英美法三國在中國租界的權益。

1943 年 3 月 30 日，日本將杭州、蘇州等 7 個地方的租界行政權移交汪政府。與此同時，日本、義大利、法國維琪政府，以及西班牙也交還北京公使館的權益；8 月，汪政府收回上海公共租界。

治外法權方面，日本在 1943 年 3 月宣布在華日僑均遵守南京國民政府法律規章行事，8 月 1 日起，義大利、維琪法國等也相繼宣布放棄在中國的治外法權。

1943 年秋，美軍在太平洋開始反攻，日本眼看情勢不利，需要從中國抽調軍隊及資源，這才在 10 月 30 日宣布廢止了極不平等的《日華基本關係條約》，日汪重新簽訂《日華同盟條約》（亦即《日本國與中華民國同盟條約》），汪政府的待遇這才得到明顯的改善。

汪精衛的軍隊組成

汪政府在 1940 年南京開府後，循舊制設軍事委員會，作為最高軍事指揮機關，汪精衛兼任委員長。汪精衛本身沒有軍隊，所以其成軍依靠日軍支持，而日本為確保對汪軍隊的絕對控制，訂下幾項原則：

(1) 汪政府最高軍事機關設立日本顧問，有權策劃「國防軍事設施」及「防共軍事協力事項」；

(2) 日本在華北、內蒙古等「防共駐兵地區」，有權策劃軍事作戰行動；

(3) 日本在華北偽綏靖軍中可以直接指揮作戰軍隊；

(4) 汪政府的軍事教育機關和軍事技術部門，均設置日本的軍事教官和技術官；

(5) 偽軍的武器由日方供給。[209]

汪政府的軍隊絕大多數來自收編投降的國軍及游擊隊。總計 60 多萬軍隊，包括滿洲國的滿洲國軍（約 10 萬人）、蒙疆自治政府的內蒙古軍（約 2 萬人）、原華北臨時政府的華北治安軍（約 10 萬人）、南京國民政府的「和平建國軍」（約 40 萬人），還有些來自各地傀儡政權的親日武力。這其中，汪精衛真正能指揮的是他自己的 40 多萬和平建國軍，到抗戰勝利時，汪精衛擁有 7 個集團軍和一些地方的保安、警察。

汪精衛直轄武力中，還包括財政部長周佛海編練的中央稅警團。這是仿照宋子文當年在上海的做法，成員多來自被俘的國軍、原稅警團及忠義救國軍殘部，裝備武器來自日本，人數有 1 萬多人，其訓練和裝備都比其他偽軍要強。

偽軍主要來源有二：（1）由降日的國軍將領出面收編各地散兵游勇及失業壯丁，組編成部隊，包括國軍的潰兵、游擊部隊、地方武力、土匪等。（2）國軍與日軍或共軍作戰吃了敗仗，為保存實力暫時降日的部隊。[210] 為建立自己的嫡系軍隊，汪精衛仿效蔣介石的黃埔軍校，在上海江灣成立「中央陸軍軍官訓練團」，汪親自兼任團長。但日本對訓練團頗為顧忌，訓練團畢業生多被分發至武漢綏靖處工作，進入作戰部隊的極為有限。

....

209　轉引自余子道等，《汪偽政權全史》上卷（上海：上海人民出版社，2006），頁 608。

210　劉熙明，〈附日政權軍隊的興衰〉，收於呂芳上編，《中國抗日戰爭史新編：戰時社會》，頁 528-535。

汪政府的軍隊及警察從一開始就受到日軍的軍事顧問部所控制，軍警各級單位都有日軍顧問，日本的大隊長可以指揮偽軍團長及其以下官兵，日軍可以直接指揮汪政府的特工。[211]

太平洋戰爭爆發後，汪精衛政府曾多次表達希望派他的軍隊兵到太平洋前線與日軍共同作戰，但東京對此極為審慎，一直懸而不決。1942 年年中開始，日本在太平洋作戰倍感吃力，東京才在年底同意汪政府於次（1943）年 1 月向英美宣戰，「以促進中國方面的對日支援，俾有助於貫徹大東亞戰爭。」[212]

1943 年 1 月 9 日，汪政府對英美宣戰，並發表「日華共同宣言」，與日軍「同甘共苦」、「同生共死」。[213] 同日，日汪關於收回日本在華租借及廢除治外法權的新協定正式簽字生效。

不過，日本表面同意，但汪精衛的軍隊並未真正與盟軍戰鬥，只是收回淪陷區的外國租界。汪精衛堅持他的軍隊不對重慶國民政府作戰，但還是免不了參與了若干日軍的行動，在宜昌、常德、長沙會戰中，扮演了相當程度的支援的角色。不過，汪的軍隊並未得到日本人真正的信任，始終離不開日軍的支配，在戰場上尚無獨當一面的作戰，反而是協助日軍打擊占領區內的游擊部隊，和中共新四軍的衝突反而比較多。

1944 年日本在太平洋的形勢益加不利，這才逐漸放鬆對汪精衛軍隊的限制，汪政權也趁機迅速發展他的軍事力量。

至於汪政府所謂的海軍和空軍，只有 3 艘老舊的小砲艦和幾架教練機，形同虛設。

211　劉熙明，《偽軍：強權競逐下的卒子，1937-1949》（台北：稻鄉出版社，2002），頁 138-139。

212　國防部史政編譯局譯印，《日軍對華作戰紀要（5）華中方面軍作戰》（台北：國防部史政編譯局，1987），頁 453。

213　同上，頁 457。

　　另外還有一個特務機關──著名的特工總部 76 號。這個特務機構殺害許多抗日愛國人士，可謂聲名狼藉。

　　汪政權的軍隊有兩個特殊現象值得注意：第一，陳公博在戰後答辯時一再強調，汪政府「絕未出過一兵一卒和重慶作戰」。[214] 汪政府的偽軍的確拒絕與重慶國民政府的軍隊作戰，偽軍擔任的多是治安、防共工作，頂多是在日軍與國軍作戰中擔任後勤、打掃戰場等支援工作。

　　其次，不少偽軍與重慶的國民政府有聯繫，暗中協助重慶在淪陷區的地下工作。這個現象在太平洋戰爭爆發後更加明顯，他們認為日軍終將失敗，而共軍勢力不如國軍，因此各自向重慶方面尋找靠山，伺機「曲線救國」。[215]

　　重慶方面雖不全然「諒解」這種情形，但對若干部隊心存維護。例如徐州會戰中誓死固守臨沂的抗日名將龐炳勛，他在 1943 年太行山之役被日軍俘虜，為保全實力，率部投降，後來擔任汪政府暫編二十四集團軍總司令、開封綏靖公署主任。蔣介石始終相信他的忠貞，從未將他列為通緝名單，還特別照顧他留在重慶的家屬。[216]

　　也許就是因為上面這些特殊的現象，以致 1945 年 8 月 15 日日本天皇宣布無條件投降時，汪政府這麼龐大的軍隊竟然沒有任何抵抗，未發一槍一彈，就在當天自動宣布解散了。

重視教育文化

　　汪政府對教育文化頗為用心，南京建政後，迅即致力重啟因戰火而受損或停頓的中小學教育，並恢復「國立中央大學」（原中央大學隨國民政府遷至重慶）。中央大學在淪陷區的南京、北平、上海、蘇州、

214　金雄白，《汪政權的開場與收場》，第四冊，頁9。

215　劉熙明，〈附日政權軍隊的興衰〉，收於呂芳上編，《中國抗日戰爭史新編：戰時社會》，頁535。

216　同上，頁543-544。

杭州、武漢、廣州等 7 個城市招生，首屆錄取 674 位學生，所有學生一律免收學雜費、住宿費，二年制師專及農專生免收膳食費。大多數學生家境貧困，學校經費及人事也不穩定，但的確教育了一批人才，其中不乏傑出成就者，例如中國計算數學開創者馮康、中國科學院院士胡聿賢、鐵道兵總工程師潘田、台灣大學教授趙榮澄、台灣實業家鄒祖焜、程志新等人均出自中央大學；中國共產黨總書記江澤民也曾在此就讀。[217]

汪政府的教育理念與原國民政府不大相同，其教育目標是「和平反共建國」，時時灌輸「愛中國愛東亞」、「大亞洲主義」、「大東亞共榮」的理念。1941 年 11 月發起「新國民運動」，所謂「新國民」，是要「把愛中國、愛東亞的新打成一片」，教育方針除基本的「五育」（德智體群美）課程外，還強調「七事」（識字、體育、衛生、生產、節約、保甲、合作）。汪政府特別重視青少年教育，把「新國民運動」的精神扎根在中小學教育裡，要求青少年學習「斯巴達精神」和「武士道精神」，奉汪精衛為「最高領袖」，摒棄「共產主義的誘惑」，「為和平反共建國而奮鬥」。[218]

在戰亂中穩定社會

汪精衛的南京政府處處受制於日本人，其教育目標也在強調「反共建國」、「大東亞和平」，雖然出發點是為了維護日本及汪政權的統治，但在安定社會、重啟教育方面，的確產生一些正面效能。汪精衛希望照顧淪陷區人民的生活，所以他致力恢復教育，在生活必需品方面，也盡力與日本人周旋，以便穩定糧食及棉紗的供需。目前公開

217　國立中央大學校史網 https://web.archive.org/web/20140201232823/http://sec.ncu.edu.tw/ncudhis/index_chs.php?years=4

218　付啟元，〈試論汪偽政權對中等教育的「整頓」〉，《復旦學報（社會科學版）》，2015年第5期，頁61。

的檔案資料在這方面系統整理出來的較少，我們或可從汪政府中一位小吏的親身經歷中略窺一二。

　　楊鵬是汪政府實業部的專員，數代居住南京北面的六合縣，1937年12月南京大屠殺時，他是中學生，親歷當時的槍砲亂竄、死屍堆積、長江染紅、屍體一路漂流到分支河流的慘狀。當時，楊鵬父親是六合縣第三區區長兼瓜埠鎮鎮長，管轄一支自衛隊。他父親帶著自衛隊在鄉里阻擊到鄉間姦淫婦女的日本士兵，由於熟悉地形道路，進退攻守自如，讓日軍多有挫折。重慶方面的軍統局注意到這支武力，將其改編為忠義救國軍南京行動總隊的一支直屬大隊，繼續在鄉間打游擊。[219]

　　1940年初，楊鵬父親遭日軍殺害，楊鵬深夜逃走，到了南京城，勉強考進高中補習學校。畢業後考進汪政權的中央大學，獲得清寒獎學金，吃住都在學校，雖然孤苦貧寒、日夜難忘國仇家恨，但生活總算逐漸步上軌道，之後也步入父親後塵，為軍統局吸收，目標是打入汪政府，做軍統的地下工作。[220]

　　楊鵬通過汪政府公務人員考試，經過南京經濟人員訓練班的訓練，順利進入汪政府的「經濟委員會」，擔任科員、專員。楊鵬職位不高，但這個委員會的主任委員由汪精衛自兼，楊鵬因此有機會近身觀察汪與日本的互動。他懷著視汪精衛為叛逆的心情進入汪政府，但在一次次看到汪為了中國利益而與日本爭執後，他對汪的印象逐漸改變了。他看到日本屢次向汪政府索要物資、要求調高日軍軍票和汪政府儲備券兌換的比率，汪多次反對，並在會議上大發脾氣與日方代表爭吵。太平洋戰爭爆發後，日方多次要求汪精衛徵調30萬壯丁支援日本日益擴大的戰場，汪也堅決拒絕。[221]

....

219　楊鵬著，楊雨亭、楊羚、楊龍編述，《見證一生》（台北：華岩出版社，2018），頁11-13。

220　同上，頁14-19。

221　同上，頁31-32。

　　1944 年楊鵬回到故鄉，擔任六合縣三民主義青年團主任，他對汪政府的作為有更深的感受。汪精衛的南京政府成立之前，南京附近鄉鎮多為地方勢力控制，地方惡霸胡作非為、魚肉鄉民。汪政府成立後，特別是「清鄉」之後，各省、縣、市、鄉鎮為中央政府收編，各地方自衛團隊皆納入編制。雖然政府對地方的控制加強了，但地方惡勢力欺壓鄉民的情況改善很多，鄉民生活也較安定。[222]

　　楊鵬指出，他無法認同汪精衛背叛重慶、甘做日本傀儡的作為，但他也親身體驗了汪政府給占領區人民帶來的變化。他總結觀察，汪精衛政府恢復社會秩序，讓 2 億淪陷區人民不受戰火侵襲，也不為地方惡霸侵凌。此外，汪政府重啟教育，讓淪陷區的青年學生有機會受教育，進而改善他們的生活。單就這些作為，楊鵬認為汪精衛及其政府對淪陷區的同胞來說，還是有幫助的。[223]

　　楊鵬身為軍統局打入汪政府的人員，暗中組織並蒐集情報，照說應該很敵視汪精衛及汪政府，但他不得不承認，他在汪政府工作，經常讓他忘了汪精衛是漢奸或賣國賊。楊鵬特別提到，有次中央大學的開學典禮，汪精衛親蒞致詞，汪說到他在南京另組政府有其不得已，「我不入地獄，誰入地獄？」楊鵬當時還頗受感動。[224]

　　從楊鵬的親身經歷看來，汪精衛政權對於淪陷區受日軍控制的中國人民，仍是有若干正面作用的。作為傀儡政權，汪政府聽命於日本，許多措施的出發點多在維護日本的利益。但不可否認，汪政府使淪陷區免於戰火的蹂躪，淪陷區上億人民得以過上較為平穩的生活，汪政府的多項施為仍有其正面效果。例如「清鄉」的目的是掌控淪陷區的經濟資源，但同時也恢復了生產、穩定了農村的秩序與生活。「重啟教育」讓淪陷區青少年得以受到教育。楊鵬能進入中央大學並順利畢

222　《見證一生》，頁35。

223　同上，頁49。

224　同上，頁49。

業，就是得利於中央大學對清寒學生的補助。

　　不論如何，汪政府畢竟是脫離正統國民政府而與日本合作的「偽政權」、「偽組織」，在絕大多數中國人心目中，汪政府就是個投靠日本人的漢奸組織，得不到民意的支持，還經常遭到抗日志士的破壞和暗殺。抗戰勝利後，汪政府的主要負責人均被依法問罪與審判。

七、觀察與檢討

　　以上研究顯示，汪精衛從人人尊敬的革命志士、黨國元勛，到與侵略者合作、甘為日本傀儡，最後成為人人唾棄的漢奸，這段跌宕起伏的政治歷程，複雜糾結，不是簡單的「漢奸」二字就能說盡的。演變的過程中，有多重微妙的因素交互影響，包括日本自身的問題、國民黨的政治現勢、蔣汪兩人在中日關係及對抗戰的態度差異，還有汪精衛的性格因素等等。此外，汪精衛政府的作為如何？得失如何？這些議題值得重探深思。

日本終戰心切　積極誘降

　　東京從一開始就不想在中國長期大量用兵，對付中國最佳策略是在各地成立親日的偽政權「分而治之」。武漢會戰後，戰爭進入長期對峙階段，東京對中國軍政領導人物的誘降更為用力，希望盡快找到第二個溥儀，迅速結束中國的戰事。在國民黨領袖中，資歷夠強、主張和議、又願意做日本第二個溥儀者，也只有汪精衛一人。

　　鎖定汪精衛，東京派出最幹練的人手，專責執行汪精衛誘降工作。為此，日軍特別在上海成立「梅機關」，由影佐禎昭主持，成員包括陸海軍、外務省、興亞院高層，還有民間人士犬養健和新聞界的松本重治、太田宇之助等。

　　日本對「汪精衛工作」可謂費盡心力，影佐禎昭、今井武夫都是日軍中的中國通，擅情報又有謀略。與軍方有關的特務機關滿鐵南京事務所所長西義顯、日本同盟通信社上海分社社長松本重治也奉派參與工作；外務省特別把與高宗武熟識的田尻愛義派到香港任總領事，方便協調聯繫。如此綿密細膩的大網張開來，汪精衛很難不上鉤。

　　為了釣上汪精衛這條魚，影佐禎昭和今井武夫在重光堂會談時，對汪精衛提出誘人的條件，除了日中經濟提攜外，還應允兩年內從中國撤軍、歸還租借、廢除治外法權、免除軍事賠償等。

　　果然，這些承諾打動了汪精衛。汪認為有此條件，中國將免於戰火的毀滅，而國民黨內同志就能理解他謀求和平的初衷，還能得到中國人民的諒解；於是決心出走，與日本合作推動和平運動。

　　但是，「撤軍」談何容易！陸軍抵死不肯退，軍部不願碰觸撤軍的議題，也怕影響在中國戰場的日軍士氣；更何況，日本人民也不會接受。但對汪精衛來說，正好相反，他要宣傳和平停戰，要證明他的做法是對的，就非要侵略者撤出在中國占領的土地。

　　然而，「重光堂協議」是個祕密協議，既沒有日本政府任何公開的聲明或保證，又沒有日本政軍高層的共識。結果，汪精衛破釜沉舟地離開重慶後，近衛聲明卻拿掉了「撤軍」的承諾。影佐禎昭、今井武夫等扼腕嘆息，而汪精衛被日本人擺了一道，也只得啞巴吃黃連。更不幸的是，近衛首相自己也下台了。

　　左右不逢源，汪精衛開始有了去歐洲的想法。但是，日本早已對汪精衛撒下大網，怎能讓他破網而去？軍方抓緊了河內刺殺的機會，影佐禎昭、西義顯立即趕到河內，對汪精衛動之以情、曉之以利，硬是把汪精衛接到上海日租界。此時汪精衛已沒什麼籌碼，進入日租界，等於羊入虎口，任由日方擺布了。[225]

---

225 「日支國交調整原則ニ關スル協議會第一回至第七回會議議事要錄」，〈支那事變ニ

　　值得一提的是，正因為東京各界寄希望於汪精衛，但汪承諾的並未兌現，日本陸軍的態度從希望變成了失望。日本檔案證明，兩廣及西南將領未追隨汪精衛，對汪是極大的不利。為此，反而造成日方對汪及其政權的談判更加嚴苛和傀儡化的待遇。[226]

東京目標與手段矛盾　各部互相掣肘

　　日本政軍界一致的謀略是「誘汪除蔣」、儘快結束中國戰事，那麼，為了儘快達到目的，參與的政軍人員就該齊心一致，奔著這個目標努力。但他們對中國政局的判斷卻連連失準，目標與手段又相互矛盾，各單位間的做法還經常彼此牴觸，以致「汪精衛工作」做得荒腔走板，最後把汪精衛弄成十足的傀儡，不但未能「除蔣」，反而使中國軍民抗日的決心更加堅定。

　　日本陸軍檔案顯示，東京原以為「挖汪」就必能「除蔣」，孰料汪從重慶出走後，所承諾的事情均未做到，陸軍從那時就看輕汪的實力，有了騎虎難下、難以收場的問題。[227] 外務省及軍部也開始判斷汪「成不了什麼大事」。[228] 當時日本駐香港總領事田尻愛義曾對影佐禎昭坦言，汪這條路走不通，「以重慶為對手發動的戰爭，就應以重慶為對手來交涉解決。」[229] 但軍部不願放棄，反而在第一個謀略失敗後，

續 ⋯⋯⋯⋯⋯⋯⋯⋯⋯⋯⋯⋯⋯⋯⋯⋯⋯⋯⋯

　　際シ支那新政府樹立関係一件／支那中央政権樹立問題（臨時維新政府合流問題連合委員会関係、呉佩孚運動及反共、反蔣救国民衆運動）第十一巻〉，《戰前期外務省記録》，外務省外交史料館藏，典藏號：B02031737500。

226　〈興華北連政調特祕情報〉第5號《陸支受大日記（密）》昭和14年，第59號，防衛省防衛研究所藏。

227　「25. 事変解決ニ関スル指導方針」，〈支那事変関係一件　第十八巻〉，《戰前期外務省記録》，外務省外交史料館藏，典藏號：B02030550100。

228　田尻愛義，〈對汪精衛的謀略工作〉，收於陳鵬仁譯著，《汪精衛降日秘檔》，頁260。

229　同上，頁261。

再生出第二個謀略。

「挖汪」沒能拉垮蔣介石，軍部退而求其次，扶植汪精衛成立新政府，想從外部對蔣介石施加壓力，逼蔣妥協。欲扶植汪對抗蔣，就得讓汪政府有一定的分量和號召力；可是東京興亞院各方勢力卻莫名其妙地綑綁其手腳，「扶汪」成了「毀汪」，嚴重背離了「挖汪」的初衷。最後竟然連代表汪精衛談判的高宗武、陶希聖都反了，活生生逼出「高陶事件」，汪精衛成了賣國賊，而東京費盡心力扶植的汪政權尚未開張就已殘廢了。

其實，東京的「汪精衛工作」從開始就著著失誤。汪精衛雖然不如想像的那麼有能耐，但他的名望聲譽在那裡，中國第二號人物肯站出來與日唱和，日本如能抓住這個難得的機會，對蔣介石多少會造成壓力。遺憾的是，東京第一步（近衛第三次聲明）就單方面拿掉「撤軍」的承諾，硬在汪精衛和他的同情者頭上澆了一盆冷水，東京給自己貼上「日本不可信」的標籤，自斷後路。

之後一錯再錯，不斷在汪政權頭上加上緊箍兒，日方談判主將影佐禎昭和今井武夫都「倍感絕望」，不知東京那些任意加碼的人，「究竟是為了什麼？」[230] 今井坦言：看不到中日親善的影子，更看不到日本的誠意，「不過是露骨的暴露出（日本）帝國主義的要求而已！」[231]

最難堪的是影佐禎昭。他對汪工作是有熱情、有謀略的，可是，日汪談判時，日方再三提出嚴苛的條件，影佐禎昭不禁批判：「這已不是日華交涉，而是名副其實的日本與日本的交涉。這樣下去，對蔣和中國國民來說，汪先生將成為賣國賊。」[232]

等到「日華新關係調整要綱」出爐，任何人都看得出，這是要把華北從中國獨立出去，海南島將歸日本海軍所有，汪派談判代表自然

230　今井武夫，《今井武夫回憶錄》，頁112。
231　同上，頁111。
232　陳鵬仁，〈日本對汪精衛工作〉，收於陳鵬仁譯著，《汪精衛降日秘檔》，頁309。

不願接受，連影佐也無法接受，他無奈地自嘲：「世上還有比它更差的傀儡政府嗎？」[233]

東京不僅是目標與手段互相矛盾，各單位還各行其是。如何對待汪精衛，不僅政府（外務省）和軍部意見不同，陸軍和海軍也常有衝突，參謀本部和陸軍省亦不同調。各有各的利益權謀，互不相讓。為了華東、華南、海南島，內部就吵個不停，成事不足，反而把一盤好棋打壞了。

一直參與談判作業的參謀本部幕僚崛場一雄，一路見證東京各部在扶汪的整個過程荒腔走板、互相掣肘，忍不住向陸相畑俊六抱怨：「事變的第一個決心——開戰當時；第二個決心——不以國民政府為對象的聲明；第三個決心便是這一次的汪政權建立問題。我懷疑這三次都是沒有決意的決心，或者幾乎是沒有決意的決心。」他認為「權益思想應止於玄海灘，勿使其到中國。」（意指陸海軍各部權力利益的競逐應僅止於國內，對外應步調一致，不應把內爭帶到中國。）[234]

幾乎每位參與談判的日方代表都為此扼腕。犬養健、西義顯都對日方做法不滿，西義顯直言，汪精衛的悲劇是日本軍閥和官僚政府一手造成的，「他們根本不顧如何有效利用汪兆銘的作用，……他們實在愚蠢，他們把這個偉大的革命家當成俘虜，縛其手、踩住其腳，然後要他快跑、飛翔。」[235]犬養健也批評東京自毀承諾，預言這個「謀略」不樂觀。[236]

很不幸，事實正是如此。東京各部硬是把汪精衛當作俘虜，最後白忙一場。

....

233 陳鵬仁，〈日本對汪精衛工作〉，收於陳鵬仁譯著，《汪精衛降日祕檔》，頁309。

234 國防部史政編譯局譯印，《日軍對華作戰紀要（3）歐戰爆發前後之對華和戰》，頁56。

235 西義顯，《日華和平工作祕史》，頁139-140。

236 陳鵬仁，〈日本對汪精衛工作〉，收於陳鵬仁譯著，《汪精衛降日祕檔》，頁296。

蔣汪對抗戰的態度不同

除了日本的問題外，汪精衛叛離重慶尚有多重因素，他和蔣介石對抗戰的態度不同應是最直接的導火線。

貧窮落後的中國如何與日本對抗？抗戰究竟要不要堅持下去？如何打？這些問題始終縈繞在中國黨政軍領袖心中。事實上，南京淪陷後，主和者大有人在，國民政府上層領導、中層官員、甚至軍中將領，都有不少人認為打不下去了，應暫時委曲求和，「保全國力，再圖來茲」。[237]

然而，蔣介石堅持抗戰到底，他有一套「制敵之死命」的大戰略：持久戰、消耗戰、等待國際情勢變化。他堅信日本無力作持久戰；中國只要堅持不屈，拖也能拖死日本。日軍一旦被拖入中國內部，必定「欲罷不能，進退維谷」。[238]「不惟一無所得，且亦一無所有。……步步荊棘，其必葬身無地矣！」[239] 他在公開場合及其日記中多次提到，日本資源有限，中國堅持持久戰，只要能撐住幾年，國際上必有新發展，中國必能得到最後勝利。[240]

汪精衛則不以為然。盧溝橋事變爆發，汪精衛一開始也是支持抗戰的，但接著而來的淞滬慘敗、南京淪陷，他很快就失去信心了，每談到戰局，經常是「搖頭嘆息」。[241] 他多次直言，「中國絕不可能僥倖成功」，戰必大敗，而和未必大亂。此戰必致中國民愈窮，財愈盡，

237 「蔣中正電孔祥熙請德大使陶德曼來京面談」（1937年11月29日），〈親批文件－民國二十六年二月至民國二十七年十二月〉，《蔣中正總統文物》，國史館藏，數位典藏號：002-070100-00045-033。

238 蔣介石日記，1937年11月30日，「本月反省錄」。

239 蔣介石，〈為國軍退出武漢告全國國民書〉，《總統蔣公思想言論總集》卷三十書告（台北：中央委員會黨史委員會，1984）。

240 關於蔣介石對日大戰略，請見本書第一卷第五章〈抗戰大戰略的形成〉以及第三卷第二章〈重探戰時中日和議問題〉。

241 陳方正編輯校訂，《陳克文日記》，1937年11月18日，頁136。

而共黨必趁機坐大。[242]

汪精衛不但反對繼續對日作戰，他也反共；「反共」恰是他反戰的重要考量。他認為，中共唯恐中國不亂，亂了它才有機會坐大。同時，蘇聯承諾參戰，但一再食言，其真正目的是挑起中日戰爭，好減輕蘇聯在亞洲的壓力。[243] 為此，汪精衛頻頻警告，國民黨抗日，必徒然為共產黨作嫁。[244]

汪精衛認為，既然橫豎都打不過日本，「兩害相權取其輕」，與其亡黨亡國，不如委曲求和。因此，他主張有條件的與日本談和，不但黨國得以保存，國民得以休養生息，而且，中國傳統文化及社會秩序都能因此而保存。[245]

汪蔣對抗戰的態度與信心差距甚大，兩人為此多次爭執。蔣曾多次氣得責備汪「只知戰時痛苦，妄想速和，殊不知和後痛苦更甚於戰時，而況為屈服不得已之和乎？」[246]

1938 年 11 月，廣州、武漢淪陷後，汪精衛對抗戰的前景以及蔣介石的態度失望透頂，決定和日本合作，用自己的方式來結束戰爭。

此外，汪精衛和蔣介石對「和」「戰」的底線也有分歧。汪精衛主張和談，蔣介石也並不反對談和，但兩人對和戰的底線不一樣。蔣堅持日本須退回盧溝橋事變之前狀態，否則不惜抗戰到底；而汪則認為兩害相權取其輕，不妨委曲求全。

蔣對「底線」的堅持有其深層的考慮，他堅信委曲並不能求全，而是「降服於敵，訂立各種不堪忍受之條件，以增加我國家與民族永

242 汪精衛，〈答問〉，1939 年 1 月 30 日，《汪精衛政治論述》，頁 246。

243 汪精衛，〈我對於中日關係之根本觀念及前進目標〉，《汪精衛政治論述》，頁 264-265。

244 同上，頁 264。

245 汪精衛，〈答問〉，《汪精衛政治論述》，頁 246-247。

246 蔣介石日記，1938 年 3 月 22 日。

遠之束縛」。[247] 在他心中，失敗並不可怕，可怕的是與日本簽下喪權辱國的合約。失敗了，還有再起的一天；但簽了綁手束腳的合約，中國就永無復興之日，「民不成民，國不成國，存不如亡也！」[248]

此外，蔣介石還有一個顧慮。如果沒有在維持中國主權完整的條件下與日本談和，則國內輿論、各方勢力，以及黨內派系必群起而攻之，屆時「外戰如停，則內戰必起，預期國內大亂，不如抗戰失敗」。[249] 所以，蔣介石對於和戰的態度是「降不如戰，敗不如亡」。[250]

汪精衛則主張，力不如人，就應「委曲求全」，忍一時之辱以換得和平。他認為日本雖占有中國部分土地及資源，但並不妨害中國獨立生存，日本的條件其實是在可忍受範圍內，他批評蔣介石對和談的態度是「深閉固拒」，錯過許多機會。[251]

汪精衛曾致電國民參政會副秘書長彭學沛說：之所以離開中國，「係因中央不願考慮和議，及本黨有進一步容共之趨向」，故不得不「以去就爭」。[252] 可以確定，蔣汪因為對抗日、反共，以及和議政策的分歧，經常針鋒相對，彼此心生嫌隙，最後促使汪精衛離開重慶，走自己的路。

汪蔣權力地位消長的影響

研究汪精衛的學者，多不會放過汪蔣的權力消長以及瑜亮情結。1925 年孫中山逝世後，國民黨內掌握實權的是汪精衛、胡漢民、廖仲愷。不久，廣州國民政府改組，汪精衛當選國民政府主席、軍事委員

247　蔣介石日記，1937 年 12 月 28 日。
248　蔣介石日記，1938 年 3 月 23 日。
249　蔣介石日記，1937 年 12 月 29 日。
250　蔣介石日記，1938 年 3 月 23 日。
251　汪精衛，〈我對於中日關係之根本觀念及前進目標〉，《汪精衛政治論述》，頁 261。
252　林美莉編輯校訂，《王世杰日記》，頁 167。

會主席、國民黨中央執行委員、宣傳部長，這是他一生政治地位的鼎盛時期。蔣介石當時只是黃埔軍校校長、粵軍參謀長，在黨及政府均無要職。[253]

然而，幾個事件使得蔣介石快速躍起。先是廖仲愷在 1925 年 8 月 20 日被刺身亡，蔣介石成為廖案「特別調查委員會」3 位委員之一，開始與聞國民黨中央要務。不久，胡漢民、許崇智受廖案牽連而去職，蔣介石接管粵軍，並當選國民黨中央執行委員，黨內排名迅速上升。

另一件則是 1926 年 3 月的「中山艦事件」。[254] 蔣介石先斬後奏，共產國際對蔣讓步，汪精衛威信備受打擊，一怒出走，先去香港，再轉巴黎。汪精衛一走，蔣介石趁勢坐大，陸續出任軍事委員會主席、國民黨中央組織部長、國民黨中央常務委員會主席、國民革命軍北伐總司令，並開始北伐。

中山艦事件可說是蔣汪權力消長的轉捩點，一年後，1927 年 4 月，汪精衛回國，國民政府及黨的權力結構都已不一樣了，昔日的部屬蔣介石已逐步掌握了黨政軍權力，而汪精衛從此再沒能踏上黨政的頂峰。

1928 年北伐成功，國民政府建都南京，蔣介石在黨政軍的聲望和影響力更上層樓。1931 年九一八日本侵華，蔣汪合作，蔣主軍（軍事

---

253 胡漢民任國民黨中執委、陸海軍大元帥兼廣東省長；廖仲愷任國民黨中執委、常委、政治委員會委員，兼工人部長、農民部長、黃埔軍校黨代表、財政部長、軍需總監、大元帥秘書長。軍方最具實力的是許崇智（國民政府軍事部長、廣東省主席、粵軍總司令）。

254 「中山艦事件」也叫「三二〇事件」，指的是 1926 年 3 月 20 日，黃埔軍校校長蔣介石調動軍隊宣布戒嚴，斷絕廣州內外交通；逮捕中山艦艦長、共產黨員李之龍，包圍蘇聯顧問所，驅逐黃埔軍校及國民革命軍中以周恩來為首的共產黨員。對於這次事件有兩種說法：有人認為是蔣中正故意將中山艦調動又矢口否認以製造藉口打擊中國共產黨。也有人認為這是偶然的誤會，是和「西山會議」派關係密切的「孫文主義學會」成員歐陽格等故意向李之龍假傳蔣介石指令，兩邊離間中國國民黨和中國共產黨。蔡德金，《汪精衛評傳》，頁 105。楊天石，〈中山艦事件之謎：第一次國共合作的拐點〉，《找尋真實的蔣介石》上（西安：陝西人民出版社，2008），頁 127-150。

委員會委員長）、汪主政（行政院長）。但這次合作只維持 8 個月，汪精衛因為和張學良的衝突辭去行政院長，兩個月後稱病赴歐洲。

　　1933 月 3 月汪精衛回國，再任行政院長。1935 年 11 月被刺，次（1936）年 2 月赴歐療養，西安事變後回國。1937 年盧溝橋事變，中日大戰爆發，汪精衛被舉為國防最高會議副主席、國民參政會議長。

　　從中山艦事件到盧溝橋事變，12 年間，汪精衛在和蔣介石的競爭中每下愈況。1938 年 3 月底，國民黨臨時全國代表大會推舉蔣介石為總裁，對汪精衛又是個重大的打擊。

　　這是因為國民黨主席胡漢民於 1936 年 5 月 12 日過世後，主席一職一直懸虛，由副主席蔣介石暫代。蔣和黨內不少委員認為，黨需要強有力的領導，以強固黨的團結及抗戰的決心。因此，1938 年 3 月 29 日，國民黨在武漢召開臨時全國代表大會，制定《抗戰建國綱領》，並設立總裁，蔣也決定自己當領袖，並「推汪為副」。[255]

　　蔣介石事先曾就設立總裁一事和汪精衛商量，汪精衛反對，表示「不願有黨魁。」[256]汪精衛內心清楚，這個總裁必是蔣介石而不是他。當時，蔣介石是軍事委員會委員長、國民黨代理主席，蔣的政治實力早已凌駕汪之上。不過，汪畢竟是黨國元老，黨內資歷比蔣介石高，汪明白表示不贊成，蔣卻未予尊重，繼續推動，難免令汪感到尷尬與不滿。

　　4 月 1 日，大會推舉蔣介石為國民黨總裁，汪精衛為副總裁。蔣介石心情興奮，對新職「應當仁不辭，以救國與對外之道已無他法」。[257]但是，當場不少與會代表看到汪精衛尷尬沮喪，見於形色。[258]這一幕

255　蔣介石日記，1938 年 3 月 25 日。

256　蔣介石日記，1938 年 3 月 11 日。

257　蔣介石日記，1938 年 4 月 1 日。

258　陳布雷，《回憶錄（二）》（上海：二十世紀出版社，1949），頁78。龔德柏亦表示，汪精衛在接受副總裁演說時，臉色極為難看憤慨。請見夏侯敘五，《高宗武隱居華

顯示蔣汪未能精誠合作，蔣對汪未予適度尊重，而汪對居於蔣之下心
有不甘。

這場大會除了制定《抗戰建國綱領》、設立總裁外，還宣示一個
重要的訊息：聯合國內各黨派共同抗日，而這聯合的對象主要是共產
黨。[259] 蔣介石在閉幕時宣稱：「本黨同志要站在當政黨的地位，……在
三民主義的最高原則之下，來接納各黨派人士，感應全國國民，使共
循革命正道。」[260] 對於主張反共、防共的汪精衛來說，蔣的這些意見都
和他相悖，公開和他唱反調，可以想像汪內心有多麼怨憤。

汪蔣在中國政壇權勢上主從易位，蔣介石躊躇滿志，汪精衛卻是
難以適從，失望、難堪、不甘心。這種情緒多少影響了汪精衛離開重慶、
另謀發展的決定。他後來決心與日本人合作，與蔣介石打對台，動機
中不乏他在黨內的失意與不甘。高宗武指出，汪認為自己最有資格擔
任國民黨總裁，對於「副總裁」這個職位「愈來愈不滿意」，這個心
態影響了他最終的動向。[261] 汪精衛在行政院的僚屬陳克文也有同感。陳
克文認為汪精衛倡言和議，「多少總有些不肯甘居人下的意識從中作
梗。」[262]

汪精衛的「大亞洲主義」

汪精衛與蔣介石在中日關係上亦有歧見，巴瑞特（David P.
Barrett）指出：汪精衛懷有深厚的「大亞洲主義」（Pan-Asianism），
汪精衛認同孫中山 1924 年 11 月在日本發表的「大亞洲主義」中日共存

續 ……………………………………………………
盛頓遺事》（湖南教育出版社，2008），頁68-69。
259 蔣介石日記，1938年3月25日、3月29日。
260 《中國國民黨歷次代表大會及中央全會資料》（下），頁511。
261 高宗武著、陶恆生譯，《高宗武回憶錄》，頁49。
262 陳方正編輯校訂，《陳克文日記》，頁402。

共榮的思想。[263] 汪精衛認為「中國革命之成功，有待於日本之諒解」。
而日本在經濟軍事文化上都走在前面，「可以說，無日本則無東亞。」[264]
汪主張亞洲民族應團結合作，擺脫歐美殖民統治，走出一條自己的路。
因此，三民主義對中國來說是救國主義，但對東亞來說，就是大亞洲
主義。[265]

　　汪精衛批評蔣介石那些主戰派，他們之所以堅持抗戰到底，就是
因為不相信日本人，誤以為日本除了滅亡中國就再沒有第二條路可走。
其實還有第二條路，就是中日合作。[266] 他呼籲中日雙方深切明白「大亞
洲主義」的意義，「只可做朋友，不可做敵人。」共同在東亞政治經
濟共同體上建立和平與合作，這不但是中國生存獨立之道，也是世界
與東亞長治久安之道。[267]

　　蔣介石也主張中日和則兩利、戰則兩傷，但他對日本的認知與汪
大不相同：

(1) 蔣介石堅持不可輕信日本的承諾。日本的目的是掌控中國所有
　　的資源命脈，中日間無法妥協。即使妥協，也無法遏止日軍強
　　硬派漫無止境的侵略。[268]

(2) 蔣介石重視中國的獨立自主。蔣認為，「中日親善」不是無條
　　件、屈辱的親善。幾次和議，蔣都堅持日本必須尊重中國的獨

263　David P. Barrett, "The Wang Jingwei Regime, 1940-1945: Continuities and Disjunctures with Nationalist China", in David P. Barrett and Larry N. Shyu, edited, *Chinese Collaboration with Japan, 1932-1945* (Stanford University Press, 2001), p. 103.

264　汪精衛，〈我對於中日關係之根本觀念及前進目標〉，《汪精衛政治論述》，頁259-260。

265　《汪主席和平建國言論選集》（南京：偽中央電訊社編，1944），頁71-72。

266　汪精衛，〈答問〉，《汪精衛政治論述》，頁246-247。

267　汪精衛，〈我對於中日關係之根本觀念及前進目標〉，《汪精衛政治論述》，頁265。

268　蔣介石日記，1937年10月31日，「本月反省錄」。

立平等，所以，中國絕不能和日本簽下喪權辱國的合約，否則
中國將永遠抬不起頭來，如若不然，「與其屈辱而亡，不如戰
敗而亡。」[269]

(3) 對待滿洲國的態度也說明了蔣汪的不同。汪精衛認為，根據孫
中山提出的「大亞洲主義」，承認滿洲國的獨立並不違反孫文
主義；既然要和日本和平共榮，只有承認滿洲國獨立。[270] 蔣介
石則堅決不願承認滿洲國，最大的妥協只是把這個議題暫時擱
置。

受個性左右命運的汪精衛

汪精衛的個性也影響了他的決策。李志毓研究汪精衛的政治生涯，
發現汪精衛大起大落的政治命運與他的性格有密切的關係。李志毓指
出，汪精衛在政治行動中常帶著高度的偏執與自信，相信自己能挽救
時局。但是，他性格多情、脆弱、易衝動、而又常存僥倖心態，缺乏
做大事的堅韌不拔的意志和圓融折衝的智慧，「一遇挫折就悲觀失
望，……，在波詭雲譎的政治鬥爭中，最容易使人喪失立場而迷失方
向。」[271]

與汪精衛熟識朋友或與其共事多年部屬，胡適、周佛海、陶希聖、
高宗武、金雄白、陳克文等，都指出汪精衛有理想化、英雄化的悲情
個性。

胡適同情汪精衛悲慘的結局，他把汪與日本的合作解釋為一種自
我犧牲、不畏死的「烈士情結」。[272] 歷史學者王克文也指出汪的性格

269　蔣介石日記，1938年1月2日。

270　陳鵬仁，《汪精衛降日秘檔》，頁306。

271　李志毓，《驚弦：汪精衛的政治生涯》（Hong Kong: Oxford University Press(China),
　　　2014），頁263，283-239。

272　夏侯敘五，《高宗武隱居華盛頓遺事》，頁99。

深處有種「烈士情結」，只因為早年謀刺清朝攝政王不成，未能為革命一死，留下一股悵然若失的遺憾，因此，汪精衛潛意識中有一種再做一次烈士的想法。[273]

　　周佛海是汪精衛最信任的左右手、汪政府成立的關鍵人物。然而，他眼中的汪精衛竟是「無擔當，無果斷，做事反覆，且易衝動」。[274]

　　行政院參事、汪精衛多年的部屬陳克文對汪一向敬重，但他指出汪精衛個性上有明顯的缺點，不能成為最高領導。問題是，汪精衛的這些缺點，僚屬都心知肚明，汪卻不自知、也不情願。結果是「既不能令，又不受命」，以致進退失據，走入歧途。[275]

　　汪精衛「既不能令，又不受命」的性格還反映在他遇難則退、一走了之的習性。歷次國民黨的政爭中，汪甚少反擊，常選擇退避，動輒負氣出國或稱病住院。例如中山艦事件：當時汪是國民政府及國民黨最高領袖，他認為蔣介石不尊重他、令他難堪，一氣之下竟請病假甩手走了，還賭氣似的祕密離開廣州，先去香港再轉往巴黎，在法國住了9個多月才回國。回國後，他又因不滿共產黨發動廣州起義，再度隱退出國。如此這般，因政壇受挫，汪曾6次出走歐洲，徒然把舞台留給競爭者。

　　奇怪的是，汪精衛離開重慶後的種種發展證明其上了日本人的當，他卻仍不顧一切往死裡衝。他相信只有與日本合作才能結束戰爭，但其實他不了解日本軍國主義的本質，自以為是，是盲目的偏執。

　　為引誘汪出走，東京最先開出還不錯的條件（重光堂協議），汪沒拿到日方任何公開聲明或保證，就信了日本人，孤注一擲急著離開重慶。到了河內，「近衛第三次聲明」變了質，雙方說好的「撤軍」、「歸還租界」不見了，當時，追隨他的陳公博、高宗武、陶希聖、還

273　王克文，《汪精衛・國民黨・南京政權》（台北：國史館，2001），頁19-21、32。

274　蔡德金編，《周佛海日記》，1938年11月27日，頁202。

275　陳方正編輯校訂，《陳克文日記》，頁402。

有多位他的故交好友都勸他暫緩與日合作，顧孟餘甚至為此與他翻臉。此時汪精衛就該停下來，至少緩緩，但他沒有，還是一意孤行，發表「豔電」，公開呼應近衛聲明，與重慶徹底決裂。

參與「誘汪」工作的松本重治指出，汪精衛不但在對日交涉中高估了日本的理性勢力，也高估了自己在中國政治的影響力。他以為只要振臂一呼，與他早有淵源、對蔣不滿的幾位兩廣將領就會響應。然而，汪離開重慶後，這些將領全都按兵不動。[276]

河內刺殺，汪精衛憤而搬進上海日租界後，日本不再掩飾掠奪者的企圖，提出一堆蠻橫的條件，擺明了就是要控制中國。許多人勸汪精衛懸崖勒馬，可是，一次又一次，汪精衛唉聲嘆氣，猶豫不決，最後還是屈服於日本的條件。

最不可思議的是，1939 年底對日談判結束、準備簽字的最後關節，陳公博、高宗武、陶希聖都力勸不可簽，只要簽了，就坐實了「日本傀儡」的事實。面對如此重大危急的時刻，汪精衛卻拿不出謀略和決斷，只是流淚、嘆息，最後簽下他的名字，還賭氣般憤憤地說：日本人要控制中國，「我們偏不使日本控制中國！」[277]

追隨汪精衛多年、代表汪精衛對日談判的陶希聖，最後卻和高宗武離開了汪陣營。陶希聖對汪精衛這種偏執決絕、當斷不斷的個性有生動的形容：「比如吃毒藥，我吃了，發現不對，立刻就吐掉了。但是汪先生吃了，發現是毒藥，他卻仍然吞下去。」[278]

汪精衛衝動偏執、決絕、不甘寂寞卻又缺乏深謀遠慮的個性不僅左右他對日合作的行為，也影響他與蔣介石在黨內權勢的消長。在歷

---

276 松本重治著，蠟山芳郎編，《近衛時代：ジャーナリストの回想》（上冊）（東京：中央公論社，昭和61〔1986〕年），頁56-57；西義顯，《日華「和平工作」祕史》，頁147。

277 陳方正編輯校訂，《陳克文日記》，頁402。

278 何茲全，〈「高陶事件」始末序〉，收於陶恆生，《「高陶事件」始末》，頁10。

次國民黨的政爭中，很少對抗到底，而是負氣出走。很明顯，與蔣介石比較起來，汪精衛缺少堅忍和決斷，這也是他不如蔣的地方。

如何看待汪政權？

　　平心而論，汪精衛政權雖是日本傀儡，處處受制於日本人，但它並非毫無作為。對日軍占領區的中國人民而言，它確實發揮了減少人民被戰火侵擾，或直接受日軍荼毒的作用。

　　值得注意的是，中國大陸、台灣、日本學者在研究汪精衛時，幾乎毫無例外，大多著重在汪與日本的合作、蔣汪互動，或汪的政治行為與思想；而中國及台灣學者更是多從「賣國賊」、「漢奸」的視角來評價汪及其政權。相形之下，西方學者比較能呈現出不同的研究角度。例如，邦克（Gerald E. Bunker）注意到汪政府和二戰時期歐洲淪陷區的新政權有明顯的差異。邦克以法國的貝當（Henri Philippe Pétain）及挪威的吉士林（Vidkun Quisling）為例，他們積極與德國合作，支持法西斯主義及納粹的種族政策。汪精衛政府的做法卻與他們大相逕庭，汪表面上和日本合作，私下卻常和日本人對抗，更拒絕與國民政府軍隊作戰。[279]

　　的確，法國、挪威淪陷後，貝當出面組織維琪政府（Régime de Vichy），他改採法西斯主義，反共、反蘇、反猶太。貝當還派法國工人去德國做工，派法國志願軍參加德軍戰鬥黨衛軍對蘇聯紅軍的作戰。吉士林在挪威也是一切唯德軍是從。[280]

　　汪精衛政府的心態及做法則迥然不同。相反的，他的政府也叫「中

....

279　Gerald E. Bunker, *The Peace Conspiracy: Wang Ching-wei and the China War, 1937-1941*, Cambridge: Harvard University Press, 1972, p.285.

280　二戰時期，貝當在德國占領區組建維琪政府，吉士林擔任德國占領下挪威總督轄區的總理。兩人都被國民視為叛徒；戰後，貝當被判死刑經特赦後改為終生監禁；吉士林被判處死刑。

華民國」，仍用青天白日滿地紅國旗，他所屬的政黨還是國民黨，奉行《中華民國約法》，政府體制組織皆和重慶國民政府一樣。他也沒有提出有別於原政府的意識形態，沒有訴諸不同的社會階級，一切遵循舊章，他更聲稱他代表的是正統的三民主義。

邦克指出，汪精衛反戰也反共，汪一再警告，國民黨如堅持抗日，最後徒然拖垮自己，反而讓共產黨得利。歷史證明，汪的警告不是沒有道理。因此，邦克認為，汪精衛主張的和平運動自有其合理的根據，不能一筆抹煞。但是，當汪離開重慶後，發現日本人毫無誠意、一心要掠奪中國資源時，仍妄想以媾和贏得一個偏安之局，那就是愚昧了。[281]

綜而觀之，汪精衛政府總共維持了 5 年又 5 個月（汪精衛本人在 1944 年 11 月病死日本，遺缺由陳公博代理），統治了中國三分之一的土地、近一半的人口。平情而論，汪政府並非毫無作為，某種程度上，它在日占領區內穩定了社會秩序、減緩中國人民受日軍迫害。但是，這個政府畢竟是在日軍卵翼下運作，在絕大多數中國人心中，它就是個投靠日本人的「偽政府」，汪精衛也因此身敗名裂，為民族所不容。

---

281 Gerald E. Bunker, *The Peace Conspiracy: Wang Ching-wei and the China War, 1937-1944*, p. 286.

$$\boxed{第二章}$$

重探戰時中日和議問題

岩谷將（日本北海道大學公共政策學院副院長）

郭岱君（史丹佛大學胡佛研究所研究員）

楊天石（中國社會科學院研究生院教授）

　　抗戰期間中日在戰場上打得慘烈，但兩國間公開或私下的接觸與交涉卻從未間斷，中日祕密談判可謂是抗戰時期最詭譎多變、撲朔迷離的現象之一。

　　早在 1931 年九一八事變後，首相犬養毅即派請孫中山的革命盟友萱野長知祕密到中國商談日本撤兵問題，但因軍部反對，不久即被召回。[1]

　　1937 年盧溝橋事變爆發，首相近衛文麿即請孫中山摯友宮崎滔天的長子宮崎龍介赴華談判，以化解衝突。但陸軍強硬派反對，宮崎龍介在神戶港正要離日時，突遭憲兵隊逮捕，未能成行。[2]蔣介石也對和議抱有期望，他一方面派中央軍北上，同時也積極展開外交斡旋。不過，與日本直接和中方交涉不同，蔣介石更寄希望於歐美的調停。[3]

　　1938 年 10 月底武漢淪陷，國民政府退到四川，堅持持久戰。日軍

1　〈犬養密使‧萱野長知の日誌〉，《中央公論》第 690 號（1946 年 8 月 1 日）。

2　矢部貞治，《近衛文麿》，上卷（東京：弘文堂，1952），頁 403-404。

3　關於七七事變後蔣介石請駐華大使協助斡旋內容，請見本書第一卷第七章。

深入中國內部，補給線拉長，資源難以為繼，不得不把對華戰略由「速戰」調整為「相持」，同時積極推動對國民政府的和議及誘降，希望儘早結束對華作戰。

1939 年 9 月歐戰爆發，德國在短短數月橫掃歐洲，日本大受鼓舞，急著儘快解決中國問題，好爭奪亞洲、太平洋地區的霸權。因此，日本對中國的和議更加急切，大本營調整戰略，強調「今後中日戰爭處理的重點將放在對重慶的和平工作上」。[4] 陸軍省進一步制定「政治誘降為主、軍事打擊為輔」的策略，全力發動和議攻勢，迫使重慶蔣介石政府屈服。

這些持續不斷的和議談判，除了初期的陶德曼調停外，絕大多數祕而不宣。和議的策劃者大多是日本軍方或政府人員，有軍部、參謀本部、中國派遣軍總司令部、軍方情報部門、首相，還有外務省、滿鐵等等，其中不少是以「民間人士」的身分出現，例如萱野長知[5]、小川平吉[6]、頭山滿[7]、秋山定輔[8]等，他們都是孫中山的好友，曾支持中國革命，同時又和日本政府有著密切的關聯。

東京方面，主戰、主和兩派意見仍然相持不下，激烈的軍事持續

----

4 日本防衛廳防衛研修所戰史室編纂，曾清貴譯，《日軍對華作戰紀要（20）大本營陸軍部（二）南進或北進之抉擇》（台北：國防部史政編譯局，1989），頁61。

5 萱野長知是孫中山摯友，先後加入興中會、同盟會，協助孫中山革命，參與武昌起義，並擔任國民黨革命軍顧問。

6 小川平吉曾任日本眾議院議員、司法大臣。武昌起義爆發，與頭山滿、內田良平、犬養毅等人組織「有鄰會」，援助中國革命。他主張中日兩國締結同盟條約，使南滿洲、內蒙成為兩國共同統治區域。

7 頭山滿是浪人首領，右翼組織玄洋社的頭目，煤礦資本家。與孫中山交往密切，曾與犬養毅、萱野長知、宮崎滔天等組織「日華國民會」，力促中日友好合作。二次革命失敗後，孫中山流亡日本，頭山滿曾積極予以幫助。

8 秋山定輔是《二六新報》創辦人，1899年經宮崎滔天介紹認識孫中山，得到信賴。此後一再勸說日本財團向中國革命黨人提供借款。1927年會見訪日的蔣介石與張羣，希望中日友好合作，並協助國民黨革命。

進行，但朝野各方紛紛投入對中國的誘降或和議，此起彼伏，不但令出多門，有時還互相競爭、牴觸。

與日本類似，和談與否，中國高層也存在不同的意見。蔣介石對和議始終謹慎以對，他不反對與日方接觸，還曾親自指揮幾個祕密交涉行動。不過，他有堅持、也有猶豫，但最後都以「懸崖勒馬」收場。為了踩煞車，他還多次對孔祥熙等人的謀和行動加以阻遏、斥責，甚至說出「殺無赦」重話。[9]

學者對蔣介石的和議行為莫衷一是，尤其是對蔣介石抗戰的態度，素有爭議。有的懷疑蔣抗戰的決心，認為他一面抗日，一面維持談判，其實是隨時準備妥協。有的指出蔣介石對日和議有其策略目的，並無不當。[10] 那麼，中日間和議的真相究竟為何？究竟有無簽訂什麼不為人知的密約？蔣介石究竟是要戰還是想和？蔣的真正意圖是什麼？這些連綿不斷的和議，對抗戰大計有無影響？本章試圖釐清這些錯綜複雜的情況，解析戰時中日兩國高層對和議的態度與操作。

一、絕無僅有的三方和議：陶德曼調停

1937 年盧溝橋事變後德國出面調停，是最廣為人知的和平斡旋，也是僅有的一次中日政府直接出面、第三國政府正式涉入的和議。居間傳訊的主要人物是德國駐華大使陶德曼（Oskar Trautmann），通稱為「陶德曼調停」。

......

9　「蔣中正電孔祥熙以後凡有以汪兆銘政權為詞而主與日本接洽者以漢奸論罪」
　　（1939年10月9日），〈革命文獻—偽組織動態〉，《蔣中正總統文物》，國史館藏，
　　數位典藏號：002-020300-00003-031。

10　沈予，〈抗日戰爭前期蔣介石對日議和問題再探討〉，《抗日戰爭研究》，2000年第
　　3期，頁79-80；楊天石，《找尋真實的蔣介石》（香港：三聯書局，2008），頁253-
　　331。

中日都歡迎德國調停

　　為什麼會有陶德曼調停？日本內部對華政策一直有擴大派（強硬派）及不擴大派（穩健派）的爭論，盧溝橋事變後，中日衝突擴大，參謀本部作戰部長石原莞爾從對蘇戰略出發，反對強硬派擴大事變。7月 31 日，他面奏天皇，主張「以外交手段結束戰爭為最善之策」。天皇表示認可。[11]

　　不久，淞滬大戰展開，參謀本部擔心中日戰爭長期化對日本不利，宜儘早恢復和平，遂指示日本駐德國武官大島浩探詢德方出面調停中日戰爭的態度。外務省也促請英國駐日大使克雷吉（Sir Robert Leslie Craigie）進行和平斡旋。

　　10 月，參謀本部又派作戰部課長馬奈木敬信中佐與德國駐日大使館武官奧托（Eugen Ott）少將聯繫，希望德國出面斡旋。[12]

　　10 月 21 日，淞滬戰役打得最慘烈時，外相廣田弘毅對德國駐日大使狄克遜（Herbert von Dirksen）表示，希望與中國關係友好的德國和義大利出面，說服中國政府與日本直接交涉，尋求解決方案。[13] 因此，德國外交部指示其駐華大使陶德曼出面調停。[14]

　　日本主動尋求調停，主要是想藉此緩解當時即將在布魯塞爾舉行的九國公約會議對日本的壓力，避免國際制裁。更重要的是，日本原以為能夠速戰速決，逼迫南京簽訂城下之盟，盡快班師回國。但是，

11　西村熊雄，《日本外交史》第20卷（東京：鹿島平和研究所出版會，1971），頁103。

12　奧托（Eugen Ott）於1938年4月升任駐日大使，1940年2月卸任。

13　"Der Deutsche Botschafter in Tokio an das AA, 21.10.1937," Auswärtiges Amt, Akten zur deutschen auswärtigen Politik(ADAP), Baden-Baden: Imprimerie Nationale, Ser. D, Bd. 1. (Von Neurath zu Ribbentrop: September 1937-September 1938), Nr.501, S. 627.

14　"Staatssekretär von Mackensen an die Deutsche Botschaft in Nanking, 22.10.1937," ebd, Nr. 503, S. 629.

日軍在淞滬戰場的惡戰，顯示中國並非不堪一擊。戰局膠著，東京被逼不斷增兵，戰爭有可能發展為長期化，這是日本最不願見到的。

　　國民政府內部也希望盡快停戰。國民政府在淞滬和華北的戰事都不順利，10月25日的國防最高會議指出軍事上的困境，「目下現役部隊略已使用完盡，此後補充者多係新募，未經訓練，故戰鬥力益見低劣。……在此不利狀況下，故以適時停戰為有利。」並討論了停戰的可能性。[15]

　　10月下旬，淞滬戰役死傷慘重，上海失陷在即，愈來愈多黨政軍及社會人士對戰爭前途悲觀，多數主張謀和，包括地位僅次於蔣介石的國防最高會議副主席汪精衛。

　　德國出面斡旋，其來有自。對日本來說，德日都施行軍國主義，有著共同的敵人——蘇聯，兩國在1936年簽訂「德日反共國際協議」，展開軍事聯盟。

　　中國與德國關係也極為友好，1934年中德簽訂的「中國農礦產原料與德國工業品互換實施合同」，實際上是個廣泛的中德經濟貿易軍事的合作協定，德國顧問參與中國軍事商貿多方面的建設，德國軍官到中國為國民政府訓練軍隊、組建兵工廠，法肯豪森將軍（Alexander von Falkenhausen）更是蔣介石信賴的軍事顧問。

　　10月下旬，德國調停的消息已在南京傳開，蔣介石歡迎第三國斡旋停戰，但他對和議的利弊得失卻有躊躇。他分析情況，國聯同情中國，而九國公約會議即將在布魯塞爾召開，中國仍有機會藉此解決日本侵華問題。[16] 至於日本提出的條件，他懷疑東京的誠意，擔心妥協並不能止戰，「如我與之妥協，無論至何種程度，彼少壯侵略之宗旨必得寸進尺，漫無止境，一有機會，彼必不顧一切信義，繼續侵略不止。」

15　〈國防最高會議第1-8次會議紀錄〉,《國防最高委員會會議》，中國國民黨黨史委員會藏，檔號：會00.9/1。

16　蔣介石日記，1937年10月31日，「本月反省錄」。

他認為，縱使中國作出大的讓步，也不可能達到真正的和平，因為「即使解決東北問題，甚至承認，彼以後必繼續侵華」。[17]

陶德曼首次調停：中日兩樣情

11月5日，蔣介石接見陶德曼。陶德曼傳達了日本外務省提出的議和條件：[18]

(1) 內蒙古自治；

(2) 華北建立非軍事區，將滿洲國國境到北京和天津以南劃為非武裝地帶；

(3) 擴大上海的非武裝區域；

(4) 結束反日政策；

(5) 共同反對共產主義；

(6) 降低日本產品關稅；

(7) 尊重在華外國人權益。

蔣介石提出，日本必須「恢復戰前（盧溝橋事變之前）狀況」，否則他不能接受任何條件的調停。[19] 蔣介石還對陶德曼說了一些「只能讓德國政府知道的話」，他表示，如果他同意東京的條件，他的政府會被輿論的浪潮沖倒，中國將會發生革命。日本正在執行錯誤的政策，如果不拿出對中國友好的誠意而繼續作戰，中國即使不敵，也不會放下武器。要是中國政府倒了，那麼，唯一的結果就是共產黨將會在中

---

17 蔣介石日記，1937年10月31日，「本月反省錄」。

18 蔣介石日記，1937年11月5日，「本月反省錄」。

19 「德駐華大使（陶德曼）給德外交部密電（檔第516號）」（1937年11月5日），施子愉譯，〈抗戰初期德日法西斯誘降的陰謀〉，《近代史資料 總14號》（北京：科學出版社，1957），頁74。

國占優勢，中國將陷於共產革命，和平就更不可能了。[20]

蔣介石特別說明，他不能就此正式承認日本的條件，還需稍待幾天，因為布魯塞爾會議正在召開，中國是列強關注的對象，列強有意在《華盛頓條約》的基礎上覓致和平，所以希望雙方對這次會談保密。[21]

陶德曼表示理解，並允諾保密，同時他勸蔣介石記取德國在第一次世界大戰時的教訓，應及時結束戰爭，不要最後落到「無條件投降」的悲慘下場。[22]

蔣介石顧慮甚多，但在東京看來，作為一個戰勝國，這個條件已經是「極為寬大的」。[23]蔣介石並沒有等來什麼好消息，反而形勢對中國愈發不利。11月9日，太原失守；12日，上海全面淪陷；19日，日軍越過蘇州─嘉興禁制線，攻向南京；24日，布魯塞爾會議以失敗告終，蔣介石等國民政府高層極為失望，東京則如釋重負。[24]

南京一片主和之聲

陶德曼首次調停未有成果，他透過德國顧問法肯豪森轉告孔祥熙：「如果戰事拖延下去，中國的經濟崩潰，共產主義就會在中國發生。」[25]11月28日，他在漢口拜會孔祥熙，力勸中國與日本議和，並表示廣田外相仍歡迎和談，條件不變。

此時，淞滬已敗，南京危在旦夕，南京黨政領導大多對戰局失去

20　「德駐華大使（陶德曼）給德外交部密電（檔第516號）」（1937年11月5日），施子愉譯，〈抗戰初期德日法西斯誘降的陰謀〉，《近代史資料　總14號〉》，頁74。

21　同上。

22　《關於日支媾和斡旋的由駐日德國大使交由廣田外務大臣的通牒》，近衛文麿關係文書（陽明文庫藏，國立國會圖書館憲政資料室）。

23　《今井武夫回憶錄》（北京：中國文史出版社，1987），頁66。

24　蔣介石日記，1937年11月22日。

25　「陶德曼致德外交部」，《德國外交檔》，第4輯第1卷，頁784；中譯文見中國史學會編，《抗日戰爭：外交（上）》（成都：四川大學出版社，1997），頁165。

信心，主和的言論甚囂塵上。汪精衛直言，談與不談，中國都打不過日本，「兩害相權取其輕」，與其亡黨亡國，不如委曲求和。[26] 國民黨元老居正甚至公開表示，若委員長不願出面簽字議和，他願意出來做這個惡人。[27]

孔祥熙也主張議和。11 月 29 日，他致電在南京的蔣介石：「近來黨政軍各方及民間輿論，漸形厭戰。弟意此次戰爭，我已犧牲甚鉅，除非軍事確有勝利把握，不若就此休止，保全國力，再圖來茲。」[28]

11 月 30 日，孔祥熙再函蔣介石，力陳德國大使調停是「天賜良機，絕不可失」，建議蔣「乘風轉舵」，調整抗戰國策。[29] 孔祥熙還分析時局：「前方戰事既已如此，後方組織又未充實，國際形勢，實遠水不救近渴。而財政經濟現已達於困難之境，且現在各方面尚未完全覺悟，猶多保存實力之想。若至寄人籬下之日，勢將四分五裂，此時若不乘風轉舵，深恐遷延日久，萬一後方再生變化，必致國內大亂，更將無法收拾。」[30]

事實上，南京高層主戰主和，意見雜出，「而主和者尤多。」[31] 這麼多人對抗戰悲觀，蔣介石很失望，「老派與文人，心皆動搖，主張求和。彼不知此時求和，乃為降服，而非和議也。」[32] 幾位軍中將領也對和談心動，蔣介石批評他們：「高級將領，亦有喪膽落魄而望和者。

26　翁文灝，《翁文灝日記》（北京：中華書局，2010），1937 年 11 月 28 日，頁 188。

27　《王世杰日記》1937 年 11 月 21 日（台北：中央研究院近代史研究所，2012）。

28　「蔣中正電孔祥熙請德大使陶德曼來京面談」（1937 年 11 月 29 日），〈親批文件—民國二十六年二月至民國二十七年十二月〉，《蔣中正總統文物》，國史館藏，數位典藏號：002-070100-00045-033。

29　「孔祥熙電蔣中正德大使奉該國政府令出而調停盼對其表示只須決定條件可由外交當局及行政院詳商另請設法收沙赫特為我國所用而不願聘日等文電」（1937 年 11 月 30 日），〈和平醞釀（六）〉，《蔣中正總統文物》，國史館藏，數位典藏號：002-080103-00032-004。

30　同上。

31　蔣介石日記，1937 年 12 月 15 日。

32　蔣介石日記，1937 年 11 月 20 日。

嗚呼！若輩竟無革命精神若此，究不知其昔日倡言抗戰之為何也！」[33]

　　淞滬慘敗，南京危殆，到處是傷病難民，不僅高層領導對抗戰的信心動搖，中高層官員也懷憂喪志，大家見面談的多是「中國哪得不亡」！[34]

　　蔣介石不是不想和平解決，而是他認為那些主和的想得太單純、太樂觀，因為「此時求和，無異滅亡，不僅外侮難堪，而內亂益甚，彼輩只見其危，不知其害」。[35] 他強調抗戰到底的方針絕不動搖，決心遷都重慶，作持久戰。但是，面對黨政軍各界要求和議的壓力，蔣介石同意再度接見陶德曼，「為緩兵計，亦不得不如此也。」[36]

　　南京的爭論逃不過東京的耳目。日軍參謀本部分析南京的情況：「南京政權分為主和、主戰兩派，蔣介石雖然心中欲和，但出於對內統治的需要，仍標榜抗日；共產派和少壯抗日派則屬於主戰派；而蔣派大多主和。此外還有反蔣派，南京政府內部的分歧將隨和戰兩派的壯大愈發嚴重。」[37]

　　12月2日，蔣介石在南京召集軍方將領，重新評估陶德曼調停案，與會者多傾向接受日方提議。第一戰區司令徐永昌表示：如此條件，似可考慮，因為「以前雖曾反對和平交涉，但那時因為沒有第三國調停。現在有第三國願意為我們進行對話，可以同意進行調停」。首都衛戍司令長官唐生智認為，如停戰對我方有利，他將絕對服從命令。副參謀總長兼軍訓部長白崇禧雖然反對防共協定，但表示這個條件尚可接受，但此事可交由委員長全權決定。第三戰區副司令長官顧祝同

33　蔣介石日記，1937年11月21日。

34　陳方正編輯校訂，《陳克文日記》（台北：中央研究院近代史研究所，2012），1937年12月7日，頁147。

35　蔣介石日記，1937年12月14、16日。

36　蔣介石日記，1937年11月29日。

37　《關於南京政權未來的判斷（案）》《支那事變關係一件》第十八卷。

也表達同樣的意見。[38]

　　當天下午，蔣介石二度接見陶德曼大使。蔣介石重申，「中國在華北之主權與行政必須不變，並須保持其完整。……如德國元首向中日兩方建議停戰，作為恢復和平之初步辦法，則中國準備接受此項建議。」[39] 蔣介石表示，中國政府願以前次德國所轉達的條件作為談判基礎，並進一步說明中方立場：[40]

(1) 中國接受（日方提出的）條件作為和談的基礎；

(2) 不得侵犯華北主權以及行政權的完整；

(3) 德國自始至終以調停者的身分參與和談；

(4) 和談不觸及中國和第三國業已達成的共識。

　　汪精衛和孔祥熙不約而同地建議，中國似可考慮主動停戰，以示誠意。[41] 12月6日，汪精衛在漢口主持國防最高會議常務委員會，外交部次長徐謨報告陶德曼調停事，幾位常委基本都傾向接受日方條件。[42]

日本頻頻加碼和議條件

　　蔣介石同意以日方所提條件為基礎來談，黨政高層也大都支持和

38　汪精衛，〈舉一個例〉，對此會議有詳細記載。見《汪精衛政治論述》（台北：時報出版，2019），頁249-250。另參見「徐謨備忘錄」，〈德國調停中日戰事〉，《外交部》，國史館藏，數位典藏號：020-990700-0009。《徐永昌日記》1937年12月2日。《王世杰日記》，1937年12月3日。

39　「陶德曼12月2日電」，〈德國調停中日戰事〉，《外交部》，國史館藏，數位典藏號：020-990700-0009。

40　《蔣總統祕錄》1937年12月12日，第11冊，頁93-96。

41　〈一周間國內外大事述要〉，《國聞周報》14卷48期（1937年12月），頁43；「孔祥熙電蔣中正德國大使明午可抵京默察大勢日託德轉圜我方可考慮」，〈革命文獻—敵偽各情：敵情概況〉，《蔣中正總統文物》，國史館藏，數位典藏號：002-020300-00002-015。

42　汪精衛，〈舉一個例〉，《汪精衛政治論述》，頁249-250。

談，陶德曼調停成功在望。然而，就在此時，東京的條件變了。12月7日，狄克遜大使把蔣介石、陶德曼會談備忘錄轉交給外相廣田弘毅時，廣田告訴狄克遜，「最近軍事取得了巨大勝利，是否還能在之前所起草的基礎上進行談判，頗有疑問。」[43]

為什麼短短幾天內，東京就變卦了？主因幾件事：

(1) 布魯塞爾會議結束，並未對日本作出實質制裁，東京的國際壓力頓時減輕，顧慮少了，立刻增加和議的條件。

(2) 日軍在華一連串的軍事勝利，主戰勢力抬頭，認為「勝者何必作出讓步」？[44]

(3) 日軍在12月14日扶植王克敏的華北臨時政府在北平成立，部分政軍人士認為，不如扶植親日的傀儡政府，逐漸發展為新的中央政府，替代蔣介石政府。

(4) 日本破譯了中國的絕密電報，掌握了國民政府對和戰的想法，還知道美國、蘇聯都不會立即援救中國，所以大膽地提高和議價碼。[45]

特別是，日軍在12月13日拿下南京，以為中國的抵抗已至窮途末路，於是，陸軍、海軍、外務省對和議頻頻加碼，先是提出四項更苛刻的條件，包括要中國放棄容共抗日政策、日滿華合作、在中國設置非武裝地帶及特殊機關，以及對日本賠償，還附了5點說明（細目），

43　日本防衛廳防衛研究所戰史室，《中國事變陸軍作戰史》，第1卷第2分冊，頁136。

44　參謀本部第二課第一班《機密作戰日誌》，昭和12年12月17日，（防衛省防衛研究所史料寶茋）。

45　〈德駐日大使（狄克遜）給德外交部電檔第530號〉，《汪精衛集團投敵》（上海：上海人民出版社，1984），頁117；《支那事變‧各國／態度‧各國／對支援助借款關係》，頁2-3、6-8。

不久又追加到9點說明，另外附帶2條「附記」，總計11條施行細目。[46]

　　新加的條件比原來的嚴苛許多，除了承認滿洲國、對日賠款之外，還擴大駐軍、締結經濟協定，對日本在上海及長江中下游地區的軍事和經濟利益也有顯著的擴張。日本不但對國民政府獅子大開口，也損及列強（包括德國）在中國的利益。

　　12月22日，廣田第一次告知狄克遜大使新增的條件，大概廣田自己也覺得條件太苛了，不宜一次說清，他要求德國逐次把這些新增的條件透露給國民政府，而且，只轉告談判的原則，而不說明細目。[47]廣田並強調：蔣介石如接受這個條件，就須派代表來日本，在「一定的時期和指定的地點進行和談」；而且，和談期間，日軍的軍事行動將繼續進行，直到締結和約時，才有停戰的可能。[48]

　　狄克遜認為這些遠超過原先的範圍，要中國政府接受是「極不可能的」。[49]但廣田說：「由於軍事局勢的改變和輿論的壓力，不可能有任何其他的方案了。」[50]

　　德國外交部對於日方出爾反爾也相當不滿，外交部長紐賴特（Konstantin Freiherr von Neurath）表示，如果日本向中國提出屈辱、難以接受的要求，則德國僅僅作為傳遞者都感困難。[51]12月22日，德國外交部訓令駐日大使狄克遜和駐華大使陶德曼，應拖延時間對華傳

46　〈對在京德國大使的答覆（昭和12年12月21日內閣決定）〉，外務省，《日本外交文書 日中戰爭，第一冊》（東京：六一書房，2011），頁218-219。四個條件是：（1）支那放棄容共抗日政策，協助日滿兩國的防共政策。（2）在指定地區設置非武裝地帶，且在此類地區設置特殊機關。（3）日滿支三國間締結緊密的經濟合作協定。（4）支那對帝國支付所需賠償。另外的11條相當於施行細目。

47　〈德駐日大使（狄克遜）給德外交部電（檔第540號）〉，《近代史資料 總14號》，頁91。

48　同上。

49　同上，頁92。

50　同上。

51　〈德外交部給德駐日大使館電（檔第543號）〉，《近代史資料 總14號》，頁97。

達日方條件，並不得表示贊成或反對的態度。[52]

蔣介石嚴拒和議

陶德曼遵照外交部指示，直到 12 月 26 日才把東京新增條件的覆文轉給國民政府，而且僅轉達 4 項基本原則，未提「附記」及施行細節。這一天，蔣介石臥病在床，陶德曼把覆文轉交給宋美齡、孔祥熙。據陶德曼給德國外交部的電報所述，宋、孔兩人看到這些內容「極為驚恐」。[53]孔祥熙還表示：「這樣的條件沒人能接受！」[54]

主和的汪精衛、于右任、張羣、居正等對於日方新條件也頗為驚愕；唯一例外的是蔣介石，蔣在晚間得知這個變化，反而鬆了一口氣。他本就對和議不樂觀，日方條件愈苛，就愈能斷掉那些主和者的念頭。他在日記寫道：「心為之大慰，以其條件與方式苛刻至此，我國無從考慮，亦無從接受，決置之不理，而我內部亦不至糾紛矣！」[55]

沒想到，第二天（27 日）最高國防會議討論日本所提條件時，黨內幾位元老于右任、居正、汪精衛等，仍願委屈議和。蔣介石堅持不可，于右任甚至當眾批評蔣介石「優柔而非英明」。[56]蔣介石氣得在日記大罵「本黨老糊塗亡國元老之多，此革命之所以至此也！」[57]

這些黨國元老明知日本條件苛刻，仍願委屈求全，主要是南京淪陷後，他們對抗戰失去信心，認為「中國已無力抗戰」。[58]

52　〈德外交部給德駐日大使館電（檔第 543 號）〉，《近代史資料 總 14 號》。

53　〈德駐華大使（陶德曼）給德外交部電（檔第 544 號）〉（1937 年 12 月 26 日），《近代史資料 總 14 號》，頁 97。

54　〈德駐華大使（陶德曼）給德外交部電（檔第 545 號）〉（1937 年 12 月 27 日），《近代史資料 總 14 號》，頁 98。

55　蔣介石日記，1937 年 12 月 26 日。

56　蔣介石日記，1937 年 12 月 27 日。

57　同上。

58　翁文灝，《翁文灝日記》，1937 年 12 月 28 日，頁 199。

　　28日，蔣介石當面告訴汪精衛、孔祥熙、張羣，他已決定拒絕議和，並重申：委曲並不能求全，「國民黨革命精神與三民主義，祇有為中國求自由與平等，而不能降服於敵人，訂立不堪忍受之條件，以增加國家民族永遠之束縛！若果不幸，全歸失敗，則革命失敗，不足以為奇恥，祇要我國民政府不落黑字於敵手，則敵雖侵占，我國民隨時可以有收復主權之機會也。」[59]

　　29日，于右任、居正前往蔣介石居所探病，他們仍企圖說服蔣介石接受和議。蔣介石曉以大義：「抗戰方針，不可變更，此中大難大節所關，必須以主義與本黨立場為前提。」[60] 他特別強調，絕不能接受日本屈辱的條件，否則革命精神將永遠毀滅。[61]

　　蔣介石拒絕和談是因為他判定日本並無和談誠意，其最終目的是征服中國，「與其屈服而亡，不如戰敗而亡。」[62] 他預期國際情勢將有變化，此時必須堅持持久戰，撐下去，戰局才有轉機，中國也才有死中求生的一線生機。

　　由於中國政府一直未對日方的新條件作出答覆，廣田弘毅在1938年1月5日召見狄克遜，請德國敦促中國政府迅速回應。6日，近衛內閣官房長官也公開談話，要求中國儘快答覆。[63]

　　1月10日，廣田向狄克遜說出新條件的全部內容。其實已無必要，因為同一天，南京最高國防會議決定拒絕日本的新條件，但暫不正式答覆日本，先拖一拖再說。[64]

59　蔣介石日記，1937年12月28日。

60　蔣介石日記，1937年12月29日。

61　陳布雷，《陳布雷從政日記（一九三七）》（台北：民國歷史文化學社，2019），頁218。

62　蔣介石日記，1938年1月2日、10日。

63　外務課「廣田外相與德國大使會談要旨」，《支那事變關係一件》第十八卷。

64　「答覆德大使（第43次國防最高會議決議）」（1938年1月10日），《德國調停案》。陳布雷，《陳布雷從政日記（一九三八）》（台北：民國歷史文化學社，2019），頁6。

　　南京諱莫如深，陶德曼急著拜會行政院副院長張羣及外交部長王寵惠，試圖弄清狀況。張羣及王寵惠都擺出「拖」的態勢，僅表示：日方所提 4 項條件，「太屬空泛，願明晰其性質與內容後，予以詳細考慮與決定。」[65]

　　然而，東京等得不耐煩了。11 日，日本御前會議通過《支那事變處理根本方針》，指明「如支那現中央政府不來議和，則帝國今後不以此政府為解決事變的對手，將扶助建立新興政權，並與此政權簽訂兩國邦交關係的協定，協助更生新支那建設」。[66]《方針》還進一步規定，「對於支那現中央政府，帝國應採取措施使其消滅，或促使新興政權將其吸收合併。」[67]

　　到了這個地步，汪精衛、孔祥熙、張羣等仍在想辦法研擬妥協的建議：

(1) 承認滿洲國，與日、滿共同防共：中國將以具體行動表明反共的誠意，但不加入反共協定。

(2) 設立內蒙、華北，以及上海附近三個非武裝區，並設置特殊政權：同意設立非武裝區，但這三個地方仍屬中國主權，並非自治。

(3) 經濟合作：應指的是關稅商約，而非所有經濟活動。

(4) 賠償部分：中國願支付日軍占領區的費用，但其他部分應列為

65　〈德國調停案〉，頁 57（調停案中作 12 日，為 11 日之誤）。"Dokument Nr. 105 (China-Akten Bd.2104, Bl.74)," Peck, a.a.O., S.166.〈第 43 次報告〉，《國防最高會議每次會議王委員寵惠等報告及討論外交事項（手稿本）》。

66　〈支那事變處理根本方針〉，《支那事變戰爭指導關係綴》其一（防衛研究所戰史研究中心史料室藏）。

67　〈事變對處要綱（甲）〉，外務省記錄《支那事變關係一件》（以下略為《事變一件》）第 1 卷，外務省外交史料館藏。

日本財產損失。[68]

這個建議立即被蔣介石否決。蔣當時正在河南開封布置軍務，看到孔祥熙他們擬出的辦法後，立即發出特急電，令孔祥熙和張羣前去面談，並「限一小時抵達」。[69]

1月13日下午，陶德曼再度拜會王寵惠，催促國民政府儘早回覆。他同時也轉達了日方的意思：1月15日是最後期限，之後，日本將保留自由行動的權利。

主和的人士仍不願放棄，汪精衛擔心「如果三至五天內不做出確切答覆，日本很可能會大舉西進」。軍令部長徐永昌認為，「堅持長期抗戰決不動搖的想法極其危險。」張羣也表示，「既然無力再戰，只有求和，只是敵方開出的條件恐怕為我方所無法容忍。」[70]他們最擔心的是如何繼續拖延最後的答覆。[71]

孔祥熙還請義大利駐華大使轉報墨索里尼總理，希望義大利能對日本施壓，「使日本在對華交涉過程中保持理性。」孔祥熙還說：「如果日本的態度強硬且帶脅迫性，最終會把中國推向共產主義。」[72]

1月14日，國防最高會議再次討論中日大局問題，出席會議者大

....

68 「漢口孔祥熙→駐日中國大使館許大使」（1938年1月3日發），軍令部第11課《支特情軍極密 第22號》《昭和十二年以後舊支那動向》。「外交部→駐日中國大使館第七號電」（1938年1月2日），〈德國調停案〉，《國防最高會議每次會議王委員寵惠等報告及討論外交事項（手稿本）》，頁52。

69 「蔣委員長致孔院長」，〈德國調停案〉，見《外交部案卷》，00556，頁064。

70 《徐永昌日記》，1938年1月12日、13日。

71 《徐永昌日記》，1938年1月14日。「漢口孔祥熙→駐日中國大使許世英」（1938年1月9日發），軍令部第11課〈支特情軍極密 第92號〉，《昭和十二年以後舊支那動向》。

72 «L'ambasciatore in Cina, Cora, Al Ministro Degli Esteri, Ciano, (T.s.n.d. 165/23 R Shanghai, 11 gennaio 1938)», Commissione per la pubblicazione dei documenti diplomatici, I Documenti Diplomatici Italiani (Roma: Libreria dello Stato, 1999), Serie 8, Vol. 8, p. 32.

多主張議和，或是暫時停戰，以爭取時間重整旗鼓。[73]

　　第二天，也就是最後期限的 1 月 15 日，孔祥熙代表國民政府接見陶德曼。孔祥熙仍不願關掉和談之門，僅重申中國維護中日和平的誠意，希望日本提出更詳細的內容，以便中國仔細掂酌考慮。[74]

　　日本政府對此極為惱怒，認為國民政府毫無誠意，決定終止調停。東京把蔣介石視為對華和議或誘降的最大障礙，必欲去之而後快。1 月 15 日，大本營及內閣的聯席會議決定否認「蔣政權」，並按既定方針，不再與國民政府對話，改為扶植一個新的中央政權。[75]

　　次（16）日，近衛首相發表聲明：「帝國政府今後不以國民政府為（談判）對手，而期望與帝國真誠合作的支那新政權的建立與發展，進而與新政權調整兩國邦交，協助建設新興的中國。」[76] 這是「第一次近衛聲明」。

　　日本檔案顯示，從《支那事變處理根本方針》到「近衛聲明」這幾天內，日本軍部及內閣對中國採取兩手策略達成共識，亦即軍事上積極對蔣介石政府展開攻擊，使其屈服；政略上通過和議誘其投降，同時另行成立新中央政權。一旦蔣介石投降，即要求其與新成立的中央政府進行合併。[77]

　　蔣介石立即在第二天（17 日）力排眾議，作出最後決定：「拒絕

73　翁文灝，《翁文灝日記》，1938 年 1 月 14 日。

74　"Der Deutsche Botschafter in Hankow an das AA, 15.1.1938," ADAP, Nr. 554, S. 664.「德駐華大使（陶德曼）給德外交部電（文件第 554 號）」（1937 年 1 月 15 日），《近代史資料 總 14 號》（北京：科學出版社，1957），頁 106。

75　《機密作戰日誌》，1938 年 1 月 15 日。《木戶日記》，下卷，1938 年 1 月 14 日。

76　〈日本外交年表並主要文書〉，下卷，《文書》（東京：原書房，1978），頁 386-387。

77　〈支那現中央政府屈服ノ場合ノ對策〉、〈支那現中央政府ニシテ屈服セサル場合ノ對策〉，收入於〈支那事變ニ於ケル政策關係重要決定事項（其二）〉《事變一件》第 10 卷。

倭媾和之條件，使主和者斷念，內部穩定矣。」[78] 從 1 月 10 日國防最高會議決定不接受日本加碼後的條件開始，連續多天討論磋商，國民政府既拿不出對策，又不願斬釘截鐵的拒絕，只是一味拖延。近衛聲明讓主和者扼腕，但仍有人不死心，蔣介石乾脆強勢決策，一舉斷了主和者的念頭。

同一天，德國外交部電令陶德曼，正式終止調停任務。[79] 緊接著，18 日，國民政府發表聲明，宣告「中國抗戰之目的為求國家之生存，為維持國際條約之尊嚴。……任何恢復和平辦法，如不以此原則為基礎，絕非中國能承受。」[80] 陶德曼調停以無果告終。

調停失敗影響深遠

陶德曼調停前後不到 3 個月，時間不長，但帶來的影響卻不小。

「第一次近衛聲明」等於日本放棄了和國民政府的對話，轉而扶植另一個中央政權。但後來的發展證明，東京這個決定其實斷絕了和平解決事變的對策。因為東京抱以厚望的誘降蔣介石政府或是扶植新中央政府的企圖，都事與願違，成效不彰，造成中日間長期的僵局。

調停失敗後中德關係發生巨大的變化。德國改變對華政策，轉而支持日本。1938 年 2 月，德國政府改組，對中國友好的國防部長勃洛姆格（Werner Eduard Fritz von Blomberg）和外交部長紐賴特雙雙下台，親日的里賓特洛甫（Ribbentrop）出任外交部長，立即承認滿洲國，遣散中國在德國軍事單位的學員，禁止對華軍售，並召回全部在華軍事顧問。在日本的堅持下，德國政府進一步在 5 月 3 日下令禁止一切戰爭物資發往中國，中國向德國訂購的 2 艘 IIB 型潛艇、8 艘大型魚雷快

78　蔣介石日記，1938年1月17日。

79　「德國外交部致德國駐華大使館電（文件第557號）」（1938年1月17日），見《汪偽政權資料選輯：汪精衛集團投敵》，頁144。

80　《中華民國重要史料初編：對日抗戰時期》，第三編《戰時外交》，頁670。

艇和「戚繼光」號魚雷艇供應艦也遭扣押。6月24日，里賓特洛甫命令陶德曼大使立即回國。當時法肯豪森將軍及若干軍事顧問不願回德，里賓特洛甫下達嚴令，彼等如拒絕回國，一律被視為公然叛國，將予以嚴處。法肯豪森不得不在1938年7月5日向蔣介石告別，返回德國。

短短幾個月，中德關係從熱絡的高峰跌到冰冷的谷底，陶德曼調停是重要的轉捩點。從此，德日合作取代了中德合作，國民政府備戰練兵的軍事計畫頓受打擊，對整個遠東地緣政治亦產生重大的影響。

陶德曼調停失敗，中日雙方高層的主和派仍試圖尋覓和平談判的管道，希望及早結束戰爭。

二、孔祥熙、宇垣一成祕密和議

1938年1月，孔祥熙就任行政院長，迅即努力開闢管道，尋求和平解決中日戰事。他致電對中國友好的頭山滿，希望他「主持正義，力挽狂瀾，設法（使）貴國軍人早日醒悟」。[81]

不久，曾加入同盟會、與孫中山友好的萱野長知，令其助手松本藏次和孔祥熙的親信行政院秘書賈存德在上海見面，萱野並請賈存德轉信給孔祥熙，表示中日交戰猶如萁豆相煎，如孔祥熙有意出面解決鬩牆之爭，化干戈為玉帛，萱野願為此奔走。[82]

孔祥熙很快回函：「解鈴繫鈴還在日本」，如萱野能以百年利益說動日本當局早悟犯華之非，則其亦願共襄此舉。[83]

5月下旬，近衛內閣改組，曾任陸相、朝鮮總督的陸軍元老宇垣一成出任外相。宇垣在對華政策上是主和的，而且，蔣介石早在1913年

81　〈支那事變善後處置〉，日本外務省檔案：A-1-1-0號。
82　賈存德，〈孔祥熙與日寇勾結活動的片段〉，《文史資料選輯》第29輯，頁68。
83　同上，頁70。

二次革命失敗流亡日本時，就與宇垣結識。宇垣入閣，蔣介石認為這或許是中日戰爭的轉機，「此或（日本）欲求轉圜，以為謀和之餘地乎？」[84]

蔣介石命行政院副院長、國防最高會議秘書長張羣電賀宇垣，試探和平談判的機會。宇垣很快回覆：「和平談判，正是我們的期望。」張羣建議中方由國民黨副總裁汪精衛或他本人出面談判，但宇垣卻點名行政院長孔祥熙作為談判的對手。[85]孔祥熙立即派他的秘書喬輔三到香港，6月16日和日本駐香港總領事中村豐一開始初步交涉。

7月初，萱野長知、松本藏次、賈存德等人到了香港，正式展開會談，萱野長知提出宇垣一成的條件如下：

(1) 承認滿洲獨立；
(2) 華北、內蒙劃為特殊地區；
(3) 對日賠償；
(4) 經濟合作，共同開發資源；
(5) 在某些地區駐兵；
(6) 中國接受日本顧問或其他指導。[86]

這其實就是之前陶德曼調停時加碼後的條件，並無新意。此時，武漢會戰正在進行，孔祥熙謀和心切，希望在漢口失陷前達成議和。因此，他對宇垣條件的回應頗有彈性。例如，公開承認滿洲國有困難，或可「悄悄地逐步實行。首先設置領事，凡屬經濟問題由領事間解決。如遇眾多政治問題，領事解決不了，再派公使或大使」。在華北設置特殊地區不合適，但內蒙卻是可以的。至於賠款，他表示，中國無力

84　蔣介石日記，1938年6月9日。
85　宇垣一成，〈對華和平工作之經過〉，《宇垣一成日記》，第2卷（東京：みすず書房，1970），頁1245。
86　同上，頁1247。

支付對日賠款，但接受（日本）顧問、共同開發資源等，「都是好事情。」[87]

「蔣介石下野」成為談判障礙

但是，有個難題梗在中間：蔣介石下野的問題。東京認為蔣介石態度頑強（蔣堅持日軍須退回盧溝橋之前的狀態），有蔣在，和談難成。第一次近衛聲明已決定不再以國民政府為談判對手，其實就是不願和蔣介石談判；因此，陸軍堅持，即使退一步恢復和國民政府交涉，也要蔣介石下台。陸相板垣征四郎尤其排斥蔣介石，他認為武漢已是手到擒來，此時本就沒有必要和談，「漢口陷落時，國民政府將無條件投降，日本方面沒有必要發表撤兵的聲明。」[88]

小川平吉和萱野長知堅信和談還是要以蔣介石為對手，因為唯有依靠蔣介石的力量才能驅逐共產黨。[89] 宇垣一成就任外相時即向近衛首相提出，對中國的和平交涉不能排除蔣介石，必要時應取消1月16日的近衛聲明。近衛也感到這個聲明是個「大失敗」，同意宇垣的意見。[90]

為緩和陸軍的壓力，宇垣一成提出妥協辦法：雙方先接觸、先談，待合約簽訂後蔣介石再下野。[91] 說到底，還是要逼蔣介石下野，孔祥熙很為難，這個問題如不能妥善解決，雙方就沒法談下去了。

陸軍還是不肯讓步。7月12日，東京五相會議根據陸軍的提議，

87　《宇垣一成日記》，第2卷，頁1247。

88　三田村武夫，《戰爭と共產主義》（東京：日本民主制度普及會，1950），頁175。

89　小川平吉文書研究會編，《小川平吉日志》（2）（東京：みすず書房，1973），1938年6月9日。

90　《宇垣日記》（東京：朝日新聞社，1956），頁314-315。

91　小川平吉文書研究會編，《小川平吉關係文書》（1）（東京：みすず書房，1973），頁400-401。

通過《適應時局的對中國謀略》，決定「推翻中國現中央政府，使蔣介石垮台」，同時「起用中國第一流人物」，建立親日新政權。[92] 日本政府所謂「第一流人物」，指的是汪精衛、唐紹儀、吳佩孚等，他們計畫攻占武漢後即著手建立「中國新中央政府」。[93] 在這種情況下，宇垣、萱野、小川等人想要日本政府改變對蔣介石的態度，自然要碰釘子。

萱野、孔祥熙等人為蔣介石下野問題傷透腦筋之時，國民政府外交部亞洲司司長高宗武正在東京接洽和議的機會。高宗武和汪精衛、周佛海等人關係密切，是主和的「低調俱樂部」成員之一，他早有撇開蔣介石由汪精衛出面實現「和平」的想法。正好東京也在找尋「蔣介石以外的人」主持和談，雙方一拍即合，提出由汪精衛結合國民黨政軍 2、30 人，聯名迫使蔣介石下野的計畫。[94]

9 月 15 日，萱野長知再度赴港，與賈存德等繼續談判。行前致函小川，表示有信心安排孔祥熙和宇垣外相會面，但孔祥熙等「因面子關係，要蔣介石預先表態將在簽訂反共、和平協議後下野一事，感到十分困難；即使以密約來處理，也非常為難」。[95] 孔祥熙希望暫時不提下野之事，但他保證「將於事後自動實行」。[96]

香港協商頗為順利，孔祥熙原則同意搭乘日本軍艦親赴長崎和宇垣晤面。[97] 9 月 23 日，宇垣在五相會議中提出此議，請海相米內派軍艦作為談判使用，並要求陸相板垣不反對他與孔祥熙的會晤。米內、

92　日本外務省檔案 S491。

93　田琪之譯，《中國事變陸軍作戰史》第 2 卷第 1 分冊（北京：中華書局，1979），頁 102。

94　「萱野長知致松本藏次」，《戰爭と共產主義》，頁 177。

95　《小川平吉關係文書》（2），頁 597。

96　同上。

97　同上。

板垣都同意了；此外，宇垣還曾上奏裕仁天皇，得到祕密批准。[98]

近衛內閣「不以國民政府為對手」的主張似乎放緩了，孔祥熙和宇垣一成的會面指日可待。

陸軍反對　功敗垂成

然而，就在最後關節，陸軍強硬派站出來強烈反對宇垣與孔祥熙的會談。他們為何硬要推翻五相會議批准、天皇允可的決議呢？有幾個原因：首先，陸軍還是堅持蔣介石必須下台。其次，陸軍更看好與汪精衛的和平運動。第三，日軍已節節進逼漢口，勝利在望，此時沒必要去跟蔣介石談判，更無須作出讓步。

這些強硬派認為，眼下更重要的是加緊誘降汪精衛，建立新政權，只要新政權成立，蔣介石自然會失去作用。他們頗為激憤，甚至指責宇垣為「國賊」。[99]

陸軍不但反對和議，還提出釜底抽薪的議案：建立興亞院，作為處理對華的最高決策單位。[100] 興亞院以首相為總裁，副總裁 4 位，分由外相、海相、陸相及藏相擔任，如此，軍部得以直接涉入對華外交事務，外務省的外交權大為削弱，宇垣的力量受到壓制。[101]

近衛頂不住陸軍強大的壓力，不得不妥協，重申「帝國政府不以蔣介石為對手的方針始終不變」。[102] 如此，宇垣和孔祥熙的和議談不下去了，宇垣於 9 月 29 日辭去外相一職，由曾任駐華大使、外相的有田八郎回鍋再任外相，小川、萱野等積極搭橋的宇垣－孔祥熙會談在最後一步戛然而止。

98　《小川平吉日志》（2），1938年9月23日，《小川平吉關係文書》（1），頁421。

99　額田坦，《祕錄宇垣一成》（東京：日本芙蓉書房，1973），頁179。

100　興亞院於1938年12月正式成立。

101　額田坦，《祕錄宇垣一成》，頁179。

102　同上，頁179。

三、萱野長知與重慶代表香港密談

一個月後，1938 年 10 月 25 日，日軍占領武漢，國民政府撤到四川。陸軍主戰派堅信戰爭即將結束，建立親日的中國新政府指日可待。但頭山滿、小川平吉、萱野長知這些國民政府的舊交卻不以為然；他們認為，日本孤軍深入中國內部，四面皆敵，包袱愈來愈重，戰爭將長期進行，前途茫茫。因此，與蔣介石和談才是上策。

不久前被叫停的宇垣—孔祥熙密會功敗垂成，頭山滿、小川、萱野都覺得遺憾。會談雖停，但萱野與重慶的聯繫並未中斷，他們等待機會，隨時重啟和議。

實際上，軍部及近衛內閣也逐漸發現，想要停戰，不可能越過蔣介石。近衛決定修正之前「不以國民政府為對手」的說法，在 11 月 3 日發表第二次對華聲明，聲稱：「至於國民政府，倘能拋棄從來錯誤政策，更換人事，改途易轍，參加新秩序的建設，則帝國亦不加拒絕。」[103] 萱野和小川認為這是個機會，準備聯絡重慶代表，隨時恢復談判。

在此期間，汪精衛和東京的關係快速推進。11 月 12 日，日本陸軍派出嫻熟中國事務的影佐禎昭、今井武夫與汪精衛指派的高宗武、梅思平在上海密談（意即重光堂會談），雙方簽訂了《日華協議記錄》初稿，包括共同防共、承認滿洲國、承認日本在華的經濟優先權、賠償日僑損失、日本撤軍等。陸軍省及參謀本部決定以這個協議為基礎，大力推進對汪精衛的誘降工作。[104]

12 月 18 日，汪精衛離開重慶，經昆明，於 21 日抵達河內，決心與日軍合作。第二天，22 日，近衛發表第三次對華聲明，宣稱日本政府將貫徹以武力掃蕩抗日的國民政府；同時，將與中國「同感憂慮、具

103　日本外務省編，〈日本外交年表和主要文書〉下卷，《文書》，頁107。
104　關於汪精衛對日議和，本書另有專章探討，請參閱本書第三卷第一章〈重探汪精衛與汪政權〉。

有卓識的人士」合作，實現「相互善鄰友好、共同防共和經濟合作」。[105]

　　然而，不到 10 天，近衛內閣因不受軍方支持、內外交困，於 1939 年 1 月 4 日總辭，平沼騏一郎 [106] 繼任首相，陸相板垣征四郎、外相有田八郎留任。正準備和近衛合作的汪精衛在河內陷入進退兩難的窘境。

　　汪精衛的和平工作雖然出師不利，但對蔣介石仍造成相當的壓力。小川平吉、萱野長知認為這是個重啟和議的機會，因為重慶國民政府肯定會想方設法阻止日汪關係的推進，此時如能與重慶達成和平停戰，則對汪精衛的行動必是重大打擊。因此，他們相信，時機正好，「和平有望。」[107] 1939 年 1 月中旬，小川、萱野聯袂訪問首相平沼及外相有田，遊說新內閣支持對重慶的和議，平沼同意一試。[108] 重慶那邊也是一拍即合，於是，冷卻不到兩個月的中日祕密和議，又熱起來了。

蔣介石「親信」赴香港會談

　　根據小川平吉的紀錄，中日雙方於 1939 年 1 月底在香港會面。日方以萱野長知為代表，中方則是蔣介石的嫡系「復興社」人員鄭介民（掌管軍事情報）、及蔣介石「親信」杜石山（蔣介石在香港祕密辦事處負責人）、柳雲龍（蔣介石親戚）。[109]

　　在日方眼中，起用嫡系子弟，蔣介石似乎對這個談判頗為重視。據重慶來人表示，蔣介石還特別指示交涉的基礎，「尤不能忽視盧溝橋事變前後之中國現實狀態。」[110]

　　「承認滿洲國」以及「共同防共」是日方談判時必提的條件，而

105　〈日本外交年表和主要文書〉下卷，《文書》，頁407。
106　日本著名法學家，曾任司法大臣、樞密院議長。
107　《小川平吉關係文書》（2），頁605。
108　同上。
109　同上，頁611-612。
110　同上。

國民政府則是拒不承認滿洲國，對於防共也礙於現勢難以同意。恰好
此時國民黨調整了對共黨的政策，1939 年 1 月下旬，國民黨在重慶召
開五屆五中全會，決定設置「國防最高委員會」，以蔣介石為委員長，
同時，通過《限制異黨活動辦法》，確定了「容共、防共、限共、反共」
的政策。

　　在香港的柳雲龍在會談上提及此事，說是陳誠特別電告成立國防
最高委員會的微妙之處：「參政會與五中全會俱不足以為和平之根據，
今組織之國防委員會，網羅朝野人員，置於蔣氏一人之下，時機一至，
便可運用和平而無阻。」[111] 陳誠暗示，蔣介石掌控的國防最高委員會
在對待共黨的態度上將有所調整，在對日和議上也更有主導力。

　　東京十分重視這個信息，板垣征四郎也心動了。板垣和小川平吉
對和議的態度一向相悖，但這次兩人卻得出了共同結論：國防最高委
員會排斥共產黨加入，和平將易於實行；蔣介石的中央軍實力強大，
打擊共軍並非難事。[112]

　　頭山滿特別興奮，要求小川平吉儘快赴華，和萱野一起參與談判。
他表示，倘有必要，自己願意扶病成行。[113]

　　3 月 4 日，杜石山出示蔣介石關於萱野的電報：「歷次來電及萱野
翁前日來電，均已誦悉。中日事變誠為兩國之不幸，萱野翁不辭奔勞，
至深感佩。惟和平之基礎，必須建立於平等與互讓之基礎上，尤不能
忽視盧溝橋事變前後之中國現實狀態。日本方面，究竟有無和平誠意，
並有『和平基案』如何，盼向萱野翁切實詢明，佇候詳復。」[114]

　　3 月 16 日，宋美齡以治牙為名到香港，就便指導和萱野的交涉。[115]

111 「杜石山致萱野長知」（1939年2月4日），《小川平吉關係文書》（2），頁608。

112 〈小川平吉日志〉（2），1939年2月19日，《小川平吉關係文書》（1），頁446。

113 《小川平吉關係文書》（2），頁610。

114 同上，頁611-612。

115 蔣介石日記，1939年3月17日。

17 日，萱野長知和柳雲龍、杜石山在香港大酒店 350 號房會商，柳雲龍提出 8 條：

(1) 平等互讓；

(2) 領土完整、主權獨立；

(3) 恢復盧溝橋事變前狀態；

(4) （日方）撤兵；

(5) 簽訂防共協定；

(6) 經濟提攜；

(7) 不追究維新政府及臨時政府人員的責任。

(8) 至於滿洲國，另議協定。[116]

這 8 條雖在防共及滿洲國等議題上作出若干讓步，但蔣介石在「恢復盧溝橋事變前狀態」的堅持未變，日方頗有難色。

這次談判重慶有個明顯而立即的目標：阻止已公然和重慶決裂的汪精衛繼續和東京合作，因此，杜石山請示蔣介石是否能稍加讓步，以便在「所欲謀者未成熟之前」作出決定，搶在汪精衛之前與日本言和。[117] 杜石山回報萱野：蔣介石同意讓步，電報指示：「得『領土完整、主權獨立』八字便可，餘請商量改刪。」[118]

萱野把重慶的條件傳回東京，東京士氣大振，3 月 24 日，小川平吉帶著日方的備忘錄親赴香港。日方希望：

(1) 蔣介石把目前「容共抗日」的國策改為「排共親日」。

(2) 先討伐共產黨，實行局部停戰，同時開始和平交涉。

---

116 「萱野長知電報」（1939 年 3 月 18 日），《小川平吉關係文書》（2），頁 614。

117 〈杜氏筆記〉，《小川平吉關係文書》（2），頁 615。

118 同上，頁 615-616。

杜石山請示宋美齡，宋美齡表示不妨以密約辦理。杜石山又電報蔣介石，蔣介石覆電：「可用密約辦理。」[119]

小川還提出，為證明誠意，希望蔣介石指派重要人士為和談代表。他特別提醒重慶：和談的基礎是「近衛聲明」，五相中仍有希望國府改組者（亦即要蔣介石下台），而國府又視此為不可能之事，如何妥善解決，此為當務之急。[120]

杜石山面告小川：此次與談者均是委員長嫡系，柳雲龍乃委員長姨母之子，可直接以密電與委員長聯絡。至於討共，委員長已布置大量嫡系軍隊對付共產黨。杜石山還特別強調：「議和成功之時，希望以日本的先鋒隊進行討共。」[121]

小川頗受鼓舞，親函蔣介石，說他是為東亞前途以及中日兩國百年大計而來，要求蔣介石明確表態。[122]

蔣介石似乎對這次和議相當上心，他的日記顯示，4月開始，連續幾天都在認真思考對日和議的得失進退：

4月4日日記：「吾人必須苦撐一年，必待倭寇筋疲力盡，方得有和可言，此時絕非其時也。」[123]

5日：「如有以近衛建立東亞新秩序之聲明為和平根據者，即為賣國之漢奸。」[124]

6日：「敵求和之急與其對俄屈服之情狀，可知其圖窮匕見，應付之方應特別審慎。……對敵宣傳，甲：須由倭下令撤兵；乙：回復

119 《小川平吉關係文書》（2），頁614-615。
120 同上，頁613。
121 〈赴香始末〉，《小川平吉關係文書》（1），頁653。
122 《小川平吉關係文書》（2），頁619。
123 蔣介石日記，1939年4月4日。
124 蔣介石日記，1939年4月5日。

七七前原狀後談判；丙：取消東亞新秩序聲明；丁：太平洋會議。」[125]

　　8 日：「對記者發表，在東亞新秩序聲明下，絕無和平可言。」[126]

　　這些文字可看出，蔣介石對談判的底線相當堅持；而且，字裡行間顯示他對和議似乎未抱什麼希望。

　　4 月 13 日，小川收到蔣介石的覆電：「小川先生本為余等生平所敬慕，但在此兩國戰爭之中，不能派代表來港致敬，惟託在港友人馬伯援君致意也。」[127] 馬伯援是老國民黨黨員，畢業於早稻田大學，曾任中華留日基督教學生青年會總幹事，後致力教育。馬伯援在國民黨或國民政府內從未擔任重要職務，蔣介石請他與小川接洽，而對日本關注的「討伐共產黨」一節卻隻字未提，似有敷衍之意。

　　不過，計畫趕不上變化，小川還來不及反應，第二天（14 日）馬伯援竟因腦溢血突然過世了。

重慶拖延不決

　　馬伯援驟逝，小川要求重慶速派有力人員到香港替補。不知何故，蔣介石那邊卻沒了消息，直到 10 天後（4 月 25 日），杜石山才轉報陳誠的電報：「文日以來各電，俱已譯呈委座，惟未得批示，請暫待為要，小川翁等務懇切實聯絡。」[128]

　　小川和萱野等不到蔣介石回音，29 日，正好蔣介石原配毛夫人的弟弟從香港去重慶，萱野託他帶信給蔣介石，謂小川和他本人與蔣「叨為盟友，誼若弟兄」，勸蔣速作決定。[129]

　　一週後，5 月 6 日，小川和張季鸞在香港會面。小川指出，日本戰

125　蔣介石日記，1939 年 4 月 6 日。

126　蔣介石日記，1939 年 4 月 8 日。

127　《小川平吉關係文書》（2），頁 620。

128　同上，頁 621-623。「文日」是電報日期的代韻，指的是 12 日。

129　同上，頁 621-623。

爭的最大著眼點是「排共」。張季鸞告以：共產黨一直支持蔣介石抗戰，現在要蔣立即討伐，實在難以做到。[130]

小川不滿蔣介石拖延不決，5月11日再函蔣介石，勸他當機立斷，「講和之影響，內外上下，複雜多端，畏其難而不為，並非英雄，則終於難而已矣。惟知其難而為之，當此艱局，毅然不惑，如揮快刀而斬亂麻，此誠真英雄豪傑之所為也。」[131]

小川等得不耐煩，再次要求蔣介石派要員來港，並稱願與萱野到重慶，否則即束裝歸國。16日，重慶方面派侍從副官專機到港取走小川致蔣介石的信，但蔣介石卻在取信的同一天電告柳雲龍：萱野及杜石山連日各電均已收悉，「請石山兄暫勿與小川翁往還，但須隨時報告小川翁行動。」[132]

蔣介石為什麼會突然變得躊躇不前？杜石山根據重慶來人的敘述，委婉地對小川、萱野說明蔣介石的難處：

(1) 委員長歷次宣言皆堅持抗日，一時不易改口；

(2) 委員長已囑咐孔祥熙，命張季鸞、原順伯、賈存德等人繼續與小川及萱野會談，再由孔祥熙根據彼等報告，聯絡重慶握有實權的元老，要求蔣介石實現和平。蔣介石會把他們的請求提交國防最高委員會議決後，再派代表來港。[133]

縱然如此，小川仍然覺得受到冷遇，他向蔣介石發出最後通牒，聲言若再無進展，將於6月3日離港，14日由上海歸國。

香港談判期間，日軍在軍事上始終咄咄逼人，包括多次密集轟炸

130　〈赴香始末〉，《小川平吉關係文書》（1），頁653。

131　《小川平吉關係文書》（2），頁624-625。

132　同上，頁626。

133　原順伯、賈存德都是孔祥熙的秘書。「杜石山致萱野長知」（1939年5月20日），《小川平吉關係文書》（2），頁627。

重慶，重慶軍民死傷慘重。僅僅是 5 月上旬，重慶 3 次被炸，死傷超過 6 千多人，蔣介石悲憤莫名，斯情斯景，「淒慘已極，何日得報此仇，思之泫然。」[134]

5 月 26 日，蔣介石派副官張銘新到香港面見小川、萱野，退回他們的信，張銘新表示：委員長懷疑東京的誠意，認為重慶大轟炸證明「日本軍、政兩界不協調」。[135]

張銘新還透露，蔣介石之所以不能輕易言和，是因為他自九一八後已受國人唾罵，譏為賣國賊、日本走狗，「今後各事，欲不小心自亦有難為之處，因自己失敗，政權即落紅軍之手，兩國前途苦惱更多，所以委曲求全，無非想到徹底處置也。」[136] 杜石山也說明，蔣介石選派和談代表，「視為心腹者便可」，選派大人物，反而易於洩漏機密，「事無成，且自己失敗也。」[137]

張銘新、杜石山的解釋多少化解了小川一些怨氣。小川致函蔣介石，對蔣的「苦心」表示諒解，但重申：「如別有便法，至獲好機會，未必吝於陳述鄙見也。」[138]

重慶方面可謂軟硬兼施，一方面拖延對日本條件的回應，但同時派人到香港安撫小川。繼張銘新後，6 月 4 日，蔣介石再派副官楊潔自重慶飛香港，說明蔣介石退回函件的原因。根據楊潔的說法，蔣介石派人到香港與小川等密談的事被共產黨及桂系知道了，引起軒然大波，不得不緩一緩。楊潔表示：「委員長在其嫡系幹部會議中提出小川翁函，事為共產黨所聞，迫委員長履行西安約言，不得中途妥協，並迫委員長遷都西安。事弄糟了！廣西系亦出面反對，說如中途妥協，廣西決

---

134 蔣介石日記，1939 年 5 月 16 日。

135 〈杜氏筆談〉，《小川平吉關係文書》（2），頁 629。

136 同上，頁 629-631。

137 同上。

138 同上，頁 629-632。

單獨抗戰。」楊潔還說，臨行時委員長密囑：「無論如何，欲保留此
線交誼，並須再作緊密聯絡，俟時機一至，便可進行。」[139]

　　和談暫緩了，但阻止（至少延後）汪精衛政府成立的事卻不能慢
下來。為此，宋美齡在 6 月 5 日再度祕密飛到香港，和柳雲龍等會商。

　　與此同時，東京五相會議確定以汪精衛、吳佩孚組成中國「新中
央政府」，而汪精衛業已抵達東京，與平沼首相會談。6 月 9 日，杜石
山會見小川，要求小川回日後，盡量阻滯汪精衛成立新政府。杜石山說：
「為中日兩國早日結束戰局計，以及種種考慮，在汪氏未成立具體組
織之前，和平尚可實現。如果汪氏成立政府，深恐將來適如西班牙狀
況，演變更多，問題更不易收拾。」[140]

　　第二天（10 日），杜石山再度與小川會面，重申阻止汪政府成立
的必要性。當晚，宋美齡、柳雲龍、杜石山就最新情勢密議後，決定
在小川身上再加把勁。杜石山連夜去訪小川，說他們已要求委員長指
派專人到港面商和平，委員長「此時已有決心進行，惟內部尚須措置」，
希望小川「無論如何，設法阻滯汪氏計畫」。[141]

　　小川和萱野在香港忙了 3 個月，沒有具體收穫，自覺孤掌難鳴，6
月 11 日返回日本。

　　這次雙方交手，表面上看起來蔣介石對小川、萱野頗為禮遇，實際
上，蔣介石在 4 月底就已決定不受日本蠱惑，「拒絕小川等之求和。」[142]
他氣憤日本玩兩手策略，既來求和，卻猛烈轟炸重慶，以中國人為芻
狗，「敵對我國一面恫嚇，一面求和，猶想從中取巧，愚不可及也。」[143]
同時，他認清日本全無平等對待中國之心，日軍所作所為，就是要消

139　《小川平吉關係文書》（2），頁 634-635。
140　〈杜氏筆談〉（1939 年 6 月 9 日），《小川平吉關係文書》（2），頁 634-635。
141　〈杜氏筆談〉、〈杜柳二氏要求〉，《小川平吉關係文書》（2），頁 637。
142　蔣介石日記，1939 年 4 月 24 日。
143　蔣介石日記，1939 年 4 月 29 日。

滅中國，中國已退無可退，此時與日議和，無異自甘為奴，「若中國退讓，乃是降服，然亦退無可退，唯有滅亡而已。與其不戰而必亡，何如抗戰到底，尚能死中求生也。」[144]

談判再起與擱淺

小川平吉、萱野長知鎩羽而歸，但中日雙方都不願斷了聯繫。沒幾天，6月14日，孔祥熙致電萱野，要求在和談具體方法上給予指導。[145]

這段期間，汪精衛正在東京，頻頻與日本軍政重臣會晤，交涉組建新政府之事。小川頗為憂心，他堅信唯有透過蔣介石，中日才能達到真正的和平。他與首相平沼、外相有田、陸相板垣，及近衛文麿等多次會面，試圖說明對汪精衛不可期望過奢，而蔣介石是有和談誠意的。但平沼不以為然，他認為香港談判說明蔣介石缺乏誠意，「已經到了正式決定傾全力於汪精衛的時機。」[146]

6月24日，汪精衛從東京飛到天津，準備與吳佩孚面談合作事宜。孰料，吳佩孚對汪不熱絡，汪建議兩人在顧維鈞住宅見面，吳卻說「行客拜坐客」，要汪到吳寓所拜訪他。雙方僵持不下，未能見面。[147] 另一說法是，吳佩孚認為他和汪應「先確定正副關係」，並要汪拜訪他，但他不回訪，因此汪吳會未成。[148]

不論如何，汪精衛和吳佩孚未見到面，這事使小川益加確定汪精衛難成氣候，日本還是應該把希望放在蔣介石身上。

144　蔣介石日記，1939年6月8日。

145　「萱野長知電報」（1939年6月17日），《小川平吉關係文書》（2），頁637。

146　「小川平吉致萱野長知」（1939年7月16日），《小川平吉關係文書》（2），頁642-643。

147　〈吳氏思想表現一束〉，《「吳佩孚工作」檔案資料》（北京：中華書局，1987），頁10。

148　國防部史政編譯局譯印，《日軍對華作戰紀要（3）歐戰爆發前後之對華和戰》（台北：國防部史政編譯局，1987），頁35。

　　小川和萱野多次討論解開問題癥結的方案，希望趕在汪精衛建立新政權之前，迫使蔣介石接受日方的和平條件。[149] 小川認為可採用前外相宇垣一成的辦法，雙方在軍艦上會見，然後「順勢要求解決對日問題」。[150] 萱野也想到一個讓重慶方面「不得不下決心的妙計」。這是個雙管齊下之策，一方面策動杜石山、張季鸞、羅集誼、原順伯等人，聯合致電重慶，敦促蔣介石、孔祥熙等儘速謀求和平；另方面策動海外華僑要求和平，直接從外部給蔣介石壓力。[151]

　　就在此時，7月16日，重慶發布軍事委員會新組織法及成員，這次改組有極重要的意義：

(1) 排除共產黨員參加軍事委員會；

(2) 委員長有宣戰、議和的權力；

(3) 蔣介石力辭大元帥之職而專任委員長職務。[152]

　　8月初，蔣介石派鄭介民、王子惠先後到香港，兩週後又派一位姓張的副官到香港，向杜石山提出，希望見到小川7月16日給萱野關於中日高層在軍艦上會晤的親筆函。[153] 張季鸞也向萱野表示：「如日本使汪兆銘之運動具體化時，和平將永遠無望。」[154]

　　小川認為，軍事委員會改組當是蔣介石「對共之準備」，是好的徵兆，他們應加把勁，最好在汪精衛組織政府之前完成停戰協議。[155] 小川決定最後再試一次，他積極走訪近衛文麿，並與首相、外相、陸

149 《小川平吉關係文書》（2），頁640-641。

150 同上，頁642-644。

151 同上，頁645。

152 「杜石山致小川平吉、萱野長知」，《小川平吉關係文書》（2），頁648-649。

153 「杜石山致小川平吉」（1939年8月24日），《小川平吉關係文書》（2），頁652。

154 同上。

155 「小川平吉致萱野長知」（1939年8月16日），《小川平吉關係文書》（2），頁649。

相會談，然後在 8 月中旬提出一個展現「戰勝國寬宏大度」的方案。小川準備攜帶首相平沼的書信親自出馬與重慶談判，同時要求重慶派出孔祥熙或相當於孔祥熙地位之人進行預備會談，地點可在香港、重慶或其他任何地方。[156] 他決絕地表示：「倘此次交涉仍以不順利告終，我等將與重慶斷絕關係，盡速促成新政權的建立。」[157] 同時，他將承認自己推薦和信任蔣介石的不智，「除向天下謝罪外，別無可言。」[158]

此時，汪精衛組建新政府已進入緊鑼密鼓階段。8 月 28 日，汪精衛在上海召開「中國國民黨第六次全國代表大會」，廢除國民黨總裁制，改為中央執行委員主席團，汪精衛被推選為主席。大會並授權汪精衛與各黨派組織中央政治會議，建立新政權。[159]

汪精衛在上海的進展讓蔣介石這邊產生急迫感，就在汪召開會議的同一天（8 月 28 日），柳雲龍電告萱野長知，重慶即將召開國民參政會常務委員會，已委託張君勱提出和平方案，如日方不堅持要蔣介石下野，則常委會當可議定和平方案。此外，孔祥熙也決心自我犧牲，正式在參政會提出和平案。[160]

小川及萱野對這個訊息頗受激勵，看起來和平方案似乎水到渠成。但是，東京正熱中於扶植汪精衛政權，而且陸軍正醞釀自己的新和平計畫，小川他們仍然得不到陸軍的支持，又正逢平沼內閣總辭，他們找不到著力點。[161]

新任首相阿部信行在 9 月 13 日發表聲明，把扶植汪精衛成立新中

---

156 「小川平吉致萱野長知」（1939 年 8 月 16 日），《小川平吉關係文書》（2），頁 649。
157 同上，頁 650。
158 同上。
159 今井武夫，《今井武夫回憶錄》，頁 109-110。
160 「萱野長知電報」，《小川平吉關係文書》（2），頁 653。
161 陸軍強硬派指責平沼內閣無力處理外交戰略問題，逼得平沼騏一郎在 8 月 30 日辭職，由陸軍大將阿部信行繼任。

央政府列為施政方針，汪政權的成立勢在必行。重慶方面對此感到疑懼，懷疑形勢急變，多數意見主張「寧可將講和的機會置於新政權的實力試驗之後」。[162] 在此氛圍下，柳雲龍告訴小川，國民參政會在 9 月 16 日否決了和平案。[163]

實際上，從 9 月 9 日到 18 日在重慶召開的國民參政會第一屆四次大會，根本沒有討論所謂的「和平案」，也沒有這個提案，小川得到的訊息顯然是柳雲龍等人提供的假情報。很明顯，重慶是利用與小川等人的洽談，造成和平有望的假象，以壓制東京對汪精衛的支持。

無論如何，日本政府正式發表了支持汪精衛的聲明，重慶與小川等人重開談判的計畫也難再推動。10 月 13 日，萱野離開香港回國，談判再次擱淺。

四、蕭振瀛、和知鷹二會談

小川平吉、萱野長知和孔祥熙幕僚在香港努力安排宇垣外相與孔祥熙會面的同時，軍部派出和知鷹二，在香港另外也搭了一條通往重慶的線：「蕭振瀛工作」。

蕭振瀛曾任西安市長、天津市長、冀察政務委員會經濟委員會主席，甚得宋哲元信任，亦頗受蔣介石、何應欽看重。七七事變之前他在華北就與日本華北駐屯軍將領多田駿等人有多次交涉的經驗。

和知鷹二是日軍中著名的中國通，1936 年 8 月，奉派到天津，擔任日本駐屯軍高級參謀，主管情報工作。1938 年春，調回參謀本部，負責與國民政府交涉業務，同時擔任蘭機關長。

和知長期在華進行特務工作，七七事變前在華北時結識蕭振瀛，

---

162 《小川平吉關係文書》（2），頁653。

163 同上。

知道蕭和蔣介石、何應欽的關係。1938 年 6 月，武漢會戰剛展開序幕，東京急著結束在華作戰，也為重啟中日和談交涉，軍部把和知派到香港，試圖透過蕭振瀛打通與蔣介石交涉的管道。

和知很快聯絡上在香港的蕭振瀛，表達願與蕭分別擔任重慶和東京協商的管道。蕭振瀛請示蔣介石，因和知透露，日方有退出華北的動議，這與蔣介石堅持的「恢復七七事變前狀態」若合符節，引起蔣的注意，同意蕭振瀛與和知接觸，並示下會談重點。[164]

蕭振瀛與和知在 9 月 27 日會面洽商，日方主要訴求是：盡快簽訂停戰協定，待恢復七七事變前之狀態後，中日兩國必須簽訂軍事協定及經濟協定。[165]

蕭振瀛傳達重慶的意見，主要包括：

(1) 日方需展現謀和誠意，尊重中國行政主權及領土完整，則中國亦將以最大誠意與日方直接談判，不要第三國介入。

(2) 目前最重要者為日軍停止軍事行動，恢復七七事變前之狀態。

(3) 恢復七七事變前之狀態後，兩國可進一步經濟合作、外交一致。

(4) 共產主義與中國國情不相容，中國國內自會防共。

(5) 日本尊重中國行政、主權、領土之完整，絕不干涉中國內政。[166]

兩人一整天長談，取得初步共識：

164　蔣介石日記，1938 年 9 月 21 日。「蕭振瀛致何應欽感辰電」（1938 年 9 月 27 日），〈和平醞釀（二）〉，《蔣中正總統文物》，國史館藏，數位典藏號：002-080103-00028-001。

165　「蕭振瀛致何應欽感辰電」（1938 年 9 月 27 日），〈和平醞釀（二）〉，《蔣中正總統文物》，國史館藏，數位典藏號：002-080103-00028-001。

166　「對日方非正式談話之要點」，〈和平醞釀（二）〉，《蔣中正總統文物》，國史館藏，數位典藏號：002-080103-00028-001。

(1) 停戰協定不涉及軍事協定。

(2) 恢復七七事變前狀態後，即簽訂經濟協定。

(3) 「外交一致」原則可商量，但恐東京仍堅持須有軍事協定，此點保留未決。

(4) 日本先發和平宣言，中國響應之，日方即停止進攻若干日，以為正式代表簽訂停戰協定之時間。[167]

蕭振瀛當晚把會談細節電報何應欽，何應欽轉呈蔣介石，第二天就回電傳達蔣介石的指示。次日，28 日，兩人接著談判，蕭振瀛和盤托出重慶的回應：

(1) 日本未恢復原狀、未展現誠信之前，絕不討論任何協定。

(2) 停戰協定只可訂明停戰之時間、地點，以及日本撤兵並恢復七七事變之前原狀的手續與時間，不能附有任何其他事項。

(3) 停戰之日即為停戰協定生效之日，亦即在停戰協定未簽訂之前，中國絕不停戰。

蕭振瀛並鄭重宣示：「原狀未復、且未有以平等待我之事實證明以前，絕不能再提軍事協定，且絕無保留之餘地，否則無從再約續談。」[168]

蕭振瀛與和知反覆交涉，和知願意讓步，最後作成 3 點聲明：

(1) 停戰協定中不涉及軍事協定、經濟協定，可商量。

(2) 中國期待日方以事實證明和平誠意，未恢復七七事變前原狀之前不商談任何協定，可諒解。

---

167 「蕭振瀛致何應欽感辰電」（1938 年 9 月 27 日），〈和平醞釀（二）〉，《蔣中正總統文物》，國史館藏，數位典藏號：002-080103-00028-001。

168 「何應欽覆蕭振瀛電」（1938 年 9 月 28 日），〈和平醞釀（二）〉，《蔣中正總統文物》，國史館藏，數位典藏號：002-080103-00028-001。此電由何應欽回覆，但實為蔣介石擬定，見蔣介石日記，1938 年 9 月 27 日。

(3) 日方希望中國提供和平後具體合作內容，至少有無文字之諒解，否則日方無以自圓其立場。[169]

和知向蕭振瀛透露，日方此舉背後有國內外的因素，因希特勒最近多次電請日本與中國謀和，共同對抗蘇聯。其次，日本國內困難重重，不堪應付長期戰爭，所以願在軍事優勢下，作出讓步，求取和平。[170]

到此，和談尚稱順利，蕭振瀛與和知各自回報高層，並約定 10 月中旬在香港繼續第二階段會談。

蔣介石親自修訂會談大綱

蔣介石對蕭振瀛與和知的會談頗為重視，親自修訂第二階段會談重慶中央的基本立場與會談大綱。會談包括和平宣言、停戰、撤兵及回復七七事變前之狀態、取消南北兩個偽組織、雙方代表及其組織、未來合作之諒解，以及滿洲國 7 個部分，都是何應欽擬定初稿，送呈蔣介石修正核定。[171]

武漢會戰正烈，為了盡快結束停戰，蔣介石作了一些妥協。例如，直接與東京會談，不再堅持第三國介入。關於滿洲國採取較彈性立場。

蔣介石雖認真修改會談內容，但日軍侵華鐵蹄未曾稍息，10 月 12 日，日軍在廣州大亞灣登陸，蔣對和議更不抱期望，認為「敵既在粵登陸，我應決心持久抗戰，使之不能撤兵。勿以國際外交之關係而影響作戰方箴」。[172] 他思考是否有繼續進行會談的必要，蔣準備去電蕭

---

169 蕭振瀛，「此次談判經過」（1938年9月30日），〈和平醞釀（二）〉，《蔣中正總統文物》，國史館藏，數位典藏號：002-080103-00028-001。

170 同上。

171 何應欽10月14日簽呈，《蔣總統籌筆：抗戰時期》第8冊，《蔣中正總統文物》，台北：國史館。

172 蔣介石日記，1938年10月13日。

振瀛「取消諒解條款」、「燒毀原稿」。[173]

　　10 月 15 日，蕭振瀛與和知在香港展開第二階段會談。和知帶回東京的意見。日本同意在停戰協定內不涉及任何其他協定，但雙方應有下列諒解事項：

　　甲、防共軍事協作及駐兵：如中國實行反共，則可以祕密約定之。
　　乙、中國政府只調整：中國酌情令接近日本之人（對日親善者）
　　　　參加新政府，則日本不再提國民黨問題。
　　丙、兩個偽政府：偽組織取消後，應酌予安置主要人物。
　　丁、滿洲國：承認問題可暫時擱置，待合作 2、3 年後再議。
　　戊、中國領土主權行政之完整。
　　己、日華滿經濟提攜：可不提「滿」字。
　　庚、戰費互不賠償。[174]

　　和知還表示，此和議交涉已取得軍方及內閣全體同意，自天皇以下，均盼此和議儘速完成。[175]

　　日方所提諒解事項明顯超出了之前會談的範圍，蕭振瀛不敢回應，急電何應欽請示對策。18 日，何應欽、蔣介石分別電蕭振瀛，兩電內容相同，指出前 4 項無異於干涉中國內政，絕不能承認。第 5 項（戊），日本必須在宣言中明言尊重中國領土主權性質之完整。至於經濟提攜，須待恢復原狀後才得討論。[176]

173　蔣介石日記，1938 年 10 月 14 日。

174　「蕭振瀛致何應欽銑辰電」（1938 年 10 月 16 日），〈和平醞釀（二）〉，《蔣中正總統文物》，國史館藏，數位典藏號：002-080103-00028-001。

175　同上。

176　「何應欽覆蕭振瀛巧未電」（1938 年 10 月 18 日），〈和平醞釀（二）〉，《蔣中正總統文物》，國史館藏，數位典藏號：002-080103-00028-001。「蔣委員長覆蕭振瀛電」，《蔣總統籌筆—抗戰時期》第 8 冊，檔案號 13351，《蔣中正總統文物》，台北：國史館。

蕭振瀛對和知轉達重慶的指示，雙方反覆磋商，終在 6 個方面取得了「大體接近」的態度：

(1) 雙方和平宣言原稿須互相同意，宣言在停戰協定簽訂後再發表。

(2) 停戰協定內容僅載明三項：（1）規定停戰日期及地點；（2）日本尊重中國領土、主權、行政之完整；（3）恢復戰前和平原狀後，中國政府誠意與日本謀兩國之全面的親善合作。

(3) 中方要求規定日軍撤退的期限；和知表示，必須日本天皇頒布詔令班師，約需一年時間方能完成。

(4) 經濟合作：（1）決定平等互惠原則；（2）恢復戰前和平原狀後，召開中日經濟會議，決定具體內容。

(5) 滿洲國問題保留兩年，中國再考慮後，誠意與日方謀合理解決。

(6) 雙方因戰爭所發生之一切損失，互不賠償。[177]

蕭振瀛給重慶的報告表示：以上 6 點接近重慶的方案，但仍有 3 點，和知甚感為難，蕭把和知的困難以及他所表達的中方態度臚列出來：

(1) 日方欲把撤兵及將來諒解問題留交未來成立的正式代表團談判；中方則堅持先商定一切內容，方能簽訂停戰協定。此點經討論後，和知已表同意。

(2) 關於日方所提防共軍事協定及駐兵問題，中方恐日本有其他打算，堅請日方說明具體辦法。和知表示：防共可以不要協定，只要中國剿共，問題自然解決；而軍事協定及駐兵問題，係

177　蕭振瀛，「和知二次到港會談經過」（1938 年 10 月 19 日）〈和平醞釀（二）〉，《蔣中正總統文物》，國史館藏，數位典藏號：002-080103-00028-001。

指內外蒙一帶軍事共同布置。對於此點，中方堅持（1）自行
清共，日方不必提及；（2）在恢復戰前和平狀態後，內外蒙
軍事共同布置之事，可商量，但其他區域必須完全恢復戰前狀
態。

(3) 關於處理偽組織，和知閃爍其詞，似有難言之隱。中方明言，
取消南北兩偽組織，乃一切和議之前提，否則恢復原狀一語毫
無意義。和知透露，土肥原一派仍支持偽組織，而南北兩偽組
織亦包圍甚烈，問題頗複雜。中方鄭重聲明：（1）南北兩偽
組織及戰區內一切偽組織必須即刻取消；（2）凡參加戰區維
持治安者，一律寬大處理。和知表示，其個人同意，但須電東
京請示。[178]

和知10月21日返回東京，行前與蕭振瀛密談，表示防共軍事協定、
駐兵及偽組織問題頗為煩難，因為上海土肥原那邊阻撓尤大。他與蕭
約定25日前可告知東京方面的定案。蕭則表示，如和局可成，必須在
30日前完成手續，11月10日前簽訂停戰協定，否則即作罷。

蔣介石命令停止和談

蕭振瀛與和知鷹二的會談起初還算順利，但愈談問題愈多，時間
也拖延下來，蔣介石倍覺日方無誠意：「對方發表日期延緩，並無誠
意之表示。」[179] 10月21日廣州淪陷，武漢會戰也進入尾聲，眼看就要
陷入日軍之手。廣州既失，粵漢鐵路被切斷，武漢成了孤城，則沒有
繼續用大軍守武漢的必要，蔣介石決定放棄武漢。[180]

....

178 「和知二次到港會談經過」（1938年10月19日）〈和平醞釀（二）〉，《蔣中正總統文
物》。

179 蔣介石日記，1938年10月21日。

180 蔣介石日記，1938年10月22日、23日、24日。

　　和知沒有如期在 25 日告知東京的決定，也沒回香港，而是去了上海。他派人攜函於 28 日抵香港見蕭振瀛。來人告知：「因南北偽組織事，爭執甚烈，刻正在上海會議，如仍難決定，和知擬返東京，取決最高幹部，待有結論，即可回電。」和知特別申明，「關於和議問題，仍與在香港所定腹案大體無出入。」[181]

　　蕭振瀛對和知的努力仍有期待，蔣介石卻決定停止對和知的活動。蔣認為，日本根本無誠意，更何況宇垣一成去職（宇垣因其和平政策不為軍方支持，已於 9 月 29 日辭去外相一職），和平的氛圍已隨風而去。10 月 30 日，蔣介石命何應欽轉令蕭振瀛停止和談，返回重慶。[182]

　　和知鷹二與蕭振瀛的會談因蔣介石踩煞車而中止，但日方仍不願放棄這條線。1938 年底，汪精衛離開重慶到達河內，公開推動和平工作。然而，此時日本對華「政略」工作內部意見分歧愈加嚴重，儼然分為兩派，一派寄希望於汪精衛，另一派則主張應以蔣介石為和議的對象。[183] 以板垣征四郎為主的一些原來排斥蔣介石的陸軍軍官態度轉變，他們原以為拿下武漢中國就不得不屈服，但蔣介石率國民政府撤到重慶繼續持久戰，汪精衛又不成氣候，因此，他們想回頭與蔣介石和議。

　　在這種情況下，1939 年夏，和知鷹二又到了香港，再度聯絡蕭振瀛，希望繼續半年前中斷的和議。和知透過其助手轉告蕭振瀛：汪精衛即將在南京成立政府，希望蕭振瀛赴港重開談判，爭取在汪組織政府之前簽訂停戰協定，以阻擋汪的行動。[184]

181　「蕭振瀛致何應欽儉戌電」（1938 年 10 月 28 日），〈和平醞釀（二）〉，《蔣中正總統文物》，國史館藏，數位典藏號：002-080103-00028-001。【戌？】

182　〈事略稿本一民國二十七年十月〉（1938 年）10 月 30 日，《蔣中正總統文物》，國史館藏，數位典藏號：002-060100-00133-030。

183　關於日本對華「政略」的對象請見本書第三卷第一章〈重探汪精衛與汪政權〉。

184　「孔祥熙轉呈蔣中正」，〈和平醞釀（二）〉，《蔣中正總統文物》，國史館藏，數位典藏號：002-080103-00028-008。

　　蕭振瀛、孔祥熙不免心動。蕭函呈蔣介石，請求允許他赴港重啟談判，但蔣未予理會。[185] 孔祥熙、蕭振瀛都覺得尚有可為，仍想爭取。10 月 6 日，孔祥熙把日方給蕭振瀛的函件轉呈蔣介石，同時附上自己致蔣介石的信，請求允許蕭振瀛再次赴港，以私人資格與和知「慎密試談」，並「藉以刺探他方消息，備我參考」。[186] 蔣介石早就給這個會談判了死刑，孔祥熙、蕭振瀛竟還不死心，仍想委曲求全，如此，怎能不被日本人看輕！他斥責「蕭、孔見解之庸，幾何不為敵方所輕。國人心理之卑陋，殊堪悲痛！」[187]「蕭孔求和心理應痛斥。」[188] 他覺得，非得說重話，才能打消蕭、孔的求和心態。10 月 9 日，蔣介石覆函孔祥熙：「兄與蕭函均悉。以後凡有以汪逆偽組織為詞而主與敵從速接洽者，應以漢奸論罪，殺無赦。希以此轉蕭可也。」[189]

　　蔣介石用了「殺無赦」這麼嚴厲的字眼，蕭振瀛與和知鷹二的祕密和議只得永遠關上了門。[190]

五、桐工作：詭譎迷離的祕密和議

　　除陶德曼調停外，抗戰時期中日和議大多是日本政府的民間代表出面進行，官方則在背後主導。但著名的「桐工作」卻是日本陸軍主

185 「孔祥熙轉呈蔣中正」，〈和平醞釀（二）〉，《蔣中正總統文物》，國史館藏。

186 同上。

187 蔣介石日記，1939 年 10 月 8 日。

188 蔣介石日記，1939 年 10 月 9 日。

189 「蔣中正電孔祥熙以後凡有以汪兆銘政權為詞而主與日本接洽者以漢奸論罪」（1939 年 10 月 9 日），〈革命文獻—偽組織動態〉，《蔣中正總統文物》，國史館藏，數位典藏號：002-020300-00003-031。

190 關於蕭振瀛與和知鷹二交涉細節，楊天石及邵銘煌均有較詳細的探討。參見楊天石，《抗戰與戰後中國》（北京：中國人民大學出版社，2007），頁 145-183。邵銘煌，《和比戰難：八年抗戰的暗流》（台北：政大出版社，2017），頁 199-225。

動聯繫重慶方面，雙方官員直接參與協談的。日方由中國派遣軍總參謀長板垣征四郎直接指導，所有資料均上報參謀總長閑院宮載仁和陸相畑俊六；國民政府這邊，戴笠曾祕密去香港布置，宋美齡、孔祥熙、張羣的名字也被提及。

關於桐工作，日本參謀本部的《桐工作關係資料綴》收存了相當完整的檔案，負責主談的今井武夫亦有詳細的個人記錄。[191] 中文資料則有中方參與者張治平的報告、軍統局戴笠向蔣介石的報告、[192] 軍統局審查張治平時留下的文件，以及時在香港、參與祕密談判的《大公報》主編張季鸞致陳布雷的多份函件等。[193] 奇怪的是，同一件事，日中兩方的檔案內容卻對不上號，個中緣由令人費解。

日本軍部主動開展「桐工作」

日方檔案記載桐工作的背景是這樣的：1939 年底，汪精衛政權緊鑼密鼓地籌辦中，但東京對它的期望卻逐漸幻滅。東京原本寄望汪精衛與蔣介石決裂後，能號召中國地方軍頭支持，取代或合併重慶的國民政府，結束中日戰爭。孰料事與願違，汪精衛站出來卻無人響應，

191　檔案號：支那事變全般一127。日本防衛研修所戰史室所著《大東亞戰史》大量引述了該項檔案。該書有國防部史政編譯局譯印本，與本文論述有關者分別見於《戰前世局之檢討》、《對中俄政略之策定》兩冊（台北：1991）。

192　「戴笠等呈蔣中正關於日本國內進行中日和平運動現況及板垣征四郎欲來會面等報告」（1940 年 2 月 3 日），〈和平醞釀（三）〉，《蔣中正總統文物》，國史館藏，數位典藏號：002-080103-00029-003。

193　「張季鸞呈陳布雷日方在華謀和活動捏造板垣征四郎將與蔣中正等會面原由及所蒐集各式日方情報」（1940 年 9 月 2 日），〈和平醞釀（四）〉，《蔣中正總統文物》，國史館藏，數位典藏號：002-080103-00030-004。「張熾章（張季鸞）函軍事委員會委員長侍從室第二處主任陳布雷為函報周佛海行蹤及與日議和情勢」（1939 年 5 月 14 日），〈汪兆銘叛國（四）〉，《國民政府》，國史館藏，數位典藏號：001-103100-00004-007。「張熾章（張季鸞）函軍事委員會委員長侍從室第二處主任陳布雷為函報其與萱野長知晤談情形及汪兆銘黨羽動態」（1939 年 6 月 21 日），〈汪兆銘叛國（四）〉，《國民政府》，國史館藏，數位典藏號：001-103100-00004-018。

戰局又持續膠著，陸軍軍部開始感到焦躁，開始有人主張，不如回頭和蔣介石談，通過政略手段迫使蔣政權投降或議和。[194]

汪精衛不成氣候，原本最支持他的陸軍也開始轉變態度。軍部公開表示：陸軍不會妨礙建立汪政權的計畫，但陸軍自身戰略也不會受這個計畫的約束。[195] 這意味著，陸軍不排除獨自進行與重慶的和平計畫。

軍部這麼做是有原因的。參謀本部及中國派遣軍司令部逐漸明白，汪精衛沒有左右局勢的能力，想要早日解決中國戰事，談判的對象必須是重慶國民政府。他們的計畫是，積極和重慶議和，促使蔣汪合作，最終實現並承認中國新政權。也就是說，把汪政權暫放一邊，先進行與重慶的和平計畫；除非和平無望，才會單獨承認汪政權。[196]

1939 年 12 月，參謀本部的戰爭指導班和少壯派開始推動和重慶直接交涉。參謀本部把主和派的幹將鈴木卓爾中佐派到香港，探尋和重慶接觸的管道，這項工作也稱為「桐工作」。[197] 曾任陸相的中國派遣軍總參謀長板垣征四郎，過去一直反對與蔣介石議和，現在不但予以支持，還親自主持桐工作。[198]

戴笠得知日軍在香港尋求和重慶的關係，認為不妨將計就計，利

194 「以昭和十五、六年為目標的對支處理方策」，《支那事變戰爭指導關係綴 其二》（防衛省防衛研究所藏）。

195 澤田茂，〈循著記憶〉，森松俊夫編，《參謀次長澤田茂回想錄》（東京：芙蓉書房，1982），頁 148-154、168-170。樋口季一郎，《陸軍中將樋口季一郎回想錄》（東京：芙蓉書房，1999）。

196 總軍參謀部「關於事 解決之極密指導」、總軍司令部「昭和十五年事變現地處理方針」，《支那事變戰爭指導關係資料綴──支那派遣軍之部》（防衛省防衛研究所藏）。

197 「陸支受大日記」昭和 14 年第 76 號（防衛省防衛研究所藏）。

198 總軍參謀部「關於事變解決之極密指導」、總軍司令部「昭和十五年事變現地處理方針」，《支那事變戰爭指導關係資料綴──支那派遣軍之部》（防衛省防衛研究所藏）。

用這個機會來阻止或延後汪政權的建立，同時還可刺探日方情報。他得到蔣介石批准，派出一位長得像宋子文胞弟宋子良的軍統特務曾政忠，冒充宋子良，到香港會會他們。[199]

宋子良是蔣介石的小舅子，宋美齡、宋子文的弟弟，曾任廣東省財政廳廳長，當時是西南運輸公司總經理，因業務關係，經常出入香港。

1939 年 12 月底，鈴木卓爾透過香港大學教授張治平結識了曾政忠假扮的宋子良。這位宋子良自稱，透過姊姊宋美齡，時有接近蔣介石的機會。1940 年初，鈴木和宋子良數度會面，宋子良透露，蔣介石已決定派代表或親信來港會談。[200]

日軍對這個訊息特別興奮，認為找到一個直通蔣介石的捷徑。1940 年 2 月 8 日，中國派遣軍總司令部高級參謀今井武夫到達香港，偕同鈴木卓爾參與和宋子良、張治平會面。今井武夫是陸軍的中國通，從七七事變開始就經常參與中日談判協商的事務。

宋子良表示，重慶方面將有具分量的代表來港，並攜有蔣介石的委任狀。此外，宋美齡已到香港，雙方可在香港召開中日圓桌會議。

東京對此十分重視，所有洽談的細節都上報參謀總長閑院宮和陸相畑俊六，再由參謀次長呈報天皇。[201] 天皇對「桐工作」頗有期待，有次為了關注此事，甚至詢問是否需要取消原訂去神奈川葉山別墅和視察廣島軍港的行程。[202]

....

199　曾政忠外貌與宋子良有幾分相似，也曾留學美國，能說流利英文。多年後，1955年，他曾致函今井武夫，為當年假扮宋子良之事致歉。

200　今井武夫，《今井武夫回憶錄》，頁329-330。

201　「大陸指」支那事變，卷四，第661號（防衛省防衛研究所藏）。

202　木戶幸一，《木戶幸一日記》下卷（東京：東京大學出版會，1966），1940年6月24日、7月23日；頁796、810。

香港圓桌預備會議：重慶讓步

1940 年 3 月 8 日晚，雙方正式會談。日方出席者為今井武夫大佐、鈴木卓爾中佐，以及參謀本部的臼井茂樹大佐；中方出席者為重慶行營參謀處副處長陳超霖、最高國防會議秘書主任章友三、侍從次長兼香港特使張漢年少將，以及宋子良、張治平。

會上，日方出示陸相畑俊六及中國派遣軍總司令西尾壽造所開具的身分證明書；中國方面則在第二天出示了最高國防會議秘書長張羣簽發的身分證明書。[203] 中方並稱，臨出發時，委員長囑咐 3 點：應取得日本撤軍的保證，明確日軍的和平條件，以及會談必須在極端祕密中進行。[204]

日方則提出參謀總長閑院宮載仁批准的 8 點和平「覺書」（備忘錄）：

(1) 中國承認滿洲國；
(2) 重慶政府放棄抗日容共政策；
(3) 保證與汪精衛派合作，重新建立中央政府或合併；
(4) 日華締結防共協定；
(5) 日軍駐紮於華北、蒙疆要地；
(6) 華北、長江下游實現日中「經濟合作」；
(7) 治安恢復後日本始能撤退防共協定以外的兵力；
(8) 日本在海南島設置海軍基地。[205]

這個「覺書」比之前其他和議的條件更苛刻，除了增加「蔣汪合作」外，還把對華的軍事占領從東北、華北、內蒙、延伸到海南島。

---

203 《今井武夫回憶錄》，頁 131。
204 同上。
205 同上，頁 137-138。

第二天（9日），雙方再度會面。中方表示，已就日方 8 點備忘錄向重慶請示，委員長指示另提一份「和平意見」如下：

(1) 關於滿洲問題，中國原則上同意考慮，方式另商；

(2) 關於中國放棄抗日容共問題，乃和平協定後中國所取之必然步驟；

(3) 關於汪精衛問題，此為中國內政問題，恢復和平後，當有適當處置，無需作為和平條件之一；

(4) 關於撤兵問題，日本應在簽訂和平協議時，儘速撤退在華軍隊；

(5) 駐兵問題，反對日軍在華北駐兵。[206]

這份「和平意見」顯示重慶作出了相當的讓步，在滿洲國、抗日容共、撤兵等議題，都有過去不曾出現的彈性。重慶還建議兩方分別在「備忘錄」與「和平意見」上簽字，因日方反對而作罷。

日方對重慶的回應頗受鼓舞，認為成功指日可待。1940 年 3 月日本陸軍省修訂的「軍需指導要綱」以及參謀本部幕僚作業都提到，桐工作推動順利，軍部預訂在 1941 年和國民政府達成和談，將把在華兵力從 80 萬縮減到 50 萬，並開始從武漢地區撤兵。[207]

此時，距汪精衛預訂在南京成立新中央政權不到兩週，重慶希望推遲汪政府成立的時間。3 月 24 日，宋子良緊急找到鈴木，說接到委員長急電，希望轉致板垣征四郎。電文大意是委員長對日方的「備忘錄」大致無異議，惟承認滿洲國一節，東北將領強烈反對，正在努力說服中，要求日方把汪政權成立的日子推遲到 4 月 15 日；但派遣軍總司令部僅同意延後 4 天。[208]

---

206 《今井武夫回憶錄》，頁 139-140。

207 「昭和十五年陸支密大日記」，陸軍省資料。

208 《今井武夫回憶錄》，頁 142。

　　4 天後，雙方並未達成共識，派遣軍及汪精衛遂於 3 月 30 日在南京舉行「還都式」，正式成立「中華民國政府」。不過，日本政府並沒有立刻承認它一手扶植的汪政權，汪精衛、周佛海一再催促，但承認一事很明顯的被有意拖延擱置。[209]

　　4 月 11 日，宋子良從重慶回到香港。他立即找到鈴木，說重慶政府已有成熟的方案，要求再度會談。5 月 11 日，宋美齡以醫牙名義，來到香港。

九龍會議與澳門會談：陷入僵持

　　5 月 13 日，今井武夫、鈴木卓爾，與章友三、宋子良在九龍會面。章友三表示，既然雙方對於承認滿洲國及日軍駐兵的問題談不攏，不妨暫時擱置這兩項，待中日恢復和平後再談判解決。同時，建議在 6 月上旬仍由上次的原班人馬在澳門舉行第二次會談。[210] 章友三透露，正式會談時，重慶政府準備派最高國防會議秘書長張羣或軍政部長何應欽與會。[211]

　　但是，九一八事變及滿洲國是板垣征四郎最得意的作品，在承認滿洲國上，他絲毫不肯讓步，談判沒有結果。

　　另一方面，幾個月下來，日方從「宋子良」一些言行細節，開始懷疑他的身分。5 月 13 日會談時，鈴木從門鎖的鑰匙孔中偷拍了宋子良的照片，準備拿到南京請汪政府的人辨識真偽。[212]

　　6 月 4 日晚，今井武夫、臼井茂樹、鈴木卓爾在澳門與陳超霖、宋子良、章友三、張治平會談。日方出示閑院宮的委任狀，中方出示由

209　〈對於汪政府聲明之首相聲明〉，收於東京裁判資料刊行會，《東京裁判遭否決未提出辯護方資料》，第三卷，（東京：國書刊行會，1995），頁 497-498。

210　《今井武夫回憶錄》，頁 143-144。

211　同上，頁 143。

212　同上，頁 147。

蔣介石署名、蓋有軍事委員會大印和蔣介石小印的委任狀。[213]

　　陳超霖表示：中國對於承認滿洲國及日軍在中國駐兵這兩項，絕對難以接受。陳超霖還提出「有汪無蔣，有汪無和平」，要求日本居間斡旋，讓汪出國或隱退。[214]

　　日方不接受這個條件，認為會談無法進展下去；但雙方經過 3 天來回討論，決定另闢蹊徑，暫時擱置爭議，由蔣介石、汪精衛、板垣征四郎三巨頭先行會談；日方建議地點在上海、香港、澳門中選擇，中方則提出重慶或長沙。[215]

　　此外，關於承認滿洲國及駐兵，中方提出妥協辦法：

(1) 滿洲國問題，應於和平成立、恢復邦交後，再以外交方式解決。

(2) 駐兵問題，應於和平後，由兩國軍事專家祕密解決。

(3) 其他各項，原則同意。[216]

日方也願意暫退一步，修改為：

(1) 承認滿洲國問題，應於和平條件中提及，但顧及中國方面的考慮，可以祕密協定等方式定之。

(2) 關於駐兵問題，應在和平條件中，以祕密方式處理。

(3) 關於汪精衛問題，另行商議。[217]

213　中方出示蔣委員長的委任狀，但不交給日方，僅允許其當場抄寫。此抄件收藏在日本防衛研究所藏，《桐工作關係資料綴》。

214　《今井武夫回憶錄》，頁 151。

215　「香港機關致參謀次長」（特香港電第 310 號），參見日本防衛廳防研究所戰史室，《戰前世局之檢討》（台北：國防部史政編譯局，1990），頁 307。《今井武夫回憶錄》，頁 155。

216　《今井武夫回憶錄》，頁 153。

217　同上，頁 153-154。

板垣對三巨頭會談頗有興趣，欣然贊同；汪精衛也同意，但希望地點在洞庭湖上。日方並要求重慶方面書面保證板垣和汪精衛的安全。[218]

與此同時，由於歐洲戰局變化及日本國內壓力加大，陸軍高層為了儘快從中國戰場抽身，願意在和平條件上進一步讓步。6月24日，參謀本部次長澤田茂到南京，傳達參謀本部最新決定：在承認滿洲國及駐軍問題上均不作為「強行之條件」，願意考慮重慶的條件。[219]

30日，鈴木向宋子良提出會談的幾種方案，供中方選擇，包括蔣介石、板垣先在長沙會談，或者三人會談，接著停戰，然後再處理蔣汪合作的問題。[220]

7月9日，宋子良聲稱，他向重慶請示後返港提出新方案：蔣介石與板垣先於7月下旬在長沙商議中日停戰問題，之後再訂蔣汪會談的時間。[221] 日方同意這個方案，7月11日，中國派遣軍總部參謀片山二良攜帶板垣親筆書寫並蓋章的「中日實施停戰會談之備忘錄」到香港。備忘錄說明：時間：7月下旬。地點：長沙。方式：蔣介石與板垣協議中日間之停戰問題。[222]

7月18日，日本內閣改組，近衛文麿再次組閣，東條英機接替畑俊六擔任陸相。

7月20日，陳超霖、章友三帶了蔣介石親筆所書備忘錄到達香港，其內容、格式均與板垣的備忘錄相同。雙方還討論國民政府將派張羣、孔祥熙或何應欽到漢口迎接日本代表。[223]

....

218 《今井武夫回憶錄》，頁155-156。

219 「畑俊六日記」，1940年6月25日，轉引自《戰前世局之檢討》，頁309。

220 「香港機關致參謀次長」（特香港電第328號）。參見《戰前世局之檢討》頁311-312。

221 「香港機關致參謀次長」（特香港電第342號）。參見《戰前世局之檢討》，頁314。

222 「支那派遣軍總參謀長致參謀次長」（總參二特電第468號）。參見《戰前世局之檢討》，頁315。

223 「支那派遣軍總參謀長致參謀次長電」（總參二特電第480號）。參見《戰前世局之

7月21日，鈴木、片山與宋子良、章友三會議，相互出示備忘錄。鈴木、片山仔細研究蔣介石筆跡，確認是真跡。[224]

22日，鈴木與宋子良（署名「宋士傑」）雙方當面簽訂備忘錄，把蔣介石、板垣會談時間延後到8月。會後，各自分別返回重慶、東京報告。首相近衛大感興趣，要求「好好地做下去」。[225]

31日，章友三回到香港，與鈴木繼續協談。章表示，近衛內閣既已第二次組閣，應發表聲明，明確取消1938年「不以蔣介石為對手」的第一次聲明。章同時提出：蔣介石、板垣會談時，不可提及「蔣汪合作」問題。此外，板垣應以親筆函申明，取消日汪條約。對此，鈴木答稱，將爭取在板垣親筆函中表示，但聲明「（日方）雖提出善意的意見，但不作為停戰條件處理」。[226]

8月上旬，雙方繼續協商長沙會談的細節。鈴木卓爾特別在8月14日飛南京，取得板垣征四郎的保證書，然後去東京謁見近衛首相，並取得近衛致蔣介石的親筆函。[227] 這些發展說明東京軍部高層對和議是認真、樂觀的，長沙會談成功可期。

9月4日，戴笠得知鈴木帶著近衛首相的親筆函及板垣征四郎的保證書回到香港，立即轉報蔣介石，並請示是否可以接受這兩份信函。

孰料，幾天之後，情況突然冷了下來。

續 ……………………………………………………………

　檢討》，頁316。

224 「香港機關致參謀次長」（特香港電第361號）。參見《戰前世局之檢討》，頁317。

225 〈大野大佐備忘錄〉，轉引自《對中俄政略之策定》，日本防衛廳防衛研修所戰史室編，（台北：國防部史政編譯局，1991），頁8。

226 「香港機關致參謀次長」（特香港電第377號）。參見《對中俄政略之策定》，頁8-18。

227 「周佛海電蔣中正日方的確志切和平我國亦可使其轉移目標於中國以外及和知鷹二所述板垣征四郎與宋子良談判經過等和平談判情報」，〈和平醞釀（五）〉，《蔣中正總統文物》，國史館藏，數位典藏號：002-080103-00031-006。

宋子良是假的？

原來，8月下旬，板垣征四郎為加強「桐工作」，把日軍情報單位
「蘭機關」負責人和知鷹二少將派到香港。[228] 和知長期在華進行特務
工作，「蘭機關」曾專門負責策動中國西南軍政首長反蔣的工作（日
軍稱為「蘭工作」）。和知懷疑「桐工作」的可靠性，他根據自己的
經驗，同時向時在香港的《大公報》主編張季鸞打探，判定這個「宋
子良」有問題。

事實上，日方也曾懷疑宋子良的身分，曾趁雙方談判時，透過鑰
匙孔偷拍宋子良的照片，送請周佛海審核真偽，周佛海認為照片「實
不甚像」。[229] 不僅如此，周佛海鑑定，中方所拿出來所謂的蔣介石委
任狀及親筆函很可能都是偽造的。[230] 但不知何故，板垣、鈴木、今井
等人似乎未受影響，仍繼續行動。

此外，8月中下旬正是中日兩國祕密談判最接近成果的當兒，中共
突然在8月20日發動了「百團大戰」，擾亂了和談的氛圍，也對蔣介
石造成壓力，重慶方面轉為謹慎。

步入9月，東京對「桐工作」的態度亦有轉變。新上任的陸相東
條英機不像畑俊六那樣支持「桐工作」，東條英機不看好中日直接進
行的和平談判，也不贊成派遣軍總司令部過度涉入和議。

9月中旬，宋子良通知鈴木，重慶重要幹部會議決定，雙方對於滿
洲國及日軍駐兵問題未取得共識，長沙會議將暫行擱置。[231]

9月27日，德日義在柏林簽訂三國同盟，法西斯軸心國正式結盟，

....

228　日軍中國派遣軍設有四個特務機關，以梅、蘭、竹、菊名之。影佐禎昭負責梅機
　　關，專職誘降汪精衛工作；蘭機關由和知鷹二負責，旨在策反桂系軍政領袖；竹
　　機關籠絡北平上層人士；菊機關以東南亞華僑為工作對象。

229　《周佛海日記》，1940年7月26日（北京：中國文聯出版社，2003），頁327。

230　同上。

231　《今井武夫回憶錄》，頁160。

英、美與軸心國的矛盾也日趨激化。派遣軍總司令部分析，今後美英將增加對重慶政府的援助，重慶對於儘快結束戰爭的需求勢必減弱，那麼，「桐工作」短期內就難有成功的可能性了。10月1日，東條英機下令軍方停止桐工作。

六、和知鷹二、張季鸞密談

「桐工作」如火如荼進行的同時，和知鷹二於 1940 年 8 月，找到張季鸞，表示東京已有停戰撤兵的決心，希望重慶方面抓緊時間與日本議和。張季鸞是著名報人，從 1938 年 1 月起，奉蔣介石之命到上海從事「對敵運用」工作，後來又參加蔣介石的外交謀劃、國際宣傳和對日祕密談判，是蔣的重要智囊。

張季鸞立即請示蔣介石。1 年多前和知鷹二與蕭振瀛的密會最後以不快告終，蔣介石對和知並不信任，但這次和知明確提到東京「停戰、撤兵」的決心，蔣似乎動了心。當時正值抗戰情勢異常凶險，宜昌不久前失陷，入川門戶危矣。歐戰方面，德軍攻陷法國，英倫三島岌岌可危，美英無暇顧及中國。重慶危急，一時難有軍事反攻的機會，而外援無望，蔣介石想或可利用和議來緩和情勢。他開始認真研究張季鸞的訊息，認為東京的確求和心切。[232]

8 月初，和知鷹二直接上書蔣介石，表達誠意及敬意，擺出前所未有的謙卑，「其內容無異乞降」，蔣更確定「敵求和心理，迫不及待也」。[233] 於是，蔣介石同意張季鸞「以最低限度」到香港與和知聯繫。

蔣介石所謂的「最低限度」是他心目中對日和議的底線，他曾親自寫下 12 項和議準則，重點在撤兵及歸還租借，包括日本應放棄北平

....

232　蔣介石日記，1940年7月2日、7月6日。
233　蔣介石日記，1940年8月6日、8月10日。

至山海關駐兵權，同時交還熱河；先取消漢口租界、天津及上海租界也應定期交還；歸還青島及海南島；取消內河航權；確定撤兵及其相關手續，平綏路、張家口與歸綏一帶，必須在第一期撤完。至於東北問題、借用港口問題、東亞聯盟問題等，可暫時擱置，待和平完全恢復、撤兵完成後再議。[234]

8月底，蔣介石命張羣、陳布雷、張季鸞根據他先前擬出的「和議準則」，定出「最低限度」的條目和原則，作為對日和議的方針及政策依據。[235]

8月31日，張季鸞銜命赴香港。蔣介石這陣子就中日和議作了詳盡的研究，包括停戰撤兵的各項工作。蔣展現出前所未有的認真和期盼：「敵果誠意求和，我有一定限度，能到預期限度，雖有內外各種阻礙，亦當言和。」[236]

然而，如此認真、細膩規劃的和議方針，竟然沒用上。張季鸞抵港後立刻發現香港情報界盛傳板垣征四郎和蔣介石即將於9月5日在長沙會面，還說張羣將到漢口迎接板垣赴長沙。日本在港人員的注意力都在宋子良身上，張季鸞反而不便進行與和知的會談。他急電重慶，問明究竟。[237]

張季鸞的電報令蔣介石震怒，他早在幾個月前就告訴戴笠，如日本不能先終止扶植汪政權，則不准張治平和鈴木再有任何接觸，沒想到戴笠人馬竟瞞著他繼續進行，還弄出一些偽造文件及子虛烏有的「長沙會談」。他命令戴笠查明真相，並立即終止這些活動。

蔣介石恥笑日本愚蠢，「敵閥竟被假探欺騙，信以為其求和可告

----

234 蔣介石日記，1940年7月7日。
235 蔣介石日記，1940年8月31日，「上周反省錄」。
236 蔣介石日記，1940年8月31日，「本月反省錄」。
237 「熾章致布雷先生電」（1940年9月2日、3日），〈和平醞釀（四）〉，《蔣中正總統文物》，國史館藏，數位典藏號：002-080103-00030-004。

成，其愚拙至此，吾尚可懼患乎！」[238] 另方面，他懷疑日本在玩兩面手法，一方面派和知鷹二出面求和，另方面卻弄虛作假，背地裡搞「桐工作」，再加上 8 月分日軍猛烈轟炸重慶、武嶺，蔣認為日本無誠意，不可信，下令張季鸞終止香港行動。蔣介石深度參與、親自規劃、草擬文件、和幕僚詳盡研商、寄予厚望的中日密議，就這樣胎死腹中。

七、幾乎從未間斷的祕密談判

東京並未放棄對重慶國民政府的誘降，緊接著在 1940 年秋又推動「錢永銘工作」，但很快的因為困難重重而作罷。[239] 事實上，戰時中日祕密接觸、尋求和議的例子遠不止以上幾件。1938 年到 1941 年間，雙方人員來往於東京、重慶、香港、上海，探尋、嘗試和談的，可以說此起彼落，絡繹不絕。

多位國民政府高層領導也涉入中日祕密和議，尤其在抗戰第一階段，孔祥熙、宋子文、張羣、戴笠等運用個人關係，與日方祕密接洽，孔祥熙尤為積極，除了本章提到與宇垣一成的祕密交涉外，他的幕僚喬輔三、賈存德等還和日本駐香港總領事中村豐一會談，他的政經顧問胡鄂公也涉入不少祕密談判。[240] 胡鄂公曾參加辛亥革命，與國共兩黨都有來往。抗戰時在上海、香港為國共兩黨做祕密工作，單單由他

238　蔣介石日記，1940 年 9 月 3 日。

239　1940 年秋，日本外相松岡洋右通過浙江金融鉅子、交通銀行總經理錢永銘，與國民政府進行祕密接觸，希望促成和談。參見楊天石，〈孔祥熙與抗戰期間的中日祕密交涉〉，《抗戰與戰後中國》，頁 122-144。

240　胡鄂公曾參加辛亥革命北方起義，1912 年當選國會議員，1921 年在北京組織馬克思主義研究會，發行《今日》雜誌，1922 至 1923 年，任北京政府教育部次長。後擔任孔祥熙私人政治、經濟顧問。1936 年在潘漢年領導下聯絡西南派，反對蔣介石。抗戰期間在上海、香港為國共兩黨做祕密工作。1945 年任孔祥熙系《時事新報》發行人兼總經理。

居間牽線的祕密談判就有好幾起。[241]

　　值得注意的是，孔祥熙熱中於對日祕密洽談，有時還對蔣介石有所隱瞞，蔣數度責備孔不該輕易相信日本誘降、擅作主張與日接觸。[242]蔣對孔屢勸不聽，才會在 1939 年 10 月對孔說出「殺無赦」的重話。

　　還有個比較特殊的個案。日方派出和議的人員或屬軍部系統，或為外務省官員，或是與中國有特殊關係的民間人士，但有一位較特別，就是美籍的燕京大學校長司徒雷登（John Leighton Stuart）。司徒雷登曾受日本軍方之託，於 1938 年到 1940 年間，多次出入武漢、重慶，會見蔣介石，日方希望司徒雷登說服蔣介石與日和議，但司徒雷登主張日方應「自我節制」，暫緩成立汪政府，雙方談不攏，最後無疾而終。[243]

　　不過，1941 年開始，國際情勢漸轉為對中國有利，1941 年 3 月，美國通過「租借法案」，把中國列入租借法案的受援國；一個月後，羅斯福祕密批准美國備役或除役軍官組織美國志願大隊（American Volunteer Group，通稱「飛虎航空隊」）到中國參戰。這一連串發展，使蔣介石更堅信，「此後只要我能自強奮勉，則十年國難、四年苦鬥，⋯⋯不惟恢復失土已有把握，而太平洋之和平，亦從此奠定矣。」[244]中日間的祕密和議也逐漸消聲斂跡了。

---

241 參見楊天石，〈孔祥熙與抗戰期間的中日祕密交涉〉，《抗戰與戰後中國》，頁122-144。

242 參見楊奎松，〈蔣介石抗日態度之研究——以抗戰前期中日祕密交涉為例〉，《抗日戰爭研究》，2000年第4期，頁69-80。

243 日本防衛廳防衛研修所戰史室編纂，曾清貴譯，《日軍對華作戰紀要（20）大本營陸軍部（二）南進或北進之抉擇》，頁50。同時請參見楊天石，〈王克敏、宋子文與司徒雷登的和平斡旋〉，《抗戰與戰後中國》，頁268-276。

244 蔣介石日記，1941年3月31日。

八、觀察與檢討

關於蔣介石抗戰的決心，隨著蔣介石日記及相關檔案公開，迄今幾乎已無爭論。楊奎松肯定蔣介石抗戰的態度是堅定的；不但如此，面對抗戰帶來的內外壓力，蔣的承受度比國民黨內多數領導人要強得多。[245]

然而，中日祕密和議接連不斷，尤以 1938 年初到 1940 年底這段期間最為頻繁，國民政府大概每個月都會收到日方尋求和談的訊息。穿梭於香港、上海、重慶之間的和談人士，可謂川流不息、綿延不絕，其中真假虛實、爾虞我詐，真是撲朔迷離，難以言喻。

日本是政出多門，外交部、軍部、情報部門、中國派遣軍總部，以及和中國有淵源的民間人士等，都曾參與或主導。中國方面也不遑多讓，蔣介石是主要的掌控者，但孔祥熙和戴笠的人馬亦積極活動，單單和孔祥熙有關的祕密和議管道就有 8、9 起之多。戴笠的軍統系統也不遑多讓。另外，宋子文、張羣也運用自己的人脈在上海、香港活動，真可謂八仙過海，各顯神通。問題是，這麼多機構、這麼多人、這麼多條關係線、這麼多資源投入，最後卻沒有一個談成功的，個中緣由，值得玩味。

日本缺乏誠意和談

中日祕密和議不斷，絕大多數是日方主動，但東京對和議卻始終未能展現誠意。1939 年 1 月御前會議決定的《支那事變處理根本方針》說得很清楚，如和談或誘降不成，「對於支那現中央政府，帝國應採

245　楊奎松，〈蔣介石抗日態度之研究——以抗戰前期中日祕密交涉為例〉，《抗日戰爭研究》，2000 年第 4 期，頁 94-95。

取措施使其消滅，或促使新興政權將其吸收合併。」[246] 可見，東京真正的目的是要消滅重慶的國民政府。

歷次和議，每每一到關鍵問題（停戰、撤兵），日方不是拖延就是含糊其辭，或是提出更多的條件；出面談判者貌似誠懇，但一回到東京，態度就變了。不僅如此，為迫使蔣介石投降，日軍在和談的同時又實施大規模的轟炸或作戰行動，帶給中國軍民嚴重的傷亡。日方視之為逼迫蔣介石讓步的手段，蔣介石卻因此對日本更不信任、更痛恨。

可以看得出來，至少在 1937 年陶德曼第一次調停、1938 年和知鷹二與蕭振瀛會談，以及 1940 年和知鷹二欲透過張季鸞談和時，蔣介石是認真的，結果都因日本人沒有誠意、說一套做一套而錯過了。

東京對和議政策矛盾、相互掣肘

談來談去，總談不出個結果，日方歸咎於蔣介石，認為「（和議）之所以不成，皆因受制於蔣介石一人」。[247] 其實，日方在和議的策略和執行上，內部屢屢出現互相矛盾、彼此掣肘的現象。

陶德曼調停可說是中日和議最靠譜、最接近停戰的一次。國民政府高層大多數都贊成和談，蔣介石也願意以日方提出的條件為基礎來談，可是東京卻一再加碼，愈來愈嚴苛，結果弄得國民政府沒法接受，不得不關閉和議之門。

陶德曼調停功敗垂成，但東京注意到，國民政府高層主和的多，惟因蔣介石堅持日本必須恢復盧溝橋事變之前的狀態，以致調停最後觸礁。東京因此視蔣為和平的最大障礙，必須擺脫蔣介石。他們認為，只要能扶植一個親日的、以原國民政府領導為班底的政權，就能邊緣

246 〈支那事變處理根本方針〉，《支那事變關係一件》第3卷，外務省外交史料館藏。
247 Gerald E. Bunker, *The Peace Conspiracy: Wang Ching-wei and the China War, 1937-1941*, p. 54.

化蔣介石的重慶國民政府。因此，「第一次近衛聲明」決定不再以重慶國民政府為談判對象，改為扶植親日政權。然而，東京很快就明白此路不通，和平談判不可能跳過蔣介石。於是，日本政府發表第二次近衛聲明，修改「不以國民政府為對象」的立場，回過頭再與蔣介石談判議和。

出爾反爾也就罷了，但日本既要和蔣介石帶領的國民政府談判，卻又要求蔣介石下台，豈不是自我矛盾，緣木求魚？

日本軍部與內閣經常互相牽制，但在「去蔣」上卻態度一致。東京政軍高層一廂情願的以為，只要把汪精衛挖過來，就能重創蔣介石；一旦汪政權站起來，蔣政府很快就會垮台。不僅是日本人，汪精衛和他的追隨者也如此自以為是。

然而，事實發展卻讓這些人大失所望；汪政府成立了，蔣介石並未倒台，反而愈挫愈勇，結果連最熱心扶植汪政權的陸軍都明白，汪精衛無用，「即使承認了也無濟於事」，而且「承認則導致更大的持久戰」。[248] 最後，陸軍省主事官員對承認汪政府之事反而「想盡辦法予以拖延」。[249]

日本這種拆自己台的例子所在多有。1938 年底東京最重要的政略目標是扶植汪精衛成立另一個中央政權，徹底擺脫蔣介石。汪精衛及日方代表多方奔走，終於在上海「重光堂會談」簽了《日華協議記錄》等文件。協議內容汪精衛勉強能接受，認為並未失格或賣國；雙方還說好了互相呼應的時程及內容。

可是東京在汪精衛離開重慶後卻對協議一再加碼，莫名其妙地不斷增加掠奪中國的條款，汪精衛成了光桿司令，坐實了就是日本的傀

---

248 國防部史政編譯局譯印，《日軍對華作戰紀要（3）歐戰爆發前後之對華和戰》（台北：國防部史政編譯局，1987），頁333。

249 〈石井秋穗大佐之回顧〉，轉引自國防部史政編譯局譯印，《日軍對華作戰紀要（3）歐戰爆發前後之對華和戰》，頁332。

傀，哪裡還能和蔣介石對抗？

目的與手段互相矛盾，連日方談判主將影佐禎昭和今井武夫都看不下去，「倍感絕望」。今井坦言：看不到中日親善的影子，更看不到日本的誠意，「不過是露骨的暴露出（日本）帝國主義的要求而已！」[250]

本研究顯示，東京對和談的策略和做法混亂，沒有一個統一的指導方針，彼此之間不僅缺乏協調，而且互相掣肘，唯恐落後。

一個典型的例子，1938 年近衛內閣致力和平停戰，安排宇垣一成（外相）與孔祥熙（行政院長）在日本軍艦上會面，眼看即將實現，但陸軍強硬派硬是反對，不得不在最後階段緊急叫停，近衛和宇垣的努力功虧一簣。

荒謬的是，同一時間，口口聲聲反對和談的陸軍，自己卻悄悄把和知鷹二派到香港推動「蕭振瀛工作」。看起來，陸軍並非真的不願和談，而是他們不願看到內閣在和平停戰上先占鰲頭。

又如，好幾次祕密和議中，日方既要爭取蔣介石政府的合作以結束戰爭，卻先是要求蔣介石自動下台，後來又提出蔣介石最痛惡的「蔣汪合作」作為先決條件，和議自然不成，實不知日方的邏輯何在！

對日和談的正當性與底線何在？

日方問題重重，中國這邊也有各種考量和質疑，以致和議終無所成。首先是和談的正當性問題，究竟該不該和談？

中外古今的戰爭中，戰與和的兩手運用，所見多有。打打談談，或是邊打邊談，不足為奇。交涉只是一種手段，既是交涉，必有妥協，妥協並不是投降。

關於抗戰時期中日祕密和議，過去嘗有論者批評，蔣介石無心抗戰，只想求和。而蔣提出「恢復盧溝橋事變前的狀態」，被認為是放

250　今井武夫，《今井武夫回憶錄》，頁111。

棄東北，「苟安」而已。[251]

　　另有些學者則對戰時祕密談判持理解和正面的看法。例如，蔡德金指出：蔣介石雖暫時擱置東北問題，「在國力和國際環境不足以達到實現收復東北的情況下，也只能以如此有限度的要求為恰當。」[252]王建朗認為，中日祕密接觸乃戰時因應的「正常之舉」，而蔣介石在交涉中始終堅持恢復七七事變前的狀態，「是有基本原則的」，「是恰當的」。[253]

　　不過，自從蔣介石日記於胡佛檔案館公開後，再加上日本檔案，對於蔣是否不抗戰只想談和的爭論，業已消弭。事實上，日本在1938年底占領武漢後，改而以政略為主、「以戰逼和、和談誘和」的兩手策略；國民政府以其人之道還治其人之身，蔣介石也多次和與戰交互為用對付日本。

　　那麼，對日談判是否有底線、有原則？策略如何？是否達到預期的目標？

抗戰的底線

　　楊奎松研究蔣介石抗戰時期對和議的態度，指出：「蔣介石是堅持抗日的。」蔣及其幕僚對和戰的基本態度有其一致性，他們始終堅持幾個原則：（1）撤軍：日軍必須限期完全撤出長城以外；（2）廢約及歸還租界：日本必須廢止中日間一切不平等條約，並歸還租界。至於東北問題，則較有彈性。[254]

251　劉大年、白介夫主編，《中國復興樞紐》（北京：北京出版社，1997），頁154。沈予，〈論抗日戰爭期間日蔣的「和平交涉」〉，《歷史研究》，1993年第2期，頁108-127。

252　蔡德金，〈如何評價盧溝橋事變爆發後蔣介石的對日交涉──評《中國抗日戰爭史》的一段論述〉，《抗日戰爭研究》，1996年第3期，頁8-11。

253　王建朗，〈抗日戰爭時期中外關係研究評述〉，《抗日戰爭研究》1999年第3期，頁129-139。

254　楊奎松，〈蔣介石抗日態度之研究──以抗戰前期中日祕密交涉為例〉，《抗日戰爭

　　早在 1937 年陶德曼調停時，蔣介石就明確提出和談的條件——日本必須「先恢復盧溝橋事變前之狀態」（亦即退出華北、撤兵長城之外）。其後，無論是公開場合或是日記中，他也一再強調這個原則。[255]

　　對此，蔣介石曾有所說明：「我們這次抗戰是起於盧溝橋事變，……我們這次抗戰的目的，當然是要恢復盧溝橋事變以前的狀態。」[256] 可以說，「恢復七七事變前的狀態」既是和談的底線，也是抗戰的底線。

　　不過，歐戰爆發後，蔣介石的底線略有調整，他說：「抗戰到底，要恢復七七事變以前的原狀，是根據以中國為基準的說法。若以整個國際範圍來論斷中日戰爭的歸趨，就一定要堅持到世界戰爭同時結束，乃有真正的解決。」[257] 也就是「中日問題要與世界問題同時解決，並在同一天結束」。[258]

　　日本始終希望儘快結束中國戰事，尤其是 1940 年 8 月之後，日軍積極謀劃南侵東南亞，謀和更切，蔣介石看到這個機會，認為有可能爭取對中國相對有利的談判結果，為方便和戰兩手策略的運作，他命張羣、張季鸞、陳布雷等人起草〈處理敵我關係之基本綱領〉，作為對日和議的準則以及談判底線。[259]

　　這份綱領最重要的地方是，坦承「為因應作戰的現實問題，必須有所彈性取捨」。因此，蔣介石把抗戰的目標分為「最大之成功」與「最小限度之成功」兩類。[260]

續⋯⋯⋯⋯⋯⋯⋯⋯⋯⋯⋯⋯⋯⋯⋯⋯⋯⋯⋯⋯

　　研究》，2000年第4期，頁94-95。

255　蔣介石日記，1939年4月6日。

256　《國民黨五屆五中全會速記錄》，1939年1月16日，國民黨黨史館藏。

257　《國民黨五屆六中全會速記錄》，1939年11月18日，國民黨黨史館藏。

258　秦孝儀主編，《總統蔣公思想言論總集》，卷16，頁577。

259　蔣介石日記，1940年8月31日，「上星期反省錄」。

260　「處理敵我關係之基本綱領與辦法及中日恢復和平基本辦法」，〈和平醞釀（四）〉，《蔣中正總統文物》，國史館藏，數位典藏號：002-080103-00030-002。

「最大之成功」與「最小限度之成功」

「最大之成功」指的是「完全戰勝，收回被占領掠奪之一切，不惟廓清關內，並收復東北失土」。「最小限度之成功」則是「收復七七事變以來被占領之土地，完全恢復東北失地以外全國行政之完整；而東北問題，另案解決之」。[261] 所以，前者是戰勝的表現，後者則是以媾和為目標的底線。

也就是說，為了和平，不得不展現彈性，稍作讓步，以求「最小限度之成功」。滿洲（東北）被日本侵占已久，在未能用武力收回的過渡期間，可視為與外蒙、西藏一樣的「懸案」，留待日後處理。事實上，每一次和議，無論是公開或祕密、政府出面或民間代表，日方都要求承認滿洲國，而國民政府起先堅不同意，以致談判陷入僵局。1940 年後，日本亟需儘快從中國戰場退出，而中國在歷經 3 年的獨力抗日，馬困兵疲，苦無外援，因此，雙方都願意各讓一步，暫時擱置滿洲國議題，留待和平協議簽訂後再來處理。

東北問題

擱置滿洲問題，是否意味著放棄東北呢？從蔣介石日記和現有檔案看來，對於東北問題，蔣介石有一段漫長猶豫、反覆的過程。

1931 年九一八事變，日本占領東北，蔣介石極為傷心憤慨，「如喪考妣」，誓言「不收回東北，永無人格矣！」[262] 3 個月後（12 月），蔣在內外各方指責聲中下野。次（1932）年 1 月，日本陸相荒木貞夫以支持蔣介石復出為餌，要求蔣贊同日本租借東三省，並表示中國可以駐兵。蔣介石斷然拒絕，在日記寫道：「其亦視余為可欺也，是誠

---

261 「處理敵我關係之基本綱領與辦法及中日恢復和平基本辦法」，〈和平醞釀（四）〉，《蔣中正總統文物》，國史館藏，數位典藏號：002-080103-00030-002。

262 蔣介石日記，1931 年 9 月 20 日。

不知中國尚有人也。可笑之至！」[263]

　　盧溝橋事變爆發後，蔣介石曾自勉，誓在 10 年內收復東北全境，還要收回台灣，扶助朝鮮獨立，「自信必由我而完成矣！」[264]

　　1938 年 9 月 18 日是東北淪陷的第 7 年，蔣介石在日記寫道：「收復失土，痛雪國恥，全在一身，能不自強乎？」[265] 1939 年 1 月 16 日，蔣介石在國民黨五屆五中全會發表演講〈外交趨勢與抗戰前途〉，明確提出解決滿蒙問題的底線：「外蒙有自治之可能，而滿洲完全是中國人，絕對不能獨立。」[266]

　　但是，隨著戰事擴大，政府西遷，蔣介石體認到，短期內想以軍事手段收回東北幾乎不可能，再加上日本一再主動求和，以致蔣也考慮通過非戰爭方式來處理東北問題。1939 年底，蔣開始思考對日談判可能的選項。他提出甲、乙兩種方式應對東北問題：甲案，現在不提，戰後另作交涉。乙案，現時先取得一種諒解，約期再交涉。[267] 1940 年夏，國民政府擬定〈處理敵我關係之基本綱領〉，顯示蔣是想以「最小限度之成功」來處理東北問題。

　　不過，蔣介石內心是矛盾的。他一方面把收回東北排除於「最小限度之成功」之外，另方面又常提醒自己及國人，勿忘東北國恥。1940 年 9 月 18 日，蔣介石發表「九一八九周年紀念告全國同胞書」，明確宣告，收回東北是「抗戰到底」的「底」。[268] 他在日記中自勉：

263　蔣介石日記，1932 年 1 月 7 日。

264　黃自進、潘光哲編，《蔣中正總統五記：困勉記》下冊（台北：國史館，2011），頁 565。

265　黃自進、潘光哲編，《蔣中正總統五記：省克記》（台北：國史館，2011），頁 144。

266　《國民黨五屆五中全會速記錄》，國民黨黨史館藏。

267　「處理敵我關係之基本綱領與辦法及中日恢復和平基本辦法」，〈和平醞釀（四）〉，《蔣中正總統文物》，國史館藏，數位典藏號：002-080103-00030-002。

268　秦孝儀主編，《總統蔣公思想言論總集》，卷 31，頁 220-228。

「我東北被侵已足九年矣，但願是日為我收回東北開始之日，勉之！勉之！」[269]

　　然而，在蔣介石內心深處，東北和華北還是略有不同。1931 年丟東北淪陷時，蔣極為傷感，「心神不寧，如喪考妣。」[270]四年後（1935年）中央軍和國民黨依「何梅協定」撤出華北，他的反應更為強烈，「悲憤欲絕，實無力舉筆覆電。」宋美齡在一旁流淚，夫妻對泣，徹夜未寐。[271] 可見在蔣心中，東北是中國領土，不可放棄，但可暫時擱置；而華北則是「黨國存亡之所在」，絕不可落入日本之手。[272]

　　不過，1941 年開始，蔣介石對東北的態度轉為堅定。1941 年春，蘇日締結《蘇日中立條約》，蘇聯保證尊重「滿洲國」的領土完整和不可侵犯性，日本則保證尊重「蒙古人民共和國」的領土完整。蔣介石當即命外交部長王寵惠發表聲明：「東北四省及外蒙之為中華民國之一部，而為中華民國之領土，無待贅言。中國政府與人民對於第三國所為妨害中國領土行政權完整之任何約定，決不能承認。」[273]

　　1942 年夏，羅斯福總統經濟顧問居里（Lauchlin Bernard Currie）訪華，蔣介石得知美國有人主張把東北交由國際共管，以便作為日本與蘇聯之間的緩衝地區。這對蔣來說，宛如「青天霹靂」，「益覺國際誠無公道與是非可言，令人寒心。」[274] 他對居里聲明：「中國東北為中國領土之一部分，絕無討論之餘地。」[275]

　　蔣介石告訴居里，如不是為了東北，中日戰爭早就結束了。他坦

269　蔣介石日記，1940 年 9 月 29 日。
270　蔣介石日記，1931 年 9 月 20 日。
271　蔣介石日記，1935 年 6 月 10 日。
272　蔣介石日記，1935 年 6 月 9 日。
273　《新華日報》，1941 年 4 月 15 日。
274　蔣介石日記，1942 年 8 月 3 日。
275　同上。

言，中日祕密談判中，東京曾允諾，只要中國同意日本保留東北（滿洲），日本可以接受中方的一切條件，甚至中日共管東北亦可商量，但這些都遭到中國政府的堅決拒絕，正是因為中國抗戰的目的就在收回東北。[276] 蔣介石還要求居里轉請羅斯福發表聲明，重申東北是中國的一部分。蔣甚至決絕地表示：「倘和平會議席間，不能返我東北失地，仍為我不可分割領土之一部分，我人仍將繼續抗戰，即招致國家之毀滅，亦在所不惜。凡不承認東北為我領土之一部分者，皆為我仇。」[277] 在蔣介石的堅持下，美國政府終於在 9 月 18 日發表聲明，申明東三省為中國領土。

事實上，東北問題一直是蔣介石心中的一個結。他在日記中多次提到東北為中國領土，必須完全收回，但他明白，現實上以軍力收回東北，實有困難，是故，他曾經有所妥協，但後來戰局發展，他又重新堅持收回東北。1945 年抗戰勝利，軍事委員會和美軍顧問對如何處理東北有不同意見，蔣介石堅持派兵東北，正是因為他堅認，抗戰的初衷就是為了收回東北。

蔣介石多次主動終止談判

值得注意的是，抗戰時期，無論何時、何地、何種形式、何人參與的和議交涉，大多數是日方主動求和，國民政府被動應對。這麼多次接觸交涉，最終卻無一次談成，而蔣介石始終是中方踩煞車的那個人。

例如，1939 年萱野長知、小川平吉在香港與蔣介石嫡系復興社、軍統人員談判。這兩位日本人和中國有過深厚關係，他們背後又有日本主和派的頭山滿和近衛文麿等政要的支持。最初，蔣介石對談判是

---

276 《中華民國重要史料初編　戰時外交（一）》，頁 680-682。
277 《中華民國重要史料初編　戰時外交（一）》，頁 701。

認真的，宋美齡、戴笠都先後飛到香港就近指導。但是，雙方數度交手後，蔣介石發現日本求和甚急，他提出應對的基本原則，「甲、須由倭王下令撤兵；乙、恢復七七前原狀後談判；丙、取消東亞新秩序聲明。」[278]

這次談判因為日本陸軍態度強硬，再加上歐戰爆發，蔣介石預期日本的困境必將更嚴重，而中國抗戰則出現曙光，因此決斷地終止談判，並禁止軍統人員再與小川、萱野等等來往。

又如，1939 年秋，和知鷹二和蕭振瀛在香港接觸，和知以「恢復盧溝橋事變前原狀」為誘餌，蔣介石覺得不妨一試。蔣考慮暫時擱置東北問題，還準備以同意日本在長城以外某些地區駐兵為條件，換取日軍自中國關內地區撤兵。但是，當蔣發現日方拖延不決，毫無誠意之時，立刻下令終止談判，召回蕭振瀛。

日方不願放棄這條管道，半年後，和知鷹二再到香港，企圖繼續會談。這次日方表態示好，說如果中國真有和平決心，日方可考慮取消扶植汪精衛政權（當時日汪邦交談判已近完成，汪政府即將成立），並催促蕭振瀛速到香港。[279] 蔣介石不予理會，但孔祥熙頗為心動，把日方電文轉呈蔣介石，請求允許蕭振瀛再度赴港，以私人身分與和知鷹二會談。[280] 孰料蔣介石極為憤怒，竟下令「以後凡有以汪逆偽組織為詞而主與敵從速接洽者，應以漢奸論罪，殺無赦」。[281]

278　蔣介石日記，1939 年 4 月 6 日。

279　「孔祥熙轉呈蔣中正香港何以之等人來電報告日本對汪兆銘政權動搖與欲與政府謀和及擬派蕭振瀛至港與和知鷹二會談」（1939 年 9 月 31 日），〈和平醞釀（二）〉，《蔣中正總統文物》，國史館藏，數位典藏號：002-080103-00028-008。

280　「孔祥熙轉呈蔣中正香港何以之等人來電報告日本對汪兆銘政權動搖與欲與政府謀和及擬派蕭振瀛至港與和知鷹二會談」（1939 年 10 月 6 日），〈和平醞釀（二）〉，《蔣中正總統文物》，國史館藏，數位典藏號：002-080103-00028-008。

281　「蔣中正電孔祥熙以後凡有以汪兆銘政權為詞而主與日本接洽者以漢奸論罪」（1939 年 10 月 9 日），〈革命文獻—偽組織動態〉，《蔣中正總統文物》，國史館藏，數位典藏號：002-020300-00003-031。

1940 年夏，和知鷹二轉而找上張季鸞，日方的態度更謙卑、條件更寬鬆。這次蔣介石考慮再試一次，多次和幕僚討論和議策略，但張季鸞到香港後發現日方同時在進行「桐工作」，玩兩面手法，蔣認為日本不可信，即刻召回張季鸞，斷了這條線。

以上這些例子，可見蔣介石對和談「懸崖勒馬」決心之一斑。

基本上，蔣介石對和議有更深層的考量。他的日記顯示，他對和議有多重憂慮：

(1) 日方無誠信，停戰後極可能拖延不撤兵或不歸還華北。
(2) 共黨擾亂，不聽從命令。
(3) 怕引致英美不諒解。[282]

蔣介石打心底不相信和談能帶來和平，「一時之妥協，不惟不能奏效，徒自壞人格，自破國格而已。……如不抗戰，而與倭妥協，則國亂形勢，決非想像所能及也。」[283] 他認為，「中倭媾和為下策，蓋倭對華之野心與其最近建設占領區及移民之狀況觀之，決非一紙和約所能解決，且世界戰爭未了以前，何能使彼交還瓊州及沿海島嶼，即使我出任何代價，亦不能也。」[284] 因此，蔣介石總是在反覆思慮利弊得失後，決定踩煞車。

與戰局密切相關的策略運用

國民政府的對日祕密和議大多是策略運用，有的是為了延緩或阻止日軍攻勢，有的是阻撓汪精衛政權成立，或是延緩日本政府對汪政權的承認，有時也藉著和議刺探日本軍政情形。例如，「桐工作」一

282　蔣介石日記，1938 年 10 月 3 日、5 日、7 日。
283　蔣介石日記，1937 年 10 月 31 日，「十年來對倭之決心與初意」。
284　《困勉記初稿》卷 63，1940 年 10 月 30 日。

開始就是個謀略，戴笠以假的宋子良去套日本軍政高層的訊息，目的
是阻撓（或拖延）汪政權成立，並打探日方動向。多次參與談判的賈
存德承認，和議的目的是「藉機探討日本真相」，[285] 胡鄂公也指出：
談判可以分化日本政界，「促成日本和平派勢力成立，俾與主戰派對
立。」[286]

　　和議也與戰局有關。1938 年孔祥熙主導的中日祕密交涉，目的就
是為了阻滯日軍對武漢的威脅。1940 年夏，宜昌失守，日軍密集轟炸
重慶，這是國民政府最危急的時候，也恰是中日祕密和議最熱絡的時
候。日方檔案證明，日軍轟炸重慶的目的正是要逼蔣介石和談。[287] 蔣
介石也明白，「敵對重慶大轟炸與對武嶺不斷零星轟炸，是對和知（鷹
二）求和之來函未有表示態度，故以此報復也。」[288] 當時，和知鷹二
在香港試圖重啟與蕭振瀛的會談，「桐工作」也正火熱地進行中；基
於時局的考量，蔣介石著手研擬對日和議綱領，以彈性應對日本各方
而來的和談攻勢。

仍有未解之謎待後人探究

　　80 多年過去，隨著蔣介石日記以及各國政府和私人檔案的公開，
當年祕密和議的種種漸被揭開，個中細節和原委隨之顯露。然而，仍
有若干事項迄今真相未明。「桐工作」就是一例。日本防衛廳檔案、
鈴木卓爾和今井武夫的回憶錄都清楚記載，鈴木透過張治平和「宋子
良」聯絡上，雙方在香港及澳門至少有三次正式會談，宋美齡、戴笠
的身影均在其中，中方人員還拿出蔣介石簽名的任命狀。而且，日方
檔案清楚記載，交涉的報告由板垣征四郎直接送達參謀總長閑院宮載

285　「賈存德陽電」，1938 年 4 月 7 日，中國第二歷史檔案館藏。
286　「孔令侃于香港轉發胡鄂公報告電文」。
287　《日軍對華作戰紀要（20）大本營陸軍部（二）南進或北進的抉擇》，頁 62-65。
288　蔣介石日記，1940 年 8 月 23 日。

仁，天皇對此亦特別關注。

不僅如此，1940年3月，日本陸軍省修訂的「軍需指導要綱」以及參謀本部幕僚作業中都提到，「桐工作」進展順利，軍部預訂在1941年和國民政府達成和談，將把在華兵力從80萬縮減到50萬，並準備從武漢地區撤兵。[289] 看來東京對此是認真的。

然而，日本檔案歷歷在目，國民政府的紀錄卻與此大相逕庭。張治平否認一切，堅持僅僅是他和軍統特工曾政忠與鈴木接觸，單純是為了套取日本情報，沒有宋子良，更沒有什麼「蔣介石—板垣長沙會談」。

台北國史館所藏國民政府檔案以及蔣介石日記顯示，蔣介石起初被蒙在鼓裡，1940年春聽聞此事，大發雷霆，立刻要戴笠查明真相，並嚴令停止接觸。戴笠對此作了報告，基本上採納張治平的說法，蔣雖然不忿，最後卻不了了之。

同一件事竟有兩種迥然不同的記載，究竟是怎麼回事？戴笠派曾政忠假扮宋子良與日方接洽，這事假不了，有數種檔案都證實此事。當年為了確定宋子良真假，日方還請熟悉重慶人事的周佛海協助辨認，周佛海日記對此也有記載，[290] 而且，今井武夫回憶錄提到，時過境遷，1955年曾政忠曾為當年假扮宋子良之事向他致歉。[291]

即便日方紀錄有所渲染或誇大，但不可能憑空造出一個「宋子良」。問題在重慶這邊，至少，戴笠對蔣介石有某種程度的隱瞞。但是，這麼大的事，戴笠怎敢隱瞞（或欺瞞）蔣介石？誰給戴笠這麼大的膽子？楊奎松懷疑「其主使者之地位，必定十分特殊。」[292] 日方檔案記

---

289 「昭和十五年陸支密大日記」，陸軍省資料。

290 《周佛海日記》，1940年7月26日，頁327。

291 《今井武夫回憶錄》，頁163。

292 楊奎松，〈蔣介石抗日態度之研究——以抗戰前期中日祕密交涉為例〉，《抗日戰爭研究》，2000年第4期，頁86。

載，香港或澳門談判時，宋美齡都在香港。迄今雖未找到可靠的證據，但楊奎松推測，能假造委任狀及蔣介石函件，不怕萬一曝光而被蔣懲處的，「惟有一人，即宋美齡。」。[293]

楊天石檢閱中日相關檔案，指出：「桐工作」確是戴笠的軍統特務哄騙了日方，不過，日方談判人員也有哄騙中方之處。鈴木在談判中的若干言行誇大造假，而且不僅哄騙中方，「在關鍵情節上對其上級也有所隱瞞。」[294] 不僅是宋美齡，戴笠、孔祥熙也有瞞著蔣介石和日方聯繫的情形。孔祥熙對和議特別積極，多次派出他的顧問或助手在香港、上海和日本人聯繫，許多時候蔣介石並不知情。是故，孔祥熙這條線推動的對日密談，仍有許多內情不為人知。

最詭異的可算是 1939 年小川平吉、萱野長知與所謂「蔣介石嫡系」（鄭介民）及「親信」（杜石山、柳雲龍等）在香港的密談。小川、萱野並非無名之輩，而且蔣介石日記顯示，蔣知道此事，並曾斟酌和議的得失，最後叫停也是蔣的決定。奇怪的是，雙方長達 7 個月的交涉，杜石山他們持有蔣介石的委任狀、親筆書信，雙方談得有模有樣，但迄今所有訊息只見於日方參與者的回憶錄或日記，國民政府這邊竟未留下任何可靠的文字資料。[295] 已有學者懷疑此中人、事、物都有偽造之嫌。[296] 那麼，參與這個密談中的杜石山、柳雲龍等，是否真的出自蔣介石？蔣介石知道多少？參與到什麼程度？凡此種種，說明當年

293 楊奎松，〈蔣介石抗日態度之研究——以抗戰前期中日祕密交涉為例〉，《抗日戰爭研究》，2000 年第 4 期，頁 86。

294 楊天石，《找尋真實的蔣介石：蔣介石日記解讀（二）》（香港：三聯書局，2010），頁 192-192。

295 蔣介石日記，1939 年 4 月 24 日、6 月 8 日。

296 楊奎松，〈蔣介石抗日態度之研究——以抗戰前期中日祕密交涉為例〉，《抗日戰爭研究》，2000 年第 4 期，頁 75-76。

中日的祕密和議仍有不少未解之祕，尚待探究。

　　總而言之，中日雙方都是和戰兩手策略，打打談談，虛虛實實，鬥智、鬥勇。抗戰前期（武漢失陷之前），國民黨及政府高層主和者眾，汪精衛、孔祥熙等甚至願意讓步。因為蔣介石堅持「恢復盧溝橋事變前之狀態」的底線，不願委曲求全，以致和談不成。政府西遷重慶後，主和的聲音仍在，只是受到大環境的壓制，不便公開表達。汪精衛就是認為蔣介石對和平的「冥頑不靈」，憤而出走。

　　平情而論，抗戰時期，蔣介石面對強大的內外壓力，始終堅持原則，不喪志，不屈服，實為不易。王奇生指出，蔣介石在抗戰最艱困的時候，多數文武大員灰心喪志，幾乎是蔣介石一人獨力撐持，堅持抗戰到底，頗有「以一人敵一國」的悲壯與氣魄。[297]

　　蔣介石始終堅持中國領土、主權、行政完整的原則，絕不妥協。他堅信，若中國退讓，就是自尋滅亡，「與其不戰而亡，何如抗戰到底，尚能死中求生也。」[298] 基於這個信念，他不排斥與日本祕密和議，但他始終守住底線，堅持到最後勝利。

297　王奇生，〈抗戰初期的「和」聲〉，《戰爭的歷史與記憶（1）：和與戰》（台北：國史館，2015），頁162。

298　蔣介石日記，1939年6月8日。

重探抗戰時期的偽政權

潘敏（同濟大學政治與國際關係學院教授）

　　抗戰時期，日軍鐵蹄踏遍中國大部分地區，建立了一個個「偽政權」。中國的情況極為特殊，偽政權分立各地，但互不相屬。1940 年 3 月在南京成立的汪精衛政權雖然號稱中央政府，但它對其他偽政權並沒有實際的統治力，表面上各地偽政權以汪精衛的中華民國政府為尊，實際上中國仍是各地分治的狀態。這和二戰時期其他淪陷區大多數的偽政權不同，例如，法國貝當（Philippe Pétain）建立的維琪政府（The State of France, Vichy government）是個從上而下建立的統一政權，直接與德國入侵者交涉，而中國則是各自為政。

　　過去對於中國抗戰時期各地區偽政權的研究不多，對於淪陷區數億人民生活與心態上的探討，更是少見。加拿大學者巴雷特（David P. Barett）曾指出這個領域缺少研究的原因：「關於中國大陸，隨著時間的流逝，人們不僅無法對戰爭年代的記憶進行修復，而且到毛主義結束為止，甚至試圖修復這段歷史也會使他們深陷危險境地。這種自我保護的習慣如此的根深柢固，以致到了政治環境較為寬鬆的 1990 年代，研究者仍發現試圖從南京居民中重新找回戰爭年代的記憶依舊很困難。」巴雷特教授進一步指出，這種意識形態的避諱在中國海峽兩岸都存在。[1]

1　David P. Barett, "Propaganda and Censorship under the Wang Jingwei Government

2005 年，學者卜正民（Timothy Brook）出版 Collaboration: Japanese Agents and Local Elites in Wartime China（《通敵：二戰中國的日本特務與地方菁英》），針對江南 5 個城市，觀察日本宣撫班和中國地方頭面人物在占領地區維持秩序、重建基層機構的過程，並探討淪陷區基層日偽行政人員及人民的處境與心態。[2] 卜正民以 "Collaboration"（「合作」、亦有「通敵」之意）作為書名，已隱含深意。

本章旨在探討為什麼中國有那麼多偽政權？為何各個偽政權各自為政、未能建立實質性的中央政府？各地偽政權如何恢復被戰火毀壞的社會秩序？特別觀察偽政權基層行政人員的行為，探討他們參與偽政權（或和偽政權合作）的動機為何？是否有什麼深沉、不為人知的難處？最後並嘗試討論「漢奸」的問題。特別說明，本章所稱「偽滿」、「偽政權」，為當時普遍用法，並無價值判斷。

一、主要偽政權的建立

抗戰時期，日軍在中國先後在東北、華北、內蒙、華中等地建立數個偽政權。這些政權的存在實際上是日本推行「以華制華」、「分而治之」政策的體現，方便日本的軍事進攻、政治統治和經濟掠奪，維護了日本的在華利益。各地偽政權上層表面上都是由親日的中國官員出面主持，但實際上其政務、軍務都有日軍在背後操控。簡略分述於下。

續 ....

(1940-45): How Authoritarian a Regime Was It?" Paper for the international conference; "The Role of the Republican Period in Twentieth Century China: Reflections and Reconsiderations," Venice, Italy, June 30-July 3, 1999.

2　此書被譯成中文簡體及繁體版。潘敏譯，《秩序的淪陷：抗戰初期的江南五城》（北京：商務印書館，2015）。林添貴譯，《通敵：二戰中國的日本特務與地方菁英》（台北：遠流出版社，2015）。

滿洲國

「九一八事變」後，1932 年 3 月 1 日，關東軍扶植成立滿洲國，溥儀出任「執政」，年號「大同」，並把長春改為「新京」，作為首都。

兩年後，1934 年 3 月，關東軍進一步改「滿洲國」為「滿洲帝國」，改年號為「康德」，溥儀的「執政」改稱「皇帝」，並任命鄭孝胥為國務總理，趙欣伯為立法院院長，于沖漢任監察院院長，張景惠任參議院議長。

滿洲國實行君主立憲制，溥儀是由政府首腦變為世襲的君主，採用立法、司法、行政三權分立制，皇帝作為統治滿洲國的元首，經過立法院的「翼贊」行使立法權，統督國務院行使行政權，司法院行使司法權。皇帝還統帥陸海空三軍。

滿洲國的行政機構為國務院，下轄外交、民政、財政、司法、實業、交通、文教、軍政 8 個部。國務總理大臣是皇帝的輔弼者，並主持國務會議。

日本人對滿洲國的控制有一套完整的規劃，從上到下、從中央到地方、甚至偏遠地區和少數民族區域，遍布著綿密的統治網。例如：國務院各部的部長由中國人擔任，但「次官」都是日本人，實權都掌握在這些日本次官手中。

滿洲國的立法機關稱立法院，行使立法權，但實際上的立法權也是掌握在關東軍手中。最高司法機關是最高法院，宮廷機構則為宮內廳。滿洲國成立之初，關東軍主導的「政府組織法」暫時作為治理滿洲國的根本法，並宣稱「本法將吸取人民之智慧，在制定滿洲國憲法之時予以廢除」。[3] 但直到滿洲國結束，都沒有看到關東軍所承諾的憲法。因此，滿洲國沒有憲法，而是由各項專門法律來替代。

關東軍另外設立「國務院總務廳」，名義上是國務總理的幕僚機

3　山室信一，《キメラ─滿洲国の肖像》（東京：中央公論新社，1993），頁 156。

構，實際是偽滿政府最有權力的機構。總務廳長官是日本人，統轄各
部各省的日系官吏，掌控滿洲國政府的各項大權，直接對關東軍司令
官負責。[4]

　　不僅是上層領導，中底層官員也充斥日本人。滿洲國成立之初，
其財政部、實業部的日滿系官員比例為 5：5，司法部為 4：6；民政、
外交、文教、軍政部比例為 3：7。1935 年以後，日系官員逐步增加，
財政、實業兩部日本官員占 60%，滿系官員降至 40%。1933 年時，日
系官員的總數達 2,386 人，占官吏總數的 48.3%。[5]

　　這麼多日本人入主偽滿各級政府，除了全面控制滿洲國內政外交、
財政實業各項運作外，還有一個特別的意義：為日本後來擴大侵略、
執行其「大東亞共榮圈」培訓人才。不少在偽滿各單位任職的高級官
員後來成為日本軍政方面的領導人物。例如，原關東軍參謀長東條英
機後來出任陸軍大臣（陸相）、內閣總理（首相）；原關東軍參謀長
小磯國昭後來當上朝鮮總督、內閣總理（首相）；原偽滿產業部次長
岸信介後相繼出任商工大臣。許多在滿洲國任職過的軍政官員，後來
在東京中央政府以及亞洲的日本占領區擔任要職。所以，滿洲國被視
為「日本官僚的研修所和試驗場」。[6]

冀東防共自治政府

　　日本占領東北之後，即開始策動反南京國民政府的「華北自治運
動」。1935 年秋，土肥原被派到華北，策動宋哲元脫離南京國民政府，
宋哲元婉拒，土肥原改讓掌控冀東軍政大權的殷汝耕[7]在 11 月成立「冀

4　張同樂，《華北淪陷區日偽政權研究》（上海：三聯書店，2012），頁 108。

5　山室信一，《キメラ── 滿洲國の肖像》，頁 170-171。

6　臧運祜、王希亮，〈偽政權與淪陷區〉，步平、王建朗主編，《中國抗日戰爭史》第
　　七卷（北京：社會科學文獻出版社，2019），頁 26。

7　殷汝耕（1885-1947），浙江溫州平陽人（今屬蒼南），字亦農。中國的財稅官僚與

東防共自治委員會」，殷汝耕任委員長；1個月後，12月25日，再把「冀東防共自治委員會」改組為「冀東防共自治政府」，殷汝耕擔任政務長官。

這個傀儡政府行政管轄包括河北及察哈爾一部分，它奉行親日政策，在軍事上，與日本建立攻守同盟；政治上，聘請日本人做顧問；經濟上，一切以日本利益為考量。其一舉一動受日本華北方面軍監管，是徹頭徹尾的日本傀儡政權。1938年2月，日軍另外扶植王克敏成立「中華民國臨時政府」，「冀東防共自治政府」被合併，無疾而終。

蒙古聯合自治政府

滿洲國成立後，關東軍就謀劃要把內蒙古納入勢力範圍，作為滿洲國的側翼。恰好內蒙古德穆楚克棟魯普親王（德王）一心想蒙古獨立，1936年5月，關東軍扶植德王成立「蒙古軍政府」，德王任總裁。

1937年8月中日在華北開戰後，日本關東軍攜德王的蒙軍在8月27日攻占張家口。張家口商會于品卿投日，組織「張家口治安維持會」，緊接著在關東軍操縱下，把這個維持會擴大為「察南自治政府」。9月13日，日軍在大同也如法炮製，成立了「晉北自治政府」。其間，德王多次要求獨立建國，均遭到日軍否決，只得按日本之命，將「蒙古軍政府」改組為「蒙古聯盟自治政府」。

關東軍為擴大對華侵略，準備對蘇作戰，想在蒙古、山西、察哈爾地區成立一個類似滿洲國的傀儡政權。1937年11月22日，關東軍把蒙古聯盟自治政府、察南自治政府、晉北自治政府這3個自治政府

續 ……………………………………………………………………

近代政治人物，並曾出任日本扶植的冀東防共自治政府要職。早年留學日本，後加入同盟會，曾追隨黃興參加辛亥革命。1919年從早稻田大學畢業回國，進入北洋政府財政部擔任司長。抗戰勝利後，殷汝耕被重慶國民政府以漢奸的罪名逮捕，於1947年被判處死刑。

合併成「蒙疆聯合委員會」，以便加強對這些地區的統制管理。[8]

金井章二擔任蒙疆聯合委員會最高顧問並代理總務委員長，村谷彥治郎為參議，委員包括三方代表等。很明顯，蒙疆聯合委員會就是關東軍製造的第二個「滿洲國」，處處受關東軍的制衡。

1939 年 5 月 12 日，「諾門罕事件」爆發，[9]日蘇軍隊在滿洲國與蒙古國邊界打了 4 個月，關東軍戰敗，日軍北進計畫受挫，日本軍部指示駐蒙軍進一步促成各偽政權合併統一。同年 9 月 1 日，「蒙疆聯合委員會」正式改組為「蒙古聯合自治政府」，德王擔任自治政府主席，金井章二任最高顧問，于品卿、夏恭為副主席，村谷彥治郎任主席辦事機構秘書處的處長。主席之下設政務院、參議府、最高法院等。政務院是政權的主體，下設 7 部和牧業總局等。

和滿洲國一樣，駐蒙日軍另設一個總務廳，實際掌控一切政務，「主席」被架空，各部次長也由日本人擔任，掌握實權。據統計，從 1939 年 9 月到 1941 年 4 月，有 1,993 名日本官吏在「蒙古聯合自治政府」中任職，其中中央官廳及直轄官廳者 856 名、各政廳 752 名、各市縣旗公署及直轄官廳 385 名。另外，警務系統裡還有大約 500 名日系警官。[10]

1940 年 3 月 30 日汪精衛的「國民政府」建立後，「蒙古聯合自治政府」名義上歸屬汪政府，但實際上仍擁有高度的自治權。

中華民國臨時政府

1937 年 7 月底，日軍攻陷北平、天津之後，迅即著手在平津兩地組織「維持會」，以取代原國民政府。最早成立的是「北平地方治安

8　《日中戰爭》（2）（東京：みすず書房，1964），頁 123。

9　關於「諾門罕事件」請參閱本書第二卷第五章第一節。

10　《北支の治安戰》（1）（東京：朝雲新聞社，1968），頁 499-500。

維持會」（主席江朝宗）和「天津地方治安維持會」（委員長高凌蔚），之後在華北淪陷區各市縣陸續成立了數十個「維持會」。

日軍華北方面軍司令官寺內壽一大將決定把這些維持會合併，在華北成立一個統一的偽政權。12月14日，「中華民國臨時政府」宣告成立，曾任北洋政府財政總長、著名的親日分子王克敏出任行政委員會委員長[11]，以五色旗為「國旗」，以〈卿雲歌〉為「國歌」，「定都」北平，並改北平為北京。

兩個月後，1938年2月，「冀東防共自治政府」也併入其中。「中華民國臨時政府」這個偽政權轄區較大，包括河北、山東、山西、河南4個省和北平、天津2個市。

「中華民國臨時政府」延續北洋政府的體制，標榜「三權分立」，實行責任內閣制，設行政、議政、司法3個委員會，分掌行政、立法、司法權。「臨時政府」下設6部（行政部、治安部、教育部、賑濟部、實業部、司法部）。1940年3月30日，汪精衛在南京成立「國民政府」，「臨時政府」改組成「華北政務委員會」，受汪政府的有限領導，但在財經、人事等方面擁有自主權。

中華民國維新政府

華北之後就是華中。1938年1月初，日軍已占領華中大部地區後，隨即在華中建立親日政權。3月28日，「中華民國維新政府」在南京成立，曾在北洋政府任職的梁鴻志[12]任「行政院長」，溫宗堯任「立法

11　王克敏（1879-1945），浙江杭州人，字叔魯。曾任北洋政府財政總長，在冀察政務委員會中是有名的親日分子。二戰結束之後，王克敏被重慶的國民政府以漢奸罪名逮捕，1945年12月26日於北平第一監獄中自殺身亡。

12　梁鴻志（1882-1946），福建長樂人，1946年3月2日，被國民政府逮捕歸案，押解上海。5月21日以叛國罪被判處死刑，梁不服上訴至最高法院，11月9日受民國政府最高法院密令在上海被處決。

院長」，陳群任「內政部長」，下轄江蘇、浙江、安徽 3 個省和南京、上海 2 個「特別市政府」。

「維新政府」也是延續北洋政府體制。雖然是個地方政府，但卻設有類似中央政府的行政、立法及司法 3 院，並設最高權力機關議政委員會。擔任這些機構的官員大多數是北洋時期的老官僚以及國民政府的失意軍人和政客。1940 年 3 月，汪精衛「國民政府」成立後，「維新政府」併入其中，從此曲終人散。

中華民國國民政府

1938 年 12 月 18 日，國民黨中央副總裁、中央政治委員會主席、國民參政會議長汪精衛離開重慶，經昆明轉河內。12 月 29 日，汪精衛向蔣介石等人發表「豔電」，明確表達其立場，希望以蔣介石為首的國民政府與日和談。1939 年 5 月，汪精衛赴東京，與日本首相平沼騏一郎會談，討論另立中央政府，與重慶抗衡。1939 年底，汪精衛和日本祕密簽訂《日華新關係調整要綱》以換取日本的支持。

1940 年 3 月 30 日，汪精衛在南京成立「中華民國國民政府」，自任「代理主席」[13] 兼「行政院院長」。汪精衛原以為能組織一個統領淪陷區的中央政府，日本也答應汪精衛，從此「全國以內只有此唯一的合法中央政府」。[14]

無奈事與願違，華北、華中各偽政權雖然合併於汪政府，但有些只是名義上的歸屬，實際上仍擁有相當的自治權，例如「華北政務委員會」、「蒙古聯合自治政府」等，仍然自成一體，汪政權很難介入他們的治理。

13　汪精衛的「中華民國國民政府」為標榜其「正統」地位，遙奉重慶國民政府主席林森為「主席」。

14　余子道主編，《汪精衛漢奸政權的興亡》（上海：復旦大學出版社，1987），頁 114。

「中華民國國民政府」複製原南京國民政府的體制，掛著國民黨的招牌，組織機構與國民政府一般無二，實行五院制，汪精衛、陳公博、溫宗堯、梁鴻志、王揖唐分別任行政院、立法院、司法院、監察院和考試院的院長。[15] 和其他偽政權一樣，汪政府的內政外交處處受制於日本人，從中央到地方，各部會機關都由日本顧問、委員作指導，控制汪政府的內政、外交、財政、軍事大權。

日本與汪政府的關係歷經數個階段，最初，日本企圖將汪政府變為第二個「滿洲國」，經過漫長且不愉快的日汪談判後，日本決定扶植汪精衛在南京另外成立一個「中華民國國民政府」，與重慶國民政府對峙。令汪政府極為尷尬的是，東京並未立即承認這個它一手扶植起來的傀儡政權，而是等了 8 個月後，才正式承認汪政府。

太平洋戰爭爆發後，美英政府開始和重慶國民政府洽談歸還在華租界之事，汪政府趁機要求日本交還主權，日本礙於壓力，才在 1942 年 2 月把廣州、天津的英美租界歸還給汪政府；次（1943）年，陸續歸還杭州、蘇州、上海等地的租界管理權。

日本放棄了部分在華利益，看起來日本政府逐漸放鬆了對汪政府的控制，但實質上並沒有重大變化，日本對汪政府各項政務的管制照舊，只是在方法上作了調整。

以上資訊顯示，抗戰時期各個偽政權的建立是從地方到中央而展開的，歷經各地維持會、到區域性偽政權組織、再到具有中央政府性質的「中華民國國民政府」的過程。這個過程和二戰時期歐亞淪陷區大多數政府不同，雖然都少不了侵略者的扶植，但發展過程大異其趣，以法國的維琪政府為例，維琪政府是自上而下建立的，而中國則是由下往上、從地方再向中央發展的。

15　黃美真、張雲編，《汪精衛國民政府成立》（上海：上海人民出版社，1984），頁823。

在這個過程中，前清皇帝、部分北洋遺老以及國民政府中的失意政客懷著不同的目的，在日本的支持下走上歷史舞台。各地偽政權的出現，實際上是日本侵華勢力內部之間矛盾與利益紛爭的體現。偽政權表面上擁有獨立的主權，但實際上權力真正掌握在日本人手中。不過，各地偽政權對於維持當地社會秩序的確發揮了一定的作用，只是，其所作所為主要是服務於日本的侵華利益。

汪精衛的「中華民國國民政府」是最後成立的，名義上具有中央政府的性質，但是各地的偽政權勢力依然我行我素，甚至以獨立王國自居。他們之間的矛盾與鬥爭貫穿於各地偽政權從誕生到崩潰的整個過程。

二、淪陷區基層社會概況

從 1937 年 7 月 7 日盧溝橋事變開始，日軍長達 8 年的全面侵華戰爭給中國大部分地區造成極大的破壞及混亂，日軍所過之處，炸、燒、殺、搶、淫，比比皆是，以致大批淪陷區處於血雨腥風之中。

淪陷初期社會極度慌亂

全面抗戰爆發後，中國歷經平津失陷、淞滬會戰、南京淪陷、國民政府西遷重慶，日軍入侵給華北、華東地區的人民帶來了極大的災難。

日軍占領前的狂轟亂炸和占領後的殘殺無辜、強暴婦女等行為，最先造成社會極度混亂與恐慌。一些較大的城鎮都受到日軍砲彈的轟炸，民房等建築設施幾乎摧毀殆盡，大批民眾無家可歸。比如江蘇省的太倉，轟炸後「城內外房屋被毀殆盡，東南北三門外僅剩屋十餘幢，

西門內外已成一片焦土」[16]；武進城「昔日熱鬧之街市，今則已成一片焦土」[17]。殺、燒、搶、掠是日軍占領一座城鎮後必做之事。日軍除在南京大規模屠殺中國民眾外，在鎮江也屠殺了近1萬人[18]。類似的例子不勝枚舉。

　　混亂的局面主要是由於日軍的暴行，但不能否認，面對日軍侵略，國民政府地方基層人員的無能和慌亂也使災難加重。絕大部分地區，在國民黨政權撤離後，縣政府成員大多隨軍隊匆忙離去，一般行政人員則隨居民撤至鄉村；有的甚至在淪陷之前就逃之夭夭。如南京近郊的六合縣，日軍入城時，「城內闃然無人，政府官吏早經出走。」[19]又如江蘇省鎮江市某個區公所，在日軍入境兩個星期前，主要官員就已逃之一空，整個區公所就剩下兩人。江蘇省揚中縣政府更是「聞敵喪膽，作鳥獸散，呈無政府狀態」。[20]

　　這種政治上的真空導致大小城鎮處於無政府狀態，地痞流氓趁機四出劫掠，百姓苦不堪言。在這段權力真空時期，淪陷區簡直是土匪、地方宵小及地痞流氓的天下；他們殺人、放火、搶劫、打砸，無惡不作。許多地方出現藉抗戰之名組織起來的「游擊隊」，有的是地方自衛組織，但不少是土匪的武裝集團，這些組織頓時成為鄉村社會的實際統

16　翼謀，〈不堪回首話江南〉，收於賀聖遂等編選，《抗戰實錄之二（上）淪陷痛史》，頁324。

17　玉行，〈武進城淪陷目擊記〉，收於賀聖遂等編選，《抗戰實錄之二（上）淪陷痛史》，頁366。

18　本多勝一，〈占領鎮江縣城〉，江蘇省鎮江市委員會文史資料研究委員會編，《鎮江文史資料》，第9輯（鎮江：編者，1985）。但抗戰勝利後，整理該市檔案的人回憶說，存在重複統計問題，因此可能不到1萬人。見孫金振，〈偽檔殘憶〉，江蘇省鎮江市委員會文史資料研究委員會編，《鎮江文史資料》，第9輯。

19　〈維新政府內政部呈六合維持會會長被殺案〉，中國第二歷史檔案館藏，卷號：2101-307。

20　揚中市委員會文史資料委員會，〈漢奸季廣根罪行錄〉，《揚中文史資料》，第6輯（揚中：編者，1987）。

治者。他們各自獨霸一方，紀律敗壞，敲詐勒索，無所不為，經常是「不抗敵而擾民，互爭霸權」[21]。

淪陷區這種日軍和土匪雙重施暴蹂躪的情形，直到日軍進駐，各地偽政權紛紛建立，秩序才逐漸恢復。

強化治安運動控制淪陷區人民

但又出現新的問題。共產黨、國民黨等抗日力量在淪陷區相當活躍，給日偽的統治帶來極大的威脅。為了維護日偽的統治利益，打擊抗日力量，日偽在各淪陷區發動了大規模的強化治安運動，例如偽滿洲國的「治安肅正」運動、華北地區的「治安強化運動」，以及華中地區的「清鄉運動」，這些強化治安的活動，使淪陷區人民的身心都處在嚴格管制之下，沒有自由，沒有尊嚴，了無生氣。

以東北為例，九一八事變之後不久，在日本關東軍策動下，1932年3月正式成立滿洲國。面對國破家亡的危局，東北人民組成各種抗日團體，其中以東北軍為班底的「東北抗日義勇軍」以及共產黨領導的「抗日民主聯軍」為主，掀起了一波波武裝抗日的行動，造成關東軍極大的困擾。

為了迅速建立殖民統治的秩序、鎮壓抗日武裝力量，1936年3月，關東軍制定「治安肅正三年計畫」，提出：「必須迅速肅正國內的治安，三年後實現以滿洲國軍民之力維持治安。」[22]為配合此計畫，偽滿政府同時制定了「三年治安肅正計畫要綱」，以嚴厲的警務管理，加強治安穩定，肅清抗日活動。[23]

....

21 賴傳珠，〈抗戰四年來的新四軍〉（1941年7月），《新四軍和華中抗日根據地史料選》第3輯（上海：上海人民出版社，1986），頁358。

22 王希亮，《日本對中國東北的政治統治（1931-1945）》（哈爾濱：黑龍江人民出版社，1991），頁82。

23 同上。

　　按照這些計畫，從 1936 年開始，關東軍和日偽軍以軍事鎮壓為原則，對東北地區的抗日武裝進行大規模、嚴厲的鎮壓，使抗日武裝組織遭受到重大損失。與此同時，日偽方面還採取「標本兼治」的策略，除了強化保甲制度之外，特別實施「集團部落」政策，試圖徹切底斷抗聯的後勤補給。[24]

　　他們設立所謂的「集團部落」，強制村民遷移到這些部落中，定量供給村民糧食，並設置嚴密的封鎖線，把村民和抗日組織隔開，以實現徹底消滅抗日武裝力量之目的。

　　這樣仍不夠，日偽政府還成立「清鄉委員會」和「維持治安會」，從政治、軍事、經濟、思想各方面加強對東北人民的控制。日偽不斷向東北民眾灌輸「日滿一德一心，民族協和」等思想，企圖麻痺東北人民的反抗意志。

　　這一連串計畫的實施，使得日偽政權在東北的殖民統治更加堅固，而東北抗日武裝力量也大為削弱，同時也給東北民眾帶來了災難。以黑龍江省樺南縣為例，其在「歸屯併戶」中被燒毀村莊 120 餘座，毀掉民房 2 萬 4 千餘間，被殺害和因凍傷致死者達 1 萬 3 千餘人，損失牲畜 4 千 8 百多頭，有 2 千 1 百餘坰土地荒蕪。[25]

　　「治安肅正」計畫使勞動力銳減，大量田地荒蕪，農業經濟嚴重衰退；商業貿易也遭到極大破壞。「治安肅正」計畫不僅僅是日偽鎮壓抗日武裝力量的殘酷舉措，也是奴役東北人民，對東北地區實行殖民統治的重要手段。

　　華北地區的情況也頗類似。國民政府撤出華北，但華北人民不甘受日本統治，抗日武裝力量在華北各地迅速發展起來。到 1938 年 10

24　集團部落政策就是為了斷絕東北抗日聯軍的後勤補給，將抗聯根據地與村民隔絕開，日軍設計出「集團部落」，強制將中國村民遷移至其中，定量供給村民糧食，並設置嚴密的封鎖線以達到徹底消滅抗日武裝的目的。

25　王希亮，《日本對中國東北的政治統治》，頁137。

月武漢淪陷前後，八路軍在華北先後開闢了晉察冀、晉冀魯豫、晉綏、
山東等抗日根據地，中共在華北的敵後戰場正式形成。

　　為了肅清抗日武裝活動、也為了加強對華北人民的控制，日本華
北方面軍也制定了一個「治安肅正要綱」，以強制的軍事力量和抗日
組織「肅正作戰」。1939 年的「治安肅正」作戰分三期進行：第一期
1 月到 5 月，第二期 6 月到 9 月，第三期 10 月到次年 3 月。經過日軍
第一期「肅正作戰」後，占領區內的國民黨軍隊大多被擊潰。經過第
二期「肅正作戰」，國民黨軍隊大多退出了占領區。在第三期「肅正
作戰」中，日軍就完全把作戰重點指向了八路軍。但是共產黨的武裝
在「肅正作戰」中不但沒有被消滅，反而力量日益強大，為此從 1941
年開始，日本華北方面軍決定把以前的「治安肅正」作戰上升為「治
安強化」作戰。

　　日軍對華北人民的管理因地區而異，他們根據雙方力量對比差異
將華北劃分為 3 種地區：「治安區」（即淪陷區）、「準治安區」（即
游擊區）、「非治安區」（即解放區），對 3 種地區分別施行不同辦法。
在「治安區」以「清鄉」為主，加強偽政權的建設，強化保甲制度，
加強思想宣傳；在「準治安區」內，以「蠶食」為主，實行懷柔與恐
怖並重政策，包括「集家併村」，製造「無人區」等；在「非治安區」
加強掃蕩，實行「三光政策」，消滅抗日武裝力量。

　　此外，在日本華北方面軍操控下，「華北政務委員會」[26] 發起「治
安強化運動」，以軍事「掃蕩」為主，同時結合政治、經濟、文化、
思想等多種手段為一體的總力戰，企圖通過這種方式以達到鞏固、控
制華北占領區的目的。

26　汪政權成立之後，原「中華民國臨時政府」於1940年3月30日改稱為「華北政務
　　委員會」，負責處理河北、山西、山東以及北平、天津、青島三個特別市的政務，
　　除對外關係外，在內政各方面實際不受政府統治，是由日本實際控制的一個傀儡
　　政權。

　　從 1941 年 3 月至 1942 年 12 月，日軍接連在華北地區發動了 5 次大規模的「治安強化運動」，主要包括宣揚反共、建立東亞新秩序，強化對八路軍抗日根據地的經濟封鎖，實行配給制度管制物資，剿滅共產黨勢力等等。

　　日偽的「治安強化運動」取得不錯的成果，偽政權的統治得到加強與發展，抗日根據地則遭到重大損失，面積縮小，人口銳減，武裝力量也遭到重大削弱，物資供應嚴重匱乏。儘管如此，日偽並沒有完全達到其戰略目標，抗日武裝組織仍然存在，仍不時地騷擾偽政權。

　　與此同時，華中日軍也開展了對抗日根據地的「清鄉」作戰，關於這方面的情況將在「日偽關係」一欄中詳細論述。

三、各地偽政權的互動與紛爭

　　各地偽政權的建立實際上是侵華日軍意志的體現，日軍各方面力量之間的矛盾也造成各偽政權間不同程度的紛爭。例如，華北方面軍和華中方面軍就為了「正統」與「主從」的問題，爭得不可開交。汪精衛政權為了「隸屬管轄」的問題，與比它早成立的各地偽政權明爭暗鬥。各偽政權在爭鬥的同時也伴隨著互動，這主要表現在關外的「滿洲國」與關內各偽政權之間的互動。互動主要呈現在滿洲國與關內偽政權雙方高層之間的互訪、對付「共產主義」問題上的協調等等，這是因為滿洲國與關內偽政權之間的利益衝突較少之故。

　　真正的紛爭來自關內各偽政權的正統、主從之爭。

正統之爭：「中華民國臨時政府」與「中華民國維新政府」

　　南京淪陷的第二天，1937 年 12 月 14 日，日本華北方面軍就扶植成立「中華民國臨時政府」，以五色旗作為國旗，繼續使用中華民國

年號，以此凸顯其作為中國中央政府的繼承者。華北方面軍的意圖很
明確，就是要搶先一步成立被其掌控的中國「中央政府」。華北方面
軍特務部長喜多誠一表示：「華北政權不應只具有地方政權的性質，
而應成為一個取代南京政府的中央政府。」[27] 日本軍部對華北方面軍的
要求也給予大力的支持，建議「擴大並加強在華北的政權，以期建立
一個有生命力的中央政府」。[28]

　　但是，華北方面軍的所作所為卻引起華中方面軍的強烈不滿，認
為「在華北匆忙確立政權基礎，將給上海方面的政權問題帶來不好的
影響」。[29] 然而，關東軍已扶植了滿洲國，華北方面軍也扶植了統一華
北的「中華民國臨時政府」，因此，華中方面軍也要扶植華中地區的
偽政權，1938 年 1 月成立「中華民國維新政府」。華中方面軍認為，
新的中央政府理應設在華中，因為長江流域戰略地位重要，所以這個
政府應該代表全中國。該想法與日本政府和軍部的全盤侵華策略相違
背而遭雙方否決。軍部是要以華北偽政權作為將來中央政府的基礎，
東京聲明，即使華中成立新的政府，現有的華北「中華民國臨時政府」
仍應維持其威信，「不僅對華北，而且對華中、華南，也必須取得威
信。」[30] 實際上，日本軍部制定的「華中新政權建立方案」明確要求，
未來的華中政權將稱為「華中臨時政府」，而不是華中方面軍一廂情
願的「中央政府」。可見，在汪精衛和東京合作之前，東京是想保持
各地偽政權的區域性和臨時性，其中又以華北為重，未來若成立中央
政府，當以華北偽政權作為基礎。此舉引起華中方面的強烈不滿，正

27　約翰・亨特・博伊爾，《中日戰爭時期的通敵內幕1937-1945》（上）（北京：商務
　　印書館，1978），頁120。

28　同上，頁112。

29　蔡德金，〈偽中華民國維新政府始末〉，《傳記文學》，第65卷第4期，頁128。

30　日本防衛廳戰史室編，天津市政協編譯組編譯，《華北治安戰》（上）（天津：天津
　　人民出版社，1982），頁56。

統之爭不可避免。

　　華中方面軍不滿軍部的規劃，也不服華北的偽政權。為解決華北方面軍與華中方面軍之間的矛盾，1938 年 3 月 8 日，日本外務省、陸軍省、海軍省特別召開會議，商討解決華北華中政權的關係問題。最後決定，把華中新政權命名為「華中民國政府」，用意在於把它作為一個地方政權，以便將來與華北偽政權合併組建偽中央政府。這對雙方來說都勉強能接受，因為既不影響未來以「中華民國臨時政府」為班底組建中央政權，又維護了華中日偽的體面。為配合日本政府的決定，王克敏首先表態，他代表「中華民國臨時政府」表示：中華民國祇需要一個政府，如成立第二政府，就立即無條件解散臨時政府 [31]。王克敏的意思其實是暗示他的「中華民國臨時政府」未來將取得中央政府的地位，而華中偽政權僅僅作為一個地方政權而成立。由於有日本政府和軍部的支持，華北的「臨時政府」在這場競爭中占得先機。

　　另一方面，面臨被合併危機的華中偽政權，自然不甘居於下風。他們的對策是，首先採取拖延的策略，暫時迴避「臨時政府」的鋒芒，要求把雙方關係問題推到以後再說。其次，邀請「臨時政府」成員赴南京與其共同組織政府，這樣華中方面便可獲得「地利」上的優勢。為達到這一目的，3 月 14 日，梁鴻志等人赴北平就相關問題與王克敏進行會談，由於分歧較大，會談陷入僵局。僵局難解，日本政府決定推遲華中偽政權成立日期。

　　3 月 24 日，日本內閣在「調整華北及華中政權關係要綱」中再次重申，華中新政權將是個地方政權，希望儘快與作為中央政權的「中華民國臨時政府」合流統一。「要綱」還明確規定「以現在的中華民國臨時政府作為中央政府的用意，是要它領導各地方政權，至於帝國承認它為中國的中央政府的問題，則須根據另外的考慮決定。首都設

31　〈偽中華民國維新政府始末〉，《傳記文學》，頁 224。

在何地，一任中國方面選定」。[32] 從這個決議可以看出，東京方面並沒有具體解決華北與華中間矛盾的方案，或許根本就沒有打算解決二者之間的矛盾。日本在華問題上採取的是「分治合作」的策略，即在「分治」基礎上的「合作」，保持各偽政權一定程度上的獨立性，可能更有利於日本的操控。

與此同時，華中方面派出任援道和楠本實隆[33] 前往北平與王克敏以及日本華北方面軍頭目舉行會談，雙方達成妥協。「中華民國臨時政府」同意華中新政權定名為「中華民國維新政府」，但是維新政府應該承認其暫時性的性質，不能與臨時政府對立，待等津浦、隴海兩路交通恢復後便要與臨時政府合併。這個結果對華中方面來說，除了「國名」比較滿意之外，其他方面都未能達其所願，但也無可奈何。

1938 年 3 月 28 日，「中華民國維新政府」在南京正式成立，管轄江蘇、浙江、安徽 3 省的日占領區和南京、上海兩個特別市。華中、華北的正統之爭才告一段落。

權力之爭：汪精衛政府與臨時政府、維新政府

1938 年底，汪精衛從重慶出逃，即希望借助日本的力量組建一個中央政府，與在重慶的國民政府抗衡，甚至取而代之。但是，東京卻有另一番盤算。（關於汪精衛及其政權，本書另有專章探討，請看第三卷第一章。）

1939 年 5 月 31 日，汪精衛攜周佛海、梅思平、高宗武等汪系要員密訪日本，與日本政軍首長磋商建立偽政權之事。此時，汪精衛仍一心期待日本政府支持他整合各地偽政權，成立一個真正的中央政府，

---

32 〈中華民國維新政府的成立〉，日本防衛廳防衛研究所戰史室編，《中國事變陸軍作戰史》（北京：中華書局，1981），第 1 卷，第 2 分冊，頁 161-162。

33 任援道，預定出任「中華民國維新政府」的「綏靖部長」；楠本實隆，當時擔任日特機關長原田的助手。

「還都」南京。

　　然而，就在同一時段，東京在 6 月 6 日召開的五相會議通過「建立新中央政府的方針」決議案，準備把中國占領區分為 4 塊，內蒙是「高度的防共自治區域」，華北為「國防上、經濟上的日華緊密結合地區」，「長江下游地區在經濟上，作為日華緊密結合地帶」，華南的沿海特殊島嶼則「設立特殊地位」等，根本看不出有所謂的「中央政府」的安排。[34]

　　很明顯，日本在玩兩手策略，一方面讓汪精衛以為可以出面組織中央政府，但同時卻打著把中國分為數個傀儡政權的算盤，以便東京遙控。

　　但是，汪精衛卻不死心。日本之行後，他趕赴天津拜訪王克敏，希望王克敏支持他成立全國性的中央政府。政壇老手王克敏答覆：「召開全國代表大會是歡迎的，地點不論在哪裡都可，但北京在治安上也許適當一些。」他說，「如若召集中央政治會議，我本人一定參加，但不接受擔任委員。」這是明顯的以退為進，他表示：「我已風燭殘年，打算在建立中央政府的前夜，告老退休。但如果閣下一定要我參加中央政府，可以同意，但希望在北平工作。」[35]王克敏的意思很清楚，如果要談「合作」，那就要以他的「中華民國臨時政府」為班底組建中央政府；如若不然，他仍將留在華北經營他的「臨時政府」。這與汪精衛的初衷背道而馳，華北之行一無所獲，使得汪政權尚未成立即面臨胎死腹中的困境，汪精衛這才「對華北形勢的複雜性有了認識」。[36]

　　北平之行雖然受挫，汪精衛仍在 6 月 29 日飛到南京，拜訪「中華

34　〈樹立新中央政府的方針〉，《中國事變陸軍作戰史》，第 2 卷第 1 分冊（北京：中華書局，1979），頁 86。

35　〈汪精衛國民政府成立〉，《中國事變陸軍作戰史》，第 2 卷第 1 分冊，頁 140-141。

36　〈汪兆銘脫出重慶〉，日本防衛廳戰史室編，天津市政協編譯委員會譯校，《日本軍國主義侵華資料長編》（上）（成都：四川人民出版社，1987），頁 473。

民國維新政府」的梁鴻志等人，希望取得他們的支持。會談中，汪精衛強調華北、蒙疆的特殊地位，並暗示他的中央政府成立後，華中不宜再有任何特殊機構存在，也就是要合併「維新政府」的意思。梁鴻志對此並不認同，他認為華中、華北兩個臨時政府應該地位平等，第一次會談幾乎沒有達成任何成果。

汪精衛並不退縮，他對維新政府高層採取各個擊破策略。他拜訪立法院長溫宗堯，又命周佛海拉攏維新政府幾位實力派人物，初步穩住他們的態度。然後，7 月 5 日，汪精衛與梁鴻志在南京舉行第二次會談，梁鴻志的態度有了變化。[37] 梁鴻志表示願意支持汪精衛組建中央政府，完成合流。但是，梁鴻志的支持是有條件的，他希望新中央政府以維新政府為基礎，各部長維持原狀，並由他擔任行政院長。[38] 汪精衛對此難以接受，會談沒有具體結果，但梁鴻志的口氣已軟化。

汪精衛與「臨時政府」和「維新政府」的首輪交鋒都不如意，他不禁抱怨：「搞和平運動中國方面比日本更難辦。」[39]

9 月 19 日，汪精衛在南京與王克敏、梁鴻志三度會談，汪明確宣布將於 10 月 9 日在南京成立「新中央政府」，並以《中央政治會議組織條例草案》和《華北政務委員會暫行組織條令大綱》為依據取消「臨

37　汪精衛首先拜訪立法院院長溫宗堯，溫表示，建立「中央政府」是目前急務，自己雖然希望去大連養老，但是汪精衛如果要他出來也未嘗不可的。他的意思很明顯：「我個人毫無問題，無須考慮。」汪精衛又命周佛海、梅思平去拉攏維新政府的兩位實力派人物：陳群、任援道，勸說他們支持汪精衛的「和平運動」，並許諾他們將來在「中央政府」成立之後都可以官任原職。陳、任二人因此不再堅持「維新政府」。拉攏了這三位，等於拆了梁鴻志的台。梁鴻志這時已是內外交困，只得轉而支持汪精衛的主張。楊飛，〈汪精衛與梁鴻志的爭鬥〉，《揭祕》，2010年第6期。

38　出自汪精衛與影佐禎昭事後的談話，「汪精衛與梁鴻志第二次會談要領」，〈汪精衛國民政府成立〉，《中國事變陸軍作戰史》，第2卷第1分冊，頁155。

39　〈汪回國後的和平運動〉，《中國事變陸軍作戰史》，第3卷第1分冊（北京：中華書局，1981），頁22。

時政府」和「維新政府」，王、梁二人均不以為然。臨時政府和維新政府在中央政治會議的代表上，只分得 6 個名額，梁鴻志當即表示不能接受。王克敏對於華北方面只拿到剿共、地方綏靖、經濟建設之權，而沒有行政權，連政務委員也直接由中央派遣的規定都不滿意，憤然道：「我們三個人商量沒有用。這件事要『他們』協商好了，也就可以做了！」[40]「他們」是誰？是汪精衛背後的影佐禎昭（參謀本部）、梁鴻志背後的原田永吉（華中派遣軍），以及他自己背後的喜多誠一（華北方面軍）。

　　會談不歡而散，影佐、原田和喜多 3 人又會面磋商，這才取得共識。9 月 20 日，汪、王、梁再次會談，影佐禎昭他們 3 人也參加。會中，影佐禎昭宣布：日本內閣支持汪精衛建立中央政府。同時，影佐授意汪精衛在中央政治會議代表名額分配上讓步，最後決議採「三三制」原則，即國民黨占三分之一、臨時政府和維新政府總共占有三分之一、蒙疆派與各黨各派、無黨無派的「社會名流」合占三分之一。

　　汪精衛身邊的陶希聖用打麻將形容這次會談，「打牌的人卻從來不決定自己的牌怎樣打法，而由日本官員喜多、原田、影佐從後面把手伸過他們的肩頭，替他們摸牌、出牌、作決定。」[41]

　　12 月 30 日，汪精衛和日方簽訂了「日華新關係調整要綱」，汪精衛終於換來了日本人明確的支持。

　　得到東京大力支持後，1940 年初，汪精衛及其代表在青島和王克敏、梁鴻志，以及蒙古德王的代表繼續會談，各方拉鋸，權力分配，最終，就國民政府名稱、首都、國旗以及國民政府組織架構等問題取得共識。

　　青島會議之所以能有共識，原因有二：第一，汪精衛和日本簽訂

40　陶希聖，《潮流與點滴》（台北：傳記文學出版社，1979），頁 171。

41　同上，頁 171。

的《日華新關係調整要綱》已使日本內部各集團在對華問題上意見趨
於統一。第二，青島會議中對「臨時政府」和「維新政府」都有較為
妥善的安排。王克敏基本上以「臨時政府」為班底，組建「華北政務
委員會」，名義上順服中央，但仍保留了其對華北的控制地位。「維
新政府」併入新中央政府，但原重要官員大多在新政府取得相當的職
位，雖不滿意，但勉強能接受。

經過多次協調、利益交換，汪精衛的「中華民國政府」終能在
1940 年 3 月 30 日宣告成立，各偽政權完成了形式上的合流。

獨立之爭：「蒙古聯合自治政府」對汪政府

1939 年底的「日華新關係調整要綱」，對「蒙古聯合自治政府」
的地位問題作了明確的規劃：「鑑於蒙疆在國防上、經濟上、日中滿 3
國高度結合地帶的特殊性，根據現狀，承認其廣泛的自治權，作為高
度防共自治區，其權限按中央政府規定的內蒙自治法實行。」[42] 也就是
默認其「獨立」地位，汪的新政府不得過問蒙古事務。1940 年 11 月，
汪政府和日本政府進一步簽訂《日華基本條約》，再次確定汪政府與
「蒙古聯合自治政府」的關係，保持德王的獨立空間。

不過，雖然「蒙古聯合自治政府」享有高度自治的地位，但德王
對於名義上處於汪政府的統治之下仍耿耿於懷，他表示：「我投靠日
本帝國主義在先，汪精衛投靠日本帝國主義在後，他卻要後來居上，
當我的頂頭上司，把蒙疆地區劃在他的統轄範圍內，真使我有點不服
氣。」[43] 同樣的，汪精衛對於德王的特殊待遇也極為不滿，雙方之間明
爭暗鬥，矛盾重重。

42　日本防衛廳戰史室編，天津市政協編譯組編譯，《華北治安戰》（上），頁191。

43　德穆楚克棟魯普，〈偽蒙疆聯合自治政府的成立與瓦解〉，《內蒙古文史資料》第7
　　輯（呼和浩特：內蒙古人民出版社，1979），頁22。

德王一心想要蒙古獨立建國，1941年春，德王和蒙古聯合自治政府副主席李守信到日本，向陸相東條英機遞交改組「蒙疆聯合自治政府」的方案。該方案主張，在蒙疆聯合自治政府下成立兩個委員會，一是「蒙古聯盟政務委員會」，專管巴、察、錫、烏、伊等盟事務，由德王直接掌握；另一個是「蒙古自治委員會」，專管察南、晉北兩個政廳事務。察南、晉北兩地的事務一直由日本人直接管理，德王無權過問，所以，德王的目的是，乾脆放棄察南、晉北，換取東京同意讓巴、察、錫、烏、伊等盟獨立，由德王管理。但日方對此方案沒有明確答覆。德王仍不死心，又派出軍事代表團訪日，再三申明其獨立建國的目的。

日軍其實不同意蒙疆出現任何進一步的獨立活動。因此，影佐禎昭指示關東軍派到「蒙疆聯合自治政府」的特別顧問金井章二，要其抑制德王的獨立行為，這使得金井章二左右為難。[44]

然而，德王的獨立夢並未因此減緩，他想成立「蒙古自治國」，年號「成德」，但他一向倚重的重要幕僚吳鶴齡卻不贊成。[45] 吳鶴齡和德王一樣，嚮往蒙古獨立，但認為此時不宜操之過急，因為日本和汪政權絕不會同意。他建議德王分階段執行，先建立蒙古自治邦，等時機成熟時再建立蒙古國。[46]

在德王的軟磨硬泡下，日軍終於同意在1941年8月4日成立「蒙古自治邦」。至於這個自治邦和汪精衛中央政權的關係，德王認為「在保持特殊情況，也就是用人行政自主之下，承認南京政府為最高宗主

44　金井章二曾在滿鐵及滿洲國任職，是關東軍派到蒙疆主導成立偽政府的「影武者」。

45　吳鶴齡是蒙古人，是德王的重要幕僚，歷任偽蒙古軍政府參議部長，偽蒙疆參議長、政務院長、政務院內務長官。

46　德穆楚克棟魯普，〈偽蒙疆聯合自治政府的成立與瓦解〉，《內蒙古文史資料》第7輯，頁30。

權是可以的，但必須有所等待」。[47] 也就是名義上尊奉南京為中央政府，但自治邦享有人事及行政的自主權，而且，更重要的是，一切得看日本人的態度行事。

1942 年 11 月 21 日，日本御前會議通過「對華新政策」，包括涉及各地偽政權關係的條款，諸如「調整地方的特殊性，加強國府對地方的指導」，「使中央與地方醞成相互融洽的氣氛」等。[48] 汪精衛認為這些條款有鞏固中央統治的意思，他隨即以「國民政府」主席的身分擬定「蒙古自治法」草案，試圖從政治、經濟、軍事等方面加強對蒙古政權的控制。但是駐蒙日軍對汪精衛的做法極為不滿，不客氣地打了回票。[49] 蒙疆因為地理位置特殊，日本駐蒙軍希望偽蒙以獨立於南京政府之外的面目出現。汪精衛想把蒙古納入自己掌控之下的夢想破滅，從此，德王及汪政府一直維持若即若離的關係。

1943 年初，德王決定趁著太平洋戰爭爆發、日軍重心移向南洋的有利時機，進一步推動獨立建國的腳步。他把察南政廳、晉北政廳改組為「宣化省」和「大同省」，5 個盟公署改組為偽蒙「中央」直轄，以此加強他的「中央」實權。

東京對德王的做法並不認同。11 月上旬，首相東條英機在東京召開東南亞「六國」會議，滿洲國和汪政權都以「國家」名義獲邀參加，但只允許蒙古自治邦以地區的名義參加，德王為此提出抗議。為了安撫德王，再加上德王不斷的努力，東京最終同意在外交上給予其部分「國家」待遇，允許德王在日本建立具有外交性質的常駐機關。蒙古

47　李泰棻，〈偽蒙古聯合自治政府記要〉，《文史資料選輯》第 39 輯（北京：文史資料出版社，1963），頁 113。

48　〈處理對華問題根本方針的具體策略〉，日本防衛廳戰史室編、天津市政協編譯委員會譯校，《日本軍國主義侵華資料長編》（中）（成都：四川人民出版社，1987），頁 657。

49　盧明輝，《德王「蒙古自治」始末》（呼和浩特：內蒙蒙古語文歷史研究所，1977），頁 315-317。

自治邦總算有了自己的年號、旗幟（四色七條旗）和國家組織系統（有政務院和 7 部編制），以獨立王國的面目出現在不同場合，與汪政府分庭抗禮。

滿洲國與關內偽政權如何互動？

關內的偽政權各懷心思，誰也不服誰，彼此之間的矛盾與競爭不斷；但關外的滿洲國與關內各偽政權的關係比較不同，因地理的隔絕，彼此互動以「友邦」互稱，協調、聯繫的多，紛爭則較少。

1938 年 3 月 28 日，「中華民國維新政府」在南京成立，為了給予其政治上的聲援和支持，滿洲國國務總理大臣張景惠特向其致電祝賀，祝願維新政府「日趨隆昌」。[50]

在給予聲援的同時，雙方政治上的合作亦同時展開，11 月 24 日，偽滿洲國與「維新政府」就「防共」問題交換了契約，並正式結為同盟關係。張景惠在會見「維新政府」外交部特使劉參事時表示：「防共理想相同之兩政府，應與日本共邁進東亞新秩序之建設，必須先防國際共產之侵略東亞。」[51] 由此可見，雙方基本秉承日本意願，將「防共」問題作為「兩國」合作的首要任務。

汪精衛與溥儀原有所謂的「國恨家仇」，當年作為革命黨人的汪精衛曾在北京銀淀橋欲刺殺溥儀的生父載灃。但此時二人分別成為兩大偽政權的頭目，在日本的卵翼下，為實現「共同防共」和「大東亞共榮」的目標，兩人盡棄前嫌，言歸於好。

汪政府成立之前，1940 年 3 月 12 日，汪精衛發表〈和平建國十大政綱〉，第二天，日本政府發表聲明表達了對汪精衛新政府的支持。由於滿洲政府在政治立場上緊跟日本政府，張景惠也代表滿洲國發表

50　《盛京時報》，1938 年 3 月 29 日。
51　〈劉參事訪張總理，傳達維新政府友好意向〉，《盛京時報》，1938 年 11 月 25 日。

了支持汪政府的聲明，宣稱滿洲國將與汪政權「於日、滿、華一體之下，實現東亞永久之和平」。[52] 汪精衛的「中華民國國民政府」成立當天，張景惠代表偽滿洲政府發表談話，表示對新政權不惜援助協力。

汪政府和滿洲國還進行外交上的互訪。1942 年 5 月，汪精衛訪問滿洲國，會見溥儀，溥儀並在皇宮設宴款待汪精衛一行。[53] 1942 年 6 月 5 日，溥儀特派張景惠為全權代表，回訪汪政權。

滿洲國與關內偽政權之間的互動，都是為了適應日本政府「反共防共」、吞併中國、實現「大東亞共榮」的政治目的，是日本「以華治華」政策的體現。

偽政權為何各自為政？

縱觀整個抗戰期間，中國總共出現了 6 個較大的偽政權，各偽政權各自為政，始終沒有形成一個統一的中央政權，主要是因為這幾個緣故：

(1) 日本在侵華戰爭中採取的分治政策。日本在政治上採取「以華治華」，「分而治之」的策略，日軍每占領一地後，就與當地頭面人物合作，組建偽政權；各個地區的偽政權陸續出現，各自分立，互不統屬，均直接聽命於當地的日本占領軍。
     1938 年 7 月 19 日，日本五相會議制定的「從內部指導中國政權的大綱」進一步規定：「在聯合委員會或新中央政府之下，在華北、華中、蒙疆等各地，各自組織適應其特殊性的地方政權，給予廣泛的自治權，進行分治合作。」[54] 分散的偽政權既

52 〈基於滿日一德一心之立場，盡力援助新政權，張總理響應米內首相聲明〉，《盛京時報》，1940 年 3 月 15 日。

53 偽皇宮陳列館編，《偽滿宮廷祕錄》（吉林：吉林文史出版社，1993），頁 373。

54 《日本外交年表和主要文書》（下）（東京：原書房，1969），頁 390-391。

能強化日軍對占領區的統治與掠奪，又便於日軍控制、操縱。

(2) 日軍關東軍、華北方面軍、華中派遣軍等幾大系統，分別自成一體，競相發展勢力。幾大系統在對華問題上，既合作、又競爭；既有一致性，又有彼此之間的矛盾與分歧。它們在各自的占領區扶植相應的偽政權，這種矛盾與分歧自然地體現在偽政權之間的關係上。

(3) 近代中國長期分裂、地方割據也是導致各地偽政權各自為政的重要原因。自辛亥革命以來，中央政權權力衰微，國內派系林立，軍閥橫行。1927 年南京國民政府成立之後，蔣介石試圖消除這種軍閥割據，實現國家的統一，但這個任務遠遠沒有完成。日軍的入侵中斷了蔣介石 10 年的努力，使中國在統一的道路上停了下來。

1931 年九一八事變之前，蔣介石領導的南京國民政府實際上統治的只有長江中下游的 6 個半省，絕大部分地區都是各自為政，有如一個個獨立王國。列強在中國劃分勢力範圍，而各地的軍閥勢力也成了列強在中國的代理人，以便列強掠奪中國的資源。例如：廣東、廣西、雲南是法國的勢力範圍，英國控制著長江流域，俄國掌控新疆，日本則以東北、內蒙、華北為勢力範圍。生活在這些地區的民眾，自然而然的對國家缺少認同感，國家觀念淡薄，但地域觀念則極為強大。

1935 年後，日本加緊對中國的掌控，在華北、內蒙積極推行「以華制華」、「分而治之」的政策，刻意製造當地政府與南京的中央政府的分歧與疏遠。以「滿洲國」為例，在偽滿高級官員中有 71%（35 人）是東北人，其中 82% 有奉系背景。[55] 也就

55 汪朝光，〈抗戰時期偽政權高級官員情況的統計與分析〉，《抗日戰爭研究》1999 年第 1 期。

是說，滿洲國的高級官員大部分是有原奉系的東北人所組成，可見東北地區在張作霖統治下，長期脫離中央政府，其濃厚的地域色彩與派系背景，早已自成一格，情感上、法理上都與國民政府距離甚遠。

(4) 中國鄉村社會一向有自治的傳統。傳統中國「皇權止於縣政」、「天高皇帝遠」，縣以下、特別是鄉土社會，明顯帶有自治的色彩，中央所做的事極有限。「許多事情鄉村皆自有辦法；許多問題鄉村皆自能解決：如鄉約、保甲、社倉、社學之類，時或出於執政者之倡導，固地方人自己去做。」[56] 這種狀況使得淪陷區基層政權保持一定的獨立傾向，尤其是在淪陷初期，一些鄉紳願意出面與日本人交涉，有保一方平安之初衷。

四、日本占領者與偽政權的奧妙關係

關於日本占領者與偽政權的關係，一般印象是它們之間的協調性與合作性，常用「日偽」二字名之，看起來似乎二者是一體的，如余子道〈日偽在淪陷區的「清鄉」活動〉、黃美真的〈1937-1945日偽對以上海為中心的華中淪陷區的物資統制〉[57]。事實上，「日」與「偽」之間也有不少矛盾和衝突，不少在偽政府工作者不願成為傀儡，做出許多努力爭取自主。以汪精衛政權為例，在其「清鄉」和「鹽務」兩項重要政策的施行中，就顯示出汪政府人員與日本占領者之間複雜矛盾的關係。

---

56 梁漱溟，《梁漱溟全集（第五卷）》（濟南：山東人民出版社，1992），頁585。

57 余子道，〈日偽在淪陷區的「清鄉」活動〉，《近代史研究》1982年第2期；黃美真，〈1937-1945日偽對以上海為中心的華中淪陷區的物資統制〉，《抗日戰爭研究》1999年第1期。

貫穿汪政權的「清鄉」運動

汪政權在其短短 5 年的壽命中，最重要的一件施政莫過於清鄉運動。「清鄉」醞釀於 1941 年春季，正式發起於同年 7 月，結束於汪政權崩潰前夕，從頭到尾幾乎貫穿整個汪政權。

「強化治安、改善經濟」是日本占領者和汪政權發動清鄉運動的共同動機和目標。首先，汪政府統治地區仍有抗日武裝力量，在各地製造騷擾，它們在農村來去自如，而日軍及汪政權實際只控制了「點」與「線」（城市與主要交通線），對於廣大的基層，則束手無策。所以，日軍及汪政府藉著「清鄉」把它們徹底拔除掉，以便更牢固地掌握基層社會。其次，在經濟上，利用清鄉的機會，把民眾藏在鄉下的各種資源搜出來，以改善其日趨惡化的經濟形勢。

通過清鄉，汪政權建立了區鄉級的行政機構和具有軍事組織性質的保甲制度，還組建了一個綿密的情報網，控制各地的動靜。

不過，在共同目標下，日軍及汪政府卻各有打算。日方的目標較單純，他們想藉此強化汪政府的統治，以便日軍早日從中國戰場「抽身」。[58] 但汪政府大力推動「清鄉」運動的背後則有多層動機。第一，它要通過清鄉運動掃除內部的反對派。汪政府是在原維新政府的基礎上成立的，因此，維新派在中央政府保有相當的影響力，而地方政府更是大多控制在維新派手中。這些人經常跟汪政府唱反調。[59] 汪政府正

---

[58] 1941 年上半年英美等國聯合的傾向日益明顯，國際形勢朝著不利於日本的方向發展。日軍試圖擴大戰爭規模，扭轉其愈來愈糟糕的局面，為此必須作充分的兵源和物資方面的準備。為達到此目的，日軍只有從其占領區抽調軍隊，並汲取更多的物資。日本侵略者設想，如果能建立一個強而有力的偽政權，定能「協助」其完成戰爭準備。

[59] 例如，迄至日軍清鄉，江蘇省維新派控制的縣長仍占一半以上；且「內政部長」陳群和「監察院」院長梁鴻志在各地設立的青年團組織，與汪派勢力各樹一幟，更與汪政府國民黨基層黨部水火不容，甚至有的青年團還擁有武裝，勢力遠遠強過汪政府國民黨黨部。

好藉著「清鄉」，把盤踞在基層政府的反對派清掉。

第二，汪政府還想通過「清鄉」運動，減少其政權的傀儡色彩，增強政權的合法性，以得到更多淪陷區民眾的支持。事實上，汪政權一直努力爭取其對民眾的有效統治和真正獨立於日本的掌控。[60]

第三，汪精衛還想通過清鄉運動重建國民黨的基層組織，加強對基層的控制。總之，汪精衛期望藉著清鄉運動實現其對統治區的政治控制，以及盡量減少日本人干涉其內政。

因為這些考量，在清鄉運動的醞釀與執行過程中，汪精衛一直特別積極籌劃其事，甚至認真地與日方交涉、談判，希望清鄉運動的走向符合其設定的目標。因此之故，汪精衛在清鄉運動開始階段投入頗高的熱情，從消極意義上來說，他不僅要把共產黨趕出其統治區域，還要把土匪地痞、新舊土豪劣紳消滅殆盡。[61] 從積極意義上而言，汪精衛想通過清鄉運動建立一個經濟汲取能力和社會治理能力較強的政權組織，把那些貪官汙吏、驕兵悍將清除出基層行政機關。

汪精衛也藉清鄉在各地組建國民黨黨部。他在清鄉區確實建立了各地方黨部，但大多流於形式。儘管汪精衛是打著「國民黨」的旗號還都的，但汪的國民黨幾乎無所作為，就它的中央黨部而言，其黨務僅限於一兩個星期在汪精衛家裡開一次中央常務委員會，由汪精衛出來主持一下，其他一切幾乎不加過問。中央黨部所有幹部加在一起不到 50 人，終日無所事事。組織部長梅思平三年間只去過一次組織部，大多數幹部平日多是到黨部喝兩杯茶，批幾件無關緊要的公文，便回

....

60　巴雷特，〈汪精衛政府在意識形態方面的三大支柱：清鄉運動、新國民運動與大東亞戰爭〉，《近百年中日關係論文集》（台北：國史館，1992）。

61　新四軍的報告指出：「敵偽清鄉中不僅掃除我黨我軍（指中國共產黨及其領導下的新四軍，筆者注）的力量，而且對於國民黨力量、雜牌偽軍、不可靠的偽軍、土匪勢力均是他排除的對象。」（譚震林，〈江南反清鄉鬥爭的經驗教訓〉（1941年11月），《蘇南抗日根據地》（北京：中共黨史資料出版社，1987），頁163

家了。所以汪的中央黨部有「養老院」之稱；至於各省市黨部，也只是照領經費養一批人無所事事。[62] 縱觀整個汪政府時期，其黨組織在基層社會所發揮的作用極其有限。

「清鄉」的分工

清鄉運動長達 4 年。整個運動分 4 個階段：第一階段是 1941 年 7 月到 12 月，地域包括吳縣、常熟、崑山、太倉、無錫、江陰等 6 縣的部分或全部地區；第二階段從 1942 年春到 1943 年春，包括崑山、吳縣、無錫 3 縣以南地區和江陰、武進兩縣部分地區，以及太湖東南地區和上海市；第三階段是鎮江、蘇北兩地區的清鄉時期，時間是 1943 年春至 1944 年初；第四階段為 1944 年初到 1945 年夏，日偽主要在蘇南地區進行「刷新清鄉」和「高度清鄉」。[63]

分工方面，日軍主要負責軍事行動，汪政府則負責政治方面，例如負責日軍軍事清鄉後的「政治清鄉」、「經濟清鄉」及「思想清鄉」。[64] 具體實施上，日方負責軍事進攻，汪方則擔任封鎖和守備。例如：汪政府的軍隊出動保護公路，警察大隊配合日軍「清剿」和「掃蕩」等等。[65] 日汪協議還規定，在軍事清鄉階段，汪方的軍隊、警察隊、保安隊由日方指揮，統領這些武裝力量的汪方人員處於「協力援助」地位；軍事清鄉一結束，日方即將各軍警保安隊的指揮權歸還汪方，但各檢

62　戴英夫，〈汪精衛新國民運動內幕〉，江蘇省政協文史資料委員會編，《江蘇文史資料》第 29 輯（南京：江蘇文史資料編輯部，1989）。

63　李照，〈清鄉總機構之發展〉，收於申報社編，《申報年鑑》（上海：申報，1944），頁 1060-1066。

64　余子道，〈汪精衛國民政府的「清鄉」運動〉，復旦大學歷史系編，《汪精衛漢奸政權的興亡》（上海：復旦大學出版社，1987）。

65　楊笛，〈蘇南反「清鄉」鬥爭〉（1942 年 6 月 25 日），《日汪的清鄉》（北京：中華書局，1995），頁 354；吉洛、鐘民，〈蘇中四分區反「清鄉」鬥爭勝利的經過〉（1945 年），《日汪的清鄉》，頁 778。

問所的警察必須在日軍監視下行使對過往行人的檢查。[66]日軍進行軍事行動後，汪政府即進入清理過的基層社會，進行政治、經濟和意識形態的改造。

「清鄉」的成果

清鄉運動的效果如何？可以從兩方面來看：在強化治安方面，運動初期取得了一定的成效，但最終效果卻有限。日軍在的時候，效果的確不錯，地方很快靖安，政治、經濟、思想工作順利推動，日軍華中派遣軍司令畑俊六在 1942 年 5 月視察蘇州地區後，興奮地說：「不得不認為清鄉工作之一大成功，令人滿意。」[67]新四軍高級將領陳毅也承認：「我方在清鄉初期無經驗，猝不及防，又加上戰術指導上的缺點，是受了相當的損失，約當於實力的四分之一。」[68]

但是，日軍一撤離，地方抗日武裝實力又回來了，日汪的統治實際上又回到清鄉以前所謂的「點」「線」的狀態，基層社會並無明顯的改變。當時鄉下民眾指出，「『清鄉』區僅僅表面上保持了各個城市及較大鄉鎮的殘存局面，而廣大地區，迄未為日偽完全控制。」[69]這也說明「清鄉」運動並沒有實現汪政府加強對基層政權控制的願望，可以說，在「強化治安」方面，清鄉運動最終並不理想。

不理想的原因是複雜的，但這個幾個因素肯定是不容忽視：第一，基層軍政人員的腐敗；第二，對基層社會汲取太多。清鄉損害了眾多人的利益，不僅遭到普通老百姓的痛恨，甚至連一些富戶、有權勢的人，本來因新四軍的減租減息政策而倒向日汪政權，現在也因為日偽

66　潘敏，《江蘇日偽基層政權研究》（上海：上海人民出版社，2006），頁33。

67　畑俊六，〈視察清鄉的談話〉，《政治月刊》第3卷第5期。

68　〈陳毅談日汪清鄉的意義與實施手段〉，《日汪的清鄉》，頁121。

69　金吾，〈敵寇魔爪下的崑山〉，《崑山文史資料》，第7輯（江蘇：崑山市政協文史徵集委員會，1988）。

不顧後果的經濟抽取和權利的剝奪，而紛紛離心離德[70]；第三，清鄉經費「無著」，許多工作無法落實；第四，也是最重要的一點，是抗日勢力的破壞。[71]

　　但從另一方面來看，雖然「清鄉」在「強化治安」方面成效有限，但是汪政府卻成功地利用「清鄉」將維新派勢力清除出其政府。1942年，汪精衛命李士群出任江蘇省主席，把「省政與清鄉合流」，各縣特別區公署與縣政府亦合併辦公。李士群把原來的縣長「均予調省，另候任用」，讓所有的特別區公署署長代替原來的縣長。[72]通過幾次撤換，李士群不僅把第一階段清鄉區的無錫、常熟、崑山、吳縣、江陰、武進等6縣的縣長換成其心腹，而且還把非清鄉區的幾個不聽話、在地方上名聲也不太好的縣長趕下台。金壇縣長馬蔭棠即為一例。馬蔭棠從1938年7月就開始掌管金壇縣政，經常「揚言謂蘇省高主席（高冠吾）在位一日，馬蔭棠得能保任縣長一日」。[73]然而他還是和高冠吾一樣被李士群趕下台。同樣，清鄉地區原先由維新派所掌握的「青運分會」[74]也被汪的國民黨各縣黨部接管[75]。在李士群的運作下，維新派在縣一級的勢力大為削弱。從鞏固汪政權的地方勢力這個角度而言，汪精衛中央政府的確實現了對清鄉區各縣政權較有效的控制。

....

70　余子道，〈汪精衛國民政府的「清鄉」運動〉，復旦大學歷史系編，《汪精衛漢奸政權的興亡》。

71　吉洛，〈兩個月的「清鄉」與反「清鄉」〉（1943年6月6日），《新四軍和華中抗日根據地史料選》第6輯（上海：上海人民出版社，1988），頁127。

72　李士群在撤掉原吳江縣的縣長時說，原縣長為人不錯，是個讀書人，做朋友也可以，但觀念不行，不能擔任清鄉工作（《清鄉新報》，1942年8月28日）。類似的表述也見於撤銷其他縣長之時。

73　〈沈培楠呈控金壇縣長馬蔭棠瀆職案〉，中國第二歷史檔案館藏，卷號：2010-2235。

74　「青少年運動委員會各縣分會」的簡稱，這是維新派覬覦汪派的一個團體。

75　《清鄉新報》，1942年12月20日。

日偽鹽務之爭

鹽是國民生活中不可或缺的物資，也是重要的工業原料。中日戰爭期間，日本國內的鹽資源不足，掠奪中國的鹽場是日本占領軍重要的工作之一。

中國的鹽場主要在東部沿海地區，抗戰爆發不久沿海鹽場就落入日本人之手。雖然華東地區在 1938 年 3 月起由「中華民國維新政府」治理，但是鹽務等卻被日本華中派遣軍控制，大部分的鹽稅也由日本特務機關直接徵收。[76] 日方特別成立了兩個公司，「華中振興公司」專管鹽務；原鹽業公司（通源公司）則主掌鹽的銷售，壟斷鹽的生產、管理、銷售。[77]

汪精衛的「中華民國國民政府」成立之後，作為戰略物資的鹽，仍由日方統籌規劃，實行專賣制度，汪政權對此雖不滿意但也不得不接受[78]。鹽稅是汪政府的財政命脈，長期被日方把持，令其難以承受。同時，汪政府也想通過解決食鹽問題以達到取信於民、收買民心，減少自身傀儡政權色彩的目的。汪精衛認為「國府還都，繼承法統，首重收拾人心，鹽為民食必需，減低鹽價，使人民於政府成立之始，具有良好印象」。[79]也因此，日方與汪政府之間的矛盾很難避免。

....

76 以 1938 年為例，華中的鹽稅收入共達 8 千 5 百萬元，但偽維新政府實得僅 2 千 9 百萬元，約占稅收總額的 34%，其餘均為日方所獲得。（中央調查統計局特種經濟調查處編，《四年來之敵寇經濟侵略》〔無出版地、出版社，1941〕，頁 59。原書中百分比為 32%，疑有誤。）

77 通源公司在日本支持下於 1938 年 5 月 16 日成立，享有在日本占領的華中地區的食鹽銷售。

78 1939 年 12 月 30 日簽訂的「關於日華新關係調整要綱」中規定汪政府「承認事變中新國交修復以前既成事實之存在」，見黃美真、張雲編，《汪精衛國民政府成立》，頁 421。

79 南開大學經濟研究所經濟史研究室編，《中國近代鹽務史資料選輯》（天津：南開大學出版社，1991），頁 140。

　　矛盾首先出現在如何處理通源公司的問題。汪政府希望逐步收回對鹽務的管理，1940 年 10 月 3 日，財政部長周佛海致函日本駐華大使館，提出「通源公司不宜獨占蘇、浙、皖三省銷售之權」，應「以適應現在事實起見，自可逐漸調整，分期進行」[80]。周佛海建議召集中國舊鹽商復業，以淮浙鹽業聯合會為主幹，聯合各商組織成立裕華鹽業公司以取代通源公司，但是在公司的業務上「對於日本軍之軍事要求，特別協力」。

　　在這個承諾下，汪政府和日方面簽訂「關於淮浙鹽業聯合會及裕華鹽業公司之諒解事項」，規定裕華公司必須聘請日本人為顧問及聯絡員，使之擔任必要事項之協議及聯絡；必要時淮浙鹽業聯合會亦得聘請日本人任顧問及聯絡員；淮浙鹽業聯合會及裕華公司在業務營運上「如認為對於與日本方面軍事上之要求有違反行為時，財政部應根據日本方面機關之要求作適當之措置」。[81] 從中可以看出，裕華公司雖然是中方組織成立的，但是仍然要優先滿足日本的要求，汪政府雖然努力擺脫傀儡政權的色彩，但談何容易？鹽業一項，就足以說明汪政府很難做到真正的獨立自主。

　　通源公司問題的處置較為順利，但是在處理與華中鹽業公司的問題上則一波三折。華中鹽業公司成立於 1939 年 8 月 21 日，是日本華中振興公司的子公司，成立此公司的目的是「協助華中鹽業復興，增加產量」，「並將剩餘產鹽向日本輸出」。[82] 汪政府成立之後，根據《中日基本關係條約》的相關內容，要求日方對華中鹽業公司業務、股份與人事 3 方面進行適當的調整，以使汪政府能主導華中鹽業公司，使公司的經營活動按照汪政府的法律進行。[83] 然而，這種要求遭到日方

80　南開大學經濟研究所經濟史研究室編，《中國近代鹽務史資料選輯》，頁161。

81　同上，頁168。

82　同上，頁175。

83　調整主要體現在：業務上主要強調必須「遵照中華民國政府法令，在淮北海州鹽

立即否決，日方認為汪政府的要求變更違背了公司成立的初衷，對股份和人事上的調整「似抱有兩國對立地位之感」，不符合中日「共存共榮經濟合作精神」[84]。周佛海專門就此事致函日方，懇切解釋原委，希望日方根據「相互依存經濟一體之精神從速進行商議」。但是，日方態度堅持，雙方「幾經商討，歷有歲時」，但「深感其中多所窒礙，對於調整方針，勢難一蹴而就」。[85]

　　由於日方的反對，調整方案難以執行。汪政府決定單方面對相關內容作出局部調整，將華中鹽業公司的商股收為官股，以擴大汪政府在董事會中的份額，並召開股東大會，改選中方董事，使該公司的事務「能遵照政府方針合理進行，雖未居調整之名，已獲調整之實」。[86]但是，華中鹽業公司仍需按照華中振興公司的指令行事，其經營方針主要還是滿足日方的利益需求。這與汪政府追求獨立自主的鹽務方針相差甚遠。直到 1943 年日本在太平洋戰場上失利，這種局面才有所改變。日方為了挽救太平洋戰場上的不利局面，開始調整對華政策，給予汪政府一些表面上的自治權，包括把華中鹽業公司中的日方股份轉讓給汪政府，中方才得以將該公司改名為中華鹽業公司，成為中資企業。[87]

續 ⋯⋯⋯⋯⋯⋯⋯⋯⋯⋯⋯⋯⋯⋯⋯⋯⋯

區範圍內」經營輸出剩餘鹽及以技術幫助鹽場增加產量、改良鹽質等業務，而「對於內銷的鹽斤，仍應由中國政府主持辦理，斯合於真正經濟合作與夫相互尊重主權完整之精神，」（南開大學經濟研究所經濟史研究室編，《中國近代鹽務史資料選輯》，頁183-184。）股份上汪政府要求增加股本，使其投資至少占到51%。人事上要求中方董事占多數，並由中國董事中推選一個董事長，總經理亦由中國人擔任，中方辦事人員須占半數以上。

84　南開大學經濟研究所經濟史研究室編，《中國近代鹽務史資料選輯》，頁188。
85　同上，頁189-190。
86　同上，頁191。
87　中國第二歷史檔案館編，《中華民國史檔案資料彙編》，第5輯第2編附錄（下）（南京：江蘇古籍出版社，1997），頁1113。

　　汪政府與日本在鹽務上的矛盾，實際上是雙方在統治權上矛盾的縮影，反映了汪政府進退兩難的尷尬處境。汪精衛一方面想樹立獨立自主的政府形象，另一方面又不得不屈從日本利益需求。

五、偽政權的職能為何？

　　一般來說，一個政權的職能可分為政治統治和資源汲取兩大類。政治統治包括維持社會治安和秩序、舉辦公共服務事業、加強社會管理和社會控制等等方面；而資源則是統治的基礎，政府唯有掌握了必要的財力，才能有效地進行政治統治。日軍占領江、浙一帶後，國民黨縣以下基層行政機構大多自行解散。相當一段時間內，基層社會完全處於權力真空狀態，社會秩序混亂不堪。

　　汪政府成立後，開始著手組建縣以下基層政權，通過「清鄉運動」，基本完成了這一任務，實現了對蘇中、蘇南地區的有效控制。各級偽政權成立後，均標榜恢復治安、復興建設；政府對基層社會的控制加強，縣市鄉鎮政府的經濟汲取能力也相應增強。

安定民生和復興建設

　　戰爭給日本占領區帶造巨大的混亂與創傷，因此，各級偽政權在成立之初，均以恢復治安、救死扶傷、復興經濟為施政方針。華中梁鴻志的維新政府成立後，立即號召各級政權復興農村經濟、充實各種建設事業、安定民生的工作。大體而言，這些工作包括：安置、救濟難民（難民統計、設立難民收容所、設立工廠解決難民生計等等）、修建遭戰爭破壞的房屋道路橋梁、恢復學校正常開課、恢復城鎮交通、貿易等。

　　不過，維新政府所做的這些事僅限於縣城及其附近的幾個鄉鎮，顧

不上廣大的農村鄉下地區。這個現象直到汪政府「清鄉」後才有所改善。日偽在民政方面亦做了不少事，包括恢復各縣的民眾及學校教育、提高公務員及教師的待遇、穩定物價、恢復工廠以資貧民生活等等。[88]

　　以教育為例，淪陷初期，江蘇各城鎮學校校舍很多被毀，學生無處上學，教師失業，無以維持生計。日本人從穩定人心、恢復社會秩序角度出發，每占一地後就試圖組織地方人士修建校舍，儘早復課。各地「維持會」均設有教育科、學務處、民教科之類的機構，以示對復興教育事業的重視。比如崑山自治會的學務處設立督學、教育委員、教材編審員等，人員配備也較為完整[89]。這些機構亦積極籌劃修復校舍、組織各校復課等事宜。雖然戰亂之中，這些工作並未能確實到位，但對於恢復當時教育、穩定人心，仍有相當效果。據統計，當時蘇、浙、皖、京、滬3省2市，大約有40萬兒童因此「得受其中初等教育」。[90]

　　維新政府成立後不久，江蘇各縣教育復興工作已初見成效。到1938年10月，武進等16個縣的初等教育均有不同程度的復興，其中速度最快的江都縣，在校學生已占戰前的35.4%。[91]即便是復興成績最差的無錫縣，在校學生與戰前學生的比率也由1938年的2.3%，增加到1939年度第二學期的43.79%[92]，成績相當可觀。僅就初等教育復興而論，日偽政權在1942年之前還是取得一定成績的。其學生數由1940年底的187,867人增加到1942年的301,891人，教職員工亦由3,368人

88　〈江蘇省政府呈送該省清鄉地區各縣長及太湖東南地區第一期各特別區署長聯席會議記錄〉，中國第二歷史檔案館藏，卷號：2004-18。

89　〈江蘇各縣自治會概況及工作報告〉，中國第二歷史檔案館藏，卷號：2101-1090。

90　趙正平等著，《教育視察報告彙編：28年度（1939年）第二學期蘇浙皖京滬三省兩市之部》（南京：南京印書館，1940），頁1。

91　《江蘇省政府公報》，第22號，1938年10月24號（復興成數百分比係現在學生與戰前學生數之比）。

92　此處表3-4 & 3-3關於無錫戰前學生數相差1萬多人，原因可能是兩者統計的範圍不一樣。

增加到 8,377 人 [93]。到 1942 年，江蘇初、中、高等教育均有不同程度的恢復。

　　日偽在教育的復原工作上做得不錯，但其他方面則沒有這樣順利，其中最困難的是治安。少數幾個縣在縣知事的積極參與下，復興和治安工作做得比較出色，甚至得到日偽上級政權的嘉獎 [94]。然而大部分縣幾乎乏善可陳。例如溧水縣在戰爭中受創特深，1939 年，江蘇省政府派人兩次調查該縣縣政建設情況，發現該縣「一切機構，蕩然無存」，僅有一自治機關，後來在省府的支持下取消自治會，改設縣政府，並委派吳碩人為縣知事。然而這位吳知事「自視事以至卸任，滯留他埠之日較多，在署之日甚少，其政績如何，自在洞鑑之中」。稍後，（偽）省府又派許逸槎繼任，省府本指望這位「年富力強」之縣長一洗前任之窳政，然而許縣長卻與日本聯絡官意見「諸多不洽，以致辦事掣肘」，不久便辭職，調往他處 [95]。

　　治安問題做不好原因是多方面的，當時混亂的社會大背景下要想做好治安工作確實特別困難，再加上汪政府又缺乏群眾基礎，偽政權官員與日方人士之間意見經常不一致，官員的行政不作為，直接負責治安問題的警察局自身的問題也不少，這些因素都造成治安工作不順。

93　（汪偽）教育部編，《全國教育統計：中華民國29年度第一學期蘇浙皖鄂粵五省京滬杭漢三市之部》（無出版地、出版社，1941）；《江蘇省政府公報》，第22號，1938 年 10 月 24 號。

94　例如丹徒縣偽縣公署的縣政復興工作就做得很出色，知事郭志誠原為鎮江一電氣公司經理，家中富有。事變後，因「保持該項事業」，沒有離開鎮江，日軍占領丹徒後，遂出任維持會副會長，辦理救濟工作「深得民眾信任」，後來擔任丹徒縣偽知事，「對於地方一切庶政殫心竭力，推進至速」，地方受惠，人民愛戴。偽江蘇省政府還頒特等獎狀嘉獎。〈江蘇省政府調查郭志誠一案結果〉，中國第二歷史檔案館藏，卷號：2003（4）-520。

95　〈江蘇省縣長任免文件及履歷表〉，中國第二歷史檔案館藏，卷號：2010-6646。

社會控制

　　汪政府推行「清鄉」運動為的就是落實對基層的控制。清鄉時，各級行政機關自上而下層層設置保甲機構，希望透過保甲組織來加強對基層的控制。汪政權的清鄉主要做3件事：（1）清查戶口，劃分保甲；（2）督辦軍米資敵；（3）設立封鎖管理處。[96] 陳毅在談到蘇南清鄉時指出，日偽甚至將原有保甲及縣區行政人員全部調往南京受訓。[97] 清鄉區各縣在編制保甲時往往是編制、複查、抽查三管齊下，以使保甲名實相符。

　　日偽時期的保甲除具有傳統保甲制度的一般特徵外，在某些方面將保甲職能發揮到極致。以其對社會控制為例，清鄉地區嚴格執行彙報制，甲長每天必須向保長彙報，保長每天向鄉長彙報，鄉長每天則向區長書面彙報。大小事都必須向上彙報，舉凡有無陌生人來往？有什麼活動？得到些什麼消息？陌生人來往住宿均要到警察所登記等等，都必須向上彙報。[98] 此外，通過保甲組織來檢查「自新戶」的言行，並實行嚴格的聯保連坐辦法，如發現「自新戶」有「通匪縱匪」情事，凡擔保連坐切結人及本甲甲長、聯保連坐切結各戶一概連坐。

　　汪政府在基層社會除了設置區、鄉鎮、保甲等行政機構外，還設置了大量軍警和特務組織，這些組織積極干預基層行政機構的運作，有的地方甚至反客為主，代行基層行政機構的職能。

　　雖然汪政府通過一系列舉措加強基層控制，但並未取得預期效果。即使在「清鄉」的高潮時，保甲制度亦未按照規定的程序建立起來，

....

96　金吾，〈敵寇魔爪下的崑山〉，《崑山文史資料》第7輯。

97　〈陳毅談日汪清鄉的意義與實施手段〉（1942年2月7日），日本帝國主義侵華檔案資料選編，《日汪的清鄉》，頁116。

98　譚震林，〈江南反清鄉鬥爭的經驗教訓——在蘇中三分區司令部營以上幹部會上的報告〉（1941年11月），《蘇南抗日根據地》，頁162。

甚至連一些形式上的工作亦未完成。[99] 究其原因，一方面是傀儡政權工作熱情不高，基層行政人員辦理保甲敷衍了事。以保甲編制上極重要的清查戶口而言，有的地方「所報戶口與實際情形完全不符」，往往一戶長姓名重複多達數十戶。[100] 另一方面，抗日軍民的破壞以及民眾的不合作也是重要原因。新四軍在經過一段時間調整後，很快滲透到清鄉區基層政權，致使很多地方的基層政權具有兩面性，基層行政人員大多為兩面派，對日偽能躲則躲，不能躲就敷衍應付。

此外，汪政府在加強基層控制中賴以依靠的軍警組織，不但未能穩定基層，反而成了基層社會的亂源。大量證據證明，對日汪基層政權破壞最烈的就是被吸收進偽政權機構的民團、自衛團、地痞流氓。他們經常羅列各種藉口，誣告民眾，敲詐勒索。這些誣告只需交些「罰款」就能無事，多則數百元，少則 50 元不等。[101]

賦稅徵收

徵收賦稅是任何政府都不能輕忽的事。淪陷初期江蘇各城鎮成立的治安「維持會」，規模大小不同，但幾乎都設立了賦稅徵收機構，有的叫「財政科」，有的稱「財務股」，還有叫「稅務局」，不一而足。1938 年 6 月，日偽江蘇省政府成立後，省縣政權的機構名稱相對劃一。江蘇省政府成立了財政廳，縣公署則設立財政科，到租賦徵收季節，各縣還成立租賦徵收機構，例如吳縣設立「租賦並收局」（後又改為「租賦徵收總管理處」）[102]；崑山縣不但在縣成立「徵收租賦總處」，

99　〈各區辦理保甲應注意事項〉，《清鄉新報》1942 年 6 月 17 日。

100　〈常熟陳漢章呈控東倉鎮長程煥慈玩法戕民破壞國策案〉，中國第二歷史檔案館藏，卷號：2004-1847。

101　〈李士群致清鄉委員會呈文〉（1941 年 11 月 16 日），《日汪的清鄉》，頁 426。

102　〈租賦總管理處公布組織大綱〉，《蘇州新報》1939 年 10 月 14 日。

還在鄉區設立「田賦經徵分處」或「徵收租賦分支辦事處」[103]。此外，省縣政府都設立了金庫，本來金庫只管收入和支出，並不是徵收機關，但當時縣金庫卻可以派收稅員分駐縣轄各稅收所代徵稅款。

1940 年 8 月，江蘇省政府針對各縣「徵起稅款，不分省縣界限，任意挪用」的情形，逐漸廢止縣財政科，在「稅額較巨各縣分設縣財政局，以其逐步整理，納入常規」[104]。財政局成立後，縣知事無直接執行財務行政之權，只有監督指導財政局的工作[105]。儘管各縣財政局的設立，使縣府不能如以前那樣為所欲為、目空一切，但財政廳仍不能完全控制縣方，縣方挪用事情依舊時有發生。有的縣長膽大妄為，竟勒令各區長把田賦款（包括省縣款）直接上繳縣府，「不准徑交財局糧櫃」[106]。

1941 年 7 月汪政府開始「清鄉」運動，強化偽政權的經濟能力是主要目的之一。汪政府在「清鄉」區各縣設立「賦稅管理處」，直接隸屬於江蘇省財政廳，省府的財政收入因此大幅度增長。汪精衛在 1942 年曾指出，「清鄉區」的財政收入比未清鄉的地區收入，增加 35 倍[107]。1942 年上半年，江蘇「清鄉區」上繳的稅款占偽省府總收入的 60.6%，非清鄉區只占 39.4%，且後者的範圍大大超過「清鄉」區，更凸顯了「清鄉區」稅收能力的增大。到 1942 年下半年，「清鄉區」和非清鄉區稅收比率進一步拉大。

稅收增長主要原因是對「清鄉區」的經濟汲取比以前增加，各種

103 〈江蘇省各縣自治會概況和工作報告〉，中國第二歷史檔案館藏，卷號：2101-1090。

104 《江蘇省政府公報》第156號，1941年6月16日。

105 《江蘇省政府公報》第132號，1940年12月30日。

106 〈日本特務機關長原田及魏叔武等呈控金壇縣長朱文龍案〉，中國第二歷史檔案館藏，卷號：2010-2234。

107 〈兩年來的清鄉工作〉（1943年3月27日），余子道等主編，《汪精衛國民政府「清鄉」運動》，頁80。

附加稅捐多如牛毛。有些地方附加稅竟達 53 種，且名目古怪，聞所未聞，如人命捐、偽軍偽員討老婆吃壽麵賀喜捐，富人要交殷戶捐等。[108] 另外，各地方「官署暨軍警機關，多有違法徵稅情形」，各地關卡林立，對行商盤剝尤其厲害。這些關卡所徵收的稅款和勒索的物資大多落入徵收人員的腰包，只有少部分上繳到日偽政權機構。例如，吳江縣盛澤鄉大檢問所主任陸君全任內徵收的物資，最多上繳一半，多數被截留進入其私囊[109]。對上述亂設亂收現象，汪政府雖屢下禁令，甚至撤銷了南京附近的幾個關卡，但遠離京畿的縣仍舊我行我素。各地縣府在日本宣扶班的撐腰下，或者改頭換面，繼續徵收；或者敷衍政令，暫停徵收，稍後數日，復又開始，甚至變本加厲[110]。上述種種，說明了汪政府對基層社會的控制力還是有限。

六、他們為何要加入偽政權機關？

以上對淪陷區各個偽政權的探討顯示出，淪陷初期，不僅人民死傷、房舍交通毀損，原有的行政體系更隨著國民政府的撤離形成真空，以致社會體系崩壞、治安蕩然，各地反日和武裝抗日行動仍然相當頻繁。另一方面，日本控制的偽政權在各地成立後，各項政治、經濟、教育、社會施政也跟著展開，其成效因人、因地而異。不論是何種情況，當政治及社會機制陸續恢復運作時，面對侵略者，淪陷區成千上萬的中國人為生存，或與日偽來往，或與之做生意，或到日偽機構工作，

---

108 〈東南報通訊：半年來敵汪在海啟做了什麼〉（1944 年），《日汪的清鄉》，頁 765。

109 〈盛澤大檢問所主任陸君全任內沒收物資正解及短解數量〉，吳江市檔案館藏，卷號：0204-1-650。

110 〈江蘇省財政廳為限制各縣競徵類似通過稅及貨物搬出入手數料〉，中國第二歷史檔案館藏，卷號：2063-729。

甚至還有少數站在日偽立場為日偽權益奮鬥的。

　　縱觀抗戰期間，在日偽政權統治下的中國人對日軍的反應大致可分3種：

　　第一，積極抵抗。即直接同日本侵略者進行武裝鬥爭。這種抵抗在抗戰期間自始至終都存在的，其主體力量是國共兩黨領導的抗日軍隊，以及淪陷區堅持與日軍鬥爭的地方勢力。

　　第二，消極抵抗。淪陷區沒有組織起來的民眾（尤其是部分村民）對日本占領者持消極抵抗的態度。民眾往往在日軍到來之時，全部逃離或者隱藏起來，情勢緩和後，再陸續回來。這固然是由於恐慌心理，害怕遭到日軍的屠殺，但從另一個角度來看，也是拒絕與日本侵略者合作。

　　第三，與日本侵略者合作。即中國人為了自己的利益、生存而順應日本人的統治，或者想方設法利用日本人，獲取利益。與日偽合作者又因職位高低而有差別。例如：

(1) 上層：即地方上的頭面人物，他們有意無意中將日本侵略者捲進政經利益的鬥爭中，利用侵略者為自己服務，侵略者反而成了地方利益、政治鬥爭的工具。

(2) 中層：大多是戰前國民政府的一般行政人員、教育界人士，以及地方上的商人階層。由於種種原因，他們之中有不少人進入日偽政權機構，這些人也很快適應日本入侵者的統治，利用侵略者給予的權力為自己撈取各種好處；不少商人利用日本人的各種政策牟取利益。

(3) 下層：可分成普通市民及農民、土匪幫會及地痞流氓兩大類，前者一般採取順從的態度，有時也拒絕合作，這種拒絕態度有時會發展為較積極的抵抗；後者本來就是無賴的投機之徒，利之所在，趨之若鶩。

　　由於淪陷區存在不同的政權組織，很多地方的中下層人士以及部分上層人士的行為表現出「兩面性」、甚至「多面性」。順從的、助紂為虐的有之，敷衍、陽奉陰違的有之，在順從與敷衍間遊走的亦有之。這種現象實際上也是人們在特定環境下尋求生存之道的一種選擇，他們在「通敵」與「反抗」之間奮力掙扎，小心應付，作出讓步和妥協；即使是那些心甘情願的通敵者，也試圖在通敵與抵抗之間取得某種平衡，而不是不顧一切地倒向日本占領者。

　　正因如此，淪陷區日偽基層政權也普遍出現「兩面性」的現象。那些參與淪陷區偽政權或與他們來往的人多被貼上「漢奸」、「賣國賊」的標籤，但他們行為又往往顯示出複雜面，似乎又很難簡單地以「漢奸」或「賣國賊」名之，或「模式化」。

　　問題在於，那些被視為漢奸、賣國賊的人，他們的實際作為究竟如何？他們是否出賣了國家民族利益？他們的內心世界究竟如何？這是一個很少被觸及的問題，本研究嘗試作些探討。

　　什麼是「漢奸」？中國向來有「漢賊不兩立」的觀念，歷朝歷代，凡是與侵略者合作的人多被稱為「漢奸」。《現代漢語詞典》對「漢奸」的定義是：「投靠侵略者，充當其走狗，出賣國家民族利益的敗類（原指漢族的敗類）。」依此定義，漢奸至少要具備兩個條件：（1）侵略者；（2）投靠侵略者的人必須出賣國家民族利益。至於「民族國家利益」則可大可小，大到出賣國家領土，小到和入侵者說一句話，都有可能被貼上漢奸的標籤。中國歷史上，每逢異族入侵時，官方和民間把那些投靠入侵者的人、不得已與入侵者合作的人，有時甚至把一些與入侵者有聯繫、有接觸的人（比如與入侵者做生意等），統統稱為「漢奸」。

　　另一方面，漢奸一詞帶有強烈的價值判斷，被指為漢奸的人將遭人唾棄，活著時抬不起頭，死了也永世不得翻身，甚至連累其子孫後代。

　　歷史學家魏斐德（Frederic Evans Wakeman, Jr.）研究 19 世紀兩次鴉片戰爭時期，廣州地區社會各階層（官府、紳士、團練、農民、宗教、祕密社團等）對外國的態度，他指出，在第一次鴉片戰爭期間，人們為了獲得某種目的而廣泛使用「漢奸」一詞，並隨意擴大漢奸範圍。漢奸是官員們推卸戰敗責任、百姓發洩恐懼和失望的對象；漢奸也被士兵們所利用，他們胡亂指責農民叛國，以此作為其恣意搶掠的藉口。因此，所謂的「漢奸」不僅是指與入侵者有合作行為者，也有包括被某些人為逃脫責任而製造出來的「替罪羊」[111]。

　　茅海建在《天朝的崩潰》中也指出類似的現象：「在鴉片戰爭中，『漢奸』是一個最不確定的稱謂，一切不便解釋或難以解釋的事由、責任、後果，大多都被嫁移到『漢奸』的身上」，當一些組織尤其是官府壓制的「會黨」與官兵械鬥、為外國人提供勞務或食物、從事鴉片走私、甚至僅僅不願與官府合作時，都被官府指責為「漢奸」[112]。

　　台灣學者羅久蓉觀察 1941 年鄭州維持會的案例，發現漢奸的形成與一定的歷史情境有關，這些情境包括淪陷時間的久暫、各地社會經濟生態、權力運作以及人際關係等。她指出，中國人與日本人合作實有各種原因：有的出於保家、保地方的心態，有的是通過同學同鄉的關係進入日偽組織，有的在淪陷初期不願意進入日偽政權機構，但後來有些偽政權職務反而成為競相爭奪的肥缺等等，不一而足。因此，儘管「情境不足以解釋淪陷區民眾為什麼與敵偽協力合作，但是我們在探討漢奸生成原因時，卻不能把行為從情境中抽離」。[113] 也就是說，

111　魏斐德（Frederic Evans Wakeman, Jr.），王小荷譯，《大門口的陌生人：1839-1861 年間華南的社會動亂》（*Strangers At the Gate: Social Disorder in South China, 1839-1861*）（北京：中國社會科學出版社，1988），頁 51-52。

112　茅海建，《天朝的崩潰》（北京：三聯書店，1995），頁 306、308。

113　羅久蓉，〈歷史情境與抗戰時期「漢奸」的形成——以1941年鄭州維持會為主要案例的探討〉，《中央研究院近代史研究所集刊》第24期下冊（1995年6月）。

不能無視行為背後的環境或人際因素。

　　本研究在探究與日偽合作者的行為時發現，合作者的動機、心態，及行為表現，往往因其經濟狀況、社會地位，以及社會權力資源的不同，而有相當的差異。例如，與日偽合作的行政人員而言，一般可分成 3 個階層：（1）上層行政人員，包括維持會長、縣知事、縣長、區長以及每個機關的主管人員等；（2）中層的行政人員，指縣、區鄉政權裡一般的科員及辦事人員；（3）基層的鄉鎮保甲長。這 3 個階層人員的動機與行為呈現出相當的差異。

上層行政人員：保境安民、保全財產、牟取利益

　　國民黨北伐前之前，中國各地方的上層行政人員基本上是地方上的頭面人物，他們之中有不少在北洋時期就已位居要職，占據了地方政治權力結構中的核心地位。南京國民政府成立後，改朝換代，他們大多離開政府，轉而在地方上置辦企業，很多人成為商會領導者。這些人大多擁有較多的固定資產，對南京國民政府沒有好感。所以，南京國民政府前 10 年（1928-1937），在建構基層政權和控制基層社會時，經常遭到這些人的不合作甚至抵制[114]。他們和國民政府派去的官員（縣長、區長等）彼此間也互相利用、防範。等到日軍入侵、國民政府撤走，留下的政治真空正好為這些政治上被邊緣化的人物提供了千載難逢的機會，很多人利用這個新舊轉換的空檔進入了各地的「維持會」。[115]

　　有了上述的背景，再加上日軍的軍事威脅，這些人很容易產生與日軍合作的想法。因為，與日本人合作，他們及家人的生命財產可以得到日軍一定程度的保護。例如江蘇省鹽城維持會會長董際唐，在鹽

114　參考王奇生，《國民黨基層權力群體研究：以1927-1949長江流域省份為中心》，第四章。

115　卜正民著、潘敏譯，《秩序的淪陷：抗戰初期的江南五城》，頁93。

城淪陷時，是縣商會執行委員、糧食業公會主席。為了防止日軍在搶
空鹽城之後再到郊區掠奪，殃及他在城郊 10 里之處的家產，於是他與
地方仕紳商議，以「保護岡溝、青龍兩地割麥插秧」為名，出任維持
會長。[116] 此外，這些地方頭面人物還有些「補償」心態，他們認為和
日本人合作或可藉機把國民政府的勢力趕走，他們就有機會重登地方
政治舞台。因此，這些人在與日本人合作時相當主動，更何況，他們
自認為是地方上的頭面人物，負有保境安民之責，這使得他們更有理
由去和日軍合作。

　　「保境安民」是他們冠冕堂皇的理由，有些地方甚至在淪陷之前，
地方仕紳們就早有準備，商討「若敵抵城，由三五老民虛與委蛇，冀
免焚殺之慘」。[117] 大多數維持會會長都說自己是「不忍見到民眾流離
失所、社會動盪、地方糜爛才出面組織維持會」。[118] 鎮江的柳衍齋也
是頂著這個理由出面組織地方維持會。

　　還有的人則抱著率直、實際的想法：日軍來了，總得有人出面與
之聯繫、交涉。他們更強調維持會組建之後，地方秩序趨於穩定，民
眾返回故里，日常生活漸歸常態。[119] 事實上也確實如此，在國民政府
機構撤離而日偽政權機關尚未組建起來時，有一個過渡性組織來維持
秩序、清理市容、修理毀壞的房屋、橋梁，客觀上對社會和民眾還是
有幫助的。

　　這些與日本人合作的人自認為其有保全地方之責，也認為他們為
此所做的工作是有成效的。有的人甚至在多年之後，仍堅持他們這樣

116　凌慧庵遺稿，〈鹽城淪陷前後〉，鹽城市政協文史資料研究委員會編，《鹽城文史資
　　料選輯》第7輯（鹽城：編者，1987）。

117　凌慧庵遺稿，〈鹽城淪陷前後〉，《鹽城文史資料選輯》第7輯。

118　潘敏，《江蘇日偽基層政權研究》，頁215。

119　《江蘇省各縣自治會概況和工作報告》，中國第二歷史檔案館藏，卷號：2101-
　　1090。

做是形勢使然。例如，山西大同市在傅作義部隊撤離後，代理商會會長白蔚武以地方人民團體的名義，召集部分地方人士開會，共商對策。在他們派出的探員偵查敵情未果之後，當機立斷，豎起白旗，打開城門，歡迎日軍進城。20多年之後，當時力主投降的白蔚武仍然堅信他們這樣做不僅沒錯，而且是忍辱負重地保全了人民生命財產：「1937年9月13日是大同人民災難臨頭的一天，開門揖盜情急一時，少數幾個人降志辱身，但保全了全城數萬人的生命財產。」[120]

南京淪陷後的陶錫三，也是這樣的例子。陶錫三是南京本地人，早年留學日本政法大學，回國後參與清末的新政，當過江蘇省諮議局議員、兼業律師。1927年退出政界，經營商業，同時擔任「紅卍字會南京分會」的會長。南京大屠殺期間，「紅卍字會」一直參與戰地救援，大屠殺後，「紅卍字會」承擔了主要的掩埋屍體的工作。

日軍攻入南京後，想建立一個當地組織，以便管理中國人，他們想到陶錫三。陶錫三不願意，一再強調「紅卍字會」的宗旨是不問政治。但是，在日本人的刺刀威脅下，最後還是出任了「南京市自治委員會」會長。他本是受地方尊敬的慈善組織的負責人，又實際負起善後及維持秩序的工作，可是，一旦擔任「南京市自治委員會」會長這個職務，無論怎麼做，都逃不過「漢奸」的標籤了。

南京的王承典（Jimmy Wang）是另一個例子。王承典原是二手貨拍賣商，人脈豐富、擅長溝通，和南京的西方人士關係甚好，與南京的各個階層也都有廣泛的聯繫。大屠殺後，1938年1月，正值嚴寒，糧食短缺，難民飽受凍餓之苦。王承典去遊說日本人，以一半免費、一半付費的方式提供難民大米、麵粉、煤炭，日本人不肯，他對日本人說：「你們最好支持我，否則，現在就把我殺掉！」日本同意後，

120　白蔚武，〈淪陷時期的大同〉，山西省政協文史資料委員會，《山西文史資料》，第 56輯（太原：編者，1988），頁44。

他再去找德國人拉貝（John Rabe）主持的「南京安全區國際委員會」，
請他們提供車輛運送糧食。如此這般，他竟建立了一個食物供給線，
協助南京難民度過那幾個月的難關。[121]

還有一個鮮明的例子。南京金陵大學美籍教授史邁士（Lewis
Smythe）指出，大屠殺期間，良家婦女常陷入日軍姦淫的驚恐之中，
為阻止這些行為，南京一些仕紳和日本人聯手建立慰安所，以滿足日
本軍官和士兵的性需求。[122]

以上這樣的例子不勝枚舉。不過，必須認清一個事實：不論動機
如何，日本侵略者與中國被侵略者之間完全是種不對等的合作，是在
槍口威脅下進行的，日本侵略者占絕對的優勢，政治資源的分配全聽
他們的。但這並不代表中國的合作者與日本人亦步亦趨，完全處於被
動地位，因為日本人很清楚，唯有透過這些掌握地方人脈的頭面人物，
才能落實他們的統治。

一般行政人員：求生欲望

如果說日偽地方政府裡的上層人員與日本侵略者的合作除了保全
生命財產、牟取個人利益外，或許還有保境安民的動機，那麼，一般
中層職員則大多是迫於生計，無奈的生存之道。

日偽縣政權一般行政人員大多是戰前國民政府的低層公務人員和
基層教育界人員，且多為本地人，他們主要靠國民政府的微薄薪水維
持生計。戰爭開始，由於其職位低下，不可能隨國民黨軍隊轉移至後
方，大多與城鎮居民一起逃難，避居鄉村。隨著局勢漸趨平靜，他們
便和難民返回原居住地。但回到城鎮後，因國民政府和學校的癱瘓而

121　卜正民著、潘敏譯，《秩序的淪陷：抗戰初期的江南五城》，頁172-173。
122　史邁士，〈致朋友函〉（1938年3月8日），轉引自經盛鴻，《西方記者筆下的南京大
　　　屠殺》上（台北：新銳文創，2011），頁277。

失業，衣食無著。這些人除了會讀會寫之外，對其他謀生技能並不在行，於是「他們要繼續生活，要努力掙到足夠的錢養家餬口，要繳納無法逃避的稅款，要讓孩子在他們不能控制課程的學校裡上學讀書，要在不由他們建立或贊成的政府機構裡工作和生活」。[123] 求生欲望，加上外在壓力，他們不得不把民族大義放一邊而擔任偽職。平心而論，他們與淪陷區老百姓一樣，也是戰爭的受害者。

這些人進入日偽政權機關的另一個重要原因是：他們嫻熟行政業務。例如，崑山縣署的田賦徵收處主任謝安伯，戰前在崑山縣負責田賦事宜長達 10 餘年，熟悉崑山田賦情形，深得各任縣長的信任；因此，崑山淪陷、國民政府縣長離開前把田賦處全部重要單據都交給他保管。不久，崑山維持會成立，田賦徵收處主任一職虛位以待，就等謝安伯就職。謝也當仁不讓，「慷慨」地將手中田賦單據交與維持會，而且，不少他原先的部屬也隨他進入田賦徵收處工作。[124] 後來崑山縣署成立營業稅局時，其職員也基本上都是原來國民政府的公務人員[125]。

這些因生計問題而與日本侵略者合作的人，對日偽政權的忠誠度不強，談不上真心誠意地服從，更不會兢兢業業地替日本人工作。據一位 1943 年被遣返美國的天主教修士描述：「除了富有階層外，（與日本人的）合作僅是因為其有利於中國人謀生。我曾接觸過在日本人控制下擔任官職的人，他們都沒有誠心為日本人賣命，他們只想平安度過這一階段而已」，「他們只是在等待日本人被驅逐出中國土地的那一天。」[126]

123　卜正民著，潘敏譯，《秩序的淪陷：抗戰初期的江南五城》，頁283。

124　《申報》，1938年12月6日，第8版。

125　營業稅局局長是原崑山第八區區長、總務主任為第一區區長，兩者均為地方上很有地位的人物，也喊過抗日的口號。營業稅局的一般職員則為其原來的屬下（《申報》，1938年12月16日）。

126　Offcer of War Information, "Analysis of Gripsholm Questionnaires: Far Easter Propaganda Objectives and Techniques," p. 75, 77. 轉引自 Timothy Brook, "The Formation of

　　這些人還有一個普遍的現象，他們會利用手中有限的一點職權，貪汙或撈取好處，甚至上下其手、沆瀣一氣。他們在軍糧徵購、賦稅徵收過程中，普遍徇私舞弊，貪汙成風，為自己撈取不少財富，有的甚至在任職不久就腰纏萬貫；有的勾結地方上地痞無賴，私設關卡，攔路搶劫，敲詐行商，甚至致人於死，形同土匪惡霸。[127]

　　這些日偽一般行政人員有時還會利用日軍來抵制上級政權，謀取自己的利益。這種現象表現在多個方面，例如，日偽統治前期，縣公署、縣政府的主要稅收來源是徵收貨物通過稅，各地五步一關、十步一卡，重複苛徵，形同釐金。汪精衛政府自命為中央政府，為鞏固其統治，試圖廢止這種稅收，卻被地方人員假日軍名義，多所阻撓，最後徒勞無功。

鄉鎮保長：投機與戰戰兢兢

　　至於最基層的鄉鎮保長進入日偽政權的心態不同於上述兩類人。他們的各種社會資源（財富、聲望、勢力等）原本就較為稀少，而他們處於日偽政權的最基層，備受日偽上級政權機關和軍警的壓力，表現出的是無可奈何、甚至戰戰兢兢的行為。另一方面，與中上層行政人員相比，他們比較沒有失業的壓力，與普通農民相比，亦不愁吃穿，這使他們進入日偽政權帶有若干程度的投機性；再加上日偽尤其是日軍在基層社會的力量相對較弱，這就使他們的行為具有更多的隨意性。

　　淪陷初期，基層社會的鄉鎮保長和維持會長大多準備了幾面旗子，分別迎接日軍、新四軍、和國民黨的抗日軍隊，有時甚至鬧出打著日軍的旗子歡迎新四軍的笑話。在日軍勢力較強的地方，這些人就主動

續 ……………………………………………………
　　Occupation in Central China, 1937-45," 提交美國哈佛大學費正清東亞研究中心主辦的「戰時中國：地方政權與狀況1937年-1945年」國際學術研討會（2002年6月）。
127 〈警財部視察報告查有匪徒勾結江寧縣署在大勝關並市區界內設卡武裝收捐〉，中國第二歷史檔案館藏，卷號：2063-676。

投靠日偽政權，利用日軍勢力對付土匪地痞流氓、徵收賦稅，建立其「合法」統治並保護自己的財產。[128] 在有些地方，他們甚至利用日軍勢力抵制新四軍的「減租減息」政策。但到後來，他們發現日偽的敲詐勒索肆無忌憚、無止境，甚至連其人格、人身安全都時刻受到侮辱、威脅，有些人就開始尋求抗日政權的保護；沒有離開的人，大多也是表面上與日偽政權合作，私底下同情並暗助抗日組織。[129]

　　不過，鄉鎮保甲長的處境比中上層行政人員要困難，在處理日偽政權與一般人民之間的利益關係時，經常左右為難。如果不折不扣地完成日偽上級政權交付的任務，必然會損害老百姓的利益，這樣就很容易背上漢奸的罵名。但如果不完成任務，又難對上交代，輕則被打罵，重則有性命之憂。所以，他們如履薄冰，戰戰兢兢，得罪任何一方，都將成為打擊目標。

　　以上這些現象，說明與日偽政權合作者有種種不同的動機和壓力，他們的行為也各有不同，有些是主動的，有的是半推半就的，更多是為了生計，別無選擇。他們的行為大多出自私利，但對穩定當時的社會多少還是有助益的，很難說是出賣或損及國家社會利益。

　　然而，數十年來，他們大多背負著「漢奸」的罵名，無法抬頭。的確，有不少在日偽機構工作者，踩著中國同胞的利益以日本人馬首是瞻；但是，更多的是在日軍屠刀下，不得不低頭。還有，像陶錫三、王承典這樣的人物不在少數，他們的行為都算是漢奸嗎？他們究竟是叛徒（traitor）還是合作者（collaborator）？這是個值得省思的問題。

　　總之，從 1931 年「九一八事變」到 1945 年 8 月日本無條件投降，

128　杭祖安，〈茅山地區抗日民族統一戰線的形成〉，江蘇省鎮江市委員會文史資料研究委員會編，《鎮江文史資料》，第9輯。

129　潘敏，《江蘇基層日偽政權研究（1937-1945）》（上海：上海人民出版社，2006），頁223。

14 年間，日本占領了中國從東北到華南的半壁江山，在各地扶持了數
個偽政權，這些偽政權名義上擁有獨立的主權，實質上日方才是權力
的真正主導者。各偽政權之間的紛爭與互動貫穿整個抗戰時期，既有
「維新政府」與「臨時政府」的正統之爭，又有汪政府與各地方偽政
權之間的主從之爭，這種紛爭本質上是侵華日軍各方面力量之間矛盾
的體現。此外，偽政權與日本占領者之間也是矛盾重重，偽政權都曾
此作出種種努力，力爭獨立自主，但是原本就是傀儡性質的政權想實
現真正獨立自主，實是緣木求魚。偽政權對於穩定社會秩序、加強對
基層社會的控制作出種種努力，取得了一定的成效，但是由於缺少普
遍的社會支撐力量，以致其所作所為得不到社會的認同。

　　此外，受「漢賊不兩立」思想的影響，過去對於「漢奸」的研究
往往貼上「道德」的標籤，認為他們是對民族的背叛，是民族的罪人。
事實上，本研究顯示，參加偽政權者既有出賣國家民族利益的敗類，
也有不得已和日軍合作以求保境安民的，更有許許多多因為生計萬般
無奈的中低層人員。時至今日，研究者或許可以試著以去道德化的態
度，客觀地去探究抗戰時的各個偽政權以及其背後的人物。

七、觀察與檢討

　　綜合上述對抗戰時期各地偽政權的觀察，有幾個值得我們再省思
的議題：

為何中國有那麼多偽政權？

　　這是二戰時中國有別於歐洲國家的特有現象，緣於幾個原因：

　　首先，眾多偽政權恰好反映出近代中國長期處於分裂、不統一的
政治狀況。蔣介石北伐後，南京國民政府號稱中央，但其號令僅及長

江中下游幾個省，其餘地區仍是軍閥割據、各自為政。反觀德軍鐵騎下的歐洲國家，無論是法國、比利時，還是荷蘭、丹麥等，原就是統一的國家，因此德軍在占領區扶植親德的中央政府相對容易，日軍在中國則必須一個一個來。

其次，日本侵華採取「以華治華」、「分而治之」的策略，利用中國分裂的事實，切割中國的治權，以便日軍掌控占領區，進行與資源掠奪。因此，日軍在東北、華北、蒙疆、華東都扶植了偽政權。最後成立的汪政府雖說是中央政府，但本章及前文（第一、二章）研究都顯示，東京從未誠心扶植汪精衛成為一個真正的中央政府。事實上，幾個偽政權併入汪政府之後，仍然享有相當的自治權。

問題是，既然都是日軍控制的傀儡政權，日軍中央理應有統一的指揮及協調，為何各地偽政權彼此間仍然矛盾頻生、紛爭不斷？這就和明治維新以來日本軍政的怪現象有關。當時日本內閣（首相）管不了軍隊，陸軍和海軍也互相競爭，而陸軍自己的中央軍部和地方部隊也是矛盾重重。是故，侵華部隊的關東軍、華北方面軍、華中派遣軍之間亦有矛盾和競爭，並赤裸裸地體現在它們各自扶植的偽政權上面，為了一個「隸屬管轄」的問題，誰也不服誰。

「漢奸」有其行為的模糊性與複雜性

從民族主義的視角來看抗戰時日軍在中國扶植的傀儡政權，這些政權都是「偽政權」；在偽政權工作的人被視為「叛徒」、「漢奸」；他們的行為就是「通敵」、「附逆」或是「附偽」。在這種「非白即黑」的標準下，占領區只能有兩種人：妥協事敵者和堅決抵抗者。

但事實並非如此。本研究顯示，那些與日本人合作或是在偽政權工作的人，都有一個共同點：利己，為了他們自身的利益；但他們行為背後卻有極大的差異和複雜性。原因很簡單，日軍打來了，國民政府戰鬥失利，軍隊和原來的行政機構撤走，高層官員跟著走了；但是，

除了極少數是有目的的留下來，絕大多數人是走不了的，他們只能留在原地。留下來的都得活下去，而他們首先必須面對一個現實：如何應對日軍占領的新環境？

卜正民（Timothy Brook）研究日軍占領區內中國地方菁英與日本人合作時，提出「意圖的模糊性」（ambiguity of intention）的概念，說明個人行為中往往包含了難以言喻的模糊性與複雜性。[130] 因此，他用「合作」（collaboration，也有「通敵」的含義）來形容那些在日軍的監督和施壓下，繼續行使權力的行為。[131] 他認為，人與事都存有灰色地帶，在抵抗和妥協之間，存在各式各樣的行為與動機，其中的複雜性與曖昧性，無法一刀切。

本研究在探討偽政權的成立和運作時，就遇到不少灰色領域，這裡充斥著政軍派系競爭、領導人物意識形態的差異、他們之間的瑜亮情結、與日本占領者相互利用、既合作又破壞、還有國共間的鬥爭等等。

同樣的，在觀察偽政權行政人員 3 個階層（上層官員、中層行政人員、基層的鄉鎮保甲長）的行為時，也證實了他們的動機、心態、及行為表現，往往因其社會地位、經濟狀況，甚至人生歷練及性格稟賦的迥異而差別甚巨。有救國救民的，有虛與委蛇陽奉陰違的，有既圖財又暗中搗蛋的，但更多的是為保全自己和家人而妥協的；尤其是數以萬計的基層人員，單純就是為了活下去而已。其實，從某種角度言，他們都是戰爭的受害者，其情可憫。如果一味以民族大義來評價他們，未免失之嚴苛。

事實上，如能鬆開民族主義和道德的束縛來觀察抗戰時淪陷區的人與事，很可能許多過去被忽略的歷史事實就撥雲見日跳出來了。

....

130 Timothy Brook, *Collaboration: Japanese Agents and Local Elites in Wartime China* (Harvard University Press, 2005), p. 241.

131 Ibid, p. 9.

因此，歐美學者對中國抗戰史研究有更開闊的視野，他們除了探究日軍占領區各傀儡政權的建立與運作外，還能拋開價值判斷，客觀地從政治、軍事、經濟、社會等各個角度，探討占領區內的社會現象以及人民生活。

「叛徒」還是「合作者」？

那麼，我們能否用「合作者」（collaborator）、而不是「叛徒」（traitor）來稱呼那些在偽政府工作的人？以本章第六節提到的南京王承典（Jimmy Wang）為例，王承典在南京大屠殺後的嚴冬，與日軍交涉、合作，為難民提供食物，使他們免受凍餓之苦；他還幫日本人徵募妓女，保護中國婦女逃過日軍的姦淫。他與日本人合作是事實，但救了那麼多中國人也是事實。那麼，他究竟是合作者還是叛徒呢？卜正民大膽挑戰：無論王承典的動機是為了發財還是幫助中國人，他幫助中國難民的事實會因此而被磨滅嗎？我們對他的評價會因此而改變嗎？[132]

的確，與敵合作並不等於叛變投敵，也不該是漢奸的同義詞。研究中國抗戰史當嘗試避開民族主義、人道主義、道德標準這些羈絆，因為它們容易掩蓋歷史事實的複雜與多面性，如此，我們才能更寬廣地認識抗日戰爭，更深入地了解當年在那場歷史悲劇中掙扎的億萬同胞的內心世界。

---

132 Timothy Brook, *Collaboration: Japanese Agents and Local Elites in Wartime China*, p. 241.

【第 九 編】

敵後作戰

第四章

國軍敵後作戰之謎

洪小夏（上海師範大學哲學與法政學院教授）
張世瑛（中華民國國史館纂修）

　　中國抗日戰爭的軍事特點之一是存在正面作戰和敵後作戰兩大戰場。[1]談到敵後游擊作戰，大家想到的就是中共，以為國民黨軍隊僅負責正面作戰，而學術研究也多著重中共的敵後作戰。數十年來，中國大陸及海外專家對中共敵後作戰的研究，已取得相當豐碩的成果；而對於國民黨敵後戰場的研究卻十分薄弱，少人問津。

　　中國大陸過去否認國民黨的敵後抗日游擊戰，即使承認國民黨有軍隊在敵後，也認為那不是為了抗日，而是為了防共、反共。微妙的是，國民黨自己也很少提這個議題，相關研究亦不多見。[2]

　　這其實是個明顯的誤區。事實上，中國抗戰的敵後戰場是由國共兩黨的武裝力量分別承擔的。蔣介石早在 1934 年就指出，將來對日作戰一定要「注重游擊戰術」。[3] 1937 年 7 月底，平津淪陷後，軍事委員

1　「敵後」指的是日軍占領區，亦稱「淪陷區」。

2　中國大陸改革開放之後開始出現對國民黨敵後游擊作戰的研究，但為數甚少，而且初期遭到不少抗議的聲音。台灣方面也頗類似，直到80年代才有較正規的專題研究出版。洪小夏，〈抗戰時期國民黨敵後游擊戰研究述略〉，《抗日戰爭研究》，2003年第1期（2003年3月），頁218-219。

3　蔣介石，〈抵禦外侮與復興民族（上）〉（1934年7月13日），收於秦孝儀主編，《總統蔣公思想言論總集》第12卷（台北：中國國民黨中央委員會黨史委員會，1984），頁325-326。

會已有計畫地在每個淪陷區域留置了一定數量的國軍正規部隊，開展敵後游擊戰，牽制日軍。1938 年底南嶽軍事會議，國軍調整戰略，確定「正規作戰與敵後戰場配合之戰略」。[4] 參謀總長兼軍政部長何應欽總結：「政治重於軍事，游擊戰重於正規戰，變敵人後方為其前方，用三分之一力量於敵後。」[5] 從此，游擊戰成為國軍對日作戰的重要手段。

國軍游擊作戰人數最多時有 100 餘萬大軍在敵後作戰；國軍在抗戰中殉國的將軍、軍官及士兵，超過三分之一犧牲在敵後戰場。如此重要的事實，多年來卻受到研究者的漠視，不僅研究成果薄弱，國共兩黨對於敵後戰場的認知和評價也南轅北轍。

究其原因，除檔案史料的不足外，還有幾個主要原因：

(1) 中共向來看輕國軍游擊部隊，有意貶抑它的存在。

(2) 國民政府本身也不重視。國軍敵後游擊隊成員與戰力參差不齊，尤其是抗戰後期不少游擊隊投向汪政權或遭共軍擊潰，因此，戰後很長一段時間，國民政府有些不願提起這段尷尬的往事。

(3) 國軍受限於自身的政軍體質與教育訓練背景，常以正規戰的概念來理解游擊戰，視游擊戰為輔助正規戰的次要角色，因此，歷來國軍史政機構出版的抗戰史，有意無意之間，把國軍敵後游擊作戰放在可有可無的邊緣位置。[6]

4　中央研究院近代史研究所編，《白崇禧先生訪問紀錄》，上冊（台北：中央研究院近代史研究所，1984），頁373。

5　何應欽，《日軍侵華八年抗戰史》（台北：黎明文化事業公司，1982），頁265。

6　例如：國防部史政編譯局最早編纂的戰史叢書，1966年出版的103卷《抗日戰史》，國軍在淪陷區的游擊作戰占有10%篇幅，游擊戰尚有一席之地。1991年出版的《抗日戰史》（共12冊），游擊戰已濃縮為其中一冊。之後的國軍戰史叢書，包括蔣緯國主編的《國民革命戰史》第三部「抗日禦侮」（12卷本），以及國防部史政

對國軍敵後游擊戰的系統研究極其重要，不僅能填補軍事史和抗日戰爭史研究中這塊空白，還歷史以本來面貌；同時可挖掘國民黨在抗戰勝利後迅速走向失敗、共產黨很快取得勝利的深層原因。本章試圖澄清過去的誤解，並填補抗戰期間國民政府敵後游擊作戰研究較薄弱的這一片。

一、國軍敵後作戰的開展及實施

首先要釐清一件事，在國軍軍事文獻及抗戰史的書寫中，很少使用「敵後作戰」或「敵後戰場」這樣的名詞，國軍用的多是「游擊作戰」。「敵後作戰」的說法多是中共使用，中共的抗戰史一般是把抗戰分為「正面戰場」及「敵後戰場」兩塊。

那麼，何謂「敵後戰場」？敵後戰場是中國軍隊和抗日民眾在敵人的後方（即淪陷區）進行抗日軍事鬥爭的戰場。[7] 不過，在日軍控制的「淪陷區」內，並非鐵板一塊，因為日軍軍力有限，在其占領區內，日軍始終只能控制鐵路線、長江航線及通往各大城市的點與線，而不能推展到面的控制。日軍占領區之內（敵後）因此有廣大的灰色地帶，這就為敵後的游擊作戰留下相當的空間。

國軍敵後游擊戰發展的四個時期

國軍在敵後戰場的發展歷經初起、高峰、轉折、縮減四個時期：

續⋯⋯⋯⋯⋯⋯⋯⋯⋯⋯⋯⋯⋯⋯⋯⋯⋯⋯⋯⋯

編譯局出版的《國民革命建軍史》第三部「八年抗戰與戡亂」，幾乎完全沒有游擊戰的敘述，重點都放在國軍所標榜的22次重大會戰上。

7　洪小夏，〈抗戰時期國民黨敵後游擊戰研究述略〉，《抗日戰爭研究》，2003年第1期（2003年3月），頁217-218。

1. 初起時期（1937 年夏—1938 年底）

　　1937 年 7 月盧溝橋事變爆發到 1938 年底武漢會戰結束這段時間，中日雙方作戰重心都在前線戰場的正規戰與陣地戰上，尚無暇考慮敵後戰場。

　　游擊戰幾乎是在戰場上自發地凸顯出來的。南京戰後，軍事委員會（軍委會）開始在日軍重點進攻、國軍必須防禦的重要路線上，把擅長游擊作戰的正規部隊預置於適合游擊的地區，以為側翼。例如，在平漢、津浦鐵路沿線作戰時，蔣介石多次命令前線部隊組織游擊隊，深入敵後，騷擾、牽制日軍。[8] 湯恩伯部隊也曾多次奉命作為側翼的游擊作戰。

　　隨著戰爭的進展，游擊戰的作用逐漸被前線指揮官所認識、進而採用。最早出現在作戰部署命令中的游擊隊，是地方游擊隊，例如：張蔭梧的河北民軍和時駐冀南武安、涉縣一帶的冀察游擊司令孫殿英部。[9] 此外，山東民風強悍，原就有地方武裝的基礎，山東省主席、第三集團軍總司令韓復榘很早就自行成立了游擊軍總指揮部，廣泛收編游擊隊，並自兼總指揮，委任了 5 路游擊司令。[10]

　　1937 年 12 月，軍委會在武漢擬定〈第三期作戰計畫〉，方針為：「國軍以確保武漢為核心、持久抗戰、爭取最後勝利之目的，應以各戰區為外廓，發動廣大游擊戰。」[11] 徐州會戰期間，軍委會命令第二、

8　　參見〈第一戰區北正面作戰指導計畫〉（1937 年 8 月 20 日），收於中國第二歷史檔案館編，《中華民國史檔案資料彙編》第 5 輯第 2 編軍事第 1 卷（南京：江蘇古籍出版社，1979），頁 614。

9　　參見〈第一戰區作戰部署調整命令〉（1937 年 12 月 13 日），國防部史政編譯局編，《抗日戰史・平漢鐵路北段沿線之作戰》（台北：國防部史政編譯局，1982），頁 33。

10　國防部史政編譯局編，《抗日戰史・津浦鐵路北段沿線之作戰（一）》（台北：國防部史政編譯局，1982），第 4 篇第 8 章第 3 節插表第九。

11　中國第二歷史檔案館編，《中華民國史檔案資料彙編》第 5 輯第 2 編軍事第 1 卷，

第三戰區實施游擊戰；例如：在山西發動游擊戰，包圍臨汾，反攻太原，牽制日軍，阻止其從山西抽調更多主力轉用於徐州方面。又如，命令國軍游擊襲擊餘杭、臨安、紹興、吳興、諸暨等地，迫使日軍無法從滬寧杭地區抽調援兵用於津浦線。這些游擊戰對牽制日軍、策應第五戰區的台兒莊大捷貢獻頗大。[12] 武漢會戰期間，軍委會也多次電令第五、九戰區之外的各戰區發動游擊戰，牽制當面日軍。[13]

　　此時，國軍的游擊部隊絕大多數是正規軍臨時「客串」的，游擊作戰只是策應正規作戰的手段。蔣介石的態度最能代表國軍統帥部的看法，徐州會戰前夕，蔣在一個第一戰區及第五戰區團長以上幹部的軍事會議中，談到游擊戰，他說：「所謂游擊戰，實在是正規戰的一種，一定要正式的部隊，尤其是要紀律好、精神好、戰鬥力強的正規部隊纔能夠擔任。……凡正式建制的部隊，紀律森嚴，運動輕捷，負有攻擊精神，而由正式指揮官統率，奉令擔任游擊戰鬥的，叫做游擊隊。但是要知道，游擊戰亦是正規戰，不可視為一種奇巧的名稱。」[14]

　　可見蔣介石認為游擊戰是「正規戰的輔助工具」，而他這番話深深影響了日後國軍執行游擊戰的局限性。

2. 高峰時期（1939 年初—1941 年春）

　　武漢戰後到 1941 年初「新四軍事件」爆發為止，這個階段是國軍敵後戰場發展的高峰。1938 年 12 月，軍事委員會在衡陽召開南嶽會議，

續　　頁 634-635。

12　同上。

13　武漢會戰期間，蔣介石曾多次致電前線各將領發動游擊戰，以襲擾及牽制日軍。「蔣介石電陳誠發動地方組織游擊隊並撥發預備費」（1938 年 11 月 2 日）、「蔣中正電薛岳江南岸各游擊隊應劃定地區各成獨立根據地」（1938 年 2 月 15 日）、「蔣中正電李默庵速定游擊計畫」（1938 年 3 月 9 日），《蔣中正總統文物》，國史館藏，典藏號：002-010300-00018-010、002-020300-00005-003、002-020300-00005-007。

14　蔣中正，〈對第一、五戰區團長以上幹部軍事會議講話〉（民國 27 年 1 月），收於張其昀主編，《先總統蔣公全集》第 1 冊（台北：中國文化大學，1984)，頁 1102。

蔣介石指示此後抗戰的戰略原則：「政治重於軍事，游擊戰重於正規戰，變敵後方為前方，決以我三分之一力量，投入敵人後方。」[15] 軍委會並頒布〈游擊部隊整頓綱要〉，把游擊戰視為抗日戰爭的重要手段；國軍對日作戰戰略也從正規作戰轉變為正規作戰與敵後游擊作戰相配合。軍委會同時調整全國戰區，在淪陷區增設冀察和魯蘇兩個戰區，以加強敵後游擊戰的領導力量。

一時之間，國內各界輿論廣泛吹起一股倡導游擊戰的熱潮，軍令部長徐永昌在日記裡點出其中關鍵，他認為當時由於華北、上海、南京、武漢及廣州等地接連失陷，軍民士氣低落，中國在與日軍硬碰硬的正規戰及陣地戰付出沉重的代價，「死事不可不謂慘烈，卻無助於戰爭進程，最終仍是失地千里。」敵後游擊戰則有相當大的發揮空間，因此，國內輿論紛紛籲請「組織民眾……游擊敵人者，真有舉國若狂之勢」。[16]

軍事委員會在 1939 年發布一系列關於敵後作戰和游擊隊發展的重大決策，諸如：設立戰地黨政委員會的新機構，對敵後黨政工作實行一元化領導，舉辦游擊幹部訓練班，劃定全國游擊區，整理全國游擊隊，制訂一系列有關游擊戰的條例、規定，乃至法律、法規等等。

於是，1939 年初，軍事委員會開辦「南嶽游擊幹部訓練班」，湯恩伯兼主任，葉劍英為副主任，調訓各戰區軍政幹部，還請了多名中共幹部擔任授課教師，傳授中共的游擊戰術與作戰心得。

游擊幹部訓練班的訓練內容多元，分為精神訓練、政治訓練、和軍事訓練 3 大類，共 24 門課程；游擊戰爭課是教育訓練的中心，其中以「游擊戰術」、「游擊政工」為主要課目，結合講授和訓練軍事基本知識及特種技術。葉劍英等 30 多名中共人員擔任「游擊概論」、「游

15　蔣中正，〈第一次南嶽軍事會議講詞〉（民國27年12月），收於張其昀主編，《先總統蔣公全集》第1冊，頁1192。白崇禧口述、賈廷詩等訪錄，《白崇禧先生訪問紀錄》，上冊，頁373。

16　徐永昌，《徐永昌日記》第4冊，1938年1月14日，頁216。

擊政工」、「游擊戰略戰術」的授課教官。到 1940 年 3 月為止，游擊幹部訓練班共開辦 7 期，結訓學員總共 5,658 名。[17]

　　這股游擊訓練的熱潮也燒到全國各地。1939 年 5 月，蔣介石令湯恩伯到西安協助胡宗南籌辦「西北游擊幹部訓練班」。[18] 軍事委員會還向各戰區頒布〈游擊部隊調整辦法〉，目的是促使全國游擊部隊統一化、軍隊化、紀律化。〈辦法〉明確規定，各地游擊部隊由該戰區最高軍事長官兼戰地黨政委員會分會主任委員統一管轄指揮。國軍大本營更命令各戰區司令長官，把和日軍占領區交界的前線地區劃分為若干游擊區，指派部隊，擔任游擊任務，並為擴大游擊戰效果，變更國軍戰鬥序列，增設游擊戰區。[19]

　　配合游擊戰的發展，軍事委員會從 1939 年開始，作出的一系列重要的相關部署。首先，對全國游擊隊進行大規模的組織、整理、與強化；其次，以游擊戰為主要作戰形式，在 1939 年到 1940 年兩年間，相繼部署了春季、夏季、秋季攻勢，改變單純正規戰、陣地戰的作戰方式，在廣大的正面戰場主動向日軍發動小規模游擊戰，騷擾、牽制、消耗日軍。尤其是 1939 年底到 1940 年初的「冬季攻勢」，國軍採用了大規模的游擊戰術，並特別注意游擊戰和運動戰相結合，由被動挨打、保守陣地的消極防禦，轉變為主動出擊、以攻為守的積極防禦。

　　這些部署的指導下，1939 至 1940 年底，國軍敵後作戰取得了豐碩的戰果。除了正規陸軍和各種游擊隊普遍開展游擊戰之外，還有海軍布雷游擊戰、遊動砲兵游擊戰、鐵路破襲游擊戰、城市游擊戰等多軍種、多兵種的游擊作戰。其中海軍布雷游擊戰和遊動砲兵游擊戰，堪

17　戚厚傑，〈南嶽游擊幹部訓練班〉，《民國檔案》，1991年第3期，頁122。

18　「蔣中正電湯恩伯赴西安協助胡宗南組織西北游擊訓練班」，〈革命文獻－抗戰方略：游擊作戰〉，《蔣中正總統文物》，國史館藏，典藏：002-020300-00005-053。

19　〈游擊部隊調整辦法〉，《軍事委員會最高幕僚會議案》（1939年5月-1941年12月），《國軍檔案》，國防部史政編譯局藏，檔號：003.1/3750.5。

稱世界游擊戰史上的創舉。

這段時期是國民黨敵後游擊部隊發展最快、人數最多、作戰最積極、發揮作用最大的黃金時期，可以稱作中國抗戰的「游擊戰年」。

不過，1940年中國戰場的形勢十分微妙。一方面，1939年9月歐戰爆發，蔣介石一直想和歐美建立國際軍事同盟的期盼，出現了希望。另方面，中國孤軍抗戰已近3年，開始露出疲憊之態。

正面戰場上，第一期抗戰的主力軍（蔣介石嫡系中央軍）在幾次大戰中損失慘重，多調到二線整補；留在一線與日軍對峙的大部分是非嫡系部隊，多採消極防禦的態度，因此正面戰場出現相對穩定的保守態勢。敵後戰場上，游擊隊正在進行調整和訓練，暫停出擊作戰，游擊力量也受到相對削弱。與此同時，日軍由戰略進攻轉為戰略保守，不擴大新的占領區，重點放在鞏固占領區，培植偽政權，掃蕩中方游擊部隊。對於中國軍隊主力輪流整訓的情況，日軍經常派遣小部隊，作短距離的局部進攻，破壞中國軍隊的整備。

也是在1940年，軍事委員會驚覺中共在華北敵後地區已大有斬獲，開始關注中共的作為，並逐步加強對中共發展的限制。正因如此，國共雙方在敵後的摩擦與衝突逐漸升溫，大小齟齬不斷，終於在1941年1月發生「皖南事變」（又稱「新四軍事件」），撕破了原本還維持表面合作的國共關係。接著爆發「中條山會戰」（日軍稱「晉南會戰」），日軍大規模打擊國軍在山西的游擊區，國軍慘敗，晉南游擊區盡失。這兩件事影響了國軍敵後游擊發展，國軍敵後作戰從此由極盛轉衰。

3. 轉折時期（1941年春—1944年5月）

1941年春到1944年5月，是國軍在敵後戰場的轉折時期，「皖南事變」及「中條山會戰」後，國軍敵後游擊作戰受創甚重，開始由盛轉衰。1941年底珍珠港事變爆發，日本軍事作戰的重心轉到太平洋及東南亞戰場，對國軍正面戰場的軍事壓迫驟然降低。另方面，為了分

兵南洋，日軍必須穩定占領區，才能撥出人力及物資支援南方軍，因而，派遣軍把重心放在占領區，亦即敵後戰場的治安及資源掠奪。此時，日軍認識到中共部隊才是最大威脅，於是在華北對共軍展開大掃蕩，在華中則和汪精衛政府聯合發動「清鄉」，中共根據地面臨前所未有的挑戰，嚴重收縮。

日軍對中共敵後根據地的掃蕩，同時也影響到國軍在敵後的活動。共軍機動靈敏，百團大戰後採取隱匿策略，不與日軍正面對陣，部分共軍還進入國軍地界。日軍捕捉不到共軍主力，而國軍卻要面對日軍及共軍的內外進逼，成為這場三方棋局裡的輸家，國軍游擊作戰的績效明顯下降。

面對敵後游擊根據地逐個失守以及戰績下滑，軍事委員會的對策是進一步調整游擊隊，走精兵路線，減少數量，保障供給，提高質量。[20] 1941 年 6 月，軍委會通過〈整理全國游擊隊提高敵後游擊效能實施方案〉，軍政部隨即制定〈卅年（1941 年）度整理全國游擊隊方案〉，進一步縮編全國游擊隊，總人數由 75 萬減到 40 萬。[21]

1942 年，軍委會有關部會先後召開 4 次全國性的游擊隊整編會議，制定一系列調整游擊隊的法規和方案，游擊戰指導思想發生重大變化。軍委會決定逐步取消敵後游擊隊的做法，而改派正規軍去敵後打游擊。除了保留別動軍、忠義救國軍等接受美國訓練、美械裝備的少數游擊部隊外，其他游擊隊則分期分批改編為正規軍的補充團，不再獨立存在。[22]

20　「何應欽、程潛、徐永昌致蔣介石簽呈」（1941年6月27日）；「軍令部部箋函」（1941年6月8日），《戰史編纂委員會檔案》，中國第二歷史檔案館藏，檔號：787-11959。

21　「軍政部致參謀總長何應欽之簽呈」（1942年8月20日），《戰史編纂委員會檔案》，中國第二歷史檔案館藏，檔號：787-3082。

22　蔣介石在1941年中發出數封電報，指示各戰區組織出擊隊輪流襲擊日軍，正規軍執行出擊戰，逐漸成為國軍敵後戰場的主要游擊作戰方式。「蔣委員長手令」（1941

1943 年後，國軍敵後作戰更加衰落。1943 年夏秋，在蘇北的魯蘇戰區第 89 軍以及在魯南的魯蘇戰區總司令部和正規軍第 51、57 軍主力，因日軍大掃蕩，先後被迫撤離魯南，移駐皖北阜陽，魯蘇戰區有名無實。1944 年 5 月，軍事委員會明令撤銷魯蘇戰區。[23]

冀察戰區的狀況也是江河日下。國軍主力在 1940 年 4 月後基本退出河北，冀察戰區實已無足輕重；戰區總司令長期由第一戰區司令長官兼任。[24] 1943 年 4 月，日軍開始掃蕩駐在太行山南的冀察戰區正規軍主力第 24 集團軍，第 24 集團軍各軍被迫先後撤至黃河以南，冀察戰區名存實亡。1945 年 6 月，軍委會正式撤銷冀察戰區，在該戰區轄地新成立了第十一戰區。[25]

另外，為安排魯蘇和冀察戰區的後勤供應渠道和戰略支撐點，軍委會曾於 1941 年 12 月在豫東黃氾區新設「魯蘇皖豫邊區」，級別與冀察、魯蘇戰區類似，直轄於軍委會，以湯恩伯為總司令。[26] 在蔣介石的支持下，「魯蘇皖豫邊區」接管了在該地區活動的原第一戰區和冀

續 ⋯⋯⋯⋯⋯⋯⋯⋯⋯⋯⋯⋯⋯⋯⋯

年 5 月 2 日），收於中國第二歷史檔案館編，《抗日戰爭正面戰場》（上）（南京：江蘇古籍出版社，1987），頁 77。「蔣委員長青酉令一元度電」（1941 年 5 月 9 日），《戰史編纂委員會檔案》，中國第二歷史檔案館藏，檔號：787-3005。「蔣委員長手令」（1941 年 5 月 23 日），機密（甲）第 4471 號；「蔣委員長手令」（1941 年 5 月 23 日），機密（甲）第 4483 號；以上兩個手令均為，《戰史編纂委員會檔案》，中國第二歷史檔案館藏，檔號：787-11959。「蔣介石致各戰區之篆革令一元健電」（1941 年 6 月 17 日），《戰史編纂委員會檔案》，中國第二歷史檔案館藏，檔號：787-2977。「軍政部兵役署代電」（1941 年 12 月 18 日），收於《中華民國史檔案資料彙編》第 5 輯第 2 編軍事第 1 卷，頁 20。

23　國防部史政編譯局編，《抗日戰史‧魯蘇游擊戰》（台北：國防部史政編譯局，1980），頁 21、22。

24　1940 年 5 月至 1942 年 1 月為衛立煌，1942 年 1 月至 1944 年 6 月為蔣鼎文，1944 年 7 月為陳誠，同年 9 月後由第 39 集團軍總司令高樹勛代理。

25　劉鳳翰，《抗戰期間國軍擴展與作戰》（台北：國防部史政編譯室，2004），頁 63。

26　「軍政部兵役署代電」（1941 年 12 月 18 日），《中華民國史檔案資料彙編》第 5 輯第 2 編軍事第 1 卷，頁 20。

察戰區正規軍以及所有的游擊隊，湯恩伯也升任第一戰區副司令長官兼魯蘇皖豫邊區總司令。1944 年 1 月，湯恩伯調任中國陸軍第三方面軍總司令，魯蘇皖豫邊區隨之撤銷。

國軍敵後游擊隊逐年縮編或撤銷，到 1944 年 4 月，華北幾乎沒有國軍游擊隊，華東也只剩一些零散的游擊部隊。

4. 縮減時期（1944 年夏—1945 年戰爭結束）

1944 年 4 月，日軍發動「一號作戰」（「豫湘桂大會戰」），全面進攻國軍在河南、湖南及廣西的統治區域；國軍一路敗退，其在敵後地區的兵力也隨之瓦解；中共則抓住國軍瓦解的機會擴張其敵後戰場。

但是，軍委會仍想振興敵後戰場，1945 年 1 月，軍委會以第五戰區豫鄂皖邊區為中心，包括原湯恩伯的魯蘇皖豫邊區和原魯蘇戰區的大部，新設第十戰區，李品仙（原第五戰區副司令長官、豫鄂皖邊區總司令）出任第十戰區司令長官，統一指揮長江以北、黃河兩岸廣大敵後地區的游擊戰。

第十戰區面積廣大，約占關內全部淪陷區的三分之一，位於淪陷區的中心，而且緊鄰日偽政治中心寧滬杭地區，戰略地位重要。轄下正規軍多達 3 個集團軍、7 個軍、16 個師又 2 個旅，約 20 萬人，還有大量的游擊部隊，可見國軍在抗戰後期仍相當重視敵後作戰。抗戰勝利後，李品仙出任徐州、蚌埠地區受降官，是國軍受降主官中唯一敵後戰場的將領。

1945 年春，為了粉碎日軍在中國東南沿海集結以迎擊登陸美軍的企圖，忠義救國軍、別動軍和中美合作所訓練的「突擊作戰隊」教導營，在日占領區的閩、浙沿海主動進攻日軍，協助陸軍作戰，先後收復福州、溫州等地。[27]

27　張霈芝，《戴笠與抗戰》（台北：國史館，1999），頁 406-407。

在華中地區，國軍游擊隊在抗戰後期亦有所行動。於 1945 年 4 月上旬，日軍企圖攻占中美聯合作戰的重要基地湖南芷江，為牽制日軍向湘西的進攻，中國軍隊兵分三路，向廣西日軍發動進攻。別動軍各縱隊也在敵後展開游擊戰，配合正規軍作戰。在國軍反攻桂林、柳州的作戰中，別動軍發揮了重要作用。[28]

根據地及其建設

武漢失守後，軍事委員會依照南嶽會議確定開展游擊戰的決策，劃分和建立全國游擊根據地。1939 至 1940 年，各戰區按照軍委會指令和〈游擊隊調整計畫〉等有關規定，選擇游擊區，建立根據地，幾乎有淪陷區的戰區都建立了敵後根據地或者游擊區。

1. 國軍敵後根據地的開展

國軍開展的敵後根據地主要有：

第一戰區：冀南豫北、晉冀豫邊、豫東 3 個根據地。

第二戰區：中條山、呂梁山、太岳山、太行山，以及綏遠大青山 5 個根據地。

第三戰區：浙西天目山第一游擊區、江南蘇皖邊第二游擊區和浙東四明山游擊區。

第四戰區：珠江三角洲地區有 5 個根據地，粵東潮汕地區 1 個，海南島瓊崖根據地，及其附近的陽春、陽江游擊區和海豐、陸豐游擊區，共計 9 個。[29]

第五戰區：豫鄂皖大別山，鄂中大洪山和鄂豫邊桐柏山等 3 個敵後根據地。

28　《戴笠與抗戰》，頁 404-405。

29　廖秉仁，〈關於校閱第四戰區游擊隊情形的報告〉（1940 年 2 月 26 日），《戰史編纂委員會檔案》，中國第二歷史檔案館藏，檔號：787-11962。

　　第九戰區：主要是以九宮山、幕阜山、廬山為核心的湘鄂贛邊區敵後游擊根據地。

　　第十戰區：這個戰區成立最晚，1944 年底成立，軍委會以第五戰區豫鄂皖邊區為中心，包含原湯恩伯的魯蘇皖豫邊區和原魯蘇戰區的大部，面積最大，占關內全部淪陷區的三分之一，而且緊鄰日偽政治中心寧滬杭地區，戰略地位重要。

　　除了以上這些正規戰區外，軍委會還特別成立兩個游擊戰區：魯蘇戰區及冀察戰區。

　　魯蘇戰區最特別，可以說，除日軍占領的津浦、膠濟、隴海鐵路、長江及運河沿線以及東部沿海重要城鎮外，魯蘇戰區幾乎全境遍布游擊區和根據地。

　　冀察戰區一度有 10 個游擊區，但實際上比較穩定的只有 3 處：

(1) 抗戰初期的冀南游擊區，為東北軍 53 軍所開闢；

(2) 1939 年由冀南向西南移動後建立的冀南豫北或叫冀豫邊根據地，由河北民軍所開闢；[30] 以後稍向東擴，包括魯西，成為晉冀豫魯根據地；1940 至 1942 年初，被稱作「冀察戰區第一游擊區」。[31]

(3) 1940 年以後由冀豫邊再西移至晉豫邊建立的太行山南部（太南）根據地，基礎是 1938 年孫殿英所開闢，被稱作「冀察戰區第三游擊區」。[32]

30　參見河北省第二十六區（濮（陽）大（名）區）黨務督導員趙宗福，〈河北省第二十六黨務督導區之現狀〉（1940 年 9 月 15 日），《社會部檔案》，中國第二歷史檔案館藏，檔號：11-7309。

31　參見「軍令部簽呈」（1941 年 12 月 31 日）、「蔣介石致蔣鼎文、湯恩伯、衛立煌、何應欽等子佳電」（1942 年 1 月 9 日），《戰史編纂委員會檔案》，中國第二歷史檔案館藏，檔號：787-3123。

32　國防部史政編譯局編，《抗日戰史・冀察游擊戰》（台北：國防部史政編譯局，

　　國軍敵後作戰根據地數量不小，但前已述及，1941 年後，國軍敵後根據地開始由盛轉衰，數量及範圍都愈來愈小，真正堅持到抗戰勝利的，除升級成第十戰區的原第五戰區大別山根據地及第一戰區豫東游擊區之外，還有第一戰區在豫北的游擊區，第二戰區在晉西的游擊區，第三戰區第一（浙西）、第二（江南蘇皖邊）游擊區，第四戰區的海南游擊區，以及在福建廣東沿海、鄂中、鄂北豫南，第九戰區在湘鄂贛，以及魯蘇戰區在山東等地的零散小游擊區。

2. 國軍敵後根據地的建設

　　國軍十分重視敵後根據地的建設重視，除軍事和行政建設外，還包括政治、經濟、文化等各方面，其中教育文化的建設特別值得一談。

　　例如，湯恩伯在魯蘇皖豫邊區興辦了數個中小學，還成立一個相當大專的邊區學院。[33] 第三戰區在第一游擊區內興辦了中小學、師範學校、職業學校，創辦教養團、慈幼院等難童機構，浙西淪陷的 20 多個縣的孩子因此能繼續受教育，而且成效良好，「每年擴充在四倍以上」，重慶國民政府教育部為此特為嘉獎。[34]

　　不僅如此，第三戰區司令長官部在其屯駐的安徽屯溪創辦了江蘇學院（相當於大專）。江南行署在屯溪成立文化事業管理委員會，創辦江蘇臨時中學、江南醫院、江南日報等。在敵後根據地溧陽、宜興、高淳 3 縣，不但恢復遭砲火焚毀的學校，還另外創辦數所臨時小學、臨時中學，成效顯著。[35]

　　國軍在其他敵後游擊區也普遍注重教育，恢復了各縣大多數小學，

續⋯⋯⋯⋯⋯⋯⋯⋯⋯⋯⋯⋯⋯⋯⋯⋯⋯⋯⋯⋯⋯⋯⋯⋯⋯⋯⋯⋯⋯⋯⋯⋯⋯⋯⋯

　　1981），頁 125、131。

33　苟吉堂編，《中國陸軍第三方面軍抗戰記實》（南京：中國陸軍第三方面軍編印，1947），頁 243-245。

34　《吳興日報》，1943 年 6 月 22 日，轉引自王國林《浙西戰時施政》（下）（北京：中央文獻出版社，2001），頁 333。有關浙西教育情況詳見該書第三章。

35　冷欣，《從參加抗戰到目睹日軍投降》（台北：傳記文學出版社，1967），頁 51-53。

新辦聯合中學，創辦政治軍事幹部學校、相當大學的政治學院，還規定「保辦國民小學，鄉（鎮）辦國民中心小學，縣辦初級中學，高中及高中以上之專科學校由省辦理。國民基礎教育，一律免費」[36]。有的根據地還創辦報紙、出版社、刊物、印刷廠等，其本意是為了抗戰文化宣傳工作，但也同時帶動這些根據地的文化活動與發展。[37]戰時國民政府財政極為困難，但仍致力教育文化建設，尤其是在敵後淪陷區，實在難能可貴。

龐大的游擊作戰

1. 游擊隊部署

國軍在敵後有龐大的游擊部隊，既有大量正規軍，又有地方游擊隊，還有特種游擊隊，例如海軍布雷游擊隊、砲兵游擊隊、特工系統游擊隊，名目繁多，素質參差不齊，分述如下：

（1）陸軍正規軍

人數最多的當屬奉命擔任游擊任務的正規軍，主要來源不外三個管道：正面戰場撤退時留置敵後的正規軍；奉派由國統區或戰區挺進敵後的正規軍；以及在敵後收編（包括改編反正偽軍）或由敵後地方武裝升級整編的正規軍。

這些敵後正規軍游擊人數龐大，起伏變化也大，高峰時總數達 113 萬，1945 年時，總共只剩 48 萬人。其中第二戰區人數最多，曾高達 55 萬之眾。下面列表顯示各戰區人數變化之一斑。

36　山東省教育廳長何思源，〈致何應欽彙報山東工作一年情形之報告〉，《戰史編纂委員會檔案》，中國第二歷史檔案館藏，檔號：773-753。李品仙，《李品仙回憶錄》（台北：中外圖書公司，1975），頁 196。

37　豐潮，〈大別山——精神糧食的生產工具〉，《陣中日報》（第五戰區主辦），1941 年 9 月 17-19 日，3 版連載；蜀道難，〈鄂東的文化工作〉，《陣中日報》，1941 年 8 月 29 日，3 版。

表 1　國軍敵後正規游擊軍概況表 [38]

戰區＼年份	1937	1938	1939	1940	1941	1942	1943	1944	1945
第一戰區	2 萬	7 萬	6 萬	5 萬	5 萬	2 萬	1 萬	1 萬	1 萬
第二戰區	5 萬	30 萬	50 萬	55 萬	40 萬	25 萬	25 萬	20 萬	20 萬
第三戰區		5 萬	9 萬	7 萬	5 萬	5 萬	4 萬	3 萬	3 萬
第四戰區			1 萬	2 萬	2 萬	1 萬	1 萬	1 萬	1 萬
第五戰區	5 萬	8 萬	10 萬	18 萬	10 萬	7 萬	6 萬	2 萬	2 萬
第九戰區			6 萬	7 萬	6 萬	5 萬	4 萬	3 萬	3 萬
魯蘇戰區			8 萬	10 萬	10 萬	12 萬	2 萬	[39]	
冀察戰區			5 萬	9 萬	10 萬	12 萬	10 萬	1 萬	[40]
第十戰區								18 萬	18 萬
魯蘇皖豫邊區						15 萬	15 萬	[41]	
合計	12 萬	50 萬	95 萬	113 萬	88 萬	84 萬	68 萬	49 萬	48 萬

（2）地方游擊隊

地方游擊隊比較複雜，主要包括 3 類：

1.　由戰區組織領導的游擊縱隊，多由正規軍轉化或收編偽軍，作戰力較強，可稱為游擊隊中的野戰軍。

....

38　本表資料為筆者（洪小夏）計算所得，資料來源複雜，全部列出篇幅過長，暫略。參見洪小夏，〈國民黨抗日游擊戰爭研究（1937-1945年）〉（南京大學歷史學系博士論文，2007年），第四章第二節的相關內容。

39　該戰區1943年6月名存實亡，1944年5月明令撤銷；轄地後基本劃入1944年底成立的第十戰區。

40　該戰區1943年秋以後即名不副實；1944年6月後戰區司令長官由第一戰區司令長官兼任，此時曾圖謀補救，但未能成功；延至1945年6月正式撤銷；在該戰區轄地新成立第十一戰區。

41　根據軍政部軍務科，〈各戰區游擊部隊實力給予概況一覽表〉（1938年4月3日）統計及推算，《軍政部檔案》，中國第二歷史檔案館藏，檔號：773-748。

2. 地方保安團隊：地方政府組織、領導和供給的武裝力量，例如省政府、地區行政專員公署、縣政府的保安旅、保安團，縣、區常備隊、自衛團隊等。

3. 民眾游擊隊：由地方仕紳、在鄉軍人、農民或是土匪綠林、會黨等自發組織的游擊隊。

國軍領導的地方游擊隊，在 1938 年 4 月約為 30 萬，[42] 1939 年 1 月最高峰時超過 80 萬，之後逐漸減少，1940 年底降到 61 萬，1941 年 10 月再降為 50.27 萬，1942 年 10 月 35.7 萬，1943 年 6 月約 34 萬，1944 年 4 月僅剩 27.3 萬。[43]

（3）特工系統游擊隊

軍事委員會調查統計局（軍統）在敵後亦組織游擊隊，包括：別動總隊、忠義救國軍、混城隊、別動軍，以及鐵道破壞隊等。這類游擊隊自稱進行的是「敵後特種作戰」，亦稱「第五縱隊作戰」，多採用突擊、奇襲的作戰方式襲擾敵人，但其更重要的任務是「滲入敵後中心城市及交通要點，進行敵後破壞和搜集情報工作」。[44]

特工系統游擊隊名義上受某戰區或某游擊指揮部的指揮，或者對外使用游擊隊的番號，實際上自成體系，經費獨立，直接受軍統或其他特工系統的指揮。

42　根據軍政部軍務科，〈各戰區游擊部隊實力給予概況一覽表〉（1938年4月3日）統計及推算，《軍政部檔案》，中國第二歷史檔案館藏，檔號：773-748。

43　1939年1月以後游擊隊人數，均參見參謀總長兼軍政部長何應欽歷年分別向國民黨五屆八中、十中、十一中、十二中全會和六大的軍事報告。見浙江省歷史學會現代史資料編輯組編，《抗日戰爭軍事報告集》（下）（杭州：浙江省歷史學會現代史資料編輯組編印，1986），頁 22、134、197、223。

44　參見〈軍事委員會別動軍作戰指導計畫〉（1944年9月），《戰史編纂委員會檔案》，中國第二歷史檔案館藏，檔號：787-11952。

（4）特種游擊隊

國軍還有陸軍之外的其他軍、兵種游擊隊，例如海軍的布雷游擊隊、海軍和陸軍的砲兵游擊隊，以及非軍事的經濟游擊隊等，這些「特種游擊隊」在敵後從事海軍布雷游擊戰、遊動砲兵游擊戰、鐵道破壞戰等。

2. 廣泛的游擊戰爭

國軍在敵後組織龐大，所開展的游擊戰亦多樣化。

（1）**陸軍敵後游擊作戰**：有游擊策應戰、破壞襲擾戰、反掃蕩作戰等。

（2）**城市游擊戰**：包括破襲戰（有破壞、襲擊、擾亂、爆炸等）、暗殺戰（刺殺、綁架、恫嚇等），以及策反、搜集和偵察情報等。承擔這類工作的，除了國軍正規軍的情報機構、便衣游擊隊之外，主要是特工系統各部門，尤其是戴笠領導的軍事委員會調查統計局（軍統）。[45]

軍統等特工組織在淪陷區的城市裡設有區、站、組等特工單位，軍統上海區，全盛時期就有人員 1 千人以上。這麼大的祕密工作團體潛在敵後，不僅在中國情報活動史上絕無僅有，就是在第一、二次世界大戰時，也極為罕見。[46]

（3）**特種游擊戰**：最特別的是海軍布雷游擊戰，這是弱小的中國海軍對抗強大的日本海軍創造出的一種全新的游擊作戰方式，在世界海戰史和游擊戰爭史上均非常罕見。[47]

45　國民黨中央執行委員會調查統計局（中統）在寧滬杭地區也有一些制裁漢奸的刺殺行動，例如打入汪偽76號的中統特工鄭蘋如，擬與其他中統特工配合，刺殺汪偽76號特工總部主任丁默邨。但中統的重點是搜集情報、策反等工作，在行動方面不如軍統突出。

46　陳恭澍，《上海抗日敵後行動》（台北：傳記文學出版社，1984），頁3-5。

47　參見祥光，〈海軍並沒有離開水面〉，收於海訊社編，《水雷戰》（桂林：海訊社，1941），頁105。

海軍布雷游擊戰主要是破壞日軍長江的交通，擊沉日本軍艦、商船，及運輸船，日軍對此頗為頭疼。單單 1940 年這一年，海軍在敵後游擊區布雷作業 51 次，布放漂雷 962 顆，炸沉敵艦 81 艘，炸傷 33 艘；沉船總噸位即達 8 萬 8 千餘噸，船舶造價達 7 千萬元以上；另損失輜重、物資無數。[48] 八年抗戰中，海軍布雷游擊隊在敵後長江流域布放漂雷共計 102 次，炸沉敵艦艇共 175 艘，炸傷敵艦艇 83 艘以上。[49]

海軍敵後布雷游擊戰效果顯著，引起日軍嚴密防範，1944 年 7 月後，布雷游擊隊幾乎無法接近江邊，老百姓也不敢再支援游擊隊，布雷作業試了幾次均未成功，逐漸終止。[50]

海軍布雷游擊戰對日軍傷害甚大，不僅是船隻及實物的損失，其戰略價值更重大。侵華日軍在華中長江沿線的湘鄂贛皖地區，共駐有 9 個半師團，兵力超過 20 餘萬，軍需給養、兵員補充等，主要依賴長江水道。由於中國海軍的水雷游擊戰給日軍造成重大損失，使日軍長期無法真正控制長江水道，充分發揮其運輸功能。[51]

特種游擊戰還有鐵道破壞戰，國軍組織了鐵道破壞隊，專門在大江南北分別破壞敵後各重要鐵路。成員大多是鐵路員工，他們既是修

48　陳紹寬，〈二十九年一年間海軍戰績之檢討〉；郭誠，〈國產水雷之製造〉；〈抗戰以來我海軍發揮水雷及要塞力量傷沉敵艦數目一覽表〉，收於海訊社編，《水雷戰》，頁 13-15、20-21、108。

49　長江流域資料，綜合〈抗戰以來我海軍發揮水雷及要塞力量傷沉敵艦數目一覽表〉，《水雷戰》，頁 108；〈海軍抗戰紀事〉（1939），《抗日戰爭正面戰場》下冊，頁 1755；和〈中國海軍對日抗戰經過概要〉（1947）及三個附表，《抗日戰爭正面戰場》下冊，頁 1847-1872 等資料。另有材料說，中國海軍在長江中下游「不斷往復布放漂雷，先後擊沉敵人艦艇千艘之多」，此數似有誇大。參見秦孝儀主編，《中華民國重要史料初編：對日抗戰時期第 2 編作戰經過（三）》（台北：中國國民黨中央委員會黨史委員會，1981），頁 51。

50　本段除另注外，均參見海軍總司令部編，〈海軍戰史續集（1941.10-1945.12）〉，《抗日戰爭正面戰場》下冊，頁 1792-1793。

51　張明烈，〈遮斷長江的戰鬥〉，收於海訊社編，《水雷戰》，頁 90。

建、維護鐵路的內行，也是破壞鐵路的好手。他們採取不容易被發覺和排除的專業方式破壞鐵路，給日偽交通造成重大威脅。

以 1940 年為例，江北鐵道破壞隊指揮轄下的 4 個大隊，游擊破路工作 189 次，炸毀火車機車 69 個、車廂 285 節、破壞橋梁 25 座、鐵路路軌 22,649 米、破壞和繳獲大砲 5 門、機槍 11 挺、步槍 49 枝、騾馬 55 匹，以及其他軍用品。[52] 同時，鐵路破壞隊也付出了巨大的犧牲。1940 年，江北鐵道破壞隊的 4 個大隊總計犧牲 38 人。[53]

還有，1943 年後，平漢、粵漢等鐵路破壞隊，以及忠義救國軍、軍委會別動軍等，接受中美合作所的訓練，並裝備了美國新式武器，戰鬥力大為加強，以新的面貌，繼續在敵後破襲鐵路等設施。著名的戰例有：破壞鄭州黃河大橋、炸斷蒲圻鐵橋、連續破壞浙贛鐵路、炸斷錢塘江大橋、炸斷浦陽江鐵橋等等。

3. 游擊作戰的貢獻及犧牲

基本上，從 1938 年底到 1941 年底，正面戰場上幾乎每一次重要會戰，軍委會都直接指令敵後游擊部隊配合作戰。除了武力襲擊牽制敵軍外，還包括破壞交通、打擊經濟等。

國軍敵後作戰成效卓著，但也傷亡慘重。據軍事委員會統計，從1937 年到 1945 年八年抗戰期間，國軍大會戰共計 22 次，重要戰鬥 1,117 次，以游擊戰為主的小戰鬥 38,931 次，合計作戰共 40,070 次。[54] 其中大小游擊戰占國軍作戰總次數的 68%。

52　〈廿九年工作總報告〉附件二「軍事委員會江北鐵道破壞隊各大隊廿九年工作簡報表」，《戰史編纂委員會檔案》，中國第二歷史檔案館藏，檔號：787-11977。

53　〈廿九年工作總報告〉附件四，「軍事委員會江北鐵道破壞隊各大隊廿九年死亡一覽表」，《戰史編纂委員會檔案》，中國第二歷史檔案館藏，檔號：787-11977。

54　軍事委員會軍令部，「抗戰期間各期敵我大小戰鬥次數統計表」，浙江省中國國民黨歷史研究組（籌）編，《抗日戰爭時期國民黨戰場史料選編（一）》（杭州：浙江省中國國民黨歷史研究組〔籌〕，1986），頁329。

　　這些數據說明國軍敵後戰場在抗戰中發揮了顯著的戰鬥作用；加上配合正面戰場作戰、擾亂敵占區治安，牽制了大量敵軍的戰略作用，可說國軍在敵後戰場為中國最後戰勝日本作出了重要貢獻。

　　但是，敵後環境艱苦，任務危險，國軍為此付出不小的代價。據軍政部調查統計，從 1937 年 7 月全面抗戰爆發後至 1942 年 8 月的 5 年時間內，各戰區不算敵後游擊正規軍，僅游擊隊陣亡的軍官即多達 1,675 人；其中包括少將 6 人、上校 27 人、中校 45 人、少校 150 人、上尉 327 人、中尉 451 人、少尉 529 人、准尉 140 人（詳見下表 2）。

表 2　國軍各戰區陣亡游擊隊軍官統計匯總表（1937.7—1942.8）[55]

戰　區	軍　階									合計
	中將	少將	上校	中校	少校	上尉	中尉	少尉	准尉	
冀察戰區		2	4	4	17	51	45	47	13	183
魯蘇戰區		3	8	3	35	76	98	93	42	358
第一戰區		1	4	3	24	72	84	92	33	313
第二戰區			2	5	7	11	19	33	7	84
第三戰區			2	10	9	16	17	28	4	86
第五戰區			1	4	5	19	22	34	5	90
第六戰區				2	8	12	12	16	2	52
第四、七戰區				4	17	28	59	68	8	184
第八戰區			3	5	10	15	43	59	14	149
第九戰區			3	5	18	27	52	59	12	176
總　　計		6	27	45	150	327	451	529	140	1675

　　這些陣亡軍官中，在敵後犧牲的少將以上將官約占國軍少將以上

55　軍政部軍務司，「各戰區游擊部隊陣亡准尉以上官佐表」（1942 年 8 月），《政治部檔案》，中國第二歷史檔案館藏，檔號：772-632。原表總數為 1,655 人，應有誤差，本表根據原始表格各單項資料重新計算總數。

陣亡總數的 38%；[56] 團職以上軍官，犧牲於敵後的也約占團職以上陣亡軍官總數的 38%。[57] 由此推算國軍敵後傷亡的各級軍官總數，約占國軍抗戰傷亡軍官總數的三分之一以上。如包括士兵，國軍敵後游擊部隊的傷亡及失蹤總數約 50 萬人，占國軍抗戰傷亡總數 321 萬餘人的 15.6%。[58]

以上這些事實與數據彰顯了國軍敵後游擊作戰的勇猛，以及他們的犧牲和貢獻。但是，國軍敵後游擊隊和中共敵後武裝部隊的發展比較，兩者大相逕庭。國軍游擊隊在抗戰初期如雨後春筍般的湧現，但其根據地及人數在抗戰中期卻逐漸減少，最後面臨衰落的命運。相反的，中共的敵後根據地卻從陝北一隅，迅速擴展到 10 餘省。何故？

4. 國軍敵後作戰為何走向衰落？

國軍敵後作戰從極盛時期走向衰落，到抗戰後期，大部分游擊戰編制被撤銷，敵後游擊作戰的任務主要由正規軍承擔。坊間多以為是與中共的衝突而導致國軍敵後游擊作戰衰落，其實不然。真實的原因，包括被日軍掃蕩、與中共衝突、國軍內部矛盾，以及國軍對游擊作戰觀念上和執行上的局限。

（1）被日偽軍掃蕩：這是主要原因，中條山會戰（晉南會戰）就

56　國軍抗戰陣亡少將以上軍官118名，在敵後犧牲者45名，占38.1%。見茅海建主編，《國民黨抗戰殉國將領》附錄（鄭州：河南人民出版社，1987），頁351-360。

57　國軍陣亡團級以上軍官220人，其中犧牲在敵後的有84名，占38.2%。此資料根據馬齊彬等主編，《國民黨抗日陣亡將士傳》（石家莊：河北人民出版社，1987）。總數和比率由本章作者洪小夏統計而得。茅海建和馬齊彬兩書的陣亡軍官資料可能均不完整，但相對比率相似。

58　關於國軍抗戰傷亡總數，有不同的資料，有3,216,079人、3,211,418人，或3,220,419人，可能因數據的統計時間不同而產生差別。本章使用321萬餘人的說法。分別參見〈中國軍民八年抗戰人口、財產損失統計〉，劉庭華，《中國抗日戰爭與第二次世界大戰繫年要錄·統計薈萃》（北京：海潮出版社，1995），頁316；「抗戰各時期敵我使用兵力及傷亡人數一覽表」，「抗日戰爭會戰經過概見表」之附記，《抗日戰爭時期國民黨戰場史料選編（一）》，頁328、336。

是一例，國軍敵後部隊在此役嚴重受創，從此一蹶不振。但為何受挫就從此衰落？中共游擊隊同樣遭到日軍掃蕩，但它卻能繼續茁壯，可見還有其他原因。

（2）與中共的摩擦和衝突：中共致力敵後根據地的擴張，國共兩黨在淪陷區勢力分布犬牙交錯，重疊或模糊不清的不在少數，國軍游擊部隊與中共部隊發生武裝摩擦時，經常處於劣勢，致使國軍敵後根據地逐漸縮小、人員減少。

例如，1939 年春，八路軍在河北擊敗了朱懷冰第 97 軍，又打敗了張蔭梧的河北民軍，冀察戰區總司令鹿鍾麟在河北無法立足，只得把河北讓給中共。又如，國軍游擊隊在山東淪陷區原占有優勢，但 1943 年後，八路軍在山東先後打擊了秦啟榮、劉桂堂、吳化文、張里元、張景月等部，八路軍後來居上，國軍反而每下愈況。更有甚者，新四軍在江蘇省泰興縣黃橋鎮重創了國民黨第 89 軍和獨立 6 旅，消滅 1 萬餘人，之後甚至發生幾次「捉放」魯蘇戰區副總司令韓德勤，使韓部在蘇北實力漸弱。不能否認，八路軍、新四軍在華北、華中大力發展，成為國民黨敵後游擊部隊強有力的競爭對手，甚至是「剋星」。

（3）國軍內部矛盾：整個抗戰時期，國軍敵後游擊部隊內部經常發生矛盾和衝突。例如，河北石友三和張蔭梧之間，山東沈鴻烈和于學忠之間，蘇北韓德勤和李明揚之間、李明揚和李長江之間，第一戰區正副司令長官蔣鼎文和湯恩伯之間等，都有各式各樣的矛盾。他們平日互相排擠、打小報告、挑撥離間，有些部隊甚至在和日偽軍作戰或與中共軍隊衝突時，為了保存實力，對友軍見死不救，這方面的例子可說不勝枚舉。這種情形不但削弱國軍游擊力量，也有不少人因此唾棄國軍、投向日偽軍。[59]

....

59　詳情請參見洪小夏，〈抗日戰爭時期國民黨敵後戰場衰落原因新探〉，《抗戰史料研究》，2016 年第 1 期，頁 1-15。

但是，以上幾項挑戰（日偽軍掃蕩、兩黨摩擦、內部矛盾），中共也不能倖免，只是程度上有所差異。國軍敵後作戰式微的根本原因，在於其對游擊戰的觀念。

（4）**國軍對游擊戰觀念和執行上的局限**：國共兩黨對於游擊戰的認識，從一開始就南轅北轍；國軍游擊戰思維拘泥於正規部隊的框架中，認為游擊戰是配合正面戰場作戰的輔助性質，無論是指揮作戰或後勤補給，游擊部隊對正規軍的依賴亦相當重。而中共游擊戰則是與地方群眾結合，靈活機動。

問題是，游擊戰與正規作戰不同，游擊戰不在乎一城一地的得失，重點是靈活機動，避實擊虛。面對日軍掃蕩，中共不正面衝撞，憑藉農村民眾和基層政權的配合，往往能及時脫離包圍圈，或以小型支隊為單位，分散到農村隱藏。如此，中共多半能保持有生力量，等待日軍撤退，再回來繼續擴大實力。

反觀國軍，一旦在敵後作戰中失利，被或打散到鄉村，因其後勤依賴正規軍，即便原來軍紀優良的部隊，也會因給養問題，不得不以搶掠維生。因此，游擊隊紀律難以維持，經常引發軍民、軍政矛盾，不僅地方政府和民眾對國軍游擊隊不滿，領導機關如軍事委員會等也感到失望，再加上正統思想的影響，軍事委員會於 1942 年後決定縮編乃至撤銷游擊隊。

以上 4 個原因說明國軍在抗日敵後戰場衰落是由於多方面的因素，除了軍事，還有政治的原因；有外因，也有內因。日軍對國軍敵後戰場的掃蕩是主要的外因，而軍事委員會對游擊戰觀念和戰術上的偏差，以致主動進行編併、裁撤，則是主要的內因。這一點正是過去學界研究未重視的地方。

二、國軍敵後作戰的特點：具正規軍編制與運作

國民黨抗日敵後戰場規模龐大、規劃系統、部署全面、調整頻繁，有自己的模式和特點。

具有多樣性

國軍游擊部隊中，正規軍較多，地方游擊隊較少；除陸軍步兵外，還有海軍、砲兵等多軍種多兵種的游擊隊，舉世罕見。中共游擊部隊則不存在陸軍之外其他兵種的正規軍游擊隊。即便是中共正規軍，其編制與裝備也達不到國軍正規陸軍步兵的標準；而中共民兵、游擊隊的數量一般超過正規軍。

其次，國軍游擊戰類型多，有鄉村游擊戰和城市游擊戰；城市游擊戰還分為臨時性游擊戰（由正規軍編組的混城隊、出擊隊、突擊隊等開展）和長期性的游擊戰（由軍統、中統的區、站、組等地下組織開展的城市游擊戰）。中共因在城市的基礎較差，基本上只有鄉村游擊戰；即使在淪陷城市裡，中共地下黨主要從事抗日宣傳、情報及策反工作，幾乎不存在城市地下軍事武裝力量。

此外，國軍敵後游擊部隊不僅能打游擊戰、運動戰，也能打陣地守備戰，甚至能打城市攻堅戰。[60] 而中共游擊隊基本上只打游擊戰，很少打陣地戰，攻堅戰更是絕無僅有（「百團大戰」）。面對日軍大規模掃蕩，國軍游擊部隊會展開保衛根據地的守備戰，而中共一般是「打不贏就走」，不與日軍正面交鋒。

60　例如，第一戰區游擊部隊1940年6月曾兩次攻進日偽河南省會開封市；冀察戰區游擊部隊1941年10月下旬為策應第二次長沙會戰，曾一度攻進河南省新鄉市等等。經中美合作所訓練換裝後的別動軍第二縱隊，1944年6月下旬為配合長衡會戰曾攻占株洲市並堅守幾天，切斷粵漢鐵路長沙衡陽間的運輸，遲滯了日軍進攻衡陽的行動。

有較正規的編制和裝備

　　國軍游擊部隊的裝備相對較好，其敵後正規軍的裝備和正面戰場正
規軍相同，而敵後游擊隊的裝備也不差。例如，衛立煌指揮的中央軍
系統晉南游擊隊，1個司令部下轄2個支隊，共5,057人，擁有馬173匹、
長短槍3,325枝、砲11門、重機槍24挺等。[61] 裝備較差的第二戰區晉
綏軍游擊隊，據1940年6月統計，有6個縱隊18個支隊，共2萬3千
多人，無馬，但有長短槍7千餘枝，砲11門、重機槍25挺、輕機槍
235挺、衝鋒槍293枝。游擊縱隊還設有輸送隊、野戰醫院、無線電中隊；
支隊設有輸送隊、衛生隊、無線電分隊等編制，接近正規軍的裝備。[62]

　　這還不算，1943年之後，國軍別動軍、忠義救國軍各縱隊和教導
營等游擊部隊，接受「中美特種技術合作所」的訓練和美式武器，其
裝備甚至比正規軍還好。[63] 因此，國軍敵後游擊部隊的作戰形式較為豐
富，作戰能力也較強。

　　除了裝備，國軍游擊隊指揮部的編制和機構設置，與正規軍類似。
例如1940年1月軍委會制定的〈游擊區總指揮部編制表〉，規定游擊
區總指揮部設立參謀處、副官處、軍法處、軍醫處、特務營、野戰醫
院等機構。[64] 可見國軍敵後游擊隊都有正規化的傾向，同時，對後勤供
應的依賴性也相當大；而中共游擊部隊基本沒有後勤支援，因此它能
保持機動靈活的戰術特點。

....

61　「第二戰區副司令長官所屬游擊隊素質人槍裝備調查表」（1939年10月5日），《軍
　　政部檔案》，中國第二歷史檔案館藏，檔號：773-846。

62　「閻錫山致何應欽之寒辰電」（1940年6月14日）、「閻錫山致何應欽之迵酉電」
　　（1940年6月24日），《軍政部檔案》，中國第二歷史檔案館藏，檔號：773-846。

63　中美特種技術合作所（Sino-American Special Technical Cooperative Organization,
　　SACO）簡稱「中美合作所」，是二戰期間國民政府和美國合作建立的跨國軍事情
　　報機構，共同打擊日本。

64　〈游擊區總指揮部編制表〉（1940年1月5日），《戰史編纂委員會檔案》，中國第二
　　歷史檔案館藏，檔號：787-11954。

以正規軍為主、游擊隊為輔的武裝力量結構

國軍游擊隊與正規軍是從屬關係;抗戰前 3 年半(1937-1940 年)游擊戰處於上升時期,游擊隊和正規軍既緊密合作,又相對獨立;但在 1941 年軍委會整理游擊隊後,游擊隊絕大多數劃歸正規軍管轄,形同正規軍的附屬部隊。

這種從屬性和中共有很大的差別。中共的游擊隊基本與正規軍處於相對獨立的地位,經費、人事、指揮系統等都各自獨立,各成體系,各自為戰。

具有相當的總體規劃和敵後根據地

國軍選定敵後根據地,多作事先規劃部署和建設,這與國民黨是執政黨有關。例如,武漢失守後,軍委會就擬定建立全國游擊區和根據地的具體規劃,幾乎所有適合開展游擊戰的地形如山區以及軍事要地,都列入游擊區和根據地建設的規劃中。

對於選定作為根據地的地區,軍委會和各戰區在該地尚未淪陷前,即積極儲存物資、修築工事和道路、囤積糧彈等;在淪陷後也盡可能利用機會,提供後勤補充。例如第五戰區在武漢失守前夕,決定留置精銳部隊在大別山建立游擊根據地,當時就迅即緊急搶運各種戰備物資進大別山囤積,並在山區搶修工事和道路;武漢失守後,又突擊幾個月,趕建營房、倉庫,修築路障、據點,修建通訊網和交通線等。[65]

這些建設為敵後根據地奠定了作戰基礎。當日偽軍進攻國軍敵後根據地時,國軍游擊部隊會起而對抗,堅守根據地,而不輕易退卻。例如在武漢淪陷後近 7 年時間裡,日偽軍多次掃蕩、圍剿大別山根據地的核心、戰時安徽省會立煌縣(今稱金寨縣),僅在 1942 年底至 1943

65　徐啟明口述、陳存恭訪問記錄,《徐啟明先生訪問紀錄》(台北:中央研究院近代史研究所,1983),頁99-101。

年初失守過很短一段時間即被恢復。中條山根據地也曾粉碎日軍 13 次掃蕩，保衛根據地長達 4 年多之久，直到 1941 年 5 月日軍第 14 次掃蕩，游擊隊對抗失敗，根據地才喪失。魯蘇戰區在 1939 年 6 月魯南反「掃蕩」作戰中，第 51、57 軍和新編第 4 師各部一面用游擊戰法與日軍周旋，一面伺機伏擊、截擊、攻擊日軍，打得日軍傷亡慘重，「遺屍約百具」而潰逃。此役，國軍游擊隊與數萬日軍（3 個師團 6 個聯隊）作戰長達 1 個月，斃傷日偽軍 6 千餘人，國軍傷亡 3 千餘人。[66]

國民政府重視敵後根據地的建設，根據地的教育就卓有成效。此外，國軍敵後抗日根據地的文學、藝術、新聞、出版，以及工業、農業、商業、交通、貿易、金融、社會救濟等等各個領域，都有許多值得學界研究的地方。[67]

抗日為主任務，但兼具抗日和防共的兩面性

數十年來，中國大陸和若干西方學界認為，國軍在敵後作戰的主要任務是防共、反共，而非抗日。這是個被嚴重扭曲的事實，國共在淪陷區確有摩擦與衝突，但國軍抗日的決心始終如一，而且，這有一段發展演變的過程，也因地而異，具體情況如下：

抗戰初期，八路軍、新四軍尚未完成改編，國軍敵後部隊都是為了抗日的目的而部署的。此時敵後發展的空間很大，國共雙方的軍隊都力避衝突，各自向不同方向發展。

1939 年，游擊戰迎接發展的高峰，國共兩黨敵後部隊都有長足的擴展。彼此勢力範圍擴大，難免出現交錯重疊的地方，矛盾漸生，衝突漸多，而相互的猜疑和不信任也愈來愈嚴重。1940 年開始，國軍敵

66　《抗日戰史‧魯蘇游擊戰》，頁 35、40。

67　除了王國林在對第三戰區第一游擊區的研究中涉及到一些敵後根據地的教育之外，迄今國內外尚無其他系統的研究，幾乎是一片空白。

後作戰便具有了抗日和反共的雙重性。

　　不過，從總體來看，國軍敵後游擊部隊，絕大多數堅持抗日第一，即使日軍常以「反共」為餌，誘降國軍敵後部隊，但國軍游擊將士們面對外侮時，還是把民族大義放在第一位。例如太岳山的武士敏第 98 軍、太行山的龐炳勛第 40 軍，都曾面臨日軍「聯合反共」的誘降遊說，但他們都拒絕了。

　　筆者研究國軍在兩個重要的游擊區——山西及湖北——的作戰，發現國軍游擊隊堅持抗日，其逐漸式微是敗於日軍及偽軍，幾乎沒有被共黨消滅的國軍游擊隊。[68] 在山西，國軍敵後游擊部隊也是與日偽軍作戰極多，和新四軍摩擦極少。即便是抗戰中後期，國共兩黨已發生摩擦，仍有戰略配合的關係。例如，1940 年春棗宜會戰、1941 年初豫南會戰，還有 1943 年春鄂西會戰中，新四軍都曾和國軍部隊進行戰略配合。[69]

　　從統計數字來看，也證明國軍敵後游擊隊目標在抗日。例如，抗戰時在敵後作戰陣亡的國軍將軍總共 26 位，其中 24 位死於對日軍及偽軍的戰鬥，僅有 2 位（李守維、翁達）死於與中共軍隊的衝突，而且都亡於 1940 年 10 月的「黃橋事變」。[70]

　　這個統計說明了兩個事實：

68　洪小夏，〈國民黨山西抗日游擊戰爭述略〉，第四屆海峽兩岸抗日戰爭史學術研討會會議論文徵文（南京：中國抗日戰爭史學會、中正文教基金會，2013 年 10 月 21 日）。

69　洪小夏，〈全面抗戰時期湖北國民黨敵後戰場論述〉，《湖北社會科學》，2021 年第 8 期。

70　抗戰時將領殉國後，絕大多數被追加晉升一級軍銜，例如：中將追贈上將，少將追贈中將。本書涉及軍銜均為陣亡前的實際軍銜。這些殉國將領的事蹟及殉國時間請見茅海建主編，《國民黨抗戰殉國將領》。各相關人物，因較繁瑣而未詳注相關頁碼。

(1) 國軍敵後陣亡的 26 位將領中，24 位死於直接對日軍及偽軍作戰，足證國軍在敵後作戰相當英勇。

(2) 僅有 2 位死於與中共的衝突，說明國軍敵後作戰抗日為主、防共是次要的。

三、國軍敵後作戰典型案例：中條山會戰

山西省是國軍敵後作戰最重要的戰場之一，也是唯一以單一省分為轄境的戰區。國軍和共軍都在山西駐有龐大的游擊武力；國軍在山西地區的敵後游擊作戰，不論就軍隊數量或是戰果來說，都勝過最後名實皆亡的魯蘇戰區及冀察戰區。

國軍在山西實際建立的游擊地主要有 4 塊：

(1) 閻錫山（晉綏軍）建立的晉西呂梁山根據地；

(2) 衛立煌（中央軍）建立的晉南中條山根據地和太岳山根據地；

(3) 傅作義建立的管涔山迤綏遠大青山一線的晉西北山地根據地；

(4) 龐炳勛第 24 集團軍建立的晉東南太行山根據地。

呂梁山、中條山、太岳山及太行山都屬於第二戰區。晉西北的山地根據地基本上與綏遠連成一片，屬於第八戰區管轄範圍。山西和冀察、魯蘇戰區緊密相連，戰略位置極為重要。1940 年之前，因為有國民黨幾十萬正規軍在山西堅持游擊戰，日軍被困在山西境內的各鐵路沿線，無法顧及廣大鄉村，尤其是晉南中條山一帶，被稱作日軍的「盲腸」。

為了拔掉以中條山為中心的國軍游擊根據地，日軍從 1939 年開始，對中條山地區進行了 13 次掃蕩，都被第二戰區軍隊擊退，但國軍敵後游擊部隊也因此元氣大傷，實際控制的區域愈來愈小。

中條山會戰—晉綏游擊作戰的分水嶺

到了 1941 年時，國軍在華北敵後戰場上主要的據點只剩下晉南的中條山地區。中條山脈呈東西向，為自北方進軍中原的最後一道天然屏障，日軍欲南向進取河南，或向西進攻陝西，首先都必須拔除中條山國軍這顆釘子。

1941 年 5 月初，日軍決定發動第 14 次掃蕩，決心一舉殲滅晉南地區，特別是中條山一帶的中央軍，徹底清除國軍在黃河以北的力量，「中條山會戰」（亦稱「晉南會戰」）由此爆發。

日軍擔任此次作戰的主力部隊是華北方面軍第 1 軍所屬第 25、30、37、41 師團，以及獨立混成第 9、16 旅，另外還從華中第 11 軍抽調第 33 師團、從 13 軍抽調第 21 師團。臨戰前夕，大本營又從關東軍調來飛行第 32、83 戰隊及第 3 飛行團擔任空中支援。總計調動精銳部隊約 12 萬人，顯示其勢在必得的決心。[71]

為了這場作戰，大量日軍從 4 月初就在山西境內頻繁移動，但國軍的情報系統反應遲慢，直到 4 月中下旬日軍已大舉向中條山周圍集結，國軍才察覺情況不妙。參謀總長何應欽在 4 月 18 日、20 日兩次召集第一、第二、第五戰區軍長以上人員軍事會議，商討應戰部署。與會人員都理解中條山的重要性，但各部都缺乏具體有效的相應作為，議而未決。[72] 直到 20 日第二次「晉南三角地帶作戰檢討會」上，何應欽才作出明確應戰指示：

(1) 為確保中條山，各部應視日軍動態相機行事；93 軍由北向南、

71　日本防衛廳防衛研修所戰史室編撰，廖運潘譯，《日軍對華作戰紀要（11）治安作戰（一）大戰前之華北「治安」作戰》（台北：國防部史政編譯局，1988），頁 726。

72　「何應欽主持關於晉南會戰作戰準備之第一次會議紀錄」（1941 年 4 月 18 日），收於中國第二歷史檔案館編，《抗日戰爭正面戰場》下冊，頁 993-1000。

27 軍由東向西，會合中條山右翼各部，合力攻取高平、晉城、陽城、沁水間地區。

(2) 然後與晉西國軍及第二、第八戰區協力，包圍晉南三角地帶的日軍；如以上戰鬥目標無法達成，最低限度亦須確保中條山，勿落入日軍之手。[73]

5月7日下午，日軍在航空隊的支援下，從東、西、北三面向國軍中條山各據點全線出擊。中條山西側首先爆發激戰，守軍是國軍第80軍及第5集團軍的第3、第17軍。兩軍激戰到8日，日軍占領了中條山南麓重鎮垣曲縣城，把中條山的國軍截斷成東、西兩部，斷了彼此的聯絡。

9日，在垣曲的日軍分向東西兩面擴張戰果，守軍撤退到第二線陣地。10日，在最西邊的國軍第80軍奉命南撤，其新編第27師為掩護主力渡河，在觀音殿、任家窯一帶與日軍激戰。戰鬥中，師長王竣、副師長梁希賢陣亡，參謀長陳文杞自盡。11日，第80軍餘部撤退到黃河以南。

在80軍的東邊、靠近中條山中部的國軍第5集團軍，傷亡最為慘重。總司令部在開戰不久即與外界中斷聯繫，垣曲以西黃河渡口全部失守，第3軍軍長唐淮源、第12師師長寸性奇自戕殉國；第17軍參謀長金崇印被俘，因誓死不降而被日軍殺害。最後第5集團軍餘部化整為零，分散突圍，大部跨過同蒲鐵路、再西渡黃河到陝西韓城集結。12日，日軍控制了黃河北岸的各渡口。

與此同時，日軍第36、37師團由夏縣及茅津渡附近，向東發起進攻，攻擊並突破國軍第80軍及第3軍陣地。

數天時間，日軍就迅速占領了中條山重鎮垣曲、邵源，以及黃河

---

73 「晉南三角地帶作戰檢討會」（1941年4月20日），收於中國第二歷史檔案館編，《抗日戰爭正面戰場》，下冊，頁1001。

北岸的重要渡口。此時，中條山國軍雖然還保有完整戰力，但從戰略意義而言，日軍已經切斷了國軍的退路，形成四面包圍的態勢。因日軍把中條山國軍切割在幾個各自孤立的據點，國軍難以扭轉形勢，只得各自撤退，保存實力。

中條山右翼的守軍是國軍第 14 集團軍的第 93、98、15 軍以及配屬的第 43 軍。5 月 7 日同時遭到日軍 33 師團的攻擊。一夜激戰，第二天早上，日軍突破第 43 軍陣地，但遭遇右翼第 98 軍的頑強抵抗，雙方激戰數日，第一戰區長官部命令第 14 集團軍主力向北突圍，轉移至太岳山區。第 93 軍軍長劉戡率領該軍及集團軍餘部繼續西撤，最後轉移到呂梁山地區。[74]

中條山東部的守軍是國軍第 9 軍，第一戰區長官部命令第 9 軍主力由官陽南渡，參與黃河河防。到 1942 年夏，國民政府堅持 5 年之久的中條山根據地基本喪失了，殘餘國軍分別撤退至陝西及豫北，只剩下零星小部隊和地方游擊隊在山區打游擊。[75]

日軍掃蕩山西敵後據點，國軍敵後作戰大傷

中條山會戰是國軍在敵後戰場發展的一大分水嶺。國軍在此役遭受重創，此後喪失了中條山南北隘口及各據點，也丟掉了國軍在敵後戰場最重要的中條山根據地，國軍敵後游擊作戰從此一蹶不振。

日軍欲消滅國軍在山西敵後游擊隊毫不放鬆，連年發動掃蕩。中條山會戰剛結束，1942 年夏初，日軍就攻占了太岳山根據地，接著發

74　有關中條山會戰的經過，參見日本防衛廳防衛研修所戰史室編撰，廖運潘譯，《日軍對華作戰紀要（11）治安作戰（一）大戰前之華北「治安」作戰》，頁 728-736。國防部史政編譯局編，《晉南會戰》（台北：國防部史政編譯局，1966），頁 1-4。

75　以上作戰過程，參見：《晉南會戰》，頁 11-25；《抗日戰史・晉綏游擊戰（三）》（台北：國防部史政編譯局，1980），頁 187；陣亡將領還參見茅海建主編，《國民黨抗戰殉國將領》，頁 235-237、240-242、244-245、248-249。

起對呂梁山的大舉進攻。國軍最後保住了這塊晉西的最後根據地，但呂梁山根據地的面積縮小到僅以吉縣為中心的 7 個縣分。

1943 年 4 月，日軍華北方面軍總司令官岡村寧次進駐河南新鄉，親自率軍指揮，以 3 個師團兵力約 5 萬餘人，兵分三路，再次進攻由第 24 集團軍控制的太行山南部游擊根據地。

第 24 集團軍奮勇應戰，但戰局的發展卻急轉直下，日軍在發起攻擊的 4 月 20 日當天，就攻占了第 27 軍控制的陵川，第二天接著擊潰臨淇守軍新 5 軍，新 5 軍軍長孫殿英被俘，將該軍主力收編為和平軍。26 日又摧毀了第 24 集團軍總司令部，總司令龐炳勛和第 40 軍軍長馬法五皆負傷。龐炳勛是台兒莊之役在臨沂勇抗日軍的名將，藏匿在山區一戶農家，幾天後被日軍俘虜，國軍部隊大部潰敗。

日軍攻勢未曾稍停，到 1943 年 6 月，國軍在山西省境內的游擊據點均已遭日軍掃蕩，蔣介石決定全數撤退，但仍命第 27 軍（軍長劉進）在太行山堅持游擊戰，希望能保留黃河以北這塊國民政府僅存的根據地。[76]

日軍見勢，暫停圍剿，希望能誘降劉進第 27 軍，但劉進不為所動，軍委會於 7 月 8 日發表劉進為太行山游擊區總司令，指示劉進務必確保該區根據地。日軍誘降失敗，遂集中兩個師團 1 萬餘人，於 7 月 9 日再次進攻。

第一戰區司令長官蔣鼎文兩次指派黃河南岸的第 4、36、39 集團和第 17 軍派兵支援，夾擊日軍。但是第 27 軍經過多日激戰，補給中斷，傷亡亦重，陷入混亂狀態，難以支撐。軍委會只得於 7 月中旬准許第 27 軍撤回黃河南岸；成立沒幾天的太行山游擊區便就此結束了。

此時，第 27 軍與戰區司令部的聯絡電台斷了，訊息不通，蔣鼎文

76　國防部史政編譯局編，《抗日戰史・冀察游擊戰》（台北：國防部史政編譯局，1981），頁 78。

只得派傳令兵過河遞送撤退命令。第 27 軍在重創之下邊打邊撤，預 8 師師長陳孝強負傷被俘，殘部被迫分批南撤。第 45、46 師更慘，他們直到 8 月上旬才接到傳令兵送達的撤退命令，開始分途南撤。沿途與日偽作戰，周旋近 1 個月，「糧竭彈絕，官兵盡食野菜」，「赤腳體露」，45 師大部和 46 師潰散。45 師「師長胡長青因餓加病送回洛陽。副師長凌冬青因身體衰弱無食，活活餓死」。[77]

從此，國軍在山西戰場的游擊作戰，以及數年來建置的太行山、中條山、太岳山等各游擊戰根據地，均告喪失。[78]

四、觀察與檢討

國軍敵後游擊隊從抗戰初期如雨後春筍般的湧現、歷經抗戰中期多次調整編併，到抗戰後期的衰落，與中共敵後武裝力量大量發展形成鮮明的反差。日軍掃蕩是重要原因，但並非唯一因素，更非關鍵原因，分述如下：

國軍曾有龐大敵後游擊隊，著有貢獻

坊間對國軍抗戰時的敵後作戰有嚴重的誤解，以為國軍不重視游擊作戰；還有些左派的論點，說國軍也不認真抗日，只想打共產黨。事實並非如此。本研究證明，從 1938 年秋開始，國軍統帥部即刻意發展敵後地區的游擊作戰，開辦「南嶽游擊幹部訓練班」，還特地向中

---

[77] 國防部史政編譯局編，《抗日戰史・冀察游擊戰》，頁78-81。引語均引自官鴻聖，〈太行山第二次戰役〉，北京大學歷史系等編，《五十年祭》（北京：中國工人出版社，1996），頁55。

[78] 國防部史政編譯局編，《抗日戰史・晉綏游擊戰（一）》（台北：國防部史政編譯局，1966），頁2。

共取經，希望能讓國軍軍官以速成方式習得游擊戰術。從蔣介石針對游擊作戰方式及游擊部隊編組的眾多指示來看，不能否認，蔣在很長的一段時間裡，對游擊戰相當重視，也懷有相當的期望。

和中共敵後眾多游擊區相比，名義上，國軍雖然只設立了兩個游擊戰區（魯蘇及冀察游擊戰區），但幾乎所有與前線日軍交界的各大戰區，都確實進行了各種游擊作戰，本章所談到的山西省以中條山為中心的幾個游擊區，即是明顯的例子。

高峰時期（1939 年 -1940 年初），國軍在淪陷區曾有高達 113 萬游擊部隊。以山西為例，國民黨在山西堅持敵後游擊戰達 8 年之久，經常牽制日軍 20 餘萬、偽軍 30 餘萬；致使日軍儘管已達到風陵渡，但咫尺之隔，卻始終未能西渡黃河、侵入陝西，保衛了西北、西南大後方，這是山西抗日游擊戰爭最大的戰略貢獻。同樣的，國軍在湖北的敵後根據地也堅持到抗戰勝利。

幾乎國軍所有與日軍在正面戰場的戰役，軍事委員會都指派敵後游擊部隊配合作戰，他們在敵後對日軍的牽制、騷擾及破壞，卓有貢獻。本章提到的第 3 軍軍長唐淮源、第 12 師師長寸性奇、第 17 軍參謀長金崇印等，都是與日軍死戰時殉國；還有國軍在敵後的死傷數據（敵後陣亡的 26 位將領中，24 位死於直接對日偽軍作戰），在在說明國軍對日作戰的堅決和犧牲。僅以晉、綏兩省的敵後作戰統計，國軍在這兩省的敵後游擊作戰共計 8,785 次，斃傷日偽軍約 40 萬人，俘虜日偽軍 4,190 人，斃敵馬 3,867 匹。[79]因此，說國軍抗共不抗日的論點，實為謬誤。

此外，國民政府對淪陷區的建設亦不遺餘力，其對教育文化方面的投入更是可圈可點。

79　《晉綏游擊戰（三）》，頁193；該書第三節插表第九：「晉綏游擊戰敵我傷亡及戰果統計表」。

國軍始終拘泥於正規部隊的框架

問題出在國軍對游擊作戰的觀念偏差。國軍始終把游擊戰拘泥在正規部隊的框架中，以為游擊戰的功能就是輔助正規作戰，觀念的局限導致戰略戰術的偏差，不僅造成無謂的折損，也限制了游擊部隊的發展。

國軍的敵後作戰，一開始就未能掌握游擊戰靈活機動、避實擊虛的特點；每遇日軍掃蕩，輒施以大兵團作戰，防守時與敵正面對擊，死守硬戰，一旦吃了敗仗，就被日軍圍殲，無路可退，死傷慘重。本章提到的中條山、太行山國軍游擊隊的遭遇即是殘酷的事實，打不過日軍，退路又被截斷，猶如俎上肉，被日軍追擊，結果不是被打死就是被俘，甚至還有餓死的。因此，國軍游擊部隊一旦戰場失利，往往就此一蹶不振，難以再起。

中共則不然，其對付日偽軍掃蕩有一套「避實擊虛」的策略，掌握機動性及隱祕性，遇強則走，化整為零，退入農村；因而能保存有生力量，待日偽軍撤退後再回來繼續擴大實力。

此外，國軍高層及軍官普遍認為游擊戰是配合正面戰場作戰的輔助性質，使得游擊部隊過於依賴正規軍，只要離開正規軍的補給，就沒法獨立作戰。結果是，國軍只要戰場失利，退到農村，就失去戰力，糧食和其他日常需要必須依賴當地攤派，增加當地人民負擔，甚至為了生存，搶掠民間糧食，抗日不足而擾民有餘，給地方不好的印象。山西一位老農的說法正能點出這個問題：「我們村裡的老百姓都愛八路軍，村長也愛八路軍，小孩子們看到八路來了，搶著去遛馬。今天老百姓看到軍隊來了，問『什麼軍隊？』『八路軍』。大家都搶著去聽差。因為八路軍吃喝都給錢，不打罵百姓。……這裡有很多人都當八路軍了，村子裡的人都說：『遲早要當兵，早一點當八路軍，免得

給晉軍（指閻錫山的部隊）拉去當兵』。」[80]

國共敵後競爭，國軍失利其來有自

不過，國軍敵後游擊區由盛轉衰，不僅是因為國軍對游擊觀念的偏差；中共在敵後的競爭亦造成國軍的沒落。

陳永發指出，抗戰是民族矛盾的總爆發，中日兩國在戰場上兵戎相見，還有更激烈的國內「戰爭」，也就是國民黨和共產黨之間的戰爭。[81]中共在敵後壯大，國共競爭往往是國軍失利，而一旦國軍在敵後勢力衰弱或退出，中共就立刻補上。

國軍方面對此亦多有批評埋怨，認為中共不僅趁虛而入，更是憑宣傳勝出。[82]宣傳固然有影響，但本研究顯示，日偽軍的掃蕩、中共的侵蝕、國軍內部的矛盾都影響了國軍在敵後的發展。國軍未在農村扎根也是重要原因之一。

根據陳永發，國軍對於游擊戰的最大迷思，在於蔣介石及國軍統帥部不了解問題的關鍵所在，始終認為游擊戰純粹是軍事戰術的問題，而沒有把游擊戰提高到政治層面的高度，忽略了游擊戰其實更需要地方社會及基層農村的長期動員與合作。[83]

以正規軍的戰術作戰，給養又依賴正規軍，以致國軍敵後游擊隊

80　王恩茂，《王恩茂日記：抗日戰爭（上）》（北京：中央文獻出版社，1995），頁463-464。摘自楊奎松，〈抗戰期間國共兩黨的敵後游擊戰〉，《抗日戰爭研究》，2006年第2期，頁19。

81　陳永發，《中國共產革命七十年》上冊（台北：聯經出版公司，2001），頁329。

82　從抗戰爆發伊始，除了實際的陣地戰場外，國共兩黨都在努力進行對國內民眾及新聞輿論界的宣傳戰，雙方都努力爭取國內民心輿論的同情，強調他們才是抗日的中堅，而對方是陽奉陰違的破壞者。參謀總長何應欽、副參謀總長白崇禧等多位國軍將領，都抱怨中共擅宣傳，是宣傳戰的受益者。軍令部長徐永昌更總結道：「以後之歷史，必為好宣傳者之歷史。」徐永昌，《徐永昌日記》第5冊，1940年12月19日，頁496。

83　陳永發，《中國共產革命七十年》上冊，頁329-345。

始終未重視地方工作，未能在地方扎根，也因此不受農民歡迎，甚至關係緊張。中共正好相反，共軍每到一處，必先展開地方工作，與農民打成一片，獲得農民的認同與支持。因此，每每國軍與共軍發生衝突，地方民眾總是傾向共軍。可以說，國軍在敵後有龐大的正規部隊，但缺乏地方基礎，其結構好似一個倒三角形，頭大腳小，站立不穩，亦不利移動，一動就傾倒；而共軍重視地方工作，廣獲農民支持，結構是個正三角形，下盤穩固，移動亦無虞。

　　共軍最大的優點是能自食其力，不依賴後方給養。而且，中共確實認真經營根據地，獲得基層農民的認同與支持，為其提供物資和情報。

軍委會裁併敵後游擊隊，自斷手腳

　　國軍游擊隊在敵後屢屢失利，與地方關係不佳，而中共敵後武裝力量卻快速成長，軍委會注意到這個現象，多次檢討，尋求改進。然而，軍委會拿出的對策，竟然不是去糾正其觀念與做法，反而認為敵後游擊隊素質低落、戰力不佳而將其裁併，編入正規軍中，這豈非給錯了藥方！

　　軍事委員會有意識的裁併整編，國軍在敵後游擊隊逐年減少。也就是說，國軍對游擊戰觀念與做法偏失，造成國軍部隊在敵後諸多不利的情況；而軍委會拿出的改革方策卻是治絲益棻，適得其反。國軍自斷手腳，騰出來的地盤幾乎都被中共接手。

　　綜上所述，國軍敵後作戰曾有其蓬勃的時候，成績頗為可觀，犧牲亦不小；但國軍敵後游擊隊在短短數年內由盛而衰亦是不爭的事實。過去的研究（包括國軍自己的戰史）注意力多放在國共的摩擦與衝突；本研究說明，「中共」並非主要原因，最根本的原因是國軍對游擊戰的觀念和做法的偏差。事實證明，國軍始終未掌握游擊作戰靈活機動、避實擊虛的精髓；不重視地方經營，未在農村扎根，與中共在敵後競

爭總是落於下風等等。最令人訝異的是，終結國軍敵後游擊隊前途的竟是軍委會自己。軍委會因國軍敵後作戰表現不理想，又和地方關係不睦，想改善這個問題，結果，不但未對症下藥，反而把游擊部隊編併入正規部隊，國軍的敵後游擊隊數量驟然減少了。

但這並不表示國軍不重視游擊戰。一個鮮明的例子，抗戰末期，1945 年 1 月，軍委會成立第十戰區，轄區完全位於敵後，但其最高指揮機關並不像之前敵後游擊戰區（冀察戰區、魯蘇戰區）設定為總司令級，而是和其他戰區一樣設立司令長官部。抗戰勝利後，第十戰區司令長官李品仙擔任徐州、蚌埠地區受降官，他是國軍唯一出自敵後戰場的將領。這是在敵後堅持抗戰的廣大國軍官兵的榮耀，也是軍委會對他們犧牲奉獻的肯定。

相對於國軍在敵後作戰由盛轉衰，中共在敵後的發展則頗為順利，中共對於敵後游擊戰以及根據地的發展有一套獨立、完整的戰略及戰術，本書下一章（第五章）將探討這個議題。

揭密中共的敵後作戰

洪小夏（上海師範大學哲學與法政學院教授）

張世瑛（中華民國國史館纂修）

　　中共通過抗日戰爭成長壯大，這點國共雙方及歐美學界都承認無誤。抗戰初期，中共在華東、華北、華南的部隊僅有 3 萬多人，8 年抗戰，增加了約 20 倍，另外還武裝了 220 萬民兵；其控制版圖也擴大到華中、華南、華北數省。[1] 反觀國民黨（國軍），其敵後游擊戰起步較晚，但人數眾多，配備正規軍的裝備，高峰時在敵後有百萬之眾。可是，沒幾年（1940 年）就開始逐漸式微；到抗戰末期，國軍在敵後幾乎沒有什麼戰鬥力強的游擊部隊。

　　國民黨方面批評中共「游而不擊」，只圖壯大自己勢力，並未全力抗日。但國民黨當時是執政黨，掌握眾多資源，何以會出現如此天壤之別的結果？這顯然不是簡單的批評或歸咎能解釋的。本書前一章（第四章）已探討國軍敵後作戰的種種，說明國軍游擊部隊逐漸縮減的原因；然而，國軍在游擊戰的偏失，並不保證中共就一定成功。那麼，如何解釋中共在敵後面對日偽軍掃蕩、生活條件困難的情況下，為何仍能快速成長？還有，中共在拓展敵後根據地的同時，究竟有無抗日？

1　朱德，〈中國解放區抗日軍朱總司令致美英蘇三國說帖〉（1945 年 8 月 15 日），收於中央檔案館編，《中共中央文件選集》第 15 冊（北京：中共中央黨校出版社，1991），頁 239。

這其中仍有一些謎團待解。

一、「平型關之役」與「平型關大捷」的真相

探討中共在抗戰時的壯大，還得從西安事變說起。歷經5次國民黨圍剿，1935年，局促在陝北一隅的中共可說是危機存亡之秋，西安事變給中共帶來了轉機。[2]

西安事變為中共帶來轉機

西安事變和平結束，蔣介石回到南京後，放棄了一直以來的「攘外必先安內」政策，國共兩黨不再兵戎相向，共同抗日。於是，雙方從1937年2月起，在西安展開正式談判，就紅軍改編、蘇區改制問題，展開祕密談判。3月8日達成初步共識，但距正式協議仍有距離。南京國民政府同意中共在西安設立辦事處，並從1937年3月開始接濟紅軍的薪餉。[3]

由於兩黨隔閡甚深，談判進展緩慢，直到盧溝橋事變爆發，在外侮進逼的壓力下，國共兩黨的合作終有眉目。

1937年8月20日，中共中央在陝北洛川召開中共中央政治局擴大會議，以決定中共在抗戰時期的全盤發展政策。討論發展策略時，曾

----

2 關於西安事變，請見本書第一卷第六章〈綏遠抗戰與西安事變〉。

3 西安事變後的一個月，國共雙方即達成改編共軍、納入國軍的政策方針，蔣介石早在1937年1月31日即指示西安行營主任顧祝同：「在政府立場，姑且每月支付二、三十萬元軍費，⋯⋯共軍番號暫且照舊，其駐軍地點及收編事宜視情形再作商量。」〈蔣介石指示顧祝同改編共軍方針〉，收於秦孝儀主編，《中華民國重要史料初編：抗日作戰時期第5編中共活動真相（一）》（台北：中國國民黨中央委員會黨史委員會，1981）頁261。有關這段期間國共的祕密談判，最完整的分析請參見楊奎松，《國民黨的＂聯共＂與＂反共＂》（北京：社會科學文獻出版社，2008），頁350-365。

發生激烈辯論；以毛澤東、張聞天為首的一些中共領導主張打游擊戰，避免與日軍正面衝突，以充實八路軍實力為重。但張國燾不贊成游擊戰，認為應進行運動戰。[4]

最後，洛川會議對中共任務作成決議，作戰方針以游擊戰為主，僅在有利條件下，才進行較大規模的運動戰。並發表〈抗日救國十大綱領〉，呼籲民族團結，全國一致抗日。[5]

紅軍改編　出師華北

1937 年 8 月 22 日，國民政府軍事委員會宣布將紅軍改編為國民革命軍第八路軍；25 日，中共中央革命軍事委員會向各部發出改編命令，紅軍前敵總指揮部改為第八路軍總指揮部，朱德任總指揮、彭德懷為副總指揮、參謀長葉劍英、副參謀長左權，任弼時及鄧小平為政治部正、副主任，下轄 3 個師：第 115 師（師長林彪、副師長聶榮臻）、120 師（師長賀龍、副師長蕭克）及 129 師（師長劉伯承、副師長徐向前），全軍共 4 萬 6 千人。[6]

另外，在江南的中共幾個游擊支隊在 10 月 12 日改變為國民革命

4　張國燾，《我的回憶》（香港：明報月刊出版社，1974），頁 1295-1298。傅應川，〈抗戰期間共軍的發展策略及其戰略影響〉，《戰爭的歷史與記憶（1）：和與戰》（台北；國史館，2015），頁 228-229。

5　中共中央在洛川會議中，通過了重要的〈中國共產黨抗日救國十大綱領〉。十大綱領是：（一）打倒日本帝國主義；（二）全國軍事的總動員；（三）全國人民的總動員；（四）改革政治機構；（五）抗日的外交政策；（六）戰時的財政經濟政策；（七）改良人民生活；（八）抗日的教育政策；（九）肅清漢奸賣國賊親日派，鞏固後方；（十）抗日的民族團結。

6　「中央革命軍事委員會關於紅軍改編為國民革命軍第八路軍的命令」（1937 年 8 月 25 日），收於中央檔案館編，《中共中央文件選集》第 11 冊（北京：中共中央黨校出版社，1991），頁 331-332。有關八路軍人數說法，台灣學者劉鳳翰則認為實際數字應是 3 萬 2 千人左右。劉鳳翰，《抗戰期間國軍擴展與作戰》（台北：國防部史政編譯室，2004），頁 26。劉鳳翰，《抗日戰史論集》（台北：東大圖書公司，1987），頁 814。

軍新四軍，葉挺為軍長，項英為副軍長，轄 4 個游擊支隊，約 1 萬人，由武漢衛戍總司令陳誠節制指揮。

紅軍完成第八路軍的改編作業後，隨即開赴抗日前線。

第 115 師從陝西三原出發，由韓城東渡黃河，9 月中旬進抵山西五台；第 120 師從陝西富平出發，9 月中旬到達山西榆次；八路軍總部在朱德、彭德懷率領下，10 月中旬與第 129 師一同抵達太原。9 月 11 日，軍事委員會按頒布的全國統一戰鬥序列，將八路軍再改編為第 18 集團軍，隸屬第二戰區，司令長官為閻錫山。

此時，湯恩伯及傅作義的部隊在華北之役中受挫於大同及外長城，大同失守，軍隊退到內長城。

與此同時，日軍繼 7 月底分別攻陷北平、天津後，山西即成為日軍在華北的下一個主要目標。華北方面軍第 5 師團（師團長板垣征四郎）的兩個旅團（第 9、第 21 旅團）約 2 萬人，從東往西一路追擊湯恩伯部隊，在 9 月中旬進入山西。另外還有一路關東軍的察哈爾派遣兵團（司令官東條英機，轄獨立混成第 1、2、15 旅團，十川支隊）將近 2 萬人從北而來，準備和板垣部隊夾擊閻錫山部隊。

解密「平型關之役」

兩路日軍齊向平型關、茹越口內長城防線的強力進攻，1937 年 9 月，第二戰區緊急調整部署準備應戰。參戰部隊以閻錫山的晉綏軍為主，也有部分東北軍、西北軍。參戰部隊包括第 6 集團軍（司令官楊愛源）的 33 軍及 34 軍、第 7 集團軍的 35 軍及 61 軍（司令官傅作義）、第 17 軍（軍長高桂滋）的 84 師及 21 師、第 15 軍（軍長劉茂恩）的 64、65、70 師、第 19 軍（軍長王靖國）的 72 師 215 旅、73 師，總共約 8 萬人。

閻錫山企圖憑藉內長城一線山地有利地形與既有陣地，布置一個口袋陣地，誘日軍深入，與日軍抗擊。他同時也要求八路軍（總指揮朱德）

迅速挺進到晉東北前線，協同阻擊日軍。八路軍按照中共中央指示，第 120 師進至雁門關以西的神池地區，側擊由大同南犯之日軍；第 115 師則進至平型關以西的大營鎮，準備側擊即將進犯平型關的日軍。

9 月 21 日，板垣師團長擔心中國軍隊越過平型關隘口，有可能東進，威脅第 5 師團的側翼，於是臨時編組成三浦支隊（由 21 旅團長三浦敏事少將率領步兵 21 聯隊第三大隊、步兵 11 聯隊第一大隊、及一個野砲大隊），派往平型關隘口，目的是控制隘口東西兩邊的高地，掃除師團轉進河北的後顧之憂。

三浦支隊在 22 日中午搭乘 49 輛卡車，由靈丘出發，沿山間土路向平型關隘口前進。傍晚，先頭部隊在隘口東面 8 公里處遭到中國第 73 師部分官兵，雙方立即打起來，中國軍隊不敵，半夜往西撤離。日軍小心搜索慢行，不久又在隘口外 1 公里半的小村落遭遇 73 師主力部隊，73 師以輕重機槍及迫擊砲射擊，掩護部隊夜襲，但日軍砲火更強，很快擊退了 73 師的夜襲。73 師後撤，日軍以重機槍及 92 式步兵砲掩護兩個步兵中隊進入隘口，在 23 日早晨占領了隘口兩面的高地。

23 日，中國增援的部隊（71 師、84 師）抵達，想奪回隘口，雙方從 23 到 24 日激戰兩天，25 日大雨，日軍冒雨向西突襲，把 71 師及 84 師趕出平型關西面的高地。日軍控制了隘口兩邊的高地，國軍則繼續往西撤離。

西撤的國軍部隊與第 6 及第 7 集團軍會合，在平型關之西的團城口、煩寺部署，等待一路追擊過來的三浦支隊。26 日雙方發生激戰，國軍第 6、第 7 集團軍對三浦支隊日夜猛攻，雙方均傷亡慘重。日軍人員不足，板垣緊急從其他部隊調兵（21、41、42 步兵聯隊），配合關東軍的十川支隊，趕去解三浦支隊之危。

同一時候，關東軍獨立混成第 1、2、15 旅團也從西邊圍過來了。這幾支部隊於 28 日在平型關西面和板垣部隊會合，日軍不但戰力大增，而且威脅到中國軍隊的後方。雙方激戰一整天，日軍在第 2 天（29 日）

從國軍西側突破內長城，迫使國軍退出平型關地區，轉進忻口、太原地區，結束了自 9 月 21 日到 29 日的戰鬥，是為「平型關之役」。

參與「平型關之役」的國軍和日軍（以及滿蒙偽軍）總共 20 餘萬人，在內長城平型關正面、從山西忻口到太原的主戰場激戰 8 天，國軍傷亡 3 萬餘人，日軍傷亡近 3 千人。[7] 八路軍參與此役，是共軍在抗日戰爭中第一次與日軍交手，也是以師為單位、對日作戰唯一的一次。

然而，過去數十年來，海峽兩岸及日本對於平型關之役各說各話，國民政府不提「平型關之役」，而是視其為太原會戰（忻口會戰）的前哨戰。日本方面則是語焉不詳，傷亡人數從 60 人到 2 百人不等。中共則是大為宣傳其「平型關大捷」，表示被伏擊的日軍從數百人到數萬人。[8]

奇怪的是，國軍 10 萬人參戰的「平型關之役」，竟然沒沒無聞，而八路軍林彪一個師約 6 千人打的「平型關大捷」反而聲名大噪。何以致之？最近 10 年，中日各方檔案陸續開放，平型關大捷的細節也愈來愈清楚。

林彪的「平型關大捷」

「平型關大捷」是「平型關之役」中，一場配合正面戰場的小型伏擊作戰。中日兩軍 10 幾萬人在平型關一帶激戰的時候，9 月 24 日，中共 18 集團軍 115 師師長林彪帶著 3 個團（685、686、687 團）約 6 千人，悄悄地從日軍背後繞道山區抵達隘口東面高地團城口、蔡家峪，

---

7 Hattori Satoshi, Edward J. Drea, "Japanese Operations from July to December 1937," *The Battle for China*, edited by Mark Peattie, Edward Drea, and Hans van de Ven (Stanford University Press, 2011), p. 166. 何世同，〈國軍「平型關之戰」與共軍「平型關大捷」〉，收於張鑄勳主編，《抗日戰爭是怎麼打贏的：紀念黃埔建校建軍90週年論文集》（台北：國防大學，2014），頁446。

8 何世同，〈國軍「平型關之戰」與共軍「平型關大捷」〉，收於張鑄勳主編，《抗日戰爭是怎麼打贏的：紀念黃埔建校建軍90週年論文集》，頁413-451。

準備在那裡伏擊日軍。他們的任務是敵後游擊與助攻。等他們部署停當，日軍（三浦支隊）和國軍（71 師、73 師、84 師）的戰鬥已告一段落，國軍往西撤退，日軍則占領平型關東西兩面高地後繼續往西追擊國軍，這就使得團城口到蔡家峪一帶出現了 30 公里的空檔。

此時，日軍三浦少將認為中日在平型關高地的第一波對抗已近尾聲，中國軍隊已全線敗退，自己控制了平型關東西兩側高地，渾然不知林彪部隊埋伏在東邊的高地中。為了補充連日戰鬥消耗的彈藥口糧以及官兵因氣候轉冷需要冬季被服，三浦命令在東面 24 公里外待命的聯隊輜重補給部隊前來。

輜重部隊由 70 輛馬拉的四輪大車組成，帶著糧彈衣服，從靈丘向西往平型關過來。輜重部隊沒有武器及戰鬥訓練，15 名輜重兵配備 10 把騎兵用的卡賓槍、短管 38 式步槍，還有若干特務兵及傷病痊癒歸隊的士兵，也搭上這批便車。擔任武裝護衛的只有一個步兵小隊，約 30 人，整個隊伍大約 140 人。[9]

輜重隊在 25 日早上 10 點左右抵達隘口東面的東河南，進入兩側約 10 米高的山崖隘道，繼續向 3 公里外的蔡家峪前進。此地道路狹窄，兩邊山坡高達 10 米，就在這裡遭到第 115 師 686 團伏擊，手榴彈從高處丟下來，步槍及輕重機槍火力齊發，林彪的部隊有戰略制高點、人數優勢，再加上奇襲，這場戰鬥一面倒，輜重隊幾乎被全殲。

事有湊巧，輜重隊進入 686 團的伏擊圈時，另一股日軍正從反方向（從西往東）而來。這個隊伍有 81 輛卡車，包含兩個汽車中隊（都隸屬第六兵站汽車隊）。領隊的是第六兵站汽車隊的新庄淳中佐，帶著 6 名兵站本部人員及士兵 15 名。後面緊跟著第二汽車中隊矢島俊彥大尉率領的 176 人，分乘 50 輛卡車跟隨。然後就是第三汽車中隊中西次八

9　Hattori Satoshi, Edward J. Drea, "Japanese Operations from July to December 1937," *The Battle for China*, Chap. 6, pp. 164-165.

少佐率領的 110 人，分乘 30 輛卡車殿後。他們是由平型關往靈丘運送這幾天戰鬥中的傷兵，總共約 4 百人。這個隊伍僅有 1 百名左右是護衛的步兵，其餘都是汽車兵及傷兵。

汽車隊過了平型關東面的關溝，開到小寨莊之前，進入林彪另一個團（685 團）的伏擊圈。685 團經過 7 個小時戰鬥，殲滅了 2 百人，除了隊尾 5 輛卡車因為距離較遠逃出之外，所有卡車（76 輛）都被共軍燒掉了，領隊的新庄淳中佐被擊斃，兩名中隊長受傷逃出，損失慘重。[10]

這兩個非戰鬥單位遇襲時，三浦聽到密集的槍聲及爆炸聲，急派 21 步兵聯隊第三大隊的第 9、10、11、12 中隊前往救援。這個救援部隊約 5 百人，在老爺廟、關溝一帶被 685 團攔阻狙擊，雙方對峙，日軍無法過去救援，直到兩天後林彪部隊退走後，才抵達被伏擊地區。這支救援部隊被攔阻兩天的戰鬥，造成日軍 38 死 60 傷。

所以，在平型關被 115 師殲滅的日軍是第五師團第 21 旅（三浦支隊）的輜重部隊和補給部隊。具體來說，是兩股日軍、在兩個地方被殲。一個是從靈丘往平型關的 21 旅運送彈藥被服的補給隊；一個則是從平型關往靈丘運送傷兵的汽車中隊。這兩支部隊都不是戰鬥部隊，雖有少量武器，但戰鬥力不強。因此，遇到林彪的 115 師（6 千人），幾個小時就被打垮了。

隨後，115 師向西南撤退時，在老爺廟、關溝一帶遇到前來救援的日軍第 21 旅團第三大隊，發生戰鬥，雙方僵持，互有死傷，但成功阻擋日軍前往救援。

10　楊奎松，《開卷有疑・中國現代史讀書札記》（南昌：江西人民出版社，2007），頁 136-140。

「平型關大捷」究竟是怎麼回事？

這三次作戰，日軍損失慘重，但究竟死傷多少人，諱莫如深。過去中共聲稱日軍死傷1千人、3千人、甚至1萬人，但近10年來，大部分中國學者相信是1千多人。服部聰（Hattori Satoshi）及兌爾（Edward J. Drea）指出日軍被打死了2百人。[11] 台灣學者認為，兩部分日軍（輜重部隊及補給部隊）總共加起來只有283人，根本不可能死傷1千人。[12] 楊奎松根據日軍第六兵站汽車隊的戰報以及21旅團第三大隊的報告，估算兩個單位加起來有5百到6百人，整個戰鬥林彪部隊應打死了4百到5百日軍。[13] 朱德在1937年底也曾說過日軍此次遭遇戰死了5百人，並非延安對外宣傳打死日軍3千人。[14]

把「平型關大捷」還原得最細緻的當屬旅日華裔學者姜克實。姜克實使用大量日軍檔案關於平型關戰役的紀錄，呈現出八路軍第115師「平型關大捷」的原貌。根據姜克實的調查，日軍把平型關之役稱為「內長城線附近的會戰」，作戰對手是「山西軍」（即閻錫山晉綏軍）旗下楊愛源的第6集團軍及傅作義的第7集團軍。1937年9月22日到30日，雙方在平型關一帶激戰8天，中國軍隊傷亡3萬餘人，雖未能阻止日軍主力繼續南下，但孤立了三浦部隊，使其彈盡援絕，瀕臨崩潰。[15]

林彪115師的「平型關大捷」因不屬正面戰場，無正式作戰紀錄。但根據日軍內部的作戰報告及傷亡紀錄，遭到林彪115師伏擊的日軍部隊是兩支非戰鬥部隊：一支載運傷兵及補給部隊及一支後勤輜重部隊，戰鬥兵員最多不超過1百人，在耗時近十幾個小時的戰鬥，林彪部隊

11　*The Battle for China*, p. 166.
12　何世同，〈國軍「平型關之戰」與共軍「平型關大捷」〉，收於張鑄勳主編，《抗日戰爭是怎麼打贏的：紀念黃埔建校建軍90週年論文集》，頁413-451。
13　楊奎松，《開卷有疑·中國現代史讀書札記》，頁136-140。
14　同上。
15　姜克實，《日軍檔案中出現的平型關大捷》（台北：元華文創，2018），頁53-56。

以自身傷亡 4 百人的代價，幾乎全殲日軍這兩支非戰鬥部隊。[16]

　　所以，「平型關之役」實際上是國軍與日軍正規部隊在平型關一帶的戰鬥，而林彪 115 師在 25 日那天在平型關東面殲滅日軍兩支非戰鬥部隊，是一連串戰鬥中的一部分，屬於配合戰、伏擊戰。因為 22 日到 25 日國軍在平型關與日軍激戰，然後，25 日到 29 日在平型關西方的團城、鴉寺和日軍正面交鋒，國軍後撤，日軍一路追擊，才使得日軍背後出現 30 公里真空地帶，而林彪本來任務就是從後面攻擊、擔任助攻，正好把握了這個空隙，建立戰功。

　　就戰鬥角度來看，林彪以有限兵力、簡陋的武器，能捕捉到戰機，獲得如此戰果，相當難得。[17] 日本學者服部聰及美國學者兌爾也讚揚林彪游擊戰術精良。[18]

「平型關大捷」讓中共掌握抗戰話語權

　　國軍主力第 6、第 7 集團軍在「平型關之役」失利，而林彪部的 115 師卻能全殲日本的輜重及運輸部隊，實屬難得，然而歷來的研究者，泰半糾結於「平型關大捷」帳面上的傷亡數字與戰鬥規模，而忽略了這場戰鬥對當時中國的民心士氣以及中共日後發展有其特殊的意義：

(1)　這是紅軍改編為八路軍後的首役，林彪第 115 師對日軍的伏擊，雖然規模不大，但對抗戰有重要的正面作用。當時，國軍正苦於戰鬥不利的困境，開戰兩個月，連戰皆敗，在華北失地千里，在淞滬打成驚天動地的血肉磨坊。國軍作戰英勇無畏，但連吃敗仗，全國軍民都期待一場勝仗，卻又一再落空。此時，

16　姜克實，《日軍檔案中出現的平型關大捷》，頁 157-161、204-207。

17　何世同，〈國軍「平型關之戰」與共軍「平型關大捷」〉，收於張鑄勳主編，《抗日戰爭是怎麼打贏的：紀念黃埔建校建軍 90 週年論文集》，頁 451。

18　*The Battle for China*, p. 167.

林彪部隊得勝，振奮了國內低迷已久的人心，歡欣之餘，沒有人再去深究此役的規模與細節。於是，透過宣傳，迅速變成打敗日軍板垣師團的重大勝利。雖然國軍部隊在同一時間的忻口及平型關與日軍的正面作戰，規模要大得多，更為英勇慘烈，但畢竟敗了，引不起大家的關注。

(2) 中共大力宣傳，許多原本不願左右袒的知識分子，看到這些宣傳後，大受感動，多相信國軍抗日無力，而中共則制敵有方。從此，前往陝北的青年學子絡繹於途，中共逐漸掌握抗日戰爭的話語權。[19]

(3) 「平型關大捷」就性質而論，並非游擊戰，而是帶有游擊性質的運動戰。林彪以 6 千人對擊日軍 5、6 百人，對方還不是戰鬥部隊，而自己也傷亡了 4 百多人，這種勝利，在中共看來，代價過於高昂。中共中央從此役得出一個結論：日軍戰力強，共軍不是它的對手；因此，共軍的最佳策略是避開日軍兵鋒，不與之正面對戰，而是趁其注意力集中在國軍時，在其後方建立自己的農村根據地。[20]

二、中共敵後根據地的建立

平型關之役雖然暫時讓國內低迷的人心為之一振，但並不能改變國軍抗日作戰屢戰屢敗的命運。日軍持續從華北及華東兩面進攻，從徐州會戰到武漢會戰，日軍攻擊重心都放在殲滅國軍主力部隊上。

19　魏時煜，《王實味：文藝整風與思想改造》（香港：香港城市大學出版社，2016），頁 112-178。此書結合口述訪問、紀實文學與回憶史料於一爐，詳細記錄了抗戰爆發後知識分子如何風起雲湧地奔向延安。

20　翟志成，〈集體記憶與歷史真實：平型關大捷的建構與解構〉，《中央研究院近代史研究所集刊》，第 51 期（2006 年 3 月），頁 131-183。

隨著戰局發展，1937 年 11 月初，淞滬會戰已告一段落，日軍重心已南移，在華北的兵力較為薄弱；國軍在這幾個地帶的影響力更加空虛，毛澤東看到了中共擴大的機會。

11 月 12 日，毛澤東在延安針對上海、太原等要地失陷後的局面，全面分析了日後的抗戰形勢走向：「在華北，以國民黨為主體的正規戰爭已經結束，以共產黨為主體的游擊戰爭進入主要地位。」[21]

如何發展「以共產黨為主體的游擊戰」？毛澤東早有指示，那就要拿出共產黨「自己的拿手好戲」，也就是「真正獨立自主的山地游擊戰。……要以創造根據地、發動群眾為主，就要分散兵力，而不是以集中打仗為主」。[22]

於是，八路軍把發展重點放在晉察冀地區、晉綏地區、晉冀豫地區及山東地區，在短短的幾個月時間裡，就取得重大的成果。

中共中央迅即對開展敵後游擊作戰作了全面部署，並以山西為中心，各部轉向創建抗日游擊根據地的目標。第 115 師以晉東北為中心，全面開展晉察冀邊區抗日根據地。第 120 師以晉西北為中心，向晉綏邊區拓展。第 129 師則以晉東南為中心，以建立晉冀豫邊區為目標。[23]

日軍鐵騎所到之處，國軍敗撤，國民政府在華北各地的軍政組織幾乎土崩瓦解，縣長等地方官員大多逃走，但日軍兵力有限，根本無法掌控縣級以下的農村地區，更無餘力去成立地方的附日組織。華北各地方均出現權力的真空狀態，中共充分利用了這個發展契機，趁虛

....

21　毛澤東，〈上海太原失陷以後抗日戰爭的形勢和任務〉（1937 年 11 月 12 日），《毛澤東選集》第 2 卷（北京：人民出版社，1966），頁 358。

22　「毛澤東關於實行真正獨立自主的山地游擊戰方針給彭德懷的電報」（1937 年 9 月 21 日），《建黨以來重要文獻選編》第 14 冊（北京：中共中央文獻出版社，2011），頁 523。

23　中國抗日戰爭史學會、中國人民抗日戰爭紀念館編，《中國抗日根據地發展史》（北京：北京出版社，1995），頁 190-208。

而入。[24]

　　在不到半年的時間裡，中共就在廣大的華北地區立定了腳跟，建立數個敵後根據地：

晉察冀邊區：日軍的在背芒刺

　　晉察冀邊區地處恆山、五台山和燕山山脈的連接地帶，位於日軍進入華北的咽喉要道，並可威脅日軍控制的平綏、同蒲、正太、平漢鐵路等交通大動脈及北平、天津等大城市，戰略地位十分重要。盧溝橋事變後，日軍首先占領這個地區，企圖把此地作為占領整個華北的重要基地。

　　1937 年 10 月 20 日，中共中央軍委決定成立晉察冀抗日根據地，11 月 7 日，晉察冀軍區在五台正式成立，聶榮臻任司令員兼政治委員，迅即分向四面發展。中共發展根據地有一整套細膩的手法，一步一步、一層一層，很快建立起嚴密的組織網。

　　中共大力宣傳共產黨的抗日政策，發動群眾摧毀依附日軍的維持會等組織；接著建立各級戰地動員委員會或抗日救國會；通過這種帶有政權性質的組織形式，進一步建立基層農民的群眾團體，例如：農民抗敵會、工人抗敵會、青年抗敵會、婦女抗敵會等。同時，中共號召廣大青年參軍或加入民兵自衛隊，保衛家鄉，建立起縣、區、鄉的抗日自衛委員會和不脫離生產的抗日「救國自衛隊」，以及脫離生產的「抗日義勇軍」。這些政治軍事組織一個個建立起來的同時，中共還嚴屬實行所謂抗日的經濟政策，例如：沒收漢奸財產、減租減息、廢除苛捐雜稅、實行合理負擔等。這些措施無不切中當時農村流弊，很快獲得農民的支持。

24　毛澤東，〈在晉西北創建抗日根據地〉（1937年10月6日），《毛澤東軍事文集》第2卷，頁74。

　　高舉「有錢出錢、有糧出糧、有力出力、有槍出槍」的口號，中
共只花了 1 個多月的時間，晉察冀邊區就發展到下設 4 個軍分區、4 個
支隊 12 個團，範圍擴展至 30 餘縣。晉察冀軍區成立，對華北日軍帶
來了明顯的威脅，日軍不能坐視，迅即發動攻勢，發動數路圍攻，企
圖一舉消滅邊區組織。從 1937 年 11 月下旬到 12 月中旬，經過 20 餘日
的激戰，晉察冀軍區部隊擊退日軍的圍攻，逐漸站穩了腳跟，範圍擴
大至 40 餘縣，部隊人數猛增至 3 萬人。[25]

　　1938 年 1 月，晉察冀邊區軍政代表大會在阜平舉行，會議決定統
一邊區的軍事、政治、行政、財經、教育及民運工作等方針政策，並
產生了邊區的政權機關——晉察冀邊區臨時行政委員會，選出聶榮臻、
宋紹文、呂正操、胡仁奎、李傑庸、孫志遠、張蘇、婁凝先、劉奠基
等 9 人為委員，軍區、邊區政權及各級群眾團體的成立，標誌著中共
勢力深入到晉察冀邊區的基層農村社會結構中。[26]

　　中共在晉察冀邊區的發展對華北日軍來說，有如芒刺在背。於是，
1938 年 9 月，日軍再次發起攻勢，集中華北派遣軍第 110 師團、第 109
師團、第 26 師團，及獨立混成第 2、第 4 旅團共 5 萬餘人，沿平漢、正太、
同蒲、平綏各鐵路線，向晉察冀邊區發動圍攻。據八路軍的戰果詳報，
八路軍從 9 月 21 日與日軍展開對抗，經過 47 天的戰鬥，共進行戰鬥
130 餘次，斃傷日軍 5 千 3 百餘人，日軍最終無功而返，退回到原駐地。[27]

....

25　魏宏運、左志遠編，《華北抗日根據地史》（北京：檔案出版社，1990），頁36-72。
　　中國抗日戰爭史學會、中國人民抗日戰爭紀念館編，《中國抗日根據地發展史》，
　　頁117-143。陳廉，《抗日根據地發展史略》（北京：解放軍出版社，1987），頁88-
　　129。

26　魏宏運、左志遠編，《華北抗日根據地史》，頁57-59。魏宏運主編，《晉察冀抗日
　　根據地財政經濟史稿》（北京：檔案出版社，1990），頁18-25。

27　軍事科學院軍事歷史研究部編，《中國人民解放軍戰史》第2卷「抗日戰爭時期」
　　（北京：軍事科學出版社，1987），頁50-56。中國抗日戰爭史學會、中國人民抗日
　　戰爭紀念館編，《中國抗日根據地發展史》，頁87-91。

到了 1938 年底，晉察冀邊區已擴大到 83 個縣 1 千萬人口，控制著恆山、五台山兩大山脈和冀中平原廣大地區，對日軍造成不小的壓力。

晉綏邊區：鞏固華北地區勢力

晉綏地區位於同蒲鐵路大同至太原段以西、長城線以南、汾（陽）離（石）公路以北、黃河以東，是陝甘寧邊區的東部屏障和聯繫華北的樞紐。八路軍第 120 師在參加太原作戰的同時，即開始著手創建根據地，太原失陷後，第 120 師轉移至晉西北地區，部隊幹部組成工作團，分赴朔縣、偏關、臨縣、嵐縣等 14 個縣，同時派出雁北支隊挺進平魯、左雲等縣，在當地統一戰線組織犧牲救國同盟會的配合下，向農民宣傳〈抗日救國十大綱領〉，收容散兵游勇，安定地方秩序，到 1938 年 1 月，全師已發展到 2 個旅 6 個團，總人數達 2 萬 5 千人，部隊擴展近 3 倍。

1938 年 2 月，日軍在進攻臨汾的同時，曾派出 1 萬餘兵力發動對晉西北根據地的圍攻，八路軍第 120 師採取運動戰方式與日軍周旋，不斷尋找戰機騷擾日軍，相繼於鳳凰山、寧武等地予日軍重大打擊，斃傷日軍 1 千餘人。到了 4 月 10 日，八路軍已收復 7 座縣城，徹底粉碎了日軍對晉西北的圍攻。隨著晉西北根據地的鞏固，第 120 師開始向綏遠方向拓展，晉西北根據地發展為晉綏邊區，北起陰山山脈北麓，南到汾陽、離石一帶，東與晉察冀邊區相連，西與陝甘寧邊區相接，包含 46 個縣分。

晉綏邊區的建立與拓展，對中共在華北地區勢力的鞏固有重要意義，因為晉綏邊區正好位於陝甘寧邊區及晉察冀邊區的中心點，不但切斷了日軍由此西向奪取大西北的通道，也對中共在華北各邊區得以連成一氣，具關鍵作用。

晉冀豫邊區：占盡地利

晉冀豫邊區東起平漢鐵路，西至同蒲鐵路，北起正太鐵路，南至黃河，地理位置十分重要。由於日軍勢力只依附在各城市及交通線上，日軍要南下華東及華中地區，都要通過這個地區，所以，晉冀豫邊區直接威脅日軍在華北交通線的運行安全，也是中共維繫華北地區抗戰最主要的據點。

1938 年 9 月底，在日軍占領保定後，繼續沿正太鐵路南進。10 月中旬，八路軍第 129 師挺進晉東南平定地區後，隨後以主力不斷襲擾側擊沿正太鐵路西進的日軍，同時在太谷、榆次、陽泉、昔陽、和順等縣，展開創建根據地的工作。

11 月 7 日，八路軍總部在和順縣召開會議，朱德、彭德懷、左權、任弼時、劉伯承等人出席會議，會議傳達了中央軍委關於創建以太行山為中心的晉冀豫根據地的指示。會後，第 129 師隨即部署並開展游擊活動，晉冀豫三省交界的廣大地區，成為此後該師開闢敵後根據地的基本地域。

日軍對 129 師及其發展的勢力展開圍攻，129 師決定實施游擊作戰反擊日軍。1938 年 3 月，配合第 115 師及 120 師的作戰，第 129 師集結在晉東南地區，對日軍控制的邯（鄲）長（治）公路發起襲擊，相繼取得神頭嶺、響堂鋪伏擊戰的勝利，使日軍交通線受到嚴重威脅。

1938 年 4 月初，日軍為了恢復交通線的順暢，集中第 108 師團主力 3 萬餘人，向晉東南八路軍大舉圍攻，企圖一舉殲滅第 129 師。4 月中旬，第 129 師在長樂村遭遇日軍第 108 師團主力，繼而多次擊退來犯日軍，日軍始終無法捕捉到八路軍主力，只得放棄圍攻。此役結束後，第 129 師以晉東南地區向外迅速擴展，控制範圍擴大至晉冀豫、冀南等兩大地區，轄下共有 130 多個縣。

晉冀豫邊區與晉察冀、晉綏邊區最大的不同在於，邊區內除廣大山地外，還擁有範圍廣大的平原地區，在財政經濟上具有更高的發展

性。第129師也將發展觸角從晉冀豫邊區擴展至冀南地區，1938年5月，副師長徐向前、政委鄧小平等人相繼來到冀南，冀南抗日根據地逐步得以開展。8月，冀南行政公署成立，楊秀峰、宋任窮分任正、副主任。在冀南抗日根據地迅速發展的同時，八路軍還積極向津浦線方向挺進。1938年5月中旬，發動臨清之役，俘獲偽軍3千餘人，繳槍5千餘枝。9月，八路軍成立東進抗日縱隊，蕭華任縱隊司令員兼政委，下轄3個支隊，逐漸在冀南、晉東南形成南接黃河、北至德州、東到津浦線、西達平漢線，總計60餘縣的晉冀豫根據地。

山東根據地：趁勢壯大

　　山東根據地距離陝甘寧邊區較遠，八路軍進入山東的時間相較於其他華北各根據地，可說是最晚的。1937年10月上旬，日軍占領德州後，中共山東省委隨即在濟南召開省委會議，制訂發動組建抗日武裝部隊的計畫，同時，中共中央和北方局派來一批幹部，主導發展山東根據地的工作。不過，因為八路軍3個師在抗戰初期主要發展的區域是在河北、山西及察哈爾3省的交界地區，故中共勢力初期在山東並無顯著的擴展。

　　真正為中共在山東的發展帶來契機的，是國民政府處決山東省政府主席韓復榘一事。1937年底，日軍進攻山東，韓復榘為保存實力，不戰而退，次年（1938年）1月，蔣介石為嚴正軍紀，在漢口處決韓復榘，對當時低迷的國軍士氣，可謂當頭一棒。但是，因為韓復榘亡故，山東出現群龍無首的政治真空，此後的山東，國府系統下的沈鴻烈、石友三、秦啟榮、張里元等人群雄並起，但卻各行其是，互不相讓，山東的這種狀況，為中共的發展提供了有利的條件。

　　1938年1月1日，中共山東省委率先在魯中山區的徂徠山建立抗日武裝部隊，繼而在沂蒙山、魯西北、膠東地區相繼展開武裝擴軍行動，由於正值強勢日軍過境之際，地方上秩序一團混亂，中共得以迅

速發展勢力。到 1938 年中，據山東省主席沈鴻烈致重慶的報告，山東
境內國軍部隊和地方游擊約有 15 萬人，中共控制的武裝部隊從無到有，
已迅速增至 4 萬人，統編為 7 個支隊和 2 個人民抗日義勇軍總隊；[28] 可
見中共在山東的軍力已不容小覷。

不僅如此，1945 年終戰時，中共山東根據地的部隊在國共接收東
北的競逐上，扮演了關鍵的角色。1945 年 8 月 11 日，日本無條件投降
的消息傳到中國，中共中央立即命山東地區的八路軍從海路日夜兼程
急進東北，發展東北根據地。由於中共占了先機，使得國民黨軍隊進
入東北倍加艱難；而中共以這支山東八路軍為主力，結合其他從華北、
西北進入東北的部隊，組成後來的東北野戰軍，3 年後在遼瀋一役擊敗
國軍。

三、組建全新的基層組織：統一戰線、階級鬥爭與整
風運動

中共為何能在敵後生存、壯大、並取代國民黨的敵後政軍勢力？
賴小剛觀察中共在山東根據地的發展，指出：中共在敵後的壯大並非
偶然，是「激情、目標、制度、政策與機遇」這一系列因素互相激盪
的結果。[29]

「激情」是指抵抗日本侵略、建設中國為統一民族國家的渴望。
「目標」是指中共政治訴求的目標清楚而具有彈性。中共往往權衡其
實力及客觀現實的變化而調整其目標，例如：抗戰初期，實力尚弱，
不得不遵從國民政府的命令，處處小心；1939 年後在敵後逐漸立足，

28　有關抗戰期間中共在華北根據地的發展過程，參見陳廉，《抗日根據地發展史略》。
　　中國抗日戰爭史學會、中國人民抗日戰爭紀念館編，《中國抗日根據地發展史》。

29　賴小剛，〈激情、目標、制度、政策與機遇〉，黃自進主編，《邁向和解之路：中日
　　戰爭的再檢討》（台北：稻香出版社，2019年），頁305。

開始對國府陽奉陰違，積極發展自己的根據地；抗戰後期則憑藉其武裝力量，要與國府對等談判。

但最關鍵的因素是中共的制度與政策。中共以「民主集中制」把一系列彼此相悖的理念和措施（民主與專制、浪漫主義與鐵的紀律、統一戰線與階級鬥爭）統一在一個有機體內。透過不斷的社會改革和群眾運動，中共在山東逐步建立了一個「軍事－財政一體化黨治制」的統治體制。[30]

不得不說，中共確有得天獨厚的「機遇」。西安事變之前，中共在延安坐困愁城，西安事變給中共帶來生機，而抗日戰爭更帶給中共起死回生、不斷壯大的「機遇」。中共善加掌握每個機會，在抗戰期間迅速壯大。

陳耀煌研究中共在河北地區的發展，注意到中共靈活運用「統一戰線」與「階級鬥爭」兩手策略，把農村兩極化——以「統一戰線」拉攏地方上層分子，以「階級鬥爭」動員下層民眾。這「一拉一打」，就此撕裂地方，孤立與控制上層分子，把下層群眾奪取過來，建立一個龐大的黨國組織。[31]

陳永發也提出，中共以階級鬥爭和統一戰線相互運用，成功地在農村建立敵後根據地。先是以「減租減息」來分化農村的各階級——爭取了地、富的左翼（開明仕紳），打擊了地、富的右翼，獲得了基層農民的認同與支持；再加上較合理的賦稅，中共得以在河北逐步建立一個全新的基層組織，掌控農村的政權和武裝。[32]

....

30　賴小剛，〈激情、目標、制度、政策與機遇〉，黃自進主編，《邁向和解之路：中日戰爭的再檢討》，頁308-335。

31　陳耀煌，《統合與分化：河北地區的共產革命，1921-1949》（台北：中央研究院近代史研究所，2012年），頁362-365。

32　陳永發，《中國共產革命七十年》上冊（台北：聯經出版公司，2001年），頁353-363。

　　值得注意的是，中共幹部的家庭背景、階級出身和國民黨幹部差別並不大，不少出自資產階級；那麼，中共如何確保幹部在一個個的群眾運動中不致迷失立場？如何維持黨員的理想和熱忱？如何堅持黨的領導與路線？這要歸功中共中央的整黨整風。特別是 1942 年開始的延安整風運動，確定了毛澤東思想、毛澤東路線，以及毛澤東的領導，徹底改造中共黨員的思維和習性，使共產黨員堅定認同「個人利益服從於黨的利益，地方黨組織的利益服從全黨的利益，局部的利益服從整體的利益」。[33]

　　綜上所述，中共重視黨的建設、黨員的思想教育以及幹部團隊的建設。以整黨整風鞏固黨的領導和路線、端正黨員的思想及行為，使黨在政策、思想及組織上達到團結統一。有了堅實的基礎和鐵的紀律，幹部在各根據地審時度勢，因地、因時，靈活運用統一戰線和階級鬥爭，分裂農村既有組織，掌握財政階級資源，逐步建立一個新的基層組織。

四、中共敵後作戰典型案例研究：百團大戰

　　從 1937 年盧溝橋事變到 1940 年夏，將近 3 年的時間裡，中共在華北地區的勢力發展已相當可觀，與日軍直接衝突的機會日增。為穩定占領區的治安和經濟，日軍從 1940 年開始，著手整頓占領區。是故，生根在占領區的共軍，成為日軍打擊的主要目標之一。

　　1940 年初，日軍中國派遣軍（支那派遣軍）總司令部提出「鐵路為柱、公路為鏈、碉堡為鎖」的「囚籠政策」，把矛頭對準八路軍。這個策略是以交通線及碉堡為據點，打造一個個「囚籠」，把中共的

<hr />

33　劉少奇，〈論共產黨員的修養〉，中共中央文獻編輯委員會編，《劉少奇選集》（北京：人民出版社，1981 年）上卷，頁129。

根據地切割得愈來愈小，最終摧毀中共華北各抗日根據地。

　　石家莊到太原的正太鐵路是日軍執行囚籠政策的重點路線，日軍在正太鐵路沿線大小城鎮、車站、橋梁及隧道附近，均築有堅固據點，各以數十至數百人的兵力守備，並經常派裝甲車巡邏，藉此切斷八路軍總部與各抗日根據地的聯繫，限制住他們的活動。

　　為了反擊日軍的全面封鎖，1940 年 7 月 22 日，八路軍總部向晉察冀軍區、第 120 師、第 129 師下達「戰役預備命令」，以破壞正太鐵路為中心的反制行動。該命令首先分析當前國內外形勢變化：「由於國際形勢（指德國全面占領西歐各國）的變動，我西南國際交通線被截斷，國內困難增加，敵有於八月進攻西安，截斷西北交通之消息。」[34]日軍如進攻西安，首當其衝的不止是蔣介石派在關中的胡宗南的部隊，延安的中共也必遭殃。為打破日軍進犯西安的企圖及其「囚籠政策」，中共中央決定趁雨季時節，正太線日軍防務較為空虛之際，發動全線襲擊。這個作戰計畫，一方面破壞及襲擾正太線，同時對其他華北重要鐵路，特別是平漢、同蒲鐵路，也要組織有計畫的攻擊，一舉打擊日軍勢力，強固中共在華北的根據地。[35]

　　「戰役預備命令」規定，晉察冀軍區派出 10 個團，第 129 師派出 8 個團，第 120 師派出 4 到 6 個團，並限於 8 月 10 日前完成各項準備工作。最初八路軍打算動員的兵力大約是 24 個團，但戰役初期，發揮了奇襲效果，各部受到鼓舞，八路軍及民兵自動參戰，兵力逐次增加，最後實際參戰兵力達到 1 百個團左右，中共習稱此役為「百團大戰」。

....

34　中國人民革命軍事博物館《百團大戰歷史文獻資料選編》編審組，《百團大戰歷史文獻資料選編》（北京：解放軍出版社，1991），頁 15-16。

35　同上，頁 20-22。

「百團大戰」的兩個階段

1. 第一階段（8月20日至9月10日）

百團大戰的第一階段為時20天，主要任務是破壞日軍交通，重點在摧毀正太鐵路的運輸能力。8月20日，八路軍冒雨通過山谷河流，避開日軍外圍據點，各部前進到正太路兩側，當晚向正太路全線突然發起攻擊，突然的奇襲讓日軍措手不及。

另一方面，晉察冀軍區則負責破襲正太路東段，此段有日軍堅固設防的天險娘子關及重要燃料基地井陘煤礦，守備十分嚴密。晉察冀軍區右縱隊負責破襲正太鐵路娘子關至亂柳段。娘子關早在被日軍攻陷前即構築有國防工事，日軍占領後又依據險峻的山嶺修築四個軍事堡壘，使娘子關防禦能力進一步增強，可謂易守難攻。20日深夜，晉察冀軍區右縱隊主攻部隊第5團一部首先潛入娘子關村，消滅村內偽軍，然後依託村莊，仰攻日軍堡壘，經過3小時激戰，攻克全部堡壘，收復了被日軍占領3年的娘子關，這是八路軍在百團大戰中最先攻克的戰略要地，並在日軍增援抵達之前，主動撤離娘子關。

第5團進行的另一場較大的戰鬥是襲擊磨河灘車站。20日深夜，第5團第1營第1連潛入磨河灘，但遭到日軍反擊，21日清晨撤出車站。為完成破壞磨河灘車站的任務，當晚第1連再次渡過棉河，攻入車站，磨河灘車站防守的日軍有近1千人，憑險固守，缺乏重武器的八路軍難以解決該股日軍，在經過兩天的激烈戰鬥後，第1連撤出磨河灘車站。

除了破壞交通線外，八路軍還有一個重要的目標：井陘煤礦。井陘煤礦是日軍重點守備目標，在礦區周遭築有架設電網的圍牆、鐵絲網與外壕，在圍牆之外更築有19個堡壘，可瞰制全礦區。自20日深夜起，晉察冀軍區中央縱隊第3團對井陘煤礦的崗頭老礦區和東王舍新礦發起攻擊，在礦區工人的內應下，將礦廠的機器、鍋爐、風車等

機器設備及礦區所有重要建築全部炸毀，運走了大部物資，使其半年內不能恢復生產。第 3 團還奪取了賈莊、南鎮的日軍據點，第 2 團攻占乏驢嶺鐵橋東端堡壘，掩護工兵將鐵橋炸毀，並占領蔡莊日軍據點。

在各路八路軍突如其來的猛烈攻擊下，正太鐵路沿線的日軍一開始陷入混亂狀況，但在了解情況後，緊急調集兵力，進行反擊。日軍自同蒲鐵路北段抽調第 36、第 37 及第 41 師團向 129 師反擊。在正太路東段，日軍從冀中、冀南抽調約 5 千兵力，增兵至石家莊、娘子關，配合當地的獨立混成第 8 旅團向晉察冀軍區部隊進行反擊。日軍採取東西對進，企圖重新打通正太鐵路；在同蒲鐵路北段，日軍也同步進行反擊。

8 月 26 日，八路軍總部根據敵情變化，調整了作戰部署，決定晉察冀軍區以 3 個團持續在正太鐵路壽陽至石家莊沿線進行游擊襲擾行動，以 4 個步兵團收復上社、下社以北各據點，並向盂縣、壽陽以北、定襄、忻縣以下開展游擊行動。第 129 師以 4 個步兵團破壞平（定）遼（縣）公路，相機收復遼縣、和順兩地，以 2 個步兵團堅持陽泉以西正太鐵路沿線及榆次、太谷地區的游擊活動。第 120 師則以 5 個團破擊同蒲鐵路忻縣到太原段。

八路軍總部鑑於對日軍的襲擾已有效鉗制了日軍的反擊行動，為避免被優勢日軍包圍，決定見好就收，訂於 9 月 10 日結束第一階段作戰。

值得一提的是，八路軍戰果不錯，國軍亦受鼓舞。蔣介石肯定中共對抗戰的態度「積極」，[36] 嘉許「第八路軍襲擊正太與同蒲各路，予敵以相當之威脅，此實抗戰以來中共第一次之努力也」。[37] 8 月 29 日，蔣介石電令全國各戰區，「自九月分起，加強敵後之游擊戰鬥」，「並

36　蔣介石日記，1940 年 8 月 29 日。
37　蔣介石日記，1940 年 8 月 31 日，「上星期反省錄」。

以第八路軍此次在正太、同蒲、平漢各路之游擊破壞動作為法則。」[38]
第一戰區司令長官衛立煌、第二戰區司令長官閻錫山也先後致電八路
軍總部，祝賀正太之役的勝利。9 月 4 日，蔣介石再度通電嘉獎：「貴
部窺此良機，斷然出擊，予敵甚大打擊，特電嘉獎。」[39]

為呼應八路軍作戰，綏遠、山西、河南等地的國軍奉命於 8 月下
旬相繼發動進攻，以牽制當面之敵。特別是第一戰區發起的晉南攻勢，
作戰目的設定為「規復晉南、晉東、豫北之交通」，不僅僅是一次簡
單的配合作戰，其戰果也不亞於八路軍同期的戰鬥。

2. 第二階段（9 月 22 日至次年 1 月）

八路軍一連打了幾個勝仗，國內各方祝捷賀電從四面八方湧入八
路軍總部，鼓舞了民心士氣，也鼓勵了中共中央。此戰總指揮、八路
軍副總司令彭德懷有意趁勝進擊。8 月 31 日，彭德懷發布「繼續擴大
戰果」的命令。[40]

8 月 31 日，八路軍總部在致各兵團並報中央軍委的電報中指出，
日軍的弱點是兵力不足，因此，百團大戰的目標應放在徹底摧毀正太
鐵路和同蒲鐵路忻縣至朔縣段，使晉西北、晉東南及晉察冀三個重要
根據地連成一氣。

9 月 16 日，八路軍總部發出第二階段作戰命令，指示各部繼續破
壞日軍交通線，伺機摧毀日軍在華北根據地的碉堡等據點。

在第二階段的作戰中，最重要的兩場戰鬥是淶靈之役及榆遼之役。
9 月 22 日，晉察冀軍區部隊集中主力發起淶靈之役，目標是破擊淶靈
公路，奪取淶源、靈丘兩城。駐淶靈地區的日軍為駐蒙軍獨立混成第 2

38　秦孝儀主編，《中華民國重要史料初編：對日抗戰時期第 2 編・作戰經過（三）》
　　（台北：中國國民黨中央委員會黨史委員會，1981），頁 148-149。

39　中國人民革命軍事博物館《百團大戰歷史文獻資料選編》編審組，《百團大戰歷史
　　文獻資料選編》，頁 228。

40　《令繼續擴大戰果》，《百團大戰歷史文獻資料選編》，頁 34。

旅團及第 26 師團各一部共 1 千 5 百餘人，另有偽軍 1 千餘人。晉察冀軍區決定先奪取淶源縣城，同時拔除淶源縣城附近的日軍各據點。由於日軍工事堅固，加上晉察冀軍區部隊缺乏攻堅的重武器，經過一晝夜的激戰，僅奪取了淶源縣城的外圍據點。雙方持續激戰至 28 日，這一天，張家口日軍 3 千餘人在飛機、坦克車配合下，急速向淶源增援，至 10 月 1 日，原先攻克的外圍據點又被日軍占領，在此情況下，晉察冀軍區部隊決定放棄奪取淶源的既定目標，向靈丘、渾源方向轉移。

　　10 月 7 至 9 日，晉察冀軍區部隊於靈丘、渾源一線，先後攻克了南坡頭、搶風嶺、青磁窯等日軍據點。9 日下午，大同日軍 1 萬多人增兵至渾源，並繼續向靈丘地區進犯。同時，在易縣、保定、定縣一線，也發現大批增援日軍蹤跡；於是晉察冀軍區部隊在 10 月 10 日果斷結束了淶靈之役。此役共進行 18 天，殲滅日軍 1 千 1 百餘人，八路軍傷亡 1 千 4 百餘人。

　　第二階段的另一起關鍵戰役為榆遼戰役，9 月 23 日，第 129 師發起榆遼戰役，駐榆陽的日軍為獨立混成第 4 旅團 1 個大隊，另有 2 個大隊駐和順、昔陽與榆次之間地區，與榆陽日軍相互呼應。日軍主要是守備榆遼公路，企圖使這條公路經武鄉向西南伸展，與白晉鐵路相連，以達到分割中共在太行山北部地區的目的。

　　為反擊日軍的企圖，第 129 以第 385 旅為右翼隊，重點攻取榆遼公路東段各據點，以一部扼守狼牙山，阻擊遼縣可能西援之敵，並準備協同新編第 10 旅相機收復遼縣。另以第 386 旅為左翼隊，重點攻取榆遼公路西段各據點，並準備與沁北支隊協同，夾擊可能由武鄉、故城北援之敵，以新編第 10 旅主力編成平遼支隊，破擊平遼公路之和順南北地段，並鉗制遼縣之日軍。以太岳軍區第 17、57 團組成沁北支隊，破擊白晉鐵路沁縣至分水嶺段，鉗制日軍從白晉鐵路抽調兵力增援榆遼地區。

　　9 月 23 日，右翼隊及左翼隊同時向預定目標發起攻擊，到了 30 日，

八路軍已續攻克了沿壁、王景、鋪上、小嶺底、石匣、管頭等據點與榆社縣城，八路軍在初期攻勢雖告得手，但日軍據守有利據點，依託有利地形頑抗，雙方在多處形成對峙，同時，從遼縣西援的日軍已突破八路軍設在狼牙山的阻擊陣地，在此情況下，八路軍總部決定第129師各部撤出戰鬥，並結束榆遼之役。

第一階段幾乎都是破壞、襲擾的非正規作戰方式，第二階段的作戰重點在進攻日軍所占領的榆社等4座縣城，但戰果不彰，除榆社得而復失外，其餘縣城均未攻克。八路軍總部事後對此檢討，歸結於日軍工事堅固、增援迅速，而八路軍各部技術及裝備過於落後，缺乏攻堅能力，且日軍經過第一階段的突襲行動後，提高了警覺性，也增加了攻擊的困難。[41]

10月上旬到1941年1月是百團大戰的最後階段，主要是應對日軍的強力掃蕩。八路軍在為期近3個月的反掃蕩作戰中，持續開展反擊、襲擾的游擊作戰，雖然未能擊退日軍，但日軍也一直無法捕捉到飄忽不定的八路軍主力。1941年1月底，進犯華北根據地的日軍全部退回原據點，百團大戰宣告結束。

百團大戰歷時近5個月，根據中共統計，八路軍總共進行大小戰鬥1,824次，斃傷日軍20,645人、偽軍5,155人、俘虜日軍281人。繳獲各種槍枝5,942枝、各種火砲53門，破壞鐵路474公里、公路1,502公里，橋梁213座，以及奪取各種物資，如鐵軌、枕木、電線桿等。八路軍傷亡1萬7千餘人，付出不小的代價。[42]

---

41 〈百團大戰第二階段戰鬥總結〉（1940年9月25日），收於中國人民革命軍事博物館《百團大戰歷史文獻資料選編》編審組，《百團大戰歷史文獻資料選編》，頁103-105。

42 〈百團大戰及反掃蕩戰爭統計要報〉（1940年11月19日），收於中國人民革命軍事博物館《百團大戰歷史文獻資料選編》編審組，《百團大戰歷史文獻資料選編》，頁146。

不過，仔細算來，八路軍實際傷亡高達 4 萬多人。根據中共公布的數字，1940 年 8 月 20 日到 12 月 5 日期間，八路軍傷亡 1 萬 7 千人，中毒 2 萬 1 千人。[43] 此外，晉察冀軍區在 1940 年 12 月 4 日到 1941 年 1 月 4 日的阜王戰役中，傷亡 1,382 人；第 120 師在 1940 年 12 月 14 日到 1941 年 1 月 24 日晉西北反掃蕩中，傷亡 956 人。[44] 可見，八路軍在整個百團大戰中傷亡及中毒共計 4 萬多人。

中共這些數字與日軍公布的數字相差甚遠。僅以死傷人數來看，日軍華北方面軍軍醫部統計，從 1940 年 8 月到 1941 年 1 月這 6 個月內，在與共軍及國軍作戰中，整個華北方面軍總共戰死傷為 7,499 人。[45] 不論如何，國共各大宣傳機構都對百團大戰大肆宣傳，當時也確實鼓舞了全國軍民的士氣。

百團大戰對國共的重要性

就作戰性質而言，百團大戰並非傳統軍事定義上的戰爭，而是主要針對鐵路、公路等交通線的破壞及襲擾戰，除了中共部隊外，還有許多農民大眾參與。此役是八路軍在抗日戰爭中發動的規模最大、持續時間最長、且帶有戰略意義的進攻作戰，在中國大陸的戰史書寫中，一直被歌詠為「中外戰史上光輝的一頁」。[46] 然而，對外宣傳是一回事，內部總結又是一回事。無論重慶還是延安，對作戰的實際情況還是有

43　中國人民解放軍歷史資料叢書編審委員會：《八路軍‧表冊》，解放軍出版社，1994 年，頁 626。

44　《晉察冀軍區百團大戰總結報告（摘要）》，《百團大戰史料》，頁 203。《中國戰典（下）》，頁 579。

45　北支那方面軍，「兵團月別戰死傷調查表」，〈（8）北支那方面軍衛生概況〉（1939 年-1941 年），《陸軍一般史料》，日本防衛省防衛研究所藏，檔號：C11110934800。不包括偽軍傷亡。

46　中國人民革命軍事博物館《百團大戰歷史文獻資料選編》編審組，《百團大戰歷史文獻資料選編》，頁 558。

一定程度的了解。

例如，國軍第二戰區機密作戰日記，10 月 17 日記錄：「自八月號日起至九月文日止，（八路軍）截斷正太線交通者二十四天。又破壞井陘、賽魚煤礦兩處。據敵（日軍）估計：所受損失約達日金三千餘萬元。除此之外，朱、彭所報者多非事實，……。斯役，敵軍傷亡達三千左右，外有偽軍二千餘人，中共傷亡亦約三千餘人，外有參加作戰之民眾四千餘……。」[47] 閻錫山、衛立煌等國軍前線將領，都曾在百團大戰後，數次向重慶報告八路軍在百團大戰中的戰果。[48]

八路軍總部也作了檢討，指出一些問題。例如，在第二階段，共軍使用它不擅長的攻堅戰，因而過多地消耗了八路軍的有生力量和根據地的人力物力。而且，強攻日軍有堅固設防的城鎮據點，也不符合從抗戰伊始即決定以游擊戰為主的作戰方針。[49]

事實上，中共中央高層認為此役得不償失，尤其是暴露出中共在華北的實力，使得此後日軍將攻擊矛頭指向八路軍，實屬不智。[50] 毛澤東在中共中央政治局會議上對採用運動戰與日軍硬拚的戰法就表達了不滿。[51] 在 1945 年中共七大上，有與會者公開聲稱，發動百團大戰是

47　中國第二歷史檔案館，《抗日戰爭時期國民黨軍機密作戰日記》（北京：中國檔案出版社，1995），頁239。

48　「閻錫山電軍事委員會關於賀師、聶部戰況」（1940年10月26日）、「衛立煌電蔣介石關於劉師戰績」（1940年11月7日），中國人民革命軍事博物館《百團大戰歷史文獻資料選編》編審組，《百團大戰歷史文獻資料選編》，頁248-249。

49　〈中央軍委關於今冬華北各部隊任務的指示〉（1940年11月16日），收於中央檔案館編，《中共中央文件選集》第12冊（北京：中共中央黨校出版社，1991），頁568-569。中國人民革命軍事博物館《百團大戰歷史文獻資料選編》編審組編，《百團大戰歷史文獻資料選編》，頁409。

50　中國人民革命軍事博物館《百團大戰歷史文獻資料選編》編審組編，《百團大戰歷史文獻資料選編》，頁409-412。

51　楊奎松，《「中間地帶」的革命》（太原：山西人民出版社，2010），頁415。

「不聽毛主席的話」的結果，違背了中共戰略方針。[52] 文革期間，這一條更成了彭德懷的重要罪狀之一。[53]

不論如何，百團大戰在抗日戰爭史或中共戰史中均有重要的時代意義。百團大戰從宣傳的角度來看，中共振振有詞，打破國民黨對中共不抗日的攻擊；但此役卻暴露了中共在華北的軍政實力，讓日軍注意到中共才是芒刺在背的心腹之患。毛澤東表面上讚揚百團大戰的勝利，實際上對彭德懷等八路軍領袖發動此役，徒然損耗共軍力量頗為不滿，很可能種下了日後清算彭德懷的禍因，也讓毛澤東更確定此後共軍必須要避免發動類似的大戰。

此外，國軍第一、第二戰區在百團大戰的過程中策應共軍，對日軍實施全面攻擊，華北各戰區均投入作戰，國共兩軍捐棄前嫌，相互配合，這是國共兩黨在抗戰中期一次難得的合作。

日軍加強掃蕩華北中共敵後根據地

百團大戰也讓日軍徹底認清，在敵後地區的中共實是尾大不掉的心腹之患，「必須改變長久以來對共之認識。」[54] 日軍對中共打散退入農村、並與民眾結合的方式尤其印象深刻，決定改變對中共的作戰方針。[55] 因此，從 1941 年 3 月開始，日軍華北方面軍連續進行了 5 次名為「治安強化運動」的掃蕩作戰，除掃蕩進攻外，同時配合「清鄉」，

52　彼得・弗拉基米洛夫著，呂文鏡等譯，《延安日記》（北京：東方出版社，2004），頁 466。

53　彭德懷傳記組著，《彭德懷全傳》（北京：中國大百科全書出版社，2009），頁 484-487。

54　日本防衛廳防衛研修所戰史室編撰，廖運潘譯，《日軍對華作戰紀要（11）治安作戰（一）大戰前之華北「治安」作戰》（台北：國防部史政編譯局，1988），頁 577。

55　《日軍對華作戰紀要（11）治安作戰（一）大戰前之華北「治安」作戰》，頁 579-599、718-719。

打擊共軍。

第 1 次是在 1941 年 3 月到 4 月，主要目標是加強偽組織、推行保甲制。第 2 次是 1941 年 7 月到 9 月，以「實行剿共、鞏固治安」為方針，日軍還在華北正式成立了「華北防共委員會」，統合各項防共工作。第 3 次是在 1941 年 11 月至 12 月，重點是「徹底實行經濟封鎖，促進重要物資的生產與供應。」第 4 次是在 1942 年 3 月至 6 月，目標是「東亞解放、剿共自衛、勤儉增產」。這次規模最大，動員了 3 個師團、2 個旅團，再加河北的偽軍，總共 10 萬人。第 5 次是 1942 年 10 月到 12 月，對華北的 40 萬日本僑民進行動員，強化華北民眾的防共意識。[56]

日軍大規模的掃蕩直到 1943 年底日軍準備發動「一號作戰」，才逐漸放鬆；「清鄉」工作也直到 1943 年夏才停止。

1941 到 1943 這三年可以說是中共在抗戰期間最艱困的時期，經常要面對日軍的大規模掃蕩行動。中共採取的應對之策，簡單來說就是避敵鋒芒、保存實力、長期隱蔽。換句話說，就是「精減主力軍」、「主力軍地方化」，把三分之一的主力軍下放給軍分區、獨立團、游擊隊作為骨幹，提高地方部隊的軍政素質及戰鬥力，逐漸形成主力軍、地方軍、民兵結合的戰鬥力量。[57]

儘管中共的應變能力極強，但還是難以應付日軍強勢的掃蕩攻勢。在這 3 年間，敵後根據地出現嚴重的饑荒、逃亡、及萎縮等現象，晉察冀及晉綏兩個根據地縮小了三分之一，晉冀豫則縮小了二分之一，處在平原地區的冀南及冀中這兩塊新闢的根據地，日軍對其不斷掃蕩，中共已不能在此公開活動，軍隊也全部撤走。

就人口規模及生產資源來說，中共在華北根據地人口，從 1940 年

56　北京市檔案館編，《日偽在華北地區的五次強化治安運動》上冊（北京：北京燕山出版社，1987），頁 1-13。

57　劉鳳翰，〈抗戰時期中共軍事的擴展（2）〉，《國史館館刊》，復刊第 11 期（1991 年12 月），頁 128。

的高峰約 1 億人，到 1944 年減少到 5 千萬人。人力大量銳減，使得根據地的經濟無法再維持龐大的兵力，八路軍只好不斷減員，並要求各部隊盡量自給自足，戰鬥兵員在非訓練期間都下鄉參與農耕工作，盡量減少對農村的負擔。[58]

此外，自從「百團大戰」之後，八路軍就不再採取正面作戰或大規模對敵的行動；萬不得已，也僅限於小規模的游擊戰或暗殺方式，而且主要對象都在偽軍及偽政權人員，盡量不直接與日軍衝突。

五、「一號作戰」為中共帶來擴張契機

日軍針對華北各根據地的掃蕩行動，雖給予中共極大的打擊，卻始終無法徹底殲滅中共軍隊的主力；中共軍隊散在廣大的農村中蓄積實力，等待黎明。如此苦撐到 1944 年春，終於等到了轉機。

1944 年春，抗戰已進入第 7 個年頭，日軍發動太平洋作戰亦有 3 年餘。出乎意料的是，在太平洋戰場連連失利的日軍竟然舉全國之力，動員約 50 萬人，發動「一號作戰」（國軍稱「豫湘桂會戰」），企圖打通中國大陸的大規模作戰。戰力強大的日軍，在這場遍及河南、湖南、廣西三省的大會戰中，除了在衡陽一戰吃了苦頭外，可謂攻城略地，勢如破竹。國軍幾乎是全面潰敗，在軍事、經濟、及國內外輿論，都蒙受巨大的損失。[59]

「一號作戰」是國民政府的噩夢，卻給中共帶來好運。國軍傾全力在前線對抗日軍，一路向西敗退，失地千里；而日軍則抽調了大量

58　軍事科學院軍事歷史研究部編著，《中國人民解放軍戰史》第 2 卷「抗日戰爭時期」，頁 274-293。軍事科學院軍事歷史研究部編著，《中國抗日戰爭史》中卷（北京：解放軍出版社，1994），頁 431-460。

59　關於「一號作戰」，請見本書第二卷第八章。

華北部隊參戰，不得不收縮占領區內的防禦陣地，或將之交給「偽軍」駐守，這便給了共軍喘息並進一步擴大勢力的機會。[60]

「一號作戰」期間，1944 年 4 月到 12 月，短短 8 個月，中共大量接收國軍和日軍空出來的勢力範圍，宣稱收復了 16 座縣城，8 萬平方公里的土地和 1 千 2 百萬的人口。中共的運勢還不僅於此，1945 年 8 月 14 日日本投降時，中共又得到第二次天大的好運。當時，國軍主力遠在西南邊陲，對廣大的日軍占領區鞭長莫及，來不及回防接收；而共軍則再一次趁機大舉擴張，不到 2 個月時間，中共宣稱已擁有 120 萬黨員、91 萬正規軍、220 萬民兵、將近 1 億人口和 95 萬平方公里土地。可以說，國民政府在對日抗戰中所失去土地的 67%，盡入中共囊中。[61]

抗戰勝利時的中共已今非昔比，聲勢壯大，在華北具有絕對的軍事優勢，在華中及華南聲勢雖不如華北，但也已取得與國府分庭抗禮的實力，戰後逐鹿中原的格局就此確定。[62]

六、觀察與檢討

關於中共在抗戰時期的作為，在國共兩黨官方表述，或是海峽兩岸的學術研究中，長期存在不同、甚至互斥的論點。但是，八路軍從最早的 3 個師擴張到 60 萬主力軍；新四軍從 3 個支隊擴大到 26 萬主力

---

60 張宏志，《抗日戰爭的戰略反攻》（北京：國防大學出版社，1990），頁125-132、215-258、272-293、309-311。

61 陳永發，《中國共產革命七十年》上冊（台北：聯經出版公司，2001），頁345-346。 Tang Tsou, *America's Failure in China, 1941-1950* (Chicago: The University of Chicago Press, c1963), p. 301.

62 朱德，〈中國解放區抗日軍朱總司令致美英蘇三國說帖〉（1945 年 8 月 15 日），收於中央檔案館編，《中共中央文件選集》第 15 冊，頁239。另參見中國抗日戰爭史學會、中國人民抗日戰爭解放紀念館編，《中國抗日根據地發展史》，頁658。

軍；華南抗日游擊隊幾乎是白手起家，到 1945 年發展到 2 萬多人的主力；中共在華北、華東、華南的部隊都分別在抗戰時期擴大了 14 到 20 倍，另外還武裝了 220 萬民兵。[63] 這些數字雖有些小出入，但基本是可靠的。[64]

　　中共在抗戰中快速成長、大幅擴張，是不爭的事實，其成功的原因何在？他們究竟有無抗日？此中有不少值得探思的地方。

中共敵後發展有其成功之道

(1) **中共敵後發展有其特殊的任務和目的**：中共自認非執政黨，且在抗戰初期力量弱小，所在之處多為偏遠落後地區，所以，抗戰一開始，中共定位自己對正面戰場的勝敗不必負責。毛澤東早在 1937 年 9 月就指示華北八路軍各級幹部：「整個華北工作，應以游擊戰爭為唯一方向。……華北正規戰如失敗，我們不負責任。」[65] 因此，中共作決策時，最先考慮的是如何保存和發展自己；其武裝進入敵後的首要任務不是打仗，而是「創造根據地」與「廣泛發動群眾」。

是故，國民黨與日軍正面對戰，節節敗退，日軍占領的地區愈來愈大，但日軍兵力有限，只能控制點與線，廣大的農村鞭長莫及，中共抓住機會，它的根據地也就愈來愈大。

63　朱德，〈中國解放區抗日軍朱總司令致美英蘇三國說帖〉（1945 年 8 月 15 日），收於中央檔案館編，《中共中央文件選集》第 15 冊，頁 239。

64　中共有些敵後游擊區和根據地與國軍敵後根據地犬牙交錯，例如新四軍第 5 師的大別山根據地在桂系第十戰區的地盤之內，新四軍根據地的面積和人口數字可能略有出入。

65　毛澤東，〈整個華北工作應以游擊戰爭為唯一方向〉(1937 年 9 月 25 日)，《毛澤東軍事文集》第 2 冊（北京：軍事科學出版社，1993），頁 57。

(2) **專注於發展自己的戰略設計**：和國民黨不同，中共在敵後發展
出一套獨特的游擊戰略和戰術。毛澤東在 1940 年論中共發展
策略時指出，於日占領區和國民黨統治區，在組織方式和鬥爭
方式上採取「蔭蔽精幹、長期埋伏、積蓄力量、以待時機」的
政策。[66] 這 16 個字點出中共發展的戰略精髓。

也因為中共的這種不承擔正面戰場責任，保存實力、優先自我
成長的做法，中共發展出一套自己的戰術和戰略：戰術上堅持
獨立自主的游擊戰，迴避正面的陣地戰；戰略上堅持持久戰和
全民戰，重視打擊敵人有生力量，而不爭一城一地之得失，即
使面對日偽軍對其根據地的掃蕩，也是「打得贏就打，打不贏
就走」。[67] 整個抗戰期間，中共很少打陣地守備戰，減少了自
己的傷亡。

(3) **整黨整風堅持黨的領導及黨員信念**：中共重視黨的建設、黨員
的思想教育，透過整黨整風，堅持黨的領導核心、端正黨員思
想信念，使黨的力量團結一致，獲得最大戰果。相對而言，國
民黨號稱以黨治國，但其組織是鬆散的，各級黨部在各級政權
中並無領導核心的地位，而且，國民黨黨內有黨、黨內有派，
以致從中央到省市上到下的各級機關，領導核心都不統一、不
團結，互相牽制，在政治、軍事、財經各方面都產生負面影響。

66　毛澤東，〈論政策〉（1940 年 12 月 25 日），中共中央文獻研究室編，《建黨以來重要
　　文獻選編》第 17 冊（北京：中共中央文獻出版社，2011），頁 699。

67　「避實擊虛」的戰略從江西時期開始就一直是共軍最重要的作戰指導思維；類似言
　　論普見於毛澤東以降的共軍領導人。毛澤東，〈對獨立自主的山地游戰基本原則的
　　解釋〉（1937 年 9 月 12 日），《毛澤東軍事文集》第 2 冊，頁 44-45。

(4) 靈活的「統一戰線」工作：無論在農村或城市，中共都傾全力
發展「統一戰線」工作，「要聯合國民黨抗日分子組成統一戰
線，同時對反共人士進行鬥爭」，他們把這種「既聯合又鬥爭」
的策略因人、因地制宜發揮得淋漓盡致。

例如，在敵後組織地方政權機關及民意機關時，不圖一時的掌
控，先籠絡人心，做法極具彈性：「堅決實行三三制，共產黨
只占三分之一，在開始時還可少於三分之一，網羅各黨各派、
無黨無派一切不積極反共之領袖人物參加，其中應有國民黨中
派及左派。……這對全國是有大影響的。」[68]

土地政策上亦顯示中共的靈活機巧。農民擔心之前過激的土地
措施，中共就暫時收斂，「關於土地政策，必須向黨員和農民
說明，目前不是實行徹底土地改革政策的時期，過去土地改革
政策的一套做法，不能適用於現在。」[69]

(5) 注重軍隊建設及軍民關係：中共軍隊的主要成員是農民，大部
分士兵（也包括不少軍官）教育程度不高，文盲率相當高，軍
官的政治理論素質也不太高。但是，中共卻有一套有效的辦法
用於軍隊建設，例如：重視政治建設、思想建設、組織建設等，
強調要努力保持中共無產階級先鋒隊的性質，下級服從上級，
全黨服從中央，基層不爭論，也不允許自行其是。

中共軍紀良好，軍官與士兵之間比較平等，內部關係較和諧。
在外部關係上，雖然基本沒有穩定的撥款，軍隊靠根據地政府
和民眾支持才能生存，但軍隊深耕農村，力求自給自足，和農

68　〈中共中央關於抗日根據地應實行的各項政策的指示〉，《建黨以來重要文獻選編》
　　第17冊，頁682。

69　同上，頁703。

民打成一片，經常開展助民勞動，向地方百姓借東西一定歸
還，損壞東西賠償，不姦淫婦女，盡量少擾民，所以軍民關係
良好，能得到農民的配合與支持。

(6) 擅宣傳，獲得國內及國際的同情與支持：中共在抗戰中通過各
種管道宣傳，強調中共才是真心抗日，是抗戰的中流砥柱。這
些宣傳對戰時的中美關係、對美國對國共的評價和對華政策，
都產生了有利於共產黨的影響，這一點直接影響了戰後的美國
對華政策以及國共內戰的結局。

　反觀國民黨，它也重視宣傳，但不善宣傳。國軍在抗戰的正
面戰場與日軍對抗，付出了慘重的代價，拖住近百萬日軍，取
得最後勝利。如此巨大的犧牲及成績，反而給人「消極抗戰」
的印象，多少是因為中共的宣傳。

中共發揮了在敵後牽制日軍的作用

國民政府常指責中共「一分抗戰，二分應付，七分擴大」，總是
趁國軍全力對抗日軍之時，在後方擴大自己實力。[70] 中共對此並不諱
言，因為中共中央很早就認定，他們不負正面作戰的責任，頂多是側
面配合；其核心任務是發展根據地及群眾工作。但是，本章所述的「平
型關大捷」及「百團大戰」，顯示中共在抗戰初期與日軍對抗，英勇
絕不遜於國軍。百團大戰後，延安改變策略，不再與日軍正面交鋒，
而是避實擊虛，保存實力。

然而，從另個角度來看，中共在敵後仍發揮了牽制日軍的作用。
以華北為例，由於中共在華北敵後戰場顯著的發展，使得日軍不得不
進行多次掃蕩，並和汪政府合力「清鄉」。掃蕩及清鄉牽制了不少日軍，

70　引自陳永發，《中國共產革命七十年》上冊，頁346。

在「一號作戰」之前，日軍在華北一直配駐約 40 萬的兵力，可見中共雖不與日軍正面作戰，但在戰略意義上，確實牽制、抑留了大量日軍於華北地區，致使日軍無法在華中、華南集中足夠兵力，打擊國軍。[71]

中共勢力急速增長得利於兩個天賜良機

中共武裝力量在抗戰時期迅速成長，除了敵後游擊戰略戰術的成功外，還得利於兩個天賜的良機。1937 年到 1940 年的 3 年間，共軍增加了 30 萬，在 1940 年已達 50 萬。之後 2 年（1941-1943 年）日軍持續掃蕩中共敵後根據地，中共受創不小，其敵後根據地面積及武裝人員的數量都有減少。

1944 年春，中共得到第一個翻盤的機會。日軍發動「一號作戰」，抽調兵力到前線作戰，占領區兵力頓減，對中共根據地的掃蕩也緩了下來。另方面，國軍一路潰敗，中共抓住這千載難逢的良機，只要日軍撤出，共軍立刻進入，短短數月，就增加了約 30 萬兵力，收復 16 座縣城，8 萬平方公里土地，以及 1 千 2 百萬人口。[72]

但中共的好運不僅是「一號作戰」的機會。1945 年 8 月，日本宣布投降，中共得到第二個天賜的良機。中共統計資料顯示，1945 年 8 月初，中共正規軍總人數約 80 萬，但 8 月到 9 月不到兩個月的時間，竟急速增加了約 40 萬人，達到 120 萬，相當整個抗戰時期武裝部隊增加的 50%。[73]

....

71　傅應川，〈抗戰期間共軍的發展策略及其戰略影響〉，《戰爭的歷史與記憶（1）：和與戰》，頁250-252。

72　陳永發，《中國共產革命七十年》上冊，頁345-346。

73　中共在抗戰勝利後兵員擴張最迅速的地區是在東北及華北，從中共中央在戰後所發出的多項指示即可看出戰後共軍兵員規模的大幅增加。〈中央關於增調兵力控制東北的指示〉（1945 年 11 月 4 日）、〈軍委關於擴編野戰軍的指示〉（1945 年 11 月 30日），收於中央檔案館編，《中共中央文件選集》第 15 冊，頁 401-402、458-459。

這是有原因的。日本投降時，國民政府軍隊主力遠在西南，而中共在華北、華東、華南的各根據地毗鄰日軍和偽軍所在地。於是，1945年8月11日，東京宣布無條件投降的消息傳出後，延安立即在24小時內，連續發出第1至7號命令，指示中共各武裝部隊對當面之敵（指日軍和偽軍）發動全面攻勢，搶占勝利果實。第1號命令指示：「各解放區所有抗日武裝部隊，如遇敵偽武裝部隊拒絕投降繳械，即應予以堅決消滅。」[74]

此時，日軍既已決定投降，作戰力大為減弱，甚至不願戰，偽軍更是不願戰。中共輕鬆地大量接收日占領區的土地和資源，收編偽軍和若干國民黨敵後游擊隊、游雜部隊。[75] 所以，中共敵後力量最大的擴張，是在日本決定投降之後不到兩個月的時間內。

綜上所述，中共在敵後的壯大，其來有自。關鍵的原因是其獨立自主的游擊戰戰略和戰術，靈活運用的統一戰線、階級鬥爭及群眾運動，以及扎根農村的做法，使得中共獲得農民的支持，在農村打下堅實的基礎。還有，中共堅持一元化領導、注重黨員和軍隊的建設、擅長宣傳等等，都是其快速成長的原因；而這些恰好都是國民政府和軍隊缺少的。

此外，雖然1940年百團大戰後中共就不再和日軍正面衝突，但因中共在敵後扎根，對日軍造成威脅，日軍不敢掉以輕心，必須調動兵力，一再掃蕩。所以，至少在華北，中共確實牽制、抑留了40萬日軍。

....

74　〈延安總部命令第一號〉(1945年8月10日)，收於中央檔案館編，《中共中央文件選集》第15冊，頁217。

75　中共接收日軍占領區並不全然順利，因日軍中國派遣軍總司令岡村寧次與蔣介石達成協議，所有武器裝備一律移交給蔣介石的中央政府，不接受中共的任何要求。中共強行接收，日軍不惜向中共開火。此中細節，請參閱本書第七章。

　　事實上，蔣介石及國民黨高層注意到，中共在組織、動員、及宣傳上頗為有效，蔣介石自承「本黨誠愧不如」，應向中共學習，否則，「若不急起直追，則敗亡無日矣。」[76]

76　蔣介石日記，1939年3月2日，1945年7月16日。

第六章

敵後國共關係

洪小夏（上海師範大學哲學與法政學院教授）

　　抗日戰爭時期，國共兩黨都有軍隊在敵後建立根據地，展開游擊作戰。抗戰初期，國共部隊在敵後不僅戰略配合，還有多次會戰、戰鬥上的合作行動；抗戰中期，雙方開始偶有摩擦；到後來更是形同水火，甚至兵戎相見。敵後國共關係甚為複雜，國共兩黨的領導、政權、軍隊、根據地，以及各自管轄範圍的民眾等等，都有不少重疊交錯、模糊不清之處，彼此之間的關係很難用簡單的文字來概括和定性。

　　關於戰時敵後國共關係的研究原本就不多，而這些論述大多偏重於兩黨的摩擦和衝突，中國大陸的研究出版連抗戰時究竟有無敵後「國共合作」這檔事，都言辭隱晦，「它們提到了紅軍改編，但對紅軍為什麼要改編為國民革命軍第八路軍和新編第四軍不作任何說明；它們強調說蔣介石『陰謀地計算在抗日戰爭中假手日本軍閥來消滅八路軍、新四軍及其他反對勢力』，為此『指揮八路軍、新四軍去擔負最前線和敵人後方最嚴重的作戰任務』，但蔣介石為什麼竟然能夠指揮共產黨的軍隊，他又是如何『假手日本軍閥』的，以及所謂最前線和最嚴重的作戰任務是什麼，也沒有作任何解釋。」[1]

1　楊奎松，〈抗戰期間國共關係研究50年〉，《抗日戰爭研究》，1999年第3期，頁25。

本章依據各方檔案，嘗試釐清敵後國共關係及其互動，並就幾個著名的例子來說明其間的複雜性與事實的真相。

一、敵後國共關係的三個階段

抗戰期間，敵後國共兩黨的關係可以 1941 年 1 月「皖南事變」為分水嶺；如按發展進程來分，則可細分為三個階段：

第一階段：各自發展，配合作戰（1937 年 7 月—1939 年 1 月）

1937 年七七事變後，中日全面作戰開始，國共兩黨初步開闢敵後戰場，在戰略和會戰，分工合作，相互支持。在此期間，如前兩章所述，國民政府軍事委員會（軍委會）對敵後作戰有一定程度的重視和部署；而擅長游擊戰的中共武裝部隊也服從軍事委員會的調遣，開入敵後作戰。此時，國共兩黨均初創敵後根據地，兩黨在敵後曾有很好的戰略、會戰、戰鬥等多層面的配合。

例如，1937 年 9 月，晉北大同失守後，閻錫山（時任第二戰區司令長官兼晉綏綏靖公署主任）主動與八路軍商議：如戰局不利，擬以八路軍會合晉綏一個集團軍在五台山脈周圍建立根據地；中央軍守太原及太行山脈，晉綏軍和八路軍主力則位於五台山。八路軍駐晉辦事處主任將閻錫山的建議轉報延安，毛澤東認為：「山西應分為晉西北、晉東北、晉東南、晉西南四區，⋯⋯不宜集中於五台山脈一區。」閻錫山採納毛澤東的建議，把山西省劃分為 7 個游擊行政區，其中第一區（晉東北五台山地區）由八路軍獨立負責，約有一半的區主任由共產黨員擔任。[2]

2　衛立煌呈報，〈游擊戰指導方案〉（1937 年 12 月），《國防部史政局及軍事委員會軍令部戰史編纂委員會檔案》，中國第二歷史檔案館藏，檔號：787-11921。

又如，1938年初，第三戰區擬訂了〈第三戰區江南游擊戰區作戰指導計畫〉，4月初，戰區前敵總司令薛岳命令新四軍儘快到蘇南大茅山一帶建立根據地，主要任務是破壞京滬、京蕪鐵路和牽制日軍。新四軍遵令於4月下旬組織先遣支隊，挺進茅山。[3]6月11日戰區司令長官顧祝同命新四軍「派員一部挺進於南京、鎮江間破壞鐵道，以阻京、滬之敵，務於三日內完成任務，否則嚴厲處分」。新四軍先遣支隊粟裕部遂於當日下午出發，經晝伏夜行三天行軍，於15日夜在位於南京、鎮江之間的下蜀街，破壞了京滬鐵路的鐵軌和電線，造成16日晨一列日軍火車在該處出軌翻車。隨後又於17日主動在韋崗設伏，消滅從南京前來增援的公路運輸車隊，這是新四軍在江南的處女戰。[4]

毛澤東在1939年1月2日，肯定八路軍兩年來的對日戰績時說：「八路軍的這些成績從何而來？由於上級領導的正確，由於指戰員的英勇，由於人民的擁護，由於友軍的協助。……其中友軍的協助是明顯的，沒有正面主力軍的英勇抗戰，便無從順利地開展敵人後方的游擊戰爭；沒有同處於敵後的友軍之配合，也不能得到這樣大的成績。」[5]

這裡提到的「同處於敵後的友軍」，指的就是國軍在敵後的游擊部隊。

這些例子可見，抗戰初期，中共是奉軍事委員會之令挺進敵後，展開游擊；而且，在軍委會的指導下，國共兩黨相處和諧，協力作戰。

3　參見項英致毛澤東多份電報，《新四軍·文獻（1）》（北京：解放軍出版社，1994），頁213、216、218。

4　粟裕，〈下蜀街鐵道之破壞及韋崗之處女戰〉（1938年6月17日），《新四軍·文獻（1）》，頁221-225。

5　毛澤東，〈八路軍軍政雜誌發刊詞〉，中共中央文獻研究室編，《建黨以來重要文獻選編1921-1949》，第16冊（北京：中央文獻出版社，2011），頁2。

第二階段：時有摩擦，但尚能共處（1939 年—1940 年）

然而，1939 年 1 月下旬國民黨五屆五中全會之後，國共兩黨開始出現摩擦。這個會議是關於軍事與黨務問題的重要決策會議，軍事方面，國民黨堅持繼續抗戰的立場和持久抗戰的方針。黨務方面，國民黨採取若干措施強化國民黨的基礎，壯大國民黨的力量；但在堅持聯共抗日的同時，又訂下「限共」、「防共」、和「溶共」的方針。[6]

很明顯，國民黨欲限制共黨的發展。這次會議標誌了國民黨由「積極抗日」轉為「抗日」與「抑共」並重的起點。會議之後，國民黨在軍事及政治上都堅持繼續抗戰，在政治上也繼續聯共抗日，但在黨務上，國共關係產生了裂痕。

為何會有這樣的轉變？這是因為抗戰初期國共兩黨各自發展敵後游擊隊和敵後根據地，互不相干。但隨著兩黨逐漸擴大各自的勢力範圍，形成犬牙交錯的態勢，就容易產生摩擦了。不過，總體來看，這些摩擦都被雙方控制在一定的限度內，並不損壞國共合作共同抗日的大局。

國民黨五屆五中全會結束後到 1941 年皖南事變爆發前這兩年，也是國民黨在敵後從優勢向劣勢轉化的過渡期。不過，國共在敵後配合作戰的情況仍舊不少，例如，1938 年，第二戰區任命八路軍（第 18 集團軍）總司令朱德為戰區副總司令，視八路軍為一個正常的下屬單位，列入作戰序列，發布命令，並將國軍 2 個軍 3 個師配屬給朱德的東路軍統一指揮。東路軍的國共兩黨軍隊在朱德的指揮下並肩作戰，相互支援，打了一系列漂亮的游擊戰。

又如，1940 年百團大戰期間，蔣介石於 8 月底在致各戰區的電報中表揚八路軍，並要求：「各戰區應以第十八集團軍此次在正太、同蒲、

6　「溶共」是指派間諜對共產黨中信仰不堅定的人員進行策反，並使其脫離共產黨，從而達到瓦解共產黨的目的，就像水溶解一樣融化共產黨。

平漢各路之游擊破壞動作為法則」，發動廣泛的游擊戰和交通破襲戰。[7]

再如，第三戰區在 1939 年春季、夏季、秋季、冬季攻勢和 1940 年的出擊戰部署中，均把新四軍作為正常的下屬單位，發布作戰命令，通報戰況，統計戰績。1940 年秋還把海軍水雷游擊隊一部配屬給新四軍，以便新四軍在長江中下游布放漂雷。這段期間，國共武裝在敵後雖有摩擦，但大體上還能配合作戰。

第三階段：形同水火，敵後戰場一分為二（1941 年－1945 年）

孰料 1941 年 1 月發生「皖南事變」，國共兵戎相見，軍事委員會撤銷新四軍的番號，停發八路軍的軍餉。弄到這種地步，中共便索性公開突破限制，放手發展，國共兩黨在敵後戰場不僅相對獨立，而且常有衝突，雙方勢同水火。

皖南事變後，中共不理會軍事委員會的命令，自行重建新四軍，並由軍委會承認的 4 個旅級支隊擴展到 7 個師又 1 個旅；八路軍方面，也不再有任何顧忌地放手發展。

皖南事變直到抗戰勝利的四年半中，國共之間在敵後的軍事衝突層出不窮，政治上亦多相互為敵，甚至以鄰為壑。遇到日偽軍掃蕩時，袖手旁觀，絕不相互支援；平時駐防無對敵作戰任務時，則相互提防，相互限制。兩黨在敵後不再配合作戰，而是互相攻擊，統一的抗日敵後戰場已不復存在。

7　「軍委會致各戰區之卅電」（1940 年 8 月 30 日），《國防部史政局及軍事委員會軍令部戰史編纂委員會檔案》，中國第二歷史檔案館藏，檔號：787-11957。

二、國共從合作到分道揚鑣

　　國共兩黨的敵後作戰，從抗戰前期雙方在戰事不同層面上的合作，到後來轉為摩擦、甚至嚴重衝突的對立關係，有一定的歷程與原由，摩擦衝突的程度也有一段變化的過程。衝突多出現在抗戰的相持階段，以 1941 至 1943 年為最多；1943 年後，衝突反而減少，因為國共在敵後的實力此消彼長，優劣情勢涇渭分明，國民黨已無力相爭之故。

　　中共在淪陷區逐漸成長壯大，並非一蹴即成，在絕大多數地區都經歷了一段相當長的時間，才逐漸占據優勢甚至取國民黨而代之。[8]基本上，中共在華北的發展相當順利，因為國軍很早就退出華北，無力阻擋共軍的擴張。中共在華中的發展則頗為艱難，而國共摩擦最頻繁的地區也是華中。

　　另外有一個值得留意處，抗戰初期，國軍在敵後的勢力遠大於中共，但抗戰中後期時國共兩黨逐漸主客易位，國軍逐漸式微，中共則愈來愈強大。不過，在幾個少數地方，例如大別山、海南島等地，共黨力量一直不如國民黨；浙西也長期在國民黨控制中，直到抗戰勝利前夕才發生變化。

新四軍拓展華中根據地，惹惱國民黨

　　由於八路軍在華北根據地的發展頗為順利，使得中共中央對華中敵後地區的發展也頗具野心和信心。

　　華中敵後地區包括從武漢到長江下游及淮河流域周邊的湖北、安徽、江蘇、浙江、江西、河南幾個省分。日軍兵力有限，僅占領了城

8　例如在山東，據中共山東分局書記黎玉在1943年8月的報告，共黨經過5年的努力，「截至目前為止，我還未完成爭取優勢任務」。山東省檔案館、山東社會科學院歷史研究所合編，《山東革命歷史檔案資料選編》第10輯（濟南：山東人民出版社，1983），頁10。

市和交通要道，無法管控山地及農村。軍事委員會在這一大片地區建立第三戰區及第五戰區。國民黨桂系控制了安徽省，第五戰區司令長官李宗仁兼任安徽省主席，旗下第 7 軍（軍長張淦）、第 48 軍（軍長張義純）及第 39 軍（軍長劉和鼎）部隊在大別山一帶設立游擊區，並向皖東、豫東擴展。淮南地區（江蘇省南部、安徽省中南部、湖北省東北部和河南省東南角等地方）是第三戰區司令長官顧祝同轄區，旗下第 32 集團軍（總司令上官雲相）、第 23 集團軍（總司令唐式遵）分別部署在皖南、蘇南地區。江蘇省、安徽南部則由魯蘇戰區副總司令韓德勤及李明揚和「忠義救國軍」掌握。

　　1937 年 8 月，軍委會規定南方八省的紅軍游擊隊改編為國民革命軍新編第四軍（新四軍），並限制其作戰區域和活動範圍。1938 年 4 月，新四軍軍部從南昌遷到皖南，旗下駐江南的第一、二、三支隊隸屬國民政府軍委會第三戰區，駐江北的第四支隊隸屬第五戰區。軍委會指令新四軍的作戰任務是：在蘇南、皖南、皖中敵側後進行游擊戰爭，破壞敵交通，襲擊、牽制日軍。軍委會劃定新四軍的活動區域是：南京、江寧、鎮江、句容、溧水、高淳、丹陽、當塗、蕪湖、繁昌、銅凌、南陵等日偽統治中心和幾個狹小地區，東西百餘公里，南北五六十公里，並一再下達指令禁止新四軍越境活動。

　　從新四軍的角度來看，這是國民黨要新四軍在日軍統治力最強、作戰最困難的地方開展游擊戰。[9] 而毛澤東給項英（新四軍副軍長，實際領導人）的指示，是要他們站穩後相機擴展地盤，「在茅山根據地大體建立起來之後，還應準備分兵一部進入蘇州、鎮江、吳淞三角洲地區去，再分一部分渡江進入江北地區。」[10] 新四軍對軍委會的規定自然不滿，因為這根本無法達到中共開闢華中根據地的戰略目標。

9　郭希華，〈從國民黨電文看新四軍抗戰的歷史功績〉，《黨史縱覽》，1998 年第 1 期。

10　〈對新四軍進行游擊戰的指示〉（1938 年 5 月 4 日），《皖南事變資料選》，頁 93。

　　不僅如此，1939 年 2 月，陳毅傳達周恩來的指令：命新四軍「向南鞏固，向東作戰，向北發展」。葉飛率領的新四軍第三支隊第六團以「江南抗日義勇軍」（簡稱「江抗」）的名義，在長江三角洲的水網地帶，初步建立起了以陽澄湖東塘寺為中心的蘇（蘇州）、常（常州）、太（太倉）和澄（江陰）、錫（無錫）、虞（常熟）抗日根據地。與此同時，陳毅也開始陸續派出部隊向長江北岸發展。[11]

　　新四軍一開始（1938 年初）不到 1 萬人，據有蘇南、皖南和皖中的幾塊狹小地區，但很快就把勢力滲透到蘇北。1939 年 10 月下旬，新四軍趁蘇北地方實力派李明揚部要求幫助其運送子彈過江的機會，派第 2 支隊第 4 團團部與第 2 營北渡長江。進入蘇皖地區後，與在那兒的中共游擊隊合編，自行命名為「蘇皖支隊」，然後繼續向北發展，與新四軍第 5 支隊一部會合，並成立了「新四軍江南指揮部」；陳毅、粟裕分別擔任正、副指揮，統一領導蘇南、蘇北的新四軍部隊以及所轄範圍內的地方武裝力量。

　　1940 年 3 月，江南指揮部又派梅嘉生率領的新四軍挺進縱隊第 3 團西進，編入「蘇皖支隊」，打通了新四軍蘇南部隊和皖東部隊兩大戰略區的聯繫。此時，江南敵後新四軍挺進縱隊、蘇皖支隊等多支主力部隊都到達蘇北，控制了長江渡口，新四軍勢力已橫跨長江兩岸，隨時可以發展到蘇北。

　　新四軍不但武裝部隊挺進蘇北，黨政工作也在蘇北各地方發展起來。延安及上海地下黨（江蘇省委）陸續派出黨員、幹部到江北，並組成江北特委，組織地方勢力。[12]

　　中共這一連串敵後根據地的開闢，不但突破軍委會所規定的範圍，也使國共兩軍地盤形成縱橫交叉的態勢。如此情狀，國共敵後部隊很

11　粟裕，《粟裕回憶錄》（北京：解放軍出版社，2007），頁162。

12　同上，頁163。

難避免摩擦，尤以華東、華北地區為甚。於是國共雙方在 1939 年秋天開始談判，尋求減少華北八路軍與國軍摩擦的辦法。

國共在西北、華北爆發武裝衝突

為了限制共黨在敵後拓展根據地，軍事委員會不但劃出共軍的位置範圍，還規定「正規軍只有駐地，並無防區，八路軍與新四軍應服從上級司令部之指揮調遣，不得要求劃給區域」。[13] 因此，1939 年 9 月 20 日新四軍進入江北後，蔣介石立即命令新四軍撤回江南，但遭到中共拒絕。[14] 新四軍的舉措引起國民黨當地軍官不滿，軍委會鄂東游擊總司令程汝懷就揚言要對進入皖東的新四軍「以匪論剿」。[15]

年底，軍委會進一步頒布〈淪陷區防範共黨活動辦法草案〉，規定「對八路軍新四軍之游擊區域，由中央嚴格限制，不得任其發展」。[16] 一個要「向東作戰，向北發展」，另一個堅持不可，定要把它限制在固定的地區，雙方摩擦扞格，勢在必然。

國共不僅在華東衝突，在山西也發生問題。山西隸屬國軍第二戰區，司令長官閻錫山。中共在山西積極發展，迅速掌握了「犧牲救國同盟會」（犧盟），[17] 在山西政軍界勢力龐大；到 1939 年秋，超過 60% 的地方縣市長都是犧盟幹部。此外，「犧盟」還運用行政力量，

13　1939 年 6 月，國民黨擬訂「共黨問題處置辦法」，見〈國民黨中央執行委員會頒布的「共黨問題處置辦法」〉（1939 年 6 月），《新四軍・參考資料（2）》（北京：解放軍出版社，1991），頁 241。

14　「顧祝同關於蔣介石電令新四軍江北部隊移至江南致戴戟電」（1939 年 9 月 20 日），《新四軍・參考資料（2）》，頁 257。

15　楊奎松，《失去的機會？——抗戰前後國共談判實錄》（桂林：廣西師範大學出版社，1992），頁 100。

16　〈淪陷區防範共黨活動辦法草案〉，《皖南事變資料選》，頁 382。

17　「犧牲救國同盟會」（犧盟）為閻錫山在 1936 年組建，目的是組訓民眾，展開游擊戰，後來逐漸被中共滲透、把持。

把山西的游擊隊、決死隊、自衛隊等組織成中共的聯盟武裝，自稱「新軍」；把閻錫山的晉綏軍稱作「舊軍」，並宣傳舊軍不抗日，不但製造雙方對立，同時嚴重威脅到閻錫山在山西的掌控。[18]

1939 年 11 月 28 日，晉綏軍獨立第二旅韓鈞以「『舊軍』不抗日」為由，發動清洗晉綏軍內國民黨籍軍官及其眷屬，捕殺國民黨同志會及其他抗日組織。叛軍最後擴大成 10 個團，賀龍公開聲援並加以收編。閻錫山對中共早有芥蒂，乃宣布韓鈞「叛變」，下令「討伐」。閻錫山發動晉綏軍進攻山西「新軍」，並鎮壓與新軍一體的犧盟，爆發「晉西事變」。

此後，八路軍走出山西，走出晉察冀，向冀中、冀魯豫、冀東、山東發展，逐漸脫離了第二戰區的指揮系統，國共雙方的嫌隙也日益增多。

「晉西事變」的同時，12 月 5 日，蔣介石命令駐防西北的胡宗南部隊向陝甘寧邊區發動進攻，先後占領淳化、洵邑、正寧、寧縣、鎮原 5 座縣城，並調動大軍準備進攻延安，掀起了第一次反共高潮。1940 年 2 月，蔣介石命令朱懷冰（國軍第 97 軍軍長兼豫北自衛軍總指揮）率部進攻太行山的八路軍。

針對國民黨發動的第一次反共高潮，八路軍總部緊急把王震的 359 旅由晉察冀根據地調回陝甘寧邊區，配合留守部隊，擊退了朱懷冰的部隊。八路軍的還擊行為，震動了重慶。蔣介石對共黨的疑忌更深：「半年來共黨形勢洶洶，叛跡日著。」甚至認為中共的所作所為，比 1927 年第一次國共合作破裂時還差，「匪性不改，何能望其革命！」[19]

18　王健民，《中國共產黨史》（台北：漢京文化事業，1974），第三編：延安時期，頁 195。

19　〈事略稿本—民國二十九年三月〉，《蔣中正總統文物》，國史館藏，數位典藏號：002-060100-00138-022。

國共兩黨華中博弈

國共兩黨在西北與華北一連串的軍事衝突，國軍幾乎都處於下風，軍事委員會意識到有必要調整其在敵後的戰略目標。軍委會權衡，國軍在華北原就處於弱勢，難以使力，比較起來，華中地區更為重要。因此，軍委會的目光轉移到在華中地區不斷染指蘇北的新四軍身上。

與此同時，中共中央也預估，國軍在華北失利後，「摩擦中心將移至華中」，因而制定了共軍在華中武裝摩擦中的戰術策略。[20] 顯然，國共兩黨不約而同地把注意力轉移到華中地區。

1940 年 3 月 22 日，軍委會擬定〈剿辦淮河流域及隴海路東段以南附近地區非法活動之異黨指導方案〉，密令李品仙、韓德勤、李仙洲等部「進出於淮南路以東及洪澤湖以南地區」、「淮河以北地區」，「將該地區內非法活動之異黨壓迫於大江以南，或相機剿滅之，務須截斷新四軍與十八集團軍南北聯繫」；並預期在 6 月中旬之前「肅清該地區內非法活動之異黨勢力」。[21] 3 月 25 日，蔣介石還下令在長江下游和淮河流域的新四軍統統撤回皖南。

然而，中共中央早在 3 月 5 日就指示新四軍，對軍委會調離新四軍的「此類命令，應一概置之不理」。[22] 這麼一來，國共在蘇北的衝突不可避免地上演了。

1940 年一整年，國共兩黨在蘇北地區經歷數次摩擦和衝突；在此情況下，國共雙方都感到劃界的迫切性，認為兩黨關係要根本解決，「最好劃定一定區域，使部隊不致犬牙交錯，引起雙方之疑忌，釀成

20　〈中共中央軍委關於目前華中軍事策略的指示〉（1940 年 3 月 29 日），《新四軍在皖南 1938-1941》，頁 309。

21　〈軍令部制訂的「剿辦淮河流域及隴海路東段以南附近地區非法活動之異黨指導方案」〉（1940 年 3 月 22 日），《新四軍‧參考資料（2）》，頁 273。

22　〈中共中央關於在反摩擦鬥爭中應採取攻勢防禦戰術的指示〉（1940 年 3 月 5 日），中央檔案館編，《皖南事變（資料選輯）》（北京：中央黨校出版社，1982），頁 53。

衝突。」[23] 於是，國共在敵後根據地的「劃界談判」被排上議程。

避免摩擦，國共劃界分隔

1940 年春，劃界談判正式開始。談判並不順利，中共認為國民黨準備劃給共產黨的防區地盤太小了，要給的軍隊編制也太少，不能接受。蔣介石提出一個妥協方案：國軍可在華北讓步，但要限制華中新四軍的發展。

根據這個妥協方案，皖南的新四軍將東調到蘇南，但遭到新四軍的反對。4 月，軍委會提出修改方案：國共在敵後根據地縱橫交錯，很容易摩擦；釜底抽薪的辦法是，乾脆隔開國共兩黨的軍隊，一勞永逸地解決國共摩擦的問題。

軍委會「一勞永逸」的方案是，把新四軍也調到華北，劃歸八路軍指揮。這樣，江南及華中就不再有共黨軍隊，而中共在華北的領域內可享有獨立領導權，只要是在八路軍新四軍活動的範圍內，行政各級機關都由中共全權指定、領導。但有一條，中共只能在劃界內活動，不得越界；國民黨也不得進入共產黨的地盤。

雙方一直談到 6 月底，仍無法達到共識。最終，軍委會單方面在 1940 年 7 月 16 日提出〈中央提示案〉，主要內容是：取消陝甘寧邊區，代以「陝北行政區公署」，歸陝西省政府領導；縮編八路軍、新四軍，限制其防地；把活動在江南和華中的八路軍、新四軍都集中到黃河以北的冀察兩省及魯北晉北。[24]

中共拒絕接受這提案。中共認為，50 萬八路軍和新四軍在兩個半省的狹小範圍內活動，很難生存。中共堅持要擴大華北五省為活動區域，並擴張編制為八路軍 3 個甲種軍 9 個調整師，新四軍 1 個甲種軍 3

23　「中共南方局致中共中央書記處電」（1939 年 11 月 25 日）。轉引自楊奎松，《失去的機會？——抗戰前後國共談判實錄》（北京：新星出版社，2013），頁 137。

24　〈中央提示案〉（1940 年 7 月 16 日），《皖南事變資料選》（合肥：安徽人民出版社，1981），頁 400。

個調整師，陝甘寧邊區也要擴大到 23 個縣。

8 月，國民黨略作讓步，答應陝甘寧邊區擴大到 18 個縣，但基本條件不變。中共中央尚未接受這個方案，軍政部就在 9 月強令要求中共在一個月之內執行轉移命令。中共中央於是退而要求分階段實施北移，承諾第一步先把長江以南的新四軍軍部和皖南部隊撤到江北。

軍政部並不反對分階段執行，倘若雙方克制，好好磋商，或許衝突就能緩下了。問題是，彼此的誤解與疑忌已積重難返，再加上劃界談判談的不愉快，任何小小的誤解或挑撥都可能造成嚴重的衝突。

果然，不久（10 月 4 日）發生「黃橋事件」，一個多月後，又爆發「曹甸事件」，這兩起衝突是相關聯的，深深影響了之後的國共關係。

黃橋事件

1939 年 5 月南昌淪陷後，國軍正規部隊撤離，江蘇成為敵後。新四軍早就想往蘇北發展，趁著國軍敗退，越區擴大其根據地。10 月，韓德勤出任魯蘇戰區副總司令兼江蘇省主席。防區逼近新四軍的新駐地，兩軍常發生小規模摩擦，規模不大，但韓德勤部無疑是新四軍發展的絆腳石。

1940 年春，新四軍向蘇北推進進入韓德勤防區，衝突自是難免，雙方陸續進行多次作戰。7 月，新四軍突然渡過長江，拿下韓部駐守的黃橋。韓德勤不甘失掉黃橋，9 月底，集結了約 1 萬 5 千兵力向新四軍反攻。陳毅、粟裕指揮 7 千部隊抵抗，以一部堅守黃橋陣地，主力則隱蔽於韓德勤部隊主力的兩翼，先以一部採取運動防禦姿態誘韓軍深入，然後伺機全線出擊包圍韓軍。

經過四天激戰，新四軍以少勝多，大敗韓軍。[25] 韓軍主力第 89 軍慘敗，軍長李守維溺水身亡，旅長翁達戰敗自殺。這是新四軍改編後遇到的最大的作戰，經此一役，新四軍在蘇北地區站穩了腳步。

25　葉飛，《葉飛回憶錄》（北京：解放軍出版社，1988），頁 231。

蔣介石及軍委會高層對韓德勤部以多擊寡，竟然不堪一擊，大為震怒，對新四軍更為不滿。此役動員人數上萬，已不是小規模衝突，國共關係頓時變得緊張，雙方的摩擦也白熱化。

韓德勤在「黃橋事件」大敗，蔣介石及第三戰區司令長官顧祝同對韓德勤非常不滿。韓自知無顏見人，稱病不起，請求軍委會另行派人主持蘇北軍政，[26] 但沒有任何國軍將領願意接手這個燙手山芋，只得讓韓繼續掛在那裡。

曹甸之役

中共雖在「黃橋事件」中取得以少勝多的戰績，但站在中共領導的立場，此仗並未完全消滅韓德勤部，韓部仍是中共在蘇北發展的障礙。中共中原局書記劉少奇認為應一鼓作氣消滅退守曹甸、興化一帶的韓德勤殘部。陳毅、粟裕認為不是時候。延安黨中央的方針也傾向保留韓德勤，作為謀求與蔣介石全局緩和的談判籌碼。

當時，在皖南的新四軍軍部北移的工作已準備就緒，軍長葉挺和副軍長項英擔心共軍如在蘇北主動發起進攻，可能影響到他們北移。他們兩人電詢延安，是否等皖南部隊北渡後，蘇北部隊再動手解決韓德勤部。

同一時期，1940 年 9 月 27 日，德、義、日簽訂《三國同盟條約》，國際形勢風雲突變，似乎對中國的抗日戰爭不利。毛澤東觀察情勢，研判蔣介石這場仗打不下去了，可能會向日本屈服。對日作戰如若終止或緩下來，對中共的發展將大不利，因為國軍將會回過頭來對付中共。

決策既定，基於時勢的研判，毛澤東最後同意了對曹甸的攻擊。對於葉挺、項英等人的擔心，毛澤東要他們無需緊張，「蘇北動作不

26　張建寧、李兆梅，〈國民黨中將韓德勤的是是非非〉，《檔案春秋》，2009 年 04 期，頁 34。

礙大局，……顧（祝同）、韓（德勤）會要叫幾聲，你們敷衍一下就完了。」[27]

於是，11 月 29 日，華中新四軍及八路軍發動對韓德勤部的攻擊戰。這是華中新四軍、八路軍總指揮部成立後的首次作戰，陳毅（華中總指揮部代總指揮）親自指揮作戰，是為「曹甸之役」。

新四軍及八路軍初戰順利，以 2 千餘人的傷亡，殲滅韓德勤部 8 千餘人，把韓部隊逼到曹甸退守。但接下來在 12 月 4 日進攻曹甸時遇到硬仗。曹甸在寶應湖邊，周圍是水網地帶；曹甸工事堅固，內有碉堡、暗堡四處相通，易守難攻。共軍久攻不下，傷亡不小，16 日，陳毅命部隊撤出戰鬥。這一仗打了 18 天，雖然未能達到占領曹甸的目的，但新四軍占領了平橋、涇河，在戰略上連通了與皖東新四軍的聯繫。

國共在黃橋、曹甸的衝突在一定程度上導致了 3 週後的皖南事變。黃橋、曹甸一戰，激怒了蔣介石和軍委會高層，蔣介石在 12 月 10 日下令：皖南新四軍不得再從蘇南北渡，只准由江南原地北渡。[28] 這個規定改變了北移的路線，直接加重皖南新四軍對北移路線的風險和疑慮。不久（1941 年 1 月），爆發「皖南事變」，其實不是什麼意外。

毛澤東誤判蔣介石態度

毛澤東同意發動曹甸之役顯然是誤判了形勢。他以為德義日三國同盟後，日本聲勢大振，很可能會逼使蔣介石屈服；而國民黨一旦停止抗日，中共就危險了。

1940 年 10 月 25 日，毛澤東電周恩來，認為「德、義、日不久必

27　「毛澤東、朱德同意新四軍皖南部隊行動布置致葉挺等電」（1940 年 11 月 30 日），《新四軍‧文獻（2）》，頁 60。

28　何應欽就於 12 月 3 日提議，皖南新四軍不能再走蘇南北渡，「只准由江南原地北渡，或另予規定路線，以免該部直接參加對韓德勤部之攻擊。」蔣介石 10 日批准此議。楊奎松，〈皖南事變的發生、善後及結果〉，《近代史研究》，2003 年第 3 期，頁 12-13。

有大規模行動」，英美和日本都在拉攏蔣介石，「……我們應準備對付最黑暗的局面」。[29] 11月1日，毛澤東預測蔣介石可能會向日本投降，他在給八路軍和新四軍將領的電報中指出：「如果參加日德義同盟，反對英美，能使資產階級發洋財，他（蔣介石）是願意投降日本的。蔣介石走這條路的可能性最大。」[30]

基於這些推測，11月7日，中共中央給各級黨組織發出密電，稱「日本正在積極引誘中國投降。德使陶德曼已有電報致中國當局實行勸和。國內親日派陰謀家與內戰挑撥者，正在積極活動，包圍與壓迫中國當局，發動內戰，實行投降」。[31] 同日，毛澤東在給共產國際中央執行委員會主席季米特洛夫及其副手曼努伊爾斯基的電報中也說：「蔣介石準備投降。」[32]

毛澤東及中共領導人認為，蔣介石一旦投降勢必會轉而反共，國軍將掉轉頭來打擊共軍；因此，毛澤東準備採取先發制人的反攻行動。毛澤東計畫抽調15萬精兵奔赴河南、甘肅，打擊國民黨並圍剿國軍後方，徹底粉碎蔣介石對共軍的包圍和壓制，進而扭轉一旦蔣介石投降後對中共不利的局勢。[33]

29　「毛澤東關於國際國內形勢的估計和對策致周恩來電」（1940年10月25日），《新四軍‧文獻（2）》，頁14-15。

30　「毛澤東關於目前時局的分析致賀龍等電」（1940年11月1日），《新四軍‧文獻（2）》，頁26。

31　「中共中央關於同國民黨投降危險作鬥爭給黨組織發出的祕密指示」（1940年11月7日），中共中央黨史研究室第一研究部譯，《共產國際、聯共（布）與中國革命檔案資料叢書》第19卷（北京：中共黨史出版社，2012），頁92。

32　「毛澤東給季米特洛夫和曼努伊爾斯基的電報」（1940年11月7日），《共產國際、聯共（布）與中國革命檔案資料叢書》第19卷，頁97。

33　參見：「毛澤東給季米特洛夫和曼努伊爾斯基的電報」（1940年11月7日），《共產國際、聯共（布）與中國革命檔案資料叢書》第19卷，頁98；「毛澤東關於蔣介石反共形勢的分析及其對策致周恩來電」（1940年11月2日），《新四軍‧文獻（2）》，頁27；「毛澤東致彭德懷電」（1940年11月3日），轉引自蔡仁照，孫科佳，《山河呼嘯：新四軍征戰實錄》（長沙：湖南出版社，1995），頁131。

　　這個計畫並沒有付諸實施，因為毛澤東錯看了蔣介石，蔣介石並未投降，自然也沒有國軍轉過頭來攻打共軍的事。但基於同一推論，毛澤東研判：「只要蔣介石未與日本妥協，大舉剿共是不可能的」，因為「他們很怕內戰，很怕根本破裂國共合作」。[34]

　　因此，毛澤東斷定，只要蔣介石繼續抗日，就不敢引起內戰。那麼，共軍在蘇北消滅韓德勤部沒什麼大不了，蔣介石、顧祝同他們叫幾聲就算了。因此，毛澤東批准發起曹甸之役。毛澤東及中共領導沒料到的是，曹甸之役竟惹出了皖南事變。

曹甸之役使皖南新四軍處境更危險

　　表面上，新四軍在曹甸之役中頗有斬獲，其實這對中共來說反而得不償失。在此之前，蔣介石、徐永昌、顧祝同等對新四軍北移計畫是採取寬容措施的，但「曹甸之役」改變了他們的態度。軍委會下令改變皖南新四軍北移的路線，使得新四軍皖南軍部的葉挺、項英等變得更加猶豫和多疑，也使皖南新四軍的處境更加危險。

　　這要從一年前（1939年）說起。國共劃界談判不順，國軍高層一些將領就有早日剿滅中共、免除後患的想法。11月14日，軍令部擬出〈剿滅黃河以南匪軍作戰計畫〉，準備集中第三、第五戰區主力，先「肅清」江南新四軍，然後「肅清」所有黃河以南的八路軍及新四軍。[35]但這個計畫呈報給蔣介石後，蔣卻擱置一旁，並未立即簽署。

　　蔣介石明白，此時不是國共破裂的時候。國軍不久前才丟了宜昌重鎮，日軍距重慶已然不遠；更何況，中共如今已有50萬軍隊，妥為運用，便能牽制大量日軍；如與中共破裂，不但要抽出兵力對付共軍，還要防備日軍趁虛而入，代價太大。

34　「毛澤東致周恩來等電」（1940年11月21日）；「周恩來致毛澤東並中央書記處電」（1940年12月26日）；「中共中央關於粉碎蔣介石進攻的戰略部署的指示」（1940年12月31日），《皖南事變（資料選輯）》，頁122、127。

35　楊奎松，〈皖南事變的發生、善後及結果〉，《近代史研究》，2003年第3期，頁3-5。

　　蔣介石一直擱置這個計畫，即使中共再度攻擊韓德勤部隊挑起曹甸之役時，蔣仍留有餘地，指示暫緩。12 月 7 日，蔣批示：「此部署與計畫可照辦，但時期當略暫緩，需待本月下旬再定實施時間，故本計畫可暫緩下令。」[36]

　　然而，3 天後，當中共華中指揮部下達總攻曹甸的命令時，蔣介石怒了。蔣一方面對中共掀起曹甸之戰十分氣憤，同時也擔心，皖南新四軍由鎮江北渡後將與陳毅、黃克誠部會合攻取興化，所以蔣強令皖南新四軍由江南原地北渡。

　　12 月 10 日，蔣簽發了軍令部草擬給顧祝同的電報：「該戰區對江南匪部應按照前定計畫，妥為部署並準備，如發現江北匪偽竟敢進攻興化，或至限期（本年十二月卅一日止）該軍仍不遵命北渡，應立即將其解決，勿再寬容。」[37] 同一天，蔣介石也批准徐永昌 11 月 14 日簽呈的〈剿滅黃河以南匪軍作戰計畫〉，並致電顧祝同：「查蘇北匪偽不斷進攻韓部，為使該軍江南部隊不致直接參加對韓部之攻擊，應不准其由鎮江北渡，或由該長官另予規定路線亦可。」[38]

　　剿共計畫被蔣介石擱置了將近一個月，從原先的「暫緩下令」到「勿再寬容」，蔣介石的態度發生了巨大的變化，可見曹甸之役對蔣介石產生了極大的影響。延安在發動曹甸戰役時，低估了此舉對國民政府的影響。

36　〈徐永昌關於下達「剿滅黃河以南匪軍作戰計畫」致蔣介石簽呈〉（1940 年 12 月 10 日），《新四軍‧參考資料（2）》，頁 375。

37　「蔣介石關於新四軍若不如期北移立即將其解決致顧祝同電」（1940 年 12 月 10 日），《新四軍‧參考資料（2）》，頁 377。

38　同上。

三、試探國共敵後合作與衝突的案例

國共在敵後並非總是摩擦與衝突，在 1939 年底之前，國共在敵後互相配合的例子所在多有，雙方真正交惡是在曹甸之役後。本研究試以兩個實例，近距離觀察國共在敵後的關係。

長樂村戰鬥：國軍與八路軍聯手得勝

1938 年 4 月發生的山西省長樂村戰鬥，是八路軍 129 師的一個著名戰例。根據中共的說法，該役共殲滅日軍 2 千餘人，長期被宣傳為中共軍隊在八年抗戰中一仗殲敵人數最多的成功戰例。先不論殲敵人數究竟有多少，這一役是國共協力共同實施的一個典型戰例，但過去研究多忽略國軍的參與，其實，國軍和八路軍聯手打了一場漂亮的仗。

日軍進攻山西，閻錫山率部阻擊

1937 年 11 月太原淪陷後，第二戰區部隊主力在晉西、晉南以及晉東南地區正面戰場繼續抵抗，八路軍則奉軍事委員會之令挺進敵後北五台山、呂梁山、管涔山，以及山西東南太行山地區，著手創建敵後根據地。

閻錫山劃山西為 7 個游擊行政區，把在山西的國軍分散到山西的大小山脈中，分別建立敵後抗日根據地和游擊區，全面開展抗日游擊戰爭。[39] 日軍雖然占領了平綏鐵路、同蒲鐵路和正太鐵路以及山西省的

39　其中3個游擊行政區的主任先後由共產黨員擔任（加上中共祕密黨員身分的五台縣縣長宋劭文，實際有4個區）：第一區宋劭文，第三區薄一波，第五區戎伍勝（即戎子和），第六區張文昂。第二戰區司令長官公署頒定，〈山西省各軍區軍政連繫辦法〉（1937年12月）；第二戰區前敵總司令部參謀處，〈山西各行政區主任、縣長姓名一覽表〉（1937年12月），《國防部史政局及軍事委員會軍令部戰史編纂委員會檔案》，中國第二歷史檔案館藏，檔號：787-11921；山西省政協文史委編，《閻錫山統治山西史實》（太原：山西人民出版社，1981），頁240-241。

主要公路，但經常受到中國軍隊的襲擾，交通時斷時續；山西的日軍四面受敵，態勢頗為不利。

1938 年 2 月上旬，徐州會戰爆發。為策應津浦路作戰，軍事委員會命第二戰區反攻太原。為此，司令長官閻錫山將所部分為三路：右翼軍以八路軍為主（包含部分國軍），由朱德指揮；中路軍以中央軍為主力，包含部分晉綏軍，由衛立煌指揮；左翼軍是晉綏軍，由傅作義指揮；三路大軍蓄勢待發，準備反攻太原。[40]

孰料，閻錫山部隊正要展開攻勢，日軍卻搶先對晉南和晉西發動進攻，其目的是殲滅中國第二戰區主力部隊。2 月上旬，日本第 1 軍出動 3 萬餘人，以第 20 師團為主，配屬第 108、109 師團各一部，以及獨立混成第 3、第 4 旅團，在第 14、16 師團各一部的配合下，搶先向晉南和晉西發動進攻。一部沿道清線西進，主力沿同蒲線南下。

日軍來得凶猛，閻錫山只得率部立即應戰，顧不上策應徐州會戰了。閻錫山的三路部隊奮力阻擊，雖重創日軍，但未能阻擋日軍的攻勢。至 2 月底，日軍分別攻占了同蒲鐵路南段的韓家嶺、臨汾，晉東南的長治，晉西北的偏關等城鎮，中國軍隊被迫西撤。

3 月上旬，閻錫山調整部署，右翼軍改稱東路軍，指揮八路軍和部分國軍，開闢晉東南太行山根據地；中央軍改稱南路軍，以中央軍為主力，包含部分晉綏軍，開闢晉南中條山、太岳山根據地；左翼軍改稱北路軍，全部是晉綏軍，開闢晉西北至綏遠的管涔山、大青山等根據地。[41]

日軍繼續攻占，3 月底，山西全省的城鎮基本淪陷了，但日軍並未能實現殲滅第二戰區主力的目標，其進攻也處處受阻，尤其是在晉東

---

40 〈第二戰區反攻太原作戰計畫〉（1938 年 2 月），《抗日戰史（91）‧晉綏游擊戰（一）》（台北：國防部史政編譯局，1981），頁22。

41 〈第二戰區作戰計畫〉（1938 年 3 月上旬），《抗日戰史（91）‧晉綏游擊戰（一）》，頁29-30。

南地區屢遭八路軍 129 師等部的襲擊，損失甚重。日軍因此決心滅掉
朱德指揮的東路軍，解除正太路沿線及平漢路側翼的威脅。

「反九路圍攻」作戰

日軍以第 20 師團一部為主，配屬第 108 師團兩個支隊、獨立第 4
混成旅團、第 109 師團各一部，以及部分日軍地方守備隊和偽軍，合
計 1 萬多人，兵分 9 路圍攻晉東南根據地。[42] 朱德決定東路軍各部分別
迎擊，並以八路軍第 129 師（師長劉伯承）為預備隊，隱匿行蹤，伺
機阻擊日軍。日軍分九路而來，所以這次反圍攻作戰稱為「反九路圍
攻」作戰。[43]

晉東南「反圍攻」作戰於 1938 年 4 月 4 日打響。日軍第 16、20、
108、109 師團參與作戰的部隊從東路而來，朱德率東路軍各部在南路
軍一部的配合下頑強抵抗，日軍被分別阻滯在遼縣麻田鎮、祁縣子洪
口鎮以及沁縣城關鎮附近，只有第 108 師團所屬的三路日軍進入了晉
東南根據地的核心區。

北邊的一路是日軍平定守備隊主力，由平定、昔陽出發，一路南
下，於 4 月 12 日攻占遼縣（今左權縣），切斷了中國軍隊向北的退路。

南邊的兩路是兩個支隊，是以步兵第 104 旅團長苫米地四樓指揮的
117 聯隊兩個步兵大隊為基幹組成的左支隊，以及以步兵第 105 聯隊兩
個大隊為基幹組成的右支隊。這兩個支隊分別從襄垣縣夏店鎮和襄垣
縣城向北突擊，企圖協同北面的平定守備隊以及由東面突進至遼縣麻
田一帶的日軍第 16 師團一部，圍殲中國東路軍主力於遼縣、榆社一帶。

來攻的九路日軍中，108 師團的左、右支隊是這次進攻晉東南的核

42　日本防衛廳防衛研究所戰史室，田琪之譯，《中國事變陸軍作戰史》第 2 卷第 1 分
　　冊（北京：中華書局，1979），頁 83-84。

43　第二野戰軍戰史編纂委員會編，《八路軍第一二九師戰史》（北京：解放軍出版社，
　　1991），頁 41；吳殿堯主編，《朱德年譜》新編本中卷（北京：中央文獻出版社，
　　2006），頁 776。

心力量，針對這兩路日軍的作戰，便成為這次反圍攻作戰成敗的關鍵。

國軍第 3 軍與八路軍聯手阻擊日軍

根據國軍東路軍總部的部署，國軍第三軍軍長曾萬鍾率部在長治的襄垣及虒亭鎮一帶阻擊日軍，為隱蔽於涉縣（靠近晉冀邊界）以北待機的八路軍第 129 師創造有利戰機。日軍左、右兩支隊以及配合其行動的屯留、潞城兩個守備隊在 4 月 8 日出動後，立即與第 3 軍各部展開激戰。

曾萬鍾不以一城一地之得失為念，採取節節阻擊、誘敵深入的戰法，不斷阻撓來攻的日軍。4 月 9 日，該軍第 12 師（師長唐淮源）35 旅（旅長朱淮）與日軍左支隊（108 師團 117 聯隊主力附第 20 師團一部）激戰一天一夜後，放棄虒亭。日軍隨即展開追擊，於 10 日下午攻陷沁縣。

10 日晨，從襄垣縣城出發的日軍右支隊，在南娥村附近與中國第 3 軍 12 師 34 旅（旅長寸性奇）遭遇；激戰大半天，34 旅傷亡 3 百餘人，撤往東田鎮；日軍右支隊遂進占南娥村。10 日下午，日軍右支隊追擊至段堡村時，又遭到第 3 軍第 7 師（師長李世龍）一部的截擊。此後，第 3 軍除留第 7 師一部於潞城及東陽關之間襲擾日軍交通外，主力轉移到日軍側面；準備待日軍主力通過後，再尾追攻擊。[44]

4 月 11 日，日軍左支隊留兩個步兵中隊守備沁縣，主力向武鄉進攻。朱德的東路軍總指揮部急調第 18 集團軍總部特務團及第 115 師 344 旅（旅長徐海東）一部前往阻截；但未能擋住日軍的攻勢，武鄉淪陷。12 日，日軍左支隊主力在武鄉以西擊破八路軍阻擊後轉為北上，於次日進占榆社。與此同時，日軍右支隊亦抵達襄垣縣下良鎮。[45]

44 「曾萬鍾致蔣介石電」（1938 年 4 月 12 日），〈八年血債（十一）〉，《蔣中正總統文物》，國史館藏，數位典藏號：002-090200-00035-292。

45 「曾萬鍾致蔣介石電」（1938 年 4 月 15 日），〈八年血債（十一）〉，《蔣中正總統文物》，國史館藏，數位典藏號：002-090200-00035-286。

至此，第二戰區晉東南根據地幾乎所有縣城均淪陷。隨後，日軍在武鄉、榆社、遼縣等地大肆燒殺，給根據地人民生命財產造成極大損失。據日軍航空隊偵察機 14 日報告稱，「榆社、武鄉之間及遼縣南方地區黑煙濛濛，遼縣已明顯焦土化。」[46]

日軍第 108 師團長谷口元治郎中將認為摧殘晉東南抗日根據地的作戰目的已達到，14 日下令各部回撤。曾萬鍾立即下令所部在日軍回撤路途中發動截擊。

15 日，第 3 軍 12 師 34 旅及第 7 師 38 團都主動與日軍交火。雙方激戰 8 小時。當晚，第 3 軍傷亡已達 4 百餘人，曾萬鍾見日軍戰鬥力甚強，再打下去，徒增消耗，遂命令所部撤出戰鬥，各自轉移到指定地點隱蔽待機。[47]同日，日軍右支隊退至武鄉縣洪水鎮時，亦遭到八路軍 115 師徐海東第 344 旅截擊，略有損失。日軍左支隊則把整個武鄉縣城付之一炬，然後出城。

日軍第 108 師團的左、右支隊兩路主力在撤退途中均遭截擊，引起了谷口師團長的警覺，他預判中國軍隊正在集結兵力截擊其左、右支隊，遂命令左支隊向東進擊，靠近右支隊，協同右支隊夾擊並殲滅武鄉以東的中國軍隊。同時，已退到和順縣的北路正定守備隊也奉命重新南下策應左支隊作戰。

谷口師團長認為，以 4 個大隊去殲擊曾萬鍾第 3 軍兩個師及八路軍 115 師 344 旅（共約兩個半師），兵力上占一定優勢（在抗日戰爭前期，日軍認為自己 1 個大隊的戰鬥力相當於中國軍隊 1 個師），因此，這次戰鬥十拿九穩。但是，谷口忽略了一點，他對中國東路軍隱藏起來

46　第 1 軍參謀部第 1 課，「戰時旬報（第 23 號）自 1938 年 4 月 11 日至 4 月 20 日（1）」，〈第 1 軍戰時旬報　8/8　昭和 13 年 4 月 1 日～ 13 年 5 月 31 日〉，《陸軍一般史料》，防衛省防衛研究所藏，檔號：C11111004000。

47　「曾萬鍾致蔣介石電」（1938 年 4 月 19 日），〈八年血債（十二）〉，《蔣中正總統文物》，國史館藏，數位典藏號：002-090200-00036-004。

的預備隊八路軍第 129 師主力的位置完全不清楚。正是這樣一個疏漏，使日軍在接下來的作戰中吃了大虧。

陳賡百草仙痛殲日軍輜重隊

朱德把 129 師主力放在武鄉附近的機動位置，隨時伺機打擊日軍。4 月 13 日，朱德判斷日軍的進攻已達頂點，遂電令 129 師 386 旅（旅長陳賡）在武鄉、榆社間尋殲日軍左支隊。不過，368 旅於次日到達指定位置時撲了個空，日軍左支隊已從榆社向武鄉撤退。第 386 旅追擊不及，奉命向武鄉西北集結。

4 月 15 日晚，陳賡得知武鄉日軍已向東開進，立即電告八路軍前方總部和 129 師師部，同時集結部隊準備追擊。16 日凌晨 2 時，陳賡接到 129 師電令：115 師 344 旅 689 團和 129 師 385 旅 769 團統歸 386 旅指揮，以第 772、689 團為左翼，771 團為右翼，769 團為預備隊，沿濁漳河兩岸實施平行追擊。

16 日拂曉，八路軍左翼追擊部隊前衛第 772 團收復武鄉後，進抵鞏家堖附近，發現日軍左支隊的後衛部隊。陳賡當即留下兩個營準備戰鬥，並命第 2 營向敵軍發起攻擊。日軍兵力單薄，不戰而向東退往長樂村、馬莊方向。正在此時，陳賡得報：日軍左支隊主力已過長樂村，但其輜重隊尚在百草仙附近，另在馬莊有少量後衛部隊。當即命令第 772 團向百草仙、馬莊一帶攻擊。

同時，右翼第 771 團也到達濁漳河南岸的鄭峪村、張莊以北高地，夾擊百草仙的日軍。由於日軍左支隊主力正向蟠龍鎮方向前進中，其作戰兵力一共不到兩個步兵大隊，較為單薄，只能將絕大部分戰鬥部隊用於搜索國軍第 3 軍。所以，留作後衛掩護輜重的作戰兵力很少。而日軍輜重部隊所配武器極少。特別是大隊所屬的行李隊，基本不配步槍，僅攜帶一些防身用的刺刀、馬槍等；而且輜重兵沒有接受過正規軍事訓練，自衛能力極低。因而，百草仙一帶的日軍輜重隊遭到八

路軍第 772 團和 771 團的夾攻時，基本是一觸即潰；公路及河岸兩邊的制高點迅速為八路軍占領。日軍人馬車輛亂作一團，很快就被八路軍截為兩段，死傷枕藉。不過，掩護輜重隊的少量衛隊很快就從混亂中緩過來，分幾股向河岸高地反撲。日軍畢竟力量單薄，僅個別向南岸反擊的日本兵攻占了幾個山邊窯洞，其餘都被壓縮進河谷，陷入被動挨打的狀態。[48]

八路軍決戰長樂村

4 月 16 日上午，已進至武鄉縣城之東蟠龍鎮附近的日軍左支隊主力，仍未搜索到中國第 3 軍的蹤影；隨左支隊行動的旅團長苫米地正在思索中國軍隊究竟在何處，就接到右支隊通報，謂該部先頭部隊在襄垣縣西營鎮東北的韓壁村遭到中國軍隊的伏擊，右支隊主力正在與之激戰。於是，苫米地命令所部向韓壁村方向突進，準備先求殲右支隊正面的中國軍隊。

但是，部隊開動不久，恰好有從百草仙逃出的輜重兵，前來報告左支隊後衛和輜重隊在百草仙村一帶遭襲的消息。苫米地立即下令改變行動方向，後隊作前隊，掉頭回援百草仙，先解本支隊輜重隊之圍。

16 日中午，增援百草仙的日軍左支隊先頭部隊開抵武鄉縣東 40 公里的長樂村，對八路軍第 772 團展開攻擊。第 772 團第 10 連據陣地死守，終因寡不敵眾，傷亡慘重，被迫撤離。這時，八路軍左翼的另一個團 115 師 689 團剛好在正午時分趕到戰場，其先頭部隊奉命以主力向日軍反擊。日軍左支隊先頭部隊兵力不多，僅約為一個中隊，但戰鬥力相當強悍。八路軍第 689 團經過七八次反覆爭奪，到下午才奪回陣地。

48　本目主要參考：〈第129師關於長樂村戰鬥給第18集團軍總部和中央軍委的報告〉（1938年4月17日），中國人民解放軍歷史資料叢書編審委員會，《八路軍‧文獻》（北京：解放軍出版社，1994），頁171；《陳賡日記》（北京：解放軍出版社，2003），頁89-91。

日軍左支隊先頭部隊雖受挫,但其後續部隊不斷抵達;第 129 師師長劉伯承判斷戰鬥可能出現逆轉,遂急調預備隊第 769 團過來支援。果不其然,16 日下午,日軍左支隊主力全部趕到長樂村附近,救出被圍於長樂村的先頭部隊,而後猛攻第 772 團長樂村一線的主陣地;另以一部突破第 689 團的陣地,向馬村東南發動進攻,戰局迅速逆轉。

八路軍第 772 團長樂村主陣地遭到日軍約 1 個大隊的反覆攻擊,傷亡甚重。陳賡見該團難以支持,遂令其撤退。同時,劉伯承決定,除以第 689、第 769 團各一部牽制日軍外,主力撤出戰鬥。

但是,敵前撤退談何容易。日軍已掌控了戰場的主動權,129 師在撤出陣地的過程中,遭到日軍猛烈攻擊,頗有傷亡,第 772 團團長葉成煥在撤退時中彈犧牲。不過,日軍並沒有進一步展開追擊,而是占領了八路軍的一線陣地後就止步不前了,129 師得以全部撤出戰鬥。苫米地少將的葫蘆裡到底賣的什麼藥?

原來,在這次戰鬥中,日軍左支隊雖然主力戰鬥部隊損失有限,但其後衛和輜重隊傷亡慘重,死傷共高達 270 人,所屬行李隊幾乎全軍覆沒。[49] 而日軍左支隊僅有兩個步兵大隊,其中還有兩個中隊駐守沁縣,如果再除去留守原駐地的人員,左支隊參戰步兵只有約 1 千人。若再算上在進攻之初和此次作戰的傷亡,該部減員已超過 30%,戰鬥力銳減。而八路軍人多勢眾,雖然其戰鬥傷亡 3 倍於日軍,達 8 百餘人,但是,這個傷亡對於 4 個團近萬人的參戰部隊來說,並未傷筋動骨。[50]

49　129 師報告說長樂村戰鬥殲敵 1 千 5 百餘人。參見〈第 129 師關於長樂村戰鬥給第 18 集團軍總部和中央軍委的報告〉(1938 年 4 月 17 日),《八路軍・文獻》,頁 172。但日軍戰報記載自己的傷亡是 270 人。參見第 1 軍參謀部第 1 課,「戰時旬報(第 23 號)自 1938 年 4 月 11 日至 4 月 20 日(2)」,〈第 1 軍戰時旬報　8/8　昭和 13 年 4 月 1 日～ 13 年 5 月 31 日〉,《陸軍一般史料》,防衛省防衛研究所藏,檔號:C11111004100。

50　〈第 129 師關於長樂村戰鬥給第 18 集團軍總部和中央軍委的報告〉(1938 年 4 月 17 日),《八路軍・文獻》,頁 172。

雙方實力相較，八路軍仍有兵力優勢。況且，日軍求殲的主要對象是國軍第3軍，而到此苫米地仍摸不清楚第3軍的主力到底在哪裡。因此，若無其他部隊的支持，苫米地少將光靠左支隊那點人馬去追擊大隊的八路軍，談何容易？

寸性奇死戰韓壁村

從武鄉周圍的戰場態勢看，能支持左支隊的日軍並不多。第16、20、109師團的各助攻部隊，兵力不多，而且分別被各路中國軍隊攔住，無法前進。馳援的日軍一部在遼縣、沁縣被第17軍高桂滋部阻擊，另一部在祁縣子洪口被第169師武士敏部以及94師朱懷冰部阻擊。這幾支中國軍隊從4月11至16日，與日軍交戰，堅守了6天6夜，殲敵9百餘人。而由和順重新南下的北路日軍正定守備隊又在遼縣拐兒鎮一帶與八路軍第129師教導團、獨立團和4個游擊支隊激戰，馳援日軍想與左支隊會合極為困難。

唯一可能支持左支隊的日軍，只有正在韓壁村附近與國軍第3軍12師34旅對峙的右支隊了。按說，第34旅只有兩個團，光憑他們的力量，根本擋不住日軍兩個大隊的全力進攻。可是，34旅旅長寸性奇卻以過人的膽識，在伏擊日軍先頭部隊得手後，嚴令所部堅守陣地，虛張聲勢，拖住日軍右支隊的後續部隊。

由於日軍不清楚第3軍主力的準確位置，顧慮自己側後方的安全，一直不敢全力攻擊第34旅，亦不敢深入其陣地縱深。因此，雖然中方傷亡極為嚴重（中日損失懸殊，約是20比1），但第34旅死戰不退，與日軍右支隊激戰竟日，堅持到了16日黃昏才向潞城以北轉移。

此時，長樂村戰鬥已結束，日軍右支隊再西援已無意義，又不知道國軍第3軍主力確切位置，故不敢與寸性奇第34旅過多糾纏，便繼續南下。

日軍左支隊原期待右支隊的支援，但現在右支隊南下，援軍無望，

而且仍不清楚國軍第 3 軍的具體位置，復加上輜重損失慘重，左支隊
不敢在長樂村附近久留，便改變原來向東與右支隊會合的路線，轉而
向西往沁縣撤退，長樂村戰鬥至此結束。

　　長樂村戰鬥雖然沒能實現殲滅日軍左支隊的計畫，半途被迫撤兵，
提前結束戰鬥，但此役重創的是日軍的主力部隊，並打破了日軍殲滅
東路軍主力的作戰計畫，同時拖住日軍 108 師團，使其無法及時馳援
徐州戰場，可謂收穫頗多。

粉碎日軍「九路圍攻」

　　長樂村戰鬥告一段落，但粉碎日軍「九路圍攻」的戰鬥還未收尾。
日軍在台兒莊之役失利後，急於從華北調兵支援徐州和中原戰場，無
奈第 108 師團一直被中國軍隊拖住，未能實現其作戰目標，只能邊打
邊往南撤。中國東路軍抓住戰機，命令決死第 1 縱隊、第 344 旅、第 3
軍及第 17 軍一部，分三路向南展開全面追擊，先後收復潞城、黎城、
東陽關、涉縣、武鄉、襄垣等城鎮，直到 4 月 28 日，日軍 108 師團主
力在長治和高平附近擊退了八路軍的截擊後，才完全擺脫中國軍隊的
追擊。

　　在此期間，其他各路侵入山西抗日根據地的日軍也在 4 月 15 日開
始撤退。中國東路軍各部亦轉入全面反攻，南路軍也以一部向安澤以
東出擊，策應東路軍作戰，使得日軍第 20、109 師團撤退極為艱難。
例如，日軍第 20 師團沁源派遣大隊在撤退過程中遭到南路軍第 47 師
伏擊，傷亡慘重，陷入重圍。激戰到 16 日，仍未能突圍，第 20 師團
只得抽出羽鳥大隊前往支援，又經一天苦戰，方才救出被圍日軍。[51]

　　與此同時，日軍第 109 師團石田支隊也遭到中國東路軍第 94、第

51　第 1 軍參謀部第 1 課，「戰時旬報（第 23 號）自 1938 年 4 月 11 日至 4 月 20 日（1）」，
　　〈第 1 軍戰時旬報　8/8　昭和 13 年 4 月 1 日～ 13 年 5 月 31 日〉，《陸軍一般史料》，
　　防衛省防衛研究所藏，檔號：C11111004100。

169 師的猛烈反擊，一度無法脫身。第 109 師團不得不出動由半個步兵大隊和一個砲兵中隊組成的鈴木支隊，前去營救，這才把石田支隊接應回太谷縣城一帶。日軍邊打邊撤，直到 4 月底才全部撤離晉東南抗日根據地，「反九路圍攻」作戰至此結束。

　　對中國軍隊來說，此役損傷嚴重，在戰績上算不上是勝仗，但在戰略上卻有積極的作用。這一戰，國軍第 3 軍與八路軍聯手，保住了山西東南這個重要的敵後根據地，同時拖住日軍 108 師團，使其無法馳援徐州戰場。

曾萬鍾及第 3 軍的貢獻與長樂村戰鬥的實情

　　長樂村戰鬥是晉東南「反九路圍攻」中最重要的作戰，日軍進攻的主力第 108 師團在此受到重創，元氣大傷，只得全面後撤。這次戰鬥也是抗戰初期，國共兩軍合作的一個典型戰例，遺憾的是以往研究忽略了國軍的參與，甚至有些曲解，亟需還原真相。

　　本研究已充分顯示，國軍第 3 軍在「反九路圍攻」戰鬥中與八路軍合作無間，奮勇殺敵，犧牲慘重，戰績卓著。然而，不可思議的是，第 3 軍卻長期被視為「國民黨消極抗日」的典型例證，軍長曾萬鍾在中國大陸也長期遭人詬病，說他「治軍鬆散」、「消極抗日」。[52]

　　這顯然與事實不符。日軍進攻山西，其主要殲滅的對象是國軍第 3 軍，因此，師團長谷口元治郎中將以主力部隊攻擊第 3 軍。根據日軍檔案，第 108 師團在這次圍攻晉東南的作戰中戰死 190 人，傷約 4 百人，總計傷亡 6 百多人。[53] 其左支隊在長樂村與八路軍作戰傷亡 270 人，可見，另外 330 多人的傷亡基本是國軍第 3 軍打出來的。

52　第二野戰軍戰史編委會，《中國人民解放軍第二野戰軍戰史（第一卷）抗日戰爭時期》（北京：解放軍出版社，1990），頁43-44。

53　第108師團長谷口元治郎，「第108師団長狀況報告」（1940年2月15日），〈陸支普大日記・第8号・昭和15年〉，《陸軍省大日記》，防衛省防衛研究所藏，檔號：C07091494200（地圖上標識的傷亡數字）。

　　自開戰以來，第 3 軍各部都遭遇日軍，激戰未曾稍息。4 月 9 日，該軍第 12 師（師長唐淮源）35 旅（旅長朱淮）與日軍左支隊激戰一天一夜後，放棄虒亭。10 日，第 12 師 34 旅（旅長寸性奇）在南娥村附近與日軍遭遇，激戰大半天，34 旅傷亡 3 百餘人。15 日，第 12 師 34 旅及第 7 師 38 團都主動與日軍激戰，當天，第 3 軍傷亡 4 百餘人。[54]

　　第 34 旅旅長寸性奇以兩個團（不足 2 千人）在韓壁村抗擊日軍第 105 聯隊的兩個大隊（約 2 千人），武器實力懸殊，不顧自身嚴重傷亡，拖住日軍一整天，阻止日軍西援左支隊，對八路軍長樂村戰鬥貢獻重大。而在接下來 4 月下旬的追擊戰中，第 3 軍更是在 4 天之內連下潞城、黎城、東陽關、涉縣 4 城鎮，幾乎每天收復 1 城，這些戰績說明了第 3 軍堅決抗日的態度。

　　那麼，為什麼會有那樣的誤解呢？究其原因，八路軍參與長樂村戰鬥人員對第 3 軍的抱怨與批評是主因，但還有其他原因。

　　八路軍第 129 師第 386 旅旅長陳賡在其日記中顯然對第 3 軍不滿：「該軍行動似不積極，敵過下良、西營、洪水之線，僅以小部與敵進行戰鬥，使敵安然分向遼縣、武鄉，如入無人之境。」[55] 第 129 師在戰鬥結束後的報告中，也批評第 3 軍：「曾（萬鍾）軍並無人參加此次戰鬥。」[56] 這些文字一錘定音，完全否定了曾萬鍾及第 3 軍的貢獻。

　　這是陳賡他們站在第 129 師的角度，指責第 3 軍未參加 4 月 16 日長樂村戰鬥。問題是，前一天（15 日），第 3 軍主力正在武鄉、馬莊、上寨一帶與日軍左支隊鏖戰竟日。相較之下，15 日當天，八路軍第 129 師主力已到達胡家 、馬牧、型莊一帶，也沒有前往支援陳賡，而是停

54　「曾萬鍾致蔣介石電」（1938 年 4 月 19 日），〈八年血債（十二）〉，《蔣中正總統文物》，國史館藏，數位典藏號：002-090200-00036-004。

55　《陳賡日記》，頁89。

56　〈第129師關於長樂村戰鬥給第18集團軍總部和中央軍委的報告〉（1938年4月17日），《八路軍‧文獻》，頁172。

下來「監視敵人」。[57]

　　為什麼這兩股部隊都沒有去長樂村參戰？實情是這樣的。第 3 軍在 15 日戰鬥到深夜，武鄉、馬莊失守，其主力奉命轉移到指定位置隱蔽下來。曾萬鍾在當夜下令所部分三股隱蔽潛伏，本是要在次日（16日）協同八路軍第 129 師主力，夾擊由武鄉向東孤軍突進的日軍左支隊主力，但第二天，長樂村戰鬥打響，寸性奇第 34 旅在韓壁村附近意外遭遇日軍右支隊（依作戰計畫，日軍右支隊本應被八路軍徐海東第 344 旅牽制在遼縣以南），日軍數量突然增加了一倍多，且左、右支隊呈東西呼應之勢。曾萬鍾研判情勢，第 3 軍主力暴露在長樂村附近，由暗轉明，日軍右支隊勢將解除後顧之憂，全力攻擊韓壁村陣地，寸性奇第 34 旅才 2 個團，肯定頂不了多久。擊潰了國軍第 34 旅後，日軍右支隊騰出手來，立即西進支援左支隊，如此，第 3 軍和八路軍 129 師主力就會腹背受敵，若想安全脫離陣地，難如登天。因此，暫時隱祕，讓日軍摸不著頭腦，反而是實際有效的策略。

　　事實上，八路軍第 129 師的情況和第 3 軍類似。日軍左支隊主力僅是一個半大隊，但第 129 師兩個主力團（第 772、689 團）和日軍打了一小時就頂不住了。師長劉伯承知道，如果再把其餘兩個團全部拉上去，也無濟於事，便果斷下令停止攻擊，令 129 師主力撤出戰鬥。

　　事後證明，曾萬鍾的決定是正確的，正因為日軍弄不清楚第 3 軍主力的位置，右支隊才沒有前去支援在長樂村的部隊，而是選擇南撤。

　　其實，第 129 師能取得百草仙和長樂村戰鬥的戰果，第 3 軍的協助功不可沒。如果沒有寸性奇第 34 旅在武鄉失守後，偽裝成第 3 軍主力，將日軍左、右支隊主力引誘到蟠龍鎮和韓壁村一帶，使左支隊將自衛能力低下的輜重隊置於幾乎全無保護的險地，陳賡根本無法取得在百草仙全殲日軍左支隊輜重隊的戰績。

57　《陳賡日記》，頁89。

　　其次，若是寸性奇第 34 旅沒有在韓壁村拚死苦戰，牽制日軍右支隊一整天，而是任右支隊西援，那麼，129 師 4 個團能否順利撤出長樂村戰場都成問題。

　　還有，曾萬鍾率第 3 軍主力牽制日軍左支隊一整天，之後隱藏起來，使右支隊不敢貿然前往支援左支隊，129 師才能安全撤出戰鬥。

　　實情不僅如此，八路軍面對的大部分是日軍非戰鬥部隊（輜重隊），而第 3 軍各部全都是與日軍主力部隊作戰。事實證明，八路軍兩個主力團和日軍主力部隊不足一個半大隊（約 3 百人）對陣，一個小時就撐不住了；而曾萬鍾的第 34 旅寸性奇的兩個團，面對日軍右支隊兩個完整的大隊，卻能堅持一整天。如果說殲敵多、自身損失巨大的第 3 軍是「消極抗戰」，實在是太冤枉奮勇作戰的第 3 軍將士了。

　　歷史研究的目的不在苛責哪一方，而是要還原真相、找出原因。八路軍 129 師對國軍第 3 軍的誤解和偏見，多少折射出抗戰時期國共兩黨相互之間的隔閡和疑慮。這也不難理解，雙方在全面抗戰爆發之前，你死我活地打了十年，十年凝結而成的堅冰，很難在短時間內消融。

　　實際上，第 3 軍軍長曾萬鍾給軍委會的報告中，曾萬鍾及第 3 軍主要領導對八路軍是有好感的，在這次反圍攻作戰中，他們和第 129 師配合作戰的效果亦不錯。[58]

　　還有一個不能忽略的現實。當時中國軍隊的素質及裝備都有問題，通訊、後勤、各級軍官指揮等各方面能力不足都是普遍的現象，國軍自己部隊對日軍的作戰中，也經常出現數個部隊協同作戰不順的問題。所以，國共雙方縱有強烈的合作意願，在行動過程中，也可能因計畫不周、通訊不暢、保障不力等原因，使得雙方的合作功虧一簣。

....

58　詳見「林蔚轉發曾萬鍾 4 月 6 日等電致蔣介石呈文」（1938 年 4 月 11 日），〈一般資料－呈表彙集（六十九）〉，《蔣中正總統文物》，國史館藏，數位典藏號：002-080200-00496-073。

國共攜手的成功典範

　　長樂村戰鬥取得積極的戰略效果，是國共攜手作戰的成功典範，其中所得的經驗亦頗珍貴：

(1) **指揮統一**：第二戰區副司令長官朱德是東路軍總指揮，國軍第3軍服從他的領導，聽命於他的部署和作戰，統一指揮為國共兩軍的合作奠定了有力的基礎。

(2) **八路軍各部奮勇作戰**：陳賡作為長樂村戰鬥的前線指揮員，統一指揮自己的386旅2個團、友鄰385旅1個團，以及115師徐海東旅1個團，決策部署果斷，才能在百草仙、長樂村等地等給予日軍重大殺傷。

(3) **東路軍內國共合作協調**：總指揮朱德在國軍中享有較高威望，因此，東路軍內的國軍各部都服從他的命令，都能站在全局思維，對打援、阻擊等任務，盡心盡力落實執行，為八路軍在長樂村殲敵提供了保障。

(4) **國軍抗戰積極性高**：曾萬鍾率第3軍主力在武鄉、馬莊、上寨一帶與日軍左支隊鏖戰，拖住日軍；還有寸性奇第34旅在韓壁村堅持作戰一整天，不顧自身傷亡4百餘人的重大損失，拚死絆住了日軍右支隊西援的腳步，都是長樂村戰鬥的功臣。事實上，從國軍在長樂村戰鬥的整體表現來看，嗅不出丁點兒「消極抗日，積極反共」的氣息。

皖南事變：國共分道揚鑣的關鍵

　　發生在1941年1月的「皖南事變」（又稱「新四軍事件」）是國共衝突中較嚴重的例子，衝突牽涉數萬人之眾，而且，中共與國民黨從此決裂。多年來，皖南事變一直受到研究國共關係者的重視，但卻一直存在兩種大相逕庭的說法，事實真相隱晦不明。

　　為何會發生皖南事變？真相究竟為何？台灣及歐美歷史學者認為，新四軍不聽國軍指揮，任意擴展，經常和國軍敵後部隊產生摩擦，國軍因而指責新四軍有四大「罪狀」：不守戰區範圍自由行動；不遵編制自由擴充；不服從命令破壞行政系統；不打敵人專吞併友軍。[59] 軍事委員會遂決定整肅軍紀；經國共談判，決定江南（長江以南）的新四軍撤到江北。但新四軍皖南部隊無意北撤，還想留在江南，找各種藉口拖延時間。最後在 1941 年 1 月上旬部隊移動時，方向不是北撤，而是南進，從涇縣雲嶺鎮向南邊的茂林鎮轉移，並且與國軍發生衝突，雙方交火，爆發「皖南事變」。

　　中共及大陸歷史學者另有說法。他們指出：新四軍並非不願北遷，而是國民黨早有消滅皖南新四軍之心，故意不讓新四軍走相對安全的路線北撤（先向東經過游擊區蘇南，再北渡長江到蘇北），而是強令新四軍直接從當時駐地的淪陷區直接北上渡江。當時，長江兩岸城鎮均已淪陷，江上有日軍的軍艦和巡邏艇晝夜巡弋，國民黨擺明是要藉日軍之手消滅皖南新四軍。即使新四軍渡江時沒有被全部消滅，但江北離長江稍遠的地方就是國軍桂系軍隊的地盤，白崇禧一向主張剿滅共軍，他們肯定會趁新四軍渡江時襲擊，或圍堵渡過長江的新四軍，因此，這條北移路線無異是條絕路。他們還指出，國民黨事先從蘇南等地方調來援兵，一共出動了 7 個師，8 萬多人，布置了一個三面包圍、僅北邊開口的「口袋」，只准新四軍走這條通道，完全不顧新四軍的死活，明顯是要消滅新四軍。

　　國共雙方各執一詞，南轅北轍。那麼，事實真相究竟如何呢？探究這個議題，得從 1939 年下半年國共兩黨在敵後的局勢談起。

---

59 〈蔣委員長令〉（1940 年 12 月 9 日），收於秦孝儀主編，《中華民國重要史料初編‧第五編中共活動真相（二）》（台北：中國國民黨中央委員會黨史委員會，1985），頁 521。

皖南新四軍北遷的爭議

1939 年，國共在華東敵後的格局很微妙，在蘇北，韓德勤部數萬人處在八路軍及新四軍的環伺之中；但皖南情勢正好相反，有將近 1 萬的新四軍孤懸在皖南，四周都是國軍。這就形成你包圍我、我監視你的局勢，彼此都有顧忌，但也隨時會發生衝突。

依照國共劃界協商，皖南這支新四軍將遷到長江以北。不過，之前（9 月）軍委會劃界時並沒有限定新四軍皖南部隊北移的具體路線，而是授權第三戰區來決定。第三戰區也未急著提出確定路線，直到兩個多月後，11 月下旬，才決定皖南新四軍北撤的路線：先向東撤到蘇南，再從蘇南過江到蘇北。

但因為突然爆發的「黃橋事件」及「曹甸之役」，國民黨將領對新四軍強烈不滿；12 月上旬，蔣介石及第三戰區司令長官顧祝同的態度也變得嚴厲，他們作了幾個決定：

(1) 對皖南新四軍的北移問題，時間上不再寬容。
(2) 不允許再走原定從蘇南到蘇北的北移路線，改為直接從皖南北渡長江到皖東。
(3) 如新四軍皖南部隊不遵令北移，就「立即將其解決，勿再寬容」。
(4) 從蘇南等地增調部隊到皖南，對新四軍實施包圍。[60]

不僅對北移的時間變得嚴格，對新四軍軍部的北移的路線也出現變化。原定的路線是走東線，亦即先向東，經蘇南，由鎮江附近渡江到蘇北；蘇南為共軍游擊區這條路線相對比較安全。現在軍委會不准

60　「蔣介石關於新四軍若不如期北移立即將其解決致顧祝同電」（1940 年 12 月 10 日），中國抗日戰爭軍事史料叢書編審委員會，《新四軍・參考資料（2）》（北京：解放軍出版社，1991），頁 377。

從鎮江北渡，只准直接由新四軍軍部原駐地（安徽省涇縣雲嶺鎮）北移，經皖北北上，從銅繁渡江至皖北。

照理說，最理想的方案是之前擬出的東線，先向東，經蘇南，然後北渡長江，與江北新四軍會合。這個方案威脅較少，最初也得到第三戰區的同意，但現在不准走這條路線了。

中共中央等對軍部北移早有指示和建議

其實，中共中央包括中原局、新四軍江北指揮部等都對於皖南新四軍北移之事都有指示和建議。黃橋之役之後，1940 年 10 月 8 日，中共中央考慮大江南北比較大的武裝摩擦還可能發生，摩擦的主力戰將會在蘇北和江南，但是「最困難的是在皖南的戰爭與軍部」。毛澤東、朱德、王稼祥致電新四軍軍長葉挺等，認為皖南新四軍「軍部應移動到三支地區」。[61]

中原局書記劉少奇也建議葉挺「從速北移」。[62] 10 月 12 日，劉少奇致電毛澤東，認為華中發展缺少幹部，而皖南處於孤軍狀態，華中皖南無法兼顧，建議「軍部及三支均以即速北渡最為有利」。[63] 31 日，陳毅、粟裕也建議從速北移。他們考慮國共劃界談判達成，共軍控制長江以北，先穩定江北，將來還有機會南渡再發展皖南，遂致電葉挺等，認為新四軍軍部「求得移皖北為最好，次則移蘇南，如留皖南極不利」。[64]

然而，項英卻以各種理由拖延，在給毛澤東等中央領導人的電報

61　「三支地區」指的是鄰近長江的新四軍第三支隊的防區，位於銅陵、繁昌間。
62　「劉少奇關於軍部應速北移致葉挺等電」（1940 年 10 月 9 日），《新四軍‧文獻（2）》，頁 10。
63　「劉少奇建議放棄皖南集中力量鞏固華中致毛澤東等電」（1940 年 10 月 12 日），《新四軍‧文獻（2）》，頁 12。
64　「陳毅、粟裕建議軍部速北移致葉挺等電」（1940 年 10 月 31 日），《新四軍‧文獻（2）》，頁 20。

中，先是以「附近友軍不久前曾有軍官會議，……顯係戰備」，且三支地區狹小，「仍以軍部所在地作為基點較為有利」等理由陳述北移困難；後來又以大部隊北移易於暴露而遭敵友打擊，只有少數人員北移容易，且留少數部隊在皖南無法堅持容易遭消滅，組織機關「必遭打擊和摧殘」，「為了便於將來我更大發展，堅持皖南陣地有極大作用」等理由再請中央定奪，以拖延北移。[65]

中共對北移一再拖延與猶豫

新四軍高層對北移難下決心，對路線也有不同意見。葉挺認為蘇南線較穩當，他主張部隊分別走銅繁和蘇南北渡，如果從皖北從銅繁北渡的路線遭到日軍攻擊，新四軍就能順理成章的走蘇南北渡。項英對皖北線深感不安，擔心駐防江北的安徽省主席兼豫鄂皖邊區游擊總司令李品仙不會放過他們，他還懷疑國民黨故意布置這條路線，好藉機圍殲他們。[66]

新四軍軍部對北移路線猶疑不決，而中共中央也拿不出決心。11月3日，葉挺、項英在致中共中央的電文中，還表示雖贊同北渡方針，但因種種困難，北渡之事「不能立即全部實現」，並謂不能放棄皖南陣地，「我們要北移非有皖東在手不可。」[67]

11月18日，葉挺與顧祝同談判，顧祝同就葉挺提出的北渡路線、行期，以及軍需補給等問題未給與明確解決，僅指示「允經蘇南，不批准駐地，限十二月一日起蘇北、皖南同時北移」。[68]項英將顧祝同的

---

65 「項英關於新四軍皖南部隊北移意見致中共中央、中央軍委電」（1940年10月28日），《新四軍‧文獻（2）》，頁17。

66 《皖南事變資料選》，頁74-75、97。

67 「葉挺等關於北渡困難而危險決心堅守皖南陣地致中共中央電」（1940年11月3日），《新四軍‧文獻（2）》，頁29。

68 「項英關於葉挺與顧祝同談判情況致毛澤東等電」（1940年11月18日），《新四軍‧文獻（2）》，頁47。

反應報回中共中央，說他判斷顧祝同的態度並非堅決，且未下決定具體指示北移路線等。因此，項英想以爭取補給等事宜，交涉延長北移的期限。[69] 中共中央書記處回電指示：「可以拖一個月至兩個月，但須認真準備北移。」[70]

中央雖指示「拖一個月至兩個月」，但要求「認真準備」；然而，葉挺、項英等卻只看中了這個「拖」字，而疏忽了「認真準備」。於是，葉挺、項英多次以士兵需要教育、途經蘇南的交通需精密布置、皖南非戰鬥人員且資材眾多需分批北渡等等為由，對顧祝同表示北移困難重重，短期內無法開動。[71]

中共中央了解葉挺、項英有意拖延北移，為預防突發事件，11 月24 日兩次發電提醒葉、項：必須準備於十二月底全部開動完畢；指示葉挺「率一部分須立即出發，一切問題須於二十天內處理完畢」。「立即開始分批移動，否則一有戰鬥發生，非戰鬥人員及資材勢必被打散。」[72]

葉挺、項英等斟酌後，認為「蘇南北移路線，途中困難多，危險性較大，反不如由三支地區兼程北移皖北較利」，並指出「既時間經濟，又直接增援皖東」。於是 11 月 27 日，葉挺、項英致電毛澤東、朱德表示，決定首先將大批工作人員與資材先經蘇南至蘇北分批北移，以此來「迷惑各方」，然後「再以突擊方式，將部隊由三支地區突過長江

69 「項英關於葉挺與顧祝同談判情況致毛澤東等電」（1940 年 11 月 18 日），《新四軍・文獻（2）》，頁 47。

70 「中共中央書記處關於認真準備北移致葉挺、項英電」（1940 年 11 月 21 日），《新四軍・文獻（2）》，頁 48。

71 「葉挺、項英關於北移準備工作繁重短期內無法開動致中共中央等電」（1940 年 11 月 22 日），《新四軍・文獻（2）》，頁 49。

72 「毛澤東、朱德、王稼祥關於新四軍皖南部隊必須於十二月底開動完畢致葉挺、項英電」（1940 年 11 月 24 日），《新四軍・文獻（2）》，頁 51；「毛澤東、朱德、王稼祥關於新四軍皖南部隊應立即開始分批北移致葉挺、項英電」（1940 年 11 月 24 日）《新四軍・文獻（2）》，頁 52。

至皖北」。[73] 11 月 29 日，中央覆電葉、項，表示同意。

就在中央同意皖南新四軍由皖北密渡的同一天（11 月 29 日），顧祝同就皖南新四軍北移問題請示蔣介石後劃定北移路線，指示皖南新四軍經蘇南轉蘇北，並且劃定了兩條從涇縣出發的路線，增添臨時集結點。然而，葉挺、項英等並未打算遵從顧祝同的決定，他們擔憂國軍會在劃定的路線上封鎖堵截。29 日，葉挺、項英電報毛澤東等，「我們決心目前公開走蘇南，兵力留後集結，大部密渡皖北，一切完畢仍在年底。」[74]

其實，在 11 月 28 日之前，國民黨並未正式劃定皖南新四軍北移路線和臨時駐地，可以看出，此時國民黨並未考慮皖南新四軍北移需要劃定專門路線，至少在此時，國民黨並無圍剿皖南新四軍的計畫。

問題是，從 9 月到 11 月底，中共中央與新四軍軍部就北移問題商討十餘次，中央拿不出明確的態度，一下說從速北移，一下又說可拖一、兩個月；而新四軍軍部也是猶豫不定，先是說北移困難，又說不正式劃定路線，然後又決定大部走蘇南、小部由皖南渡皖北，最後又決心大部密渡皖北。就這樣，你來我往磨蹭了近三個月，至 11 月 29 日才對北移時間與路線大致有了一致意見，決心開始北移。

遺憾的是，這三個月的猶豫不決，錯失了機會。項英他們才下定決心北移，當天（29 日）曹甸之役突然爆發，打亂了國民黨既定方針，也損壞了國共關係。葉挺、項英擔心曹甸之役會影響他們北移的計畫，毛澤東、朱德卻認為無關緊要，表示「蘇北動作不礙大局」，並分析時局對中共有利，認為蔣介石「對我更加無辦法」，「蔣、顧是不會

---

73 「葉挺、項英關於新四軍皖南部隊主力擬就現地渡江至皖北致毛澤東、朱德電」（1940 年 11 月 27 日），《新四軍・文獻（2）》，頁 54。

74 「葉挺、項英關於顧祝同新令皖南部隊經蘇南北移及軍部行動方案致毛澤東等電」（1940 年 11 月 29 日），《新四軍・文獻（2）》，頁 56。

為難你們的，現在開始分批移動，十二月底移完不算太遲。」[75] 可見，中共中央放鬆了警惕，也錯估了蔣介石的反應，並未預料曹甸之役會導致全局被動，影響整個皖南新四軍北移問題。

蔣介石不願國共關係破裂

曹甸之役雖激怒了蔣介石及國民黨軍事高層，但蔣介石並不想立即與中共決裂，他還是採取審慎態度。楊奎松指出，當時國民黨軍事領袖多急於一戰，何應欽、徐永昌、胡宗南、白崇禧分別提出作戰方案，想一勞永逸解決共產黨的威脅，但蔣介石仍有顧慮，不願與中共鬧翻，「國共明爭，此於我不利也。」[76]

蔣介石在 12 月 9 日批准了〈剿滅黃河以南匪軍作戰計畫〉，但批駁了軍令部的〈華北作戰計畫〉和胡宗南的〈陝北作戰計畫〉。蔣介石要求國軍僅處理黃河以南的共軍問題，在其他地方則須採取守勢。蔣還召見中共在重慶的代表周恩來，告知江南共軍北移之事不能再緩，並以「極感情的神情」對周恩來說：「你們過，從皖北這樣過，只要你們說出一條北上的路，我可擔保絕對不會妨礙你們通過。只要你們肯開過河北，我擔保至一月底，絕不進兵。」[77] 蔣還特別暗示周恩來，其部下（國軍將領）都很憤慨，共軍如再不聽令，恐難免一戰。[78] 當天，蔣介石在其日記寫下：「一面準備軍事，一面仍主政治方法解決，不使全面破裂。」[79]

....

75　「毛澤東、朱德同意新四軍皖南部隊行動布置致葉挺等電」（1940 年 11 月 30 日），《新四軍‧文獻（2）》，頁 60。

76　楊奎松，〈皖南事變的發生、善後及結果〉，《近代史研究》，2003 年第 3 期，頁 3-5。蔣介石日記，1940 年 12 月 8 日。

77　〈周恩來關於和蔣介石談話情況給毛澤東並中央書記處的報告〉（1940 年 12 月 26 日），《皖南事變（資料選輯）》，頁 121-122。

78　同上。

79　蔣介石日記，1940 年 12 月 25 日。

　　第三戰區司令長官顧祝同遵照蔣介石指示，耐心與皖南新四軍協調，希望順利完成北移的工作。楊奎松檢閱 11 月、12 月所有顧祝同發給蔣介石的電報以及發給所屬的命令，都說明顧祝同的態度是要「切實協助」皖南新四軍北移的。顧祝同不僅同意新四軍要求延後北遷的要求，照發積欠新四軍的 10 月、11 月經費，並建議增加北移路線，還指導新四軍祕密潛渡，逐次躍進，趁日軍不注意時，迅速渡江。這些文件顯示，顧祝同確實是遵照蔣的命令，安全送走皖南新四軍，並沒有要趁機消滅皖南新四軍的意圖。[80]

　　正因為如此，即使在蔣介石、何應欽明令禁止皖南新四軍再走東線前後，顧祝同及其所屬第 32 集團軍總司令上官雲相等，也還是力圖協助皖南新四軍北移。12 月 8 日，顧祝同發電稱，新四軍皖南部隊已開始北移，要求「有關部隊盡力予以協助，俾順利迅速轉移完畢」。[81] 11 日，針對傳言新四軍即日將被驅逐、其家屬亦受到威脅的謠言，上官雲相明令皖南行署不得干擾皖南新四軍北移的行動。[82]

　　事實上，1940 年 12 月初，新四軍北移先遣隊，包括戰地服務團、軍部醫院的傷病員、軍部領導人家屬等非戰鬥人員共 1700 多人，攜帶大量物資，分三批按照這個路線北移（先向東撤到蘇南，再在蘇南過江到蘇北），全員順利撤到江北。

訊息紛雜 葉挺、項英進退失據

　　但是，曹甸之役正打得激烈，本就對國民黨承諾不放心的葉挺、項英在 12 月 12 日收到密報，說「顧（祝同）電各進攻新四軍主力於十二月底過銅繁、高郵，勿談再過蘇南，以免延誤，如該軍故意不動，

80　楊奎松，〈皖南事變的發生、善後及結果〉，《近代史研究》，2003 年第 3 期，頁 8-9。
81　見《皖南事變資料選》，頁 108。轉引自楊奎松，〈皖南事變的發生、善後及結果〉，《近代史研究》，2003 年第 3 期。
82　「上官雲相關於俟新四軍開畢再行肅清工作的電文」（1940 年 12 月 27 日），《皖南事變資料選》，頁 116。

即予以徹底解決等情。」[83] 同時收到的還有國民黨軍隊具體部署的訊息。就是從這個時候開始，葉挺、項英等新四軍領導變得緊張起來。13 日，項英致電毛澤東，說明北移消息洩漏，皖北、蘇南都不安全，「目前很難求得迅速北移」。[84] 中共中央致電安撫葉、項：「蔣介石為使我軍移動不生變化起見，確已命令顧祝同通知各軍加以協助，故阻礙是不會的。」並且指示「葉、項二人均以隨主力去皖東為適宜」。[85]

項英等正猶豫難決，14 日收到劉少奇、陳毅的電報，稱「國民黨故意在各方宣布和宣傳我軍北移」，北渡更加困難，此訊息使葉挺、項英更加緊張。[86] 12 月 16 日，曹甸之役結束的當天，葉挺、項英在向毛澤東等彙報與國民黨交涉補給的情況，並說明：劉少奇已通知皖北偷渡困難，淮南路南有日軍大批「掃蕩」，而顧祝同不讓走蘇南，反要求改道銅、繁北渡，顧祝同這是要讓他們「往槍口上撞了」。[87] 這些信息使皖南新四軍北移的決心更加動搖，無形之中給葉挺、項英和新四軍內部緊張的情緒火上澆油。

曹甸之役之後，蘇北、皖東局勢逆轉，國民黨態度強硬，各方傳來改線、圍堵的訊息使項英等對北移更加疑慮、猶豫。但是，此時中共在皖南新四軍北移問題上已從主動變成被動，沒有討價還價的籌碼了。中共中央也開始緊張起來，一改之前「拖」的態度，要求項英等「從速北移」。但項英仍猶豫不決。12 月 26 日，中共中央書記處專門

83　「葉挺、項英、周子昆關於顧祝同正調兵準備進攻新四軍皖南部隊致毛澤東等電」（1940 年 12 月 12 日），《新四軍・文獻（2）》，頁 63。

84　「項英關於北移消息洩漏難求迅速北渡致毛澤東等電」（1940 年 12 月 13 日）《新四軍・文獻（2）》，頁 64。

85　「中共中央書記處關於新四軍北移問題致葉挺、項英電」（1940 年 12 月 14 日），《新四軍・文獻（2）》，頁 66。

86　「劉少奇、陳毅關於國民黨頑固派故意宣傳新四軍北上增加北渡困難致項英等電」（1940 年 12 月 14 日），《新四軍・文獻（2）》，頁 65。

87　同上。

發電給項英等，指責「中央還在一年前即將方針給了你們，即向北發展，向敵後發展，你們卻始終藉故不執行，……全國沒有任何一個地方有你們這樣遲疑猶豫、無辦法、無決心的」，並且說「似此毫無定見，毫無方向，將來你們要吃大虧的」。[88]

12月27日，距離蔣介石規定的最後日期（12月31日）只剩4天，葉挺、項英以經費、彈藥、冬服等困難，要求顧祝同協助，請求將北移的時間延後一個月。顧祝同表示可以商量。顧祝同在28日給蔣介石的電報中，建議葉、項申請的經費、彈藥等都可照發，而其要求展期一月之事，仍待蔣介石核示：「查該軍北渡限期僅餘三日，以前由戰區批發之臨時費五萬元現在尚未奉領，可否再准展期半月，再增發臨時費五萬元，並令皖北部隊稍予後讓之處，乞迅賜核。」[89]很明顯，到此時，顧祝同對皖南新四軍北移還是有善意期待的。

12月28日新四軍會議決議，大部隊直接渡江去皖東北，也就是依照蔣介石最後規定的路線。毛澤東在29日的覆電中表示同意：「（一）同意直接移皖東分批渡江，一部分資材經蘇南。（二）頭幾批可派得力幹部率領，希夷（即葉挺）可隨中間幾批渡江，項英行動中央另有指示。」[90]不過，第二天（30日），毛澤東覺得直接北移風險太大，再電葉挺、項英，要他們慎重考慮。

在這種顧慮重重、左右為難的情況下，葉挺在30日再度向顧祝同申請延期。即使到了這個時候，顧祝同還是希望和平處理皖南新四軍北移的事，他在1月3日給蔣介石的電報中仍為葉挺美言，說葉挺「頗

88　「中共中央書記處關於克服動搖猶豫堅決執行北移方針致項英等電」（1940年12月26日），《新四軍·文獻（2）》，頁87。

89　〈抗命禍國—抗戰時期（一）〉，《蔣中正總統文物》，國史館藏，數位典藏號：002-090300-00202-143。

90　「毛澤東、朱德、王稼祥關於同意新四軍由皖東分批渡江致葉挺、項英電」（1940年12月29日），《皖南事變（資料選輯）》，頁124。

具誠意」，請蔣體諒葉挺的苦衷。[91]

　　蔣介石和顧祝同一樣，希望皖南新四軍能和平北移。雖然已超過他定下的限期，還是同意葉挺所請，重申葉挺指揮部隊在銅陵、繁昌之間渡江，遵照前令進入指定地區，並稱「沿途已令各軍掩護」。[92]

　　1941 年 1 月 1 日，項英做出最後決定：走南線。也就是先向南走，繞道茂林，再轉向東南旌德，然後轉向東北寧國、郎溪，最後到達涇縣東北方向的蘇南溧陽，然後在溧陽附近伺機北渡。等於是先向南、再向東南、再向東北，兜一圈，然後北渡。

項英為何選擇南線？

　　項英為何選擇了這條等於是繞了一圈的路線？ 80 多年來，這個問題始終存在爭議。

　　本研究參閱葉挺、項英發給中共中央的電報，以及當時一些親歷者的回憶和國軍的部署，項英選擇「南線」的理由當是出於下面這些考量：[93]

(1) 項英認為，國軍在南邊的守軍是由稅警總團改編的第 40 師，他們在幾天前（12 月 28 日）才剛從蘇南調到皖南，還來不及布防，人生地不熟，又是晚上，戰鬥力一定比東邊皖南老部隊第 52 師、108 師弱。

91　「顧祝同電蔣中正稱關於新四軍北調問題已指定黑沙洲至姚溝為該軍登陸地點至所請經費似可照發」（1941 年 1 月 3 日）〈抗命禍國─抗戰時期（一）〉，《蔣中正總統文物》，國史館藏，數位典藏號：002-090300-00202-156。

92　「蔣介石指定新四軍北移路線江電令」（1941 年 1 月 3 日），見《皖南事變資料選（2）》，頁 74。

93　〈皖南事變要報〉（1941 年），《新四軍・文獻（2）》，頁 121；「李一氓關於新四軍皖南部隊北移路線及行動遲緩原因致中共中央書記處電」（1941 年 3 月 20 日），《新四軍・文獻（2）》，頁 184-188；〈皖南事變〉，中國人民解放軍歷史資料叢書編審委員會，《新四軍・回憶史料（1）》（北京：解放軍出版社，1990），頁 139-140。

(2) 這條路線既非直接北渡，也非直接東走蘇南，項英判斷國軍預料不到，一路應該沒有國軍的縱深配備，可以收到出其不意的效果，便於新四軍突圍。

(3) 還有一個可能，項英擅長游擊戰，這條路線貼著天目山的邊緣，在山間行軍，比較隱祕、安全。

項英做此決定，也就是做好了與國軍正面衝突的準備，而中共中央對此也是同意的。[94]

顯然，項英及中共中央不信任國民黨，認定蔣介石等就是要消滅新四軍，因此選擇這條可以避開國軍圍剿的路線。但是，這樣的抉擇實在奇怪，在政治和軍事兩方面都對共黨不利。首先，軍委會就是為了避免國共衝突，才要新四軍北移過江，項英為何反而向南邊第三戰區的防區開進？豈不自找麻煩？其次，即便他的本意只是想「繞道」避開日軍和國軍的重兵，但他未知會國軍，毫不知情的軍委會很容易會誤以為項英有什麼企圖，而採取抵制行動。第三，項英以為南邊的國軍第 40 師剛到駐地，尚未安頓，戰鬥力弱；但他打錯了算盤，第 40 師不是地方部隊，是稅警總團改編的，是一支裝備精良、戰鬥力強的國軍精銳部隊。

皖南事變造成國共決裂

1 月 4 日夜晚，新四軍軍部和皖南部隊 9 千餘人，悄悄向南出發。可是，項英他們運氣太差，從雲嶺軍部出發到茂林，原只是幾個小時的路程，卻遇到大雨迷了路，走了一夜才到茂林，在茂林休整了一天，5 日晚上繼續趕路。自以為行動隱祕，沒想到 5 日晚上就遇到國軍第 40 師，雙方交火，打了起來。

94　「毛澤東、朱德關於皖南新四軍立即開往蘇南致葉挺、項英電」（1941 年 1 月 3 日），《皖南事變（資料選輯）》，頁 127。

　　國軍第三戰區直到新四軍和國軍第 40 師打了起來，才知道項英他們南下的消息；蔣介石直到 6 日才知曉此事。[95]

　　果然，往南走造成國民黨高層的誤解，也激發了國民黨內主張強硬剿共的行動。顧祝同及上官雲相以為新四軍南下，是想「竄據蘇南，勾結敵偽，挾制中央」。[96] 軍令部長徐永昌猜測新四軍此舉「非向鎮江一帶渡江，參加攻擊我韓德勤軍，即係絕不渡江準備竄擾後方」。[97] 國民黨高層甚至有人懷疑項英他們是想回到原來在江西的游擊根據地。[98]

　　顧祝同及上官雲相派兵從 7 日凌晨開始圍剿茂林地區的新四軍。雙方戰鬥到 14 日，新四軍全部 9 千餘人，除了 1 千餘人突圍出去外，其餘不是被俘，就是失蹤或陣亡，幾乎是全軍覆沒。[99] 軍長葉挺被逮捕，政治部主任袁國平陣亡，副軍長項英及副參謀長周子昆在戰鬥中一度突圍出險，但因攜帶新四軍的黃金儲備而被其副官劉厚總槍殺。[100]

　　1 月 17 日，蔣介石發表「撤銷新四軍番號令」，宣布新四軍「違反命令，不遵調遣，……膽敢明白進攻我前方抗日軍隊陣地，危害民族，為敵作倀」，撤銷新四軍番號，並將葉挺交軍法審判。[101]

95　《徐永昌日記》，1941 年 1 月 6 日。

96　〈陸軍第三十二集團軍上官雲相部皖南圍擊新四軍軍部戰鬥詳報〉（1941 年 1-2 月），《中華民國史檔案資料彙編・第五輯第二編政治（2）》（南京：江蘇古籍出版社，1998），頁 531。

97　《徐永昌日記》第 6 冊（台北：中研院近代史研究所，1991），頁 6。

98　Jonathan Fenby, *The Penguin History of Modern China: The Fall and Rise of a Great Power, 1850 to the Present* (Penguin UK, 2019), p. 297.

99　鄭雲華、舒健，《中國革命戰爭紀實・抗日戰爭・新四軍卷》（北京：人民出版社，2007），頁 388。

100　「顧祝同電蔣中正據上官雲相稱共軍此次抗命逞凶潛行集結向我襲擊至葉挺投誠戰事即告結束自十五日起已令各部分區搜捕藏匿山麓中之散共軍並審問俘虜救護傷兵等」（1941 年 1 月 19 日），〈抗命禍國擴軍叛亂—抗戰時期（七）〉，《蔣中正總統文物》，國史館藏，數位典藏號：002-090300-00208-126。

101　〈事略稿本——民國三十年一月〉，《蔣中正總統文物》，國史館藏，數位典藏號：002-060100-00148-017。

　　中共中央則大呼冤枉，說是「江南慘變，親痛仇快」，並公開指責國軍殲滅皖南新四軍是「無恥罪行」，是國軍整個陰謀計畫的一部分，企圖「以分裂取代團結，以內戰取代抗戰」。[102]

　　皖南事變發生後，美、蘇、英三國都反對中國內戰，並在國共兩黨之間斡旋，國共衝突稍微緩和。[103] 但國共雙方只是表面上暫時壓下他們的憤怒與嫌隙，皖南事變成了國共關係逆轉的分水嶺。從此，國民黨把把中共視為叛徒，而中共也與國民政府斷絕關係，開始自行其是、自組軍隊、自設銀行、自發貨幣、自定法律規章，國共分道揚鑣，從此再無任何合作。

四、觀察與檢討

國共雙方對彼此抗戰策略皆有誤解

　　全面抗戰爆發後，9 月 22 日國民黨中央通訊社發表了中共中央起草的〈中共中央為公布國共合作宣言〉。國民政府實際上承認了中國共產黨的合法地位。抗日民族統一戰線正式形成，第二次國共合作開始，國共兩黨為抵禦日寇，共赴國難。

　　然而，兩黨畢竟敵對多年，彼此的誤解與不信任根深柢固，以致兩黨始終無法推誠相待。武漢失陷後，抗戰進入相持階段，日本加強對蔣介石國民政府的政治誘降，重慶與東京間的祕密和議時有耳聞；

102　〈新四軍皖南部隊慘被圍殲真相〉、〈中共中央發言人對皖南事變發表的談話〉，《建黨以來重要文獻選編》第 18 冊（北京：中央文獻出版社，2011）頁 21、23。

103　王世杰，《王世杰日記》上冊（台北：中央研究院近代史研究所，2012），頁 321；「季米特洛夫給毛澤東的電報」（1941 年 2 月 4 日），《共產國際、聯共（布）與中國革命檔案資料叢書》第 19 卷，頁 133；〈季米特洛夫日記〉，《共產國際、聯共（布）與中國革命檔案資料叢書》第 20 卷，頁 715。

再加上 1940 年 9 月底德義日三國簽訂《同盟條約》，毛澤東因此對蔣介石的抗戰策略產生誤解，以為蔣介石會對日本妥協投降。一旦停戰，國民黨勢將回過頭來打擊共產黨。在此情形下，毛批准發起曹甸之役，導致國共關係破裂。

　　除了誤解，國共兩黨也互不信任，國民黨擔心共黨要顛覆其領導；中共則總是懷疑國民黨要吃掉它。尤其是中共在敵後建立根據地，逐漸發展勢力，國民黨地方部隊經常在相關電文中披露中共部隊滋擾地方、任意擴軍，並蓄意挑起摩擦的行為。[104] 國民黨為維護其領導地位，制定〈限制異黨活動辦法〉，嚴格限制中共發展；之後又推出數種設限的做法。這些舉措自然引起中共的猜疑反抗，中共對國民黨的態度開始從支持轉向批評，主張趁此機會自衛反擊，鞏固和擴大華北根據地，繼而大力發展華中。而中共在華北、華中的發展，使得蔣介石及國民黨將領備感壓力，對中共愈加不滿。所以，國共兩黨之間的摩擦和衝突與種種誤解和不信任有著千絲萬縷的關聯。

　　「皖南事變」就是一個典型因為誤解與不信任而發生的悲劇。因為國共摩擦不斷，雙方決定劃地為界。軍委會命新四軍北遷到長江北面，並訂下北遷的路線。可是，新四軍對軍委會有疑慮，認為軍委會想趁其北移時消滅他們，而他們還想在華東擴大根據地；因此，一直拖延不肯北移。最後拖不下去了，非走不可，也是出於不信任，沒有按照軍委會制定的路線，反而選擇了一條國民黨料不到的路線；又因為想隱祕進行，而未事先告知軍委會，反而招致軍委會的誤會，以為他們要侵入國軍地盤，出手阻攔，釀成憾事。

104　中國國民黨中央委員會黨史委員會編印，《中華民國重要史料初編：對日抗戰時期·第五編中共活動真相（四）》，頁 474-485。

曹甸之役是促發皖南事變的一大誘因

　　新四軍在敵後抗日游擊戰爭中所發揮的作用是看得見的，它多次得到了中共中央的肯定和表彰，[105] 也曾獲得蔣介石及軍委會的高度評價；1938年到1940年5月，共獲得國民黨及政府各類嘉獎52件之多。[106]

　　但是，1939年底開始，國共摩擦不斷，主因是中共在敵後拓展勢力，引起蔣介石及國民黨軍政人士的不安及反感，同時與國軍勢力重疊或交錯，因此有了「劃界」的措施。「劃界」造成國共間的不快，更造成中共的疑慮，以為國民黨想把他們集中在黃河以北的兩個半省內，以便圍殲他們。此時，正好碰上毛澤東誤判蔣介石對日策略，擔心蔣如向日妥協，就會轉而對付中共，因而鼓動共軍發起曹甸之役。這下子把蔣介石及國民黨高層惹惱了，國共關係也變得更勢同水火。

　　縱觀皖南事變發生前的這段歷史，曹甸之役是關鍵，它使蔣介石國民黨對皖南新四軍的決策發生了極大的轉變，也對中共造成了很大影響。平情而論，中共發起曹甸之役，得不償失，既沒有消滅韓德勤部隊，反而斷了新四軍原本打算從銅、繁北渡後走皖東至蘇北的計畫。

---

105 毛澤東稱譽葉挺領導新四軍抗戰「卓著勳勞」；1941年1月21日，彭德懷在八路軍幹部大會上指出：「新四軍是三年來縱橫大江南北，屢建戰功的部隊。」參見：中國人民解放軍歷史資料叢書編審委員會編，《新四軍・文獻（1）》（北京：解放軍出版社，1988），頁104；〈為皖南事變發表的命令和談話〉（1941年1月20日），毛澤東，《毛澤東選集》第2卷（北京：人民出版社，1991），頁771；〈彭德懷在八路軍幹部大會上的講演〉（1941年1月21日），皖南事變編纂委員會編，《皖南事變》（北京：中共黨史出版社，1990），頁163-164。

106 1938年到1939年間，蔣介石多次致電葉挺、項英，嘉許新四軍：「相機策動，予敵以重大打擊，殊堪嘉獎。」「英勇殺敵，斬獲奇巨，至堪嘉許。」白崇禧、顧祝同也稱讚新四軍「奮勇殺敵，壯烈犧牲，不勝欽佩」。參見：「蔣介石為表彰蔣家河口戰鬥勝利致葉挺、項英電」（1938年5月16日），中國人民解放軍歷史資料叢書編審委員會編，《新四軍・參考資料（2）》（北京：解放軍出版社，1991），頁60；《新四軍和華中抗日根據地史料選》第一輯（上海：上海人民出版社，1982），頁374-375；「顧祝同為表彰新四軍收復繁昌致蔣介石電」（1939年11月28日），《新四軍・參考資料（2）》，頁162。

事實證明，曹甸之役並不如毛澤東所言的「不礙大局」，而是一場「礙了大局」的作戰。

蔣介石並無消滅皖南新四軍的計畫

皖南事變爆發，舉國譁然。中共堅持，皖南新四軍是執行軍事委員會下達的命令，「遵循顧司令長官指定路線向蘇南轉移北上」，卻「遭到國民黨軍隊七個師重重包圍，激戰七晝夜，導致全軍覆沒」。[107] 周恩來更在重慶組織宣傳攻勢，批評國民黨蓄意挑起內戰。

其實，蔣介石及顧祝同並無意消滅皖南新四軍，蔣在項英他們往南走並和第 40 師衝突的兩天後才得消息。[108] 相反的，在很多關鍵時刻，蔣介石都表現出了息事寧人的態度，把皖南新四軍的問題限定在「嚴明軍紀」範圍內。國民黨高層有些將領幾次動議想剿滅共軍，蔣介石都一再拖延，踩了煞車。道理十分簡單，正如毛澤東所見，在抗日戰爭的關鍵時刻，「實則他們（國民黨）很怕內戰，很怕根本破裂國共合作。」

蔣在處置八路軍、新四軍北移的問題上始終是「一拉一打」的態度，既表現出要嚴肅軍紀，維護國民政府權威，又顯示允許展期和寬容的姿態。但如果中共違抗命令或做得出格，蔣介石也可能會「教訓」一下，以嚴肅軍紀，但並無圍殲他們的意圖。

事實上，楊奎松早在 2003 年的研究就指出，蔣介石、顧祝同並無圍殲新四軍的想法；相反的，蔣一再拖延軍方剿共的計畫，就是要避免過早引發國共大規模的軍事衝突。其後雖批准軍方的作戰計畫，也

107 〈中共中央關於皖南事變的指示〉（1941 年 1 月 18 日），《新四軍・文獻（2）》，頁114；「新四軍將領抗議國民黨頑固派製造皖南事變的通電」（1941 年 1 月 17 日），《新四軍・文獻（2）》，頁 140。「毛澤東、朱德、王稼祥關於政治上軍事上準備全面反攻致彭德懷等電」（1941 年 1 月 14 日），《新四軍・文獻（2）》，頁 133。
108 《徐永昌日記》，1941 年 1 月 6 日。

是以新四軍不遵從北移命令為前提的，而非要蓄謀消滅皖南新四軍。皖南事變發生後，蔣也不欲擴大事態。[109]

　　同樣的，本章作者細讀蔣介石日記、《事略稿本》、《蔣中正總統文物》等檔案資料，亦未發現片紙隻字顯示蔣介石有消滅皖南新四軍的計畫。即使在「皖南事變」發生後，蔣介石仍把它定位為「整飭軍紀，無關政治和黨派問題」；蔣特別申明：解散新四軍「只有軍紀問題，絕無內亂之理」，並無意藉機終止國共合作。[110] 可見，雙方的誤解和不信任，導致國共衝突，終致一發不可收拾。

　　事變後，雖然美、蘇、英三國都出面斡旋，緩和了局面，但蔣介石並非因此才放低姿態與中共維持表面上的和平，蔣介石自始至終都沒有計畫圍殲整個皖南新四軍，因為蔣不想與中共破裂，引發內戰。

長樂村戰鬥的實情長期隱晦不明

　　過去 80 年來，由於種種原因，研究抗戰時期國共敵後關係的學者總有若干偏見，中國大陸抗戰史學界長期熱中於研究國共兩黨不同的抗戰路線和衝突，對於國共合作抗日的戰例卻缺乏關照，也忽略了國軍在戰鬥中的貢獻。另方面，在台灣和海外的抗戰史研究中，則有意無意地貶低中共游擊戰的作用，認為一個殲敵幾百人的戰鬥，跟那些殲敵數萬的大會戰相比，不足掛齒。因此，有些戰例長期不能以真實面目示人，以致世人對其一知半解、甚至曲解。

　　事實上，抗戰前期，共軍與國軍聯手對抗日軍，英勇不遜於國軍。中共是在 1940 年下半年百團大戰後改變策略，不與日軍正面衝突，避實擊虛以保持實力。即便如此，中共在敵後仍發揮了牽制日軍的作用。

109　楊奎松，〈皖南事變的發生、善後及結果〉，《近代史研究》，2003 年第 3 期，頁 37。

110　〈革命文獻—對蘇外交：一般交涉〉，《蔣中正總統文物》，國史館藏，數位典藏號：002-020300-00042-081。

　　長樂村戰鬥也是國共彼此誤解的典型例子。曾萬鍾帶領的國軍第 3
軍在長樂村戰鬥中明明與八路軍合作無間,卻長期被視為「國民黨消
極抗日」的例證。曾萬鍾本人及其部隊對抗日軍,抵死不退,拖住了
日軍;可是中國大陸卻長期詬病他「治軍鬆散」、「消極抗日」。

　　長樂村戰鬥所反映的問題值得深思。對抗戰中國共兩軍合作抗日
的各次戰鬥的研究,應力求客觀、實事求是,還歷史以本來面目。

　　不論如何,抗戰時期國共在敵後曾經協力抗日,後來因為雙方勢
力範圍交錯重疊,彼此猜疑、誤解,逐漸產生摩擦、衝突。皖南事變
就是國共兩黨互不信任下的產物,是中國抗日戰爭史上慘痛的一頁,
國共合作也因此徹底破裂。中共從此自行其是,隨著抗戰發展擴大其
實力,抗戰勝利時,中共已有與國民黨分庭抗禮之勢,最後在內戰中
打敗蔣介石,取而代之。

第 十 編

抗戰勝利與戰後中國

$$第七章$$

戰後中國的命運

黃自進（中華民國中央研究院近代史研究所研究員）

　　1945 年 8 月 15 日，日本宣布無條件投降，終於盼到和平。然而，勝利並未帶來和平。短短數年間，中國硝煙四起，蔣介石領導的國民政府在內戰中失掉政權，敗退台灣，中國共產黨取而代之。東亞則是美蘇對陣，韓戰接踵而來。

　　此外，日本帝國瓦解，整個亞洲的權力架構重新調整；日本在中國留下的權力真空，成為美蘇兩國的角力場。

　　當年，國共、中蘇、中美，以及美蘇間互動頻繁，明爭暗鬥，不少內情迄今仍未明晰。蔣介石為何獨排眾議，對日本「以德報怨」？國民政府是戰勝國，接收東北卻為何失敗？蔣介石如何處理戰後中蘇、中日關係？國民政府與美國並肩作戰，最後為何落得中美反目、華盛頓放棄國民政府的境地？蔣介石領導國民政府歷經艱辛戰勝日本，為何最終結局卻是痛失江山？這些議題各個牽一髮動全身，無不影響到國共內戰以及戰後東亞情勢發展。70 多年來，這些疑問迄今仍未得以澄清，亟待深入探討。

　　本章以戰爭結束前後蔣介石的軍政措施為主軸，針對四個主題探討，嘗試為上述疑問找到客觀合理的解釋。

　　(1) 蔣介石為何倡導「以德報怨」？此作為得失如何？

(2) 蔣介石與美國特使馬歇爾（George Catlett Marshall）間的矛盾，
與東北接收成敗以及國共內戰結局有何關聯？

(3) 馬歇爾主導「國共和談」期間，蔣介石為何堅持「以戰逼和」？
這個堅持對中美關係及國共內戰又有什麼影響？

(4) 蔣介石明知與蘇聯修好是東北接收能否順利的關鍵，卻為何在
東北問題上與蘇聯交惡？

一、「以德報怨」政策有何特殊考量？

　　1945 年 9 月 9 日，萬眾歡騰、舉國關注在南京舉行的中國戰區日
軍投降儀式之際，蔣介石卻鬱鬱寡歡。他在前一天的日記中顯露出對
今後國事的憂慮：「黨國之危機，九一八以來未有甚於今日者也，如
果偶一不慎為俄史、共毛所藉口誣陷，則個人失敗之事小，而民族存
亡之前途大，甚至陷於萬劫不復之地也。……此時唯一政策，在接收
國內各地區敵軍之投降與繳械；其次為接收東北之失地，使俄國不能
不以履行其條約義務為首要；否則，敵械未繳，西陲起釁，反為俄共
與敵寇所利用，使得中國紛亂不可收拾，則革命乃真整個失敗矣。」[1]

　　蔣介石把當時國民政府所處的險境，形容為九一八事變以來之
「最」，適足反映他對戰後局勢的憂懼。中共勢力在抗戰中已然巨幅
擴張，中共定會趁著終戰事務千端萬緒、國民政府窮於應付之時，繼
續坐大。他也擔憂，蘇聯覬覦中國東北及新疆已久，他估計蘇聯必會
在東北及新疆趁火打劫。因此，如何順利接收日軍的投降及繳械，不
讓日軍占領區以及武器落入共黨之手，成為他處理政務的首要課題。

　　蔣介石如此憂心，甚至把「受降」視為國民政府生死存亡的關鍵，

1　蔣介石日記，1945 年 9 月 8 日，美國史丹佛大學胡佛檔案館所藏。

這是因為勝利前夕，國民政府軍隊主力遠在西南、西北邊陲，日軍占領區多集中於華北、華東的精華區，中共在敵後據有地利之便，早已虎視眈眈要搶奪日軍占領地及其武器裝備。因此，蔣介石認為能否妥善處理受降問題，關乎國民政府未來的命運。

「受降」不僅涉及中日、中美、中蘇間的複雜關係，更關係著國民政府面對中共鬥爭時，能否取得主導地位並勝出。首先來檢視國民政府在抗戰勝利前後所處的國內外困境及其與中共的角力。

中共勢力在抗戰中迅速擴張

中共武裝力量在抗戰期間大幅成長，八路軍從 1937 年 4 萬 5 千人的編制，到 1945 年已發展成 60 萬的主力軍；原本是 3 個支隊 1 萬 2 千人起家的新四軍，到 1945 年春天時已擴展成 7 個正規師，將近 26 萬的主力軍。與此同時，中共在華北、華中、華南抗日戰爭的敵後三大戰場，已陸續建立 19 個解放區，再加上原有的陝、甘、寧邊區，總面積達到 95 萬 6 千餘平方公里，占淪陷領域的 66%。其 19 個解放區中，中共設立了 24 個行署、104 個專員行署、678 個縣政府，轄區住民近億（9 千 550 餘萬人），約占全國總人口 20%。[2]

日本投降時，中共已成為國民政府強有力的對手，難以應付；更嚴重的是，蘇軍已進駐東北，在地緣政治上，與華北地區的中共解放區成為犄角之勢，使得收復東北與接收華北變得更為複雜。

中日化敵為友

因為上述原因，蔣介石在終戰時的所有布局皆以「外防蘇聯、內防中共」為考量。他首要爭取的是駐華日軍在「接收」事務上的合作，

2　八路軍總政治部宣傳部編，《抗日戰爭時期的八路軍和新四軍》（北京：新華書店，1953），頁218-219。

他希望日軍拒絕有地利之便的共軍強取日占領地及武器，而是等到國軍到來再行接收。

1945 年 8 月 15 日，蔣介石宣布接受日本投降，發表公開談話：

> 我們的「正義必然勝過強權」的真理，終於得到了他最後的證明。……我說到這裡，又想到基督寶訓上所說的「待人如己」與「要愛敵人」兩句話，實在令我發生無限的感想。我中國同胞們必知「不念舊惡」及「與人為善」為我民族傳統至高至貴的德性。我們一貫聲言，祇認日本黷武的軍閥為敵，不以日本的人民為敵。……要知道如果以暴行答復敵人從前的暴行，以奴辱來答復他們從前錯誤的優越感，則冤冤相報，永無終止，決不是我們仁義之師的目的。[3]

這篇講話是蔣介石親自撰寫的，並未提及「以德報怨」四個字，[4]文告的主旨在宣示：祇認窮兵黷武的軍閥為敵，不以日本人民為敵，因而對已投降的日本，不採報復政策。蔣介石呼籲全國國民發揮民族美德，以基督寶訓上所說的「待人如己」、「要愛敵人」之精神，善待戰敗之日本國民。

3 　蔣中正，〈抗戰勝利告全國軍民及世界人士書〉（1945 年 8 月 15 日），收入秦孝儀主編，《先總統蔣公思想言論總集》第 32 卷（台北：中央文物供應社，1984），頁 121-123。

4 　「以德報怨」四字最早出現在沙學浚（時任國防研究院研究委員、中央大學史地系教授）1944 年給蔣介石的報告；蔣介石則是 1946 年 3 月 21 日才使用「以德報怨」四個字。沙學浚報告提及：「日本為美國控制，並非我國之福；削弱而獨立的日本對於我國，相當於荷比，甚至法國之對於英國，有緩衝美國對我經濟及政治壓力之作用。因此，對日和約適可而止，使其對我悔愧感敬。以德報怨，化敵為友，既足以表示我傳統的泱泱大國之風，且能獲得世界文化上精神上之領導權，以與美國之經濟領導權相抗衡。」「沙學浚試擬戰後我國外交政策基本原則」，〈對聯合國外交（一）〉，《蔣中正總統文物》，國史館藏，數位典藏號：002-080106-00014-007。

　　日本人把這份文告解讀為蔣介石對日本「以德報怨」。[5]日本駐中國派遣軍總司令岡村寧次讀這份文告時，第一個反應是「寬容」。[6]九一八事變的策劃人、原參謀本部作戰部長石原莞爾視蔣介石「文告」為東方王道文化的表現，認為蔣有「勝而不驕」的風範，更凸顯出日本戰敗，不僅是因為在軍事上的失利，更是因為在道德上的淪落。[7]

　　日本學者中村勝範當時年僅16歲。他回憶讀到這份文告的心情：美國的原子彈雖然是促使日本投降的關鍵，但是原子彈並沒有解除日本人的戰鬥意志，真正讓日本人內心承認戰爭的失敗，是在看到蔣介石這篇講稿。「優勝劣敗」是戰爭期間日本人遵奉的信念，在這思想體系下，沒有「與人為善」的想法，自然也沒有「待人如己」的胸懷。蔣介石的「以德報怨」充分反映出中國人對人道的尊重，相較之下，更凸顯日本人對人道的摧殘，「以德報怨」使日本人自慚形穢。[8]

　　蔣介石對日本不報復的政策，為戰後日本帶來一線重生的曙光，也使眾多日本知識分子在錯愕之餘，慶幸這個劫後餘生的機會。

　　日本媒體多以「以德報怨」作為新聞標題，蔣介石頗為欣慰。1946年3月21日，他召見朱世明（盟國對日管制委員會的中華民國代表），明示將對日本採「以德報怨」政策。[9]從此，「以德報怨」成為戰後中華民國對日政策的正式名稱。

5　家近亮子，《日中関係の基本構造：2つの問題点。9つの決定事項》（京都：晃洋書房，2003），頁1131。

6　稻葉正夫編，《岡村寧次大將資料（上）：戰場回想篇》（東京：原書房，1970），卷上，頁12。

7　石原莞爾，〈世界一の「民主」：進め真の天葉恢弘へ〉，《讀賣報知》（東京），1945年8月28日。

8　中村勝範，《正論自由：国民に訴える》（東京：慶應通信，1981），頁27-29。

9　葉健青編，《蔣中正總統檔案・事略稿本》，第65冊（台北：國史館，2012），頁136。

維護國民政府主權，日軍不惜與共軍開火

從「以德報怨」的正名過程可知，「以德報怨」只是一個政策理念，並非特定政策的代名詞。但蔣介石願與日本民眾攜手重建亞洲和平的訴求，打動了日本軍民，對國民政府爭取侵華日軍在接收事務上的合作，發揮了關鍵性作用。

按 1945 年 8 月 14 日遠東盟軍最高統帥麥克阿瑟的指示，除了東北以外，中國大陸、台灣以及北緯 16 度以北越南境內的所有日本部隊，只能向中國國民政府主席及軍事委員會委員長蔣介石及其代表投降。對此指令，日本中國派遣軍總司令岡村寧次與南京汪精衛政權均表示服從，中共卻有異議。朱德以中國解放區總司令名義致牒美、英、蘇駐華大使，聲言國民政府不能代表中國解放區接受日、偽軍的投降；延安總部才有權根據盟國規定辦法接受日、偽軍投降，並代表參加盟國的受降工作。朱德又電岡村寧次，籲其令日軍分別向華北、華東、華中、華南的中共將領投降。[10]

對朱德的要求，同盟國各國皆沒有回應，日軍更是不予理會。於是，共軍如要達到受降目的，只有使用武力。根據八路軍檔案，從 8 月 11 日天皇宣布無條件投降起至 10 月 10 日止，八路軍在武裝搶灘接收的作戰中，總共俘虜偽軍 22 萬餘人，斃傷偽軍 1 萬多人；[11] 顯示共軍因為強行受降與接收，所遭遇到武裝抵抗的激烈程度之一斑。

這個現象充分反映了中國戰場在特殊時空背景之下產生的特殊狀況。日本政府已於 9 月 2 日正式向盟軍簽署投降文書，中國戰場的受降儀式也在 9 月 9 日在南京舉行了；但是，中國戰場卻沒有進入和平狀態，共軍和日軍及偽軍間的戰鬥還是天天繼續上演。

盟軍下達指令是要求日軍只能向國民政府投降。因此，日軍向國

10　郭廷以，《近代中國史綱》（香港：香港中文大學，2019），頁 710-711。
11　八路軍總政治部宣傳部編，《抗日戰爭時期的八路軍和新四軍》，頁 222。

民政府投降後，按理就可結束戰爭狀態，以戰俘身分接受保護。可是，國民政府對投降後的日軍卻無法提供保護，反而要求日軍不得放棄武裝，在國軍未抵達防區之前，堅守原占領地。

蔣介石的難處是，他要日軍向國民政府投降，可是又無法立即受降，在國民政府軍尚未到達受降區之前的過渡時期，反而需要仰仗日軍替國民政府看管家園，捍衛領土，不致讓共軍趁勢而入。

如何爭取日軍的配合，是蔣介石的第一要務。蔣介石的「不念舊惡」、「要愛敵人」的文告，顯然達到了這個效果。8月18日，日本中國派遣軍總司令岡村寧次在他擬定的投降方針〈對華處理要綱〉中，明白指示所有在華日軍：「所有武器、裝備、器材一律移交給中央政府，不但不接受中共的任何要求，且必要時將斷然採取自衛武力行動。」[12]也就是說，日軍已決定全力配合蔣介石的要求，他們的武器裝備只移交給國民政府，甚至不惜以武力抵擋來犯的共軍。

日軍與國軍攜手防共

因此之故，抗戰勝利後，中國戰場出現一個怪現象：原本是死敵的日軍和國軍竟然攜手合作，共同防共、抗共。

由於日本政府已正式宣布投降，日軍已喪失戰鬥目標，為防止日軍集體潰散，尤其是對共軍不戰而逃，國民政府特於9月11日宣布，把日本中國派遣軍總司令部改稱「中國戰區日本官兵善後總聯絡部」（簡稱「總聯絡部」），對已辦理投降宣誓手續的日本軍隊，不稱「戰俘」，而稱「徒手官兵」，其原有部隊指揮體系維持不變。總聯絡部的主要任務為「辦理日軍投降之一切善後事宜」。所謂「善後事宜」，主要是安排日本僑民以及已繳械的日本軍人返國。

令人稱奇的是，總聯絡部竟得以維持其原本架構，除保留原有指

12　稻葉正夫編，《岡村寧次大將資料（上）：戰場回想篇》，頁22。

揮聯繫用的 5 架專機外，通信系統亦仍留用，規模和戰前一樣。[13] 換言之，總聯絡部除了名稱更換外，原本所扮演中樞指揮調度功能，並無太大變動，為的是方便指揮各地日軍，為保護鐵路以及各戰略要地，不惜與意圖來犯的共軍作肉搏戰。

國民政府與日本中國派遣軍之間的「奇異」關係不止一端。南京的日軍正式投降國民政府的 10 天後，中國陸軍總司令何應欽就通知日本總聯部長官岡村寧次：自 10 月起，所有日本徒手官兵納入國民政府軍補給體制，可享有和國民政府軍官兵同樣補給，每月每人可有主食 25 市兩的白米。[14] 不僅如此，這些等待遣送回國的日本徒手官兵，除了享有和國軍同等規格的伙食供應以外，還和國軍同等薪資。其中，將官階級每月 8 千元，校官階級 4 千元，尉官階級 2 千元，士官階級 4 百元，士兵 2 百元。[15]

這樣的待遇不止發生在日本軍人身上，國民政府也同樣將淪陷區的日本政府的在華文職人員納入行政編制。1945 年 8 月 20 日，日本宣布投降後的第 5 天，駐滬日本公使土田向東亞省大臣重光葵所報告上海近況：「市政府繼續辦公，日本籍的職員皆以改聘為專員之方式繼續留任。……市區平靜，由於有蔣介石保護日本人的演講及電報，所以市面上至目前為止對日本人的情感還好，治安由日軍維持，市政府從旁協助。」[16] 這份報告顯示，蔣介石以德報怨的政策不但緩和了中國國民對日本人民的敵意，同時也獲得日軍對國民政府的認同與支持。

13　〈終戰後ニ於ケル支那大陸／狀況ニ就テ〉（1945 年 3 月 11 日），《中央終戰處理》，日本防衛省防衛研究所藏，檔號：C15010523400。

14　〈軍輔字第 10 號〉（1945 年 9 月 19 日），《中國陸軍總司令部訓令》，日本外務省外交史料館藏，檔號：A0116-270-5。

15　「支那派遣軍總參謀長發次官宛電報」（1945 年 12 月 19 日），總經主電第 515 號，《中央終戰處理》，日本防衛省防衛研究所藏，檔號：C15010523400。

16　「土田公使發重光大東亞大臣宛電報」（1945 年 8 月 20 日），《善後措置經緯及狀況報告》，日本外務省外交史料館藏，檔案編號 A0116-289-3。

　　國民政府和日軍的合作模式在極短時間內就組合成功，而且運用
有效。這樣的合作也反映在交通線的維修上。例如，1945 年 9 月 20 日，
何應欽指示岡村寧次，即刻派兵修復津浦線上中興煤礦到浦口之間、
隴海線上的徐州到連雲港，以及淮南煤礦、田家庵碼頭、蚌埠之間的
鐵路、橋梁、電線，岡村立即遵令執行。[17]

　　華中地區國軍和日軍合作的模式很快就在華北地區複製。日本中國
派遣軍總參謀長致日本陸軍省次長的電報指出，從 1945 年 9 月到 1946
年 1 月，總計有 14 萬的日本陸軍布防在山東、山西及河北的鐵路沿線，
負責保護鐵路的正常運輸。[18] 另外還有 4 萬日本軍人及 3 萬 4 千日本平
民被徵調為交通及通信業務的技術人員。另有 3 萬日本人被徵調為車
輛駕駛或飼馬工作。[19]

　　除戰略要地及鐵路沿線以外，其他華北內地的日本陸軍則奉命集
中到江蘇省的泰縣、南通、海州，山東省的濟南、膠州，河南省的歸德，
河北省的天津、北平、正定、定縣等地，等待遣返回國。[20] 這些分散於
華北各地的日本陸軍部隊，在移駐到指定地點中途，幾乎都遭到共軍
不同程度的襲擊及包圍，他們都拿起武器對抗。除了徐州、海州地段
駐守的日軍第 65 師團的 2 個中隊經國民政府同意，集體向共軍投降繳
械以外，其餘部隊即使被共軍層層包圍，屢次要求准予投降，皆被國
民政府勒令不許。[21] 這類狀況頻頻出現，因此，南京的日本官兵善後總

17　〈軍輔字第 14 號〉（1945 年 9 月 20 日），《中國陸軍總司令部訓令》，檔案編號
　　A0116-270-5。

18　「支那派遣軍總參謀長發次官宛電報」（1946 年 2 月 6 日），總參電第 14 號，《中央
　　終戰處理》，日本防衛省防衛研究所藏，檔號：C15010523400。

19　「支那派遣軍總參謀長發次官宛電報」（1945 年 12 月 12 日），總參 1 電第 705 號，
　　《中央終戰處理》，日本防衛省防衛研究所藏，檔號：C15010523400。

20　「支那派遣軍總參謀長發次官宛電報」（1946 年 1 月 15 日），總參 1 電第 271 號，《中
　　央終戰處理》，日本防衛省防衛研究所藏，檔號：C15010523400。

21　「支那派遣軍總參謀長發次官宛電報」（1946 年 2 月 6 日），總參電第 14 號，《中央

聯絡部不得不扮演雙重角色，一方面持續指導日軍對共軍作戰，另一方面代替被圍部隊與國民政府溝通。

從國民政府堅持日軍不得向共軍投降一事，說明國共之間早已淪為敵我關係。也由於雙方的對峙，站在國民政府陣線的日軍，就得在國軍到來之前，替國民政府守住鐵路幹線及戰略軍事物資。其過程的艱辛，可從日軍傷亡率看出。

根據日軍檔案，自 8 月 15 日宣布投降日起到 11 月底，3 個半月內，僅華北地區就戰死 1,347 人，傷 1,082 人，行蹤不明 1,040 人。[22] 到 12 月上旬，戰死數字升高為 2,200 人，傷 3,200 人，行蹤不明 1,600 人。[23] 再到次年（1946）1 月 10 日時，死傷及行蹤不明人數總計達 9,000 人。[24] 1931 年日本拿下 111 萬 6,953 平方公里的中國東北時，僅死傷 1,200 人。[25] 如今，為達成河北、山東、山西三個華北主戰場之階段防衛任務，日軍付出代價竟是拿下東北的 7.5 倍。兩相對照，更能彰顯日軍不惜代價，只為完成蔣介石託付的階段性任務。

國民政府軍在受降計畫中，列舉出 27 個戰略都市為優先目標。即廣州、武漢、長沙、南昌、九江、安慶、南京、上海、杭州、徐州、濟南、青島、鄭州、洛陽、石家莊、太原、大同、北平、天津、歸綏、包頭、張家口、承德、赤峰、多倫、古北口、山海關。[26] 幸好得到日軍及偽軍

續 ⋯⋯⋯⋯⋯⋯⋯⋯⋯⋯⋯⋯⋯⋯⋯⋯⋯⋯⋯⋯⋯⋯⋯⋯⋯⋯
　 終戰處理》，日本防衛省防衛研究所藏，檔號：C15010523400。

22 「甲部隊參謀長（北京）發次官宛電報」（1945 年 12 月 7 日），甲方參 2 電第 440 號，《中央終戰處理》，日本防衛省防衛研究所藏，檔號：C15010523400。

23 「支那派遣軍總參謀長發次官宛電報」（1945 年 12 月 12 日），總參 1 電第 705 號，《中央終戰處理》，日本防衛省防衛研究所藏，檔號：C15010523400。

24 「支那派遣軍總參謀長發次官宛電報」（1946 年 2 月 6 日），總參電第 14 號，《中央終戰處理》，日本防衛省防衛研究所藏，檔號：C15010523400。

25 北岡伸一，《日本の近代（5）：政党から軍部へ》（東京：中央公論新社，1999），頁 169。

26 何應欽，《日軍侵華八年抗戰史》（台北：國防部史政編譯局，1985），頁 446。

的支持，除了熱河、察哈爾省的張家口、承德、赤峰、多倫、古北口、山海關等 6 個都市先為蘇聯軍隊所占，之後又在蘇軍庇護之下轉交給共軍外，其餘 21 個戰略都市最後都由國民政府受降接收。[27]

　　以當時大部分國軍局限於西南一隅的狀況來看，國民政府成功地接收了 78% 的戰略都市，實屬難得。不得不承認，蔣介石對日寬大政策得到日軍的尊敬與認同，日軍協助國民政府護土，居功厥偉。

　　受降的戰場不僅是華中、華北，還有東北。華中、華北尚稱順利，但東北的接收卻意外地困難。國民政府東北接收工作一開始就受挫，幾經周折，最後以失敗告終。而這個失敗直接關聯共軍的坐大、以及對美和對蘇關係生變，最後國民政府在中國大陸全面潰敗，失掉江山，退到台灣。這一連串演變來得迅速且意外，個中情由錯綜複雜，亟待釐清。

　　探究東北接收的問題，需從 1945 年的雅爾達會議（Yalta Conference）說起。

二、東北接收失利與國共內戰的轉折

　　1945 年初，盟軍在歐洲戰場的反攻作戰順利推進，打敗德軍只是時間問題。反觀亞洲，盟軍在亞洲尚未取得決定性勝利，羅斯福原寄望蔣介石的中國軍隊能對抗日軍，敦料中國軍隊在「一號作戰」（即「豫湘桂戰役」）中潰敗，美英政軍領袖因此認為蔣介石及其部隊難當大任。國軍戰鬥力大減，而當時原子彈亦尚未測試成功；盟軍預估，欲全面擊潰日本，可能要犧牲 1 百萬美軍與 50 萬英軍，因此，把希望寄託在蘇聯，亟需蘇聯出兵抗日。

27　國防部史政編譯局編，《抗日戰史（99）・受降（一）》（台北：國防部史政編譯局，1967），頁 16-19。

《雅爾達密約》出賣中國

1945 年 2 月，羅斯福、邱吉爾、史達林在黑海附近克里米亞半島上的雅爾達舊宮舉行祕密會議，主旨是商議戰後世界新秩序和列強利益分配的問題，以及如何儘早擊潰在亞洲的日軍。會議主要內容包括戰後處置德國問題、波蘭問題、遠東問題、聯合國問題，三巨頭議定了戰後的世界格局。

羅斯福、邱吉爾要求蘇聯在德國戰敗後，迅即對日宣戰；史達林大膽提出出兵的條件，其中關乎中國權益的有：

(1) 維持外蒙古（蒙古人民共和國）現狀；（亦即要中國承認外蒙獨立）
(2) 恢復帝俄在中國原有的權益；（亦即開放大連商港，蘇聯有優越權；蘇聯享有中東鐵路、滿鐵的經營權）
(3) 蘇聯租用旅順港為海軍基地。

羅斯福、邱吉爾同意了史達林的條件，三人簽署「雅爾達協議」。然而，這些攸關中國領土、內政的條文事先未徵詢中國同意，事後竟還瞞著中國，直到一個月後，3 月 12 日，羅斯福才向中國駐美大使魏道明通報雅爾達協定涉及中國的部分，並由魏道明轉報蔣介石。[28]

《中蘇友好同盟條約》的談判及簽訂

不僅對中國領土主權越俎代庖，為了讓蘇聯迅速對日宣戰，美國還向重慶國民政府施壓，要蔣介石儘速派代表赴蘇聯談判，訂立《中蘇友好同盟條約》，好落實「雅爾達協議」中國讓權給蘇聯的部分。

「親蘇、聯英美」本就是蔣介石在停戰前後擬定的對外政策重點，

28　蔣介石日記，1945 年 3 月 15 日。

但史達林索要太多，不但要中國承認外蒙獨立、中東及南滿鐵路中蘇共有、開放大連為自由港，還要把旅順作為蘇聯的海軍基地。蔣介石起初是反對的，不願接受美英俄以中國為籌碼換取蘇聯參戰的行為。蔣評估拒絕的可能後果，認為即使蘇聯強占東北，亦不妥協：「寧使其（蘇聯）無理強占我東北，絕不訂此喪權辱國之條件也。」[29] 但情勢比人強，美國的壓力橫在那，蔣不得不思考如何維護國家利益而又不得罪羅斯福、史達林。

事實上，蔣介石自 1945 年 2 月以來就一直苦思對策，他分析各種情況的利弊得失：

(1) 外蒙事實上早已被俄占有，短期內中國很難收回。何況，史達林對外蒙志在必得，「如為虛名，而受實禍」絕非上策，「不若忍痛犧牲外蒙不毛之地，而換得東北、新疆以及全國之統一。」[30] 蔣介石想以外蒙換取史達林尊重中國在東北、新疆領土與行政權之完整，並答應不支持中共，「如此才能做到全國統一。」[31]

(2) 蘇聯之所以執意要外蒙古及旅順，一是為了鞏固在東亞地區的戰略基地，二是為了牽制中國的親美政策。[32] 因此，蘇聯已將美國視為首要假想敵，如果中國不能滿足蘇聯要求，蘇聯必會不擇手段打擊中國，甚至在滿蒙邊境收容中共，製造傀儡政權分裂中國。反之，倘若中國暫時放棄外蒙、旅順，滿足蘇聯的國防需要，蘇聯為了維護中國的中立地位，不讓中國一面倒向

29　蔣介石日記，1945 年 6 月 16 日。
30　蔣介石日記，1945 年 7 月 5 日。
31　同上。
32　王正華主編，《蔣中正總統檔案・事略稿本》，第 61 冊（台北：國史館，2011），頁 627-636。

美國，自會遵守諾言。[33]

是以，蔣介石認為，在中國無力與蘇聯對抗的現實環境下，與蘇聯簽約反而是較理性的選擇。一則，以此交換蘇聯不在東北和新疆問題上為難國民政府、不支持中共。再者，此舉至少可為中國爭取二、三年的時間來鞏固統一，奠定建設基礎。中國若能及時培養實力，蘇聯自是不致違背前約。易言之，他認為只要國民政府對蘇聯維繫一定程度的善意，蘇聯政府為防止國民政府投靠美國，就不會在東北及新疆問題上為難國民政府。[34]

基於這樣的研判，蔣介石決定在外蒙問題上讓步，「准外蒙戰後投票解決其獨立問題，而與俄協商東北、新疆、與中共問題為交換也。」[35]

1945 年 6 月，中蘇談判開始。8 月 6 日，美國在廣島投下第一顆原子彈，8 日，蘇聯對日本宣戰，150 萬蘇軍從北、東、西三方進攻滿洲，蘇軍攻勢凌厲，很快占領滿洲。

為了謀取短暫和平以求鞏固統一的期待下，國民政府於 1945 年 8 月 14 日與蘇聯政府簽訂《中蘇友好同盟條約》。按照這個條約，中蘇雙方的同盟基礎在於蘇聯保證做到下面三點：

(1) 承認國民政府的執政地位；
(2) 尊重中國領土主權及領土完整；
(3) 保證不干涉內政及定期從東北撤兵。

而國民政府則承諾如下作為回應：

(1) 承認外蒙古獨立；

33　黃自進，《蔣介石與日本：一部近代中日關係史的縮影》（台北：中央研究院近代史研究所，2012），頁 370。

34　《蔣介石與日本：一部近代中日關係史的縮影》，頁 370。

35　蔣介石日記，1945 年 7 月 5 日。

(2) 中東鐵路及南滿鐵路允歸中蘇共有；

(3) 大連開為自由港，行政權屬中國，碼頭倉庫一半由蘇聯租用；

(4) 旅順作為中蘇共用的海軍基地。[36]

《中蘇友好同盟條約》第一項「換文」寫明：「蘇聯政府同意予中國以道義上與軍需品及其他物資之援助，此項援助當完全供給中國中央政府，即國民政府。」[37] 蔣介石相信，蘇聯政府的保證，不但能順利解決東北接收問題，也將切斷中共的外援，他因而認定此刻是對中共談判最佳時機。[38]

暗潮洶湧的國共重慶會談

1945 年 8 月 14 日，《中蘇友好同盟條約》簽定的當天，蔣介石接受美國大使赫爾利（Patrick J. Hurley）的建議，去電毛澤東：「倭寇投降，世界永久和平局面，可期實現，舉凡國際國內各種重要問題，亟待解決，特請先生剋日惠臨陪都，共同商討，事關國家大計，幸勿吝駕，臨電不勝迫切懸盼之至。」[39] 邀請毛到重慶商議國共和解及建國大計。

對於蔣介石的邀約，毛澤東一開始是猶豫的，他起初的反應是：

36　〈革命文獻—雅爾達密約有關交涉及中蘇協定〉，《蔣中正總統文物》，國史館藏，數位典藏號：002-020300-00048-101。郭廷以，《近代中國史綱》，頁697。

37　〈革命文獻—雅爾達密約有關交涉及中蘇協定〉，《蔣中正總統文物》，國史館藏，數位典藏號：002-020300-00048-101。

38　蔣介石顯然誤判史達林的心態。當時他認為國民黨已可掌握全局，而蘇聯已對毛澤東棄守。例如：8 月 28 日，對新華日報刊載〈中共中央對目前時局宣言〉，所提出承認中共統治區與軍隊、劃定定區由中共軍隊受降等等要求時，蔣在日記中曰：「新華日報於今晨發表其中共廿五日之宣言六項，仍彈舊套，似其實未知最近國際內容與情勢之發展，而更未知中蘇協定之內容，可憐極矣，彼猶不知早為蘇俄所遺棄矣」。蔣介石日記，1945 年 8 月 28 日。

39　《中央日報》（重慶），1945 年 8 月 16 日，第 2 版。牛軍，《從赫爾利到馬歇爾：美國調處國共矛盾始末》（北京：東方出版社，2009），頁 111。

蔣介石必須先正面回應共軍可參加受降及成立聯合政府等訴求，才會「考慮會見的問題」。[40] 8 月 20 日，蔣介石再度去電邀約，毛覆電：「茲為團結大計，特先派周恩來同志來進謁」。[41] 他仍無意親赴會談。23 日，蔣介石三度去電邀請，毛仍在猶豫。25 日史達林電毛：「日本投降，國共應言歸於好，共商建國大事。如果繼續打內戰，中華民族有毀滅的危險。」當天，毛澤東接受邀約，電覆蔣介石：「本人極願與先生會見，商討和平建國方式。」[42] 合理的推論是，毛的初衷是不願前往重慶，很可能是史達林電報，促使他同意赴重慶會談。

1945 年 8 月 29 日到 10 月 10 日，蔣介石、毛澤東在重慶 8 次會面，雙方代表經歷 42 天多次的談判，因國共兩黨歧見甚大，談判並不順利。中共提出隴海鐵路以北迄外蒙（亦即華北、東北）由中共占領；中共部隊改為 16 個軍、48 個師。[43] 蔣介石的原則卻是「政治之要求，予以極度至光榮；而對軍事則嚴格之統一，不稍遷就。」[44]

雙方會談表面上和諧友好，私下卻暗潮洶湧。蔣介石內心猶豫掙扎，思索要如何對待毛澤東。他曾列出中共「擁兵自重」、「割據地盤」、「顛覆政府」等罪名，想要扣留「處罰」、「審治」毛澤東。[45] 但他明白，這麼做必定激怒美國及蘇聯，而此時絕不能得罪這兩國。幾次「慎重考慮」，蔣最後決定不採取行動，送毛回延安；因為「不

....

40　中共中央文獻研究室編，《毛澤東年譜：1893-1949》，卷下（北京：人民出版社，1993），頁6-7。

41　同上，頁9。

42　同上，頁6-13。

43　《中共代表周恩來、王若飛提出之談判要點》（民國34年9月3日）收入秦孝儀主編，《中華民國重要史料初編——對日抗戰時期，第七編・戰後中國》，頁39-41。關於國共和談，現有研究請參閱：蔣永敬，《蔣介石毛澤東的談打與決戰》（台北：台灣商務印書館，2015）；蔣永敬、劉維開，《蔣介石與國共和戰》（陝西人民出版社，2013）。

44　蔣介石日記，1945年8月28日。

45　蔣介石日記，1945年9月27日、29日，10月6日。

敢稍有孟浪。總不使內外有所藉口，或因此再起紛擾，最後惟有天命是從也。」[46]

國共兩黨簽訂《會談紀要》（又稱「雙十協定」），宣布閉幕。雙方在原則性的問題達成協議，例如：兩黨共同遵循團結建國、避免內戰、以及召開由各黨派參加的政治協商會議等，但在實質性問題上卻有相當大的歧異，特別是「軍隊國家化」以及中共能否維持「解放區」的獨立發展等實質議題上，互不相讓，各說各話，只能留下「容後商議」的初步處置。[47]蔣介石堅持貫徹統一國家的軍事及政令，毛澤東則擺出「寸土必爭、寸槍必守」的姿態，凡是中共所擁的一槍一彈以及所占據的每寸土地，皆不願且不能交出。[48]

「重慶會談」告一段落，但並未解決實質問題，國共雙方依舊針鋒相對，互不信任。既然在處理軍事武力等核心議題上無法達成協議，那麼，各自運用手中的武裝勢力加緊接收淪陷區、擴大勢力範圍，就成為雙方較勁的目標與手段了。

華北及東北是國共相爭的首要戰略目標。國民政府急著要進駐華北，接收東北；但中共在這裡已有基礎，他們要的是進一步控制華北，獨占東北。問題是，國軍多在西南、西北，很難迅速開赴華東、華北、東北，而共軍在華北占有優勢，已控制了若干交通站，勢必阻撓國軍北上。果然，國共軍隊在1945年秋於山西上黨及河北邯鄲爆發了軍事衝突，正是中共阻撓國軍進入華北及東北的結果。

上黨、邯鄲的軍事衝突，都以國軍潰敗收場。影響所及，國軍接收華北及東北受挫，尤其是東北，國軍連進入東北都有困難。國軍本欲從海陸兩路派遣5個軍進駐東北，因在上黨與邯鄲戰敗，2個軍被中

46　蔣介石日記，1945年10月6日。

47　郭廷以，《近代中國史綱》，頁713-714。

48　楊奎松，《「中間地帶」的革命：國際大背景下看中共成功之道》（太原：山西出版社，2010），頁466。

共橫阻於豫北，另外 3 個軍因蘇聯不配合，以致接收東北的計畫困難
重重，而中共「向北發展、向南防禦」的政策反而取得初步成功。[49] 中
共得以把華北與東北的控制區連成一片，讓大批從陸路搶進東北的中
共武裝部隊，順利經由察哈爾省及熱河省進入東北。[50]

國軍接收東北不順

國民政府對東北的接收規劃落空，原因不止一端，但主要的恐怕
是蔣介石誤判了東北情勢。《中蘇友好同盟條約》已在 1945 年 8 月 14
日簽訂，蔣介石一廂情願地相信蘇聯會信守承諾，尊重國民政府對東
北主權及行政權的完整，並且不支持中國共產黨。沒想到蘇聯食言，
一樣都沒做到。

中共在東北占了先機

中共早就虎視眈眈要搶在國軍之前占據淪陷區。8 月 10 日，日本
開始與盟軍談判投降事宜，當天深夜及第二天（11 日），日本尚未正
式投降，共軍總司令朱德就對共軍連下七道命令，命令在華北及山東
的部隊，迅即從海、陸路加緊進入東北，並搶先控制華北的熱河、察
哈爾、綏遠三省、東北地區及全國重要的鐵路交通幹線與大城市。[51] 中
共除了約 11 萬軍隊挺進東北，還有 2 萬名行政人員及黨工幹部進入東
北。

反觀國民黨，蔣介石在 8 月 23 日任命熊式輝為東北行轅主任兼政
治委員會主任委員，負責從蘇軍手中接收東北的任務，但熊式輝直到

---

49 〈軍事委員會副參謀總長白崇禧有關東北接收情形報告〉，收於秦孝儀，《中華民國
重要史料初編・對日抗戰時期・第七編戰後中國（一）》（台北：中國國民黨中央
委員會黨史委員會，1981），頁216。

50 蔣永敬，《蔣介石、毛澤東的談打與決戰》（台北：台灣商務印書館，2014），頁
25-26。

51 楊奎松，《中共與莫斯科的關係（1920-1960）》，頁521。

10 月 12 日才攜張嘉璈（東北行營經濟委員會主任委員）、蔣經國（外交部東北特派員）抵達赴任。（10 月 16 日，蔣介石任命杜聿明為東北保安司令）。熊式輝一行抵達長春時，中共已在東北布局，搶占了先機。[52]

還有，中共任命的東北官員多因地制宜，而國民黨則是「空降」。例如：延安任命的遼寧軍區司令張學詩是張學良胞弟，吉黑軍區司令呂正操是原張學良東北軍舊屬。他們熟悉東北、人脈豐富，推動政軍業務事半功倍；而國民黨的接收大員中，蔣經國與蘇聯有舊，熊式輝、杜聿明則與東北素無淵源。

熊式輝寸步難行

讓中共搶了先機不說，熊式輝到了東北後，政務軍務處處受制，無法推展。究其原因，國民政府輕忽了接收工作的複雜與難度。按照國民政府的規劃，東北接收分為民事及軍事兩大部門，前者是計畫能順利接收滿洲國各省縣市層級的行政體系；[53] 後者則是擬派遣 5 個軍進駐東北，以維繫境內的治安秩序。[54] 然而，行政機構先行，卻無大軍相隨（國軍被阻擋在路上），這種部署實不現實，反映蔣介石及國民黨高層一開始就低估了東北接收的複雜性，也輕忽了美蘇關係變化對中國的影響。

不僅如此，蘇聯背信不合作的態度也讓蔣介石意外。蘇聯軍隊早在 8 月 9 日就控制了東北，從此視東北為其禁臠，絕不容外國勢力介入，尤其是美國。史達林曾警告蔣經國：「你們中國人要明白，美國人想要利用中國作為滿足他的利益的工具，他必要的時候，是會犧牲你們

52　郭廷以編，《中華民國史事日誌》，第4冊（台北：中央研究院近代史研究所，1985），頁408-409。

53　〈我駐蘇軍代表團團長董彥平報告書〉（1946年7月12日），收於秦孝儀，《中華民國重要史料初編・對日抗戰時期・第七編戰後中國（一）》，頁219。

54　郭廷以，《中華民國史事日誌》，第4冊，頁410。

的！……我再三聲明，也是我最大的一個要求：你們絕不能讓美國有一個兵到中國來，只要美國有一個兵到中國來，東北問題就很難解決了。」[55]

蘇聯視東北為禁臠的思維方式，中共自然有所掌握。就在毛澤東赴重慶進行和平談判的第二天（8月29日），在延安主持中共中央書記處工作的劉少奇根據書記處會議的決定，發出指示：

(1) 蘇聯為了維護東亞和平與受中蘇條約限制，必須將東北交還國府，我黨我軍進入東北後，紅軍必不肯與我們作正式接洽或給我們幫助。

(2) 但蘇聯不干涉中國內政，我黨我軍在東北之各種活動只要不直接影響蘇聯在外交條約上之義務，蘇聯將取放任態度。

(3) 晉察冀和山東準備派到東北之部隊與幹部，應即出發，可用東北軍及義勇軍名義進入，不要聲張，不要在報社上發表消息，可走小路，控制廣大鄉村和紅軍未曾駐紮之中小城市等等。[56]

中共技巧、低調地在不讓蘇聯為難的操作下，爭取蘇聯合作，而蘇聯也正好有更多的空間操縱兩面外交。因此，9月2日，八路軍冀東16分區司令曾克林率部進入瀋陽，與蘇軍進行交涉後，蘇方同意其先以「東北人民自治軍」的名義展開工作。隨即9月15日東北蘇軍總指揮部派代表在曾克林陪同下到達延安，雙方也針對合作方式，達成初步協議：

(1) 蘇軍同意將熱、遼原屬於中共抗日根據地地區，全部交由中共

....

55　蔣經國，〈一位平凡的偉人〉，《風雨中的寧靜》（台北：黎明文化事業公司，1974），頁74。

56　〈中央關於迅速進入東北控制廣大鄉村和中小城市的指示〉（1945年8月29日），中央檔案館編，《中共中央文件選集（15）》（北京：新華書店，1991），頁257-258。

接管。

(2) 蘇軍容許配戴「東北人民自治軍」標誌的中共部隊進入東北。[57]

蘇聯決定利用中共為其爭取在東北的廣泛經濟利益，對國民政府接收東北的工作自然處處阻攔。9 月 30 日，美軍在天津登陸，準備協助國軍接收華北、東北，史達林絕不讓美軍染指中國事務，更加積極暗助中共在山海關、瀋陽部署重兵，以阻止國軍進入東北。

蘇聯與中共唱和，剛上任的熊式輝可謂寸步難行。熊式輝到任的第二天（10 月 13 日）即拜會東北蘇軍最高長官馬林諾夫斯基（Rodion Y. Malinovski），提出國民政府擬由大連登陸的運兵計畫。馬林諾夫斯基竟然一口回絕，說此事須由兩國政府協商解決，但如改由營口、葫蘆島、安東三口岸登陸則無異議。至於希望蘇聯提供飛機輪船運送中國接收部隊，馬林諾夫斯基則一味拖延，說他做不了決定，應由中國政府正式向蘇聯政府提協商。[58]

國民政府極為憤怒，但又拿蘇聯沒辦法。為了早日展開接收作業，只得忍一時之忿，把行政庶務和軍務分開，分為兩個層次與蘇聯政府協商。首先，由駐守長春行營的熊式輝及外交特派員蔣經國出面，於 10 月 17 日再度會晤馬林諾夫斯基，提出六事：

(1) 修理瀋陽至山海關鐵路，使之通車。
(2) 修理瀋陽經熱河至古北口鐵路，使之通車。
(3) 中國準備接收郵電及長春以外鐵路。
(4) 發還被俄方封存之中國法幣。
(5) 由中國編練地方團隊。

57　牛軍，〈戰後初期美蘇國共在中國東北地區的鬥爭〉，《近代史研究》，第 1 期（1987年 1 月），頁 223-225。

58　呂芳上，《蔣中正先生年譜長編》，第 8 冊（台北：國史館，2015），頁 208。

(6) 行營派人赴各地視察。[59]

其次，10月18日，蔣介石在重慶直接召見蘇聯駐華大使彼得羅夫（A. A. Petrov），除了重申國軍仍希望能在大連登陸的初衷以外，並表達可將原借用美軍運送軍隊的計畫改擬為借租蘇聯軍艦。[60]

19日，熊式輝三度會晤馬林諾夫斯基，仍得不到善意的回應。馬林諾夫斯基轉達莫斯科的指示：

(1) 反對國軍在大連登陸。
(2) 不同意東北行營編組地方團隊。
(3) 中方視察人員不得前往大連。[61]

重慶那邊，也沒有好消息。23日，蘇聯大使彼得羅夫回報蔣介石：請示莫斯科後，仍拒絕國軍擬在大連登陸的計畫，理由是「大連為一商埠，如我軍在大連登陸，無異破壞同盟條約」。[62]

按雙方簽訂的《中蘇友好同盟條約》，大連雖被定位為自由港，但行政權卻仍屬中國所有，在中國仍擁有主權的前提下，中國自有任意使用的權力，故史達林以自由港為運輸商品所用，不得運輸軍事人員與物資為託詞，拒絕國軍登陸大連，自是強詞奪理，大出國民政府的意料。

蘇聯不允國軍在大連登陸之事，蔣介石早於10月6日從駐蘇大使

---

59 〈日本投降（一）〉，《蔣中正總統文物》，國史館藏，數位典藏號：002-080103-00064-007。郭廷以，《中華民國史事日誌》，第4冊，頁410。

60 蔣介石日記，1945年10月18日。

61 「蔣中正電何應欽密示熊式輝到長春後與蘇方代表馬林諾夫斯基談話經過情形」（1945年10月19日），〈俄帝侵華罪行（六）〉，《蔣中正總統文物》，國史館藏，數位典藏號：002-090400-00009-194。

62 蔣介石日記，1945年10月24日。

傅秉常電報得知此事，[63] 他很生氣，指責蘇聯此舉「違反同盟協定，侵我主權，不顧公理」，但並未太在意。他解讀為史達林的一種情緒反應，「此或為美軍近日在秦皇島、天津登陸之故，使之疑忌嫉妒，而有此事。」雖然「俄態度喜怒無常、風雨不定，惟視其一時利害與形勢而變，余並不以此介意，……料彼在此時不敢蠻橫到底，而冒天下之大不韙也」。[64] 蔣以為國軍登陸大連仍有轉圜的空間。

但事與願違，情勢愈來愈嚴峻。史達林一直保持嚴拒態度。對於史達林的堅持，時任外交部長的王世杰於 1945 年 11 月 26 日在國防最高委員會的報告中，一語道破東北問題糾結的關鍵在於「美蘇對抗」。他指出：「最近美國總統代表向顧（維鈞）大使說，你們的困難是不可避免的，蘇聯以為日本在美國手裡，管理日本，他們不能來；現在東北在我手裡，我也不放鬆。」[65]

蔣介石也認清了這個現實：「美國遠東政策宣布後，俄國第一反應，為再拒絕我軍在大連登陸乃不示其弱也。」[66]

中國接收東北問題上遭遇蘇聯的惡意阻擾，蔣介石、王世杰都把問題的根源指向美蘇抗衡，說明東北接收問題的艱難和生變，與美蘇關係的變化有密切關係。

不過，蔣介石尚無意全面放棄親蘇政策，為避免與蘇聯立即決裂，他決定暫退一步，調整接收東北的計畫，希望換取蘇聯的善意回應。他先把原先擬派赴大連登陸的第 13 軍及 94 軍改由秦皇島登陸，再循陸路出關；然後部署從葫蘆島及營口登陸，並展開與蘇聯研商空運部

63　「傅秉常致外交部電」(1945 年 10 月 6 日)，〈革命文獻─接收東北與對蘇交涉（一）〉，《蔣中正總統文物》，國史館藏，數位典藏號：002-020400-00001-018。

64　蔣介石日記，1945 年 10 月 6 日。

65　〈外交部長王世杰在重慶與蘇聯駐華大使彼得洛夫交涉接收東北報告〉（1945 年 11 月 26 日），收於秦孝儀，《中華民國重要史料初編‧對日抗戰時期‧第七編戰後中國（一）》，頁214。

66　蔣介石日記，1945 年 10 月 23 日。

隊至瀋陽及長春的可能性。[67]

　　國民政府的善意並未得到預期效果。蘇聯不僅阻撓國軍在大連登陸，其承諾的撤軍時程也失信了。蘇軍最高指揮官馬林諾夫斯基在 10 月 15 日提交撤軍計畫，蘇軍將分三期撤完，第一期預定至 10 月 20 日撤至瀋陽線，第二期 11 月 25 日撤至哈爾濱線，第三期 12 月 1 日，全面撤回蘇聯國境。[68] 但是，10 月 29 日當國民政府正式知會蘇軍，將借助美軍軍艦改在葫蘆島及營口登陸時，蘇軍的答覆卻變了，說營口登陸可保證安全，但不能保證葫蘆島。更令人氣結的是，11 月 1 日蘇聯駐華大使彼得羅夫通知外交部，因蘇軍北撤的緣故，營口「已被來歷不明之武裝部隊占領」。[69]

　　所稱「來歷不明」，其實是蘇軍掩耳盜鈴的說辭，因為營口已被共軍占領，而美國又不願與共軍衝突，結果原訂讓美軍護送國軍在營口登陸的計畫，只得被逼放棄。[70] 至於擬借用空中運輸管道，派先遣部隊先赴瀋陽、長春參與接收業務的交涉，所得的答覆都不著邊際，蘇軍說：自 11 月 17 日及 20 日，可各派 1 架至兩城市降落。[71] 這簡直是耍無賴，每天一架飛機運送部隊，根本無濟於事。

　　國軍從陸、海路進駐東北皆受阻擋，蔣介石憂心如焚，夜不能寐[72]；無可奈何，只得調整戰略，改為「先安關內，徐圖關外」，同時尋求美國援助。[73]

．．．．．．．．．．．．．．．．．．．．．．．．．．．．．．．．．．

67　〈軍事委員會副參謀總長白崇禧有關東北接收情形報告〉，收於秦孝儀，《中華民國重要史料初編‧對日抗戰時期‧第七編戰後中國（一）》，頁 216。

68　同上，頁 215。

69　牛軍，《從赫爾利到馬歇爾：美國調處國共矛盾始末》，頁 157-159。

70　Albert C. Wedemeyer, *Wedemeyer Reports* (New York: Holt, 1958), pp. 344-349.

71　蔡盛琦主編，《蔣中正總統檔案‧事略稿本》，第 63 冊，頁 485。

72　《蔣介石與日本：一部近代中日關係史的縮影》，頁 370。

73　蔡盛琦主編，《蔣中正總統檔案‧事略稿本》，第 63 冊，頁 556。

蔣介石向美國求援

蘇聯無視中蘇協定，先是拒絕中國軍隊在大連登陸，繼則暗助共軍占據營口、葫蘆島等港口，最後還讓共軍占領長春。國民政府與蘇聯屢屢交涉，多次讓步，仍無法打破僵局，無法在自己領土的港口登陸；蔣介石對蘇聯失望已極，「俄狡詐百出，詭計多端，除實力外，再無可交涉之道。」[74]

陷入如此荒謬的困境，國民政府能做的卻極有限；蔣介石左右為難。蘇聯毒辣，而美國輿論龐雜，給蔣的壓力不可小覷。蔣如直接抗衡蘇聯、討伐中共，將會被美國認為他掀起內戰，「美軍在華者即將全部撤退而且所有接濟物資一概停止。不寧惟是，並將其在華作戰所餘物資已移交于我政府者，亦將完全燒毀。」[75]

萬般無奈，蔣介石決定暫退一步，同時將蘇聯一軍。11月8日，蔣決定把東北行營撤至山海關，並把預定接收東北的5個軍，全部固守華北，先安定華北再圖將來。[76] 這樣做，也是逼蘇聯負責，讓美國看到蘇聯明顯違反協定，「使其不能推諉責任也。」[77]

11月15日，東北行營正式通報蘇聯，將從長春撤出，相關人員也將隨後空運撤離。東北行營撤出長春，蔣介石視為奇恥大辱，「無異於十七年之五三。」[78] 蔣介石把東北撤退比作1928年的「五三濟南慘案」，其心情沉重與憤怒到了極點。

與此同時，蔣介石致電美國總統杜魯門，指責蘇聯政府公然違反《中蘇協定》條文，請求美國出手相助。[79]

74　蔣介石日記，1945年11月4日。
75　蔣介石日記，1945年11月5日。
76　蔡盛琦主編，《蔣中正總統檔案‧事略稿本》，第63冊，頁556。
77　蔣介石日記，1945年11月8日。
78　蔣介石日記，1945年11月15日。
79　呂芳上，《蔣中正先生年譜長編》，第8冊，頁238。

　　對美蘇兩國而言，若蔣介石真的棄守東北，不僅會影響國共和解，也是對既有東亞國際秩序的一大挑戰。對於這個情勢的驟變，美國不會置之不理，蘇聯也不願承擔責任。故如何勸阻蔣收回前議，不讓東北情勢失控，尤其是如何避免中國問題成為美蘇交惡的新議題，自然就成為美蘇兩國重新再調整雙方東亞政策的新契機。

　　蘇聯表面上宣稱遵守中蘇協定，要把東北主權移交給國民政府，暗地卻相助中共。蘇聯陽奉陰違的行為，華盛頓不是不知，但是很難著力。美國在華領事館早已把蘇聯違約行為巨細靡遺地上報國務院。例如：蘇軍利用控制張家口、山海關、古北口等要地之便，把在這些地區所擄獲的日軍武器，陸續轉贈給中共，致使共軍不僅利用這些交通要道，搶先出關、進入東北；更因有蘇軍額外的武器補給，使共軍戰鬥力頓時倍增。[80]

　　蘇聯在東北問題上戮力之深，對中共協助之大，可從其協助中共部隊入駐東北的數量上得到見證。根據美國駐華領事館向華盛頓的報告，1945 年 8 月 11 日到 9 月 29 日，約有 3 千中共部隊進駐瀋陽[81]，但到了 12 月 3 日，已快速增加為 2 萬人。[82] 至於整個東北，11 月 28 日報告中估計出關（進入東北）的中共部隊約 10 萬人；[83] 幾天之後，12 月 3 日的報告竟指已擴增到 28 萬人。[84]

　　美國雖然無法杜絕蘇聯在東北問題上的兩手策略，尤其對中共的暗助，但仍期盼藉由外交談判以調停國共衝突。

　　1945 年 11 月 27 日，杜魯門總統（Harry Truman）任命前陸軍參謀

80　U.S. Department of State, Foreign Relations of the United States, 1945, The Far East, China (Washington D.C.: U.S. Government Printing Office, 1969), Vol. 7, pp. 572-573, 578-579.

81　Ibid., pp. 572-573.

82　Ibid., p. 487.

83　Ibid., p. 687.

84　Ibid., p. 692.

長馬歇爾為特使，到重慶調解國共問題。杜魯門特別在 12 月 15 日馬歇爾啟程赴任的同日，發表對華政策聲明，謂「美國及所有聯合國家咸認中國應竭力迅速和平協商方法調整內部爭議，美政府相信下列兩點至關重要：

(1) 國民政府、中國共產黨與其他黨派之軍隊，應協商停止敵對活動，俾中國全境得以重歸中國之有效控制，日本軍隊亦得迅速撤退。

(2) 召開全國主要政黨代表會議，以謀早日解決目前紛爭，俾中國統一得告實現。[85]

　　美國同時藉著國際外交調停中蘇、國共的衝突。12 月 27 日，美、英、蘇三國在莫斯科召開外長會議，並聯名發表莫斯科會議宣言。三國重新確認將繼續維繫同盟體制的運作，對如何與義大利等戰敗國簽訂和平條約，以及針對中、日、韓三國的戰後處理也得出新的結論。[86]關於中國部分，三國除重申將堅持不干涉中國內政以外，也期許在國民政府的主政下，能終止內戰，建立一個統一、民主的聯合政府。對於美蘇兩國在中國東北及華北地區的駐軍，兩國政府也共同宣示無意長期逗留，在各自完成對國民政府的應盡義務以後，將儘速撤離。[87]

....

85　秦孝儀主編，《中華民國重要史料初編・對日抗戰時期・第七編戰後中國（三）》，頁48。

86　針對日本，大會得出將由11個曾參與對日作戰的同盟國，在華盛頓成立「遠東委會員」（Far Eastern Commission）統籌盟軍統治日本事宜。遠東委會員採合議制，為代表盟國處理日本的最高權力機構。至於韓國，為求南北韓的統一及民主發展，首先美蘇兩國在該地的駐軍當局，應成立一聯合委員會（Joint Commission），負責協調兩國在南北韓的善後業務。復次，再成立一為期5年的託管委員會，由中、美、英、蘇四國合組而成，負責監督美蘇兩國在南北韓所推動的扶植韓國統一獨立計畫。

87　U.S. Department of State, Foreign Relations of the United States, 1945, General Political and Economic Matters (Washington D.C.: U.S. Government Printing Office, 1967), Vol.

三、中美關係為何生變

　　從上述杜魯門的對華政策聲明以及接著而來的莫斯科會議宣言，可知美蘇兩國除了再確認原有的共識以外，也再度調整雙方的東亞政策。首先，雙方皆同意在國民黨主政的基礎上，謀求國共和解，並協助國民政府擴大其統治基礎。其次，雙方皆同意儘速撤退各自在中國的駐軍。此外，美國同意以成立「對日理事會」（Allied Council for Japan）的方式，提升蘇聯在盟軍占領日本事務上的監督地位，以換取蘇聯對美國政府介入國共和談的支持。[88]

　　國共和談的標的既然是以維繫國民政府的繼續執政為前提，那麼，維護國民政府作為執政黨的既有形象，特別是支持國民政府代表國家主權執行收復失土的東北接收行動至為重要。也就是說，美蘇均表態認同國民黨為中國的執政黨，負責履行同盟國應盡之義務。可見，蘇聯還無意與美國全面決裂，仍願意繼續維繫自雅爾達會議以來的國際合作體制。因此，蘇聯自然不宜繼續阻攔國軍進入東北，對美軍欲提供運輸工具協助國軍登陸，也不便再公然抗拒。

馬歇爾調和初期的東北新情勢

　　國民政府接收東北似乎有了轉機。12 月上旬，蘇聯政府開始主動驅逐長春、瀋陽等城市的中共駐軍，[89]並同意國軍可利用長春及瀋陽的機場，也可在東北的港口登陸以及使用北寧鐵路。而國民政府也因為蘇聯的配合，1946 年 1 月上旬，美國軍機順利把國軍空運到長春、瀋陽兩地，並順利完成這兩個城市的接收。另方面，美軍駐中國戰區參

續 ....

2, pp. 815-824.

88　「對日理事會」，由中、美、英、蘇四國合組而成。此一理事會隸屬於遠東委員會，為駐日盟軍的諮詢機構。

89　蔣介石日記，1945 年 12 月 8 日

謀長魏德邁也提供艦艇協助國軍於 1 月 12 日之前登陸葫蘆島。[90]

　　駐華美軍原本嚴守「不捲入國共內鬥」的軍令，其任務僅限於協助國軍接收淪陷區及負責遣送日僑，戰後曾將約 50 萬的國軍護送至華東及華北地區的各大都市。[91] 因此，之前，1945 年 11 月初，美國海軍準備運送國軍到東北時，中共軍隊於 11 月 2 日進入營口並對美國海軍駐營口前哨站展開砲擊示威，美國海軍為避免衝突，即刻從營口撤離。[92] 不久後，進一步停止了運送國軍至華北的支援行動。[93]

　　但此刻，在馬歇爾的主導下，駐華北美軍司令部改變態度，恢復輸送國軍的支援計畫。這並不是美軍今後可捲入國共內鬥，而是美國將國軍接收東北，視為執行國家主權之必要行為，與國共政爭無關。基於這個新解讀，馬歇爾在他籌劃停戰令草案和建立軍事調處執行部的計畫中，明文規定，國軍向東北調動應視為中國收復東北主權之必要行為。

　　對於美國的新做法，中共自然是強烈抗議，堅持東北應與關內一視同仁，並希望得到蘇聯的聲援，開放中共參與東北問題的談判，以保全中共在東北的利益。但蘇聯未有回應，中共只好放棄。不久，中共在確保赤峰及多倫兩地的控制權後，與馬歇爾達成了停火協議。馬歇爾的突破，使得國共雙方的停火協定得以在 1946 年 1 月 10 日正式宣布實施。[94]

90　呂芳上，《蔣中正先生年譜長編》，第 8 冊，頁 273-274。

91　U.S. Department of State, United States relations with China, with special reference to the period 1944-1949, based on the files of the Department of State (Washington D.C.: U.S. Government Printing Office, 1949), pp. 311-312.

92　Albert C. Wedemeyer, Wedemeyer Reports, pp. 344-349.

93　蔣介石日記，1945 年 11 月 30 日。

94　U.S. Department of State, Foreign Relations of the United States, 1946 Vol. 9, The Far East, China (Washington D.C.: U.S. Government Printing Office, 1972), pp. 1-126.

蔣介石加碼進駐東北

因為美國介入，國軍接收東北的障礙終於解除，蔣介石亦一改「先安關內，徐圖關外」政策，決定「先圖關外」。蔣決定「積極進行全面接收東北」，除了原已到達東北的 3 個軍外，蔣介石決定再續派 7 個軍，增加東北接收的兵力。[95] 同時，決定在東北接收未完成之前，絕不與蘇聯商談經濟合作事宜。[96]

不可否認，因為美國之助，國民政府才能順利展開東北接收工程。蔣介石現在全面仰賴美國、疏遠蘇聯，也代表他原來要推動的「親蘇、聯英美」政策，已轉變為「親美絕蘇」。

然而，蔣介石想不到的是，國民政府因為這個政策轉換而付出慘痛的代價。個中的癥結，還得從前述蔣介石、毛澤東兩人的東北接收策略、以及美蘇兩國對華政策相互制約之間的四角互動關係中，尋找解答的線索。

對蘇聯政府而言，東北接收不僅涉及蘇中兩國對《中蘇友好同盟條約》中有關蘇聯在東北權益認定的差異，也涉及蘇美兩國對重劃戰後東北亞勢力範圍區的認知不一。從蘇聯的角度，中國的東北接收只是戰後東亞國際秩序重建的一環，與 1945 年 2 月蘇、美、英三國元首在雅爾達會議中所達成的蘇聯對日參戰協議密不可分。當時羅斯福、邱吉爾同意恢復帝俄時期蘇聯在中國東北所享有的特殊權益、外蒙古獨立，以及之後雙方一連串交涉中陸續達成的蘇聯可分占日本、美蘇共同託管朝鮮半島等等。蘇聯自認它遵守了協議，但美國卻未履行它的承諾。

....

95　〈軍事委員會副參謀總長白崇禧有關東北接收情形報告〉，收於秦孝儀，《中華民國重要史料初編・對日抗戰時期・第七編・戰後中國（一）》，頁216。

96　秦孝儀主編，《總統蔣公大事長編初稿》（台北：財團法人中正文教基金會，1978），卷5（下），頁895。王世杰，《王世杰日記》上冊（台北：中央研究院近代史研究所，2012），頁751。

蘇聯比美軍更早進駐朝鮮半島，[97] 但仍遵守兩國分治朝鮮半島的約定，並未侵犯美國在朝鮮半島南部的權益。[98] 反觀美國，占領了日本，戰後卻無意履行蘇聯進駐日本北海道的協議。

按美英蘇三國原先的協議，戰後的日本應劃分為四個占領區：

(1) 北邊的北海道以及日本東北地區，由蘇聯軍隊進駐；
(2) 南邊的四國島以及本州中的近畿地區，由中國軍隊負責；
(3) 西南邊的九州島及本州的中國地區是英軍管轄區；
(4) 本州關東地區、琉球群島由美國軍隊負責。[99]

然而，8月8日蘇聯參戰後，蘇軍按原計畫順利進占中國東北，但進駐日本的計畫，卻只收復了千島群島，因為日本很快就全面投降，蘇軍沒有機會再南下至北海道。因此之故，日本宣布投降的第二天（8月16日），史達林就致電美國總統杜魯門，聲明蘇聯有權派兵進駐北海道。[100] 此外，蘇聯政府特別於1945年9月24日，利用在倫敦中美英蘇法五國外交部長所召開的大會中，呼籲應結束美國單獨對日本的統治，而改由蘇、美、中、英四國共管日本。

這個提案遭美國國務卿貝爾納斯（James Buynes）反對，而未能在

97　蘇軍在日本正式宣布投降前，就於8月12日開始向朝鮮半島的北境進軍，而美軍卻遲至9月8日才在朝鮮半島南部登陸。郭廷以，《中華民國史事日誌》，第4冊，頁377、393。

98　沈志華，〈三八線的由來及其歷史作用〉，收入沈志華著《冷戰在亞洲：朝鮮戰爭與中國出兵朝鮮》（北京：九州出版，2013），頁5-8。

99　五百旗頭真，《米國の日本占領政策》，下冊（東京：中央公論新社，1993），頁216-218。

100　U.S. Department of State, Foreign Relations of the United States, 1945, The British Commonwealth: The Far East (Washington D.C.: U.S. Government Printing Office, 1969), Vol. 6, pp. 667-668.

大會提出討論。[101]蘇聯政府並不放棄，10月1日再度行文美國國務院，依然堅持共管日本。[102]這些事例顯示，蘇聯把美國拒絕其派兵進駐北海道，視為美國背約。為了反制美國，蘇聯在中國阻擾國軍接收東北，同時又對中共大開方便之門，讓關內共軍大量湧進東北。可以說，蘇聯的「新東亞政策」，與美國在日本的作為有關。

　　本書前一章提到美國在第二次世界大戰期間所持對華政策的基本立場，是支持國民政府取代日本在亞洲的角色，使中國成為協助美國維繫戰後東亞新秩序的重鎮。然而，戰爭結束的前一年（1944年），國軍在日軍「一號作戰」中失利，日軍兵鋒直抵離貴陽120公里的獨山，而重慶距貴陽僅375公里。當時，重慶為之震動，也牽動了中美關係。美國開始重新評估國民政府的實力，懷疑它是否有能力維繫國內秩序、穩定東亞局勢。

　　恰在同一時段，美國國務院在延安派駐觀察團，從延安傳到華盛頓的報告，讓美國政府內部產生一股應重視中共、重新檢驗美國對華政策的聲音。觀察團看到中共控制廣大農村，並得到華北及華中敵後民眾的支持，特別肯定共軍的實力，認為這是一支年輕、歷經戰鬥鍛鍊、受過良好訓練、素質極好、士氣旺盛的抗日生力軍。[103]

　　這些支持中共的人士反對美國政府單方面支持國民黨，認為國民黨羸弱無能，美國當前的援華政策不僅無助於中國的民主發展，更會助長蔣介石以武力解決國共矛盾的企圖。他們強調，擁有群眾基礎的中共，絕不會被武力消滅，國共矛盾與衝突只會更加嚴重。[104]因此，

101　王世杰，《王世杰日記》，上冊，頁735。

102　U.S. Department of State, Foreign Relations of the United States, 1945, The British Commonwealth: The Far East, Vol. 6, pp. 729-730.

103　陶文釗，《中美關係史（1911-1949）》（上海：上海人民出版社，2004），卷1，頁240-241。

104　U.S. Department of State, United States Relations with China, with Special Reference to the Period 1944-1949, Based on the Files of the Department of State, pp. 566-567.

他們提議，唯有美國強勢介入，逼使國民黨與中共合組聯合政府，國共矛盾才有希望徹底解決。[105]

鑑於中共實力已不容小覷，而貧窮及動盪又是製造共產主義的溫床，因此，鼓勵國共和談，希望中國早日擺脫內戰陰影，全力復員，發展經濟，自然便成為美國對華政策的主要內涵。[106]特別是1945年8月以後，蘇聯軍隊已有效控制中國東北及內蒙古，在蘇聯扶植下，另在東北、內蒙古、華北建立親蘇的共產政權，並非毫無可能。[107]使中國的政治朝向穩定及民主的機制發展，成為美國政府對華政策的主軸，這是在考量防止中國分裂、避免內戰的前提下，思索如何早日促進國共和解，結束體制外的武裝鬥爭的自然結果。[108]

因此之故，抗戰一結束，美國政府就積極為國共和談鋪路，赫爾利積極推動的重慶和談以及馬歇爾的調處，都源自這個思維。至於東北，美國雖承認蘇聯在港口及鐵路上所享有的特殊權益，但堅持東北也應適用於門戶開放原則，不允許東北成為蘇聯獨霸的勢力範圍。[109]

綜上所述，可知美蘇在戰後歷經一連串的矛盾與磨合，特別是莫斯科會議之後，美國重新調整對日本的占領政策，提升蘇聯在美軍占領日本事務政策上的監督地位，美蘇雙方得以在東北問題上，重新取得共識。

也因為美蘇的新共識，蘇聯不再公然阻擋國軍接收東北。除允許

....

105 Tang Tsou, *America's Failure in China, 1941-1950* (Chicago: The University of Chicago Press, 1963), pp. 197-199.

106 U.S. Department of State, The Department of State Bulletin (Washington D.C.: U.S. Government Printing Office, 1945), v. 13(1945: Jul-Dec), p. 945.

107 "The Situation in China: A Discussing of United States Policy with Respect Thereto, Nov. 16, 1945," 893.00/11-1645, U.S. National Archives.

108 U.S. Department of State, Foreign Relations of the United States, 1945, The Far East, China, Vol. 7, p. 11.

109 牛軍，《從赫爾利到馬歇爾：美國調處國共矛盾始末》，頁137-138。

國軍利用美國軍艦從東北海岸登陸以外，並要求共軍立即從長春路及沿線上的各城市全部退出，同時指示：在蘇軍駐紮之處，共軍不得與國軍發生衝突。[110]

中共雖不願意，但「只有服從。長春路沿線及大城市讓給蔣軍」。但仍希望保留錦州、葫蘆島及北寧路之一段。[111]

蔣介石親美抗蘇　東北局勢逆轉

看起來國民政府接收東北的障礙業已排除，國共衝突也有了解方；其實不然。原本將東北視為囊中物的中共，表面上失去蘇聯支持，無法阻擋美國軍艦運送國軍到東北，但它卻是「失之東隅，收之桑榆」。因為國民政府與蘇聯關係突變，使得東北意外成為國共內鬥的主戰場。

中蘇關係為何突變？蘇聯重視的是其在東北的經濟利益，馬林諾夫斯基曾命其經濟顧問斯拉特・闊夫斯基（Slad Kovsky）向張嘉璈提出蘇方的要求：所有日本在滿洲國的工業設備都應視為蘇俄的戰利品，還列舉 154 種企業應由中、蘇共同管理，並經營東北的工礦及民航事業等。蘇聯也多次暗示，國府接收成功與否，與中蘇經濟合作協議是否順利簽訂有密切關係。

蘇聯打的算盤是，與國府簽訂經濟合作協議，蘇軍不再阻擋國軍進入東北、同時約束中共；如此，中蘇關係改善，蘇聯將能順利從日本在東北留下的龐大企業中獲得巨利。東北行營經濟委員會主任委員張嘉璈證實，從他到長春與蘇軍接觸開始，就感受到蘇軍強烈且急迫地要儘快議定中蘇經濟合作協定。1945 年長春行營撤到關內時，以及 1946 年 1 月蘇軍準備撤出東北時，斯拉特・闊夫斯基幾次找他談話，

110　中共中央文獻研究院編，《毛澤東年譜：1893-1949》，卷下，頁49。
111　楊奎松，《中共與莫斯科的關係（1920-1960）》，頁540-550。

都是催促儘快討論並簽訂《中蘇經濟合作協定》。[112]

　　然而，誰也沒想到，蔣介石的態度變了，蔣放棄了原先的「親蘇、聯英美」政策，轉為親美拒蘇，排斥與蘇聯的任何合作。史達林邀請蔣介石於 5 月訪問莫斯科，蔣婉拒了。[113] 蘇聯要和蔣討論中蘇在東北經濟合作的協定，蔣也堅持先完成東北接收再談經濟合作。[114]

　　蔣介石態度轉變是有原因的。第一，美國介入後，國軍順利進入東北，蘇軍於 4 月 25 日從哈爾濱撤退，而沿南滿鐵路北上的國軍與共軍在四平交戰，雙方動員兵力達 15 萬人，共軍漸漸處劣勢。[115] 蔣介石認為，東北接收問題已解決，對蘇聯不需再虛應故事、佯裝友好，「此時對俄已無希求，亦無所用其顧忌。」[116] 其次，之前與蘇聯交涉的不愉快，蔣介石難再信任蘇聯，他認定蘇聯口蜜腹劍，「其事未到著手之時，則悅耳動聽，其言如蜜；既到其時，則其所有約言，一概不認。」[117]

　　在蔣介石心中，此時此地，蘇聯已不足慮；首要之務是盡速增兵東北，準備在東北戰場與中共一決勝負。

　　蔣介石的決絕，史達林大失所望，為了反制國民政府，蘇聯開始放鬆對中共武鬥的限制，並加強對中共的援助。中共獲得日本關東軍繳交的武器，計步槍 70 萬枝、輕機槍 11,000 挺、重機槍 3 千挺、大砲 1,800 門、迫擊砲 2,500 門、戰車 7 百輛、飛機 9 百架等等。[118] 此外，蘇聯還開始透過貿易機構直接提供物資給中共，僅在 1947 年，蘇聯就

112　Chang Kia-ngau papers, Hoover Institution Archives, Box 11.

113　張玉法，《中華民國史稿》（台北：聯經出版公司，1998），頁 436。

114　郭廷以，《近代中國史綱》，頁 720-731。

115　沿南滿鐵路北上的國軍於 4 月 19 日起與在四平的共軍接戰，雙方動員兵力達 15 萬人之多，在激戰一個月後，國軍終於在 5 月 19 日收復四平，潰敗的共軍則往北逃竄。郭廷以，《中華民國史事日誌》，第 4 冊，頁 509-520。

116　蔣介石日記，1946 年 5 月 7 日。

117　蔣介石日記，1945 年 11 月 7 日。

118　張玉法，《中華民國史稿》，頁 444-445。

向中共提供了價值 1 億 5100 萬盧布的各種武器、設備、戰略材料和工業產品。1948 年增加到 3 億 3540 萬盧布，1949 年增長為 4 億 2060 萬盧布。[119]

上述數字顯示，中蘇雙方政策的轉變，為日後的河山變色埋下了伏筆。蘇聯因不滿國民政府的疏遠，或明或暗的扶助共軍壯大；國民政府表面上接收了東北，其實吃了啞巴虧，直接影響到不久後的國共內戰的成敗。

相較於蘇聯提供給中共的援助，中美之間反而因蔣介石執意要在東北擴大戰線，而屢起齟齬，最後竟導致美國對蔣失望，進而採取抵制政策。

蔣介石的堅持也令馬歇爾不快，蔣要進軍東北並非錯誤的開端，問題出在蔣迷信國民政府的優勢武力所做出的誤判。馬歇爾認為，蔣拒絕負責執行和平停戰協議的軍事調處執行部派遣小組至東北，進行調停，使國民黨喪失在東北獲致和平的機會。[120] 其次，蔣不該趁初期軍事連勝之勢，一度將國軍勢力擴展至松花江畔。易言之，前者是蔣對形勢的誤判；後者是蔣決策錯誤，導致國軍防線過長，力量分散，以致不久後共軍利用鄉村包圍城市，先陷東北國軍於孤立無援之境，然後再分別圍剿殲滅。[121]

從馬歇爾、蔣介石兩人對處理東北事務的態度，可看出兩人在處理國共內爭的基本理念不同。蔣介石認為，國共內戰勝敗的樞紐在東北，華北的動盪只是地方性質，只要能掌控東北主戰場，就可勝出。馬歇爾則擔憂，東北局勢的失控，也會影響華北戰場的得失，尤其是

....

119 楊奎松，《「中間地帶」的革命：國際大背景看中共的成功之道》，頁 508。

120 George Catlett Marshall, Jr., *Marshall's Mission to China, December 1945 - January 1947: The Report and Appended Documents* (Arlington, Va.: University Publications of America, 1976), Vol. I, pp. 55-56.

121 Ibid., pp. 207-208.

中國漫長的交通線，以及邊境多山的地形，皆是有利於中共發展游擊
戰術的環境。[122] 也就是說，蔣介石始終未曾正視「和解」為解決國共
爭端的手段，蔣在意的是國民政府必須在東北掌握軍事戰略的主控權。

　　馬歇爾以和為貴，認為只要能在承認現狀的基礎上，為國共雙方
設計一套能把雙方競爭從軍事武鬥轉為經濟建設發展的方向，則國共
和解並非天方夜譚。而蔣介石的目標是軍令政令的統一，明知無法用
武力全面殲滅中共，但仍希望爭取更多戰略優勢，以實力來落實和談
的基礎。

　　此外，蔣介石、馬歇爾兩人的目標與手段都有分歧。馬歇爾認為，
國共之無法和解，蔣想「以戰逼和」策略要負大部的責任。他批評蔣
介石在計較軍事上的得失時，其實是輕忽了戰爭對民生經濟的破壞，
民窮財盡的國民政府終將為民眾所拋棄。[123]

　　為逼使蔣介石早日回到談判桌，在馬歇爾建議下，美國政府決定
大幅緊縮對國民政府的援助。首先裁減在華北的美軍兵力，美國在華
北原有 5 萬 5 千名海軍陸戰隊，很快裁減到只剩駐守青島的 4 千人。經
此大幅裁減，美軍不再擔負大沽到秦皇島的交通線，也不再負責天津、
秦皇島、塘沽的港口以及北平、天津機場等處的安全。接著，1946 年
7 月 29 日，美國正式宣布對中國實施軍火禁運措施。[124]

　　對於馬歇爾的訴求，蔣雖不以為然，但不能置之不理，他曾盡量
配合，回到談判桌。1946 年 1 月 10 日，國共達成第一次停火協定，同
年 6 月 7 日及 11 月 8 日，先後又宣布過兩次停火協定。問題是，國民

122　George Catlett Marshall, Jr., Marshall's Mission to China, December 1945 - January
　　 1947: The Report and Appended Documents (Arlington, Va.: University Publications of
　　 America, 1976), Vol. I, pp. 207-208.

123　U.S. Department of State, United States Relations with China: with Special Reference to
　　 the period 1944-1949, pp. XI-XV, 145-146, 188-197.

124　張玉法，《中華民國史稿》，頁 443-444。

政府仗著軍事上的優勢，談判條件一次比一次強硬。6 月 29 日，蔣介石提出停戰條件的前提是共軍必須從蘇北地區、膠濟鐵路沿線及承德等地區撤離。但到 7 月 9 日，蔣增加停戰條件，除了上述地區，還要加上安東省的安東市。到了 8 月 5 日，蔣進一步把東北的共軍駐紮區域局限於新黑龍江省、嫩江省及興安省，堅持其餘地區的共軍必須全數撤離。[125] 蔣一再增加停戰條件，和談談不下去，徒然讓中共獲得迴避談和的空間，而國民政府也給美國留下「不合作」的印象。

馬歇爾調停不成，心灰意冷，藉著即將就任國務卿的機會，在 1947 年 1 月 7 日離華返美。不久，1 月 29 日，美國駐華大使司徒雷登（John Leighton Stuart）發表聲明，終止美國政府與軍事三人小組及軍事調處執行部的關係，[126] 並撤回美國駐延安的觀察團。也就是說，美國正式承認調停失敗，主動退出。[127]

美國退出調停後，國共內戰再度爆發，雙方進入全面軍事白熱化時期。原本處於軍事優勢的國軍，在 1947 年 3 月攻占延安後，開始出現軍火供應不足、兵力分散、以及士氣不振等問題，戰力大受影響，在山東、東北連連失利。

1947 年 1 月至 5 月間，山東歷經魯南、萊蕪、孟良崮 3 次戰役，皆以國軍潰敗收場，國軍損失達 19 個師，影響軍心甚鉅。[128] 東北方面，1946 年 5 月開始面臨共軍的反撲，國軍雖成功解了四平街之圍，但也折損了 5 至 6 個師，後繼無力，東北局勢出現逆轉，共軍從此掌控戰略主動地位。[129]

....

125 George Catlett Marshall, Jr., *Marshall's Mission to China, December 1945 - January 1947: The Report and Appended Documents,* Vol. I, pp. 170-193.

126 「軍事三人小組」指的是由張治中、周恩來及馬歇爾分別代表國、共、美三方的組織，目的是商談停戰事宜。

127 張玉法，《中華民國史稿》，頁 442。

128 蔣永敬，《蔣介石、毛澤東的談打與決戰》，頁 140-146。

129 同上，頁 146-149。

在上述兩個共軍反守為攻的戰場上，蘇聯皆扮演了關鍵性角色。這是因為 1946 年國軍在東北戰場順利，不僅進占長春，更有趁勢越過松花江往北滿發展之勢。中共不得不向蘇聯求援，表示蘇聯若再不出兵相救，只得接受國民黨議和條件，讓出哈爾濱、齊齊哈爾、滿洲里、佳木斯等北滿地區的各大戰略都市。當時，中蘇經濟合作談判久而不決，蘇聯眼看與國民政府合作無望，遂決定改為全面扶植中共。不過，蘇聯也意識到，公然出兵將有觸怒美國之虞，恐會促成美軍重返中國。故而，建議中共在山東開闢第二戰場，減輕關外壓力，讓國民政府頭尾難以兼顧。如此，蘇聯可避免與美國衝突，又能為中共解危，可謂是一石二鳥之計。

蘇聯將原本於北朝鮮所虜獲日軍武器，假道安東以海路運抵山東煙台，接濟由陳毅所率領的華東野戰軍，成為中共日後於山東戰場致勝關鍵。[130] 中共在山東戰場成功牽制住國軍，使其無法北上增援東北戰場，而原退守北滿地區，由林彪統率的東北民主聯軍，利用這個機會在東北擴張，在蘇聯的大力資助下，半年時間，共軍從原先 10 幾萬部隊，增加到 46 萬餘人。1947 年夏天起，共軍開始反守為攻，國軍僅能死守戰略要點，由於這個形勢轉折，更讓中共有機會在東北廣大農村實施土地改革政策，並號召民眾參軍而增添更多社會資源。等到 1948 年底，中共在東北的民主聯軍已激增至 100 萬，東北形勢主客易位，主宰東北戰局的軍事主力已換成了中國共產黨。[131]

蔣介石堅持「以戰逼和」

局勢發展超出美國及蔣介石的逆料。美國之所以對國民政府實施軍火禁運，目的是希望藉此牽制蔣介石，好逼使他在談判桌上釋出更

130　楊奎松，《「中間地帶」的革命：國際大背景看中共的成功之道》，頁 506-508。
131　同上，頁 505。

多的商議空間。孰料，蔣介石態度強硬，美國自 1946 年起對蔣採取一連串杯葛措施，都無法動搖蔣對「以戰逼和」政策的堅持。[132]

　　蔣介石堅持，惟有國軍在東北及華北兩大戰場上掌握戰略先機，中共才會認真談和，也才有可能達到兩黨的和平建國。蔣堅持武力接收東北，自有其理由，他認為，當年（1931 年）九一八事件，日本侵略東北，因為美英各國消極以待，變相鼓勵了日軍的侵略行為，結果釀成第二次世界大戰。如果當時美、英對日稍加壓力，則日本當不致如此猖獗，戰禍或許可避免。「今日東北之形勢亦復如此，此時對共既然不能空言威信所能制止，自然只有預備實力積極行動，協助我中央明示其決心，則共與俄皆可懾服，否則美國在東亞領導之威信決難維持，而第三次大戰亦必從此為起因矣。」[133]

　　蔣介石堅信，接收東北的成敗，關乎第三次世界大戰是否爆發，而美國如果不想重蹈覆轍，就必須幫助國民政府在東北取勝。把東北接收和第三次世界大戰連成一體，蔣無非是要強調，國民政府才是美國最堅定的盟友，為今後即將可能爆發的美蘇大戰著想，美國唯有全力支持國軍在東北取勝，才最符合中美兩國利益。

　　從蔣介石日記可看出，蔣密切觀察美蘇對峙的情況，認為第三次世界大戰可能再起，而這正是爭取美國軍援的一大利多。他在日記寫道：「近觀美國態度、國際形勢，第三次大戰之期不能太遠，似無過慮。」[134] 他判斷美國絕不可能棄他而去，反映到東北戰事，就是東北取勝的實質利益高於其他國政事務。因此，堅持軍事行動，縱使短暫引起美國不快，也可不必在意。1946 年 5 月 25 日，他在給行政院長宋子文的函中，也顯示這種自信與堅持：「我軍進入長春，實於和平統一，只有效益，而毫無阻礙，請其放心，只要東北之『共軍』主力潰敗，

132　蔣永敬，《蔣介石、毛澤東的談打與決戰》，頁 125-135。
133　蔣介石日記，1946 年 4 月 29 日。
134　蔣介石日記，1946 年 3 月 4 日。

則關內之軍事必處理。」[135]

　　然而，在華盛頓高層眼中，蔣介石對軍事作戰的迷思，已構成對國共和談的障礙。馬歇爾對蔣介石執著於軍事行動不以為然，他批評蔣過於自信，以為國軍能在 8 至 10 個月內殲滅中共，以為通貨膨脹問題只限於都市，沒那麼嚴重。[136] 蔣也知道他無法用武力殲滅中共，但認為只要取得某些戰略要地，就有利於今後的談判。[137] 馬歇爾更進一步警告蔣介石，莫以為實行軍事行動即可將美國拖進漩渦。[138] 這也顯示，蔣似有一種賭徒心態，不怕國共和談不能和平落幕，反而認為衝突愈大，美國出手援助他的機會反而愈大。

美國見死不救　棄中扶日

　　1947 年夏，蔣介石堅持軍事作戰所產生的後遺症，迅速浮出檯面。東北戰場出現逆轉時，美國政府警覺到，軍火禁運政策直接對國民政府所造成的傷害，已達到足以影響國民政府安危的地步。於是，美國政府在 5 月 26 日解除對華軍火禁運，並於 7 月派遣前盟軍中國戰區參謀長魏德邁（Albert C. Wedemeyer）到中國作情勢調查。

　　魏德邁的調查報告指出，中國局勢日趨惡化，首先是政府的入不敷出，歲入只達支出的三分之一，而支出中僅僅軍事一項卻高達 70%。全國政務，皆以剿共為首務，但東北戰事顯然已陷入萬劫不復、無法挽救的局面，中共應在近日內就會全面掌控東北。東北落入中共之手，結局就會如同外蒙古，勢必成為蘇聯的附庸。魏德邁建議，為阻止東

135　葉健青主編，《蔣中正總統檔案・事略稿本》，第65冊，頁585-586。

136　《蔣中正總統檔案・事略稿本》，第65冊，頁585-586，頁577。

137　U.S. Department of State, United States relations with China, with special reference to the period 1944-1949, based on the files of the Department of State, p. 183.

138　U.S. Department of State, Foreign Relations of the United States, 1946, The Far East, China. (Washington D.C.: U.S. Government Printing Office, 1972), Vol. 10, p. 291.

北淪為蘇聯附庸，唯有設法由聯合國出面促成中國東北停戰，將東北交由聯合國託管。[139]

魏德邁的意思是要蔣介石放棄東北，但這是蔣介石無法接受的，蔣一向堅持：「無東北，則華北無屏障。」[140] 至於魏德邁建議國民政府應致力改革，以爭取民心等，蔣介石也聽不進去，反而認為這是魏德邁對中國的驕橫與侮辱。[141]

美中兩國政府對如何因應中共的軍事威脅已無交集，華盛頓對蔣介石政府失望之餘，國務院政策企劃部（Policy Planning Staff）部長肯楠（George F. Kennan）利用重新修訂對日和約的機會，倡導「棄中扶日」，建議美日和解，在亞太地區改以扶植工業重鎮的日本，作為替代方案。

當時，中國局勢失控，共產勢力席捲東歐的情況即將在亞太地區重演，如何在歐亞大陸重建反共勢力，成為美國全球戰略的當務之急。肯楠「棄中扶日」的論述，適時成為美國突破現實困境的有利選項。尤其他從政治投資的角度，強調美蘇兩國決戰的樞紐在於雙方對美、英、蘇、日及萊茵河流域等五大工業區的掌控，建議美國嘗試採用大規模對外經濟援助模式，來加速被援助國家的經濟發展，以建構區域防火牆，遏制蘇聯勢力入侵的新戰略理論，頗能反映美國需求。[142] 何況，扶植原就具有工業基礎的日本，比扶植身陷國共內戰困境的國民政府更容易、更有效。肯楠的論述，輕易地成為美國棄守國民政府的理論基礎。[143]

....

139　U.S. Department of State, United States Relations with China, with Special Reference to the Period 1944-1949, pp. 767-770.

140　周美華編，《蔣中正總統檔案·事略稿本》，第70冊（台北：國史館，2012），頁510-511。

141　蔣介石日記，1947年8月23日。

142　George F. Kennan, Memoirs: 1925-1950 (Boston: Little, Brown and Company, 1967), p. 359.

143　黃自進，〈戰後東北問題與遠東冷戰的開展〉，《中央研究院近代史研究所集刊》，

肯楠「棄中扶日」的論述得到華盛頓多數官員及參眾兩院的支持，但反對的聲音也所在多有。共和黨眾議員周以德（Walter Judd）提出異議，他認為中國才是亞洲的關鍵，若美國不能在中國力挽狂瀾、有效抵制共產勢力，則又如何期盼今後能守住印度、馬來亞、東印度群島等地？特別是當亞洲皆被赤化而無一倖免時，如何保證西歐仍能獨存？周以德表示，他不反對經援西歐，落實圍堵政策，但對獨厚西歐卻置中國於不顧的做法，極為不妥。[144]

為安撫國會，美國國務院在編列 1948 年援外預算中，特將國民政府的財政援助提升到 5 億 7 千萬美元，其中 1 億 5 千萬指定為軍事物資。[145] 國務院這動作並無誠意，因為它認定國民政府已病入膏肓，任何援助都無法扭轉國民政府的失敗，因此不但沒有盡速執行此援助方案，反而有意耽擱。這批美援軍火直到 1948 年 11 月國軍在遼瀋會戰潰敗後，才送達南京。[146] 此時，大廈將傾，已難挽狂瀾。

到了 1949 年，美國政府對華援助更是有名無實。雖然國會與軍方支持國民政府的意願不變，但國務院卻敷衍了事，表面上仍編列對國民政府的軍事援助預算，但在實際操作上卻刻意拖延或挪用他處。[147]

相比之下，蘇聯對中共的援助卻是實質有力。蘇聯自 1948 年 5 月起，對中共的支持已是半公開；1948 年提供了總值 3 億 3540 萬盧布的各種武器、設備、戰略材料和工業產品；1949 年總值增加為 4 億 2060 萬盧布。此外，蘇聯派遣大批工程師及技術人員，帶著重型機械和設備儀器等，幫助修復完成東北 1 千 8 百公里的鐵路線和 62 座大中型橋梁，並且協助中共建立了第一支技術兵種，約 3 萬人規模的鐵道兵部

續 ⋯⋯⋯⋯⋯⋯⋯⋯⋯⋯⋯⋯⋯⋯⋯⋯⋯⋯⋯⋯⋯⋯⋯⋯⋯⋯
　　第 112 期（2021 年 6 月），頁 136-139。

144　Tang Tsou, *America's Failure in China 1941-1950*, p. 466.

145　Ibid, p. 472.

146　顧維鈞，《顧維鈞回憶錄》，第 6 冊（北京：中華書局，2013），頁 351。

147　Tang Tsou, *America's Failure in China 1941-1950*, pp. 511-513.

隊。[148]

　　1949 年元旦前後，國軍在徐蚌會戰失利，長江以北絕大部分為共軍占據。此時，美國政府希望以副總統李宗仁和各民主黨派取代蔣介石，藉以促成國共再度和談，因而有所謂「劃江而治」的和平運動。美國駐華大使司徒雷登更是熱心參與，推波助瀾。1 月 21 日，蔣介石在國內壓力下引退，李宗仁成為代總統。[149]

　　美國已決定放棄中國，改為扶植日本成為亞洲反共的首要盟友；而國民政府在國共內戰中的慘敗，自為意料中之事。為了不讓中國的淪陷成為國會攻擊政府的口實，肯楠在 1948 年 11 月向國務卿馬歇爾建議：國務院應開始著手準備解釋戰後美國對華政策之經緯，以便爭取美國國民對政府的諒解。此項建議及其後進行的文書作業的結果，便是 1949 年 8 月 5 日正式發表的「中美關係」白皮書（United States Relation with China: with Special Reference to the Period 1944-1949）。[150]

　　1949 年 1 月，艾奇遜（Dean G. Acheson）接任國務卿。他致函杜魯門總統，謂中國反共政策失敗，是由於中國政府無能，中共效忠蘇聯，致使中國慘遭一個以外國帝國主義利益為前提的政黨所壓制。中國的悠久文化與民主、個人主義，終將發揮其力量，擺脫外國桎梏。美國對於以此為目標的發展，應予鼓勵。但在採進一步行動之前，將先待亞洲塵埃落定。[151]

　　這份主旨鮮明的白皮書，表面上雖是在為美國對華政策辯護，但實際上卻清楚地表達在亞洲塵埃落定之前，不應對中國再採取任何具

148　楊奎松，《「中間地帶」的革命：國際大背景看中共的成功之道》，頁 508-524。

149　張玉法，《中華民國史稿》，頁 445-446。

150　Paul J. Heer, *Mr. X and the Pacific: George F. Kennan and American Policy in the East Asia* (Ithaca: Cornell University Press, 2018), pp. 44-45.

151　U.S. Department of State, "Letter of Transmittal" (Department of State, Washington, July 30, 1949), United States Relations with China, with Special Reference to the Period 1944-1949, pp. XV-XVII; 郭廷以，《近代中國史綱》，頁 754-756。

體行動。因為美國已決定以日本取代中國，成為亞洲反共的首要盟友。國民政府為何丟失中國，抑或中國為何改由中共執政，都已不再是最重要的考量了。

四、觀察與檢討

1949 年 8 月，內戰接近尾聲，蔣介石曾自我檢討，認為他在外交方面處理有失，「蘇聯毒辣殘忍，美國輕諾寡信；英國陰險狡詐，都不可信」，而他自己竟以「信義」對之，豈能不敗？ [152] 事實上，抗日戰爭終結時，中國處於美蘇較勁、國共競爭的四角關係中，情勢複雜而微妙。在此情況下，國民政府接收東北困難迭出，也導致中美、中蘇關係生變，直接影響到日後內戰的結局。

本研究顯示，蔣介石當時做出的幾個政策抉擇對後來國共內戰及國民政府敗北有重大的影響，並就蔣介石「以德報怨」政策的功過得失、東北接收與蔣介石的誤判、《中日和平條約》的簽訂與蔣介石「聯日反共」政策這三個最具歷史爭議的議題，提供新的觀察與檢討。

蔣介石「以德報怨」政策的功過得失

如前面所述，「以德報怨」只是個政策理念，並非特定政策的代名詞；但對戰敗的日本軍民來說，蔣介石寬大為懷的政策，無疑是日本走出戰爭陰霾、迅速復興的關鍵因素之一。日本前首相岸信介及前眾議院院長灘尾弘吉都公開感謝蔣介石的德政，謂這個決策對日本戰後復興有重大的貢獻，包括：

152　蔣介石日記，1949 年 8 月 17 日。

(1) 快速遣返滯留於中國大陸的 2 百多萬日本軍民，而他們正是推動日本早日復興的原動力；

(2) 阻止蘇聯分割統治日本，避免日本重蹈分裂國家之悲劇；

(3) 維繫日本統治，讓長期扮演領導中心、象徵整合日本國民精神之天皇制度能夠繼續保留；

(4) 放棄賠償請求權，使日本免除數百億之債務，讓日本可心無旁鶩，傾全力投入戰後重建。[153]

其實這裡有個誤區。坊間多以為蔣介石主動放棄賠償，事實並非如此。蔣介石並無意放棄戰爭賠償，而是主張日本的賠償可以實物償還。

1943 年蔣介石在開羅與羅斯福總統的會談中提議，戰後日本可用實物作為支付中國賠償的一部分，日本的工業機械與設備、軍艦與商船、車輛等，可移交給中國，羅斯福表示同意。[154]

日本投降後，國民政府曾提出對日索賠的具體原則：日本的重工業應保留在 1914 年的生產水平；輕工業，尤其是紡織工業，必須列入賠償範圍，由中國予以拆遷。[155]

1947 年 1 月，遠東委員會為執行實物賠償政策，通過先期拆遷計畫（Advance Transfer of Japanese Reparations），根據此計畫，中國從 1948 年 1 月至 1949 年 9 月，前後派（或租）船 22 次，從日本運回航運設備 12,524 箱，359 萬 1272 公噸，容積 5717 萬 1599 公噸，總值

---

153 林金莖，《戰後中日關係之實證研究》（台北：中日關係研究會，1984），頁684。灘尾弘吉，〈銘記したい蔣介石氏の「以德報怨」〉，收入林金莖，《梅と桜：戰後の日華関係》（東京：サンケイ出版，1984），頁6-7。

154 U.S. Department of State, Foreign Relations of the United States, 1943, The Conference at Cairo and Tehran, p. 324.

155 中華民國駐日代表團編印，《在日辦理賠償歸還工作綜述》，沈雲龍主編《近代中國史料叢刊續編》第710輯（台北：文海出版社，1980），頁27。

2207 萬 282 美元。此外，中國也分到 24 艘軍艦。[156]

　　遺憾的是，這個拆遷計畫只執行了十分之一，美國在 1949 年 5 月
12 日決定喊停，主要是因為遠東情勢變化，美國調整其東亞政策，欲
儘快培養日本作為反共陣營的前線基地。因此，不但停止了拆遷工作，
還要求國民政府不向日本要求賠償。[157]之後中國、東亞、及世局劇烈
變化，賠償之事也就不了了之。

　　然而，必須指出的是，「以德報怨」政策受惠的不僅是日本，國
民政府也從中得利。僅以戰後接收為例，當時國軍在西南及西北，無
法立即回防接收，而中共欲搶在國軍前面接收日占領區的土地及資源，
國軍乃與日本中國派遣軍總司令岡村寧次達成協議，日軍堅持在原占
領地，待國軍到來才向國軍繳械。日軍謹守協議，拒絕中共接收，甚
至不惜與共軍開火。日軍如此維護國民政府權益，實源於他們對蔣介
石寬大政策的感恩圖報。至於說蔣介石主張維持天皇制，也不盡然，
正確地說，應該是蔣介石對此不反對，主張尊重日本人民的意志。日
本在與盟國討論投降事宜時，希望維持天皇制，美國高層對此意見不
一。8 月 11 日，蔣介石對天皇制的問題答覆杜魯門：「對於日本最後
政府方式，應依照日本人民自由表示之意志之條件，余亦同意。」[158]
蔣介石的態度有助於盟國最終同意由日本人民之意志來決定日本政府
最後形式，讓日本政府得以完整保存，日本社會得以安穩。

　　還有，美英蘇三國原協議戰後美、英、中、蘇共同占領日本，中國
軍隊負責四國島以及本州中的近畿地區。按協議，國民政府將於 1946
年 6 月底派遣 1 萬 5 千人赴日，駐軍三年，由美國提供運輸器材和軍

156　遲景德，〈從抗戰損失調查到日本戰敗賠償〉，收入慶祝抗戰勝利五十週年兩岸學
　　　術研討會籌備委員會編，《慶祝抗戰勝利五十週年兩岸學術研討會論文集》（台北：
　　　聯經出版公司，1996），頁 1345。

157　黃自進，《蔣介石與日本：一部近代中日關係史的縮影》，頁 353-359。

158　秦孝儀主編，《先總統蔣公思想言論總集》，卷 37 別錄，頁 307。

事物資。國民政府雖無意主導對日本本土的占領，但當時對此還是做了些準備；軍令部曾在 1945 年 8 月制定〈日本投降預定占領計畫〉，規劃駐兵日本的部署。[159]

不過，國民政府最後並未派兵日本，而是象徵性地派出一排憲兵。這麼做，一方面是不願落入蘇聯口實，導致日本被瓜分；另方面是因為東北接收問題，國軍精銳被調往東北。[160]

以上各端都是日本戰後復興的重要基石，其結果是美軍占領日本的政策從原訂的直接軍政統治轉為間接監控，亦為日後美日兩國政府化敵為友提供合作的基礎。[161] 戰後復興的日本，不僅成為亞太地區對抗國際共黨勢力的中流砥柱，更在韓戰一役中扮演後勤支援角色，為盟軍勝利立下功勞。1949 年底，國民政府在內戰中失掉中國大陸，《中日和平條約》仍持續有效 20 年；日本政府於 1972 年決定棄中華民國政府，改與中共建立正式外交關係。雖然如此，但東京與台北的經濟文化友好關係從未間斷。

1975 年 4 月 5 日，蔣介石在台北逝世。日本《產經新聞》正在連載「蔣介石祕錄」，以中華民國的國家檔案為主，輔以蔣介石日記，專欄以「中日關係八十年的證言」為題。產經新聞的連載，並未因蔣的過世停止，整個連載長達 650 天。一位他國元首的個人紀錄竟能如此長期獲得異國民眾的關注，實是新聞史上少見的特例。

....

159 黃自進，〈抗戰結束前後蔣介石的對日態度：「以德報怨」真相的探討〉，《中央研究院近代史研究所集刊》，第45期（2004年9月）。

160 日本產經新聞連載、中央日報譯印，《蔣總統祕錄：中日關係八十年之證言（七）》（台北：中央日報社，1976），頁202。

161 黃自進，《「和平憲法」下的日本重建(1945-1960)》（台北：中央研究院人文社會科學研究中心亞太區域研究專題中心，2009），頁10-158。

蔣介石為何會誤判接收東北一事？

失掉東北是國民政府在內戰中首次重大挫敗。東北接收問題極為複雜，事涉美蘇及國共四方勢力的相互競合，沒有一方能憑一己之力掌控全局。

美國雖願承認蘇聯在東北地區的港口及鐵路上享有特殊權益，但堅持東北應適用於門戶開放原則，不容許東北成為蘇聯獨霸的勢力範圍。

美國不僅提供軍艦讓國軍順利登陸東北各港口，還派遣馬歇爾來華調停國共和談，協助國民政府鞏固政權，杜絕蘇聯在東北扶植傀儡政權的機會。

面對美國強勢介入中國事務，蘇聯不得不暫時收斂，但卻陽奉陰違。蘇聯表面上對國軍接收東北事務不再公開阻礙，暗地仍不斷利用中共，為其爭取在東北的經濟利益。

東北接收其實就是場「代理戰爭」，外交的重要性顯然高於軍事。蘇聯扶植中共，並將其作為反制美國對華政策的一環；美國政府對此心知肚明，但鑑於蘇聯在東北有地緣政治的優勢，不宜與蘇聯發生直接衝突，也不願捲入國共內鬥。美國認為，唯有落實國共和談，國民政府才能致力民主與經濟的建設。

因此，馬歇爾調處國共衝突時，把「停戰、發展經濟」視為最終價值。在他看來，解決當前中國危機的唯一機會，是把國共兩黨對中國未來走向從向「右」或向「左」的爭議中，轉到向「錢」看。他相信只要國共兩黨開始投入實體的建設工作，新的發展契機必會有效緩和兩黨長期對峙的緊張情勢，為共組聯合政府奠定基礎，從而帶來中國的安定與繁榮。

面對美蘇較勁及國共競逐時，蔣介石的應對抉擇至關重要。蔣介石執意要「以戰逼和」，搶先攻占東北及華北戰略要點，他堅信唯有如此，

才能在國共談判中居於主導。因此，成功接收華北與東北，優先於「和談」的目標。但是，蔣介石的抉擇不合美國所需，它讓美國有捲入國共內戰的危機感，同時挑戰了美國不願觸怒蘇聯外交的底線。因此，為逼蔣重回談判桌，馬歇爾把美國政府預定的援華項目逐一擱置，甚至祭出軍火禁運的強力手段。然而，這些反制措施並未發生預期作用，反而使國民政府與美國關係愈加扞格，而原本處於軍事優勢的國軍，開始出現軍火供應不足、士氣不振的現象，最終導致戰局逆轉。

這段關鍵因素的逆轉，與蔣介石對東北情勢的誤判有密切關聯。最初，蔣介石與國民政府高層低估了接收東北的複雜度，未針對蘇聯及中共可能的阻擾預作防範，以致軍隊進不了東北，熊式輝坐困長春，寸步難行。其後，美國介入，蘇軍態度放軟，國軍進入東北，而蘇軍則逐步從東北撤退。此時，美國和蘇聯對國民政府都有期望，美國希望國共和談，蘇聯則希望與國民政府簽約，共同展開東北經濟開發。可是蔣介石自以為軍事接收順利，覺得他已可掌控東北局勢，不僅對馬歇爾的調停敷衍應付，擱置蘇聯的企求，還婉拒史達林邀請他到莫斯科訪問。

相較於蔣介石的堅持，毛澤東在整個協調過程中積極配合，富有彈性。蘇聯要中共不以八路軍名義進軍東北，毛澤東配合了；馬歇爾調停後，蘇聯要中共從長春沿線都市退出，中共非常不願意，但還是做了。中共始終配合蘇聯的全球戰略，使得蘇聯把兩面外交發揮得淋漓盡致。表面上尊重美國調停，支持蔣介石繼續執政；實際上暗助中共。

蔣介石低估了美國不願正面與蘇聯發生外交或軍事衝突的意願，是蔣對美外交失策的原因之一；他也高估自身在反共陣營的不可替代性，導致他陷入決策盲點。最後，美國「棄中扶日」論述興起，認為改扶植日本保守勢力成為亞洲反共堡壘，不僅成本較低、效益更大，很快成為美國國務院的主流意見，致使美國政府決心不再介入國共內戰，拋棄國民政府。

「中蘇經濟合作協議」的微妙角色

國民政府接收東北，首先要面對的是已占領東北的蘇聯。當時，蘇聯雖然暗助中共，但其並未一面倒地扶植中共，而是反對美國勢力進入東北，並希望國民政府親蘇疏美，儘速與國府議定中蘇經濟合作協定。是故，國民政府一開始提出將由美軍運送國軍進入東北，蘇聯立刻就拿出不合作的態度，處處刁難。

如何應對蘇聯的刁難，是否與蘇聯議定經濟合作的協議，國民政府內部有不同意見。在重慶的行政院長宋子文、外交部長王世杰態度強硬，主張在蘇軍完全撤出東北之前，不和其議定經濟合作協議。而且，國民黨內出現一個論調，認為既已得到美國的支持，即使與蘇聯決裂，亦在所不惜。

可是，在東北主持經濟接收、親身與蘇聯打交道的張嘉璈，在與蘇方實際的磋商中，了解到一個事實：美蘇兩國同意從東北撤出後，蘇聯最關切的事情就是中蘇經濟合作協議，如果此事能滿足蘇聯，或可換取蘇軍早日撤出東北，國府可儘快接收東北；蔣經國也傾向此議。因此，張建議：蘇聯的索求雖令人氣憤，但中共立足壯大將更不利於大局。為免夜長夢多，不妨暫且從權，稍作讓步，儘速和蘇聯議定經濟合作協定。

蔣介石最後採納宋子文、王世杰的意見，堅持蘇軍完全撤出東北後，再來議定經濟合作協議。[162]馬若孟（Ramon Myers）及季林（Donald G. Gillin）根據張嘉璈檔案指出，蔣介石這個決策使得國軍遲了數月才進入東北。這幾個月卻是接收東北的關鍵時刻，錯失這個時機，為後來東北失敗埋下禍根。[163]

162　栗國成，〈張嘉璈與戰後初期中蘇關於「國民政府接收東北」之談判（1945/10～1946/4）〉，《政治科學論叢》，第19期（2003年12月），頁139、168、172-174。

163　Donald H. Gillin, Ramon G. Myers, *Last Chance in Manchuria: The Diary of Chang*

　　不可否認，國府在接收東北的安排上確有不少疏失，例如：事前的籌劃不到位，擇人亦有不孚，熊式輝等接收大員未在第一時間抵達東北，未能處理好中蘇關係等等；但是，「中蘇經濟合作協議」是否就如張嘉璈所說的如此關鍵？是否對蘇聯讓步先議定協議再撤軍，就能得到蘇聯善意回應？究竟該先撤軍還是先定協議？其實這只是張嘉璈的假設，事實如何，很難預估。以蘇聯當時的蠻橫和中共的實力來計，加上國府還都、復員的亂象，即便簽訂協議，恐怕也只是使問題晚點爆發而已。

《中日和平條約》的簽訂與蔣介石「聯日反共」政策的再評價

　　1952 年 4 月，中華民國政府與日本政府在台北簽訂《中日和平條約》（以下簡稱《中日和約》），代表兩國政府正式結束戰爭關係，為兩國重新恢復邦交展開新局。這是國府自 1949 年喪失對中國大陸實質管轄權後，所簽訂的第一個國際條約，代表國府從中國大陸遷台後，得以在國際社會找到新立足點後的再出發。

　　《中日和約》既有結束兩國戰爭狀態到恢復和平交流的「延續層面」，亦有分割中國主權，僅以現有管轄領土為條約實施範圍的「斷裂層面」。這兩種不同的特質，自然也使得這個條約所蘊含的政治意義，異常複雜，不是用單一視野可以詳盡論述的。

　　《中日和約》明訂不適用於大陸地區，然國府為何因本條約的簽訂，而得以在國際社會持續代表中國唯一合法政府？此外，和約的條文中，雖陳述了日本放棄對台灣、澎湖等地的管轄權，卻沒有明文交代此等管轄權的移交對象。當時，國府實質管轄的領土，在主權歸屬尚存爭議的情況下，何以和約仍能順利簽署？其中的轉折與奧妙，蘊

續⋯⋯⋯⋯⋯⋯⋯⋯⋯⋯⋯⋯⋯⋯⋯⋯⋯⋯⋯⋯⋯⋯⋯⋯⋯⋯⋯
　　Kia-ngau (Stanford: Hoover Institution Press, 1989) pp. 26-9, 44-49.

含了特殊的意義。[164]《中日和約》名義上雖是中華民國與日本簽署的雙
邊條約，實質上卻是由美國一手所主導。這是因為日本政府在接受「波
茨坦宣言」的無條件投降後，已喪失外交自主權，其與參戰國之間的
所有媾和事務，皆需聽從美國安排。[165] 至於美國主導《中日和約》的
基本思維，就是為了落實「圍堵」思維，目標是有效封阻共產主義在
亞太地區的擴張。為達到此目的，除了要扶植國府在台灣立足，更要
杜絕日本與中共建交的可能性。故一部《中日和約》的簽約史，亦可
視為美國亞太安全體系建構史的縮影。因此，《中日和約》的性質與
美國所主導的《舊金山和約》有連帶關係，亦是美國亞太政策的一環。

　　正因為《中日和約》被美國政府視為建構亞太安全秩序重要的一
環，為了因應國府在台灣立足、又不能讓日本與中共有相善機會的現
實需要，美國在籌劃《中日和約》時，不得不將「延續與斷裂」兩大

---

164 台灣主權是否可因《中日和約》簽訂而定位，至今仍有三類不同論述，分別為（1）
　　已確定中華民國所擁有、（2）仍未確定、（3）歸屬為中共所代表的中國政府。例
　　如，主張為中華民國所擁有的相關論述，有下列代表性的著作：Frank P. Marello,
　　The International Legal Status of Formosa (The Hague: Martinus Nijhoff, 1967)、林
　　金莖，《戰後の日華關係と國際法》（東京：有斐閣，1987）、林滿紅，《獵巫、
　　叫魂與認同危機：台灣定位新論》（台北：黎明文化，2008）、D. P. O'Connell,
　　"The Status of Formosa and the Chinese Recognition Problem," *American Journal of
　　International Law*, 50:2 (April 1956), p. 414、陳鴻瑜，〈台灣法律地位之演變(1943-
　　1955)〉，《國史館學術集刊》，第12期（2007年6月），頁47-138；至於主張主權仍
　　未確定者，則以下列研究最具代表性：彭明敏、黃昭堂，《台灣の法的地位》（東
　　京：東京大學出版會，1976）、黃昭堂，《台灣在國際法上的地位》（台北：玉山社，
　　1995）、張啟雄，〈美國戰略布局下的台灣歸屬問題：以《中日和約》的簽訂過程
　　為焦點〉，《近代中國》，第148期（2002年4月），頁82-102；而強調為中共所有
　　者，則可參考下列著作：劉景嵐，〈從法理和慣例看「台灣地位未定論」之荒謬〉，
　　《東北師大學報（哲學社會科學版）》，第4期（2004年9月），頁29-35。

165 在美國主導之下，日本政府於1951年9月4日在舊金山，與二次大戰期間的參戰
　　國及聯合國會員國等48個國家之間簽署了《舊金山和平條約》，中華民國則因英
　　國政府及其他參戰國的反對，不曾受邀。黃自進，〈戰後台灣主權爭議與《中日和
　　平條約》〉，《中央研究院近代史研究所集刊》，第54期（2006年12月），頁75-83。

元素，納入和約條文之中。

　　剖開來說，《中日和約》兼顧延續與斷裂兩種特質，源於美國自始就不認為國府還會有重回中國執政的可能，所以在籌措該和約的初期，就將和約的實用範圍限定於當前國府實際所能管轄的領域。但為杜絕日本與中共建交以及為了有效落實圍堵政策，不讓共產勢力在亞太地區的無限擴展，故需要國府在法理上仍能代表中國，以便藉此斷絕中共進入聯合國的機會；並可順帶牽制亞太地區的友邦不得與中共相善。

　　《中日和約》代表了美國在亞太政治版圖上的多重進展。首先，從圍堵政策的效益來看，和約強化亞太地區的反共團結，並落實圍堵共產集團在該地區的擴展。其次，和約保住了國民政府既有的國際地位，也間接有助於美國在維護國民政府的聯合國中國代表權問題上，有更多的運作空間。最後，《中日和約》與其他同盟國和日本簽訂的《舊金山和約》的順利接軌，也使得 1954 年簽訂的《中美共同防禦條約》和美澳紐《三國安全條約》、《美菲共同防禦條約》、《美日安保條約》、《美韓共同防禦條約》、以及東南亞公約組織協定等連接起來，構成美國建構的亞太安全體系。戰後亞太國際社會的冷戰格局，自此底定；也為蔣介石戰後所倡導的「聯日反共」政策的歷史價值，提供見證。[166]

　　蔣介石常說，政治是講現實與實力的。的確，倘若戰後國民政府在華北、東北的接收上能妥為規劃，不至於一開始就處於被打壓的境況，那麼，中共懾於情勢，或許還能有較大程度的讓步。問題是，華北幾次重要的接收戰役，國軍均告失敗；而東北的接收工作，又因蘇

---

[166] 這些相關條約的簽署時間皆集中於1951-1954年之間，按時間順序，首先於1951年8月30日簽約的是《美菲共同防禦條約》，嗣同年9月1日所簽署的是《美澳紐三國安全條約》，接著是同年的9月18日所簽署的《舊金山和約》與《美日安保條約》；之後，則是1953年10月1日的《美韓共同防禦條約》，1954年9月8日的東南亞公約組織，以及同年12月2日的《中美共同防禦條約》。

聯作梗、美國對「和談」的執著,導致蔣介石分別與蘇聯、美國交惡,這與他在終戰時擬定的「親蘇、聯英美」政策背道而行,最終國民政府在東北失利、以及後來在內戰慘敗,就不足為奇了。

$$\boxed{\text{第八章}}$$

重探戰時對外關係

肖如平（浙江大學中國近現代史研究所所長）

林孝庭（史丹佛大學胡佛研究所研究員、東亞館藏部主任）

鹿錫俊（日本大東文化大學國際關係學部教授）

陳立文（中國文化大學歷史系教授、圖書館館長）

1931 年九一八事變後，中日國力懸殊，國民政府無力抵擋日軍，不宜孤注一擲，而是把將日軍侵略訴諸國聯，「忍辱待時，鞏固後方，埋頭苦幹。」[1] 蔣介石堅信，中日必將一戰，必須爭取時間備戰。除國防軍事、經濟財務外，蔣介石也密切觀察國際形勢，籌謀中國最佳對外策略。

抗戰時期，國際上與國民政府關係最密切的當屬美、蘇、英、德四國。早在 1933 年 6 月，蔣介石分析中日蘇三角關系和英美立場：「倭寇、赤俄、英美三者，倭寇仇我而懼我，赤俄恨我而伺我，英美則欲我為之利用以抵倭俄，但無土地之野心。以大體論，英美可為與國，當以義結之；惟對仇敵，則但有自強而已。」[2]

戰時的中國對外關係基本上不脫該脈絡，最後的結局也大致落入這個框架中。中日大戰，國民政府以慘勝告終；蘇聯（俄國）始終覬

1　蔣介石日記，1932 年 2 月 11 日。

2　蔣介石日記，1933 年 6 月 20 日。

覦中國土地與資源，無論在抗戰初期抑或後來同盟時期皆如是；英美則需要中國軍隊幫他們在亞洲對抗日軍，維護其利益。

關於國民政府戰時外交，數十年來中外學者已有不少卓越研究，本章擬避免重複，置重點於中國加入同盟國（The Allies）後的對外活動，嘗試探討幾個過去較少注意或真相仍未明的議題，例如：帝俄時期，蘇聯就覦覦中國土地及資源，但抗戰初期，蘇聯反倒是唯一以實際行動援助國民政府的國家，但 1943 年底德黑蘭會議及 1944 年雅爾達會議中，蘇聯卻說服英美犧牲中國利益換取蘇聯對日作戰，中蘇關係為何有如此跌宕的變化？戰時合作的中美兩國，在 1944 開始關係快速惡化的原因何在？蔣介石及國府引以為榮的開羅會議，其實蘊含了國民政府與美英盟國關係惡化的種子。蔣介石屢次跳過正規外交系統，另派「特使」、「專使」執行重要外交任務，引起非議，其成效、得失究竟如何？[3] 還有，抗戰後期中美間的矛盾與衝突，其嚴重性其實超越坊間認知。著名的「史迪威事件」不但嚴重影響了重慶和華盛頓的關係，還使得蔣介石與國民政府背負了「腐敗無能」、「抗日不力」的責難，[4]這個印象持續了半個多世紀，直到 2003 年以後，才出現較有系統地挑戰這個觀點的論述。[5] 2005 年後，史丹佛大學胡佛研究所檔案館陸續開放了蔣介石日記、宋子文檔案、國民黨黨史資料及其他相關史料，這些珍貴史料不但為研究抗戰時期對外關係提供了理解的線索，更呈現

3　陳永祥，〈胡適、宋子文與抗戰時期美援外交〉，《抗日戰爭研究》2011年第2期，頁113-123。

4　西方已有不少對史迪威事件的研究，例如：Barbara Tuckman, *Stilwell and the American Experience in China*（New York: The Macmillan Company, 1971）; Fred Eldridge, *Wrath in Burma: The Uncensored Story of General Stilwell and International Maneuvers in the Far East* (New York: Doubleday, 1946); Charles F. Romanus and Riley Sunderland, *Stilwell's Mission to China* (Washington, D.C.: Government Printing Office, 1953).

5　Hans van de Ven, *War and Nationalism in China,1925-1945* (London: Routledge Curzon, 2003)

不同的視角，一些撲朔迷離的歷史謎團終能撥雲見日，顯示出真實的相貌。

一、微妙的戰時中蘇關係

　　中、日、蘇三邊關係頗為微妙。日本陸軍的假想敵一直是蘇聯，而當日本拿下東北、建立滿洲國後，即準備入侵蘇聯。蘇聯對日亦有強烈的危機感；為防範日軍進犯，史達林採取左右逢源之策，一面與日本提議締結《互不侵犯條約》，一面謀求對華復交。[6] 日本也採取兩手策略，在侵華的同時，又尋求與中國實施共同防共政策，希望一起對抗蘇聯。蔣介石亦利用日蘇間是敵非友的關係，爭取蘇聯支持中國抗日，同時與美英保持友好關係，以牽制日本。

　　1937 年七七事變，全面抗戰爆發。外交方面，國民政府先是寄望國聯調停，但布魯塞爾會議失敗，和平解決無望，國民政府轉為爭取蘇、美、英的支持，並謀求德國中立。

　　此時，日蘇矛盾不斷加劇，局勢發展逐漸形成日本和德國分別從東、西兩側包圍蘇聯的形勢。1936 年 11 月 25 日，日、德簽訂《日德防共協定》，直接威脅到蘇聯的安全。蘇聯急於建立在亞洲的國防屏障，最好的辦法就是支持中國對日本作戰，以減輕東邊的壓力。另方面，美國仍持孤立主義，英國對日本採取綏靖政策，英美對日本侵華採取不干涉政策，中國只有把目光投向蘇聯，希望爭取蘇聯援助、進而參戰，和中國共同抗日。

6　1929 年 7 月至 11 月，張學良東北軍欲以武力收回名義上中蘇共管的中東鐵路，與蘇聯自衛隊發生衝突，蘇聯進軍東北，擊潰東北軍。戰後，東北軍和蘇聯簽署《伯力會議議定書》，蘇聯拿回鐵路所有權和運營權。南京中央政府認為地方政府無權簽定國與國間條約而不予以承認。蘇聯憤而與中國斷交，撤回駐南京使館及僑務代表。九一八事變後，1932 年 12 月 12 日，中蘇恢復外交關係。

爭取蘇聯援助與對日參戰

蔣介石認為，中日戰爭成敗的關鍵首先在於能否爭取到蘇聯軍事援助並簽訂《中蘇互助條約》。他的理由是：

> 倭（日本）要求我共同防俄，承認滿偽與華北特殊化。若與俄先訂互不侵犯約，則可先打破其第一美夢，不再要求。蓋允其共同防俄以後，不僅華北為其統制，即全國亦成偽滿第二矣。故聯俄雖或促成倭怒，最多華北被其侵占，而無損於國格，況亦未必能為其全占也。兩害相權取其輕，吾於此決之矣。[7]

簽訂《中蘇互不侵犯條約》

第一步是爭取和蘇聯簽訂《中蘇互助條約》。然而，蘇聯不願用「互助」二字，原因很簡單，蘇聯援助中國抗日，為的是拖住日本，但它並不想陷入與日本的戰爭，所以，蘇聯只願意與中國簽訂《互不侵犯條約》，而不是《互助條約》。

1937 年 8 月 21 日，外交部長王寵惠、蘇聯駐中國大使鮑格莫洛夫（Dimitri Bogomolov）在南京簽訂《中蘇互不侵犯條約》。條約的核心內容是：蘇聯為中華民國提供必要的軍事貸款和援助，並保證在衝突時期內，雙方都不得與日本發展貿易關系。條約規定，倘兩締約國一方受一個或數個第三國侵略時，彼締約國在衝突全部時期內，對於該第三國，不得直接或間接提供任何協助，並不得為任何行動，或簽訂任何協定，致該侵略國得以施行不利於受侵略之締約國。

《中蘇互不侵犯條約》是中、蘇雙方合則兩利的外交折衝結果，也可以說是雙方利益的結合。史達林說得很直白：「深知中國不僅是

7　蔣介石日記，1937年7月31日（本月反省錄）。

為自己作戰，也是為蘇聯作戰。」[8] 美國也看得清楚：「蘇聯將盡一切可能對中國援助軍火、飛機和其他軍事裝備，但不會出兵。」[9]

蔣介石亦明白蘇聯的算盤，找蘇聯無異是與虎謀皮，他在日記中多次寫道：「倭、俄以中國為戰場，以中國為犧牲品。」[10] 但中國孤立無援，為解燃眉之急，只得接受蘇聯的援助，「當於現局利多害少也。」[11]

蘇聯對華援助

《中蘇互不侵犯條約》簽訂後，蔣介石立即指派參謀次長楊杰以「工業部赴蘇實業考察團」團長名義飛至莫斯科，洽談蘇聯援助事宜。

三次貸款協定

蘇聯對華一共有 3 次貸款協定，分別是 1938 年 3 月 1 日的《蘇中關於實施五千萬美金信用借款》、1938 年 7 月 1 日及 1939 年 6 月 13 日的《中蘇貸款協定》，三次貸款協定的總金額為 2.5 億美元。其中第三次貸款為 1.5 億美元，但 1941 年 6 月蘇德戰爭爆發，蘇方終止撥款，真正撥用的金額約 1 千 3 百萬，因此，實際貸款總額為 1 億 7 千 3 百萬美元。（詳細數字見下表）

這些貸款協定指定國民政府向蘇聯採購軍火，前後共分 9 筆合同執行。蘇聯售予中國的軍事物資，包括戰鬥機、轟炸機、坦克、反坦克砲、高射砲、機械彈藥，和其他後勤所需要的設備。

8　莫洛托夫，〈關於蘇聯的外交政策〉（1939 年 10 月 31 日），《真理報》，1939 年 11 月 1 日。

9　Foreign Relations of the United States diplomatic Papers, 1938, Vol. III , (Washington D.C.: Government Printing Office, 1956) p.165.

10　蔣介石日記，1937 年 12 月 4 日

11　蔣介石日記，1937 年 8 月 31 日，本月反省錄。

表 3　抗戰期間蘇聯援華貸款軍購表

貸款日期	簽字日期	總數（美元）	動用日期	金額（美元）
1938/3/1	1938/8/11	5,000 萬	第 1 批合同 1938/3/5-1938/6/10	30,321,164.00
			第 2 批合同 1938/3/15-1938/6/20	8,379,293.00
			第 3 批合同 1938/3/25-1938/6/27	9,856,979.00
1938/7/1		5,000 萬	第 4 批合同 1938/7/5-1938/6/28	29,601,215.00
			第 5 批合同 1938/6/25-1939/9/1	21,841,349.00
1939/6/13	1939/6/13	15,000 萬	第 6 批合同 1939/6/25-1939/9/1	18,622,024.00
			第 7 批合同 1939/10/1-1939/12/1	3,909,725.00
			第 8 批合同 1941/6/1	49,520,828.85
			第 9 批合同（日期不詳）	1,123,232.51
總計		25,000 萬		173,175,810.36

資料來源：李嘉谷，《合作與衝突：1931-1945 年的中蘇關係》（桂林：廣西師
　　　　　範大學出版社，1996），頁 77-81。

　　在蘇聯對華的貸款之外，中國實際上是以茶葉、羊毛、以及錫、
銻、鎢等礦產交換蘇聯的軍用品，並非空手乞求物資。但蘇聯對執行
合同經常「託辭延宕，不肯簽約」，對中日戰局一直持觀望態度。[12]1939
年 7 月以後，援華物資更是一再遲滯運送，為此，蔣介石曾二度致電

12　蔣介石日記，1938 年 8 月 3 日：「蘇聯對購械合同託辭延宕，不肯簽約，先待我武
　　漢戰況動搖而有所觀望乎，抑或另有所待乎。」10 月 6 日：「八月以來二電史達林
　　無回電，要求其第二批訂定之武器，切望其能於九月中旬武漢附近戰爭最烈時到
　　達接濟，而一無所應。」

史達林，卻未獲回應。[13]1941 年 4 月 蘇聯和日本簽訂《蘇日中立協議》
（Soviet-Japanese Neutrality Pact），[14] 蘇聯對中國的合作及援助，從此
完全斷絕。

蘇聯航空志願軍及軍事顧問團

　　蘇聯對中國抗戰影響較大的是派遣航空志願隊與軍事顧問團，協
助國軍空戰和培訓軍事專業人才。1937 年淞滬大會戰，中國空軍捨生
忘死，幾個月內，空軍戰力就損耗殆盡，筧橋中央航空學校畢業的飛
行員幾乎全體殉國。會戰尚未結束，淞滬戰場上的制空權已盡為日軍
掌控。

　　淞滬會戰後，中國空軍無論在作戰、軍需或技術裝備上，主要都
依靠蘇聯提供。1937 年 9 月，蘇聯派出蘇聯志願援華抗日飛行聯隊（通
稱「蘇聯航空志願隊」）進駐蘭州，聯隊長庫里申科（Kulishenko）轄
有 2 個轟炸機中隊和 4 個驅逐機中隊，負責訓練中國空軍作戰及地勤
人員使用蘇式作戰飛機。蘇聯製造的空中攔截 N-16 式單翼殲擊機、用
於空中格鬥的 N-15 式雙翼殲擊機，以及性能較好的 SB-2 型單翼輕轟
炸機和 TB-3 型重轟炸機等，從 1937 年 10 月開始分批用於戰場，中國
空軍戰機逐漸從歐美制過渡到以蘇制為主。[15]

　　在 1941 年 6 月蘇德戰爭爆發前，先後來華的蘇聯空軍人員約 2 千
名，其中約 3 百名飛行員在中國戰場祕密參戰；4 年期間，約 2 百人在

13　蔣介石日記，1940 年 9 月 4 日：「中蘇兩國關係決不在一時物質接濟之有無，而在
　　精神密切之合作，甚望有以明教之。」

14　《日蘇中立協議》規定，日蘇兩國保持和平友好關係，相互尊重對方之領土完整；
　　如締約一方成為第三者的戰爭對象，另一方應對此保持中立。協議還附有一聲明：
　　「蘇聯保證尊重滿洲國領土完整和不可侵犯性，日本保證尊重蒙古人民共和國領土
　　完整。」

15　吳布林、魏曉立，〈中蘇、中美聯合抗戰前的中國空軍〉，《湖南城市學院學報》
　　（人文社會科學），第 24 卷第 5 期（2003 年 9 月），頁 92-96。

中國戰場犧牲。[16]

1941 年 4 月 13 日，蘇聯與日本簽訂《日蘇中立條約》，日本尊重蘇聯扶植的蒙古人民共和國領土完整與不可侵犯性，蘇聯則尊重日本扶植的滿洲國領土完整與不可侵犯性。德蘇開戰後，許多顧問奉命召回國作戰，10 月，蘇聯宣布停止援華。[17]

從 1937 年 9 月到 1941 年 10 月，4 年間，蘇聯援華物資多為武器軍械，以空軍和陸軍裝備為主。總計飛機 885 架，大砲 940 門，機關槍 8,300 挺，以及其他武器；中國則以錫、銻、鎢等礦產及農產品分期償還。[18]

必須承認，蘇聯在抗戰前期是中國最重要的外援國，對中國抗戰做出了一定的貢獻。

爭取蘇聯對日宣戰

簽訂《中蘇互不侵犯條約》，爭取到蘇聯的軍事人員及物資援助後，蔣介石還有一個目標：爭取蘇聯直接對日參戰。[19]

然而，中國駐蘇大使蔣廷黻對此卻頗為悲觀。早在 1936 年 12 月，蔣廷黻與蘇聯外長李維諾夫（Maxim Litvinov）討論蘇聯是否要參與戰事，李維諾夫明白表示，因為兩個原因，蘇聯同意貸款給中國購買蘇聯的軍事設備，但不會對中國作任何軍事援助的承諾：第一，蘇聯的西綫（東歐交界）必須絕對優先；第二，蘇聯援助中國的承諾會引起

---

16   王正華，《抗戰時期外國對話軍事援助》（台北：環球書局，1987），頁 128-131。

17   同上，頁 122-124。

18   趙列潘諾夫（A. I. Cherepanov），〈武漢戰役總結〉，王啟中譯，《蘇俄在華軍事顧問回憶錄 第七部：蘇俄來華自願軍的回憶》（台北：國防部情報局，1971），頁 142。

19   郭秋光、王員，〈抗戰前期國民政府對蘇政策論略〉，《南昌大學學報（人文社會科學版）》，2006 年 02 期，頁 81。

西歐的疑慮。蔣廷黻當即將此情況轉報中央，但蔣介石仍指示竭力促使蘇聯對日作戰，蔣廷黻無奈，認為蔣對此太過執著。[20]

　　事實果然如此。蔣介石希望蘇聯對日參戰的要求，立即遭史達林拒絕。史達林的解釋是：「蘇聯希望日本削弱，但目前蘇聯尚未到與日開戰時機。因為它會刺激日本國民的反抗，促成日本的團結，並反使中國失去世界同情之一半。現在中國抗戰甚力，且有良好成績，若中國不利時，蘇聯可以向日開戰。」[21]史達林表示：「只有在九國（公約國）或其中主要一部允許共同應付日本侵略時，蘇聯方可立刻出兵。」[22]

　　南京淪陷後，中國對蘇聯參戰的期望日益迫切，1938 年 5 月，蔣介石撤換蔣廷黻，任命楊杰出任中國駐蘇聯大使，重點任務就是爭取蘇聯對華援助，遊說史達林參戰。與此同時，蔣介石在 1938 年 2 月及 1939 年 4 月、9 月，三度指派長期力主中蘇友好的孫科，以中國訪蘇代表團團長名義，訪問莫斯科。楊杰、孫科和蘇聯軍政領導大員晤談時，都傳達了蔣介石希望蘇聯出兵參戰的請求。[23]

　　孫科和楊杰爭取到了軍備貸款、貿易協議等合作項目，但史達林對於參戰一事則不置可否。直到 1937 年 12 月 5 日，史達林和紅軍元帥伏羅希洛夫（Kliment Voroshilov）聯名致電蔣介石，明確說明蘇聯不能立即對日出兵，理由是：

(1) 蘇聯如果不是因日方直接挑釁而出兵，會被認為是侵略行動。

(2) 蘇聯不願在九國公約簽字國或其主要國家未答應與蘇聯共同對

20　蔣廷黻，《蔣廷黻回憶錄》（台北：傳記文學，1979），頁191、196、197。

21　「楊杰電蔣中正」（1937 年 11 月 12 日），〈對蘇俄外交（二）〉，《蔣中正總統文物》，國史館藏，數位典藏號：002-080106-00063-003。

22　「史達林電蔣中正」（1937 年 12 月），〈革命文獻—對蘇外交：一般交涉〉，《蔣中正總統文物》，國史館藏，數位典藏號：002-020300-00042-011。

23　〈對蘇俄外交（二）〉，《蔣中正總統文物》，國史館藏，數位典藏號：002-080106-00063-003。

　　付日本的條件下單獨出兵。

（3）具有批准出兵權的蘇維埃最高會議尚未舉行。[24]

　　蔣介石對史達林的回覆頗為失望：「蘇俄無望而又不能絕望也。……俄態度已明，再無所待矣。」[25]

中國共產黨在中蘇關係中的角色

　　史達林防著國民政府和英美聯合反共，國民政府對蘇聯也再無信任，而蘇聯真正支持的是中國共產黨而非國民黨。蔣介石對此十分了解，他早在 1924 年就看穿蘇聯和中共的關係與企圖，「俄國共產黨在中國的唯一目的是要扶植中國共產黨。」[26] 他認為目前（1940 年）中蘇雙方還不至於翻臉，因為，在中共尚未做大之前，蘇聯仍需要國民政府繼續消耗日本軍力。蔣進一步分析中蘇之間微妙複雜的互動：「此時俄仍需要我抗倭，不至使中共叛亂，一則要消耗倭寇兵力，此尚在其次，二則更要消耗中國兵力，如不抗戰即不能消耗中央兵力，而且反使中共不能坐大，三則要養成中共勢力，可在全國宣傳組織，如其明白叛變，更不能生存，故俄與共此時仍要我繼續抗戰也。」[27]

　　很明顯，中蘇外交中始終摻雜了一個多變的因素，就是國共關係。如前所述，就對日作戰這個著眼點來看，蘇聯支持國民黨與蔣介石，同時很明確地指示中共，此時要的是「合作」而不是「革命」。[28] 蘇聯的目標非常清楚，希望國共兩黨盡可能避免衝突並維持合作，共同抗

24　〈對蘇俄外交（二）〉，《蔣中正總統文物》，國史館藏，數位典藏號：002-080106-00063-003。

25　蔣介石日記，1937年12月6日。

26　中國第二歷史檔案館編，《蔣介石年譜初稿》（北京：檔案出版社，1992），頁167。

27　蔣介石日記，1940年10月12日。

28　楊奎松，《中共與莫斯科的關係（1920-1960）》（台北：東大圖書公司，1997），頁426-427。

日，這樣才合乎蘇聯的利益。蔣介石則很清楚，俄國共產黨沒有誠意，俄國人說的話，國民黨只能相信30％。[29] 因此，革命與抗日不能仰賴外力，唯有自強不息：「革命抗倭全在於己，即使蘇俄與共產於我不利，則我國應獨自抗戰到底，應貫徹方針，否則民族亡矣。」[30]

中蘇關係1940年開始每下愈況，到1940年底、1941年初，爆發了抗戰期間國共最大的衝突：「皖南事變」。事變伊始，蔣介石密切注意莫斯科的反應，蘇聯的一舉一動，他都再三琢磨其動機和可能的影響。[31]

「皖南事變」後，1941年1月17日，蔣介石下令撤銷新四軍番號，在日記中也詳記對俄關係上的權衡：「此事對俄關係最大，然為國家民族獨立自由計，若處置軍令而有外人一分之干涉，則以後國權旁落，比抗倭失敗之慘酷更甚，故決心下令嚴處，即使俄已運到邊疆野炮與飛機多量之武器停止不來亦所不惜，正可以此以試驗俄國助我抗戰之用意如何也。」[32] 可以看出，國共問題在中蘇外交中的影響和蔣介石對於中蘇關係的強硬立場，也說明了中蘇蜜月期接近尾聲。

中共問題雖然影響到中蘇關係，但導致中蘇最後走向冷淡的主要原因，還是外在的國際局勢。1938年7月及1939年5月，日本關東軍在滿洲和蘇聯邊界發生兩次武裝衝突——張鼓峰事件及諾門坎事件，都以蘇軍勝利告終。

蔣介石當時對此頗有所待，因為如戰事擴大，有可能引爆蘇日戰爭，至少也能牽制關東軍。[33] 然而，事與願違，不久，1939年9月1日，

29　余敏玲，〈蔣介石與聯俄政策之再思〉，《中央研究院近代史研究所集刊》，第34期（2000年12月），頁25-74，頁49-87。

30　蔣介石日記，1938年9月4日。

31　蔣介石日記，1941年1月11日、13日、16日。

32　蔣介石日記，1941年1月17日。

33　蔣介石1938年7月20日記：「蘇聯新占張鼓峰，……此與我戰局得益甚大，至少可以牽制敵軍北滿兵力也。」

歐戰爆發，史達林憂心一旦德國攻蘇，蘇聯將陷入腹背受敵的困境，因此不得不置重心於歐陸，避免同時與日本為敵。因此，蘇聯非但未對關東軍乘勝追擊，反而和日本簽了停戰協定。

蘇聯的算盤正中東京下懷。日本大量部隊陷於中國戰場，進退失據，為求脫困，正準備用兵東南亞，而美國將是其最大勁敵，日本也無力與蘇聯為敵。於是，東京趁勢尋求改善日蘇邦交。1941 年 4 月 13 日，蘇日簽訂《蘇日中立協議》（Soviet-Japanese Neutrality Pact）。

不僅如此，《蘇日中立協議》附有一項「聲明」：「蘇聯保證尊重滿洲國的領土完整和不可侵犯性，日本保證尊重蒙古人民共和國的領土完整。」國民政府自是不能接受，次日（14 日），外交部正式否認，宣布此協議「絕對無效」：「查東北四省及外蒙之為中華民國之一部，而為中華民國之領土，無待贅言。中國政府與人民對於第三國間所為妨害中國領土與行政完整的任何約定，絕不能承認。並鄭重聲明：蘇日兩國公布之共同宣言，對於中國絕對無效。」[34]

從此，蘇聯停止對國民政府的軍事援助，撤回航空志願隊及軍事顧問團；雖與國府仍維持正常關係，但已不再公開聲援中國抗日，並且和中國外交官在國際場合保持距離，中蘇外交的蜜月期結束，雙方關係轉淡。[35]

蔣介石鍥而不捨力勸蘇聯對日作戰

雖數度碰壁，但蔣介石促使蘇聯參加對日作戰之心並未稍減，即使中蘇關係走向冷淡，他仍鍥而不捨，一試再試。1941 年 6 月，蘇德戰爭爆發，蘇聯終止對華援助，蔣仍不放棄，再次提請蘇聯對日參戰。

34 「外交部對蘇日共同宣言發表聲明」（1941 年 4 月 14 日），〈革命文獻－對蘇外交：一般交涉〉，《蔣中正總統文物》，國史館藏，數位典藏號：002-020300-00042-086。
35 別列日柯夫著，呂昶編譯，〈二戰期間史達林與蘇聯的對外政策〉，《諸君》，1982 年 9 月、10 月號。

不僅如此，外交部長郭泰棋、次長傅秉常、國民黨中央社，還有國民黨軍事系統重要喉舌《掃蕩報》等，都公開發表要求蘇聯參戰的言論。國民政府一連串緊密而嘈雜的呼籲，蘇聯不但不予理會，還表示不滿，認為中國是在挑動日蘇戰爭。[36]

1941 年 12 月珍珠港事變後，蔣介石又去函力勸蘇聯對日宣戰。這次，史達林回應了。1941 年 12 月 12 日，他回函指出，現在蘇聯軍隊已開始全力打擊德軍，因此，蘇聯力量不宜分散於遠東，「敬懇勿堅持蘇聯即刻對日宣戰之主張。」[37] 措辭客氣，但不願對日作戰的態度十分堅定。

眼見事已至此，蔣介石竟還不死心，12 月 17 日，他再以長電致史達林，分析利害：「余意此時惟有蘇聯能及早先發制人，則太平洋局勢尚可挽救，而蘇聯在遠東之現狀乃可獲得安全。否則如任令日本對蘇聯先施行夾擊，取得主動，而吾人居於被動，則遠東反侵略陣線必陷於危境，乃至於不能收拾矣。」[38] 毫無意外，此函未獲任何回應。

此後中、蘇各自忙於自己的戰事，蘇聯對日參戰一事也就被擱置不議，中蘇互動也趨於冷淡。

蔣介石為何如此希望蘇聯參加對日作戰？在中國獨立作戰的時候，主要是為了得到蘇聯的援助與合作；但在同盟作戰形成之後，蔣更有全盤的思考。他希望在太平洋地區成立一個對抗軸心國的同盟體制，能發揮聯合作戰的影響力，亦能改善中國戰況，尤其希望這個體制能牽制蘇聯，使蘇聯不再對日妥協，進而使蘇聯參加對日作戰。[39]

36　王真，《中蘇關係惡化原因初探》，《歷史研究》，1990 年第 4 期，頁 178-179。

37　「史達林電蔣中正」（1941 年 12 月 12 日），〈革命文獻—同盟國聯合作戰：重要協商（一）〉，《蔣中正總統文物》，國史館藏，數位典藏號：002-020300-00016-011。

38　〈事略稿本—民國三十年十二月〉，《蔣中正總統文物》，國史館藏，數位典藏號：002-060100-00159-017。

39　〈事略稿本—民國三十年十二月〉，《蔣中正總統文物》，國史館藏，數位典藏號：002-060100-00159-008。

不過，蔣介石的想法與作法曾引起爭議。有學者批評，蔣不應只顧中國自己的利益，罔顧蘇聯對德戰況的緊急。更有甚者，認為蔣一廂情願的態度也是造成中蘇關係惡化的原因之一。[40]

蔣介石時刻防範蘇聯對華野心

1943 年，盟軍在歐亞兩個戰場都開始轉守為攻。2 月，日軍在太平洋戰場失利，美軍占領瓜達康納爾島，繼而奪取索羅門群島，掌控了南太平洋的制海權，並展開戰略反攻。歐戰方面，7 月，德軍大舉進攻蘇聯中部未果，蘇聯成功地迫使德國撤離，突破德軍東線的防備，意大利軍隊亦在此時潰敗。

此時，蔣介石反覆思考歐亞戰局，並估算日、德、蘇、及中共的動向：

關於戰後的安排，俄必須和英美站在一起，英美目前不會讓俄直接和德國講和，將待打擊德日快有結果（決戰關頭）時，再與俄商議最後解決方；俄德若講和，英美不會派兵登陸打掉德國，而會用空軍轟炸消耗德國，待德俄之後反目（意思是，就算英美陸軍登陸歐洲，攻打到快有個結果，戰後解決方案也不會聽任蘇聯單方面的訴求，務使德國成為對俄掣肘）。

——「俄國如擊潰德國進入德境，則英美將在歐西登陸，以制服俄國獨霸歐洲的野心。」

——「俄國今後之政策，將促使英美開闢第二戰場，消耗英美戰力，以為戰後平分歐洲，並使其在東歐之行動完全自由。」

——「俄如始終不對倭（日）參戰，則我雖犧牲較大，然戰後問題單純，當為我國之利；但俄到最後關頭，必會投機參戰，獲取戰利。」[41]

40　王真，《中蘇關係惡化原因初探》，《歷史研究》，1990年第4期，178-179。

41　蔣介石日記，1943年8月25日，雜錄。

　　比對日後戰局發展，蔣介石的預測大致符合事實，尤其是最後一則就蘇聯對日參戰時機和動機的判斷，更是驚人的準確。

史達林投機參戰

　　1943 年秋，盟軍逐步掌握歐戰主控權時，蘇聯向美國表示，一旦同盟國擊敗德國，蘇聯願意參加對日戰爭，並不索取任何參戰報酬。[42]1943 年 10 月，美、英、蘇三國在莫斯科舉行會議，討論儘快結束對德國和軸心國的戰爭，以及戰後如何推動和平與合作。美國原是要邀請中國參加，但史達林不同意，只有在最後要簽署《莫斯科宣言》（Moscow Declaration）時，才邀請中國駐蘇大使傅秉常加入。雖然中國未受應有的尊重，但《莫斯科宣言》後，中蘇關係開始改善。

　　事實上，太平洋戰爭爆發，中蘇分別以同盟國會員身分和美、英並肩作戰；就世界戰局而言，中國是美國在亞洲戰場的主要盟友，蘇聯則是歐洲戰場的主要盟國，但三者之間共同的關係並不明顯。一直到 1943 年後期，歐洲戰場情勢稍緩，蘇聯才開始有餘力插手亞洲戰場，美國也亟需把蘇聯引入亞洲戰場。

　　本應是中美英蘇四國在亞洲戰場聯手對日，但 1944 下半年，兩件事使得中美關係陷入低潮：一是國軍在「一號作戰」（豫湘桂戰役）失利，近百萬軍隊潰敗千里，工業生產大幅衰退，美國因此對中國軍事力量產生懷疑；[43]再加上蔣介石與史迪威交惡，羅斯福勉強召回史迪威，華盛頓與重慶關係陷入低潮。這些事實都使得美國政軍高層對蔣

42　Cordell Hull, *The Memoir of Cordell Hull*, pp.1312-1313. Haorrymon Maures 著，梁明致譯，〈十年來美國對華政策的錯誤〉，《東方雜誌》，第 44 卷第 6 期（1957 年 3 月），頁 23。

43　例如李海上將（ William D. Leahy ）告訴顧維鈞，美國對中國近月抗戰能力不及往年，以及空軍雖增加，戰果卻仍有限，殊感焦慮。「顧維鈞電蔣中正」（1944 年10 月 12 日），〈革命文獻─雅爾達密約有關交涉及中蘇協定〉，《蔣中正總統文物》，國史館藏，數位典藏號：002-020300-00048-001。

介石及國軍失望，殷切盼望蘇聯加入遠東戰爭。[44]

此外，「一號作戰」期間，中國的政治經濟不穩，尤其是中共趁機做大，國共衝突愈發嚴重，也使得美國考慮促進中俄關係，透過蘇聯轉圜國共的緊張情勢。[45]件件樁樁對國民政府不利的事實，再加上國際共產黨在美的宣傳，更使美國堅信邀蘇聯參加對日作戰乃是促成中國和平團結、提早結束遠東戰場的最佳途徑。[46]

然而，蔣介石很清楚，蘇聯不可能放棄對中國及遠東的野心，英、美也不會為了中國得罪蘇聯。當前情況對中國極不利，可是重慶正處於政經軍事的低谷，不宜得罪英美，外交上也必須與蘇聯維持友好關係。[47]

據國府駐蘇大使胡世澤觀察，當時（1943年秋）盟軍氣勢正強，蘇聯參戰的目的主要是希望繼續獲得美國租借物資援助，「並無他圖」。[48]當時或許的確「並無他圖」，但後來蘇聯卻一步步向美國提出各項「政治條件」作為參戰的交換條件，美國又以蘇俄的條件轉而要求國府同意。梁敬錞指出：如果美國當時就告知中國蘇聯參戰的意願，而「中國在此時即與蘇聯簽訂某種參戰條約，也就不致於到次年需要蘇聯參戰的情勢愈明時，蘇聯就愈有機會借題發揮，索取參戰的報酬

....

44　宋子文1945年5月26日呈蔣介石電謂：「羅斯福總統原期中國陸軍對擊潰日本能負大部份責任，但以去年（1944）我國軍事失利，羅感覺我國力量不夠……故轉而盼望蘇聯能參加遠東戰爭。」見「宋子文電蔣中正」（1945年5月26日），〈革命文獻—雅爾達密約有關交涉及中蘇協定〉，《蔣中正總統文物》，國史館藏，數位典藏號：002-020300-00048-012。

45　〈美報評論中蘇關係〉，重慶《中央日報》，1945年6月15日，版2。

46　Albert C. Wedemeyer, *Wedemeyer Reports* (New York：Henry Holt & Company, 1958)，p.430.

47　Cordell Hull, *The Memoir of Cordell Hull* (New York：The Macmillian Co., 1948), pp. 1312-1313.

48　「駐蘇大使胡世澤致宋子文函」，1945年11月12日；T. V. Soong Files, Box 4, Hoover Institution Archives。

了。」[49]

　　但外交情勢瞬息萬變，時不我與。1943 年 11 月的中、美、英開羅會議，羅斯福確實有意促使史達林與蔣介石會面，但史達林婉拒。[50] 羅斯福與邱吉爾改為在開羅會議後赴德黑蘭與史達林會晤，不幸的是，開羅會議後，美國已準備犧牲中國利益，作為換取蘇聯參加對日作戰。[51]

　　緊接著，「一號作戰」爆發，國軍節節敗退，美國擔心中國戰局再久拖，盼望盡速結束亞洲戰事，羅斯福更深信「倘使俄能在亞洲償其所願，則在歐洲可以減其所需。」[52] 既然蘇聯參戰勢在必行，基於長期以來對美國的信任和對蘇聯的疑慮，蔣介石希望美國參與中、蘇交涉，以保障中國的權益。

　　1944 年 6 月，美國副總統華萊士（Henry A. Wallace）訪問重慶，蔣介石和華萊士談話 5 次，一再申明兩個訊息：

(1) 中俄改善國交，俄願美國從中疏解，但並不願美居仲裁地位。
(2) 但中國希望美國從中斡旋中俄關係之調整，只要美國出面協調，任何方式中國皆接受。[53]

　　不久，羅斯福派特使赫爾利（Patrick J. Hurley）及戰時生產局局長納爾遜（Donald M. Nelson）分別在 8 月、9 月訪華，兩人傳達羅斯福的意思，希望中國能與美國持相同態度，對蘇聯先有具體的親善表現。[54]

49　梁敬錞，〈中蘇友好同盟條約之簽訂與其影響 —— 美國遠東門戶開放政策之沒落〉，《傳記文學》，第 24 卷第 4 期（1974 年 4 月），頁 4。

50　同上，頁 5。

51　United States State Dept., *Conference at Cairo and Teheran*（Washington D. C.：Government Printing Office，1961), pp. 561-563。關於「開羅會議」中，中美關係微妙變化，可見本章〈重探開羅會議〉一節的進一步論述。

52　陳玄茹，〈不祥的雅爾達祕密協定〉，《中國一周》，第 257 期（1948 年 5 月），頁 5。

53　蔣介石日記，1944 年 6 月 26 日。

54　「傅秉常電蔣中正」（1944 年 9 月 1 日），〈革命文獻—對美外交：一般交涉（二）〉，

為展現合作態度，國民政府迅即在國民參政會第三次大會中提出「關於外交國際事項建議案」，包括加強中蘇友好關係、加強對蘇國民外交活動及派遣蘇聯訪問團等，此建議案經國防最高委員會通過後，即交由行政院辦理。[55]

此時，中蘇關係中出現一個小插曲，在蔣介石日記中幾次提到蘇俄透過蔣經國，表達史達林願與其會晤之意：「本晚俄使館祕密指導員約經兒談話，表示史達林願與我會晤之意，此乃美國態度對我不利所致。」[56]「俄國在渝祕密之首要『季狠斯基』密見經兒，談話表示史達林與余晤面之意， 此乃俄國對華之重要表示，若非美國對華態度惡劣至此，彼猶不敢有此之表示也。」[57]

1944 年 12 月 14 日，史達林獅子大開口，提出參加對日作戰條件：

(1) 千島群島與庫頁島南部歸還蘇聯；

(2) 租借旅順、大連及其周圍地區；

(3) 租借中東鐵路與南滿鐵路；

(4) 承認外蒙古現狀，即維持蒙古人民共和國的獨立。[58]

而羅斯福總統以及出席雅爾達會議的美國官員，早已有了以下共識：

(1) 如蘇聯早些對日本宣戰，可以減少美國犧牲，得到遠東戰場的

續……

《蔣中正總統文物》，國史館藏，數位典藏號：002-020300-00029-041。

55 「國防最高委員會第148次常會報告及決議案」（1944年11月6日），〈國防最高委員會141-150次會議紀錄〉，《會議紀錄》，中國國民黨文化傳播委員會黨史館藏，檔號：00.9/28。

56 蔣介石日記，1944年10月5日。

57 蔣介石日記，1944年10月7日，上星期反省錄。

58 Herbert Feis, *The China Tangle* (New Jersey：Princeton Univ. Press, 1950), pp.230-233。

勝利；

(2) 蘇聯已取消第三國際組織，放棄革命主張，而願與西方資本主義國家友好合作；

(3) 史達林總比希特勒好，而且，經過二次大戰慘教訓後，史達林不至於再窮兵黷武；

(4) 蘇聯如果不得到比較滿意的利益，可能會單獨與希特勒媾和。[59]

蘇聯所提參加對日作戰的條件，包含了對外蒙和滿洲的要求。顯而易見，蘇聯對日作戰並不只是為摧毀日本的軍事力量，而是要恢復其沙俄時代在遠東，特別是在中國的勢力範圍。[60] 這才是蘇聯遠東戰略的真實目的，而美蘇帶著這樣的「共識」，中國注定了被出賣的命運。

蔣介石對這個情勢不能說不察，他在 1945 年初就預料到：「本年預期之危機：甲、俄國煽動新疆各地叛亂，趁機侵占全疆；乙、俄國攻占東三省，勾結中共成立偽組織；丙、共匪在西北叛變；丁、通貨惡性澎漲，經濟情形險惡。」[61] 然而，縱使蔣介石對於國內外局勢的發展相當敏銳，但國際政治的現實卻非他或中國所能掌握。

1945 年 2 月 11 日，美英蘇三國在雅爾達會議中簽署了《蘇俄參加對日作戰協議書》，史達林用了和《莫斯科宣言》相同的理由，堅持有關參加對日作戰協定的內容暫不告知中國，以便保持機密。羅斯福同意了史達林的要求，直到他於同年 4 月 12 日過世，始終不曾告知中國實話。

其實，中國方面對雅爾達會議的情形並非完全無知，蔣介石從傅秉常大使電文中得知，史達林堅持瞞著中國雅爾達會議的內容，「其

59　美國國務院發表，聯合報社譯編，《雅爾達會議記錄全文》（台北：上海印刷廠，1955），頁36-37。

60　沈志華，〈蘇聯出兵中國東北：目標和結果〉，《歷史研究》1994年，第5期。

61　蔣介石日記，1945年，民國34年大事年表。

中必有難言之內容，未能盡以告我者。證諸顧使之言，俄對東北與旅大特權之要求，當非子虛，國勢之危已極，甚歎國運之蹇艱，不知何日方濟？」[62]

蘇聯強勢狡詐不止於此。一方面蘇聯和英美祕密出賣中國，同時又向國府示好，要中國和它站在一起，而不是緊靠美國。莫斯科繼續透過蔣經國這個管道與國府私下對話，「俄國各報，一面對我政府之詆毀無所不至，全為其尾巴中共張目，而一面又急尋經國覓取與我溝通之線索，可謂無孔不入。」[63]「經兒報告俄國態度似已表示親熱。去年與經談話後回俄之阿秘書（Vasili M. Alexeer）最近又唧史達林命回華，其意急欲有所提議也。」[64]

1945 年 4 月 12 日，羅斯福逝世，蔣介石深感未來外交情勢必有變化，尤其是對蘇聯關係，將更為被動：「其（羅斯福）逝世後，美國對華政策將比現在更壞，以羅對俄國姑息與對中共袒護，但其尚有限度與一定之主張，而且彼有理想有抱負，亦有情理可言，並非徒恃強權之霸者也。今後美國世界政策於此必將有所變更，而不能如羅之自主乎？……中俄關係因羅之死，俄國對華政策是否變威逼為懷柔，不得不加注意，審慎沉機深研也。」

事實上，繼任的杜魯門總統對中國態度頗為強硬，他訓令有關人員不得在蘇聯要求的期限（1945 年 6 月 15 日）以前將《雅爾達密約》的協定內容告知中國。[65] 正是美國這樣的態度，使得蘇聯得以「挾美以制華」。[66]

....

62　蔣介石日記，1945年2月21日。

63　蔣介石日記，1944年12月11日。

64　蔣介石日記，1945年2月17日。

65　William D. Leahy 著，許逸上譯，《美蘇關係祕錄：李海回憶錄》（台北：自由中國，1950），頁15。

66　蔣介石日記，1945年4月13日。

《雅爾達密約》簽訂 4 個月後，6 月 15 日，美國駐華大使赫爾利（Patrick Jay Hurley）才受命向蔣介石報告雅爾達協定的內容。蔣當場提出三點希望美方考慮：

(1) 美政府是否願共同使用旅順港？如果願意，中國可提出此建議，並歡迎英國亦參加，四強共同以旅順為海軍基地。

(2) 美國是否加入中蘇談判？如果美國認為應邀英國加入，中國亦不反對。

(3) 有關庫頁島及千島群島應由聯合國共管，至少由中、美、英、蘇四國共管，而非由中、蘇單獨決定；甚至韓國問題亦應由四國共同決定。[67]

蔣介石提出這三點，充分顯示國府基於傳統中美友誼對美國的尊重與期盼。然而，美國政府置之不理，理由是：「擬議定的主要目的在規範中蘇關係，則蘇聯是否同意如此作法，大成問題。」[68] 顯然，美國在意蘇聯的態度，而國府已無法獲得美國支持，想要爭回自己的權益，唯有與蘇聯直接談判。

二、《中蘇友好同盟條約》的談判與簽訂

中蘇談判分為兩階段，始於 1945 年 6 月 30 日，因史達林必須赴波茨坦參加英、美、蘇三國會議，而國府負責主談的宋子文（時任行政

67　駐華大使赫爾利致國務卿電，1945年6月15日, *Foreign Relations of the United States : Diplomatic Papers 1945*（以下簡稱*FRUS*）, VII, China (Washington, D.C.: U.S. Government Printing Office, 1961) pp.903-904。

68　Herbert Feis, *The China Tangle* (New Jersey：Princeton Univ. Press, 1950), pp.314-315.

院長兼外交部長）亦希望回國請示機宜，雙方在 7 月 13 日發表公報，
說明會談順利，當再續談。接著，7 月 30 日重開談判，至 8 月 14 日正
式簽訂《中蘇友好同盟條約》。雙方總共洽談 12 次，其中史達林親自
參加了 9 次。[69]

　　中蘇談判的重點主要有四：(1) 外蒙問題、(2) 旅大問題、(3) 鐵道
問題、(4) 中俄關係。中蘇雙方在談判時針對四點互有攻防，宋子文更
是據理力爭，分寸不讓；但是，最後的條文顯示，國府可謂是在「兵
臨城下，不得不簽」的困境下簽訂了這個「友好」條約。[70]

外蒙問題

　　外蒙問題是中蘇談判爭執最嚴重，也是《中蘇條約》日後最為人
詬病的爭論，集中在外蒙獨立以及外蒙疆界之爭。遺憾的是，在這兩
點上，中國缺乏強而有力的反駁立場，對蘇方的要求幾乎照單全收。

　　事實上，蔣介石很早就關注外蒙問題。早在 1923 年 8 月，蔣代表
孫中山率團訪問蘇聯時，托洛斯基暗示外蒙不是中國的一部份，蔣異
常憤怒地告訴代表團成員說，托洛斯基騙了他們，如果外蒙要獨立，
應先徵得中國的同意。[71] 他回國後，寫了封長信給廖仲愷，直指俄共對
華政策是要使滿、蒙、回、藏諸部皆成為蘇維埃的一部份，且對中國
本部有染指之意。所謂的國際主義與世界革命其實都是「凱撒的帝國
主義」。[72]

69　各次談判紀錄詳見胡世澤檔案（此檔案現藏美國哥倫比亞大學，以下概稱 Victor S.
　　T. Hoo Files），對各次談話之時間、參加人員均有詳細記載。

70　吳其玉，〈評中蘇同盟條約〉，《東方雜誌》，第 41 卷第 23 期（1953 年 12 月），頁 5。

71　俄羅斯現代史文獻保管與研究中心、俄羅斯遠東研究所、柏林自由大學合編，
　　ВКП(б), Коминтерн И Китай（聯共〔布〕、共產國際與中國），
　　莫斯科，1994，卷 1，文件 102，頁 346-347。

72　信是 1924 年 3 月 14 日寫的。萬仁元、方慶秋編，《蔣介石年譜初稿》（北京：檔案
　　出版社，1992），頁 167。

　　蔣介石的擔憂很快成真。1924年11月26日，外蒙受蘇聯煽動獨立，成立蒙古人民共和國，定都庫倫，改城名為烏蘭巴托，允許蘇聯駐軍，成為蘇聯共產黨的衛星國。當時，中國及英、美等主要國家政府皆未予承認，但它卻一直事實存在。

　　1945年的中蘇談判中，蘇聯要求外蒙獨立，中國朝野都極為憤怒，但蔣介石盱衡全局，認為雖不願接受現況，但蘇聯形勢比人強，且外蒙在1924年宣布獨立以來，其社會、經濟、文化各方面都以蘇聯為圭臬，蘇聯早已牢牢地控制了外蒙，不可能再放手。[73] 既然護不住外蒙，不如以外蒙作為籌謀，和蘇聯交換東北、新疆的領土完整。最後，蔣介石決定有條件允許外蒙戰後獨立。[74]

　　蔣介石向蘇聯提出4個條件：

(1) 東三省領土、主權及行政必須完整；
(2) 新疆被陷區域全部恢復；
(3) 中共之軍令、政令必須完全歸中央統一；
(4) 必須待中國統一情形達上述程度時，自動提出外蒙獨立。[75]

　　至於外蒙疆界之爭，蔣介石堅持，在中國宣告外蒙古獨立以前必須解決疆界問題，而且只能以中華民國地圖為準，不能以蘇聯自造的地圖作根據。最後雙方同意「外蒙疆界以現疆界為界」。[76]

73　吳其玉，〈評中蘇同盟條約〉，《東方雜誌》，第41卷第23期（1953年12月），頁5。

74　梁敬錞，〈中蘇友好同盟條約之簽訂與其影響－美國遠東門戶開放政策之沒落〉，《傳記文學》，第24卷第4期（1974年4月），頁7。

75　「蔣中正電宋子文」（1945年7月6日），〈雅爾達密約與中蘇協定〉，《蔣中正總統文物》，國史館藏，數位典藏號：002-090400-00001-006、002-090400-00001-007、002-090400-00001-008、002-090400-00001-009。

76　「蔣中正電宋子文」（1945年7月7日），〈雅爾達密約與中蘇協定〉，《蔣中正總統文物》，國史館藏，數位典藏號：002-090400-00001-012。

旅大問題

旅大即旅順、大連。史達林在德黑蘭會議中透露要取得旅順軍港，並闢大連為國際港的企圖。蘇聯欲以旅順港作為其遠東基地，所以不僅要求對旅順港的完全控制權，還要求把周圍百里的地域列為中立區，以為港口腹地。

對此，國府堅決不允許再有「租借」字眼出現，最低限度只能同意中蘇共用，主權與行政必須完全歸中國自主。宋子文堅持立場，幾乎在每個關鍵問題上都和史達林針鋒相對。[77]

但是，美國的態度對中國極為不利。美國欲占領日本附近的小笠原群島與琉球群島，作為美軍基地，打算以中國問題上的讓步來交換蘇聯的妥協。美國駐蘇聯大使哈里曼（William A. Harriman）明告宋子文：「美國對旅順問題態度有特殊困難；因美既擬永久占領日本附近海島，即無法拒絕蘇聯使用旅順，故羅總統有此讓步。」[78] 但中國堅持不讓，雙方激烈爭辯，最後，把「租借」改為「委託」；把「共同管理權」交由中蘇軍事委員會處理，蘇方有權在該地區內駐紮陸、海、空軍；中國行政當局對蘇方軍事指揮當局之建議須實行。

這些修改名義上遵照了中國的條件，但實質上與租借無異。國府僅收回了旅順港外的島嶼及旅順、大連間的鐵路管理權。

至於大連，國府堅持必須為純粹自由港，行政權屬於中國，其餘可依商業方式酌定辦法。[79] 在這個問題上美國倒是站在國府這邊，羅斯福總統指示「大連為自由港，從未計及作為予蘇聯以特殊利益之港口」

77　有關中、蘇此段交涉，參考陳立文，《宋子文與戰時外交》，（台北：國史館，1991），頁261-280。

78　「宋子文電蔣中正」（1945年7月9日），〈雅爾達密約與中蘇協定〉，《蔣中正總統文物》，國史館藏，數位典藏號：002-090400-00001-087。

79　「蔣中正電宋子文」（1945年7月11日），〈雅爾達密約與中蘇協定〉，《蔣中正總統文物》，國史館藏，數位典藏號：002-090400-00001-016。

原則，[80] 因此，中蘇之爭僅在於市政權的歸屬與市政董事會的設立，最後市政權全歸中國，不設董事會；唯須任用蘇籍人員一人，管理港口船務，以備萬一對日發生戰爭時，可約束旅順軍港。[81]

中長鐵珞問題

中東鐵路及南滿兩鐵路在中蘇談判時，合併為一，名為「中國長春鐵路」，簡稱「中長鐵路」。

比起外蒙和旅大問題，國府在鐵路問題的交涉上，較有收穫。國府最初希望鐵路所有權完全屬於中國，僅同意給予蘇聯優先使用權；但蘇聯堅持所有權應屬於「建築鐵路者」，形成「主權所有者」與「建築者」之爭。經宋子文力爭，中國獲得幹道主權，中蘇共營中東鐵路在俄國及中蘇共同管理時期，以及南滿鐵路在俄國管理時期所置之土地及所築之鐵路輔助線，其他鐵路支線與附屬事業及土地歸中國政府完全所有。[82]

其他中俄關係相關問題

還有中蘇談判中的幾個特殊問題，例如：考慮自東北撤軍的時間、進入東北的中蘇人員關係、蘇聯對中共問題的態度、新疆問題等等，由於相當瑣碎，不成一專款，而是分別列於條約的照會中，或以紀錄方式載入約內，或僅為討論內容。

此外，國府希望蘇聯在兩個問題是做出保證：

80　「哈里曼致國務院電」，1945年7月18日，FRUS, 1945, VII, p.1240。

81　「宋子文電蔣中正」（1945年8月11日），〈革命文獻—雅爾達密約有關交涉及中蘇協定〉，《蔣中正總統文物》，國史館藏，數位典藏號：002-020300-00048-079。

82　「中蘇關於中國長春鐵路之協定」第一條，〈對蘇俄外交（一）〉，《蔣中正總統文物》，國史館藏，數位典藏號：002-080106-00062-016。

(1) 蘇聯絕不支持中國共產黨；
(2) 不支持新疆叛變。

蘇聯表面上願意合作，但從最後簽訂的文字看來，其偏袒中共、迴避新疆問題的意圖甚為明顯。最後的文字是這樣的：

> 依據上述條約之精神，並為實現其宗旨與目的起見，蘇聯政府同意予中國政府以道義上軍需品及其他物資之援助，此項援助當完全供給中國中央政府，即國民政府。……
>
> ……關於新疆事變，蘇聯政府重申如同盟友好條約第五條所云，無干涉中國內政之意。[83]

中蘇談判簽約前幾天，1945 年 8 月 9 日，蘇聯對日宣戰。蔣介石獲知訊息的立即反應是「戰慄恐懼」：「今晨接俄國已對日宣戰之消息，憂喜參半，而對國家存亡之前途與外蒙今後禍福之關係，以及東方民族之盛衰強弱皆繫於一身，能不戰慄恐懼乎哉。」[84] 明知蘇俄拖到最後才參戰是為了趁機獲取暴利，對中國極為不利，但無法阻擋英美強烈促成蘇俄參戰的決定；明知《中蘇友好同盟條約》是城下之盟，但為了國家存亡前途及對美英關係考量，不得不委屈妥協。

整體看來，抗戰期間的中蘇關係跌宕起伏，史達林在抗戰前期給予中國的援助，有助益於中國持久戰的布局和堅持；但蘇聯無論作為盟友或敵人，始終是凶惡貪婪的。蔣介石對蘇聯從來保持懷疑警戒，無時無刻不在思考如何防制蘇聯對中國的野心，但在抗日的需求以及

83　「中蘇友好同盟條約附照會（一）」，〈對蘇俄外交（一）〉，《蔣中正總統文物》，國史館藏，數位典藏號：002-080106-00062-016。

84　蔣介石日記，1945 年 8 月 9 日。

英美壓力下，不得不低頭。

三、戰時最重要的對美關係

抗戰時期，最重要的對外關係當屬中美關係。研究抗戰時期中美外交，一般多從 1941 年底同盟作戰開始，但從蔣介石日記來看，他從 1940 年初就不斷思考如何爭取美國的支持，以及日後中美關係可能的發展。

蔣介石日常極關注世局變化，尤其是 1939 年 9 月歐戰爆發後，他幾乎每天都思考歐亞各國的合縱連橫，並做出預測。1940 年 12 月 27 日，他仔細檢驗自己在當年初（2 月 14 日）對世局所做的預測，非常有意思：[85]

(1) 歐戰發展與結束（半）（按：「半」表此事進行中）

(2) 美國對倭禁運之發展（大半）（按：「大半」表此事已發生大半）

(3) 倭加入德意戰線？（全）（按：「全」表此事已發生）

(4) 意加入英美法戰線？（反）（按：「反」表結果相反）

(5) 倭軍對內革命（未到）（按：「未到」表尚未發生）

(6) 汪偽組織出現（已中）（按：「已中」表已發生）

(7) 英倭妥協？（不）（按：「不」表不可能發生）

(8) 俄倭妥協？（不）

(9) 共黨叛亂（半）

(10) 倭攻宜昌（或長沙韶關）（中）（按：日軍已占領宜昌）

(11) 倭寇不介入歐戰（後）（按：「後」表示未來之事）

(12) 美國對倭不禁運（後）

85　蔣介石日記，1940 年 12 月 27 日。

(13) 美國擴充海軍與關島設防（中）

(14) 美國在太平洋海軍演習示威（中）

(15) 美國總統今年改選

(16) 美國對倭無論如何壓迫，三年之內決不能開戰制倭寇死命，使
　　 之屈服也；如倭攻英美則另一問題耳。

　　對於這個檢驗，蔣介石有些自得：「以上本年預期事項，為我所
料中者約十分之八，自覺思慮漸切實際矣。」[86]

　　從後來戰局發展來看，蔣自許「料中者約十分之八」，可算中肯；
尤其是最後一則，他預測無論美日關係如何不睦，美國都不會對日開
戰；但如果日本主動攻擊英美，就另當別論了。一年之後日本偷襲珍
珠港，美國隨即對日宣戰，蔣介石料事相當精準。

　　除了關注中美關係，蔣介石也密切注意美日及英日關係的進展。
例如，1940 年 4 月，日本欲取荷屬東印度時，蔣介石判斷：「美已表
示反對，但必無效；歐北德已穩定，英法戰略失敗，意國或將在地中
海對英法挑戰，倭寇亦在東印度動手，俄必縱容倭向南作戰，俄倭必
將妥協，果爾德意倭陣線成立，而美英法陣線必起，俄將從中坐大，
以觀帝國主義之火併矣。」[87]

　　5 月，美國國會討論擴軍及關島設防案，蔣備加關注，認為美國國
會通過三億美元的擴軍經費，對日本打擊甚大，只要美國擴軍計畫完
全通過，則日本有可能改變其對華戰略，甚至從中國撤兵，都有可能。[88]
他並判斷，日軍如南進，必將介入歐戰並與美國衝突，美國對日計畫

86　「本年預期事項」，《蔣介石日記》，美國胡佛研究所藏，1940年卷首，列於「民國
　　二十九年大事年表」之後。

87　蔣介石日記，1940年4月20日，上星期反省錄。

88　蔣介石日記，1940年5月25日，上星期反省錄。

與布置已告完妥，「只待倭寇之自決矣。」[89]

　　根據蔣介石對日作戰的大戰略，「持久戰」定能拖住日本；但「拖」還不夠，必須「與世界大戰相結合」，中國才能一舉廢除不平等條約，擺脫次殖民地的地位。[90] 所以，這個戰略成功與否，還需要做到一個特別的條件──「苦撐待變」，中國要能挺得住，撐到國際局勢變化，才有勝利的把握。[91]

　　國府獨立抗日，撐到 1940 年，蔣介石認為美國擴軍、禁運、日德義軸心同盟，以及英美對亞洲情勢的反應等等，這些發展最終都將匯集到太平洋來。他預測日本即將掀起太平洋戰爭，美國將首當其衝；果若如此，勢將有利中國戰局，所以他期待「太平洋問題總解決之期能早日到來。」[92] 因此，積極爭取美國支持與援助，成為國府對外關係的重中之重。

　　1937 年中日大戰爆發時，國民政府的駐美大使是資深外交家王正廷；抗戰打了一年，平津、上海、南京、徐州陸續失守，為爭取國際社會的支持，特別是美國的支持，蔣介石決定找一位在國際上有聲譽和影響力的人取代王正廷。1938 年 9 月，胡適受命出任駐美大使。胡適經常在美各地發表演講，對了解美國朝野與支持中國抗戰起了一定的作用，但蔣介石最迫切需要的是軍事和財政上的援助，於是加派上海商業儲蓄銀行總經理陳光甫赴美，借重陳光甫與美國工商金融界的關係，爭取實質性的金援。陳光甫取得兩次借款，但與蔣介石的期望仍有相當距離。於是，1940 年 6 月，蔣介石指派宋子文為其「特別代表」

89　蔣介石日記，1940 年 5 月 28 日。

90　關於蔣介石對日作戰的大戰略，請參見本書第一卷第五章。

91　一般謂，「苦撐待變」語出民國 27 年（1938 年）10 月 19 日胡適與友人書及致蔣介石電文，用「撐持待時」，當為同義。〈對美關係（二）〉，《蔣中正總統文物》，國史館藏，數位典藏號：002-090103-00003-202。

92　蔣介石日記，1940 年 10 月 31 日，上月反省錄。

（special envoy）赴華盛頓，並授予商洽全權，可代表政府從事外交軍經各方面的交涉。

特使外交：宋子文赴美爭取戰略資源

「特使外交」是抗戰時期國民政府特殊的現象之一。國府當時重大外交決策集中於蔣介石，蔣曾多次指定專人為特使，執行特殊的外交任務。[93] 例如，抗戰前期，蔣介石曾指派楊杰、賀耀祖、孫科以特使身分赴蘇聯爭取支持，交涉結果直接彙報蔣本人。

特使外交最顯明的例子，當推 1940 年到 1943 年代表蔣介石赴美的宋子文。宋子文在美國 3 年多，憑著豐富的學經歷和蔣介石的充分授權，得以發揮其個人特長和人脈，交涉過程體現出靈活、高效、保密等特點，中美間的互動合作，也隨之活潑起來。[94]

蔣介石不滿胡適的表現

選派宋子文到華府，是因為蔣介石不滿駐美大使胡適的表現，認為胡適維護國家利益不夠堅定。[95] 當時（1940 年）對美外交最重要的目標是爭取美國對華戰略物資的支援，而胡適「不借款、不買武器、不交涉」的作風，自然不合蔣介石的要求，蔣早就想撤換駐美大使，外交部曾建議顧維鈞或顏惠慶作人選。[96] 不過，蔣介石考量得失，決定暫時不動大使，但希望找一位了解美國，可直達美國上層，又能由其掌握的「特

93　吳景平，〈蔣介石與戰時外交體制探析──以宋子文使美為中心〉，《史學月刊》，2017年第11期，頁78。

94　關於宋子文在華府的活動，請參閱Tai-chun Kuo, "A Strong Diplomat in a Weak Polity: T. V. Soong and wartime US–China relations, 1940–1943," *Journal of Contemporary China* (2009), 18 (59), March, pp. 219–231.

95　蔣介石日記，1941年11月28日。

96　〈駐美大使人事〉，《國民政府》，國史館藏，數位典藏號：001-061120-00001-002。

使」，宋子文自是合適人選。[97]

　　蔣介石批評胡適：「胡適乃今日文士名流之典型，而其患得患失之結果，不惜藉外國之勢力，以自固其地位，甚至損害國家威信，而亦所不顧。彼使美四年，除為其個人謀得名譽博士十餘位以外，對於國家與戰事毫不貢獻，甚至不肯說話，恐其獲罪於美國。」[98] 不僅是胡適，蔣對當時赴美爭取貸款的陳光甫以及外交部長郭泰祺都有意見，認為他們「毫無志氣」，不敢力爭國家利益。[99]

　　關於胡適使美期間的功過，學界已有許多探討，亦非本研究重點，本文不予贅述。但這裡有一個例子，可看出宋子文和胡適在同一件事情上兩人觀點及態度上的差異。1941年12月27日，羅斯福發表談話，說明美國將先全力解決歐洲戰場，然後再來處理亞洲戰事。當天，胡適及宋子文都有電文回報重慶。胡適的電文僅是轉述羅斯福的說詞：「（羅斯福）總統云：外長辦法只限於臨時的救濟，其中確信不能顧到全部中日戰事。譬如當前有兩個強盜，由兩面攻入，若能給五元錢，使其一人多彎幾十回山路，以後使全力抵抗其他一人，我方用意不過如此。」[100] 宋子文的電報則力言其在羅斯福面前強力表達中國立場：「（羅斯福）總統以美方提案乃完全注重保護滇緬路，經文一再申述，按照提案該路仍不能避免威脅，各地仍不免蹂躪，則中國毋寧因抵抗攻擊而犧牲，不願因日美妥協之侮而崩潰，總統無詞可達，態度似露窘促。」[101]

97　蔣介石直到1942年9月才派魏道明取代胡適。

98　蔣介石日記，1942年10月17日，上星期反省錄。

99　1941年12月6日，上星期反省錄。郭泰祺1935年5月出任駐英大使，1941年4月回國任外交部長，但年底即被免職，改任最高國防會議外交委員會主席。

100　「胡適電蔣中正」（1941年11月27日），〈敵國各情（三）〉，《蔣中正總統文物》，國史館藏，數位典藏號：002-080103-00007-029。

101　「宋子文電蔣中正」，（1941年11月27日）〈敵國各情（三）〉，《蔣中正總統文物》，國史館藏，數位典藏號：002-080103-00007-027。

　　這兩則電報顯示，胡適消極地轉達美國「先歐後亞」的立場；宋子文則據理力爭，指出美國政策的偏失，並強調中國寧可抵抗外侮而犧牲，也不願因美日妥協而受辱。

最有說服力的發言人

　　過去坊間對宋子文在美的活動，尤其是他對美外交獨特的使命和策略，知之不多；直到 2004 年宋子文個人文件在胡佛檔案館全部公開，學者恍然明白，難怪當時負責美國《租借法案》（Lend Lease）的斯特逖紐斯（Edward Stettinius Jr.）對宋子文頗為推崇，說宋是「二戰時期中國在美國最雄辯有力、最有說服力的發言人之一。」[102]

　　宋子文的任務並不簡單。1940 年代初，美國政府和人民仍傾向孤立主義，羅斯福總統及國務卿赫爾（Cordell Hull）竭盡全力避免捲入戰爭，他們也擔心，美國對中國的任何援助，都將激起日本報復。

　　宋子文並沒有因此而氣餒。憑借他的政治手腕和蔣介石對他的信任，把他的才能發揮到極致。他的作法和胡適大不相同，善於和美國政府官員交往，結交了一批媒體朋友，在美國四處演說、投書報社，並極力結交朋友，尋求盟友。他的努力很快得到回報，6 個月之內，他就建立起遊說美國決策人士的關係網絡，得以打開白宮、財政部、國防部和其它美國政府機構的管道。他的重要朋友包括國務院遠東司長郝恩貝克 (Stanley Hornbeck)、商務部長瓊斯（Jeose H. Jones）、財政部長摩根索（Henry Morgenthau）、羅斯福總統首席顧問霍普金斯（Harry Lloyd Hopkins）、財政顧問寇克文 (Thomas Corcoran)，以及華府政、商、媒體界的名流楊門 (William Youngman)、陳納德（Claire L.

102　"One of China's most eloquent and powerful spokesmen in the United States." Edward Stettinius, Lend Lease,*Weapon for Victory* (New York: Macmillan, 1944), p. 109. 斯特逖紐斯（Edward Stettinius）1944年出任美國國務卿。

Chennault）、愛索普（Joseph Alsop）等等。[103]

　　宋子文在美3年4個月，他在各種場合訴說中國人愛好和平、愛國、堅韌不拔的形象，而中國的抗日戰爭對美國、對全球都有重要的意義。他不斷地傳達一個訊息：給予貸款、給予援助，以濟中國之急。宋子文改變了美國朝野對中國的傳統印象（軟弱、腐敗、落後的國家），並爭取到美國大量對中國抗戰的援助，包括貸款及各種經濟和軍事援助方案。

獲美巨額貸款

　　1940年9月25日，宋子文首先取得一筆2千5百萬美元的對華貸款。日本在1940年9月底加入軸心國、並在南京扶植汪政權後，宋子文在美國的工作就變得比較順利了。美國官員認為日本軍國主義者決心要摧毀蔣介石和國民政府，對日本作戰已不可避免。美國逐漸改變孤立主義政策，更加同情與支持中國。

　　宋子文頗得與美國高層溝通的竅門，又掌握最新局勢，因而說服美國海軍部長諾克斯（Frank Knox）提交一份援助中國的計畫書。國務卿赫爾表示支持，羅斯福也贊同他們的看法。宋子文把握每個機會，為中國爭取最大利益。例如，羅斯福要求財長摩根索和宋子文討論援華的細節問題時，宋趁機建議美國把各種款項集合成一個總數（1億美元）的貸款，這樣對中國、美國、媒體都將是個令人振奮的大消息。羅斯福接受了，1941年11月底宣布1億美元信用借款，這筆貸款實際上分成兩部分。第一筆5千萬於1941年2月2日簽字，交換中國的錫和鎢出口。第二筆於1941年4月25日簽字，作為平準基金，目的是

103　關於宋子文在華府工作較詳細的研究，請參閱Tai-chun Kuo and Hsiao-ting Lin, *T. V. Soong in Modern Chinese History: A Look at his Role in Sino–American Relations in World War II* (Stanford: Hoover Institution Press, 2006)。

穩定中國國內貨幣流通。4 月 25 日這一天，宋子文和英國也簽訂了一份類似的協議，獲得 1 千萬英鎊的貸款。美國對日宣戰後，1942 年 3 月，宋子文又談成一筆 5 億美元的借款。這幾筆款項，及時挽救了中國惡化的財政狀況、提振了中國朝野的士氣，也促進中美緊密合作。

爭取戰略物資——戰機

蔣介石給宋子文的任務不僅是爭取財經援助，更重要的是軍事援助，尤其是戰機。

中國空軍發展起步較遲，到 1937 年抗戰軍興僅有 35 個中隊，飛機 305 架。1938 年底，歷經八一四空戰、武漢保衛戰等大小空戰，損失慘重；至 1940 年宋子文使美時，全國可戰鬥飛機總數已不足百架。所以，蔣介石亟需建立中國防空網。

爭取飛機並非易事，過程頗坎坷。1940 年 9 月下旬，宋子文得知英美正聯合訂定 18 個月至兩年的飛機製造計畫，立即請求把中國所需機數也排入其中。[104] 蔣介石要求驅逐機 3 百架、轟炸機 2 百架，同時每月補充驅逐機 90 架、轟炸機 60 架，並希望美國能立即從軍部現用的飛機中商讓。[105] 這就是日後中美所謂的「5 百架飛機計畫」。蔣介石對此十分認真，電令宋密轉羅斯福，強調「敵國若有美國新式飛機五百架，即足以牽制一千五百架之戰鬥。……如果中國空軍能對日本繼續空戰，而與日本空軍以不斷之消耗，則日本空軍根本即無發動南進侵略之可能。」[106] 然而，直到戰爭結束，國府希望美國援助 5 百架飛機的要求

---

104 「宋子文電蔣中正」（1940 年 9 月 27 日），〈革命文獻—對美外交：軍事援助〉，《蔣中正總統文物》，國史館藏，數位典藏號：002-020300-00032-003。

105 「蔣中正電宋子文」（1940 年 10 月 4 日），〈革命文獻—對美外交：軍事援助〉，《蔣中正總統文物》，國史館藏，數位典藏號：002-020300-00032-005。

106 「蔣中正電羅斯福」（1940 年 12 月 13 日），〈籌筆—抗戰時期（四十一）〉，《蔣中正總統文物》，國史館藏，數位典藏號：002-010300-00041-020。

始終未獲得滿足，反而造成日後中美間齟齬的議題之一。

　　蔣介石要求 5 百架飛機，尤其是要從現有飛機中讓撥，華盛頓高層都認為是不可能的事。財政長摩根索的立即反應是：「要求五百架飛機，就如同要求五百顆星星！」[107] 國務卿赫爾亦向羅斯福報告：「此時有必要讓中國知道，有些蔣介石所提的建議，我政府實在無法照辦。」[108]

　　按說，依程序向美國訂購飛機才是正途，但至少需 18 個月以上方能交貨，而中國戰局危急，一日不可緩。幾位同情中國的官員建議不妨用其他方式，或許能盡快達到目的，例如，海軍部長諾克斯建議宋子文先爭取美國在泰國扣下的 10 架轟炸機，只要羅斯福交辦，似可請美國陸海軍部或英國讓給。[109]

　　蔣介石及宋子文都想一試，駐美大使胡適卻不贊成，他上電蔣介石，以「七年之病，求三年之艾」比喻，力陳中國如取巧獲得現成的飛機，將導致其他方面的損失。應即日決定正式訂購飛機，才是正道。[110] 胡適堅持按照外交程序做事，與宋子文「一切從權」的辦事方式大異其趣。

　　為盡速得到泰國被扣的飛機，宋子文拜訪軍備委員會（the Armaments Commission）負責軍械出口的格林（Joseph C. Green），格林為其引介財政部飛機生產統制委員會主任委員菲利浦・楊（Philip Young）。[111] 楊提醒宋子文，與其爭取少量被扣下的飛機，不如從美國

107　Barbara W. Tuchman, *Stilwell and the American Experience in China, 1911-1945* (New York: The Macmillan Co., 1970), p. 278.

108　赫爾致國務卿備忘錄，1940 年 12 月 4 日；China: Internal Afairs, 1940-1944, Reel 30 Confidential U.S. State Dept. Central Files。

109　「宋子文電蔣中正」（1940 年 11 月 4 日），〈革命文獻—對美外交：軍事援助〉，《蔣中正總統文物》，國史館藏，數位典藏號：002-020300-00032-011。

110　「胡適電蔣中正」（1940 年 11 月 4 日），〈對美關係（二）〉，《蔣中正總統文物》，國史館藏，數位典藏號：002-090103-00003-245。

111　格林致國務卿函，1940 年 11 月 7 日；China: Internal Affairs, 1940-1944, Reel 30。

預定撥交給英國的飛機中爭取轉撥中國。[112] 宋遂暫時放下爭取泰機的計畫，轉而對英國下功夫。11月下旬，宋往晤英國駐美大使克爾（Philip Kerr），告以：日本次年春天必會進攻新加坡，中國有意牽制其兵力，惟因缺乏飛機，難為助力，希望克爾和中國同時向美國爭取自英機中讓撥。[113] 克爾為宋所說服，同意為中國向英美爭取飛機。[114]

1941年1月，英國議會通過從美國援助英國的現貨飛機中讓予中國最新式驅逐機1百架，3星期內先交36架，其餘逐日續交；而且一切裝備人員均由英國供給。[115] 中國終於獲得了第一批援華飛機。不難看出，宋子文的策略奏效，英國之所以慷慨相助，是相信宋子文所言，中國能為其牽制日本進攻東南亞英屬地的兵力。

除了英國的1百架驅逐機外，宋子文在美國方面也有收穫。1940年11月，美國同意提供中國50架驅逐機。[116]

1941年3月，美國國會通過租借法案，5月6日宣布《租借法案》適用於中國，但對於中國向美爭取5百架飛機之事，並無助益，中國

---

112 宋子文與菲立浦楊談話備忘錄，1940年11月15日；China: Internal Affairs, 1940-1944, Reel 30。

113 〈事略稿本—民國二十九年十一月〉，《蔣中正總統文物》，國史館藏，數位典藏號：002-060100-00146-026。Barbara W. Tuchman, *Stilwell and the American Experience in China*, p.280。

114 Ibid., p.280.

115 「宋子文電蔣中正」（1941年1月2日），〈革命文獻—對美外交：軍事援助〉，《蔣中正總統文物》，國史館藏，數位典藏號：002-020300-00032-023。英國駐華大使卡爾（Archibald J. K. Clark Kerr）呈蔣介石報告，〈革命文獻—對英外交：軍經援助〉，《蔣中正總統文物》，國史館藏，數位典藏號：002-020300-00041-051。另據王寵惠3月24電亦詳述英國提供的配備，「王寵惠電蔣中正」（1941年3月26日），〈革命文獻—對英外交：軍經援助〉，《蔣中正總統文物》，國史館藏，數位典藏號：002-020300-00041-055。

116 美國務卿赫爾、政治顧問郝恩貝克與駐美代表宋子文、大使胡適談話備忘錄；China: Internal Affairs, 1940-44, Reel 30。

僅在當年 7 月接收了 60 餘架飛機。[117] 宋子文積極透過各種管道，向羅斯福總統及有關負責人員動之以情、說之以理、進以危言、曉以利害，務期能獲得飛機援華，但均無濟於事。直到 1941 年 11 月，日本企圖發動對中國滇北攻勢，以為其南進鋪路，美國航空署才公開表示，不再以剩餘之有無決定是否援華，而建議維持援華 5 百架最新式飛機計畫。[118] 然而，這又是曇花一現，美國軍部立即推翻了航空署的計畫，理由是美國本身正積極備戰，無法抽調任何飛機、軍械以助華。

究竟在宋子文手中為中國爭取到多少飛機？統計數字十分混亂。不管是羅斯福親口允許的數量，或是美方實際通知的數量，與最後實際收到的數量都有差異。比較確定的統計，是毛邦初在 1942 年 5 月的一份報告，「確實見諸事實起運者僅 290 架」。[119] 依此計算，在 1942 年 5 月之前，美方同意撥用共 369 架，全為驅逐機，起運 310 架，減掉損毀、因故退回，以及停在印度的數量，真正抵達中國的只有 115 架，而確實可用的還是最早由英國撥用的那 1 百架。

成立飛虎航空隊

有了戰機，還需要飛行員。1940 年 11 月，宋子文和陳納德（Claire Lee Chennault）[120] 草擬一個戰略轟炸計畫，提交財長摩根索。他們力陳，如果陳納德和中國獲得由美國駕駛、供應和維護的 5 百架轟炸機部隊，國民政府「幾乎可以殲滅中國境內的日軍，並削弱日本的海軍

---

117 蔣介石日記，1941 年 8 月 9 日。

118 「宋子文電蔣中正」（1941 年 11 月 4 日），〈革命文獻—對美外交：軍事援助〉，《蔣中正總統文物》，國史館藏，數位典藏號：002-020300-00032-077。

119 「毛邦初呈蔣中正」（1942 年 5 月 24 日），〈革命文獻—對美外交：軍事援助〉，《蔣中正總統文物》，國史館藏，數位典藏號：002-020300-00032-089。

120 陳納德為美國飛行員、飛行教官，1937 退役，應宋美齡（時為航空委員會秘書長）之邀為顧問，協助中國發展空軍。

打擊能力。」[121] 這支空軍部隊還能獨立進攻日本本土，「肯定會嚴重破壞日本人民的士氣。」[122]

摩根索被說動了，迅即轉報羅斯福，羅斯福對「把中國變成轟炸日本的空軍基地」這個提議相當感興趣。[123] 摩根索告訴宋子文，目前雖然不可能贈予 5 百架轟炸機，「但 1942 年當能提供中國相當數量的飛機。」[124] 受到摩根索積極回應的鼓舞，宋子文建議蔣介石，盡快在重慶選出 2 千名優秀中國飛行員到美國接受訓練。[125]

然而，這個計畫很快遭到美國陸軍部強烈反對。參謀長馬歇爾和戰爭部（Department of War）部長史汀生（Henry L. Stimson）反對把有限的轟炸機和飛行員轉移到中國，因為這會剝奪英國的空中力量。而且，美國並未對日宣戰，不宜直接去幫中國空軍作戰。因此，馬歇爾只願意從撥給英國的飛機中轉移 1 百架 P-40 戰鬥機（不是轟炸機）給中國。而且，還得等一段時間，因為 P-40 尚未交付到倫敦。[126]

這個消息讓宋子文很失望，但他不肯放棄，很快想到解決的辦法。宋子文的辦法是建立一支美國非官方的志願空軍——美國空軍暫時辭去軍職，以平民身分和中國簽約，到中國作戰。這個辦法既能幫助中國抗日，又能避免美國官方直接對日作戰，很快獲得美國政軍高層的支持。

1941 年 4 月 15 日，中美達成祕密協議，羅斯福簽署行政命令，允

....

121 宋子文致摩根索備忘錄，Memorandum by T. V. Soong to Morgenthau, 30 November 1940, T. V. Soong Archive, Box 6。

122 同上。

123 宋子文 和 摩根索談話備忘錄，Memorandum of conversation between T. V. Soong and Henry Morgenthau, dated 8 December 1940, T. V. Soong Archive, Box 6。

124 同上。

125 宋子文致蔣介石電，Soong to Chiang, December 1940 (n.d.), T. V. Soong Archive, Box 59。

126 Tuchman, *Stilwell and the American Experience in China*, pp. 218-220.

許美國預備役軍人和陸軍航空隊以及海軍和海軍陸戰隊人員，以「退役」（discharge）方式，[127] 前往中國參加戰鬥。羅斯福並同意中國利用美國《租借法案》給中國的資金來購買美國戰鬥機。宋子文和陳納德在白宮的協助下，成立美國航空志願大隊（American Volunteer Group, AVG），開始招募美籍飛行員。

這個特殊的飛行大隊不屬於美國政府，那麼，該給它取什麼名字呢？陳納德提議以美國國鳥白頭鵰（bald eagle）為名，取名「American Eagle」，象徵勇氣和力量。但宋子文認為，「鵰」太美國氣了，最好有些中國味道。他在給陳納德的信中說，美國航空志願大隊來到中國，中國空軍的力量大為增強，「就像老虎添了兩個翅膀（如虎添翼），就叫『飛虎隊（Flying Tigers）』吧！」[128]

1941 年夏天開始，陳納德率飛虎隊在中國上空對日軍作戰，並協助訓練中國飛行員。飛虎隊員暱稱陳納德為「老頭子」（Old Man），而宋子文就是他們的「老朋友和保護者。」[129]

1941 年 12 月 7 日，日本偷襲珍珠港後，美國對日宣戰，飛虎航空隊正式編入美國第 10 航空大隊（後來改編為第 14 航空大隊），在中國及緬甸戰場對日作戰。

成立國防物資供應公司和中國遊說團

中國在華府接洽美援及採購物資的單位是世界貿易公司（Universal Trading Corporation, UTC），但美國對中國的軍事和經濟援助迅速增加，世界貿易公司功能已不敷使用。宋子文認為擴大美援及中美合作的機會來了，1941 年初，他重組世界貿易公司，成立了一個中美合資的新

127　雖是「退役」，但日後仍能被召回軍隊繼續服役。

128　T. V. Soong's personal correspondence with Chennault, May 1949 (n.d.), T. V. Soong Archive, Box 62.

129　Claire Chennault Archive, Hoover Institution Archives, Box 6.

機構：中國國防物資供應公司（China Defense Supplies, Inc., CDS，簡稱「國防供應公司」），目的是「在羅斯福總統身邊組建援華人士，以確保美國援華政策切實滿足中國的需要。」[130]

　　國防供應公司（CDC）績效顯著，很快成為國民政府在華盛頓的有影響力的機構。宋子文很清楚，進入華盛頓權力中心的最佳途徑是透過美國名人的人脈網。他請到羅斯福總統的舅舅德拉諾（Frederic A. Delano）擔任國防供應公司董事長，董事會成員多是極具影響力的美國人，例如：Claire Chennault（陳納德）、Joseph Alsop（著名媒體人）、William Youngman（著名律師）、Thomas Corcoran（著名律師、羅斯福總統顧問）、William Pawley（飛機制造商，協助組建飛虎隊）等美國官員和成功商人。通過這個嚴密的網絡，宋子文迅速把他的影響力擴展到了白宮、財政部、陸軍部和其他美國政府機構。[131]

　　國防供應公司和華府上層的聯絡以及和美國各部門間的協調，包括每一次物資的申請、交貨、統計、乃至裝載運輸，宋子文都親自參與或督導，運作效力強大，連美國人都質疑其影響力過大，將危及美國控制軍援的主導力；因為陸軍部對 CDS 提出的清單，幾乎是予取予求，「陸軍部在援華問題上所起的作用，已降為填寫宋子文和居里草擬的訂貨單了。」[132] 同盟作戰後，1942 年 6 月，美國成立軍需分配委員會（Munitions Assignments Board）負責租借物資之批准及分配後，國防供應公司由主角轉為配角，但協調與轉達的功能仍在，尤其在獲取運輸設備以提高運輸能量、協助開闢駝峰空運航線、加強中國國內運輸、為儲存在印度的援華物資建立清冊、協助提供醫療供應各方面，

130　宋子文致蔣介石電，Soong to Chiang, 15 April 1941, T. V. Soong Archive, Box 59。

131　關於國防供應公司的運作，宋子文檔案中有不少紀錄，參見 T. V. Soong Archive, esp. in Boxes 11, 16, 28, 54 and 64。

132　楊菁，《宋子文傳》（石家莊：河北人民出版社，1999），頁153。

都起了相當的作用。[133]

建立和美國政軍高層的私人管道

宋子文還與美國政府領導高層建立私人聯絡管道。一個有趣的例子說明他和美國政軍高層私交的情形。1941 年 11 月，蔣介石聽聞日美外交談判有可能即將達成協議，美國將做出妥協，解除對日經濟封鎖。蔣期期以為不可，急電宋子文，囑宋盡速聯繫對日態度強硬的海軍部長諾克斯、戰爭部長史汀生等人，正告他們切不可放鬆對日封鎖，即便只是消息走漏，都將嚴重影響中國軍心。

宋子文立刻找到海軍部長諾克斯求證。諾克斯率直地告訴宋：事情和表面看來的正好相反，其實美日即將開戰。因為，赫爾國務卿對日提出的和解原則是要日本徹底改變其政策，包括脫離軸心同盟，這些條件日本絕不可能接受，更何況日本才剛剛和軸心國續訂 5 年之約，焉能立即取消？諾克斯說：「日本切腹之時不遠了！」[134]如此機密的訊息，諾克斯毫無保留的和宋子文分享，兩人交情可見一斑。

從宋子文檔案中可看出，他不僅和財政部長摩根索、總統顧問霍普金斯、居里等經常聯絡，和羅斯福總統亦有直接溝通的管道。宋子文使美 3 年，至少有 9 次和羅斯福總統就東南亞戰場及中美合作事務深度交談。[135]

與此同時，宋子文擴大了華盛頓和重慶間的軍事合作。1941 年 7 月，應宋子文請求，美國政府同意在重慶設立美國軍事顧問團（Military

---

133　楊雨青，〈宋子文與中國國防供應公司〉，《抗日戰爭研究》，2006年第4期，頁104-125。

134　吳景平、郭岱君 ，《宋子文駐美時期電報選，1940-1943》（上海：復旦大學出版社，2008）頁133。

135　吳景平、郭岱君主編，《風雲際會：宋子文與外國人士會談記錄，1940-1949》（上海：復旦大學，2010）。宋子文與羅斯福總統9次會談記錄，請見頁32,47,54,64,67,82,91,29,144。

Assistance Advisory Group, MAAG），這個舉措明示美國堅定支持中國抗日作戰，提振了中國軍民的士氣。[136] 同年 8 月，美國政府批准價值約 6 億美元的軍事裝備給國民政府。1943 年，宋子文協助建立中美合作所（Sino-American Cooperative Organization, SACO）透過這個機構，美國和中國的軍事情報人員攜手在日本占領區開展情報活動。

宋子文也提升了中國在盟軍中的戰略地位。他代表蔣介石參加盟軍高層會議，力爭中國的尊嚴與利益。宋子文檔案顯示，他多次與邱吉爾、史迪威辯論，駁斥他們對中國的誤解。他還為蔣介石對於盟軍發動反攻緬甸的軍事戰略辯護。宋子文也說服盟軍同意把中國作為未來遠程轟炸日本的戰略基地。[137]

蔣介石、宋子文為史迪威事件鬧翻

宋子文在華府屢建奇功，然而，他在美國的特使工作卻因史迪威而叫停了。

蔣介石與史迪威不睦，從 1942 年夏第一次滇緬戰史迪威敗走印度後，蔣就想換掉史迪威。宋力勸蔣以大局為重，務必「萬分忍耐」。[138] 蔣介石認為史迪威傲慢無禮，特別是在收復緬甸及對待延安共黨這兩個議題上，蔣、史兩人有強烈的爭執。隨著蔣介石對史迪威的惱怒加重，宋只好遵命想辦法遊說羅斯福及美軍高層，撤換史迪威。

這個任務可不簡單，宋子文一直尋思一個不得罪白宮及美國軍方的說辭。1943 年 8 月，機會來了，盟軍總部任命英國海軍上將蒙巴頓

136　Soong to Chiang Kai-shek, 24 July 1941, T. V. Soong Archive, Box 59.

137　關於宋子文在盟軍峰會上為中國立場與邱吉爾、史迪威辯論的步伐，請參見本書第二卷第五章。

138　關於蔣介石對史迪威不滿，屢次向宋子文訴苦想換掉史迪威，請參閱 宋子文致蔣介石電，1940 年 6 月 16 日，1940 年 6 月 17 日，吳景平、郭岱君編，《宋子文駐美時期電報選，1940-1943》（上海：復旦大學出版社，2008），頁 165、170。

（Louis Mountbatten）出任盟軍東南亞戰區最高指揮官。宋子文藉著這個機會，9月15日覲見羅斯福總統，提出建議：東南亞戰區既已指派蒙巴頓將軍為最高指揮官，那麼，史迪威將軍就沒有必要繼續作為東南亞戰區（特別是緬甸）的盟軍指揮官，以免角色重疊。此時宜以熟悉中國－緬甸－印度戰場的中國將軍取代史迪威，將更能輔助蒙巴頓，發揮作戰效果。[139]

美國將召回史迪威；中、美雙方將建立一個包含中國在內的聯合參謀團；國民政府將參與反攻緬甸戰役。[140]

羅斯福接受了宋子文的提議，同意撤回史迪威。1943年9月29日，宋子文給蔣介石發了一則祕密電報：

> 我剛剛和羅斯福總統談論一些重要事務。請允許我回到重慶以後向您報告細節。以下是簡要的總結：
>
> 1. 中國戰場不會發生變化，將繼續包含越南和泰國。
> 2. 中國軍隊開進緬甸將不會引起任何不滿。
> 3. 無論如何，史迪威將軍將被召回。
> 4. 羅斯福總統正在考慮成立一個太平洋聯合參謀首長聯席會議，總部設在華盛頓。中國將是其中一員。此事請允許我回國後再同您細談。
> 5. 根據我的提議，中國戰場將得到重組。[141]

139　Soong to Chiang, 8 and 16 September 1943, T. V. Soong Archive, Box 61.

140　「宋子文電蔣中正」（1943年9月29日），〈革命文獻－同盟國聯合作戰：重要協商（三）〉，《蔣中正總統文物》，國史館藏，數位典藏號：002-020300-00018-016。

141　Soong to Chiang, 29 September 1943, T. V. Soong Archive, Box 61.「宋子文電蔣中正」（1943年9月29日），〈革命文獻－同盟國聯合作戰：重要協商（三）〉，《蔣中正總統文物》，國史館藏，數位典藏號：002-020300-00018-016。

宋子文先陪同蒙巴頓到印度履新，於 10 月中旬回到重慶。然而，宋子文做夢也想不到，僅僅兩週時間，蔣介石竟然改變主意，決定收回成命，留下史迪威。

10 月 18 日，蔣介石約宋子文共早餐，席間，蔣告知宋，考量「中美關係與戰局影響」，他決定不撤換史迪威，願「再予以共事最後之機會。」[142] 宋子文不敢相信，他在美國竭心盡力，為召回史迪威用盡了一切關係與資源，終於說服羅斯福同意，接任人選也有了共識；現在蔣突然改變態度，簡直是對他莫大的羞辱和背叛，他在華盛頓的信用何存？顏面何在？宋對蔣說：「你又不是野蠻人，怎能說話不算話？如此出爾反爾，我沒有臉面再回到華盛頓！」[143]

蔣介石惱了，氣得「摔破飯碗，大怒不已。」拍桌斥責宋子文，並叫宋「滾蛋」。[144] 宋子文也氣急了，立刻站起來，重重甩門而去。兩人吵架動靜甚大，站在外面的侍從人員都嚇了一跳。[145]

蔣介石不但叫宋子文滾蛋，當天下午，宋子文以外交部長身分陪同盟軍東南亞戰區總司令蒙巴頓來見蔣介石，蔣介石還在樓上不肯下來，堅持要宋子文離開，他才下樓與蒙巴頓見面。[146] 蔣宋兩人的爭執變成了公務上的決裂，而這一決裂使得宋子文在家閉門不出，形同軟禁，不能參加官方活動，也不能回到美國，更直接影響到宋一手安排、召開在即的開羅會議。[147]

衝突過後，蔣介石數次在其日記嚴厲批評宋子文，稱其為了讓史

....

142　蔣介石日記，1943 年 10 月 18 日。

143　這是宋子文親自口述，由其姪子宋仲虎（Leo Soong）記錄，T. V. Soong papers, Box 61, Hoover Institution Archives。

144　蔣介石日記，1943 年 10 月 18 日。

145　唐縱，《唐縱失落在大陸的日記》（台北：傳記文學出版社，1998），頁 347。

146　蔣介石日記，1943 年 10 月 18 日。

147　蔣介石日記，1943 年 10 月 18 日；吳景平，《宋子文政治生涯編年》（福州：福建人民出版社，1998 年），頁 434-435。

迪威離開中國，「自私至此，實不能再為赦宥，如不速去，則黨國之後患將不堪設想矣」，又批評他「橫暴愚詐」、「令人憤怒厭惡」。[148] 其實，召回史迪威主要是蔣介石的意思，宋只是奉命執行。

有理說不清，宋子文一籌莫展，萬般無奈，最後還是吳國禎說服宋子文對蔣低頭認錯，再加上宋美齡及孔宋家親屬從中周旋，郎舅間的衝突才有了戲劇性的結束。1943 年 12 月 23 日，宋子文以極謙遜委婉的方式寫了封類似「悔過書」的私函給蔣介石。函件開頭就說：「兩月以來，文獨居深念，咎戾誠多，痛悔何及。竊文之於鈞座，在義雖為僚屬，而恩實逾骨肉……。」[149]

如此婉轉動情的文字，終於打動了蔣介石，蔣在「親屬與內子之懇切要求，並為慰岳父母之靈」的考量下，同時「為其西安共同患難之關係，准予相見，以示寬容。」[150]1943 年耶誕夜，蔣介石在孔祥熙宅與宋子文見面，並允許宋參加 1944 年的新年團拜。[151] 宋子文這才得以露面，恢復公務活動。

蔣介石在「去史」這件事為何一百八十度改變，推翻自己的決定呢？首先，宋美齡和宋靄齡介入，為史迪威緩頰。根據史迪威自述，從 10 月 13 日至 18 日間，宋氏姊妹和他談話 10 次，勸他放下身段，向委員長道歉，並保證不再犯，委員長才有可能原諒他。史迪威照辦了，蔣介石也立刻放軟態度，原諒他，並願再給他一次機會。[152] 此外，方德萬（Hans van de Ven）推測，比起史迪威，蔣介石更不願把軍隊交給英國將領；如留下史迪威，至少維持美國在盟軍東南亞司令部的影響

148　蔣介石日記，1943 年 10 月 18 日、24 日、31 日。

149　T. V. Soong Papers, Box 42, Hoover Institution Archives.

150　蔣介石日記，1943 年 12 月 24 日。12 月 26 日「上周反省錄」。

151　蔣介石日記，1943 年 12 月 24 日。

152　White, Theodore H., *The Stilwell Papers* (New York: William Sloane Associates, 1972), pp. 213-220；另參見 Joseph W. Alsop, Adam Platt, *I've Seen the Best of It: Memoirs* (Axios Press, 2009), pp. 224-225.

力不變。還有一種可能，宋子文這幾年主導對美外交，雖然成績斐然，但宋也因此增強了他的勢力和影響力，蔣或許也想趁機削弱宋子文的力量。[153]

　　不論如何，宋子文在美國的這段光輝經歷，顯示出他把「特使外交」發揮得淋漓盡致，以他的機智與努力，巧妙地為中國遊說，爭取中國的權益及尊嚴。當時駐英大使顧維鈞曾點出宋的竅門：宋了解美國，策略運用正確，才得以提高中美互相理解以獲取美方同情和支持。顧維鈞指出，中美兩國的利益並沒有根本性的差異，大部分摩擦是出於解決問題的方法和理念的不同。而宋子文懂得這一點，鍥而不捨地致力消除這樣的誤解，因此而獲得顯著的成績。[154] 羅斯福顧問霍普金斯曾對羅斯福表示：「有宋子文在的地方，就有希望在。」[155] 美國著名作家芭芭拉·塔克曼（Barbara W. Tuchman）指出：「宋子文是當時最不受困擾、最不屈不撓的說客。他利用各種可能的管道，包括詹姆斯·羅斯福（James Roosevelt）、麥克雷（Archibald MacLeish）及其他無數受其強力說服力所打動的人，上至總統本人——這些人幫助他把他的呈函用盡各種方式、在各種情況下送到總統的眼前。」[156]

　　附帶一提，宋子文在 1943 年秋返回重慶後，中美關系開始惡化。1945 年 8 月羅斯福過世，宋子文頗為震驚與憂慮，他向顧維鈞表示，未來中國代表團在美國的工作必將更加艱難，他花了將近 4 年的時間

....

153　Hans van de Ven, *War and Nationalism in China,1925-1945* (London: Routledge Curzon, 2003) p. 39.

154　中國社會科學院近代史研究所編，《顧維鈞回憶錄》（北京：中華書局，1985），第 5 分冊，頁 182。

155　霍普金斯備忘錄，1942 年 1 月 17 日, Soong, T.V. Files, Box 14。

156　Barbara W. Tuchman, *Stilwell and the American Experience in China, 1911- 1945* (New York: The Macmillan Co., 1970), p.499. James Roosevelt 是羅斯福總統的長子，當時是美國作戰部信息數據辦公室（War Department's Office of Facts and Figures）主任及戰爭信息辦公室（Office of War Information）副主任，這兩個單位是美國對國內外宣傳的重鎮。

培養出和羅斯福及華府政要的關係，如今突然要面對一個新總統，中國可能得重頭來過。[157]不幸的是，後來的發展正如宋子文所料，中國未能和杜魯門政府建立起同樣的友誼及信任，華盛頓和重慶之間的誤解和緊張逐漸加重，最後嚴重損害了中美關系。

四、重探開羅會議

中美關係發生微妙的變化，可以說從是從 1943 年 11 月的開羅會議開始的。1943 年是中華民國外交史上重要的一年。1 月，中華民國與美、英兩國簽訂平等新約，其他同盟國相繼宣布廢除在華治外法權並與國府重新商訂新約，中國百年來次殖民地的桎梏終告解除。

2 月到 4 月，蔣夫人宋美齡美國之行頗為成功，喚起了美國人對中國的同情，也激勵了美國參與亞洲戰爭的正義感。

10 月，國民政府與美、英、蘇共同發表《莫斯科宣言》，承諾同盟國將對軸心國作戰到底，並決定建立一普遍性國際組織。這個宣言也明示了中國作為世界四強之一的地位。

11 月底，蔣介石夫婦應邀赴埃及，與羅斯福、邱吉爾在開羅舉行會議。這是中國首次以世界大國身分，登上國際外交舞台。12 月 1 日，中、美、英三國政府在重慶、華府與倫敦三地同時發表《開羅宣言》，明確宣示日本從中國所竊占之領土，包括台灣、澎湖與中國東北，都將歸還中華民國。國府及中外近代史學界視為國民政府外交史上的輝煌成就。[158]蔣介石對開羅會議也很滿意，認為「中外輿情，莫不稱頌為

157　中國社會科學院近代史研究所編，《顧維鈞回憶錄》（北京：中華書局，1985），第5分冊，頁 501。

158　有關此類評價，參見：Lloyd E. Eastman, Jerome Chen, Suzanne Pepper and Lyman P. van Slyke eds., *The Nationalist Era in China, 1927-1949* (Cambridge: Cambridge University Press, 1991), p. 260; Donald E. Davis and Eugene P. Trani, *Distorted Mir-*

中國外交史上空前之勝利。」[159]

　　然而，周錫瑞（Joseph W. Esherick）、李浩天（Matthew T. Combs）等學者從軍事、外交、內政、社會多方面觀察 1943 年的中國，指出：在許多方面，「國民政府崩潰的種子就是在 1943 年種下的」，其中一個重要的轉折點就在開羅會議。[160]

　　開羅會議是二戰時期唯一一次中國領導人參與的盟國領袖高峰會議，然而，在耀眼的表象之下，若干問題長期被忽略，例如：為何一手促成此次峰會的宋子文竟然缺席？羅斯福為了與蔣介石晤面，特別舉辦開羅會議，卻為何會後對蔣產生負面印象？蔣介石對這個峰會頗為滿意，但卻為何最後演變成中美關係乃至中國與盟國關係由盛轉衰的分水嶺？本研究爬梳蔣介石日記與其他相關史料檔案，重探蔣介石與開羅會議。

宋子文積極促成

　　1943 年 1 月，羅斯福與邱吉爾在北非卡薩布蘭卡進行峰會，與自由法國（Free French）代表共同討論同盟國對抗軸心國的戰爭策略，會後並發表宣言，首度表明軸心國需無條件投降。然而，身為同盟國之一的中國卻沒有受邀與會，頗令國府高層不悅。[161] 隨後數月裡，宋子

續 ……………………………………………………………

rors: Americans and their Relations with Russia and China in the Twentieth Century (Columbia, MO: University of Missouri Press, 2009), pp. 278-285; Jay Taylor, *The Generalissimo: Chiang Kai-shek and the Struggle for Modern China* (Cambridge, MA: Harvard University Press, 2009), pp. 254-255.

159　蔣介石日記，1943 年 12 月 4 日。

160　Joseph W. Esherick, Matthew T. Combs, ed. *1943: China at the Crossroads* (New York: Cornell University East Asia Program, 2015) p. 40.

161　Michael Schaller, *The US Crusade in China, 1938-1945* (New York: Columbia University Press, 1979), pp. 120-123; 李雲漢，《中國國民黨史述》（台北：中國國民黨黨史會，1994），卷 3，頁 539-540。

文及宋美齡在華府奔走遊說，向美國友人表達把中國排除在同盟國重要集會的不智，以及對於中國民心士氣所帶來的嚴重傷害。

6月初，羅斯福告訴宋子文，希望和蔣介石會晤，會晤的形式擬採雙邊會談或中、美、英、蘇四強的高峰會談；地點可在華盛頓或重慶；羅斯福也透過宋美齡轉達此一訊息。[162]

羅斯福希望能夠親自與蔣介石晤面，事出有因。珍珠港事變後，中、美之間經過兩年的合作，已出現不少亟待解決的問題，國民政府對於美國處理盟國事務上的不公平態度，譬如租借物資的分配、重歐輕亞策略的堅持、與盟國內部對於戰略擬定的諮詢等，皆有頗多抱怨。

同年（1943年）夏天，美、英與國府對於反攻緬甸戰役應採取何種策略，各方意見不一，僵持不下。此外，蔣介石與中國戰區參謀長史迪威之間的關係，因個性問題與彼此間對於租借物資如何使用等議題的看法迥異，而出現嚴重摩擦，這都給中、美合作關係蒙上了陰影。[163]

羅斯福希望藉由親自會晤蔣介石，來緩解中、美戰時合作的不愉快；他也希望藉此進一步鼓舞中國軍民士氣，讓國民政府繼續堅持對日抗戰，在中國戰場上牽制日本大軍，從而舒緩盟軍在其他戰場上的龐大壓力。從美國更寬廣的長期戰略而言，羅斯福相信支持中國為四強地位，將有利實現二次戰後美國在亞洲地區的大戰略：遏止包括英、法等國在內的帝國主義勢力在亞洲復辟，讓中國成為一個自由、強大

162　蔣介石日記，1943年7月8日；Xiaoyuan Liu, *A Partnership for Disorder: China, the United States, and Their Policies for the Postwar Disposition of the Japanese Empire, 1941-1945* (Cambridge: Cambridge University Press, 1996), p. 116.

163　David Stone, *War Summits: The Meetings That Shaped World War II and the Postwar World* (Dulles, VA: Potomac Books, Inc, 2005), 85-93; Christopher Thorne, *Allies of a Kind: The United States, Britain and the War against Japan, 1941-1945* (Oxford: Oxford University Press, 1978), pp. 322-323; Bradley F. Smith, *The War's Long Shadow: The Second World War and Its Aftermath China, Russia, Britain, America* (New York: Simon & Schuster, 1986), pp. 42-43.

與民主的國家，並成為亞洲重要的穩定力量。[164]

1943 年 8 月中旬，羅斯福與邱吉爾於加拿大魁北克再次舉行峰會，中方領導人或其代表仍未受邀出席正式峰會，僅宋子文獲邀參與有關對日作戰方面的討論。可以想見，重慶高層對此頗為不悅。

魁北克會議結束不久，8 月 30 日，羅斯福約見宋子文，說明未邀請中方代表是邱吉爾的意思，是英方堅持不允許把中國和美、英、蘇三強平等看待。羅斯福還說，邱吉爾不是中國的朋友，邱並不認同美方對於中國應於戰後在亞洲事務上扮演更積極角色的看法，且對於發動反攻緬甸之役，興趣缺缺。接著，羅斯福向宋子文保證，他個人並不同意邱吉爾的想法，他並樂觀地向英國人預示，中國在未來 25 年內，一定可以實現高度工業化，並將成為亞洲抵禦共產主義的堡壘。[165]

九月初，宋子文與美方高層就兩國所關切的議題，包括史迪威角色與中國在同盟國內的地位等，坦率交換意見，也論及中美兩國元首的會面。羅斯福總統的特別顧問霍普金斯（Harry Hopkins）樂觀地暗示宋子文，此一歷史性會晤很快就會實現。[166]

與此同時，魁北克會議決定設立一個新的東南亞戰區盟軍司令部（South East Asia Command），由英國親王蒙巴頓將軍（Admiral Louis Mountbatten）來指揮。如此一來，由英國人所主導的「東南亞戰區」和蔣介石所主導的「中緬印戰區」（China Burma India Theatre）重疊。不過羅斯福及其幕僚相信，這些技術性問題都將透過中、美兩國元首的晤面迎刃而解。[167]

....

164　Liu, *A Partnership for Disorder*, p. 117; Taylor, *The Generalissimo*, pp. 242-243.

165　Memorandum of conversation with President Roosevelt, August 30, 1943, T. V. Soong Papers, Hoover Institution Archives, Stanford University, Box 29.

166　Notes on Conversation with Harry Hopkins, September 15, 1943, T. V. Soong Papers, Box 29.

167　Memorandum of conversation with President Roosevelt, September 16, 1943, T. V. Soong Papers, Box 29.

　　1943 年 10 月 8 日，宋子文離開華府經印度返回重慶述職前夕，他已和美國行政當局就中美間的重大議題達成協議，史迪威將被召回，也敲定中、美、英三國領導人將於 11 月下旬在埃及開羅召開高峰會。

　　羅斯福希望史達林也能共襄盛舉，但羅史達林婉謝出席。羅斯福有意在與蔣介石晤面之前，先在其他地方與蘇聯領導人會晤。[168] 經過多方折衝，並考量蘇聯與中共關係以及其尚未正式對日本參戰等因素，盟國最後決定把峰會分成兩場舉行，中、美、英三方領導人先在開羅會晤，隨後史達林在伊朗德黑蘭與羅斯福和邱吉爾會談。

蔣介石寄予厚望

　　前往開羅出席百年來中國領導人首次重要外交盛宴前夕，蔣介石既期待有有些不安。蔣最初希望能在史達林和邱吉爾之前與羅斯福單獨晤面，建立密切的私人友誼，進而向美國爭取更多的軍事與經濟援助。[169] 如今，史達林不參加，但邱吉爾來了，蔣介石將面臨與邱吉爾一同競爭美國軍援物資分配的微妙局面，而且，邱吉爾從不掩飾他對中國的輕蔑。其次，直到最後一刻，蔣也沒有把握史達林是否與會。他非常不情願在同盟國之間，在理應友好、並肩作戰的虛假氛圍之下與不懷好意的蘇聯領導人會面。[170]

　　還有，宋子文身為外交部長，[171] 深入參與安排開羅會議種種細節，蔣介石不可能不理解，國民政府內沒有人比宋子文更能掌握峰會議題、

---

168 「羅斯福電蔣中正」（1943 年 10 月 25 日），〈革命文獻－同盟國聯合作戰：開羅會議〉，《蔣中正總統文物》，國史館藏，數位典藏號：002-020300-00023-010。

169 蔣介石日記，1943 年 10 月 7 日。

170 Ronald Ian Heiferman, *The Cairo Conference of 1943: Roosevelt, Churchill, Chiang Kai-shek and Madame Chiang* (Jefferson, NC: McFarland, 2011), p. 53; Jay Taylor, *The Generalissimo*, pp. 242-243.

171 1941 年 12 月太平洋戰爭爆發，年底，國民政府任命宋子文為外交部長，但長駐美國。這個不同尋常的外交舉措意味著對美外交是中國戰時外交中的首要之務。

盟國內部動態，並就任何臨時狀況提出最佳對策。可是，因為史迪威之事蔣宋鬧翻，蔣對宋「憤怒厭惡」，不願讓宋陪同前往開羅。[172] 這意味著中國代表團在開羅峰會上將更加倚賴史迪威。蔣亦不信任史迪威，但兩相比較，蔣還是決定不讓宋子文與會。[173] 很不幸，這個決定造成後來不少負面影響。

　　儘管面對上面這些考量，蔣介石在 11 月 2 日首次記下他認為在開羅會議上，與美、英領導人會談時最重要的議題：(1) 中國參加美、英聯合參謀團；(2) 從速建立國際聯合機構；(3) 中、美經濟、金融合作與相關機構之組織；(4) 對日最低限度之條件；(5) 中國接收日本之海軍與裝備之比例；(6) 扶持戴高樂領導之自由法國；(7) 引進外資以利戰後中國經濟發展。[174]

　　接著數日，蔣不斷修訂會談議題及目標，陸續增加下列議題：戰後中國空軍之發展組建、蘇聯參加太平洋戰爭、中英同盟問題與盟國進攻日本之陸海空軍協調。[175]

　　在啟程前最後兩週，蔣介石與其幕僚對於中國與會的優先議題不斷反覆斟酌、修訂，例如：11 月 11 日當天，蔣介石改變了他準備與羅斯福、邱吉爾商談的優先議題，包括中蘇關係、外蒙古與新疆問題、中國的經濟重建、戰後中國國內鐵路建設與天然資源開發等，甚至連當時中東地區問題，都在蔣的考量之內。[176]

　　可見，蔣介石對開羅會議滿懷期望，又患得患失。值得注意的是，蔣介石始終沒有把「反攻緬甸」視為開羅會議上的重要議案。遺憾的是，「反攻緬甸」後來在開羅會議中成為最受矚目、花費最多時間與

172　蔣介石日記，1943 年 10 月 18 日、24 日。

173　Heiferman, *The Cairo Conference of 1943*, pp. 47-48.

174　蔣介石日記，1943 年 11 月 2 日。

175　蔣介石日記，1943 年 11 月 5 日。

176　蔣介石日記，1943 年 11 月 11 日。

心力的議題，甚至成為國民政府與美英盟國關係發生重大分歧的關鍵
點。

蔣介石為何忽視「反攻緬甸」議題？

蔣介石為何忽視「反攻緬甸」這麼重要的議題？很可能是因為蔣
介石認為盟軍對「反攻緬甸」已有相當徹底的討論；而且，一個月前（10
月中旬）蒙巴頓將軍訪問重慶時，中美英三方高層將領曾就此多次討
論，已有具體共識。根據中方檔案，中英雙方已達成反攻緬甸的協議：

(1) 英國海、陸軍將對緬甸南部進行兩棲登陸作戰，以確保
    盟軍在孟加拉灣的制海權（代號「海盜行動」〔Operation
    Buccaneer〕）。
(2) 國民政府將提供 5 萬名地面部隊，交由英方統御，從雲南向
    緬北地區發動反攻，並打通中印公路（代號「泰山行動」
    〔Operation Tarzan〕）。
(3) 在美方高級將領參與並見證下，中、英雙方將於 1944 年 1 月
    至 3 月間的合適時機，發動南、北緬兩面攻勢，重新奪回緬
    甸。[177]

因此，蔣介石可能認為他已授權史迪威全權處理反攻緬甸的相關
細節；而且，11 月 12 日，蔣批准了史迪威呈送的反攻緬甸方案。所以，
蔣認為此案已定，無需再多討論。根據史迪威提出的方案，國軍將分
三個梯次參戰，第一梯次應在 1944 年元月初完成準備，進入作戰狀態；

....
177 〈事略稿本—民國三十二年十月〉，《蔣中正總統文物》，國史館藏，數位典藏號：
002-060100-00181-018；「蔣中正召集蒙巴頓史迪威會商聯合反攻緬甸之計畫等會
議紀錄」（1943 年 10 月 19 日）〈革命文獻—同盟國聯合作戰：反攻緬甸〉，《蔣中正
總統文物》，國史館藏，數位典藏號：002-020300-00026-018；蔣介石日記，1943
年 10 月 19 日、20 日。

第二梯次在盟軍重新打通中印公路之後的 1944 年 8 月間完成備戰；第三梯次則應於 1945 年初完成準備。

為了達成上述戰略目標，蔣介石期盼同盟國相互支援合作，利用海、陸、空三軍之強大力量，於 1944 年初打通已被日軍封鎖 3 年餘的滇緬公路。蔣還批示要求補充國軍 90 個師的美援裝備能如期落實，且透過美國空軍「駝峰航線」（The Hump），達成每個月運 1 萬噸物資抵中國西南大後方的目標。[178] 批准史迪威方案的當天（11 月 12 日），蔣介石在日記裡首次把「反攻緬甸」列為開羅會議可能被提出來討論的議題之一。值得注意的是，蔣特別強調「必須海陸並舉」，並「以海軍準備完成之期為準。」也就是說，國府派遣地面部隊參與緬甸作戰，須以英國完成發動孟加拉灣海陸兩棲作戰行動之準備為前提。[179]

蔣介石日記顯示，直到開羅會議前夕，蔣介石對反攻緬甸的態度似乎不太熱中。從現實角度言，蔣在意的是打通滇緬公路，而對於犧牲國軍部隊來替英國收復其緬甸殖民地，本就無太大意願。但他未料到，英美參謀會議後來修改了中、美、英三方擬定的反攻緬甸方案，而開羅會議期間，蔣仍堅持反攻緬甸的先決條件（英國在緬南兩棲登陸，中國才派兵參加），竟嚴重損害了中國與盟邦間的友誼，並使得中美友好關係一去不復返。

中國代表團於開羅峰會的挫敗

1943 年 11 月 18 日，蔣介石及其幕僚在啟程飛往開羅數小時前，終於確認了國府擬於峰會上提出的重要議題清單：(1) 新的戰後國際組織；(2) 戰後遠東委員會問題；(3) 中、美、英聯合參謀團之組織；(4) 日本占領區管理問題；(5) 反攻緬甸之總計畫役；(6) 朝鮮獨立；(7) 中

---

178 Tuchman, *Stilwell and the American Experience in China, 1911-1945*, pp. 398-399.
179 蔣介石日記，1943 年 11 月 12 日。

國收復東北與台灣、澎湖。[180]

　　蔣介石一行人於 11 月 21 日上午抵達開羅。史迪威發現中國代表團中竟不見宋子文，覺得奇怪，直覺宋子文缺席是個「謎」（mystery）。[181]當天下午，蔣介石夫婦禮節性拜訪了英國首相邱吉爾。邱吉爾患了感冒，精神與體力不太好，心情也不佳。他自始至終不諒解為何羅斯福總統如此熱情邀請蔣介石出席開羅會議，把中國捧為四強之一。此外，邱吉爾還看不起中國，認為中國的國力不足稱四強，平日就常露出不屑態度，即使在開羅會議期間，他還戲稱，中國人的出席將會使整個高峰會議「脫序」（throw the conference out of gear）。其實，邱吉爾還有一個未說出口的憂慮，他擔心蔣氏夫婦親自出席，羅斯福肯定將會向蔣介石示好，如此一來，勢將剝奪他和羅斯福私下相聚的機會，也難就即將召開的德黑蘭會議對重大議題達成一致立場。[182] 雖說如此，蔣介石對與邱吉爾的初次晤面卻印象頗佳，「頗覺融洽，且覺比未晤面以前所想像者為優也。」[183] 遺憾的是，這樣好印象幾天後就全然改觀。

　　11 月 22 日上午 11 時，邱吉爾禮節性回訪蔣介石夫婦。邱對蔣介石的第一印象是「冷靜、謹慎自持、有效率」（calm, reserved and efficient），「正處於權力的巔峰」（at the apex of his power）；他形容蔣夫人擁有「引人注目與迷人的特質」（most remarkable and charming personality）。[184]

　　蔣介石和邱吉爾晤談之際，美國總統羅斯福也抵達開羅，並於當

180　蔣介石日記，1943 年 11 月 18 日。

181　Joseph Stilwell's diary, November 21, 1943, Joseph Stilwell Papers（以下簡稱 JSD），Hoover Institution Archives, Stanford University. Box 44.

182　Heiferman, *The Cairo Conference of 1943*, pp. 61-63.

183　蔣介石日記，1943 年 11 月 21 日。

184　Winston S. Churchill, *The Second World War, Volume 5: Closing the Ring* (New York: Houghton Mifflin, 1986), p. 329.

日（22 日）下午以歡迎蔣介石為名，舉辦茶會，中美英三個同盟國領袖會面。與此同時，中國代表團參與英美兩國軍事幕僚召開的首場參謀聯席會議。

會議一開始，美國陸軍參謀長馬歇爾（George Marshall）提議邀請中方代表以同等地位參加此一參謀聯席會議，這也是蔣介石在日記裡不斷反覆強調的一項重要議題。馬歇爾同時向英方建議，一旦盟軍未來涉及蘇聯事務時，應該也邀請史達林的軍事代表參與參謀聯席會議。孰料，這個擴大參謀聯席會議的構想遭到英方否決，部分美方代表團成員如海軍上將金恩（Admiral Ernst King）也不支持。一番拉鋸後，美英雙方同意未來涉及中國議題時，邀請中方代表與會，但中方將不被納入正式的參謀聯席會議機制。[185] 這個結果使得蔣介石亟欲爭取與美英平等地位的戰略目標，在會議尚未正式揭幕前，就幾乎已被妥協了。

美英將領在 22 日這場首次參謀聯席會議上，也確定了次日（23）三巨頭高峰會的正式討論議程，其中最重要的議題是反攻緬甸戰役。當天晚上，蔣介石與代表團成員從史迪威方面獲悉，中方被徹底排除在會議議程討論之外，任由美英兩方軍事幕僚來決定，而蔣介石自重慶出發前所擬討論的幾項重大議題，絕大部分都被忽略了。[186] 中方代表緊急向史迪威求助，史迪威表示，他也是直到最後一分鐘才知道會議議程的安排，實在愛莫能助。面對這個意料之外的狀況，蔣介石的幕僚們束手無策，對次日的高峰會議憂心忡忡。[187]

事實證明，宋子文缺席開羅會議、蔣介石在緬甸反攻問題上對史

185　FRUS 1943, *Conferences at Cairo and Tehran, 1943,* pp. 304-306.

186　蔣介石日記，1943 年 12 月 22 日；「王寵惠呈蔣中正開羅會議日誌」（1943 年 11 月 21 日），〈革命文獻—同盟國聯合作戰：開羅會議〉，《蔣中正總統文物》，國史館藏，數位典藏號：002-020300-00023-021；〈事略稿本—民國三十二年十一月〉，《蔣中正總統文物》，國史館藏，數位典藏號：002-060100-00182-022。

187　Joseph Stilwell's diary, November 22, 1943, JSD Papers.

迪威的依賴、整個中國代表團無法充分掌握開羅峰會的議題，以及中國代表團對參謀聯席會議準備不足所產生的後遺症，在隨後幾天顯現出來。

反攻緬甸作戰計畫生變

11 月 23 日上午 11 點，開羅會議的首次領袖會議正式登場。羅斯福首先歡迎蔣介石夫婦參加此次峰會，接著他邀請盟軍東南亞戰區統帥蒙巴頓將軍提出報告。蒙巴頓概述了他對 1944 年盟軍作戰的目標，提出盟軍將於 1944 年 1 月間，於「緬甸北部」發動反攻的計畫。

蒙巴頓的報告讓蔣介石極為訝異，因為，一個月前在重慶，蒙巴頓親自參與的中、美、英三方達成的共識，是在南、北緬同時展開軍事行動，現在卻只剩北緬了。根據蒙巴頓的新方案，英國海軍仍然會在孟加拉灣展開行動，但先決條件是，英國海軍自孟加拉灣登陸並由東向西進逼緬甸時，史迪威統率的中國駐印軍必須先打通緬北，然後一路向南和英國海軍會師。此外，另一支中國遠征軍必須從雲南反攻緬甸，以空降方式打擊日軍，並打通中印緬公路。[188]

蔣介石訝異之餘來不及弄清個中原委，只得提出一些後勤補給的問題，包括國軍後勤補給、英美的海空軍支援掩護與數量、盟國是否同意增加對中國每月租借物資的額度、盟國是否提供中國額外飛機數量等等。邱吉爾當場承諾，一旦展開反攻緬甸作戰，他將派遣英國皇家海軍 2 艘巨型戰艦、4 艘大型運輸艦、與 10 艘小型運輸艇，以確保孟加拉灣軍事行動的順利成功。蔣介石覺得尚可接受，但仍強調盟國大型水陸兩棲支援行動與確保孟加拉灣的控制權，對反攻緬甸成功與否

---

[188] *FRUS 1943*, pp. 311-312.「王寵惠呈蔣中正開羅會議日誌」（1943 年 11 月 21 日），〈革命文獻—同盟國聯合作戰：開羅會議〉，《蔣中正總統文物》，國史館藏，數位典藏號：002-020300-00023-021。

至關重要。蔣亦強調，緬甸中部戰略大城曼德勒（Mandalay）才是盟軍反攻的占領目標，而非蒙巴頓現在所提的緬北密支那（Myitkyina）。最後，蔣不忘向羅斯福爭取「駝峰」空運中國物資每月應增加至1萬噸，以維持國民政府抗日所需。[189]

對於蔣介石所提諸點，邱吉爾當場回應，稱由於英國皇家海軍主要艦隊基地距離緬甸達3千英里之遠，因此英海軍無法與中國反攻緬甸的地面行動相互協同配合，但他認為，地面部隊行動的成功與否，並不完全繫於海軍行動是否能配合。邱吉爾堅持，要等到1944年春末夏初之際，才有可能派遣強大的英國艦隊進入孟加拉灣。因此，丘敦促蔣介石與羅斯福，應同意蒙巴頓所提的最新方案。[190]

蔣介石雖然不盡同意邱吉爾所言，但他當天日記中對於峰會上的討論似乎並不特別感到焦慮。他在日記中寫道：「今日會議情形尚不壞，惟邱對余之要求海軍應與陸軍同時發動之意見，尚有不能同意之表示，但會中全體人皆已默認余之意見為不二之理，故無不為之動容。」[191] 蔣介石也後悔早年沒有學好英語，無法與同盟國領導人直接溝通。[192]

蔣介石似乎並不特別擔心蒙巴頓提出的縮小版反攻緬甸新方案，但蒙巴頓本人卻對蔣在會議上提出的諸多疑點感到不安。當天下午，他拜訪蔣介石，試圖再次說服蔣支持東南亞盟軍總司令部的新方案。根據蒙巴頓事後回憶，蔣介石當時「認可」（approved of）了這個反攻緬甸計畫，只不過覺得其所提方案過於保守，希望盟軍能更大膽地進攻緬甸南部的仰光（Rangoon）並奪取滇緬邊境的臘戌（Lashio），重

....

189　*FRUS 1943*, pp. 313-314.「王寵惠呈蔣中正開羅會議日誌」（1943年11月21日），〈革命文獻—同盟國聯合作戰：開羅會議〉，《蔣中正總統文物》，國史館藏，數位典藏號：002-020300-00023-021。

190　*FRUS 1943*, pp. 314-315. Heiferman, *The Cairo Conference of 1943*, pp. 73-74.

191　蔣介石日記，1943年11月23日。

192　同上。

新打通滇緬公路。蒙巴頓試圖向蔣解釋這樣大膽的構想不易實現，蔣不為所動，只告訴蒙巴頓：「沒關係，我們照樣可以付諸實施（反攻緬甸計畫）。」[193]

　　微妙的是，對比中方相關檔案，只載明當天下午蒙巴頓拜訪蔣介石解釋反攻緬甸方案，並沒有任何有關蔣介石「認可」蒙巴頓計畫的紀錄。[194] 問題是，幾個月後就要展開反攻緬甸戰役，如果蒙巴頓的記憶是可信的，那麼，蔣介石當時對英方說的「沒關係」（never mind），究竟何所指？很不幸，這個認知上的差異，竟在次年（1944）成為國民政府與同盟國關係劇變的重要因素之一。

　　11 月 23 日下午，蒙巴頓拜會蔣介石的同時，美國軍事幕僚正和中方代表團進行雙邊會議，徵求國府對於蒙巴頓所提的緬甸戰役新方案的意見與建議。根據出席會議的美國陸軍航空隊司令阿諾德（Henry H. Arnold）與美軍總司令參謀長（Chief of Staff to the Commander in Chief）萊希 (Admiral William Leahy) 的檔案，中方代表團在會議中的表現令美方十分失望，代表團除了表示中方願意參與反攻緬甸方案之外，幾乎沒說什麼話，更談不到什麼建議了。[195]

　　一小時後，中方代表團接著受邀參與第二場美英參謀聯席會議，討論焦點仍是蒙巴頓當天上午所提的反攻緬甸方案。美英將領希望中方闡明蔣介石的立場，並對蒙巴頓所提方案進行評估與建議。然而，中方首席代表商震將軍的反應令人意外，商震表示，他還沒時間仔細研究此方案，希望隔日再討論。美英將領們接著要求中方報告與討論

....

193　蒙巴頓有關蔣介石此段話的英文原文為：「Never mind, we will carry it out all the same.」參見Philip Ziegler, *Mountbatten* (New York: Smithmark Publishers, 1986), p. 262。

194　〈事略稿本─民國三十二年十一月〉，《蔣中正總統文物》，國史館藏，數位典藏號：002-060100-00182-023。

195　Heiferman, *The Cairo Conference of 1943*, pp. 75-76.

一旦盟軍開始發動孟加拉灣制海權的軍事行動（即「海盜行動」）後，中方國遠征軍的相應計畫。沒想到會場再次陷入沉默，中方幾乎沒有任何發言。[196]

中方將領的表現差勁與準備不足，讓美英代表團十分惱火，認為是浪費了大家寶貴的時間。[197] 史迪威也覺得中國代表團的表現「糟透了」，英國陸軍統帥布魯克（Alan Brooke）氣得口出髒話，場面相當難堪，最後還是史迪威出來緩頰。[198]

中方代表團確實沒有準備，自然提不出什麼意見。根據史迪威日記，蔣介石本來打算親自參加這個參謀聯席會議，並就蒙巴頓的反攻緬甸最新方案作出評估；然而，不知什麼原因，蔣變來變去，先說會來參加，然後說不來，一會兒又說會來，而在最後一刻他缺席了。與會的英美軍事領導都覺得蔣介石反覆無常，十分惱火。[199]

顯然，蔣介石從一開始就沒有把「反攻緬甸」視為最優先考量的議題中。在蔣心中，爭取美國對華援助以及和羅斯福建立私人聯繫管道才是最重要的議題。中國代表團在中美雙邊會議以及英美聯席會議上表現拙劣，蔣介石似乎並未放在心上；當天（23 日）他最關切的是他與羅斯福的私人晚宴。[200]

蔣介石對 23 日晚宴倍感振奮。長達 3 小時的晚宴相當愉快，兩位領袖幾乎在所有議題上都有一致的看法：蔣介石同意羅斯福觀點，即日本未來的政治安排應由日本人民自行決定；羅則提議，戰後日本對

....

196　*FRUS 1943*, 314-315;「王寵惠呈蔣中正開羅會議日誌」（1943 年 11 月 21 日），〈革命文獻─同盟國聯合作戰：開羅會議〉，《蔣中正總統文物》，國史館藏，數位典藏號：002-020300-00023-021。

197　Heiferman, *The Cairo Conference of 1943*, pp. 77-78.

198　Stilwell diary, November 23, 1943, Joseph Stilwell Diaries, Box 44, Hoover Institution Archives, Stanford University.

199　Stilwell diary, November 23, 1943; Heiferman, *The Cairo Conference of 1943*.

200　蔣介石日記，1943 年 11 月 23 日。

中國的賠償，將以工業、武器裝備、商船及其他公私有財產作為戰爭賠款。蔣介石亦同意羅斯福對共產主義的分析，並強調史達林不可信任；羅則支持中國收復東北、台灣與澎湖，雙方對戰後亞洲秩序的安排亦有共識，包括殖民主義的終結、朝鮮與中南半島的獨立。此外，雙方還觸及其他議題，例如：中國加入參謀聯席會議之可能性、蘇聯參加對日作戰、中國共產黨問題與新疆情勢；但兩人並未論及反攻緬甸的議題。[201]

比較特別的是，羅斯福問蔣介石，戰後中國是否要收回琉球，蔣似乎有些意外，未立即反應。羅問了不止一次（required more than once），蔣才提議「可由國際機構委託中美共管。」[202] 蔣認為，如此可安美國之心，何況，琉球在甲午戰前已屬於日本，有美國共管，「比歸我專有為妥。」[203]

蔣介石總結與羅斯福的晚餐會「至為圓滿」。[204] 然而，羅斯福卻有不同的評價。根據陪同羅斯福出席峰會的兒子艾略特・羅斯福（Elliott Roosevelt）的回憶，羅斯福結束與蔣介石夫婦晚餐回到下榻的別墅後，對蔣有所抱怨。羅告訴艾略特，他感覺蔣介石並未把最精銳的部隊投入對日作戰，而是用來對付延安的中國共產黨。羅表示，他想不明白「國民黨部隊為何不全心對日作戰？」羅可能也懷疑蔣介石不願讓史迪威指揮與訓練中國駐印遠征軍的真正理由。對於中國共產黨的態度也是蔣史爭論的議題之一，史迪威懷疑，蔣介石沒有盡全力對抗日軍，而是想把美援軍需物資保留到戰後，投入極可能發生的國共內戰，而

201　*FRUS 1943*, 322-325; 蔣介石日記，1943年11月23日。

202　蔣介石及國民政府高層曾有戰後收回琉球的想法，最初曾把琉球問題列入開羅會議談話議題中，但政府內部有不同看法，外交部態度消極，最後決定在會議中不提琉球；蔣介石可能因此未準備關於琉球的應變對策。「Roosevelt-Chiang Dinner Meeting」(1943/11/23), FRUS，1943, the Conferences at Cairo and Tehran, p. 324。

203　蔣介石日記，1943年11月23日。

204　蔣介石日記，1943年11月23日。

這是史迪威絕對無法容忍的。羅斯福顯然受到史迪威的影響，這場晚宴似乎讓羅斯福更清楚地掌握中國內部的複雜情形。在親自與蔣介石交手之後，羅告訴艾略特，他決定進一步向蔣提出中共問題。[205]

美英高層對國府不滿　蔣毫無所覺

次日（24）中午，馬歇爾拜訪蔣介石，欲聽取中方對於蒙巴頓所提反攻緬甸方案的看法，希望蔣同意並支持。蔣對新方案依然持懷疑態度，並稱，除非英方對其海空軍支援反攻行動的承諾不變，否則他將不會派遣中國地面部隊投入緬甸戰場。[206] 根據蔣日記，馬歇爾聞後「甚動容也」。[207] 馬歇爾並邀請蔣介石出席當天下午舉行的美、英參謀聯席會議，蔣口頭允諾了，但隨後又臨時決定不參加。

當天下午，英美代表先開始參謀聯席會議，英方詢問馬歇爾有關蔣介石對反攻緬甸的看法，馬歇爾稱，蔣介石並不同意，理由是他不認為此行動可能成功，畢竟他對全體中國人民負有龐大的責任。馬歇爾表示，只有在實現如下條件的前提下，蔣介石才會同意發動反攻緬甸之役：

(1) 英國必須承諾發動孟加拉灣兩棲作戰，掩護中國在緬甸的地面部隊，最好還要與國軍協同發動占領孟加拉灣的安達曼群島戰略據點；

(2) 英方必須同意發動攻勢，奪回緬甸中部的曼德勒與仰光兩大城。[208]

....

205　Elliot Roosevelt, *As He Saw It* (New York: Duell, Sloan, and Pearce, 1946), p. 142.

206　*FRUS 1943*, 334-335. 〈事略稿本—民國三十二年十一月〉，《蔣中正總統文物》，國史館藏，數位典藏號：002-060100-00182-024。

207　蔣介石日記，1943年11月24日。

208　*FRUS 1943*, 335-338；Heiferman, *The Cairo Conference of 1943*, p. 86.

這些條件遠超出蒙巴頓將軍所提新方案的規模，但更接近 10 月中旬中、美、英三方在重慶所承諾的內容。英方代表團聞後既驚且怒，英國陸軍元帥布魯克不客氣地指稱，蔣介石竟然臨時起意，堅持這些根本不可能被實現的條件滿足之後，國府才願意扮演好在同盟國內應有的角色。[209]

稍後，中方代表團抵達會議現場，團長商震表示，奉蔣介石指示，重申國府對蒙巴頓方案的反對立場，並提出一系列技術性問題，甚至開始質疑英軍的作戰能力，在場的英方將領紛紛感到氣憤不平。商震同時表明，不論美、英參謀會議最後決議批准撥予中方地面部隊軍援物資的總額度為何，他堅持對中方的「駝峰」空運物資，絕對不能夠低於每月 1 萬噸。[210]

商震這番講話，使得脾氣溫和、極有耐心的蒙巴頓也難掩心中怒火，指責商震有關盟國給予中方空運物資不低於每月 1 萬噸，以及取得國軍地面部隊軍需物資的雙重要求，根本「不合邏輯」（illogical），他要求中方在兩者之間選擇其一。馬歇爾亦支持英方立場，他告訴商震，如果中國想重新打通滇緬公路，就必須為此努力並付出代價。[211]

馬歇爾這番話使得會議氣氛更加尷尬與緊繃。蔣介石事後聞知此事，大為憤怒，幾個小時之前，蔣還以為馬歇爾對中方所提條件「甚動容也」，沒想到竟然言行不一，蔣不禁大罵馬歇爾：「此人神態並無軍人本色也。」[212]

當晚，邱吉爾在下榻別墅為蔣介石夫婦設宴款待。晚餐開始前，邱

209　Heiferman, *The Cairo Conference of 1943*, p. 86.

210　*FRUS 1943*, 343-345; Louis Allen, *Burma: The Longest War, 1941-1945* (London: Cassell, 2000), 157-170；「王寵惠呈蔣中正開羅會議日誌」（1943 年 11 月 21 日），〈革命文獻—同盟國聯合作戰：開羅會議〉，《蔣中正總統文物》，國史館藏，數位典藏號：002-020300-00023-021。

211　同上。

212　蔣介石日記，1943 年 11 月 24 日。

吉爾先引導蔣介石前往地圖室，檢視英國海軍在孟加拉灣的布署情況，邱向蔣介石承諾，英國艦隊將會在 1944 年 5 月間於緬甸外海完成備戰準備，這番重申英國立場，讓蔣介石頗感失望。晚宴之後，邱吉爾又再次帶領蔣介石進入地圖室，繼續解釋英軍在世界每一個戰場的情形，津津樂道地講了 1 小時，讓蔣介石反感至極，「皆為余所厭聞者」。不過蔣在當天日記裡也不得不佩服邱，稱其「深謀遠慮，老成持重，則現代政治家中實所罕見。」[213]

11 月 25 日下午，蔣介石夫婦、羅斯福、邱吉爾合影留念。此時，會議已至尾聲，但國府與美、英之間有關反攻緬甸的僵局，依然未能打破。事實上，當天上午，蒙巴頓將軍曾二度拜訪蔣介石，請求支持；然而蔣的態度仍然堅決，甚至表示，美英參謀聯席會議若無法承諾中方所提出之各項援助的需求，他將直接找羅斯福商議。[214] 蔣的態度讓英國代表團特別憤怒，布魯克批評蔣介忙著討價還價，試圖從同盟國獲取最大利益；蒙巴頓則指責蔣在峰會上對英美關係大玩挑撥離間之計。蒙巴頓擔心這樣下去，將使得盟軍在即將來臨的 1944 年東南亞戰場上，無法取得任何進展。[215]

英軍將領們的批評或許並非全無根據，但他們忽略了一個重點——遠道而來的蔣介石，真正關心的不是緬甸，而是中美關係。當天晚上，羅斯福為蔣介石夫婦舉行茶會。蔣利用這個機會，與羅斯福進一步溝通幾個重要議題：蔣試圖說服美方，如果中國無法正式參加美英參謀聯席會議，他希望羅能同意另外設立一個「中美聯合參謀會議」，處理中美之間一切軍事相關議題。蔣也敦促羅斯福設立一個新的「中美政治委員會」，加強雙邊關係。最後，蔣再度要求美國保證將如期向

213　蔣介石日記，1943 年 11 月 25 日。
214　*FRUS 1943*, 346-347.
215　Heiferman, *The Cairo Conference of 1943*, p. 97.

三個梯次的中國遠征軍部隊提供裝備。[216] 羅斯福坦言，他現在最煩惱的就是邱吉爾的問題，因為「英國總不願中國成為強國。」根據艾略特‧羅斯福的回憶，當晚，羅斯福曾主動與蔣介石討論國共關係，希望國共和解合作；對此，蔣表示，待他回到重慶後，將會著手改善與中共之間的關係。不論蔣出此言是認真抑或敷衍，羅斯福顯然嚴肅看待這個承諾。[217]

　　沒有具體史料說明，蔣介石與羅斯福在這個茶會上曾經討論過反攻緬甸方案及其所引發的僵局。現有中美檔案顯示，蔣並未就此事向羅爭取支持，羅也未曾試圖說服蔣同意蒙巴頓所提僅收復緬北的縮水方案。畢竟開羅會議的重要目的，是在鼓舞中國民心士氣，而非逼迫國民政府面對現實。

　　25 日的茶會結束，蔣介石回到住處後突然想起，11 月初他開始準備峰會重要議程時，曾把戰後美國對華經濟援助與引進外資之事納入其中，他立即與宋美齡商量，有無可能設法爭取羅斯福支持，指示美國政府就此事項提供中國一筆新的貸款？夫妻研究再三，蔣決定由宋美齡在次日（26）上午單獨與羅斯福會面，「試談其事，以觀彼之態度，然後再定進退與多寡之計畫。」在蔣看來，這筆新一輪對美借款與經濟援助之成敗榮辱，至為重要，「惟有夫妻二人共商精討，庶不誤事，亦惟此方足以慰藉征途憂患之忱也。」[218]

國共問題埋下中美嫌隙裂痕

　　蔣介石在他 11 月 26 日的日記裡曾憶及前一天與羅斯福總統茶會晤

216　蔣介石日記，1943 年 11 月 25 日；〈事略稿本—民國三十二年十一月〉，《蔣中正總統文物》，國史館藏，數位典藏號：002-060100-00182-025。

217　Elliott Roosevelt, As *He Saw It* (New York: Duell, Sloan and Pearce, 1946), p. 158.

218　蔣介石日記，1943 年 11 月 26 日。

談時，「余覺其情態比上次談話時更增親切也。」[219] 還有一則令蔣更為振奮的消息是，當天早晨宋美齡與羅斯福單獨會面，羅對於蔣要求美國提供國府一筆新貸款，竟然大方表示原則上同意。

26 日下午，蔣介石偕夫人再度前往羅斯福下榻別墅致謝，羅斯福向蔣保證，會極力勸說邱吉爾，使英國海軍提早發動緬甸登陸攻勢，以配合中國遠征軍反攻緬甸行動。羅甚至表示，目前僅剩邱吉爾一人不願同意而已。[220] 對於羅斯福的態度，蔣深感欣悅，尤其是當天上午羅大方允諾提供財政援助，蔣把功勞歸給宋美齡，認為這是「非常人所能勝任也。」[221]

蔣介石或許真心認為羅斯福對他及國府是積極與友善的，但實情卻非如此。經過幾天在峰會與蔣介石密切接觸後，羅斯福對蔣介石與整個中國內部情勢的看法開始改變了。就在 11 月 25 日羅斯福與蔣氏夫婦茶會晤談結束後幾小時，羅斯福把史迪威找來，兩人有一番長談。羅斯福對史迪威在中國的「困難處境」表示同情，試圖安撫這位數次與蔣介石發生激烈爭執與不快的中國戰區參謀長。根據史迪威的親信參謀多恩（Frank Dorn）所稱，在當晚的談話裡，羅斯福表示他已「受夠了」蔣介石，甚至大膽建議史迪威，若他無法與蔣和睦相處，而且無法尋到其他替代人選，那麼「最終只能除掉他」（get rid of him once and for all）。[222]

羅斯福是否真有這番談話，不無疑問，這僅是多恩單方面的紀錄，並無其他檔案佐證。不過，羅斯福當晚與史迪威談話結束後，確實對其子艾略特說，蔣介石已向他保證將改善與中共的關係，允諾戰後建

....

219　蔣介石日記，1943 年 11 月 26 日。

220　蔣介石日記，1943 年 11 月 27 日；〈事略稿本—民國三十二年十一月〉，《蔣中正總統文物》，國史館藏，數位典藏號：002-060100-00182-027。

221　蔣介石日記，1943 年 11 月 26 日、28 日。

222　Frank Dorn, *Walkout with Stilwell in Burma* (New York: Crowell, 1971), p. 76.

立一個真正的民主政府，甚至同意中共加入未來的中央政府。[223]

　　很難分辨蔣介石這個承諾究竟是真心願意包容中國共產黨，抑或僅是對羅斯福虛應敷衍，但很顯然地，羅斯福認真對待了蔣的話；這埋下了 1944 年華盛頓與重慶間，因為國共關係不睦而引發中美裂痕的重要根源。

　　11 月 26 日下午，美英代表團召開最後一次參謀聯席會議。英方在會中提出盟軍在法國諾曼地（Normandy）登陸（代號「霸王行動」〔Operation Overlord〕）與占領地中海西西里島等相關議題，並表示若要充分執行此項方案，則反攻緬甸與控制孟加拉灣的計畫就可能必須延遲甚至取消。英方確實沒有足夠的資源，同時發動西歐、地中海與緬甸三場戰役。

　　英方這番談話讓美方代表頗為驚訝。美方立即反駁：反攻緬甸戰役對於盟軍太平洋作戰甚為關鍵，若貿然取消或者推遲，將產生嚴重的政治後果。很顯然，英國對於在歐陸戰場上打敗納粹德國的目標，遠遠大於在亞洲打敗日本。英方堅稱，史達林將在隨後召開的德黑蘭會議上，督促英美早日在歐洲戰場上展開行動，若果真如此，則英方勢必推遲在孟加拉灣的兩棲作戰。[224]

　　美英將領在參謀會議上爭得面紅耳赤之際，蔣介石與羅斯福也進行了兩人最後一場會晤。蔣介石提出了反攻緬甸方案所引發的僵局，指責英方不願承諾支援海空兩棲作戰，如此一來，蔣表示，為了避免國軍遭受慘重損失，他將不得不下令把中國遠征軍從緬甸戰場上召回。[225]

223　Roosevelt, *As He Saw It*, pp. 163-164.

224　*FRUS 1943*, 358-365. Keith Sainsbury, *The Turning Point: Roosevelt, Stalin, Churchill, and Chiang Kai-shek, 1943 The Moscow, Cairo, and Teheran Conferences* (Oxford: Oxford University Press, 1985), pp. 119-123.

225　〈事略稿本—民國三十二年十一月〉，《蔣中正總統文物》，國史館藏，數位典藏號：002-060100-00182-026；Liang Jingchun, *General Stilwell in China, 1942-1944: The Full Story* (New York: St. John's University Press, 1972), pp. 150-151。

此刻，羅斯福並不知道他的軍事幕僚正與英方激辯英國海軍可能延遲或取消反攻緬甸的可能性。羅承諾蔣介石，將在開羅會議結束前，說服邱吉爾同意增派孟加拉灣的英國海軍力量，讓 1944 年初的反攻緬甸戰役順利展開。[226] 儘管如此，蔣介石對羅斯福的承諾並不抱什麼希望，他認為「羅總統雖保證其（指英國）海軍在緬甸登岸必與我陸軍一致行動，余明知其不可能，而姑且信任之。」他也判斷反攻緬甸作戰必將延後：「緬甸反攻時期，此心斷定其非至明年秋季決無實施之望也。」[227]

開羅會議最後一項重頭戲是 11 月 26 日下午 5 點，三巨頭討論《開羅宣言》的內容。從上述發展看來，中美英之間其實並沒有達成多少實質意義的共識，因此，宣言內容必須盡可能地四平八穩，強調中美英三國堅持對日作戰直到日本無條件投降為止，以及同盟國行動不為自己圖利，亦無拓展領土的企圖。不過，中國代表團爭取到對中華民國政治與外交宣傳至為有利的部分；在英方反對但美方全力支持下，宣言內容完整列入中方所堅持的「東北台灣與澎湖列島當然應歸還中國」與「在相當時期，使朝鮮自由與獨立」。[228]

先歐後亞，英美變更東南亞戰略

蔣介石在離開埃及返國前夕，下達兩個重要指示：

首先，他要求國防最高委員會對《開羅宣言》加強國內的政治宣傳。他親自草擬宣傳綱要，要求國府宣傳部門向國人強調峰會所取得的重大成就，特別是會議三方達成共識，將維護遠東各國之獨立自由

---

226 蔣介石日記，1943 年 11 月 30 日 ；〈事略稿本一民國三十二年十一月〉，《蔣中正總統文物》，國史館藏，數位典藏號：002-060100-00182-030；Liang, *General Stilwell in China, 1942-1944*, p. 151。

227 蔣介石日記，1943 年 11 月 30 日。

228 *FRUS 1943*, pp. 366-367, pp. 448-449;「王寵惠呈蔣中正開羅會議日誌」（1943 年 11 月 21 日），〈革命文獻一同盟國聯合作戰：開羅會議〉，《蔣中正總統文物》，國史館藏，數位典藏號：002-020300-00023-021。

平等，此乃完成戰後世界秩序的重要步驟。蔣還要求在宣傳中應強調，參與此次會議之英美人士皆認為蔣夫人對會議貢獻甚多。[229] 很顯然，蔣介石欲利用此次峰會與宣言來鼓舞中國民心士氣，並提升他與夫人的聲望。

蔣介石的另一個指令則頗有政治與外交手腕。臨行前，他命幕僚轉告史迪威，謂他已獲得羅斯福總統口頭允諾，保證英國海軍最終將如期登陸緬甸，與國軍部隊反攻南、北緬甸全境。但此事仍須有正式的承諾，因此，蔣要史迪威繼續留在開羅，待羅斯福和邱吉爾結束與史達林在德黑蘭的會談回到開羅後，向英美領袖獲取有關英軍在孟加拉灣兩棲行動的具體承諾。[230]

其實，蔣介石是要史迪威來收拾這個爛攤子。蔣很清楚，邱吉爾將以歐戰為先，此刻不可能對緬甸戰役投入更多資源，更不可能如期在 1944 年初發動登陸緬甸的兩棲作戰。[231] 史迪威也明白這個現實，但他向以收復緬甸為職志，以雪 1942 年第一次緬戰失敗之恥，只得留下來盡量爭取資源。

果然，德黑蘭會議上，史達林堅持盟軍在法國諾曼地登陸與開闢第二戰場的重要性與迫切性，遠大於反攻緬甸。史達林保證，一旦德國戰敗投降，蘇聯將立即對日宣戰。邱吉爾在峰會上竭力爭取盟軍以地中海為目標，進攻軸心國，但羅斯福及史達林傾向推動諾曼地登陸。邱吉爾臨機應變，眼見英國所提的地中海方案不被接受，馬上提出取消英國海軍在緬甸兩棲登陸的要求，如此英國才能把有限的資源投入

229 「王寵惠電陳立夫」（1943 年 11 月 28 日），〈革命文獻—同盟國聯合作戰：開羅會議〉，《蔣中正總統文物》，國史館藏，數位典藏號：002-020300-00023-024。

230 Stilwell's diary entry for November 27, 1943, JSD, Box 44; Liang, *General Stilwell in China*, p. 161.

231 蔣介石日記，1943 年 11 月 18 日、30 日。

諾曼地登陸。[232]

　　12 月 2 日，羅斯福、邱吉爾從德黑蘭返回開羅，英軍兩棲進攻緬甸南部的「海盜行動」是否繼續保留，成了兩人激烈爭執的焦點。美方強烈反對取消這個方案，因為，一旦取消，就意味著蔣介石可能撤回中國遠征軍，反攻緬甸勢將失敗。如此一來，不但中國民心士氣遭受嚴重打擊，美軍在太平洋戰場上與日軍的作戰，也將遭受不利影響。然而英方不為所動，鍥而不捨地堅持歐洲戰場優先，以並以蘇聯承諾德國戰敗後對日作戰，來向羅斯福施壓。12 月 5 日，已極度疲憊的羅斯福終於妥協了，決定取消英軍在緬甸南部兩棲登陸作戰的「海盜行動」。[233]

　　羅斯福十分擔心重慶對這個戰略變更有負面反應。12 月 6 日，羅斯福帶著歉意致電蔣介石，說明在與史達林會談後，決定盟軍將於 1944 年春全力在歐陸作戰，早日結束對德戰爭，因此無法準備充足的戰艦參加孟加拉灣的兩棲登陸作戰。在此情況下，羅斯福詢問蔣：是否準備依照現定計畫進行反攻緬北之作戰？或者願意將戰事順延至 1944 年秋天再發動？[234]

　　羅斯福的電報在 7 日送達重慶委員長官邸時，蔣介石與蔣經國正在晚餐。蔣讀了電報，情緒平和，繼續與經國討論族譜之事，然後早早就寢。蔣對這個結果並不意外，他早就預料英美會以歐戰為先而推

232　Paul D. Mayle, *Eureka Summit: Agreement in Principle and the Big Three at Tehran, 1943* (Cranbury, NJ: Associated University Presses, 1987), pp. 102-103; Keith Eubank, *Summit at Teheran: The Untold Story* (New York: William Morrow and Company, Inc., 1985), pp. 251-254; Sainsbury, *The Turning Point*, pp. 249-255.

233　Mayle, *Eureka Summit*, pp. 157-159; Eubank, *Summit at Teheran*, pp. 389-394; Sainsbury, *The Turning Point*, pp. 285-287.

234　*FRUS 1943*, pp. 803-804. Roosevelt, *As He Saw It*, p. 213;「羅斯福電蔣中正」（1943 年 12 月 7 日），〈革命文獻—同盟國聯合作戰：重要協商（三）〉，《蔣中正總統文物》，國史館藏，數位典藏號：002-020300-00018-020。

遲緬戰。[235]

　　蔣介石心中其實另有盤算。他在想如何運用羅斯福的歉疚，為中國爭取更大的經濟利益。他要「思慮深切，全力運用，以達成大借款目的，以今後經濟之重要與危機甚於軍事也。」他還認為，雖然反攻緬甸作戰展期了，但「如其果能借我鉅款，則未始非福也。」[236]

　　基於這個推論，3天後，蔣介石給羅斯福發了一封措辭嚴峻的回電：「敝國軍民如知悉政策與戰略現正根本改變中，則其反響為如何之失望，使中（正）憂懼中國不能繼續支持之結果為如何。……中國戰區之崩潰，亦必同樣予世界整個戰局以嚴重之後果。」蔣接著告訴羅斯福，唯一補救的辦法，就是美國同意給予中國十億美元貸款，同時自一九四四年春起，將美國援助中國的戰機數量增加一倍，空運總數增加為每月至少兩萬噸，如此「或可挽救明年一年間中國戰區軍事與經濟之危機。」[237]

　　蔣介石這封電報顯然令羅斯福不悅。在開羅較明確的掌握了中國整體形勢後，羅斯福對蔣介石的態度已有變化。他決定一改過去對國府友善與同情的立場，轉為較強硬的態度。12月21日，針對蔣介石的要求，羅斯福客氣但卻堅決地回覆：空運中國物資的總數增加至2萬噸的要求無法實現；至於蔣所提10億美元貸款之事，羅也不願具體承諾，只說將與財政部商議。更重要的是，短短不到兩週的時間，羅斯福從禮貌性探詢國府是否願把反攻緬甸計畫延遲至1944年秋天，轉變為要求國府不論條件與情況如何，都必須「運用各種可能之辦法」，

235　蔣介石日記，1943年12月7日；〈事略稿本—民國三十二年十二月〉，《蔣中正總統文物》，國史館藏，數位典藏號：002-060100-00183-007。

236　蔣介石日記，1943年12月8日、12日。

237　「蔣中正電羅斯福」，〈革命文獻—同盟國聯合作戰：重要協商（三）〉，《蔣中正總統文物》，國史館藏，數位典藏號：002-020300-00018-021。〈事略稿本—民國三十二年十二月〉，《蔣中正總統文物》，國史館藏，數位典藏號：002-060100-00183-010。

盡早自雲南出兵。[238]

　　面對美、英兩方的施壓，蔣介石不動如山。蔣從最初擬訂出席開羅會議討論議題開始，就沒把反攻緬甸的作戰列為重中之重；現在他更加確信，若無盟軍海陸兩棲登陸緬甸的支援，國民政府勢將重蹈 1942 年春在緬甸戰役失敗的慘痛經驗。[239]

　　1943 年歲末，朝野多數人還沉醉於中國作為四強地位的榮光中，還沉浸於國家領導人在開羅會議的斬獲、獲得的尊重。殊不知，蔣介石和盟國、特別是和美國關係已然生變，外交上的巨大挑戰與困難，才正要開始。

五、重探史迪威事件

史迪威加重中美嫌隙　國共問題難解

　　1944 年，中美關系有了微妙的變化。蔣介石不滿美國政府在反攻緬甸問題上對英妥協，以及在中國遠征軍入緬作戰等問題上態度強硬，而他要求的 10 億美元貸款及增加駝峰空運物資數量，都無進展，中美之間關於租借物資及軍費墊付等談判，也陷入僵局。蔣介石對美國多

---

238 「羅斯福電蔣中正」（1943 年 12 月 21 日），〈革命文獻—同盟國聯合作戰：重要協商（三）〉，《蔣中正總統文物》，國史館藏，數位典藏號：002-020300-00018-023；〈事略稿本—民國三十二年十二月〉，《蔣中正總統文物》，國史館藏，數位典藏號：002-060100-00183-021。

239 蔣介石日記，1943 年 12 月 15、16、17 日；〈事略稿本—民國三十二年十二月〉，《蔣中正總統文物》，國史館藏，數位典藏號：002-060100-00183-018、002-060100-00183-019、002-060100-00183-020、002-060100-00183-011；「蔣中正電羅斯福」（1943 年 12 月 23 日），〈革命文獻—同盟國聯合作戰：重要協商（三）〉，《蔣中正總統文物》，國史館藏，數位典藏號：002-020300-00018-024、「羅斯福電蔣中正」（1943 年 12 月 29 日），〈革命文獻—同盟國聯合作戰：重要協商（三）〉，《蔣中正總統文物》，國史館藏，數位典藏號：002-020300-00018-026。

次以租借物資為要挾特別氣憤，在日記中指責「美國對匯價與軍費之欺詐壓迫日甚一日，且藉口雲南開遠境內發生搶劫美國軍車案以不發租借法案武器為要挾。」[240]

華盛頓高層對蔣介石亦有微詞。中國遠征軍遲遲未進入緬甸作戰，羅斯福對蔣頗不諒解；再加上延安共黨之事及蔣介石和史迪威紛爭不斷，使得中美關係迅速惡化。

面對盟軍不斷施壓要中國盡快出兵反攻北緬，蔣介石在 3 月致電羅斯福，說明他的苦衷：「今日抗戰七年之中國，其國力兵力已極疲憊，若再賦予其力所不可能之任務，而強勉為之，則必致失敗。」蔣介石一再申明，如沒有英美的配合（特別是英國從緬甸南邊的兩棲登陸），此戰必事倍功半，國軍將付出極大代價。[241] 蔣介石還擔心，盟軍戰略轉為「先歐後亞」，日軍必趁盟軍專注於諾曼地登陸而疏於亞洲軍備之際，伺機在中國發動大規模作戰，國軍必難抵擋，那時，東南亞及中國戰場必陷入危機。蔣指出：「若果形勢至此，日敵自向我雲南與四川基地趁機深入，而新疆之戰亂與陝北之中共，必取進一步之行動，以實施其赤化中國之企圖，使我中國政府不能盡其對盟邦應盡之義務與責任。」[242]

然而，羅斯福不為所動，反而回電警告：若美援裝備的中國遠征軍不能立即跨越怒江，展開對緬北境內日軍的反攻作戰，則美國對中

240　蔣介石日記，1944 年 3 月 3 日。

241　〈事略稿本—民國三十二年十二月〉，《蔣中正總統文物》，國史館藏，數位典藏號：002-060100-00183-018、002-060100-00183-019、002-060100-00183-020、002-060100-00183-011；「蔣中正電羅斯福」（1943 年 12 月 23 日），〈革命文獻—同盟國聯合作戰：重要協商（三）〉，《蔣中正總統文物》，國史館藏，數位典藏號：002-020300-00018-024、「羅斯福電蔣中正」（1943 年 12 月 29 日），〈革命文獻—同盟國聯合作戰：重要協商（三）〉，《蔣中正總統文物》，國史館藏，數位典藏號：002-020300-00018-026。

242　同上注。

國的軍事援助「為無意義矣」。[243] 言下之意，蔣介石若不盡速採取軍事行動收復緬北，華府將考慮終止美援。美方不是說說而已，4 月 13 日，馬歇爾下令史迪威暫停雲南中國遠征軍的補給，而把軍備物資轉撥給在華的美國空軍。面對這個威脅，蔣介石無奈，只得下令國軍部隊向北緬進發。[244]

很不幸，1 個月後，蔣介石擔心的事成真。盟國集中資源準備諾曼底登陸之際，1944 年 4 月，日本動員 41 萬部隊發動「一號作戰」。日軍來勢洶洶，國軍左支右絀，史迪威仍催促國軍入緬。國軍在豫湘遭受日軍重創，盟軍整個東亞地區的戰略面臨嚴峻考驗，也令重慶與華府之間關係更為緊張。

美軍觀察組到延安

正因為中國戰局凶險，國軍一路潰敗，美國打起延安共軍的念頭。1944 年 2 月 9 日，羅斯福正式向蔣介石提出派遣美軍觀察組到延安及中共占領區，理由是對日作戰需要，必須了解陝北、晉北和華北地區的敵後情報。[245]

羅斯福這個要求令蔣介石大為不安，認為共產黨「政治攻勢，國內外互相聯絡，可謂最大最猛之一擊，非毅然拒絕並趁機予以反擊，決不能平息此風潮，貽患且將無窮也。」[246] 蔣堅信，羅斯福是被共產黨宣傳所迷惑，而美國在華一些「幼稚武官」欲和延安共黨接洽，其

---

243 「羅斯福電蔣中正」（1944 年 4 月 4 日），〈革命文獻—同盟國聯合作戰：重要協商（三）〉，《蔣中正總統文物》，國史館藏，數位典藏號：002-020300-00018-032。

244 Tuchman, *Stilwell and the American Experience in China*, pp. 566-567.

245 President Roosevelt to Generalissimo Chiang Kai-shek, February 9, 1944, FRUS, 1944, China, p.329.

246 蔣介石日記，1944 年 2 月 19 日。

真正目的是「進一步利用共匪，協助其武器，以為牽制我國軍之謀。」[247]
問題是，蔣介石也許忘了，開羅會議上羅斯福不只一次提出中共問題，
蔣也數度向羅承諾，返國後必將改善國共關係。蔣當時可能僅是敷衍，
但羅斯福是認真的。

　　雖然不滿羅斯福的要求，但蔣介石並不願開罪美國，只好提出折
衷辦法——歡迎美軍人員到山西、綏遠等地考察，但不能去延安，蔣
並警告美國駐華武官不得與中共公開交往。[248] 美方不以此為滿足，2
個月後，「一號作戰」爆發，國軍一路敗退，軍事及財經都陷入困局，
在美國及國內輿論壓力下，蔣介石不得不再做讓步。6月，美副總統華
萊士訪華，蔣終於同意美國派出觀察組團到延安。[249]

　　「美軍觀察組」（United States Army Observation Group）[250] 前往中
共控制區，國民黨認為這是華盛頓承認中共或親共的象徵；中共亦視
此為中國共產黨在政治上的重大勝利。[251] 蔣介石擔心的事果然發生了，
「美軍觀察組」從延安傳回華盛頓的報告多指國民政府及國軍腐敗無
能、士氣低落，而延安的共產黨則士氣高昂，一再強調「共產黨勢起，
國民黨勢衰」。[252] 從此，華盛頓對中共益加看重，還要把武器及美援
物資分給共軍以便進行軍事合作，對蔣介石及國府則愈來愈不信任。

....

247　蔣介石日記，1944年2月13日。

248　蔣介石日記，1944年2月21日。

249　蔣介石日記，1944年6月18日。

250　「美軍觀察團」亦稱「迪克西使團」（Dixie Mission），從1944年7月迄1947年3月，
　　　觀察團成員在延安長達9百餘天，與中共及八路軍高層建立密切的官方關係。

251　梁敬錞，《史迪威事件》（台北：商務印書館，1973），頁304。陶文釗、楊奎松、
　　　王建朗幾位學者也認為這是「中國共產黨人在政治上的重大勝利了」。陶文釗、
　　　楊奎松、王建朗，《抗日戰爭時期中國對外關係》（北京：中國社會科學出版社，
　　　2009），頁436。

252　原文：「The Rise of Communist Power and the Decline of the Kuomintang Influence and
　　　Strength.」，FRUS, 1944, China, VI, pp.600-601.

事實上，美國對中共展現高度興趣，不僅是因為關於延安土地改革成功、國民政府統治日漸衰敗這些表面印象，還有實際的考量。當時，中國與緬甸戰局惡化，國軍在常德與鄂西的慘敗使美方必須認真考慮以中共部隊補充國軍戰力的可行性。但是，美國與中共的直接接觸，必然對業已緊張的重慶－華盛頓關係帶來進一步的傷害，而且直接埋下內戰的種子。[253]

與此同時，「一號作戰」給了國共此消彼長的機會。國軍戰敗西撤，中共跟在國軍和日軍腳步後，迅速擴張其勢力。直到抗戰結束，國共問題始終未得解決，最終爆發內戰。此外，還有另一件導致中美關係進一步惡化、甚至影響戰後世界局勢的關鍵因素——「史迪威事件」。

蔣介石三次欲撤換史迪威

蔣介石與史迪威不和，紛爭不斷，鬧得羅斯福要蔣介石把國軍統帥權交給史迪威。蔣介石不允，雙方密切交手，來往電報充滿機鋒、脅迫，最後是羅斯福召回史迪威才結束這場紛爭。事情雖告一段落，但中美關係因此大受傷害，且後遺症不小。

過去數十年，已有不少研究探討史迪威事件，但大多聚焦「蔣史紛爭」，且多為美方觀點，認為史迪威任勞任怨、是東南亞戰場上的抗日英雄，而蔣介石及國民政府則是腐敗無能，無心抗日。[254] 直到 2000

---

253 M-Schaller, *The US Crusade in China* (New York：Columbia University Press, 1982), pp. 181-188; Warren I. Cohen, *America's Response to China: A History of Sino-American Relations, Fifth Edition* (New York: Columbia University Press, 2010), pp. 155-158.

254 Barbara Tuckman 的 *Stilwell and the American Experience in China* 外，以下這些研究也詳述了蔣史紛爭的緣由及其影響：Fred Eldridge, *Wrath in Burma: The Uncensored Story of General Stilwell and International Maneuvers in the Far East* (New York: Doubleday, 1946); Charles F. Romanus and Riley Sunderland, *Stilwell's Mission to China* (Washington, D.C.: Government Printing Office, 1953)；梁敬錞，《史迪威事件》（台北：

年後，才有英國學者提出不同看法，質疑史迪威的軍事作戰能力以及他若干偏執的心態和做法，導致中國－緬甸戰場失利，中美關係惡化，也為他自己帶來被召回的結果。[255] 自從胡佛檔案館在 2004、2005 年陸續開放宋子文檔案、蔣介石日記後，史迪威事件有了更細膩的理解脈絡，而且，中國的視角也才明顯地展露出來。

不少研究都已指出，史迪威身負多重任務，職責相互牴觸，一開始就埋下了矛盾與衝突。史迪威既是盟軍中國戰區參謀長，又是東南亞戰區副長官，還兼美《租界法案》（Lend Lease）在華執行著、在華美軍最高指揮官。這些頭銜基本上互相矛盾，他到底是美國在華的代表，與蔣介石平起平坐？還是作為中國戰區的參謀長，必須接受戰區統帥蔣介石的指揮？他負責美國租借法案，那麼，援華物資的分配該聽他的？還是蔣介石的？[256]

蔣介石與史迪威的衝突很快就爆發了。1942 年 3 月，蔣介石、史迪威討論緬甸作戰的戰略戰術時，兩人意見數次不合。蔣認為，緬甸情勢的複雜性，日軍明顯享有海空優勢，英軍又倉皇撤退，此時守勢戰略才是上策；但史迪威堅持採取攻勢，且應南下正面迎敵。[257]

史迪威自以為是的態度讓蔣介石十分不安：「與史將軍談緬甸作戰方針甚久，彼誠無作戰經驗，徒尚情感，不顧基本與原則，此英美

續 ┈┈┈┈┈┈┈┈┈┈┈┈┈┈┈┈┈┈┈┈┈┈┈┈┈

商務印書館，1973）。

255 著名的論述包括 Hans van de Ven, *War and Nationalism in China, 1925-1945* (London: Routledge, 2003), Chap. 1; Rana Mitter, *Forgatten Ally: China's World War II, 1937-1945* (Boston: HMH, 2013)

256 Tai-Chun Kuo, Hsiao-ting Lin, and Ramon H. Myers, "Vinegar Joe and the Generalissimo," Hoover Digest, 2005, No. 3, pp. 155-164.

257 〈革命文獻—同盟國聯合作戰：遠征軍入緬（一）〉，《蔣中正總統文物》，國史館藏，數位典藏號：002-020300-00019-014。Jay Taylor 著，林添貴譯，《蔣介石與現代中國的奮鬥》上卷（台北：時報出版，2010），頁 223。

戰略所以屢戰屢敗也。」[258] 對於蔣介石的焦思與建議，史迪威一律視之為「干預」，還怒氣沖沖飛到重慶直接要請辭。蔣只得好言安撫，親自陪同史去臘戌，面示杜聿明等中國駐緬軍將領，一律服從史迪威的全權領導。[259]

兩人意見不和，蔣介石一開始竭力忍讓，不願破壞中美合作的氣氛；但無論蔣如何懷柔，中國遠征軍第一次入緬甸作戰還是失敗了，國軍傷亡極為慘重。敗戰後，蔣介石及史迪威互相歸咎對方，史迪威指責蔣介石越過他指揮，且中方將領不服從他的領導；蔣介石則認為史迪威指揮不當。蔣尤其不滿史迪威的獨斷獨行：「自緬戰失敗以來，受英人之輕棄侮蔑，固無論矣，而美國史蒂華（史迪威）對我在緬軍隊亦掉頭不顧，對余無一請示，亦無一報告，獨自逕避印度，……我們以真誠至意甚至不惜冒犧牲陪之赴緬，使其指揮便利，授以全權，各將領亦一致服從，聽從其指揮，是誠仁至義盡，凡有人性者必知有感，而不料其失義失信，無膽無識，一至於此。」[260]

史迪威對緬戰失敗毫無反省，蔣介石開始轉趨強硬，「我軍在緬如此重大犧牲，其責全在於彼之指揮無方，而彼毫不自承其過反詆毀我國高級將領不力，……只管向印度逃命，而致軍隊於不顧，以致第五軍至今尚流離播遷，而無法收容，彼則毫不知恥也。」[261]

蔣史之間的衝突愈演愈烈，蔣介石與宋子文間的電報及蔣日記顯示，蔣曾 3 次欲撤換史迪威，但都因為種種顧慮而作罷。

第一次是 1942 年 7 月，蔣介石想從美國《租借法案》已撥給中國航空公司的飛機中，轉撥兩架給航空委員會使用，史迪威不但嚴詞拒

258　蔣介石日記，1942年3月18日。
259　同上。
260　蔣介石日記，1942年5月31日，上月反省錄。
261　蔣介石日記，1942年6月5日。

絕，而且不客氣地表示，他所處之地位乃「以總統代表資格執行之。」[262]
史迪威的措詞令蔣介石深覺受辱。[263]

宋子文建議把此情形告知羅斯福，並詢問蔣介石：「鈞座是否仍
擬留其在華供職，抑或趁機更換，易選他員？」[264] 羅斯福助理居里向羅
斯福與馬歇爾轉達了蔣的不滿，建議撤換史迪威，因為蔣是堅持抗日
的中國戰區領導人，史迪威屢屢「當面牴觸、頑強對抗」畢竟不宜。[265]

宋子文建議蔣介石提出撤換史迪威，但蔣認為，此事不宜由中方提
出，最好是美國政府自動召回。因此，蔣決定暫時「忍恥忍辱忍訑」。[266]
馬歇爾曾就此詢問史迪威，史迪威竟然毫不覺得自己和蔣有任何敵對
的態度。馬歇爾接受了史的解釋，回報羅斯福沒有可接替的人選，羅
也就算了，第一次蔣史衝突就此揭過。[267]

第二次蔣史衝突爆發在 1943 年 2 月，當時英美擬定了新的緬甸戰
役計畫，並派陸軍航空司令安諾德（Henry H. Arnold）率軍事代表團來
華向蔣說明。蔣召集史迪威、安諾德、何應欽等中美將領開會，強調
必須在充分的海空軍支援下才能確保戰役的成功，「必須英美對我空
運每月一萬噸之數量與增補中國空軍前線五百架編制之飛機充實有確
期時方能負責。」史迪威當著安諾德及美軍代表團的面，以尖銳的言
辭反問：「委員長所言者，是否若不能辦到，就不對日抗戰了？」讓

262 〈革命文獻—同盟國聯合作戰：史迪威將軍就職〉，《蔣中正總統文物》，國史館藏，
　　數位典藏號：002-020300-00024-015。

263 蔣介石日記，1942 年 7 月 2 日。

264 〈革命文獻—同盟國聯合作戰：史迪威將軍就職〉，《蔣中正總統文物》，國史館藏，
　　數位典藏號：002-020300-00024-017。

265 Report by Lauchlin B. Currie to President Roosevelt, 1942 August 24, Laughlin Currie
　　papers, Box 4, Hoover Institution Archives.

266 蔣介石日記，1942 年 7 月 17 日。〈革命文獻—同盟國聯合作戰：史迪威將軍就職〉，
　　《蔣中正總統文物》，國史館藏，數位典藏號：002-020300-00024-018。

267 Romanus, Charles F. & Riley Sunderland, *Stilwell's Mission To China* (Washington, D.
　　C., U.S. Army Center for Military History, 1987)，P.152-153.

蔣頗為尷尬，認為史迪威態度「可惡不敬已極」。[268]

　　事後，蔣介石要宋子文轉告史迪威，以後應注意態度，並謂史迪威在會中要求的各條必須切實做到「以贖其過失。」[269] 之所以要宋子文轉告，是因為當時宋、史都要到加爾各答參加會議。宋後來回覆蔣，說 史迪威「極為懊喪，為當時談話之失體統至以為歉，但信鈞座必能諒其忠實與熱誠。」[270] 此時，正值宋美齡在美訪問，蔣的重心都在宋美齡身上，未對史案再多說什麼，但此事在華盛頓卻造成意外的波動。史迪威為此向馬歇爾抱怨，馬歇爾把電文拿給羅斯福，羅對史的態度極為不滿。[271]

　　不久，1943 年 5 月中，英美軍事領袖在白宮舉行的三叉會議（Trident Conference），陳納德與史迪威都被召回與會，兩人在會議中對中國的作戰方式與領導方式有相當的爭論，羅斯福認為史迪威堅持的陸戰所需成本太高，傾向支持陳納德的空軍作戰方式。[272] 而馬歇爾為鞏固史迪威在華地位，還特別頒予史迪威司令官級的功勛勛章，肯定他在華的辛勞。[273]

　　史迪威不滿三叉會議的決定，回到重慶後竟拒絕將會議詳細內容交給蔣介石。蔣自然極為不悅，發長電給在美國的宋美齡，歷數史迪威之過，請其在和羅斯福會面時相機提出。[274] 不過，宋美齡的反應頗冷靜，認為此時不宜提出對史迪威批評的言論，因為：「（一）恐因

268　蔣介石日記，1943 年 2 月 7 日。

269　蔣介石日記，1943 年 2 月 8 日

270　「宋子文電蔣中正」（1943 年 2 月 12 日），〈革命文獻—國際運輸〉，《蔣中正總統文物》，國史館藏，數位典藏號：002-020300-00015-147。

271　*Stilwell's Mission To China*, P.279-282.

272　Tuchman, *Stilwell and the American Experience in China, 1911-1945*, p.371.

273　*Stilwell's Mission To China*, p.117.

274　「蔣中正電宋美齡」（1943 年 6 月 18 日），〈革命文獻—對美外交：宋美齡訪美〉，《蔣中正總統文物》，國史館藏，數位典藏號：002-020300-00037-122。

不滿我方之真實評議判斷，反使進攻緬甸計畫障礙叢生；（二）一切
計畫及聯絡均有史氏接洽，今突然提出易人，恐害聯繫，請兄熟思。」[275]
蔣採納宋美齡意見，再電宋：「關於史迪威事並非正式要求其撤換，
不過使其察知實情而已，待便趁機以閒談出之，否則不談亦可。」[276]

　　不過，蔣介石對史迪威的指責並未稍減。1943 年 9 月，史迪威提
出「對華北西北日軍發動襲擊計畫（聯合攻勢備忘錄）」[277]，主張調第
18 集團軍（即八路軍）及胡宗南、傅作義、鄧寶珊皆向山西出擊。[278]
想要調動中共軍隊及胡宗南部隊，這觸犯了蔣的大忌，蔣氣得大罵：「史
氏誠最卑劣、最糊塗之小人哉！」[279] 但蔣表面不動聲色，私下決定要撤
換史迪威。

　　第三次，蔣介石下了決心，宋子文也認為必須撤換史迪威，開始
在華府積極運作。好不容易，1943 年 9 月底，羅斯福同意撤換史迪威，
並商定接替人選。孰料兩週後，蔣介石改變態度，又決定不撤換史迪
威；宋子文氣極，與蔣大吵一架。郎舅間的爭執變成了公務上的決裂，
隨後宋子文遭到蔣介石形同軟禁的待遇，也直影響到 11 月的開羅會議。

　　諷刺的是，蔣介石與史迪威修好撐不到 2 個月，又爆發衝突了。
1943 年 12 月，為了反攻緬甸作戰計畫，兩人意見不同。史迪威堅持要
迅速發動收復緬北的行動，蔣反對，主張延緩：「彼（史迪威）仍竭

275　「宋美齡電蔣中正」（1943 年 6 月 20 日），〈革命文獻—對美外交：宋美齡訪美〉，
　　《蔣中正總統文物》，國史館藏，數位典藏號：002-020300-00037-125。
276　「蔣中正電宋美齡」（1943 年 6 月 21 日），〈革命文獻—對美外交：宋美齡訪美〉，
　　《蔣中正總統文物》，國史館藏，數位典藏號：002-020300-00037-126。
277　史迪威致蔣介石擬具對華北西北日軍發動襲擊計畫函，1943 年 9 月 6 日，國史館蔣
　　中正總統文物，002-080103-00050-023。
278　蔣介石日記，1943 年 9 月 12 日，上星期反省錄：「余不屑駁覆，乃置之不理，表示
　　拒絕其干涉之意，但可知中共之欲毀滅中央之宣傳方法，已無孔不入，無所不為
　　矣，余惟一以正氣示之，毫不為動。」
279　蔣介石日記，1943 年 9 月 6 日。

力慫恿如期攻緬，此人既無軍事常識，更無政治淺見，余表示展期之決心，勿使其再為我害也。」[280] 兩人關係緊張，彼此憎恨。

蔣介石對英美修改的縮減版的反攻緬甸計畫，他的立場在開羅會議中以及返回重慶後請宋子文轉報羅斯福報告的電文中說得很清楚。蔣一再警告「不可再蹈覆轍」，因為，如果只是靠中國軍隊收復北緬，而無英軍從緬甸南部登陸，切斷南北交通，則日本人仍能派軍增援，「非僅無益於中國戰場，而且費力多，犧牲大，結果必不能達成目的，徒然犧牲兵力。」[281]

「一子失著，全局皆敗」

到了 1944 年春，蔣介石與史迪威的互動並無改善，反而益發嚴重，勢同水火。4 月，國軍在日本發動的「一號作戰」中遭受重創，而身為中國戰區參謀長的史迪威卻無視中國戰事危急，一心投入緬甸戰役，蔣介石兩次電召史迪威，史皆置之不理。[282] 蔣氣極了，也後悔了：「本周仍以軍事與外交為最大之憂悶。尤以召史迪華（史迪威）不能應命為憤慨。甚悔去年既已決心革除而復留用為最失計。」蔣大嘆「一子失著，全局皆敗。」[283]

蔣介石重起「撤史」之意，奉命協助蔣完成撤史工作的依舊是宋子文。但是，此時（1944 年 6 月），國際局勢及中美關係都對國府不利，蔣的舉措迅速引發著名的召回史迪威及其所衍生的中美兩國間的爭議。[284]

280　蔣介石日記，1943 年 12 月 15 日。

281　「蔣中正電宋子文」（1943 年 5 月 8 日），〈革命文獻—同盟國聯合作戰：重要協商（二）〉，《蔣中正總統文物》，國史館藏，數位典藏號：002-020300-00017-035。

282　蔣介石日記，1944 年 6 月 1 日。

283　蔣介石日記，1944 年 6 月 2 日，上星期反省錄。

284　對史迪威事件提出較為新穎觀點之研究，參見：Hans van de Ven, *War and*

　　事實上，史迪威對蔣介石也十分厭惡，蔣、史不和不僅在於軍事戰略上的重大歧義，也因為史迪威對蔣介石及其政府評價不佳。他報回華盛頓的電報，經常批評國府腐敗無能、社會混亂、經濟窘困、國軍士氣低落，無力對抗日軍。[285]

　　7月，國軍在豫湘戰場慘敗，馬歇爾根據史迪威的情報向羅斯福報告：華中戰局嚴峻，亟需採取緊急措施，「把所有在中國的軍事力量和資源交給能有效領導的人來應對日本的威脅。」然而，馬歇爾指出：中國政府或軍隊中沒有人能擔當此大任；「在這場戰爭中，只有一個人能讓中國軍隊以有效的方式與日軍作戰，那個人就是史迪威將軍。」[286] 馬歇爾建議羅斯福，盡快電請蔣介石把中國戰區的全部軍事力量（包括共產黨部隊）和物資交給史迪威。馬歇爾並建議，為配合史迪威新職的聲望與地位，宜從權提升史迪威的軍階。[287]

　　羅斯福接受馬歇爾的建議，7月6日覆電蔣介石，先是稱讚史迪威：「余以為彼（史迪威）現已對其優越之判斷以及其組織與訓練之能力等，業已有所表現。」然後進一步表示，鑒於中國戰局危急，統帥全部華軍及美軍，並予以全部責任與權力以協調與指揮作戰。」[288]

　　同盟國領袖要求另一盟國交出軍隊指揮權，實屬不尋常。如今，羅斯福要蔣介石把軍權交給蔣深惡痛絕之人，蔣視為奇恥大辱，「悲

續 ....

　　Nationalism in China, 1925-1945 (London: Routledge, 2003), pp. 54-58; Thorne, *Allies of a Kind*, pp. 401-416.

285　Theodore H. White ed., *The Stilwell Paper* (New York：William Sloane Associates, Inc., 1948), p. 316.

286　Memorandum for the President from the U.S. Chiefs of Staff, July 4, 1944, Papers of George Catlett Marshall, #4-434, The George Marshall Foundation. Electronic version (Baltimore and London: The Johns Hopkins University Press, 1996)

287　史迪威當時是美國陸軍中將，1944年8月，羅斯福特別晉升史迪威為陸軍四星上將。

288　「羅斯福電蔣中正」（1944年7月7日），〈革命文獻—同盟國聯合作戰：史迪威將軍就職〉，《蔣中正總統文物》，國史館藏，數位典藏號：002-020300-00024-028。

愴極矣」。[289] 蔣自然不能同意，但又不便立即拒絕，只得採取迂迴緩和之策，拖延應變。蔣在7月8日回覆羅斯福電文表示，「原則贊成」，但因事出倉促，「必須有一準備時期，可使中國軍隊對史將軍能絕對服從，而毫無阻礙。」[290]

羅斯福顯然對蔣介石的拖延不買帳，7月15日，羅斯福再度來電，以幾乎是威脅的口氣表示，「若中國對日作戰不能努力，則中美兩國此後將無繼續合作之基礎。」羅重申：「余以為立即將華中軍隊及作戰之全部直接指揮權，授予一人，此實為急要者也。」羅希望蔣「採取各種準備，俾史迪威擔任指揮能於最早可能之時限實現。」[291] 蔣受此刺激，心中開始做最壞的打算，「中國不能沒有最後獨立作戰的準備」。[292]

把軍權交給史迪威之事折磨蔣介石極深，蔣自覺「突入陷阱之中，四面黑暗，遍體鱗傷。」[293] 中美關係如此險峻，蔣壓力極大，甚至聽到羅斯福來電，就「疑懼戰兢」，因為羅斯福的電報不是威脅就是壓迫，「皆為余之恥辱臨到之時也。」[294]

國軍在「一號作戰」（豫湘桂戰役）失地千里，戰局如此凶險，中美關係又因緬甸作戰及史迪威之事陷入僵局，蔣介石實在不願也不能得罪美國。然而，怎能把國家的軍權交給一位外國人呢？蔣深感處境惡劣極了：「（此事）為十年來所未有之恥辱。處境至此，悲慘已極。

....

289　蔣介石日記，1944年7月8日。

290　「蔣中正電羅斯福」（1944年7月8日），〈革命文獻—同盟國聯合作戰：史迪威將軍就職〉，《蔣中正總統文物》，國史館藏，數位典藏號：002-020300-00024-029。蔣介石日記，1944年7月8日。

291　「羅斯福電蔣中正」（1944年7月15日），〈革命文獻—同盟國聯合作戰：史迪威將軍就職〉，《蔣中正總統文物》，國史館藏，數位典藏號：002-020300-00024-036。

292　蔣介石日記，1944年7月17日。

293　蔣介石日記，1944年7月21日。

294　蔣介石日記，1944年8月23日。

今日環境，全世界惡勢力已聯絡一氣，來逼迫我，汙辱我，似乎地獄張了口，要等待吞吃我。」[295]

錯失了去年（1943）「撤史」的機會，蔣介石後悔莫及。他自我檢討，對美外交之所以失勢，多因他「輕舉失言」所致：「去秋既決絕史迪威不用，而復為浮言所動，乃再留用，此對外最喪失威信之第一事。目前美國軍方之壓迫形勢皆由此而來也。五年以來無論對俄、對美之外交，與對共、對內之政治皆為我徹底解決之黃金時期，而余乃不能利用此時間與空間，坐待貽誤，甚至當斷不斷，既斷後悔而不敢執行。此所謂『打蛇不死，與養癰貽患』之拙舉，余之愚昧萎縮極矣。」[296]

事到如今，悔之已晚。羅斯福不屈不撓，9月18日發出一封嚴厲、猶如最後通牒的電報，並由史迪威當面轉致蔣介石。電文再次促請蔣介石採取斷然措施，立即派兵入緬作戰，並即刻讓史迪威統帥全體國軍。最後，羅斯福以粗暴的語氣表示：「余與此間各最高人員均認為，閣下如再延擱猶豫，則吾人對於援助中國所有計畫必將完全消失。」[297]

蔣介石對這封電文極憤怒，認為「其態度與精神之惡劣，及其措辭荒謬極矣，是可忍，孰不可忍。……實為我平生最大之侮辱，亦為最近之國恥也。」[298]。

相反地，史迪威卻很得意。這是他和蔣介石纏鬥2年多來最大的勝利，史迪威認為羅斯福這封電報可打到蔣介石最痛的地方：「如同一支尖銳的魚叉狠狠地插到他太陽穴最痛的神經叢。」（The harpoon

---

295　蔣介石日記，1944年9月1日。

296　蔣介石日記，1944年7月31日，上月反省錄。

297　「羅斯福電蔣中正」（1944年9月18日），〈革命文獻─同盟國聯合作戰：史迪威將軍就職〉，《蔣中正總統文物》，國史館藏，數位典藏號：002-020300-00024-056。

298　蔣介石日記，1944年9月19日。

hit him right in the solar plexus） 。[299]

　　把軍權交給史迪威，蔣介石「勢所不能」。他已有破釜沉舟的準備，除非美國改變其政策及態度，否則中國縱然失去美援，也不屈服。[300]

　　此時，河南、湖南均已陷入日軍之手，岡村寧次正率大軍從衡陽向湘桂邊界推進，準備進占桂林、柳州。戰局如此凶險，中美關係卻因史迪威之事陷入僵局，美國第14航空隊司令官陳納德實在看不下去，9月21日電呈羅斯福，開門見山指出：「把我們全部軍力投入緬甸，結果就是中國東面的淪陷。」[301] 他提醒羅斯福，「我們希望重慶進行徹底的政治改造，繼而實現國共統一。……此事極為困難，必須由中國人自己來完成。而且，這只能由中國領導人所尊敬和信任的美國代表運用說服和壓力來實現，不可能用任何試圖把中國降低到軍事或政治監護（political tutelage）地位的方式來實現。」[302]

　　陳納德的意思很明顯，美國想穩定中國戰局並促進國共合作，若是一味貶抑或打壓重慶政府，不僅達不到目的，反而會有反效果。表面上陳納德批評的是史迪威及其作為，其實也委婉暗示羅斯福，威脅或施壓蔣介石不能解決問題，史迪威已不適任當前職位，解鈴之計是要找位能和蔣介石合作共事的美軍將領取代史迪威。

　　9月25日，蔣介石接見來華調停蔣史之爭的羅斯福私人代表赫爾利（Patrick Jay Hurley），請赫爾利轉達致羅斯福函電，並向羅斯福說

299　Stilwell diary, September 19, 1944, Joseph Stilwell Diaries, Box 44，Hoover Institution Archives, Stanford University.

300　蔣介石日記，1944年9月19日。

301　"Major General Claire L. Chennault to President Roosevelt," 21 September 1944, FRUS 1944 China, VI, pp. 158-159. 這裡提到的「中國東面」或「華東」（East China）是指中國東邊戰場，亦即「一號作戰」的豫湘桂戰場。當時國軍主力在西面（雲南、印度），無法支援東面作戰。

302　"Major General Claire L. Chennault *to President* Roosevelt," 21 September 1944, FRUS 1944 China, VI, pp. 158-159.

明史迪威不適任中國戰區參謀長，堅持撤換。蔣介石對赫爾利說：史迪威不懂軍事，反攻緬北的地面部隊是國軍，史迪威卻毫不考慮中國的立場，一意孤行，實無能承擔中國戰區全局之責。[303]

蔣介石、陳納德的函電讓羅斯福冷靜下來，畢竟，美國需要中國牽制日軍，倘若中國撐不下去，太平洋及東南亞戰場將立即受到致命的影響。10月6日，羅斯福電覆蔣介石：「自余之建議（把軍權交予史迪威）以迄今，中國大陸之情勢竟如斯惡化，余深覺目前美國政府不應冒派遣美國軍官指揮貴國全體陸軍之責任。」羅斯福雖然同意解除史迪威作為中國戰區參謀長的職務，但仍堅持史迪威負責指揮滇緬戰場。[304]

羅斯福只做了一半的妥協，且語氣不善，讓蔣介石覺得「仍加指責威脅，強余留史指揮滇湎之華軍也。」[305] 於是，蔣介石決定對美攤牌。10月8日，蔣擬電駁斥羅斯福的指責。蔣指出，開羅會議時中美英三方同意，反攻緬甸的同時須有英軍配合在南緬兩棲登陸；後來英美改變協議，國軍勉強發動反攻作戰，雖收復回緬北，但損失慘重。兩次緬甸戰役耗盡了大半中國最精銳的部隊和裝備；而同一時間，日軍在中國發動的「一號作戰」，動員的規模是緬甸日軍的6倍以上。面對日軍如此龐大的攻勢，史迪威卻完全無動於衷，並且拒絕發放已經在雲南的租借法案物資。他（蔣）本反對緬北作戰，但在史迪威脅迫下，勉強派國軍入緬，結果是「吾人雖攻取密支那，但華東全部幾

303　「蔣中正致赫爾利備忘錄」（1944年9月25日），〈革命文獻—同盟國聯合作戰：史迪威將軍就職〉，《蔣中正總統文物》，國史館藏，數位典藏號：002-020300-00024-061。

304　「羅斯福電蔣介石」（1944年10月6日），〈革命文獻—同盟國聯合作戰：史迪威將軍就職〉，《蔣中正總統文物》，國史館藏，數位典藏號：002-020300-00024-066。

305　蔣介石日記，1944年10月6日。

均淪陷。」[306] 蔣最後表明道：「要求撤回史迪威為唯一目的也。」[307] 這封電報蔣介石親自擬就，由宋子文譯為英文，在 10 月 9 日發出。

第二天（10 月 10 日）是中華民國國慶日，蔣介石分別與何應欽（同盟國中國戰區陸軍總司令）及宋子文（外交部長）商討中美關係惡化的善後及應對。蔣介石決定堅持中國立場，即使與美國決裂亦在所不惜：「美國交涉已至最後關頭，應切實準備，彼羅如不改變其主子態度，及其對共匪祖護方針，則不能不準備決裂。」[308]

蔣介石堅持撤換史迪威，羅斯福及其幕僚不得不嚴肅以待。赫爾利支持蔣介石，主張撤換史迪威。[309] 15 日，赫爾利攜羅斯福給他的電報面見蔣介石，羅斯福已同意撤換史迪威，並請蔣提示可與之合作的美國將領三人，羅將在其中擇一。蔣提出魏德邁（Albert C. Wedemeyer）將軍。[310] 10 月 19 日，羅斯福給蔣介石的正式覆電來了，語氣也較緩和：「同意魏德邁替代史迪威任中國戰區參謀長，對中國前敵總司令事作罷。」[311]

1944 年 10 月 28 日，華盛頓發布召回史迪威的命令，史迪威事件告一段落。看起來是羅斯福讓步了，但蔣介石其實是贏了面子、失了裡子，此事對國民政府的影響不容小覷。開羅會議以來將近 1 年的時間，重慶與華盛頓間為了反攻緬甸及史迪威事件矛盾與衝突不斷，中美關係已嚴重受損；而召回史迪威，在美國朝野引起極大的反應，馬歇爾等美軍將領對蔣介石憤恨不已，美國社會也掀起一股同情史迪威、

---

306 「蔣中正致赫爾利備忘錄」（1944 年 10 月 9 日），〈革命文獻—同盟國聯合作戰：史迪威將軍就職〉，《蔣中正總統文物》，國史館藏，數位典藏號：002-020300-00024-070。

307 蔣介石日記，1944 年 10 月 8 日。

308 蔣介石日記，1944 年 10 月 11 日。

309 蔣介石日記，1944 年 10 月 13 日。

310 蔣介石日記，1944 年 10 月 15 日。

311 蔣介石日記，1949 年 10 月 19 日。

批評蔣介石的輿論高潮，說蔣介石史迪威是被蔣介石做掉的愛國者，而蔣介石就是個獨裁者，他唯一的目標就是囤積美援物資，用來對付中國共產黨。[312]《紐約時報》稱這是「一個垂死的反民主體制的政治勝利」，指責美國政府支持一個「在中國日益不得人心的政府。」[313]

順便一提，1944 年 12 月，蔣介石提名宋子文代理行政院長。當天，蔣在日記寫道：「此乃半年來踟躕之一事，今能得一解決亦可自慰，以慰子文也。」[314] 為什麼要「以慰子文」？是蔣終於承認自己錯了嗎？遺憾的是，亡羊補牢，為時已晚。中美之間嫌隙已深，華盛頓政軍高層開始動搖對蔣介石及國府的堅定支持，關注的目光逐漸轉到延安。

六、觀察與檢討

特殊的戰時外交體制

蔣介石治下的戰時外交體制頗為特殊，決策權集中於一人，每遇重大外交情況，蔣常指派「專使、特使」負責。這些「專使」、「特使」直接向蔣報告，行政院和外交部則處於執行層面。宋子文是最明顯的例子，他在美前後長達 3 年，從他與蔣介石來往的函電來看，他直接受命於蔣，他也有意建立與蔣的直接、單線聯系，不僅刻意繞過駐美大使胡適、外交部長王寵惠，還試圖避開時任行政院副院長、財政部長和中央銀行總裁的孔祥熙。[315]

312　Barbara Tuckman, *Stilwell and the American Experience in China*, (New York: The Macmillan Company, 1971), p. 646.

313　瞿同祖編譯，《史迪威資料》，（北京：中華書局，1978），頁140。摘自步平、王建朗主編，《中國抗日戰爭史》，（北京：社會科學文獻出版社，2019），頁385。

314　蔣介石日記，1944 年 12 月 4 日。

315　吳景平，〈蔣介石與戰時外交體制探析——以宋子文使美為中心〉，《史學月刊》，2017年第11期，頁80、83-84。

　　戰時外交體制主要源於蔣介石掌控了政府及黨的最高決策權。事實證明，它的確展現了靈活、高效、保密的效果。但是，這個體制有其局限性，它破壞了正常行政運作，運轉並不穩定，常因私人原因影響其效果。

　　以宋子文出使美國為例，他跳過駐美大使館、外交部，直接和蔣介石聯繫，以致與駐美大使胡適的關係不睦，影響了本應相輔相成的效果。宋子文和行政院及孔祥熙的關係也相當微妙，他在華盛頓交涉美元貸款、中英及中美平準基金，這些業務都與財政部及中央銀行有密切關係，宋卻想把外匯管理權責直屬委員長。主管財政的孔祥熙公開反對，認為所有外匯業務都應由「四聯總處」審核，送財政部執行；否則「不特系統不明，且脫離財政金融機關，似於幣信不無影響。」[316]

　　這種特殊外交體制最大的變數是不循制度，因人設事，容易因私而害公。蔣介石在處理撤換史迪威事件上，出爾反爾，弄得重慶和華盛頓間氣憤、尷尬；又因負氣不准宋子文參加開羅會議，以致蔣本人及中國代表團會前準備不足，會議期間亦未能因勢應變，讓羅斯福、邱吉爾及美英軍事高層留下負面的印象。不過，吳景平認為，整體而言，這樣的安排雖有悖正常行政運作原則，但非常時期，它的確有助於應對戰時複雜紛繁的局勢，提高外交政策的效率。[317]

　　事實證明，宋子文作為特使的安排，效率與成果都特別卓著。宋子文駐美時期，1940 到 1943 年，中美關係融洽，且兩國有基本上的互信。影響中美關係的因素很多，但本研究顯示，重慶與華盛頓的互動

316　「四聯總處」是當時國民政府掌管全國金融的機構，全稱是「中央銀行、中國銀行、交通銀行、中國農民銀行聯合總辦事處」。「孔祥熙致宋子文電〕（1941 年 1 月 3 日），〈革命文獻—對美外交：財經援助（一）〉，《蔣中正總統文物》，國史館藏，數位典藏號：002-020300-00030-052。

317　吳景平，〈蔣介石與戰時外交體制探析——以宋子文使美為中心〉，《史學月刊》，2017年第 11 期，頁 87。

自 1940 年秋開始活絡起來，原因之一是宋子文成功地打入美國政軍高層權力中心，包括白宮。宋子文靈活地把他在華盛頓建立的人脈網與美國戰略、大眾媒體和公關技能結合起來，透過羅斯福身邊的官員，為中國爭取到可觀的援（貸）款、作戰物資以及軍事合作，增強中國抗日的力量。遺憾的是，中美關係在 1943 年 10 月宋子文離開華盛頓後開始出現芥蒂，接著發生的幾件事（開羅會議、國共問題、反攻緬甸及史迪威事件）使得中美關係的溫度急劇下降。

我們無法揣測，假設宋子文繼續留在華盛頓，中美關係是否仍能維持友好熱絡；但可以確定，如果蔣介石沒有把宋子文排除在開羅會議之外，那麼，蔣介石本人及代表團成員當不至於完全在狀況外，既缺乏準備、掌握不到會議議程，又無機變的能力，結果代表團在英美軍事高層會議上一問三不知，毫無表現，自然也毫無收穫，徒然給英美高層留下惡劣的印象。最關鍵的是，如果蔣介石在 1943 年 10 月沒有臨時變卦留下史迪威，那麼，國軍面對「反攻緬甸」及「一號作戰」時，可能不會那麼受制於人、得那麼慘，蔣介石 1944 年再度撤換史迪威而與羅斯福、馬歇爾鬧得那麼不愉快的事，也不會發生了。

重新評價開羅會議

開羅會議標誌著戰時中國在國際外交舞台上最榮耀的時刻，然而，本研究指出，該會議算不得成功，不但未達到預期的成果，反而萌發國府與盟國外交的糾結與衝突。

羅斯福總統召開開羅會議的初衷，是提振蔣介石與國民政府國際聲望，鼓舞中國民心士氣，使國民政府繼續抗日。[318] 但蔣介石要的不止是這些，他認為開羅會議是其親自遊說羅斯福、爭取更多美援、並討論提升中美關係的最佳場合。因此，蔣介石對會議的準備和應對，多

318　Elliott Roosevelt, *As He Saw It* (New York: Duell, Sloan and Pearce, 1946), p. 143.

從「中國」角度出發，不曾把「反攻緬甸」視為重要議題，也未能站在英美立場思考全球大戰略。蔣這麼做可能有多方面原因，他可能打心底就不願犧牲國軍寶貴的生命去替英國收復其殖民地；也可能是他認為這個議題之前就已討論過了，是以得知英國從原來的承諾（在緬甸南部兩棲登陸）退縮後，蔣認定反攻緬甸行動勢將延展，無需多議。

還有一個可能的原因，是會議期間正值日軍為牽制盟軍反攻滇緬而發動常德作戰，國軍陷入惡戰。蔣介石在開羅表面上鎮定自若，其實心焦如焚，他希望英美理解中國抗戰的艱危，給予中國必要的援助。所以，他反覆對羅斯福提出增加租借物資及駝峰空運數量的要求。然而，從羅斯福、邱吉爾到英美將領，最關注的都是歐亞整體戰略；至於亞洲，最好是讓國軍打頭陣先收復緬北。蔣介石和羅斯福、邱吉爾關注的目標不一，心態各異，自然難有共識，會議算不上圓滿。

縱有以上原因，也不能忽略宋子文缺席所帶來的影響。28 年後，1971 年 8 月，蔣介石在台灣已垂垂老矣，他回憶當年的開羅會議：「開羅會議之最失策原因，乃在會議之前三日，方得羅斯福派員密告，要求我極端機密刻期赴會，亦未說明議案與何事，使我無暇準備，亦未隨帶高參與資料，故我本人辭不出席軍事會議，只派參謀代表出席也。」[319]

這段文字不僅解答了當年在開羅，蔣介石為何數度承諾會參加高層軍事會議、卻又臨時爽約的原因，同時也證實蔣心裡明白，當年他因惱怒宋子文而「未隨帶高參與資料」，最為「失策」。

事實上，蔣介石在開羅會議上一味執著於他所要的反攻緬甸方案（南北同時展開攻勢），而未能審時度勢與英美溝通、爭辯、妥協，留給羅斯福、邱吉爾及英美軍事領袖的印象不止是出爾反爾、冥頑不靈，還顯得他「眼光短小」（characteristic myopia）、全球戰略意識不

319　蔣介石日記，1971 年 8 月 27 日。

足。[320] 相較之下，史達林看穿盟國在緬甸、太平洋、地中海以及計畫中的法國北部戰場上的矛盾，在德黑蘭會議中，他以一套大戰略成功地把自身的意圖放到英美方案中，還大方承諾，只要德國投降，蘇聯就出兵抗日。這或可解釋，為何羅斯福在德黑蘭與史達林會面後，對蔣介石及國民政府的評價及態度就轉壞了。

蔣介石這個「失策」及其帶來的負面影響，國民政府相關文書從來不提，中英文研究也鮮少注意，直到蔣介石日記公開後才有極少數學者加以探究。[321] 但不得不指出，為了這個疏失，蔣介石及國府付出不小的代價。蔣介石以為不重要的攻緬議題，在開羅會議結束後不久，成為中美英同盟國之間的重大爭議，並引發史迪威事件。

史迪威事件平議

抗戰後期中美關係惡化，件件樁樁幾乎都牽涉到史迪威。多年來，美國學者普遍認為史迪威是英雄，不幸被蔣介石打壓；而蔣介石及國民黨則是腐敗無能，最後注定要失敗。劍橋大學方德萬教授大概是最早質疑美國觀點、反轉史迪威評價的學者。

方德萬不客氣的指出，史迪威在兩次滇緬作戰都犯了錯誤，「無論作為指揮官還是戰略家，他的軍事能力都很有限。」[322] 史迪威個性執拗，心胸狹窄，不善與人相處。他厭惡蔣介石，給蔣介石取了個代號叫「peanut」，日記中經常譏諷蔣介石及國軍將領；即使羅斯福當面表

320 Keith Sainsbury, *The Turning Point: Roosevelt, Stalin, Churchill, and Chiang Kai-shek, 1943 The Moscow, Cairo, and Teheran Conferences,* p. 184.

321 2000年之後，開始有若干研究質疑開羅會議的成果，其中，林孝庭以具體事實指出，開羅會議光鮮的表面下，隱藏了諸多問題，導致中美關係開始轉淡。請見林孝庭，＜開羅會議再思考＞，《戰時政治與外交》，《戰爭的歷史與記憶：叢書之二》（台北：國史館，2015），頁95-126。

322 Hans van de Ven, *War and Nationalism in China,1925-1945,* P. 60.

示不悅，他仍繼續以「peanut」代稱蔣。[323]

史迪威作為蔣介石的參謀長，極不稱職。第一次滇緬戰，史迪威罔顧蔣介石意見，剛愎自用，結果遭到慘敗，近 10 萬國軍精銳折損過半。而史迪威毫不自省，反而歸咎蔣介石及國軍將領。[324] 蔣極為憤怒，指責史迪威「失義失信，無膽無識」、「毫不知恥」。[325]

第二次滇緬戰，正值日軍發動一號作戰，史迪威對中國正面臨的生死存亡威脅毫不在意，還拒絕調撥物資給國軍。更不可思議的是，當羅斯福和蔣介石為了雲南國軍調動問題雙方爭論時，史迪威竟然不通知蔣介石也未告知美國大使館，逕自把司令部從重慶遷到德里。史迪威突然不告而別，令美國大使及蔣介石錯愕不已，對國軍更是重大打擊。[326]

史迪威最後被羅斯福召回，對一個軍人來說，不是光彩的事，他因此心情鬱悶，2 年後過世。方德萬雖質疑史迪威的能力和英雄形象，但他認為，史迪威的作用及地位其實繫於英美兩國的戰略及政治考量。史迪威之所以能驕傲自負，與蔣介石叫板，是他有利用價值，馬歇爾、羅斯福願為他撐腰。當 1944 年 10 月羅斯福面臨是否與國府撕破臉，以及羅自身的總統選舉得失時，為了不背負美國在中國失敗的責任，他還是斷然捨棄了史迪威。[327]

323　Peanut 字面上是花生米，實際卻有「微不足道的小人物」（any small or insignificant person）的意思。又，史迪威在美國軍中外號是「Vinegar Joe」，其性格可見一斑。

324　Stilwell diary, June 4 and 7, June 1942, Joseph Stilwell Diaries, Box 44, Hoover Institution Archives.

325　蔣介石日記，1942 年 5 月 31 日，上月反省錄；1942 年 6 月 5 日。

326　「Ambassador in China (Guess) to Secretary of State (2 April 1944)」, FRUS, 1944, VI, China, pp. 48-49.

327　Hans van de Ven, *War and Nationalism in China, 1925-1945*, pp. 55-63.

英、美、蘇聯為各自利益利用中國

珍珠港事變之前，英美對中國對日抗戰基本上是外交及道義上的支持，盡量避免世界涉入中日戰爭。例如，1932 年「一二八淞滬抗戰」，英、美、法等國聯手調停，使中日簽訂《淞滬停戰協議》。1937 年七七事變後，蔣介石有意再請英美出面交涉停火，但英美兩國均予婉謝。

英國從來就看不起中國，英國為了自己的利益，一直試圖對日綏靖。1938 年，將其控制的中國海關權利轉讓給日本；1939 年，英日簽訂《有田—克萊琪協定》（Craigie-Arita Formula），英國「完全承認」日本造成的「中國之實際局勢」；[328]1940 年還一度關閉滇緬公路，影響中國甚巨。直到日本不斷侵犯英國在華利益，英國才逐漸同情中國。英國真正和中國合作是珍珠港事變後，日本占領英國在南洋的殖民地馬來聯邦、婆羅州、新加坡、緬甸，英國無力兼顧歐亞兩個戰場，需要中國協助它收復緬甸、確保印度殖民地。即便如此，英國仍舊看輕中國，邱吉爾始終不贊成羅斯福提升中國在國際上的地位，更反對把中國視為四強之一，曾謔稱「就是一場鬧劇」（an absolute farce）。[329]

美國對中國較友善，但抗戰爆發時，美國國內充斥中立主義、孤立主義，傾向不介入中日戰爭。但美國在 1939 年通過法案，反對日本提出的「東亞新秩序」，反對日本對中國等亞洲鄰國的侵略行為。歐戰爆發後，美國對日實施經濟制裁，並提供中國 2 千 5 百萬美元「桐油貸款」。1941 年 1 月，美國《租借法案》出台，中國的抗戰終於能獲得美國軍事物資的援助。

328　秦孝儀主編，《中華民國重要史料初編：對日抗戰時期》，第三編《戰時外交》，第二冊（台北：中國國民黨中央委員會黨史委員會，1981），頁 104。

329　Christopher Thorne, *Allies of A Kind: The US, Britain, and the War against Japan, 1941-1945* (ACLS Humanities E-Book, 2008), p. 420.

　　珍珠港事變後，美國對中國抗日更加同情與支持，先後提供各項貸款及軍事合作。太平洋作戰方面，美國亞洲戰略是支持中國把日軍拖在中國戰場，後來又把中國作為戰略基地，以便轟炸日本。不論動機如何，美國的援助幫助中國渡過最困難的時期，撐到最後贏來勝利。

　　珍珠港事變後，中美英均為同盟國成員，在緬甸及太平洋戰場攜手對抗日軍。不過，表面上是同盟作戰，骨子裡，還是為了自己國家利益而利用中國。方德萬直言，英美兩國只是利用中國來達到自己的戰略目標，他們從來就沒認真想過要在中國境內對日作戰，他們更不會把地面部隊送到中國戰場。[330]

　　英美對中國各有各的利益，本無可厚非；蔣介石也有其盤算。對蔣介石及國民政府來說，參與緬甸作戰，不僅為了重開滇緬公路，打通一條順利取得美國租界物資的管道；更重要的是，中國和英美聯合作戰，以事實證明，中國已擺脫次殖民地的地位，能和英美平起平坐了。

　　問題是，以中國當時的國力及現勢，很難真正與英美齊頭平坐；所以，史迪威對國軍將領頤指氣使，英國公開嘲笑中國不夠格成為四強之一。[331] 當中國符合英美戰略需要時，中國受到重視；但當英美調整戰略目標時，例如，1943年底德黑蘭會議後，英美的首要戰略目標是爭取蘇聯參加對日作戰，他們也就毫不猶豫的犧牲掉中國的權益，而且，仍要中國軍隊為反攻緬甸打頭陣。[332]

　　蔣介石明知被利用，但他還是願意和英美合作的。然而，很不幸，

330　Hans van de Ven, *War and Nationalism in China, 1925-1945* (London: Routledge Curzon, 2003) p. 33.

331　Speech by Anthony Eden, 7th July, 1943, Anthony Best and Paul Preston, ed., British Documents on Foreign Affairs, part 3，Series E，Vol. 7 (Maryland: University Publications of America, 1997), p. 25.

332　Hans van de Ven, *War and Nationalism in China, 1925-1945*, P. 62.

「反攻緬甸」和日軍打通中國大陸的「一號作戰」幾乎是同時發生，國府絕無能力兼顧中緬兩個戰場。然而，在華盛頓的戰略中，建立一條穿越緬甸的供應線，使美國空軍能支援太平洋作戰，比日軍在中國戰場的攻擊更具戰略意義。[333] 因此，不論蔣介石如何說明中國的困難，羅斯福仍催促蔣盡快派遣在雲南的遠征軍到緬甸，配合中國駐印軍奪取密支那。蔣介石不答應，馬歇爾、史迪威就威脅要停掉租借法案的物資；蔣介石無奈，只好忍痛抽調部隊前往緬甸，結果「奪回了密支那，卻失掉整個中國東部。」[334] 中國為此付出極大的代價，國軍不僅在豫湘戰場遭到致命的損傷，而且，一號作戰成為國共實力消長最大的轉折點，中共從此迅速坐大，國民黨再也無力制衡中共。

蘇聯長期覬覦中國東北，但不能否認，抗戰初期蘇聯曾提供國府經濟和軍事的援助。不過，蘇聯的援助是小心翼翼、有限度的，盡量不觸怒日本，真正的考量是要國軍幫它拖住日軍。蔣介石很清楚蘇聯的心態：「倭、俄以中國為戰場，以中國為犧牲品。」[335] 蔣介石用盡各種辦法希望蘇聯參戰，但史達林就是按兵不動。直到 1943 年底，英美積極遊說蘇聯在亞洲對抗日軍，史達林趁機和英美談條件，謀奪中國東北的利益。蔣介石最擔心的是蘇聯拖到最後才「投機參戰」；[336] 而很不幸地，史達林的確一直拖到日本投降前幾天才對日宣戰、出兵東北，獲取現成的戰利。戰後，蘇聯不但遲遲不歸還東北，還支持中共在東北勢力坐大，對國共內戰及隨之而來的美蘇對抗影響甚巨。

順帶一提戰時的中德關係。七七事變後，國民政府對德外交的目標是盡量致使德國在中日之間保持中立。中德兩國在抗戰前就建立了

333　Hans van de Ven, *War and Nationalism in China, 1925-1945*, p. 54.

334　「Major General Patrick Hurley to President Roosevelt, FRUS 1944, China, VI, pp. 167-169.「中國東部」是指中國東面戰場。

335　蔣介石日記，1937 年 12 月 4 日。

336　蔣介石日記，1943 年 8 月 25 日，雜錄。

良好合作關系，1934 年，財政部長孔祥熙與德國「工業產品貿易公司」（Trading Company for Industrial Products, HAPRO，又稱「合步樓公司」）簽訂合約，用中國的鎢砂、錳砂等戰略性原料和農產品換取德國的武器及軍需品，中國成為德國在遠東最大貿易夥伴。[337]

德國前陸軍領袖塞克特（Hans von Seeckt）上將曾於 1933 到 1934 年間兩度到中國，擔任國民政府軍事團總顧問，向蔣介石提交《陸軍改革建議書》，作為中國軍隊改革的藍本。[338] 塞克特離華後，推薦法肯豪森（Alexander von Falkenhausen）將軍為顧問團領導，法肯豪森在中國 3 年多，對蔣介石抗日大戰略規劃及國軍整訓有重大貢獻。[339]

七七事變爆發後，國民政府需要德國軍火及軍事顧問，想盡辦法維持與德國友好關系；德國外交部也希望中立，既不得罪日本，也不疏遠中國。但陶德曼調停失敗後，日本強力施壓德國，德國不得不放棄中國。1938 年 2 月，德國承認「滿洲國」；4 月，撤回在華軍事顧問；5 月，德國政府下令禁止一切戰爭物資發往中國。1940 年底，德、日、意簽訂《三國同盟條約》，國民政府欲使德國維持中立的目標終告失敗。

中西文化差異導致的隔閡與誤解

戰時中國對外關係一直有個最大的瓶頸——蔣介石常把外交上的挫折解釋為白種人的優越感所造成的歧視，「黃人為不能與之平等也。」[340]

....

337 「工業產品商貿公司」德文是 Handelsgesellschaft für Industrielle Produkte，簡稱 HAPRO，又稱合步樓公司，是 1934 年 1 月在德國柏林成立的公司，專賣德國對中國的軍火銷售，以私有公司的形式避免其它國家的異議。

338 Liu, F.F., *A Military History of Modern China, 1924-1949* (Princeton University Press, 1956) p.94.

339 關於德國軍事顧問團，請參閱本書第一卷第五章第 4 節。

340 蔣介石日記，1941 年 8 月 17 日

蔣介石自認對美外交極為用心，每次美國官員或團隊來華，蔣都親自接待，有時宋美齡也參與。如此禮遇和推心置腹，卻未獲美方相對的回饋；無論是雙方溝通上的格格不入，抑或在戰略考量上的先歐後亞，都讓蔣介石及其幕僚感到失望和不受尊重。蔣對此常忿忿不平，自覺是「忍恥、忍辱、忍詬」。[341] 但蔣可能並沒有覺察，他自己的心態和言行有時也會有溝通上的瑕疵。

以短短 5 天的開羅會議為例，蔣介石反對英美修改的縮減版緬戰新作戰方案，他在會議上的發言，自覺全體人員「無不為之動容」，以為英美都理解了中國的堅持，但其實雙方立場還差得很遠。馬歇爾勸蔣接受新方案，蔣不同意，一番交流後，馬歇爾「甚動容也」，蔣認為已說服了馬；但幾小時後，馬在軍事會議上仍持對立態度，蔣氣得大罵其「無軍人本色也」。蒙巴頓拜訪蔣，懇請蔣支持新方案，蔣並未同意，可能說了些客氣的場面話，蒙巴頓卻誤以為得到蔣的「認可」。蔣與羅斯福的溝通亦頗微妙，蔣自認和羅斯福的幾次會面均愉快而有收穫，可是羅斯福卻在和蔣的晤談中，感到蔣在對待中共及對日作戰上，都未盡全力。

以上種種，都造成英美高層對蔣介石及中國代表團的誤解與不滿。齊錫生觀察蔣介石在開羅會議的言行，認為蔣完全不能勝任這個重要的任務。[342] 蔣在開羅也深感無法與同盟國領導人直接順暢溝通，後悔自己早年沒有學好英語。[343]

平心而論，以蔣介石有限的國際外交閱歷和當時中國的地位，要求蔣在國際高峰會議中游刃有餘，並不現實。其實，中美間的疏離和僵局，更多是因為各自國家利益不同以及中西文化差異所造成的障礙。

....

341　蔣介石日記，1942 年 7 月 17 日。

342　齊錫生，《劍拔弩張的盟友：太平洋戰爭期間中美軍事合作關係》（台北：聯經出版公司，2011），頁 412-413。

343　蔣介石日記，1943 年 11 月 23 日。

史迪威事件是個典型例子，從職務的矛盾、心態的對立、態度的差異這些基本的問題，到緬甸戰役的攻守戰略、物資分配的公平性、國共問題的處理等實質的問題，都因這種障礙而被放大，終至不可收拾。

　　總而言之，齊錫生總結蔣介石及國民政府戰時對外關係指出：「中國政府在戰時從沒有發展出一套有系統的對美外交理論，也沒有一套深思熟慮的執行方針，由於本身所處的極端劣勢，它只能任由美國行史外交主動權，然後隨機應變，見招拆招。」[344] 實情確實如此，戰時蔣介石直接掌控的特殊外交體制，有得有失。

　　本研究的主旨目的不在問責，而是希望從中國的角度來理解戰時蔣介石處理對英美及蘇聯關係應變的困窘與侷促。正因為中國對英美蘇外交處於弱勢，羅斯福以其在開羅對蔣介石與中國內政的理解，開啟了美國介入中國內部事務之門，從調停國共之爭逐步演變為美國陷入國共內戰的泥淖，甚至於 1950 年後整個亞洲地區的冷戰（韓戰與越戰）。及至今日，美國仍對主宰亞洲的霸權之爭樂此不疲，此種前因後果與是非得失，有待學者們進一步探究。

344　齊錫生，《劍拔弩張的盟友：太平洋戰爭期間中美軍事合作關係》（台北：聯經出版公司，2011），頁 675。

終章

觀察與省思

———

郭岱君（史丹佛大學胡佛研究所研究員）

　　本研究顯示，九一八事變是關東軍精心策動的，太平洋戰爭是日本政府正式決策發動的，而七七盧溝橋事變，則是個偶發的意外。一個小小偶發的意外，為何竟擴大成中日大戰？從七七事變到八一三淞滬會戰，短短 37 天，期間究竟發生了什麼事，讓原本幾百人的衝突迅速擴大到鏖兵百萬？中國墜入長達 8 年艱苦的抗日戰爭，日軍也因此深陷中國戰場，進退兩難。在這樣的情況下，日軍既已受困，國內能源吃緊，為何還要去激怒美國，發起自殺式的太平洋戰爭？貧窮落後的中國如何能抵擋強大的日軍，還獲得最後勝利？……從九一八事變到抗戰勝利，前後 14 年，許多重要議題仍然待解。本研究組能力及時間有限，未能一一探討，至為遺憾。在本書終章，我們嘗試省思幾個較宏觀的議題，希望從反思中對歷史有更深的理解，從中得到教訓並習得智慧。

一、中國為何能獲得最終勝利？

中國之所以能獲得最終勝利，主要原因有三：抗戰大戰略正確、蔣介石堅忍堅毅的領導，以及日本戰略上的失誤。

抗戰大戰略正確

蔣介石 1933 年就在戰略上做出了正確的判斷：「倭寇之目的敵，實在美、俄；如其果與我國大規模作戰，則其無的放矢，雖勝必敗，此為其最大弱點。吾唯有與之持久戰鬥耳！」[1] 其大戰略的重點在於：

(1) **戰而不屈，以持久消耗戰拖住日軍**：日本雖強，但小國寡民，資源有限，中國便以持久消耗戰拖住日本。中國只要能在抗戰中存活，即使內部極端困難，國土失掉大半，甚至只剩一個省，都要撐住。因為中國拖得起，日本卻拖不起；拖得愈久，勝利的機率就愈大。

(2) **改變日軍作戰軸線**：大戰爆發，日軍勢必從華北南下（由北向南）或從華東西進（由東向西）的作戰線，對「持久戰」會形成不同的戰略態勢。國民政府中央及資源多在淞滬及長江流域，日軍如從北向南進攻，其機械兵團在華北平原暢行無阻，能輕易過黃河，南下武漢，把中國一切為半，而若中國最精華的地區盡入日本之手，這場仗就很難持久。所以，必須想辦法改變日軍作戰線，「誘敵自東而西仰攻」[2]。這就是為何盧溝橋事變後，日軍置重兵於華北，但蔣介石不在北方和日軍決戰，而是在上海開闢第二戰場，把日軍引到淞滬之故。

1　秦孝儀主編，《總統蔣公大事長編初稿》，卷2，頁259。
2　《陳誠先生回憶錄：抗日戰爭》（上），頁23。

(3)　中日之戰與世界大戰結合並同時結束：蔣介石很清楚，中國沒有能力獨自打敗日本，但他料定歐戰必起，中國應運用列強間的矛盾，以外交手段引起相互牽制與干涉，一方面爭取時間備戰，同時以拖待變，只要國際情勢變化，中日大戰就有機會與世界大戰相結合，中國就有希望得到國際社會的同情與支持。英國的情形也頗類似，不過，除了把抗戰和全球衝突連在一起，蔣介石還特別強調，中日大戰必須與世界大戰在同一天結束，如此中國才能一舉脫離次殖民地的地位。

蔣介石堅毅不拔的領導

　　把希望寄託在持久消耗戰以及國際形勢的變化上，看似有點冒險，但蔣介石對持久戰有信心，他堅信，中國只要能撐下去，苦撐待變，只要撐到世界大戰爆發，就有勝利的希望。整個抗戰，國軍在戰場上連戰皆敗，損失慘重，蔣壓力極大，但並未因而氣餒喪志，堅持抗戰到底。另方面，中日之間祕密和議（也就是日本的「謀略」、「政略」）從未間斷，蔣始終堅持和談的底線（日本須退回盧溝橋事變之前的狀態），他不接受喪權辱國的條件，甚至發下狠話：「與其屈服而亡，不如戰敗而亡。」[3]

　　學者多同意，若無蔣介石的堅持，中國撐不到最後勝利，很可能在 1937 年底陶德曼調停時就屈服了，或是在武漢淪陷時就放棄了。王奇生指出，蔣介石心志堅定，在抗戰前期屢戰屢敗的情況下，多數文武大員喪失信心、一片主和聲中，蔣介石扛下所有壓力，拒絕屈辱的和談。蔣介石幾乎是一人獨自撐持，頗有幾分「以一人敵一國」的悲情和氣概。[4]

....

3　蔣介石日記，1938 年 1 月 2 日。

4　王奇生，〈抗戰初期的『和』聲〉，《和與戰》，《戰爭的歷史與記憶：叢書之一》

　　事實上，以當時的情況，誰能有自信看到最後的勝利呢？汪精衛他們悲觀，可以理解。汪認為中國沒有能力打贏這場仗，如果硬撐下去，最後國民黨必會落得亡黨亡國，反而有利共產黨發展。所以，他建議不如暫忍一時之辱，等待未來再起的機會。為了「和」或「戰」的問題，汪精衛多次與蔣介石爭論；武漢淪陷後，汪徹底絕望了，決定出走與日本合作。[5]

　　不得不說，汪精衛關於國民黨替共產黨作嫁的預測是對的。歷史已證明，國民黨犧牲奮鬥、抗日的結果確實是共產黨收穫了成果。不過，在決斷力和堅毅不屈方面，汪精衛顯然不如蔣介石。汪最後的失敗不是敗在「主和」，而是敗在缺少決斷力忍辱負重、堅韌不拔的氣概——懸崖不勒馬。[6]

　　汪精衛是帶著理想和願景離開重慶的，但日方多次違約、或露出掠奪中國的野心，汪注意到了，卻「懸崖不勒馬」，繼續走下去。他從重慶出走不久，近衛文麿第三次聲明就漏掉了「重光堂協議」中「兩年撤兵」、「免軍費賠償」的承諾，當時汪就感到受騙了，幕僚故舊也勸他算了，這條路沒法走，不如回重慶或去歐洲，但他仍決定留在河內。其後和日方協調談判，日本掠奪中國的野心昭然若揭，尤其是最重要的《日華新關係調整協議》，東京獅子大開口，代表汪談判的陶希聖、梅思平都表示不能接受，汪自己也說「這完全是亡國條件」。他身邊重要幕僚陳公博、高宗武、陶希聖都主張終止談判，連陳璧君都同意暫緩，可是汪唉聲嘆氣、淚流滿面，最後卻還是簽下了他的名字，淪為日本傀儡。[7]

續⋯⋯⋯⋯⋯⋯⋯⋯⋯⋯⋯⋯⋯⋯⋯⋯⋯⋯⋯⋯⋯⋯⋯⋯⋯⋯⋯⋯⋯⋯⋯⋯⋯
　　（台北：國史館，2015），頁162。
5　關於和戰問題，請參閱本書第三卷第二章。
6　關於汪精衛，請參閱本書第三卷第一章。）
7　同上。

日本戰略錯誤，落入持久戰泥淖

蔣介石的大戰略再好，若不能實現，也是枉然。這需要複雜細膩的籌謀運作，還得要日本配合，也就是需要點運氣。所幸，從已發生的史實來看，日軍自盧溝橋事變開始在戰略上頻頻犯錯（下一節將談到），整個戰局的發展，竟奇妙地與蔣介石籌謀的大戰略幾乎是若合符節。

李宗仁在回憶錄裡曾批評日本的做法：侵華戰事既已發動，日本人卻沒有氣魄大舉用兵。等到中國民憤達到最高潮，盧溝橋事變無法收場時，這才決定派兵進入華北。蔣介石在淞滬布下羅網，誘日軍來犯，日軍來了，又輕忽戰事，以為輕易可令中國屈服，未傾全國之師來犯，而是在華北、華東用有限的兵力與中國作戰。發現兵力不夠時，日方才逐次增兵，深入作戰。這種「逐次增兵法」犯了兵家大忌。李宗仁用了個相當傳神的比喻：中國地廣人密，日軍一個師團、一個師團地開入中國，猶如把醬油滴入水中，直到整瓶醬油滴完，水還是水，醬油卻被水吸收於無形。日本人就這樣「一滴滴」地，滴了8年，滴進了6、70個師團在中國戰場，最後卻是泥足深陷，進退兩難。[8]

因為戰略錯誤，以致於日軍雖然連戰皆捷，卻始終無法解決中國問題。再加上侵華日軍獨斷獨行，屢次違逆大本營命令，一步一步踏入中國持久戰大戰略的泥淖中。

當然，中國獲得最後勝利還包括許多其他因素，例如：全國軍民勠力同心抗日、蘇聯及美國的援助、國民政府戰時軍政體制生效等等。

8　李宗仁口述，唐德剛撰寫，《李宗仁回憶錄》（台北：遠流出版社，2010），頁737。

二、日本為何能贏而未贏？

中日國力懸殊，中國根本不是日軍對手，日本以為勝券在握，但卻犯了幾個錯誤，最終遭到幾乎亡國的慘敗。

戰略失誤，錯失機會

1937 年，日本並沒有在中國用兵的計畫，七七事變後，內閣、軍部及政界元老中的「不擴大派」希望大事化小，維持現狀，參謀本部作戰部長石原莞爾亦堅決主張不擴大事態。但他們的聲音被陸軍強硬派及若干財閥壓下，接著，中日打了起來。

既然要打，就應下決心，一鼓作氣，逼國民政府投降或和議。但軍部沒有這麼做，反而被戰局牽著走，逐次增兵。蔣介石在上海開闢第二戰場時，石原莞爾便警告，日本絕不可在淞滬用兵，否則必難善了。但強硬派又占了上風，天皇同意派兵南下攻打上海。結果日方繼續被戰局牽著走，逐步增兵；這一打，足足打了 90 天才拿下上海，然而國民政府不妥協，遷都重慶，繼續抵抗。

淞滬戰後，日方大本營已看出問題，畫下蘇州－嘉興禁制線，禁止日軍繼續追打。然而，前線日軍再度罔顧統帥部的命令，逕自衝向南京。占領了南京，造成大屠殺，不但未能逼迫國府和談，反而激起了中國人的民族性，使得鬆散分裂的中國迅速團結起來，繼續抗日。

其實，最初的華北、淞滬、南京戰役，國民政府打得手忙腳亂，荒腔走板。日本如果傾全力攻擊，中國可能就撐不下去了。但是，日軍卻逐次用兵，直到徐州之後，才決心集 40 萬大軍攻打武漢。可惜，此時蔣介石及國軍將領已從淞滬、南京之戰中得到教訓，拋棄之前在城市作戰的局限，「保武漢而不戰於武漢」。陳誠及李宗仁沿長江兩岸布防近數百公里，日軍在悶熱的天氣下，打了大小戰鬥數百次，幾

乎贏了每場戰鬥，但死傷極大，花了近 5 個月才拿下武漢。國民政府就利用這 5 個月，把物資及人員順利遷到四川。最後，日軍得到的是座空城，其速戰速決的目標也煙消雲散，戰爭的終點更難見。

反觀國民政府，武漢雖失，但達到了重要的戰略目標：

(1) 改變日軍由北向南的作戰線，轉為自東向西仰攻：日軍如果直接從中國的北方向南進發，或許很快就能越過黃河，取鄭州，陷武漢，很可能 1937 年底就能拿下武漢。但因為日軍逐步增兵上海，置重兵於華東，而且一再罔顧大本營的警告和禁令，硬是要打南京，接著沿長江向西仰攻徐州、武漢，才會逐步踏入蔣介石部署的持久消耗戰的大戰略。

(2) 爭取時間：將東南沿海的戰略物質、軍工生產設備、機關學校遷移到大後方，保留續戰的能力。

未能掌握中國國情

除了日本先天軍政體制的缺失（政出多門、以下犯上）之外，今井武夫指出，日軍在九一八事變到盧溝橋事變的 6 年中，對中國情況缺乏了解，因而犯下漫不經心、訴諸武力的錯誤。這 6 年中，國民政府表面上和日，暗中卻積極建設、整軍經武，中國的情勢已有很大的改變，但日本仍有錯覺，以為仍可像拿下東北那般，以武力恫嚇一下，中國就會屈服。

武漢戰後，東京認為日本在中國用兵已近極限，為節省人力與資源，決定改變戰略，以「政略」為主，作戰輔之，又把侵華日軍分成作戰部隊及治安部隊，抗戰進入相持階段。

那麼，日本究竟有沒有贏的機會呢？

三、日本有戰勝的機會嗎？

中日國力懸殊，日本打中國，理論上，應該能贏。但日軍數度戰略錯誤，幾乎贏了每一場戰鬥，卻輸掉了整個戰爭。

抗戰初期，日軍信心十足，以為能速戰速決，3 個月就能解決中國問題。未料，淞滬戰一開始就遇到蔣介石的中央軍，訓練和裝備都不差，而且意志強大，誓死不退，淞滬一役打成了血肉磨坊，雙方死傷慘重。日軍也未料到淞滬、南京之役，促激了中國民族主義崛起，國仇家恨，全民抗日，還引起國際矚目與譴責。日軍更沒料到蔣介石會堅持持久戰、堅持和談的底線（恢復七七事變前的狀態），縱使失掉半個江山，仍不屈服，堅持抗戰到底。

這些「沒料到」使日軍失策，沒有一開始就一鼓作氣，派大軍侵華，反而是被國軍拖著，一點一點逐步增兵。結果從華北打到淞滬、南京，再沿長江打徐州、武漢，國軍節節敗退，日軍步步追擊，中國就是不投降，日軍泥足深陷，進退兩難，贏的機會也像流沙一般溜走了。等到美國參戰，就更不可能贏了。[9]

英國學者方德萬指出，如果日軍在 1938 年就像後來「一號作戰」那樣，傾全力打中國，當時國民政府尚未在四川站穩腳步，美國也尚未參戰，日本是有機會贏的。但日本不此之圖，而是在拿下武漢後，調整戰略，企圖以「政略」迫使蔣介石屈服。當時日軍已扶植了幾個親日的傀儡政權，其如意算盤是繼續扶植各地親日政權，建立一個日本掌控的聯邦中國（federated China），邊緣化蔣介石在重慶的國民政府。汪精衛政府就是這個計畫的一部分，但日方後來發現這個策略行不通，又拖到 1943 年才決心破釜沉舟改變戰略，準備發動「一號作戰」，然

9　關於日軍戰略調整請參閱本書第二卷第一章。關於汪精衛及其政府、戰時和議，請參閱本書第三卷第一、二章。

而早就為時已晚、無力回天。

其實，日本曾有足夠的機會修正錯誤。盧溝橋事變後，如果日本在戰略上適可而止，不擴大華北衝突，不派兵上海，或是不在陶德曼調停中增加嚴苛的和議條件，中日很可能在 1937 年底就停火了；如此，日本還能保有滿洲國和台灣，以及在華北的優勢。即使到了 1941 年日美談判時，和平仍有希望。美國堅持日本退兵，侵華戰爭也快耗盡日本資源，如果東京毅然退兵止損，一切問題自然迎刃而解，更不會有後來滿盤皆輸的慘敗。近衛文麿首相曾勸說陸軍撤兵，可惜陸軍堅持不退，日本當時又沒有一個調和軍方和內閣的機制，只好看著它走向毀滅。

日本工業及軍事力量那麼強大，卻為何在戰略上屢次犯錯，導致悲慘的敗局？這要從日本軍政體制的怪現象說起，可以說，這是日本能贏而未贏的根本原因。

四、日本軍政體制的重大缺陷

明治維新後，日本軍政體制就存在制度性的缺陷，天皇之下缺少一個統籌制衡軍方及內閣的機制，陸、海軍都有帷幄上奏的權力，首相管不了軍方，而軍方內部陸、海軍各自為政，號令不一。不僅是誰也管不了誰，軍部還常發生以下犯上、戰地軍官不聽參謀本部指揮的怪現象，天皇也束手無策。

此外，財閥主導的經濟結構，也使日本政府難做理性決策。1930年，世界經濟不景氣，日本也遭遇經濟危機。當時，內閣已經打算裁軍、減少製造巨艦以規避經濟風險；但各軍工財閥巨頭如何肯答應？在他們的抵制下，根本沒法執行。

　　事實證明，日本發動侵華戰爭及太平洋戰爭皆與體制缺陷有關。七七事變時，東京並沒有在中國用兵的計畫。參謀本部一再指示「防止事態擴大」，東京曾 3 次議定要從日本本土增兵華北，但都因為聽說華北協議即將達成，3 次踩了剎車。當時，日軍謀劃的「華北自治化」已見成效，只要繼續下去，日本無需用兵，關內很可能就會出現第二個「滿洲國」。然而，陸軍及華北駐屯軍的「擴大派」（強硬派）等不急了，想把事情搞大，「一舉解決懸而未決的華北問題」。結果衝突不斷擴大，欲罷不能，最後日軍深陷中國戰場。[10]

　　貿然發動太平洋戰爭也與日本這奇怪的軍政體制有關。1940 年初，日軍已深陷中國戰場 3 年多，能源告急，早已後繼無力。但日本看到德軍在歐陸勢如破竹，認定德國終將獲勝，英美勢力必退出東南亞。日軍認為這是「南進」的天賜良機，一來可填補英美留下的勢力真空，二來正好解決能源短缺的困境。

　　但是，「南進」最大的困難是如何避免激怒美國。為阻止日軍侵略中國及東南亞，美國已對日實施經濟制裁，石油禁運對日打擊甚巨。當時，日本石油儲備只夠維持陸軍作業 12 個月、海軍運行 18 個月，而美國的態度很堅決，若要解除制裁，日軍必須撤出中國並不再打東南亞的主意。

　　當時的近衛首相、外相、財相都覺得可以商量，但軍方不肯妥協，想冒險南進，因為或許美國不會參戰；何況，拿下印尼、馬來西亞，能源有了著落，籌碼多了，回頭再來跟美國談判，說不定美國會讓步。內閣及若干元老重臣都反對，批評這種想法無異自殺。海軍是了解情況的，高層都有共識「與美國開戰很愚蠢」，海軍軍令部總長永野修身曾說：「（對美作戰）帝國沒有屈敵致勝、使敵喪失戰意之手段。」但為了海軍的尊嚴和利益，絕不能言退。每次會議，海軍被問到是否

10　關於七七事變擴大為中日大戰，請參閱本書第一卷第七章〈重探七七盧溝橋事變〉。

有贏的把握，都答覆「研究工作只做到兩年後。」意思是，最多只能撐 2 年，2 年後就難說了。其實，任何稍有點常識的人都清楚，日本對美開戰絕無勝機。[11]

　　陸、海軍都不想放棄南進的機會，又都不願負開戰之責，但南下太平洋畢竟是海軍的主戰場，推來推去，最後逼得永野修身不得不表態。永野修身在御前會議上以極弔詭的言辭表示：既然無法接受美國的條件，戰爭就不可避免；那麼，日本就應「施以死中求存之策」，積極準備開戰。永野的邏輯是：不戰，日本必敗；戰，或許還有一線生機。既然要戰，就要先發制人，占得先機。於是，御前會議通過把「南進」作為國策，準備以「奇襲」方式南進。

　　「南進」成為國策後，天皇及近衛首相還是擔心這場仗沒法打。近衛召集五相會議，希望能撤回御前會議的決議。近衛特別懇請陸相東條英機同意陸軍做出讓步，包括考慮從中國撤兵、或部分撤兵。東條英機認為撤兵就等於承認失敗，陸軍不僅失了顏面，還影響其後的發展。因此，東條回應：「陸軍寸步不讓。」

　　近衛首相無計可施，憤而辭職，把爛攤子丟給下一任。既然內閣壓不住軍方，天皇乾脆讓東條英機接任首相，並命東條重新審視國策。諷刺的是，作為陸相，東條絕不讓步；但作為首相，東條必須權衡全局。東條也清楚，以日本當時國力，對美開戰勝算極微。於是，東條召集陸海軍相關部門，要他們立即檢討南進會議的國策。

　　一次又一次的「檢討」，陸、海軍都不敢保證能贏，但也都不願示弱，雙方皆不表態。東條也嘗到近衛的苦果，他勸參謀總長杉山元放棄戰爭主張，然而，就像半個月前近衛勸他反戰一樣，他也遭遇了與近衛相同的結果：勸說被拒絕。

11　關於日本發動太平洋戰爭的決策過程，請參閱本書第二卷第四章〈太平洋戰爭：日本死中求存的絕境策略〉。

　　問題仍然無解：若不接受美國條件，即使維持現狀，避免對美開戰，則 2 年後反而最危險，因那時日本儲備石油已耗盡，日本必逃不過敗亡的厄運。反觀開戰這個選擇，雖然沒有戰勝的把握，但誰能預測以後的事呢？不戰必亡，戰也許還有一線生機。就這樣，日本陸海軍各自為政，首相治不住軍部，天皇也沒法彌合內閣與軍部的意見，東條這場本是為避戰而做的重新評估，反而得出了開戰才有出路的荒謬結論。

　　歸根究柢，還是要歸咎於日本特殊的政軍體制和組織文化。作戰首先要衡量自己與敵國實力及國際形勢，日本陸、海軍卻先把自己軍種的權益放在國家整體利益之前，明知對美作戰將陷日本於災難，但最後卻寧願選擇一個看不見未來的戰爭。在強勢軍部的壓力下，文官內閣想要避戰的企圖也在莫名其妙的戰狼氣氛中被遏制。

　　果不其然，開戰後，前 6 個月日軍順利攻陷新加坡、馬來半島、印尼，之後海軍就陷入進退抉擇的困境了。

五、如果沒有「兩顆原子彈」，中國會否勝利？

　　坊間一般認為，若沒有美國在日本廣島、長崎投下兩顆原子彈，中國本無力抗日，不一定能獲得最後勝利。沒有美國的原子彈，中國到底有沒有辦法勝利呢？其實，這個問題的答案就在蔣介石的抗日大戰略中——以持久消耗戰拖死日本。如果沒有兩顆原子彈，日本不會贏，中國也不會輸，戰況會再拖延下去，而拖得愈久，日本就愈被動，最終還是要敗。所以，兩顆原子彈的作用是加速了日本投降，並非影響成敗的關鍵。

　　這裡有個現成的例證。日軍傾全國之力，在「一號作戰」中打通豫湘桂，把國軍逼到西南一隅，但仍然無法扭轉情勢，最後是白忙一場。

還有，本書第二卷第七章已說明，日軍始終未能攻入四川，其來有自。如大膽假設，日軍的「五號作戰」成功實施，拿下了四川，即便如此，日本也不一定會贏。因為，中國太大了，沒了四川，國民政府還可退到雲南、西藏、或青海，繼續撐下去。中國拖得起，日本卻拖不起。

反過來說，假如沒有珍珠港事變，假如美國沒有參戰，中國也不見得會輸。因為日軍在中國久戰無功，能源及軍備消耗極大，國內經濟困難，1940 年開始，內部已有批評的聲音，政府與民間都出現「是否該從中國撤兵」的質疑。是以，中國只要能堅持到 1943 年歐洲戰場好轉，英、美、蘇都會轉過頭來對抗日本，畢竟日軍侵華嚴重影響到他們在華的利益。那時，即使美國不加入對日作戰，中國只要拖得久，就有勝利的機會。

可以說，從日本打下上海、南京，決定沿長江仰攻那一刻起，就踏入它的惡運；從發動太平洋戰爭那一刻起，就已注定了失敗的命運。[12]

六、國共勢力消長的關鍵何在？

長久以來，國共之間一直都有「誰是抗戰主力」、「誰領導抗戰」之爭。本研究顯示，國軍在正面戰場與日軍對敵，奮勇作戰，置死生於度外，犧牲慘重，可歌可泣；但是，廣大的日軍占領區內的敵後戰場亦不能忽視。中國共產黨在抗戰中大幅擴張，是不爭的事實，但不可否認，中共在敵後的發展自有其獨到之處。[13]

抗戰一開始，中共就找好了自己的定位──既然國民黨當家做主，共產黨就不必為正面戰場負責，而應專注發展敵後根據地。毛澤東那套「避實趨虛」的游擊戰法相當有效，整個抗戰，中共堅守「蔭蔽精幹，

12　關於日本發動太平洋作戰的決策過程，請參見本書第二卷第四章。
13　關於敵後戰場國軍、共軍發展及互動情形，請參見本書第三卷第四、五、六章。

長期埋伏，積蓄力量，以待時機」原則，在農村落地扎根。

事實上，中共在根據地十分艱苦，生活物資缺乏，還要時時面對日軍或偽軍的掃蕩，1937 到 1943 年這 6 年的發展其實有限，尤其是 1941 到 1943 年這兩年，日軍嚴加掃蕩，中共吃了不少苦頭，人數多有減少，甚至不得不販賣鴉片以維持生計。但是，上天在 1944 年給了中共一個大禮──「一號作戰」。日軍傾巢而出，試圖打通一條通往南洋的交通線。國軍節節敗退，中共就趁機向國軍撤退的地區擴張。螳螂捕蟬、黃雀在後，中共就是這隻幸運的黃雀，短短幾個月，共軍增加了約 30 萬兵力，收復 16 座縣城，8 萬平方公里土地，以及 1 千 2 百萬人口。國共勢力此消彼長，從此改觀。

國軍在敵後也曾擁有龐大的游擊部隊，後來逐年減少，大多是來自國軍自身的原因。國軍的游擊戰並未充分和地方人民結合，也未能動員群眾，而是始終把游擊戰拘泥在正規部隊的框架中，視游擊戰為正規作戰的輔助角色。觀念錯誤，戰略戰術自然就有偏差，結果游擊戰在敵後屢屢失利，與地方關係亦不佳，後來軍事委員會乾脆裁併游擊隊。國軍在敵後戰場，戰略、戰術都不如共軍，還自斷手腳，空出來的地盤幾乎全被中共接收。

當然，正是有國軍在正面戰場奮不顧身地抵抗日軍，才有所謂的敵後戰場；沒有正面戰場，就不會有敵後戰場。正面戰場上，中日雙方動輒數萬、數十萬，鏖戰數週、甚至數月，死傷極大；而敵後戰場大多數是幾百人、千人的戰鬥，打不贏就跑，兩者之間的規模實不可同日而語。

抗戰時最大的缺憾，是正面戰場和敵後戰場未能精誠團結，協力對抗日軍。在敵後戰場，雖有極少數國共合作無間的例子，但中共集中一切心力資源，發展自己的根據地，極少支援或配合正面戰場的作戰；每次國軍一撤退，共軍就緊隨著接收空出來的勢力範圍。

問題還不止這些，國民政府（國軍）全力對抗日軍，作戰開銷非常龐大，中國東面的精華區都已淪陷，稅收是個很大的問題。中央政府不得不提高糧稅及勞務，造成後方人民極大的負擔，再加上當時通貨膨脹異常嚴重，底層人民生活艱苦，甚至發生饑荒（例如 1942 年河南大饑荒）。這種情況下，國民政府容易引起基層人民的怨憤（「水旱蝗湯」就是一例），致使國民黨漸失民心。

反觀中國共產黨，沒有正面作戰的負擔，也不需為守衛及治理城市分心分力，專心在農村建立政治組織，同時進行土地改革。貧困農民在土改中獲得土地，自然認同共產黨。是以，中共在抗戰中不但建立了一個個根據地，壯大了軍事實力，更贏得人民認同，擴大了社會及政治方面的影響力。

抗戰結束時，國共關係以及彼此的實力都轉變了。共軍已有百萬之眾，統治了近億人民，還得了民心的支持，已有足夠實力跟國民黨分庭抗禮。中日戰後不久，內戰爆發，中共取得最終勝利，國民黨黯然退出中國大陸。

七、蔣介石為何贏了抗戰卻輸了江山？

這是個複雜問題，原因是多方面的。

當時的中國無力應付現代化的戰爭

蔣介石及國民黨將領從未經歷過陸海空三棲的現代戰爭，戰爭所需要的條件，軍隊、武器、糧食、運輸、人才、藥品，還有支持這些消耗的農工業等等，在中國都不存在；更何況，中國當時還不是統一

的國家。[14] 早在 1932 年一二八淞滬戰役時，陳誠就坦言，「中國軍隊不具現代軍人資格」，無論是官兵素質、武器裝備、組織訓練都還在殖民地時代的落伍階段，高級將領更是不學無術，根本沒有能力來領導這場戰爭。[15]

敵強我弱，蔣介石領導國民政府還是義無反顧地扛起抗日的擔子，傾全國之力，勉強去打一場超出其能力的大仗。然而，血肉築起的長城，抵禦不了無情的砲彈，八年下來，耗盡了國民政府的軍力、財力、物力，最後雖然勝了，卻是慘勝——民窮財盡，社會、財政、經濟、交通運輸，方方面面都千瘡百孔，元氣大傷。

1. 國民政府為抗戰抽取資源，失了民心

武漢失陷，中國稅收困難，國民黨在大後方不斷加稅、抽壯丁、實施焦土戰等等，這些粗暴、竭澤而漁的措施，弄得人民活困苦，怨聲載道。抗戰勝利時，蔣介石本人的威望達到了頂峰，但國民政府的政治及社會根基卻已崩壞了。

國民黨軍隊在正面戰場應敵，以農業社會的國力去打一場現代化的戰爭，屢戰屢敗，自不意外。中國人民也同仇敵愾，願意毀家拋業，支持政府抵禦外侮；但國軍一再潰敗後撤，時間久了，難免民心漸失。反觀共產黨，在敵後經營根據地，與農民打成一片，贏得民心，奠定了抗戰後與國民黨爭天下的基礎，更預定了共產主義的興起。

2. 勝利來得突然，國民政府因應失措

日本宣布投降，國民政府有些措手不及，接收與復員工作都沒準備好，匆促執行，問題叢生。例如，在大後方的黨政軍官員歷經 8 年

14　Hans van de Ven, *War and Nationalism in China, 1925-1945* (London: Routledge, 2011) p. 295.

15　《陳誠先生回憶錄：抗日戰爭（上）》（台北：國史館，2005），頁48-49、64。

抗戰，驟然勝利，不覺忘其所以。回到原來的淪陷區，便開始頤指氣使、作威作福，把淪陷區的居民視作日本走狗，推行諸多不妥措施，導致極大的混亂和不滿。

此外，國民政府的根基原在中國東南各省，得到在地菁英士紳的支持。抗戰初起，這批菁英士紳隨著國府撤到大後方，等到戰後復員回到故鄉，發現戰亂侵洗以及中共土改，一切都變了；滄海桑田，原有的經濟基礎沒了，原來的社會結構垮了，國府又無力幫助他們，失望無助之餘，他們很快地從國民黨的支柱轉為中共的支持者。

國民政府在勝利後迅速由盛轉衰，短短幾年就在內戰中失敗，蔣介石未料到自己會失掉政權，毛澤東也沒想到真能打敗國民黨。然而，以上分析顯示，國民黨失敗的因子早在抗戰期間就埋下了。1945 年日本投降時，舉國歡騰，殊不知中國的社會結構已然崩壞，民心已向共產黨傾斜，再加上其他原因，例如：蔣介石誤判情勢及內戰中戰略、戰術上的失誤、美國臨時抽腿走人、蘇聯或明或暗扶植中共等等，蔣介石無力回天，只得悵然敗走台灣。

八、戰爭對中國社會及中華民族的深層影響

抗日戰爭對社會層面的影響更是深遠；抗戰顛覆了傳統中國的政府、社會與人民間的關係。數千年來，天高皇帝遠，中央政府的決策很少直接影響到下層人民；但抗戰幾乎把中國社會結構翻了個面，數千萬人流離遷徙，數億人的生活常態被破壞，深刻改變了個人與社會、人民與政府間的關聯。戰爭拉近了人民與政府的關係，人民也期待政府的保護和照顧，中國社會再也回不去那種「帝力於我何有哉」的時代。

　　除了政府與人民關係更加緊密外，抗戰也造就了「中華民族」。
日本侵華促成了中國民族主義崛起，鬆散的中國首次團結起來，共禦
外侮。此外，中央政府西遷重慶，打破數千年來中國政經文化重心在
華北、華東的狀況，西南的川、滇、黔首次踏上舞台中央，成為教育
文化、政經軍事中心，同時帶動了西部及邊疆的開發建設。

　　此外，經過抗戰，才有真正的統一中國政府。戰前，蔣介石的南
京政府號稱「中央」，但實際掌控的僅有長江中下游的 6 個半省；雖
然當時各地方部隊都隸屬「國民革命軍」編制，通稱「國軍」，其實
並沒有一個國家化的部隊。是 8 年瀝血抗戰，才逐漸孕育出統一中國
政府的概念。弔詭的是，蔣介石領導國民黨及政府抗日，付出巨大心
力與犧牲，卻無意間為中共鋪平了在 1949 年取得整個中國的路，國民
黨及政府在內戰中輸個精光，最後收穫成果的是中國共產黨。

　　日本侵華帶給中國人民巨大深刻的傷害，數千萬生命損傷，數不清
的家破人亡、骨肉分離，南京大屠殺、慰安婦、命喪異域的遠征軍……
這些創傷與記憶至今猶存。遺憾的是，抗戰勝利未帶來和平，短短一
年內，國共內戰，兵戎再起，江山不久易主。韓戰接著爆發，亞洲及
歐美也被扯進冷戰的對峙，鮮有寧日。

　　方德萬研究國民黨抗日戰爭發現，面對頑強的日軍，雖然國軍的
戰績實在不行，但他們英勇奮戰的行為卻比預期要好許多；特別是武
漢戰後到珍珠港事變這 3 年多與日軍相持期間，沒有外援，孤軍奮戰，
竟能撐持下來，實屬難得。他們如此奮不顧身，是為了國家民族未來
的願景（vision）而戰。所以，方德萬指出，那些以為中國戰場在輝煌
的太平洋戰爭中微不足道的論點，是錯失了重點。

　　英國學者米德（Rana Mitter）也有同感，米德以西方歷史學家的角
度重探中國抗戰，指出：中國為二戰作出了巨大犧牲奉獻，卻因各種
原因而成為被西方「遺忘的盟友」（Forgotten Ally）。他呼籲學界重視

中國在第二次世界大戰中的貢獻，以及對中國抗戰史的研究。[16]

　　的確，抗日戰爭對中國、日本、亞洲，乃至世局都有深遠影響；它喚醒了中國民族主義，造就了真正統一的中國，改變了中國人的社會結構與關係、重塑中國人的世界觀；直到現今還影響著兩岸、中美、中日複雜矛盾的關係。

　　研究歷史為我們帶來深刻的省思，我們也能從中習得不少教訓。日本當年的敗局顯示，當國家操控在一群既無理性又無擔當、只會在豪言壯語中虛張聲勢的官僚手中時，會帶給人民慘重的深災巨劫。二戰中的日本，在中國及太平洋戰場都犯了戰略上的錯誤，但他們還是有機會來修復錯誤的；遺憾的是，那些軍政財商上層大多是精緻的利己主義者，內心明白錯了，但為了自己和所屬團體的利益，還是選擇隨聲附和或是保持沉默，結果集體走向災難。

　　重探抗戰史，讓我們明白，不論是什麼原因導致了戰爭，戰爭都是死傷慘重、生靈塗炭的，而且人民永遠是最大的犧牲者。無論以什麼理由將一個國家，或數個國家推向戰爭，無論最後結果如何、獲得多大的勝利，都換不回過程中人們流的血與淚。是以，任何國家的主政者永遠都是國家和平與安危的第一責任者，他（她）必須負責任、維護和平。

　　探究歷史不只是試圖還原過去，我們也希望藉此思索台灣、中國以及東亞和世界的未來。因為，我們在探索過去的同時，其實是在為今天及未來尋找答案。

16　Rana Mitter, *Forgotten Ally: China's World War II, 1937-1945* (Boston: Mariner Books, 2013) . 中文版：芮納・米德著，林添貴譯，《被遺忘的盟友》（台北：遠見天下文化，2014）。

後記

郭岱君（史丹佛大學胡佛研究所研究員）

　　本書完稿時，俄烏戰爭未戡，中美劍拔弩張，兩岸關係緊張。追憶抗戰史，對照今日兩岸及世局，略發幾句感慨，此非學術性討論，僅是編後的一點思緒。

　　當年的日本有點像今日的俄羅斯。「三月亡華」是日本當年的信念，正如俄羅斯以為很快就能拿下基輔的預言。結果，日本慘敗。如今尚未知俄國此戰在軍事面的勝敗如何，但就政治面言，已可確知其必遭深重的失敗——國家民族尊嚴的破敗、國際形象地位的傷損以及民生經濟的衰退，均是創巨痛深。

　　論勝敗，中國雖是戰勝國，但在政治面卻是失敗的。中國在勝利後立即陷入內戰，江山易主，國家分裂。

　　當年，因中國積弱，引日本窺伺；今日則因中國大陸崛起，引西方疑懼。當年，中國因軍閥割據、國共分裂，被日本視為有機可趁；今日則因兩岸齟齬，亦可能被西方用為槓桿。

　　當年，國共因「中國往何處去」的爭議，引發內戰，但內戰並未解決這個問題。時至今日，更可看出，當年將中國政治體制之爭視為國共你死我活的問題，不無疑問。大陸1978年開始的改革開放與台灣50年代展開的經濟發展，以及1987年的解嚴，皆出於各自的政治革新，而非內戰之功。

　　當年中國對日本，是明知不能打，但因處於被動，不能不打。而今日的大陸卻是明知外國欲以台灣作為圍堵中國的誘餌，卻仍與之起

舞，步入陷阱。為免落入外國計謀，兩岸應不容外國以台灣為烏克蘭。因為，兩岸若不能和平競合，中國就不可能和平發展。兩岸相互殘殺，中國即可能掉入國際圍堵的陷阱，猶如今日俄羅斯。

大陸須避免使台灣問題成為國際阻滯中國崛起的槓桿，台灣則應避免使自己成為國際圍堵中國的誘餌。俄羅斯與烏克蘭必是兩敗俱傷的結局，兩岸切莫走向玉石俱焚。

從中日戰爭及國共內戰可知，有時勝利隱伏了失敗，有時失敗轉化為勝利。國家民族的真正勝利是在創造民生樂利與國際和平，絕不應訴諸戰爭，更不能自相殘殺。

不論如何，這部抗戰史是可歌可泣的。希望在藉由本書對歷史的探究，也能給今日及未來的台灣、中國及兩岸帶來一些血淚啟示。

希望每一部戰爭史，都能為和平帶來啟示。

歷史大講堂
重探抗戰史（三）：抗戰與中國之命運

2022年12月初版　　　　　　　　　　　　　　　　　　　定價：新臺幣720元
2023年6月初版第四刷

主　　　　編	郭　岱	君
叢 書 主 編	黃　淑	真
特 約 編 輯	方　清	河
校　　　對	馬　文	穎
內 文 排 版	葳　豐　企	業
封 面 設 計	兒	日

著者：
肖如平、岩谷將、林孝庭、洪小夏、張世瑛、郭岱君、
陳立文、鹿錫俊、黃自進、嵯峨隆、楊天石、潘　敏、
蘇聖雄

出　　版　　者	聯經出版事業股份有限公司	副 總 編 輯	陳　逸	華
地　　　　　址	新北市汐止區大同路一段369號1樓	總　編　輯	涂　豐	恩
叢書編輯電話	（02）86925588轉5322	總　經　理	陳　芝	宇
台北聯經書房	台北市新生南路三段94號	社　　長	羅　國	俊
電　　　　話	（02）23620308	發　行　人	林　載	爵
郵 政 劃 撥 帳 戶 第 0100559-3 號				
郵 撥 電 話 （02）23620308				
印　刷　者 世 和 印 製 企 業 有 限 公 司				
總　經　銷 聯 合 發 行 股 份 有 限 公 司				
發　行　所 新北市新店區寶橋路235巷6弄6號2樓				
電　　　話 （02）29178022				

行政院新聞局出版事業登記證局版臺業字第0130號

國家圖書館出版品預行編目資料

重探抗戰史（三）：抗戰與中國之命運/郭岱君主編 . 肖如平、岩谷將、
林孝庭、洪小夏、張世瑛、郭岱君、陳立文、鹿錫俊、黃自進、嵯峨隆、楊天石、
潘敏、蘇聖雄著 . 初版 . 新北市 . 聯經 . 2022年12月 . 544面 . 17×23公分
（歷史大講堂）
ISBN 978-957-08-6650-6（軟精裝）
[2023年6月初版第四刷]

1.CST：中日戰爭

628.5   111018589